9783608931020

D1678459

BIOGRAPHIEN ZUR FRANZÖSISCHEN REVOLUTION

HERAUSGEGEBEN VON PETER SCHÖTTLER

LUDWIG XVI.

EVELYNE LEVER

KLETT-COTTA

Verlagsgemeinschaft Ernst Klett Verlag –
J. G. Cotta'sche Buchhandlung
Aus dem Französischen übersetzt von
Paulette Kayser und Martin Müller
Die Originalausgabe erschien unter dem Titel
»Louis XVI« bei Librairie Arthème Fayard
© Librairie Arthème Fayard 1985
Über alle Rechte der deutschen Ausgabe verfügt die
Ernst Klett Verlage GmbH u. Co. KG, Stuttgart
Fotomechanische Wiedergabe nur mit
Genehmigung des Verlages
Printed in Germany
Umschlag: Klett-Cotta-Design
Gesetzt aus der 10 Punkt Bodoni und gedruckt auf
säurefreiem und holzfreiem Werkdruckpapier von
Ludwig Auer in Donauwörth
Die Bindearbeiten besorgte die Buchbinderei
G. Lachenmaier in Reutlingen

CIP-Titelaufnahme der Deutschen Bibliothek
Biographien zur Französischen Revolution /
hrsg. von Peter Schöttler. –
Stuttgart : Klett-Cotta
NE: Schöttler, Peter [Hrsg.]
Lever, Evelyne:
[Ludwig XVI. / Evelyne Lever.
[Aus d. Franz. übers. von Paulette Kayser
u. Martin Müller]. –
Stuttgart : Klett-Cotta, 1988
(Biographien zur Französischen Revolution)
Einheitssacht.: Louis XVI ⟨dt.⟩
ISBN 3-608-93102-3 Gewebe
ISBN 3-608-93143-0 Hldr.
Lever, Evelyne: [Ludwig der Sechzehnte]. – 1988

INHALT

Der König ist tot   11
1. Ein ungeliebter Prinz   14
2. Die österreichische Hochzeit   41
3. Das Ende einer Regierung   65
4. »Das Talent der Beraterwahl«   79
5. Die Veränderung   105
6. Der Mehlkrieg   124
7. Das letzte Fest der Monarchie   145
8. Der Sturz Turgots   162
9. Monsieur Necker   193
10. Freuden und Alltag   212
11. Die amerikanische Herausforderung   237
12. Die beste aller Welten   259
13. Neckers Entlassung   279
14. Licht und Schatten   300
15. »Der glücklichste aller Könige«   324
16. Der König ist nackt   347
17. »Sire, es ist eine Revolution«   373
18. Von einem Schloß zum andern   406
19. Eine untergehende Sonne   423
20. Die Flucht nach vorn   440
21. Der Zusammenbruch   469
22. Ist Ludwig schuldig?   499
Der Tod des Königs   523
Bibliographie   526

Für Maurice

*Niemand kann auf den Grund seiner Seele schauen;
das wahrheitsgemäße Portrait gehört der Zeit.*

Louis-Sébastien Mercier,
Tableau de Paris, »Le Monarque«, 1781

DER KÖNIG IST TOT

Im Morgengrauen des 7. Mai 1774 geht ein großer Jüngling, ratlos, mit von Tränen und Schlaf verquollenen Augen, unsicheren Schrittes durch die weihevollen Gänge des Versailler Palastes zu dem Zimmer, in dem der König von Frankreich, Ludwig, der fünfzehnte seines Namens, im Sterben liegt. Dieser junge Mann, den man auf Befehl des mit dem Tod ringenden Herrschers geweckt hat, wird in einigen Stunden an die Stelle seines Großvaters treten. Sein Degen behindert ihn, seine höfische Kleidung will nicht recht passen, seine Haartracht ist etwas durcheinander. Zusammen mit den Prinzen von Geblüt kniet der Dauphin* am unteren Ende der Marmortreppe nieder, während die künftige Königin und die Prinzessinnen sich im Ratskabinett niederlassen. Die Blattern, die den Monarchen dahinraffen, halten seine Enkel von ihm fern. »Welch grausame Krankheit, die mich daran hindert, meine Kinder zu sehen«, hatte er mehrmals geseufzt.

Die Masse der Höflinge steht diesem Drama zutiefst gleichgültig gegenüber, trägt aber die bei solchen Anlässen angemessene Trauermaske zur Schau. Schon seit Tagen wußte »dieses Volk von Chamäleons, von Nachäffern des Meisters« nicht mehr, ob es der Umgebung des alten Königs schmeicheln oder eher den schüchternen, nahezu menschenscheuen Kronprinzen umwerben sollte. Heute nun wenden sich ihm alle Blicke zu, wodurch er noch linkischer als gewöhnlich wirkt.

Mit Seidenrascheln und Spitzenrauschen nähern sich der Kardinal von La Roche-Aymon und sein Gefolge dem bescheidenen Feldbett, auf dem mit verquollenem Gesicht und verkrusteter Haut der einstmals schönste Mann des Königreiches ruht.

Der Taubenschlag von Versailles ist verstummt. Die Zeit steht still. Das Warten zieht sich hin. Der Erzbischof spricht zum König, bevor er ihm die Letzte Ölung gibt. Die heilige Wegzehrung in den Händen, nähert er sich dem Bett und sagt laut und deutlich: »Sehet den König der

---

* Französischer Thronfolger. Die *Dauphine* ist seine Gemahlin. (Anm. d. Übers.)

Könige, den Tröster des Herrschers und seiner Völker.« Ludwig XV. öffnet seinen gräßlich entstellten Mund einen Spaltbreit, um die Kommunion zu empfangen. Darauf fragt der Kardinal: »Wünscht Eure Majestät, daß ich bekannt mache, was Sie mir anvertraut haben?« Der Sterbende stimmt mit einem Atemhauch zu. Nun wendet sich der Kardinal den weitgeöffneten Türen zu und spricht mit lauter Stimme: »Meine Herren, der König befiehlt mir, Ihnen mitzuteilen, daß, wenn er seinem Volk Ärgernisse bereitet hat, er dafür um Vergebung bittet; er hat den Vorsatz gefaßt, den Rest seiner Tage damit zu verbringen, als guter Christ der Religion zu dienen, wie er es in seiner Jugend getan hat, die christliche Lehre zu beschirmen und seinen Völkern Glück zu bescheren.«

»Ich hätte gern die Kraft gehabt, es selber zu sagen«, murmelt der König noch.

»Du Schürzenjäger!« Der alte Herzog von Richelieu, vertrauter Mitwisser der königlichen Liebschaften und Bruder Lustig des Verehrten, kann sich nicht enthalten, dies zu grummeln.

»Ich habe mich niemals wohler oder ruhiger gefühlt«, haucht der König seiner Tochter Adélaïde zu, als die Priester sein Zimmer verlassen haben.

Von seiner Gattin begleitet, kehrt der Dauphin unter den angstvollen und kritischen Blicken der Höflinge in seine Gemächer zurück. Er hat beschlossen, sobald sein Großvater den letzten Atemzug getan hat, mit seiner Familie und dem ganzen Hof nach Choisy zu fahren. Schon seit einigen Tagen stehen die Wagen bereit, warten die Pagen und die Knappen darauf, daß eine bestimmte Kerze, die brennend vor einem Fenster steht, ihr Licht aushaucht: Sie wird ihnen mitteilen, daß Ludwig XV. verschieden ist.

Der alte König widersetzt sich der Krankheit, sein Körper wehrt sich. Aber am 9. Mai verschlimmert sich sein Zustand. Sein Gesicht ist wie zu Bronze erstarrt. Man könnte es für die Maske eines Mohren mit offenem Munde halten, dessen Anblick jeden entsetzen muß, der sich ihm noch nähert. Ein Pesthauch entströmt seinem Zimmer und verseucht die Luft des Palastes. Dieser Todeskampf wird für alle zum endlosen Alptraum.

Am 10. Mai herrscht strahlender Frühlingssonnenschein; die Wirtshäuser und Tanzlokale sind überfüllt; niemand drängt sich für die Vierzigstundengebete in den Kirchen. Ludwig XV. stirbt inmitten der Gleichgültigkeit seines ganzen Volkes. Schlimmer noch: Man erwartet sein Dahinscheiden voller Ungeduld. Der Thronfolger hat sich mit seiner

Frau, seinen Brüdern und seinen Schwägerinnen zu Hause eingeschlossen und erwartet jeden Augenblick die schicksalhafte Nachricht, die dieser zehrenden Spannung ein Ende bereiten und ihn kraft der sakrosankten Grundgesetze der Monarchie zum König von Frankreich machen wird. Die Zeit vergeht. Endlos.

Plötzlich, um halb vier nachmittags, hören der Thronfolger und seine Gemahlin ein unbestimmtes Geräusch, das mehr und mehr anschwillt und schließlich in ein mächtiges Tosen übergeht. Die Pforten der Prinzengemächer öffnen sich, und die riesige Menge der Höflinge erscheint, um »der neuen Macht, Ludwig XVI., zu huldigen«.

1. EIN UNGELIEBTER PRINZ

In Choisy, wo sich Ludwig XV. zu seinem Vergnügen aufhielt, erfuhr er von der glücklichen Niederkunft seiner Schwiegertochter. Genau zwei Tage vor dem Fest Ludwigs des Heiligen schenkte Maria Josepha von Sachsen 1754 dem Königtum einen neuen Prinzen. Der Neugeborene, dem der herbeigeeilte König den Titel »Herzog von Berry« verlieh, nahm damit in der Thronfolge von Frankreich den dritten Platz ein.

Die bevorstehende Geburt hatte den Sohn Ludwigs XV. und seine Gattin gezwungen, in Versailles zu bleiben, wo man den König am 28. August zurück erwartete. Das Prinzenpaar ließ sich dadurch nicht stören: Es lebte ohnehin, soweit es seine Pflichten zuließen, etwas abseits vom Hof. Der Dauphin und die Dauphine erweckten zusammen mit ihren Kindern den Eindruck einer harmonisch vereinten Familie, indem sie ein gestrenges und nahezu gequältes Glück in der ausschweifenden und verdorbenen Versailler Welt zur Schau trugen.

Der fünfundzwanzigjährige Dauphin Ludwig Ferdinand unterscheidet sich deutlich von seinem Vater. Ihm fehlt jede majestätische Anmut, seine ungeheure Fettleibigkeit pflegt er mit einer bis zur Gefräßigkeit gehenden Naschsucht; der Prinz ist ein »Feind jeder körperlichen Bewegung«. Nichts an der Leiblichkeit dieses dicken, ein bißchen zurückgebliebenen Jugendlichen ist verführerisch, außer den dunklen leuchtenden Augen, die von einer mitunter beunruhigenden Flamme beseelt sind, und der Stupsnase, die von einem gewissen Verstand kündet. Er ist ein Feind jeder Frivolität und haßt das Spiel, die Bälle und das Theater; er duldet allenfalls die Musik. Die Jagd langweilt ihn, und seit er seinen Pagen bei einem Jagdunfall getötet hat, verzichtet er am liebsten ganz auf sie. »Seine schönsten Tage hat er vermutlich ohne Freuden und seine Jugend ohne Liebe verbracht«, behauptete damals der Marquis von Argenson.

Aber es hieße, diese finstere Natur zu verkennen, wenn man annehmen würde, daß der Dauphin niemals Leidenschaft empfunden hat. Denn der Prinz liebt Gott, oder glaubt es zumindest, und in dieser Liebe, die ihn überfordert, geht er völlig auf. Von Kindheit an hat er sich der strengsten Religiosität hingegeben, indem er heilige Texte und fromme Bücher liest und auslegt und eine gottesfürchtige Haltung einnimmt. Als »bigotter Dickkopf«, kleinlich und »von Ränke schmiedenden Frömmlern beherrscht«, deutet er vor den Festsälen ein Kreuzigungszeichen an, kniet er in der Königsmesse nieder oder zieht sich mit unterwürfigen Altersgenossen in stille Andachten zurück. Diesem harten, manchmal unmenschlichen Mann fallen die Menschen eher durch ihre schlechten Seiten als durch ihre guten Eigenschaften auf. Vermutlich glaubt er, durch die Exerzitien, die er sich auferlegt, die stürmischen Liebschaften seines Vaters abbüßen zu können, aber seine christliche Unerbittlichkeit verpflichtet ihn auch, seine unglückliche Mutter, die keusche und fromme Maria Leszczyńska, für ihre Nachsicht gegenüber den Ausschweifungen ihres flatterhaften Gemahls zu schelten. Die Anwesenheit von Madame de Pompadour am Hofe ist für den Dauphin eine Provokation; er nennt sie schlicht »Mama Hure«.

Die offenkundige Kritik am Privatleben des Königs verbirgt unter dem Deckmantel der Religion die heimliche Feindschaft, die der Dauphin seinem Vater von Kindheit an entgegenbringt. Als er noch ein kleiner Junge war, erklärte ihm der Kardinal von Fleury, daß alles dem König gehöre. Darauf entgegnete das Kind: »Aber mein Herz und meine Gedanken gehören mir.« Als der Vater einige Zeit später in Metz lebensgefährlich erkrankt war, soll er weinend ausgerufen haben: »Wie kann ich etwas für Frankreich tun, da ich doch nur ein Kind bin?« Kein Wort über den Vater selbst. Seit Ludwig Ferdinand erwachsen ist, will er eine politische Rolle spielen und wartet voller Ungeduld und nahezu schweigend auf seine Stunde. Obwohl er die Last der Krone fürchtet, hofft er bald regieren zu können und bereitet sich auf den königlichen Beruf vor, was seine neue Hinwendung zu Lektüre und Studium erklärt. Einem seiner Vertrauten gesteht er, daß »in dem traurigen Stand«, in dem er sich befinde, die Geschichte und die Jurisprudenz seine ganze Aufmerksamkeit fesselten.

Nur ein einziges Mal hat das Herz des Prinzen für eine Frau ein wenig höher geschlagen: für seine erste Gemahlin, die spanische Infantin Maria Theresia Antonia Raphaela, mit der man ihn 1744, als er eben fünfzehn war, verbunden hatte. Die spanische Prinzessin war zierlich, zart, hübsch und rothaarig – was allerdings dem Schönheitsideal jener Zeit widersprach – und wußte den um zwei Jahre jüngeren Dauphin zu verführen. Diese kurze Verbindung, gekennzeichnet durch die Episode von Fontenoy*, in der der Dauphin glaubte, eine große Rolle gespielt zu haben, war für ihn sicherlich eine Periode des Aufblühens. Aber die Infantin starb bereits am 22. Juli 1746, nachdem sie als Frucht ihrer jugendlichen Umarmungen eine Tochter zur Welt gebracht hatte.

Ludwig Ferdinand war untröstlich. Er trauerte noch um die Infantin, als Ludwig XV. beschloß, daß sein Sohn zur Konsolidierung der deutschen Allianz mit Maria Josepha von Sachsen verheiratet werden sollte, der dritten Tochter Augusts III., Kurfürst von Sachsen und König von Polen. Der Herrscher selbst zeigte sich sehr viel ungeduldiger, die Eigenschaften der künftigen Dauphine kennenzulernen, als sein Sohn Ludwig Ferdinand, den es nicht sonderlich interessierte. Als echter Libertin erkundigte sich Ludwig XV. beim Marschall von Richelieu, seinem alten Komplizen, über die Vorzüge seiner Schwiegertochter: »Ich würde sie gerne sehen und auch meinen Sohn, wie er sie nimmt«, schrieb er ihm. »Wären Sie ein Bewerber gewesen, wenn sie schon früher zu kaufen oder zu gewinnen gewesen wäre? Ihre Brust ist ja üppig genug, um Sie einigermaßen zu reizen. Mein Sohn hat Frau von Brancas** gebeten, sie zu baden, bevor er zu ihr ging, was mich in meinem Verdacht bestätigt, daß dies bei der armen Verstorbenen nicht häufig genug der Fall war...«

Der Prinz, der seine neue Gemahlin empfangen mußte, war voller Schmerz und Trauer. Galanterweise ließ er sie durch ihre Hofdame wissen, daß, »welchen Charme sie auch immer besitzen möge, es ihr niemals gelingen würde, ihn diejenige, die er soeben verloren hatte, vergessen zu lassen.«

Die neue Dauphine, die trotz ihrer fünfzehn Jahre eine vollentwickelte Frau war, »erweckte unendliches Gefallen«, obwohl ihre Nase etwas groß und ihre Zähne schlecht gepflegt waren. Nach den Worten des Herzogs von Croy war sie »von einer hübschen Häßlichkeit, nach der man sich den Hals verrenkte«.

Da die Prinzessin von ihrer Mutter Maria Josepha von Österreich erzogen wurde, besitzt sie ein starkes Pflichtbewußtsein. Ihre Erziehung, um vieles sorgfältiger als die des Dauphins, hat ihr gute Geschichtskenntnisse vermittelt. Sie liest Latein und Italienisch und spricht auch

---

* In der Schlacht von Fontenoy (11. 5. 1745) siegten die französischen über die englischen und verbündeten Truppen. Ludwig XV. wohnte der Schlacht persönlich bei, in der sich sein Sohn als Offizier auszeichnete. (Anm. d. Hrsg.)
** Hofdame der Dauphine.

recht gut Französisch. Seit ihrer Ankunft in Frankreich will sie, daß man sie jedesmal berichtigt, wenn sie einen Fehler macht. Mit angeborenem Taktgefühl begibt sie sich daran, die ganze königliche Familie zu erobern. Sie findet im richtigen Moment das passende Wort und zeigt die Aufmerksamkeiten, die ans Herz oder an die Eitelkeit rühren. Ludwig XV. und Maria Leszczyńska lassen sich von der Schlichtheit und der Gediegenheit ihrer Schwiegertochter sofort betören. Die am Hofe lebenden Schwestern des Dauphins, Madame Adélaïde und Madame Henriette, bereiten dieser kleinen Deutschen, die sie nicht durch anmaßende Schönheit aussticht, einen guten Empfang.

Bald wird Maria Josepha mit der gleichaltrigen Adélaïde gerne »lachen und verrückt spielen«; aber sie wählt die ernsthaftere und überlegtere Henriette zu ihrer Vertrauten. Später wird sie die Bekanntschaft der anderen Schwestern von Ludwig Ferdinand – Victoire, Louise und Sophie machen, die ihre Erziehung in Fontevrault beenden. Von der ganzen königlichen Familie behandelt sie nur ihr Gatte, der Dauphin, mit größter Gleichgültigkeit.

Am Abend ihrer Trauung, als der König, die Prinzen und Prinzessinen und alle Edelleute, die der Zeremonie des Zubettgehens beiwohnen, das eheliche Schlafzimmer verlassen haben, soll der Dauphin in Tränen ausgebrochen sein. Angesichts dieser Tränen soll Maria Josepha geäußert haben: »Ich bin sehr gerührt, daß Sie Tränen über den Tod Ihrer ersten Gattin vergießen. Damit kündigen Sie mir an, daß ich die glücklichste Frau sein werde, wenn ich die Ehre habe, Ihnen gleich ihr zu gefallen, und dies ist mein einziges Streben.« Die Prinzessin bemühte sich nun darum, das Herz ihres Gemahls zu gewinnen, indem sie ihn dazu brachte, über die Verstorbene zu sprechen, indem sie selbst deren Eigenschaften lobte und ihr Auftreten stets dem ihres Gatten anglich. Das ging so weit, daß sie bei einer für den Seelenfrieden der verstorbenen Dauphine gehaltenen Gedächtnismesse eine entsprechende Trauer zeigte. Und um ihr Leben völlig nach dem ihres Gatten zu gestalten, teilte sie sogar seine morbiden Kinderspiele, die sie eigentlich verabscheute: Der Dauphin und seine Schwestern »haben es am liebsten, wenn sie niemanden sehen; sie lieben es, vom Tod und von Katafalks zu reden. In ihrem schwarzen Vorzimmer spielen sie bei gelbem Kerzenschein Quadrille und sagen sich genußvoll: Wir sind tot.«

Erst die Geburt des Herzogs von Bourgogne am 13. September 1751 scheint das Prinzenpaar endgültig zu vereinen. Und im folgenden Jahr legt die Prinzessin öffentlich ein außergewöhnliches Zeugnis ihrer ehelichen Liebe ab: Sie schließt sich zusammen mit ihrem Gatten, der die Blattern hat, ein und überzeugt ihn davon, daß es sich nur um Röteln handelt. Dieser Vorfall, der öffentlich bekannt wird, trägt sowohl zur Beliebtheit der Prinzessin wie auch Ludwig Ferdinands bei, der solcher Hingabe offenbar würdig war. Die Liedersänger sticheln nun nicht mehr über den traurigen Gatten, und die Dauphine sieht ihre Gunst beim König wachsen, während sie weiterhin ihrer Aufgabe nachkommt: Sie schenkt der Krone laufend neue Erben, da der Dauphin von jetzt an seine ehelichen Pflichten erfüllt, ohne seiner Gemahlin die geringste Ruhepause zu gönnen. 1753 bringt sie den kleinen Herzog von Aquitaine zur Welt, der einige Monate darauf stirbt; am 23. August 1754 den Herzog von Berry, den künftigen Ludwig XVI.; am 17. November 1755 den Grafen von Provence, den künftigen Ludwig XVIII.; 1757 den Grafen von Artois, den künftigen Karl X.; 1759 die Tochter Clothilde und 1764 eine zweite Tochter, Elisabeth. Und dennoch betrügt der Dauphin-Tartuffe, der ständig moralisiert und die Keuschheit predigt, seine Gattin auf vulgärste Weise wie der allerletzte Libertin, den er verurteilt. »Ich bin seit langer Zeit über das schlechte Betragen des Herrn Dauphin und jene morgendlichen Besuche, die er empfängt, unterrichtet«, seufzt die Prinzessin gegenüber dem General von Fontenay. »Es ist empörend und macht mir große Sorgen. Dennoch werde ich ihn morgen nicht schlechter empfangen, denn man muß Dinge verbergen können.« Der Dauphin regiert wie ein absoluter Herrscher über seine Gattin, der es vielleicht – wer weiß? – einige Lust bereitet, sich in aller Öffentlichkeit und würdevoll dem Altar der Monarchie zu opfern.

Trotz der Seitensprünge des Dauphins wahrt das Prinzenpaar den Schein des ungetrübten Glücks. Der Prinz und die Prinzessin schreiten oft Hand in Hand mit ihren Kindern über die Schloßterrasse. »Ich habe gesehen, wie die Dauphine in einem kleinen Zimmer mit einer einzigen Fensternische, das der Dauphin zu seiner Bibliothek herrichten ließ, an ihrem Stickrahmen saß«, schreibt Dufort de Cheverny. »Auf dem Schreibtisch des Dauphin lagen die besten Bücher, die alle acht Tage ausgewechselt wurden. Der Herr Graf von Lusace (Xaver von Sachsen)*, der sehr gewöhnlich und bürgerlich aussah, saß auf einem Hocker oder Stuhl; der Dauphin spazierte herum oder setzte sich hin. Ich habe öfter mit ihm geplaudert, so als wären wir in einer bürgerlichen Gesellschaft gewesen.«

---

* Bruder der Dauphine.

In den Annalen des Hofes fällt die seltene Tatsache auf, daß das Prinzenpaar sich persönlich um seine Kinder kümmert, auf deren Spiele und auf deren religiöse und kulturelle Ausbildung achtet. Als sei es die ernsthafteste Sache der Welt, nehmen der Dauphin und die Dauphine ein erzieherisches Werk auf sich, das erst mit ihrem Tod endet. Sie umhegen ihre Nachkommen mit wachsamer Fürsorge, die jedoch nicht ohne eine gewisse Strenge ist.

Im Februar 1754 ist Maria Josepha zutiefst vom Tod des kleinen Herzogs von Aquitaine betroffen. Man bewundert ihre Seelengröße, die unter diesen traurigen Umständen zur »unversiegbaren Quelle des Trostes wird«. Schon jetzt scheint sich die Dauphine in der leidenden Rolle, die sie bis an ihr Lebensende beibehalten wird, zu gefallen. Sechs Monate später wird die Geburt des Herzogs von Berry liebenswürdig, aber bescheiden von den Poeten begrüßt und ohne sonderlichen Aufwand von der Stadt Paris gefeiert. Obwohl die Lobsprüche des Königs und des Hofes über die »gute Deutsche« unerschöpflich sind, scheint das Ereignis ihr keine große Freude zu bereiten.

Sofort nach seiner Geburt wird der Säugling, der »dicker und größer ist als alle Kinder von Madame la Dauphine«, der offiziellen Gouvernante der *Enfants de France** anvertraut: Marie Louise Geneviève von Rohan-Soubise, Witwe eines lothringischen Adligen, des Grafen von Marsan, und Schwester des Kardinals Rohan sowie des berühmten Marschalls von Soubise. Als enge Vertraute des Prinzenpaares gilt Frau von Marsan am Hofe als Feindin der Philosophen, als Gegnerin des damaligen Premierministers Choiseul und als eine der unermüdlichsten Anhängerinnen der Frömmler-Partei, an deren Spitze der Dauphin steht. Der kleine Herzog von Berry wird ihr nie eine besondere Zuneigung entgegenbringen.

Was gibt es von den ersten Monaten seines Lebens zu berichten? Recht wenig, außer daß er gedieh, nachdem er eine neue Amme bekommen hat, weil diejenige, die man ihm zuerst gegeben hatte, ihn nicht stillen konnte. Darüber hinaus erfahren wir von der Vorleserin der Dauphine, daß im August 1755 »Monseigneur, der Herzog von Bourgogne, schön wie der Tag ist und der Herzog von Berry ihm in nichts nachsteht«. »Unsere drei Prinzen sind schön und wohlauf«, sagt sie im November nach der Geburt des Grafen von Provence. Als der kleine Prinz mit

---

* *Les Enfants de France:* die Königskinder Frankreichs, *les Fils de France:* die Königssöhne Frankreichs. (Anm. d. Übers.)

achtzehn Monaten entwöhnt ist, macht er seiner Mutter jedoch einige Sorgen, so daß sie ihn von Tronchin, dem berühmtesten Arzt seiner Zeit, untersuchen läßt. Dieser rät zu einer Luftkur in Meudon und empfiehlt, ihn und seinen älteren Bruder, den Herzog von Bourgogne, impfen zu lassen. Die Eltern stimmen einem Aufenthalt in Meudon von Mai bis September zu, aber die Impfung lehnen sie ab: Sie ist ein revolutionäres Verfahren, das sie für gefährlich halten.

Das Attentat Damiens gegen Ludwig XV. im Januar 1757 hat für das friedliche Leben des Herzogs von Berry keine Folgen. Aber solange man den König in Gefahr glaubt, wendet sich das gesamte Interesse der Höflinge dem Dauphin und seiner Gemahlin zu. Ludwig Ferdinand präsidiert im Staatsrat, und die fromme Partei schart sich um ihn und um die Dauphine in der Hoffnung, daß der König, nachdem er die Marquise von Pompadour entlassen hat, bald seine gereinigte Seele Gott übergibt. Indes hat die Stunde des Ruhms für den Dauphin noch nicht geschlagen; sie wird niemals kommen. Nach der Genesung Ludwigs XV. geht alles wieder seinen gewöhnlichen Gang. Der Dauphin und die Dauphine sind mit dem Hofleben viel zu vertraut, um sich die mindeste Enttäuschung anmerken zu lassen.

Von nun an setzen sie alle ihre Hoffnungen auf ihren ältesten Sohn, den Herzog von Bourgogne, in dem Ludwig Ferdinand sein eigenes »Spiegelbild« sieht. Aufgeweckt, lebhaft und launisch, zieht Bourgogne die gesamte Liebe seiner Eltern auf sich, die von seinem Hätschelkind-Verhalten entzückt sind: Sein Rang erlaubt ihm eine gewisse Unverschämtheit, und darüber hinaus ist er schön und charmant. Bourgogne ist ein typisches Produkt des königlichen Serails und fest davon überzeugt, daß er einmal regieren wird. Für dieses Kind gibt es vermutlich wie einst für seinen entfernten Vorfahren* keinen »schöneren Beruf«. Schon jetzt spielt er sich als Gebieter auf und hat das Verhältnis zwischen Herrscher und Beherrschten bestens begriffen. Eines Tages, als er von Boisgelin – einem verdienstvollen Marineoffizier – beaufsichtigt wurde und dieser ihn daran hindern wollte, in ein Zimmer einzudringen, in dem Handwerker arbeiteten, rief er aus:

»Ich glaube, hier bin ich der Herr. Sollten Sie es wagen, mich zu berühren?«

– »Ich müßte es, und ich täte es, um zu vermeiden, daß Sie nicht gehorchen.«

---

* Gemeint ist Ludwig XIV. (Anm. d. Hrsg.)

– »Gehorchen! Aber Sie sind bloß ein Edelmann, und ich bin ein Prinz; Sie sind es, der dazu bestimmt ist, mir zu gehorchen...«
Daraufhin wurde der Herzog von Bourgogne schrecklich wütend, aber er weinte nicht. Als er sich wieder beruhigt hatte, kehrte er zu Boisgelin zurück: »Mein Zorn ist verraucht. Sie haben ihre Pflicht erfüllt, und ich schätze Sie dafür um so mehr. Unterhalten wir uns jetzt: Letztlich haben weder Sie noch ich mich zum Prinzen gemacht. Warum wurde ich nicht als Gott geboren? Dann könnte ich alles tun, was mir beliebt.«

Dieser unglaubliche Stolz hindert ihn nicht daran, würdevolles Mitleid an den Tag zu legen. Bourgogne pflegt schon im voraus das Bild, das er den zukünftigen Untertanen von sich vermitteln will. Er nährt seine Popularität und fordert, daß man Loblieder auf ihn anstimmt. Er stellt von vornherein seine eigene Person über die der anderen: Er will nicht als Kind behandelt werden oder »sich auf Scheindarlegungen statt auf gründliche Erklärungen einlassen«. Seine Sprüche und Verhaltensweisen sind am ganzen Hof bekannt. Der König ist hingerissen. Der »Mercure de France« und die »Gazette« berichten darüber.

Während man diesem kleinen puppenhaften König lobhudelt, denkt man nicht an Berry, obwohl er die Spiele seines älteren Bruders bis zu jenem Tag im Mai 1758 teilte, als dieser mit sieben Jahren unter der Fuchtel seines Erziehers, des Herzogs von La Vauguyon, nach dem Brauch »zum Manne geworden« war. Berry bleibt mit seinen jüngeren Brüdern bei Frau von Marsan. Da er nicht so lebhaft, vielmehr schweigsam und oft mürrisch ist, sind seine Eltern wenig von ihm angetan. Seine Gouvernante kümmert sich um ihn, aber sie bringt ihm nicht die gleiche Zärtlichkeit wie seinen jüngeren Brüdern entgegen. Berry folgt aufmerksam seinen ersten Unterrichtsstunden und lernt schreiben, indem er dieselben moralischen Maximen wie Bourgogne abschreibt. Sie lauten zum Beispiel: »Es ist Gott, der Ihnen die Macht gegeben hat, Ihre Stärke kommt von oben... Von Ihrer Natur her sind Sie den anderen Menschen ebenbürtig...«

Berry bemüht sich fleißig und wirkt inmitten seiner noch kindlichen Welt etwas isoliert. Man vergißt ihn leicht – so etwa bei einem Fest für die kleinen Prinzen und Prinzessinen, bei dem eine Verlosung die Hauptattraktion darstellt. Jeder muß sein Los der Person geben, die er am meisten liebt. Die Königskinder werden sehr schnell mit Geschenken überhäuft. Inmitten des Lachens und Geschreis steht nur Berry mit leeren Händen da. Niemand hat daran gedacht, ihm etwas zu schenken. Als er endlich sein Spielzeug durch das Los bekommt, behält er es und weigert sich, es irgend jemandem zu geben. Daraufhin wird er gefragt, warum er die Spielregeln verletzt, und er entgegnet völlig gefaßt: »Ich weiß, daß niemand mich liebt. Auch ich liebe niemanden, und ich brauche deshalb auch keine Geschenke zu machen.« Ganz gleich ob das Kind wörtlich so gesprochen hat – die Anekdote ist bezeichnend. Sie ist sogar von nicht geringer Bedeutung, um die Persönlichkeitsentwicklung des künftigen Ludwigs XVI. zu verstehen.

Ein Jahr vor dem für die Aufnahme »bei den Männern« eigentlich vorgesehenen Datum kam es zu einem Einschnitt im Leben Berrys. Denn 1760 wurde der charmante Bourgogne sehr schwer krank. Infolge eines Sturzes, den er sich beim Spielen mit seinem Holzpferd zugezogen hatte, begann er zu hinken, und an seiner Hüfte bildete sich eine Geschwulst. Man beschloß, ihn zu operieren, natürlich ohne jede Betäubung. Stoisch erlitt das Kind den Messerschnitt, der »eine Öffnung von gut vier französischen Zoll schaffte«, während sein Vater, seine Mutter, und die Königin angstvoll im Nebenzimmer warteten. Nach dem Eingriff schöpfte die Dauphine neue Hoffnung: »Ich bin noch außer mir über den plötzlichen erlittenen Umschwung von der größten Beunruhigung zur größten Freude, meinen Sohn nach der Operation vernünftig und tapfer zu sehen, so sehr gefaßt und ruhig, fast so heiter, als wäre ihm nichts geschehen.«

Der kleine Prinz erholt sich langsam. Man denkt daran, ihm einen Spiel- und Arbeitsgefährten zu geben. Berry, dessen Gesundheit nach der üblichen medizinischen Untersuchung als vorzüglich bezeichnet wird, verläßt seine Gouvernante und wird »bei den Männern aufgenommen«. Aber das ihm zu Ehren an seinem sechsten Geburtstag stattfindende Feuerwerk kann ihn über diesen Umschwung in seinem Leben nicht hinwegtrösten. Denn nun beginnen die Sorgen. Er weint viel. Als sein Erzieher deshalb bekümmert ist, entgegnet ihm der Dauphin: »Warum beunruhigen Sie die Tränen eines Kindes? Mich erfreuen sie. Die Wirkungslosigkeit Ihres Feuerwerks auf das Herz meines Sohnes verbürgt mir, daß er eins hat und es gut bewahren wird.«

Die drei Jahre, die die Brüder voneinander trennen, schaffen zwischen ihnen einen beträchtlichen Abstand. Ans Liegesofa gefesselt, beschließt Bourgogne, die Erziehung seines Bruders selbst in die Hand zu nehmen, »mit einer Ernsthaftigkeit, die andere ein bißchen zum Lachen reizt«. Er behandelt Berry wie einen Untertan – zwar einen begünstigten, aber dennoch einen Untertan. Bourgogne ist ganz von der Überlegenheit durchdrungen, die sein dreijähriger Vorsprung und sein Rang als künftiger Dauphin ihm sichern. Er genießt es, den artigen Berry auf subtile Art und Weise zu unterdrücken. Er bläht sich zum tugendhaften Beispiel auf. So ließ er sich eines Tages, als Berry sich ihm zugesellt hatte, eine Kassette bringen. Darin befanden sich die Gewissensprüfungen, die der Abbé von Radonvilliers jede Woche für ihn verfaßte, sowie die monatlichen Zusammenfassungen mit Randbemerkungen über die Anstrengungen, die der Prinz unternahm, um sich zu bessern. In Anwesenheit ihres gemeinsamen Erziehers, des Herzogs La Vauguyon, und des Hilfserziehers, Herrn von Sinéty, rief Bourgogne den kleinen Berry zu sich. »Mein Bruder«, sagte er ihm, »hören Sie, wie man mich von meinen Fehlern befreit hat. Das wird auch Ihnen guttun.« Sodann befahl Bourgogne Herrn von Sinéty, mit dem Lesen zu beginnen und nichts auszulassen. Bei fortschreitender Lektüre mußte Bourgogne erröten. Als er zu einem bestimmten Abschnitt gelangte, schlug der Hilfserzieher vor aufzuhören. Aber in einer Aufwallung von Stolz antwortete ihm der Prinz: »Nein, fahren Sie fort bis zum Schluß... von diesem Fehler glaube ich geheilt zu sein.«

So erlaubt sich Bourgogne auf Kosten seines Bruders die Wonne einer maßlosen Eigenliebe, die den Anschein tiefster Demut trägt. Was hat Berry, dieses Kind, das sich niemandem anvertraut, dabei wohl empfunden? Natürlich kann er das Spiel seines älteren Bruders nicht durchschauen, und alles läßt darauf schließen, daß er sich diesem ihm nahezu vollkommen erscheinenden Bruder völlig unterlegen fühlt. Nie wird jemand ihn trösten und die Wahrheit an den Tag bringen, damit er ein anderes Bild von sich selbst und seinem Bruder gewinnt. Im Gegenteil: Ununterbrochen schmeichelt die Umgebung dem unverschämten Bourgogne auf Kosten des empfindsamen Berry. Dies schließt eine gewisse Grausamkeit gegenüber dem Älteren, dessen gesundheitlicher Zustand sich nicht bessert, manchmal nicht aus. Als eine wohlmeinende Seele Bourgogne eines Tages fragte, »ob er sein Recht des Älteren nicht Monseigneur, dem Herzog von Berry, abtreten wolle, wenn es ihm dafür ebenso wohl erginge wie diesem«, entgegnete er mit ehrfurchtgebietendem und entschiedenem Ton: »Nein, niemals, auch wenn ich mein Lebtag im Zustand, in dem ich mich jetzt befinde, zu Bett liegen müßte.« Man hatte gerade in seiner Gegenwart über den Infanten von Spanien gesprochen, dessen Geistesschwäche ihn vom Thron fernhielt; er nannte ihn bloß »den Verdammten«.

Sogar in seinen Spielen will Bourgogne immerzu recht behalten, und dabei geben selbst seine Hagiographen zu, daß er schummelte. Dies hält ihn nicht davon ab, Berry zu schelten, wenn jener weint, weil er kein einziges Spiel gewonnen hat. Von seiner Allmacht überzeugt, glaubt Bourgogne seinem Bruder die Leviten lesen zu müssen, wenn Berry brummig ist und als störrischer Untertan Gerechtigkeit fordert. »Er tadelt ihn unter vier Augen, aber mit der Feierlichkeit eines Prinzen, der das Recht hat, Ratschläge zu erteilen, und eines Tages befehlen wird.«

Allerdings darf man nicht vergessen, daß der gesundheitliche Zustand Bourgognes sich während dieser Monate, in denen Berry zu seinem Prügelknaben wird, unaufhaltsam verschlimmert. Jede Bewegung ist ihm unerträglich. Das Leben verläßt ihn, und zweifellos dient ihm diese bewußte oder unbewußte Grausamkeit gegenüber seinem Bruder dazu, sich zu beweisen, daß er noch lebt. Im November 1760 begreifen seine Eltern, daß er verloren ist. »Herr Dauphin und Frau Dauphine sind in einem schmerzvollen Zustand von Niedergeschlagenheit, der kaum vorstellbar ist«, bemerkt der General von Fontenay.

Man entschließt sich also, Bourgogne taufen, firmen und ihn seine erste Kommunion empfangen zu lassen, nachdem sein Beichtvater ihm enthüllt hat, daß sein Ende naht. Immer noch königlich, möchte Bourgogne offenbar, daß sein Tod beispielhaft für seine Umgebung wird. Niemand denkt daran, sich um Berry zu kümmern. Seine Eltern sprechen niemals über ihn, und der kleine Junge nimmt als Zuschauer und Handelnder am langen und entsetzlichen Todeskampf seines Bruders teil, der noch keine zehn Jahre alt ist und den man religiös auf das Jenseits vorbereitet.

Mit seinem völlig mit Schorf bedeckten Körper lebte Bourgogne jedoch noch bis Ostern 1761. Erhaben bis zum Ende, entgegnete er La Vauguyon, der ihn fragte, ob er dem Leben nachtrauere: »Ich gebe zu, daß ich es mit Bedauern verlasse, aber ich habe es schon vor langer Zeit Gott geopfert.« Die Dauphine, die das Sterben ihres Lieblingssohnes mit ansehen mußte, jammerte: »Heute hat er wieder eine furchtbare Nacht verbracht«, schrieb sie an ihren Bruder, »und alles sagt mir, daß mein Unheil nicht fern ist. Sie kennen meine Zärtlichkeit für dieses Kind, und Sie ermessen meinen Schmerz.« Einige Tage vor Ostern wurde auch Berry, wahrscheinlich von Hoffnungslosigkeit und Furcht besiegt, krank. Das ersparte ihm, den letzten Augenblicken seines Bruders beizuwohnen, der kurz nach Ostern, am 22. März, mit den Rufen »Mama, Mama« verschied.

Dem unermeßlichen Schmerz der königlichen Familie mangelt es nicht an Aufrichtigkeit, und man muß deren Seltenheit in einer Epoche betonen, in der die Kindersterblichkeit noch sehr hoch ist. Kaum je wurde beim Tod eines so jungen Prinzen ein solcher Kummer gezeigt. Der König und die Königin gesellten sich zum Dauphin und zur Dauphine. Man rief die Grafen von Artois und von Provence herbei, um ihre verzweifelten Eltern zu trösten. Berry nahm nicht an der allgemeinen Bestürzung teil. Seine »Krankheit« fesselte ihn ans Bett, und so verpaßte er den familiären Gefühlserguß. Es ist nicht bekannt, wer ihm die Nachricht vom Ableben seines Bruders überbrachte. Welche Alpträume mögen das Kind verfolgt haben, als es – nach der Genesung und nachdem es die heute so genannten »Reaktionsstörungen« überwunden hatte – in den Gemächern von Bourgogne untergebracht wurde?

Berry ist noch keine sieben Jahre alt, als ihn der Tod seines Bruders zum unmittelbaren Thronfolger nach seinem Vater macht. Seine Eltern sind untröstlich: Für sie besaß Bourgogne alle Tugenden des künftigen Herrschers, und Berry gibt neben ihm eine kümmerliche Figur ab. Ihre Zuneigung wendet sich den beiden Jüngsten, Provence und Artois, zu. Berry scheint die Rolle des Ältesten geradezu usurpiert zu haben. Warum hat der Tod nicht ihn statt seines Bruders getroffen? Als der Dauphin sich in das Gemach begibt, das seit einiger Zeit von Berry bewohnt wird, gesteht er, vier Monate nach dem Tod seines ersten Sohnes, daß dies »seine Wunde wieder mit einer unsagbaren Heftigkeit aufgerissen hat. Die Örtlichkeiten und selbst die Mauern erinnern uns wie ein Gemälde an den Verlust. Mir ist, als sähe ich hier seine eingravierten Züge und hörte seine Stimme. Die Illusion ist mächtig und grausam«, seufzt er schmerzerfüllt.

Der Dauphin flüchtete sich nun ins Studium, vertiefte sich stundenlang in seinem Arbeitszimmer in das Finanz- und Handelswesen, versuchte die Probleme der Landwirtschaft zu verstehen und die militärischen Abkommen zu verfolgen. Die Feinheiten des französischen Rechts nahmen ihn so sehr gefangen, daß Ludwig XV. ihn eines Tages im Scherz fragte, ob er nicht Anwalt an der Tournelle* werden wolle. Er las ausführlich die Theoretiker der absoluten Monarchie, unter denen Cardin Le Bret einen auserwählten Platz einnahm. Von diesen Texten durchdrungen, die er mit der Ethik Fénélons verband, versuchte der Dauphin sich eine theoretische Grundlage zu schaffen, die es ihm erlauben würde, den Irrtümern seines Jahrhunderts entgegenzutreten. Ludwig Ferdinand wollte die Politik der Moral unterstellen, wie dies früher der »Schwan

---

* Strafrechtskammer am Pariser Parlament (Gerichtshof). (Anm. d. Übers.)

von Cambrai«* dem jungen Herzog von Bourgogne vorgeschlagen hatte. Darüber hinaus hatten seine jesuitischen Ratgeber Ludwig Ferdinand vor der zunehmenden Irreligiosität und vor »allen Ungeheuern, die damit verbunden sind«, gewarnt: dem Unabhängigkeitsgeist, der die Kritik an den Institutionen bis hin zur Idee der Republik fördere, und der gleichgültigen Haltung gegenüber dem Staatswohl, welche die Menschen zu Mitbürgern statt zu Untertanen des Königs mache. Gleichwohl beruhigte sich der Dauphin mit dem Gedanken, daß »ein weiser und religiöser Herrscher, der nichts weiter als Gerechtigkeit wünscht und dessen Macht innerhalb wie außerhalb des Königreiches geachtet und gefürchtet werden muß, seinem Jahrhundert den Ton angibt«. Ein frommer Monarch, wachsam, würdig, entschlossen und streng: Das war also das Ideal, dem er nacheiferte und das er seinem Sohn ebenfalls nahebringen wollte.

Mit Unterstützung seiner Frau will der Dauphin die Erziehung desjenigen in die Hand nehmen, der zur Regierung auserkoren ist. Ihr Leben lang werden Ludwig Ferdinand und Maria Josepha den Erzieher der »Söhne Frankreichs« persönlich anleiten. Nach einigem Zögern wählen sie für dieses Amt Paul Jacques de Quelen aus, Graf von La Vauguyon. Dieser hatte sich als *Menin*** des Dauphins – dessen religiösen Eifer, dessen Haß auf die Philosophen und dessen Vorstellung von Monarchie er teilte – während der Schlacht von Fontenoy hervorgetan, woraufhin er zum Quartiermeister befördert worden war. Er verfolgte eine relativ glänzende Militärlaufbahn, deren Erfolg er jedoch eher seinem Namen als persönlichen Verdiensten verdankte. Seine Berufung zum Erzieher erfuhr er bei der Armee der Hannoveraner, wo er 1758 diente. Einige Monate später wurden seine Verdienste belohnt: Er erhielt den Titel eines Herzogs und *Pair*. Die Zeitgenossen haben die Wahl des Dauphins, die allerdings von Ludwig XV. bestätigt wurde, sehr negativ beurteilt. In ihren Augen ist der Erzieher der »Söhne Frankreichs« ein scheinheiliger und engstirniger Intrigant. Aber solange Ludwig Ferdinand lebt, ist ihm La Vauguyon völlig ergeben.

Bei seiner erzieherischen Aufgabe wurde La Vauguyon vom Hauslehrer, Monseigneur von Coëtlosquet, Bischof von Limoges, »einem sehr weisen und umsichtigen Prälaten«, und von mehreren untergeordneten

---

* Gemeint ist François Fénelon, der von 1689 bis 1694 Hauslehrer des damaligen Herzogs von Bourgogne war (nicht des Bruders von Berry) und dessen politische Ansichten Ludwig XIV. mißfielen. (Anm. d. Übers.)
** Junger Edelmann, der zusammen mit dem Dauphin aufwächst. (Anm. d. Übers.)

Hauslehrern, wie dem geistreichen Abbé von Radonvilliers, einem Mitglied der Académie française, unterstützt. Die beiden Geistlichen standen den Jesuiten nahe. Der Bischof von Limoges gewährte ihnen seine diskrete Unterstützung.

Der Dauphin machte sich Sorgen über die intellektuellen Fähigkeiten seiner Kinder und insbesondere über die von Berry. Zunächst hatte er seinen Großvater, Stanislas Leszczyński, zu Rate gezogen und ihm vorgeschlagen, sich in Versailles niederzulassen, um seinen Urenkeln »den Katechismus der Völkerliebe« beizubringen, während die Dauphine die Kinder in Religion unterrichten sollte; aber Stanislas hatte die Einladung abgelehnt. Der Dauphin beschloß daher, seine Söhne von einem hervorragenden Jesuiten, dem Pater de Neuville, prüfen zu lassen, den er für »den fähigsten Mann hielt, den Mann im Kinde zu erraten«. So empfing man den guten Pater in Versailles; es wurde abgemacht, daß die Kinder sich ganz nach Belieben austoben sollten und daß der ehrwürdige Geistliche sie beobachten würde, um ihnen später Fragen zu stellen, die er für zweckmäßig erachtete. Der Dauphin hatte ihn gebeten, »mit seiner apostolischen Offenheit zu sagen, was er über die Zukunft, insbesondere die des Ältesten, voraussagen könne«. Wie man sich denken kann, äußerte sich der Jesuit in großer Vorsicht über Berry und behauptete, »daß er weniger lebhaft und von geringerer Anmut sei als seine Prinzenbrüder, daß er ihnen jedoch hinsichtlich der Urteilsfähigkeit und Herzenseigenschaften in nichts nachstehe«. Das Urteil beruhigte Ludwig Ferdinand: »Ich bin entzückt«, rief er aus, »wie Sie meinen Ältesten durchschauen.« Erfreut fuhr er fort: »Ich habe ihn immer für eines dieser ungekünstelten Wesen gehalten, die nur mit Zurückhaltung versprechen, was sie eines Tages reichlich geben werden.«

Bevor ein regelrechtes Erziehungsprogramm angewendet werden konnte, mußte man für Berry ein Vorbild finden. Im Einverständnis mit dem Dauphin beschloß La Vauguyon, eine »gekürzte Sammlung der Tugenden von Monseigneur, dem Herzog von Bourgogne«, für Berry zu verfassen. Es war eine Hagiographie des kleinen Verstorbenen, die ihn mit allen moralischen Herrschertugenden schmückte: Sein bewundernswertes Mitleid, die Reinheit seines Herzens, seine Fähigkeit, alle Leidenschaften zu überwinden, der Stolz auf seine Abkunft, sein Respekt für den König, die natürliche Klarheit seines Verstandes, seine Begabung für die Wissenschaften, seine umfassenden Kenntnisse, seine Neigung zur Beobachtung der Handwerkskünste und sogar sein besonderer Sinn für Ökonomie wurden hier verherrlicht.

Dies also ist das Idol, das man dem ungeliebten Prinzenkind vorhält, dem man unterschwellig anlastet, den Platz des einzigartigen Älteren eingenommen zu haben. Dieser heilige Märtyrer der Monarchie soll seiner Laudatio nach am Vorabend seines Hinscheidens eröffnet haben: »So bin ich ein weiteres Osterlamm, das bereit ist, dem Herrn geopfert zu werden!« Mit der Vergötterung seines Bruders muß Berry seine unschuldige Usurpation abbüßen. Muß er sich deshalb nicht auch unbewußt mit dem Bild des büßenden Opfers identifizieren? Die Worte, die Bourgogne gesprochen haben soll, verweisen auf jene, die später der Abbé Edgeworth von Firmont verwenden wird. Als die Henker die Hände des Königs zusammenbinden wollen, sagt Firmont: »Sire, in dieser erneuten Schmähung sehe ich einen letzten gemeinsamen Zug zwischen Eurer Majestät und dem Gott, der Sie belohnen wird.«

Nachdem er den Geist Bourgognes unwiderruflich in Berrys Leben eingepflanzt hat, nimmt La Vauguyon die Erziehung des jungen Prinzen wieder auf, die er während der Krankheit des Älteren etwas vernachlässigt hatte. Zunächst geht es darum, seine Grundbildung zu vervollständigen. Als er »den Männern beitrat«, konnte Berry bereits lesen und schreiben; er kannte die Grundzüge der Heiligen Geschichte, und Philippe Buache hatte ihn durch Kartenlesen in Geographie unterrichtet. Von nun an widmet er einen Großteil seiner täglichen siebenstündigen Arbeitszeit dem Studium der Geschichte, des Latein, der Mathematik und der lebenden Sprachen. Als Gegner spielerischer Lehrmethoden lehnt der Dauphin das vom Abbé von Radonvilliers vorgeschlagene sehr moderne System zur Erlernung von Sprachen ab. In der Tat schlug dieser liebenswerte Gelehrte vor, mit der Praxis zu beginnen, bevor man zur Syntax schreite, um das Interesse des Schülers um so mehr zu wecken. Aber der Dauphin ist der Meinung, daß sein Sohn durch strenge Übungen ausgebildet werden müsse. Er soll ruhig leiden.

Zweimal in der Woche, mittwochs und samstags, unterziehen seine Eltern ihn einer regelrechten Prüfung. Das Prinzenpaar zeigt sich ihm gegenüber sehr anspruchsvoll, und die geringste Verfehlung wird streng bestraft. So darf der junge Prinz am Hubertustag nicht an der Jagd teilnehmen, weil sein Vater seine Arbeit für ungenügend hält. Die königliche Familie ist bestürzt; der Hof ist erschüttert. In der Tat ist der Hubertustag der feierlichste aller Jagdtage. Der König greift zugunsten des unglücklichen Berry ein, indem er klagt: Wer seine Enkelkinder bestrafe, bestrafe ihn selbst. Vergeblich. Der Dauphin bleibt ungerührt: »Mein Sohn befindet sich in einer Stellung, in der man aufpassen muß, daß er sich nicht an Unachtsamkeiten gewöhnt«, sagt er. »Wenn ich ihm schlechte Arbeiten durchgehen lasse, so werden die anderen noch schlechter werden, weil er hofft, ohne Strafe davonzukommen. Es ist wichtig, daß er lernt und daß er gut lernt; ich will, daß er den Rang einnehmen kann, den er eines Tages einnehmen muß. Er soll frühzeitig dafür ausgebildet werden, oder er wird niemals etwas ausrichten können...« So wird Berry öffentlich gedemütigt – nur zu seinem Besten, auf Wunsch seines Vaters.

Manchmal geschah es, daß dieser unerbittliche Vater die Fähigkeiten seines Sohnes anerkannte. Im Juni 1762 – Berry ist noch keine acht Jahre alt – bemerkte er, daß »er große Fortschritte in Latein und erstaunliche in Geschichte macht, die er nach Fakten und Daten mit einem bewundernswerten Gedächtnis vortrefflich behält. Das Gedächtnis von Provence (dieser ist jetzt sieben Jahre alt und wird gemeinsam mit seinem Bruder unterrichtet) ist in seiner Aufnahmefähigkeit noch besser, und Sie werden nicht glauben, wie viele lateinische Wörter er sich in einem Monat in den Kopf gepaukt hat... Meine Söhne sind mein ganzer Trost. Sie sind wirklich hübsch und lernen alles, was man will«, fügte er hinzu.

Der Historiker David Hume, der sich im Oktober 1763 nach Versailles begab, war angenehm überrascht vom Empfang durch den kleinen Herzog von Berry. »Was sich letzte Woche zugetragen hat«, schreibt er, »als ich die Ehre hatte, den Kindern des Dauphins in Versailles vorgestellt zu werden, ist eine der wundersamsten Szenen, die ich bisher erlebt habe. Der älteste Sohn, Herzog von Berry, ein zehnjähriger Junge, näherte sich und sagte mir, wie viele Bewunderer und Freunde ich in diesem Land hätte, und daß er sich wegen des Wohlgefallens, das die Lektüre vieler Auszüge meiner Werke ihm bereitet, zu ihnen zähle. Als er geschlossen hatte, begann der Graf von Provence ... seine Rede und teilte mir mit, daß ich seit langer Zeit ungeduldig in Frankreich erwartet würde...« Hatten Berry und Provence ihr Kompliment vielleicht auswendig gelernt? Es ist anzunehmen. Aber wer hatte es für sie verfaßt? Niemand weiß es. Nichtsdestoweniger hinterlassen sie einen glänzenden Eindruck. Auch werden die Werke Humes den künftigen Ludwig XVI. eigenartigerweise bis ans Ende seiner Tage begleiten.

Im Laufe dieses Jahres 1763 beschließt La Vauguyon, mit der ethischen und politischen Ausbildung des jungen Prinzen zu beginnen. Er begreift seine Aufgabe als eine Reihe von Gesprächen zwischen ihm und seinem Schüler. In diesem Sinne verfaßt er einen langen moralisierenden und hochgeschraubten Text mit dem Titel »Erste Unterhaltung mit

Monseigneur, dem Herzog von Berry, am 1. April 1763, sowie allgemeiner Plan der Unterrichtung, die ich mir vorgenommen habe, ihm zu geben«. Er erinnert Berry noch daran, daß er seinen Rang nur dem ungerechten Tod des unvergleichlichen Herzogs von Bourgogne verdankt, dessen Loblied er erneut anstimmt. Es scheint dem künftigen Ludwig XVI. wirklich nicht vergönnt, sich selbst zu leben. Der Geist seines Märtyrerbruders, der ihm ständig zur Seite ist, gewährt ihm das Leben und ruft ihm gleichzeitig seine eigene Unwürdigkeit in Erinnerung. »Es ist Zeit, Ihrer hohen Berufung nachzukommen. Frankreich und ganz Europa haben die Augen auf Sie gerichtet«, behauptet der Erzieher vor dem Kind, das diese vom Schicksal aufgezwungene Aufgabe nur als Last empfinden kann. Es läßt sich denken, wie ihm zugeredet werden mußte, wenn man versuchen wollte, ihn auf das hochgelobte Niveau seines älteren Bruders zu heben.

Nach dieser gleichsam kastrierenden Präambel geht La Vauguyon zum eigentlichen Thema über, wobei er sich vorsichtig hinter den Königspflichten verschanzt, die Bossuet in vier Grundsätzen zusammengefaßt hat: Frömmigkeit, Güte, Gerechtigkeit und Entschlossenheit. Hier hat La Vauguyon Gelegenheit, einige grundlegende moralische Herrscherpflichten einzuflechten. Der ideale Prinz muß Gott und der Kirche treu ergeben sein, seine »Milde muß verbrecherische Nachsicht ausschließen«. Als Vater seiner Untertanen wird er nie einen ungerechten Krieg führen; er liebt die Wahrheit, vertreibt die Schmeichler, bleibt seinem Wort treu, vermeidet den Luxus und fördert die Landwirtschaft. Für seine Ausbildung hat vor allem die Historie grundlegende Bedeutung, denn in ihr wird er »die dienlichsten Maximen finden, um die Zügel in die Hand zu nehmen und nach und nach eine edle, christliche Politik zu entwickeln«.

Zwei Punkte werden betont, die sich offenbar besonders auf Berry beziehen. La Vauguyon warnt ihn vor der Gefahr, sich in Einzelheiten zu verlieren, und ermahnt ihn, Entschlossenheit nicht mit Starrsinn zu verwechseln, »für den Sie eine natürliche Neigung haben«, wie er sagt. Dies sind die einzigen wirklich persönlichen Bemerkungen in diesem aufgeblasenen Text. Zum Schluß beschwört der Erzieher seinen Schüler lediglich, sich selbst durch eine gründliche Gewissensprüfung kennenzulernen. Leider ist der Text dieser Selbstanalyse nicht erhalten; wahrscheinlich hat ihn der Prinz selbst vernichtet.

Bald folgte ein zweites »Gespräch« dem ersten. Es war manchmal konfus und immer hochtrabend der Frömmigkeit des Herrschers gewidmet. Das Kind dürfte daraus gelernt haben, daß es wie alle anderen Menschen eine Kreatur Gottes ist, die christliche Nächstenliebe ausüben soll. Allerdings sollte es sich auch für den Rang würdig zeigen, den die Vorsehung ihm bestimmt hatte.

Berry denkt über die Texte seines Hauslehrers nach. Was hält er davon? Was empfindet er für diesen Menschen, der seinen Eltern treu ergeben ist und immer mehr von ihm verlangt, während er ihm gleichzeitig Schuldgefühle einflößt? Keiner weiß es, aber alles deutet darauf hin, daß er ihm keine sehr zärtlichen Gefühle entgegenbringt. Er erträgt ihn schweigend. Einige Jahre später sagt Marie Antoinette, daß er ihn fürchtete. Zweifellos hatte sie nicht unrecht. Als Ludwig XVI. als König einen Erzieher für seinen eigenen Sohn auswählen muß, antwortet er dem jungen Herzog von La Vauguyon, der ihm seine Dienste anbieten will: »Es tut mir leid, Sie ablehnen zu müssen, aber Sie wissen doch, daß Sie und ich so schlecht wie möglich erzogen worden sind.«

Während die Studien Berrys die eines zukünftigen Herrschers wurden, verschlechterte sich das Verhältnis des Dauphins zu Ludwig XV., der alles tat, um die Rolle seines Sohnes auf ein Mindestmaß zu beschränken. Während des Siebenjährigen Krieges hatte ihn der König als Truppenkommandanten abgelehnt, und Ludwig Ferdinand gab ihm nun die Schuld an den militärischen und diplomatischen Mißerfolgen. Vor allem aber warf er seinem Vater vor, daß er die Jesuiten entlassen hatte.

Beinahe jeden Tag prallte der Rigorismus des Dauphins mit der geistreichen Ironie von Choiseul zusammen, der seit 1758 der wichtigste Minister war. Die Stimmung des Prinzen verfinsterte sich; er begann abzumagern. Indes machte sich niemand darüber Gedanken, und Maria Josepha sagte, sie habe ihn nie »so stark und schön gesehen«. Im Jahr 1765, während der Manöver bei Compiègne, führte er sein Regiment, die »Dauphin-Dragoner«, noch einmal schwungvoll an – so als handele es sich um einen letzten Ritt. Am 11. August bekam er heftiges Fieber, das von trockenem Husten begleitet war, dem bald Erstickungsanfälle folgten. Vergeblich ließen ihn die Ärzte, die an eine Lungenentzündung glaubten, mehrfach zur Ader. Obwohl er versuchte, ein normales Leben zu führen, siechte der Prinz jeden Tag mehr dahin. »In Wahrheit ist er eine arme Kreatur, man könnte sagen ein Gespenst«, berichtete Horace Walpole am 3. Oktober. Sein Urteil über den Herzog von Berry ist kaum optimistischer. Er findet ihn »kränklich, und seine Augen sind schwach«. Wieder einmal kümmert sich niemand um das Kind. Seine Mutter und sein Erzieher widmen sich ausschließlich dem Dauphin, der bald bettlägerig wird. Von nun an finden die Prüfungen seiner Kinder rund um sein Lager statt. Am 19. Oktober eröffnet La Vauguyon den jungen Prinzen, daß die Tage ihres Vaters gezählt seien. In Anwesenheit des Dauphins kann Berry seine Tränen nicht zurückhalten. Vielleicht will der Prinz sich nicht von der Ergriffenheit seines Sohnes anstecken lassen, oder aber es handelt sich um eine Aufwallung unbewußter Grausamkeit gegen dieses unwürdige Kind, das ihm nachfolgen soll – jedenfalls sagt er zu ihm: »Nun gut mein Sohn, dachten Sie etwa, ich sei nur erkältet?... Hätten Sie früher von meinem Zustand erfahren, so hätten Sie sicher gesagt: Um so besser, er wird mich nicht mehr daran hindern, zur Jagd zu gehen.« Dabei hat Berry es nur gewagt, seine Gefühle preiszugeben! So bleibt ihm nichts anderes übrig, als seine Tränen herunterzuschlukken und zu arbeiten. Selbst im Sterben verfolgt der Vater ohne Unterlaß seine erzieherische Aufgabe. Berry versucht ihn anzusprechen, wagt, ihm zu gestehen, daß »die Zeit am schnellsten verstreicht, wenn er lernt«. Da ist der Dauphin ausnahmsweise mit seinem Sohn zufrieden und umarmt ihn. Jedoch erspart er ihm keineswegs die moralinsaure Lektion über »das Glück eines Mannes, der seine Zeit gut zu nutzen weiß«.

Im Dezember liegt Ludwig Ferdinand im Todeskampf. »Der König und die ganze königliche Familie, die nicht von seiner Seite wich, rührten sogar die Höflinge.« Am 20., gegen halb neun morgens, stirbt er. Am Vorabend hatte er seine Söhne dem Herzog von La Vauguyon anvertraut, und er empfahl ihnen »vor allem Gottesfürchtigkeit und Liebe zur Religion«. Sie sollten den Anweisungen ihres Erziehers folgen, »für den König stets die vollkommenste Ergebenheit sowie den tiefsten Respekt hegen und ihr ganzes Leben Madame Dauphine den Gehorsam und das Vertrauen bewahren, die sie einer solch verehrungswürdigen Mutter schulden«. Er hatte den König darum gebeten, seine Gattin weiterhin die »absolute Herrin der Erziehung ihrer Kinder« sein zu lassen.

Maria Josepha ist vom Tod ihres Gemahls buchstäblich niedergeschmettert: Als man ihr die Nachricht überbringt, weilt sie mit ihren Kindern gerade bei Madame Adélaïde und fällt in Ohnmacht. Der Tod seines einzigen Sohnes löst beim König Bestürzung aus, er weint mit seiner Schwiegertochter und nimmt seine Enkelsöhne zärtlich in den Arm. Er verläßt sofort das Schloß von Fontainebleau, wo der Dauphin gestorben ist, und nimmt Maria Josepha und Adélaïde in seiner Karosse mit. Er will die letzten Tage des Jahres in Choisy verbringen, »um die Neujahrswünsche zu meiden«. Er umgibt seine Schwiegertochter mit tausend Aufmerksamkeiten und behandelt sie weiterhin wie eine zukünftige Königin. In Versailles gibt er ihr das alte Gemach von Madame de Pompadour, in der Nähe des seinigen. Er nimmt die Gewohnheit an, sie täglich zu besuchen und seinen Kaffee mit ihr zu trinken. Bald gibt sie zu, daß sie »ohne die Güte des Königs... ihren großen Verlust nicht überdauert hätte«, aber daß »seine Besuche, die ihr durchaus Freude bereiten, ihr zugleich einen Stich ins Herz versetzen, da sie sie an den erinnern, der ständig bei ihr ein und aus ging; darüber hinaus ist es recht störend«, seufzt sie, »keinen Augenblick sicher zu sein«.

Die Prinzessin versinkt in einen krankhaften und zur Schau gestellten Schmerz. Sie läßt ihre Gemächer schwarz aushängen und beleuchtet sie nur noch mit gelbem Kerzenschein. Sie schneidet sich das Haar ab, und um »ihr Gesicht genauso hell wie ihre Seele zu machen«, legt sie kein Rouge mehr auf. Sie läßt sich ganz auf den Totenkult ein: »Meine Seele liebt die Hand, die sie geschlagen hat, sie befindet sich im bittersten Schmerz, alles zerreißt sie, sie kann sich nur mit dem beschäftigen, was sie geliebt hat, liebt und lieben wird, solange sie meinen Körper bewohnt«, schreibt sie an ihren Bruder. »Sie sucht ununterbrochen den Ort auf, der die Hülle ihrer Liebe birgt... diese Gruft erscheint ihr anziehender als alle Paläste auf Erden...« Um ihr Zimmer zu verschönern, läßt Maria Josepha vom Grabmal ihres Gatten eine Miniatur anfertigen.

In ihrer Verzweiflung sucht die Prinzessin keinerlei Trost bei ihren Kindern – vor allem nicht bei Berry, der die Stelle seines Vaters einnimmt. Von nun an ist er als Dauphin zur zweiten Person des Königreichs geworden. Seine Mutter leidet mehr darunter als jeder andere und zeigt es sogar öffentlich bei den Osterfeierlichkeiten 1766, als das Kind seinem Rang entsprechend auftreten muß. Ludwig XV. stößt seinen Enkelsohn nicht zurück, aber dieser unglückliche Erbe ohne jeden Charme ist ihm fremd. »Ich kann mich nicht daran gewöhnen, keinen Sohn mehr zu haben«, schreibt er an den Infanten von Parma. »Statt meines Sohnes wird mein Enkelsohn gerufen. Was für ein Unterschied, wenn ich ihn eintreten sehe.« Obwohl er sich »Papa König« nennen läßt, schüchtert der Großvater den Knaben ein. Berrys einziger Trost (wenn man es so nennen kann) besteht in der hochtrabenden, steifen Fürsorge von La Vauguyon.

Dieser erneuert die Heldentat, die er nach Bourgognes Tod vollbracht hatte, und stimmt in einer »Rede... an den Dauphin« den Umständen gemäß zunächst ein feuriges Loblied auf dessen verschiedenen Vater an. Am 1. März 1766, nach einer Seelenmesse für Ludwig Ferdinand, übergibt er dem Prinzen die Schrift. Das Kind, das drei Stunden lang den Trauerzug angeführt hat, ist erschöpft. Der Erzieher ruft Berry vor das Bildnis seines Vaters, überreicht ihm feierlich den Text und schärft ihm ein, regelmäßig vor dem Bild seines erlauchten Erzeugers in sich zu gehen.

Von nun an muß La Vauguyon seinen königlichen Schüler besonders hervorheben. Wie bei den Prinzen von Geblüt üblich, läßt er die besten Hausaufgaben seines Schülers veröffentlichen. Man beginnt mit der *Beschreibung des Waldes von Compiègne, wie er 1765 aussah,* einem Waldführer, der unter Leitung von Buache hergestellt wurde. Es handelt sich um eine gute Schularbeit, die zeigt, das der Dauphin eine gewisse Begabung für die Kartographie besitzt. Darüber hinaus zeugt diese Hausaufgabe von einer äußersten Aufmerksamkeit für Details und großer Sorgfalt.

Es schickte sich jedoch, ein bedeutenderes Werk zu veröffentlichen. Man stellte daher dem Prinzen die Aufgabe, auf der Grundlage des *Télémaque* von Fénelon, einer der Schlüssellektüren seiner Erziehung, eine Reihe von Maximen zu formulieren. Ludwig erfüllte den Auftrag. Wurde ihm dabei geholfen? Angesichts der sicheren Ausdrucksweise seines Textes ist dies sehr stark anzunehmen. Dennoch geht aus dieser Arbeit, die sechsundzwanzig kurze Artikel umfaßt, hervor, daß der Prinz die für die Könige geltende Morallehre Fénelons verinnerlicht hat: Ungeachtet ihrer Geburt sind die Herrscher als solche keine außergewöhnlichen Wesen; sie sind immer vervollkommnungsfähig und müssen sich bemühen, ein tugendhaftes Leben zu führen, ohne zum Spielzeug der Höflinge zu werden. Der zukünftige Ludwig XVI. scheint insbesondere die Gefahr der Schmeichelei zu fürchten, der er mehrere Abschnitte widmet.

Alles, was die Politik angeht, bleibt recht verschwommen. Indes weiß der Dauphin, daß er seine absolute Macht nur von Gott erhält, dessen Stellvertreter auf Erden er sein wird. Dieser Rückgriff auf den klassischen Begriff der absoluten Monarchie wird durch die Pflicht zur Liebe für die eigenen Völker eingeschränkt. Ohne Liebe zu den Völkern kein Heil für den König, der seinen Untertanen ein Vater sein muß. Sein einziges Ziel besteht in ihrem Glück. Er erkennt also an, daß seine Macht »durch die Regeln der Gerechtigkeit eingeschränkt wird« und sieht ebenfalls die Notwendigkeit ein, sich mit weitsichtigen und tugendhaften Beratern zu umgeben – hauptsächlich mit Gerichtsbeamten. Diese Grundsätze, die ihm im zarten Alter anerzogen wurden, gelangen beim

Jüngling zur Reife und blühen beim König auf, der sie niemals vergessen wird.

Da La Vauguyon mit seinem Schüler zufrieden war, beschloß er, daß dieser sein Werk auch selbst drucken sollte. Eine Druckerpresse wurde in seine Gemächer gebracht, und mit der Hilfe seiner Brüder führte der Dauphin selbst die technischen Arbeiten aus. Er druckte fünfundzwanzig Exemplare seines Werkes, das er Ludwig XV. sogleich überreichte, der ihm aber nicht die erhofften Komplimente machte. Wahrscheinlich war der König durch den moralisierenden Ton und die ständige Tugendschwärmerei irritiert, und so sagte er seinem ziemlich enttäuschten Enkelsohn nur: »Herr Dauphin, Ihre Arbeit ist damit beendet, vernichten Sie die Druckplatte.«

Unter der Fuchtel La Vauguyons mußte der Dauphin seine Studien jedoch fortsetzen. Ohne Lob. Ohne Liebe. Seine Mutter, die sich bei ihrem schwindsüchtigen Gatten wahrscheinlich angesteckt hat, wird von der Krankheit allmählich verzehrt. Ihre Kräfte nähern sich dem Ende, aber in einer lezten Aufwallung von Hoffnung klammert sie sich an ihr schwindendes Leben und beschließt, eine neue Bianca von Kastilien zu werden, die die Schritte des zukünftigen Königs leitet. In einem Delirium, in dem sich Mystizismus und uneingestandener Ehrgeiz mischen, beginnt sie für sich und ihren Sohn von einer heiligen politischen Zukunft zu träumen: »Welch ein König war doch Ludwig IX.! Er war der Schiedsrichter der Welt«, seufzt sie. »Was für ein Heiliger! Er ist der Schutzpatron Ihrer erlauchten Familie und der Schutzherr der Monarchie. Folgen Sie seinen Spuren! Könnte ich doch nur, wie einst die Königin Bianca, die frommen Gefühle erblühen sehen, die ich Ihnen vermitteln werde«, sagte sie zum Dauphin. Auf dem Höhepunkt ihres religiösen Wahns verfaßt Maria Josepha fieberhaft einen neuen Unterrichtsplan für ihren Sohn. Sie stützt sich dabei auf die Ideen und Notizen aus dem Nachlaß Ludwig Ferdinands und erstellt für ihren Sohn eine Art Synopse mit Fragen und Antworten, »um sein Gedächtnis zu entlasten, damit sein Geist nicht überfordert werde«. Religion, Gerechtigkeit und Regierung bilden die drei Hauptachsen dieser Zusammenfassung von Kenntnissen.

Blieb dem künftigen Ludwig XVI. genügend Zeit, um über die Anweisungen seiner Mutter nachzudenken? Konnte er noch lange und vertraulich mit ihr sprechen? Die Zeitgenossen sprechen sehr wenig von dieser Mutter-Sohn-Beziehung, die offenbar eher feierlich und formal war. Was mochte dieser Jüngling für die strenge, von ihrer Frömmigkeit verzehrte

Frau empfinden, die sich einer düsteren Liebe hingab, welche sie dazu brachte, den Verstorbenen wie einen Heiligen anzubeten? Ab dem Beginn des Jahres 1767 lassen die Kräfte der Dauphine immer mehr nach. Bleich und mager irrt sie durch ihre Gemächer und hustet zum Herzerbarmen. »Ich glaubte mit dem Tod selbst zu sprechen, so entstellt fand ich sie vor«, schreibt Martange an Xaver von Sachsen. Dennoch geht in Versailles das Leben unverändert weiter. Am 2. Februar wird der Dauphin als Ritter in den Sankt-Michaelis-Orden aufgenommen. Der Herzog von Croy, der ihn beobachtet, findet ihn »sehr schwächlich und leider kurzsichtig, was ein furchtbares Unglück bedeutet. Andererseits«, fügt er hinzu, »sagte man nur Gutes über die Sanftmut seines Charakters«. Einen Monat später liegt Maria Josepha im Sterben. Am 8. März empfängt sie die Letzte Ölung. Der Dauphin »sieht schlecht aus«, aber seine beiden Brüder scheinen wohlauf zu sein. Die Prinzessin sagt ihren Kindern weinend Lebewohl. Sie stirbt am 13. März.

»Tod meiner Mutter um acht Uhr abends«, verzeichnet der Dauphin in seinem Tagebuch, das er seit Anfang des vorigen Jahres führt. Welcher Art auch immer seine Gefühle zu seiner Mutter gewesen sein mögen, ihr Tod erschüttert den jungen Prinzen zutiefst. Er ist so sehr außer Fassung, daß er krank wird. Alle sehen es ihm an. Wieder einmal bleibt er allein zurück. Sein eigener Tod würde das Problem der Nachfolge aufs glücklichste regeln: Niemand würde ihn vermissen, und er würde seinem glänzenden jüngeren Bruder, dem Grafen von Provence, den Platz freimachen. Genauso denkt man auch bei Hofe. Von nun an wird es üblich, das schlechte Aussehen des Dauphins zu bedauern. Paulmier, der Informant Xavers von Sachsen, schreibt seinem Herrn einen verschlüsselten Brief, in dem er ohne Umschweife verkündet: »Monseigneur, der Dauphin, ist ziemlich schwächlich, und der Herr Graf von Provence wird immer eine gute Partie bleiben.« Es ist undenkbar, daß Ludwig dieses neue Mitgefühl für seine Person nicht gespürt hat. Hält er es für eine wirkliche Sympathiebekundung, oder durchschaut er seine ganze Perversität? Welche Haltung nimmt Provence im vertrauten Kreis ein? Erlaubt ihm seine Scheinheiligkeit, die sich mit subtiler Intelligenz verquickt, seine Bestrebungen zu verhüllen, oder läßt er seinen Bruder aus Tücke erahnen, was er ihm nicht verbergen will?

Der Dauphin überwindet jedoch die Krankheit und die innere Verwirrung. La Vauguyon, der von nun an allein seine Erziehung leitet, knüpft wieder an das Schema der fiktiven Gespräche an, das er seit 1763 unterbrochen hatte. Er schlägt ein Reflexionsthema vor, das er selbst entwickelt und das der Prinz kommentieren soll. Es handelt sich eher um politische Moral als um Regierungsgrundsätze. Dabei begnügt er sich mit einer Vertiefung und Erweiterung der Ideen, die in den *Réflexions* zu *Télémaque* schon angedeutet sind. Natürlich werden neben den Schriften Fénelons noch andere hinzugezogen. Der Dauphin studiert den *Essai d'une institution du droit public* von d'Aguesseau, die *Lois civiles dans leur ordre naturel* von Domat, die *Institution d'un prince* von Duguet und die *Devoirs d'un prince réduits a un seul principe* von Moreau. In all diesen Veröffentlichungen findet man die von Aristoteles beeinflußten Begriffe, die von den Rechtsgelehrten des fünfzehnten und sechzehnten Jahrhunderts entwickelt wurden. Sie enthalten vor allem zwei Grundgedanken, die im Gegensatz zur traditionellen Auffassung der absoluten Monarchie stehen: die natürliche Gleichheit und ein Königtum mit einer väterlichen Komponente.

Die *Entretiens* (Gespräche) bezeugen, daß der Prinz sich die Grundideen des Königreiches angeeignet hat. Allerdings müssen einige Punkte hervorgehoben werden. Auch wenn er die Wichtigkeit der Gerichtshöfe anerkennt, sieht er in deren Vertretern trotzdem keinen vierten Stand. Er mißtraut ihnen geradezu: »Die Gerichtsbeamten brauchen nicht angeleitet zu werden, aber man muß sie oft in ihre Schranken weisen«, sagt er. Was die *Parlements** anbelangt, so erkennt der künftige Ludwig XVI. ihnen mit seinen dreizehn Jahren jene begrenzte Macht zu, welche die Monarchie ihnen traditionell zugesteht. Aber er wendet sich gegen ihren Anspruch, das Volk zu repräsentieren: »Sie können nie das Organ der Nation gegenüber dem König darstellen. Ein solcher Anspruch wäre ebenso verbrecherisch wie unzutreffend, und er würde die monarchische Macht untergraben.« Solche Bemerkungen lassen sich möglicherweise durch den politischen Kontext erklären. Wie dem auch sei, die politischen Lehrmeister des Dauphins sind zu diesem Zeitpunkt keineswegs eifrige Anhänger der souveränen Gerichtshöfe.

Auf dem Gebiet der Finanz- und Wirtschaftsverwaltung des Königreiches hat der Prinz keine besonderen Kenntnisse; deshalb betont er noch einmal die moralischen Prinzipien die ipso facto eine gesunde Wirtschaftslage zur Folge haben müssen: die Verbreitung des luxuriösen Geschmacks eindämmen, keine unnötigen Ausgaben und keine Anleihen machen, die Verschwendung von Staatsgeldern durch Subalternbeamte verhindern – dies sind seine Grundsätze.

---

* Oberster königlicher Gerichtshof in den Provinzen des *Ancien Régime*. (Anm. d. Hrsg.)

Die *Entretiens* erlauben eine Einschätzung, auf welchem Stand die wirkliche politische Bildung Ludwigs XVI. war, und geben darüber hinaus über bestimmte Seiten seiner Persönlichkeit Auskunft. Tatsächlich sind vier von dreißig Kapiteln der Entschlossenheit gewidmet. La Vauguyon hatte die Schwäche des Prinzen erkannt. Er zeichnete ihm daher ein dramatisches Bild vom schwachen Monarchen. Er ging so weit zu behaupten, daß die Tyrannei eines Ludwigs XI. der »Milde« eines Heinrichs III. vorzuziehen sei. Er bewies ihm, daß die Schwäche des Herrschers das Räderwerk des Staates lähme, was unzweifelhaft zur Anarchie führe. Dann »kommt es zu zerstörerischen Cliquenbildungen, Aufruhr und Erschütterungen, die die Monarchie ins Wanken bringen und umstürzen«, sagte er ihm. »Entweder wird das Volk, von einem geschickten Geist aufgewiegelt, an öffentlichen Orten seine Gerichtsbeamten zur Rede stellen und seine Könige richten. Oder es werden die Großen sein, die rings um den Thron das Feuer des Aufruhrs schüren, das ihn vernichten soll... Oder es sind die Körperschaften, die zwischen Gesetz und Gesetzgeber stehen und beide gegenseitig stützen sollen, aber dann das eine mit dem anderen zerstören werden... Oder schließlich wird es das Ausland sein, das ihnen den Rest gibt.« Der Wert der Minister ist gleichgültig, wenn der König schwach ist. Er wird wie »ein Baum sein, der in sandigem Boden gepflanzt ist«. Ludwig sinnt ernsthaft über diese Stelle nach, aus der er persönlich schließt, daß »ein schwacher Herrscher sein Leben lang das Spielzeug oder Opfer seiner Minister, seiner Dienstboten und seiner Freunde bleiben wird. Der Liebe und des Hasses unwürdig, wird er zur Schmach für den Thron, zur Geißel seines Volkes, und er wird die Verachtung der Nachwelt auf sich ziehen«. Bereits jetzt macht das Beispiel Karls I. von England ihn betroffen. Eigentümlicherweise wird es ihn bis zu seinem Tod verfolgen. Als der künftige Ludwig XVI. gerade vierzehn Jahre alt ist, schreibt er, daß »jeder schwache König sich wie der unglückliche Karl I. benimmt, jedes entflammte und aufgewiegelte Volk dem englischen gleicht; daß jeder aufsässige und tatendurstige Mann Cromwells Launen besitzt, und wenn er nicht dessen Talent hat, so besitzt er zumindest dessen Jähzorn und dessen Tücke.«

Sein Erzieher warnt ihn vor der Unschlüssigkeit, die eine Folge der Schwäche ist. Er erinnert ihn daran, daß die Entscheidung dem König und nur ihm gebührt und daß die Minister ihn nie ersetzen können. Sie dürfen nur Ausführende, bestenfalls Berater sein, die ihrem Herrn die Wahrheit sagen. Diese Wahrheit muß der Herrscher ebenfalls aus eigener Kraft zu durchdringen suchen. La Vauguyon gestattet sich jedoch, dem unentschiedenen Prinzen zu einem »Ministervormund« zu raten, dem man alles sagen kann, der aber nichts unternehmen darf. Ludwig XVI. wird sich daran zu erinnern wissen.

Im Laufe der Unterhaltungen teilte der Dauphin La Vauguyon seine Angst, eines Tages herrschen zu müssen, vermutlich mit, denn der Erzieher erwähnt »ein Mittel, seine Ängste zu mildern und den Gedanken an Schwierigkeiten zu vermindern«. Dieser offensichtlichen Störung begegnet man mit Gegenmitteln, deren Naivität entwaffnend ist: Der Herrscher soll sich an jene Gesetze halten, die einem Großteil der Ruhestörungen vorbeugen. »Entscheidend ist es, zu untersuchen, was gerecht ist und welche die von den Gesetzen vorgeschriebene Form ist, um der Nation – wenn es sein muß, gegen ihren Willen – all das Gute zu tun, das zu ihrer Ruhe beiträgt und ihr Glück erweitert«, behauptet er gelassen. La Vauguyon erlaubt Unentschiedenheit nur dann, wenn der König sich der Gerechtigkeit oder Nützlichkeit einer Entscheidung noch nicht sicher ist. Zweifelsohne ist der Prinz beruhigt, da er nun behauptet, daß »die Gewohnheit, die Gesetze und ihre Formen ständig anzuwenden, ihm die Machtausübung leichtmachen wird – eine Macht, die zwar geregelt, aber deshalb um so absoluter ist.«

Schließlich erfahren wir aus den *Entretiens*, was Ludwig denkt, oder vielmehr, was man ihn über die Franzosen, die er regieren soll, zu denken lehrt. Er sieht sie »flatterhaft und unbeständig«, immer nach Neuigkeiten Ausschau haltend, verschwenderisch, lebendig, mutig, unruhig und »aufmuckend«. Er ist bereit, sie anzuhören, und geht davon aus, daß sie »bei denjenigen, die sie regieren, Güte, Sanftmut, Milde und sogar eine Art nobler Vertraulichkeit suchen«. Indes ahnt er voraus, daß »sie einen Prinzen verachten«, wenn sie bemerken, daß er nur »gut ist, weil er schwach, schüchtern, unsicher und unentschieden ist«. Auch klagt er darüber, daß »die schrecklichste aller Lasten die der absoluten Macht ist«.

Am Anfang des Jahres 1770, einige Wochen vor seiner Hochzeit, setzt ein an den Dauphin gerichteter Brief des Abbé Soldini, seines Beichtvaters, den Schlußstrich unter seine Ausbildung. In einer verkürzten und talentlosen Zusammenfassung der moralischen Prinzipien erinnert der Abbé seinen königlichen Beichtsohn daran, daß er Gott ganz ergeben sein müsse. Einfach und tugendhaft, soll er Tafelgenüsse scheuen und Schauspiele meiden. »Sehen Sie die Schauspieler als schändliche Leute an«, fügt er hinzu. Er darf das Spiel bei sich dulden, da es für den Hof einen nicht zu verachtenden Vorteil birgt: Geheime Versammlungen werden vermieden, indem sich alles um den König schart. Auch darf er selbst der Jagd nachgehen, sie sei »ein wahrhaft königlicher Genuß«, vielleicht der einzige, dem er sich unter der Bedingung, die Äcker zu schonen, rückhaltlos hingeben darf. Aber der Abbé beschwört ihn, sich nicht der Lektüre von schlechten Büchern zu widmen; gemeint sind die Romane und Werke der Philosophen. Der Beichtvater ist darum besorgt, daß die Institution der Ehe geachtet wird, und erinnert den Dauphin daran, daß er »seiner erlauchten Gattin ewige Treue schuldet«. Er warnt ihn vor der Gefahr, die von den Günstlingen und von der Indiskretion der Minister ausgeht. Des weiteren rät er ihm im allgemeinen zur größten Zurückhaltung allen gegenüber, ohne daß er sich deshalb verstellen solle. Der Abbé geht nicht auf politische Fragen ein, sondern begnügt sich mit der Empfehlung an den Prinzen, seine Untertanen nicht mit Schulden zu belasten und Ungerechtigkeit in jeder Form zu vermeiden.

Von nun an halten alle diesen Jüngling, der kaum sechzehn Jahre alt ist, für einen Erwachsenen, der dazu in der Lage ist, sein Prinzenleben nach eigenem Gutdünken zu führen. Wenige Könige waren bei den Unterrichtsstunden ihrer Lehrer so folgsam wie er. Auf eine gewisse Weise enthält seine Ausbildung bereits die Widersprüche seiner künftigen Regierung. Vom Leben kennt der spätere Ludwig XVI. nur Pflichten und Verbote; von den Menschen kennt er nur engstirnige Erzieher, denen er jedoch treu bleibt. Sie haben ihm seine Stellung bewußtgemacht und ihn gleichzeitig davon überzeugt, daß er unfähig ist, sie zu erfüllen. Sie haben ihm das Bild einer väterlichen Monarchie eingeprägt und ihn dabei gehindert, die Realitäten seiner Zeit kennenzulernen und zu verstehen. Nun träumt dieser charakterschwache, der Kastrationsmoral seiner Lehrer unterworfene Prinz von der Wiedergeburt eines Goldenen Zeitalters. Er möchte das Glück seiner Untertanen sichern. Zweifellos handelt es sich um einen Glücksmythos, denn er selbst ist völlig unfähig, dieses Glück zu definieren.

2. DIE ÖSTERREICHISCHE HOCHZEIT

Mit fünfzehneinhalb Jahren wirkt der künftige Ludwig XVI. wie ein kränklich-schmächtiger Jugendlicher, der zu schnell gewachsen ist. Verwiese sein Gesicht mit den regelmäßigen Zügen nicht auf die Spuren einer Jugend, in der ihm jegliche Entfaltung verboten war, so würde es ihm trotz seiner unregelmäßigen Zähne nicht an Charme fehlen. Der Dauphin hat große blaue Augen, die sanft und ein wenig kurzsichtig sind, und er schaut seinen Gesprächspartnern nicht ins Gesicht. Er scheint ebenso schüchtern wie mißtrauisch zu sein und trägt immer eine finstere und unglückliche Miene zur Schau. Er spricht wenig, und wenn er das Wort ergreift, hinterläßt seine hohe, näselnde Stimme einen unangenehmen Eindruck. Trotz seiner Magerkeit hat er einen watschelnden Gang, als ob er sich schäme, sich unter den Blicken anderer fortzubewegen. Der Hof ist für ihn ein regelrechter Ort der Qual.

Da er sich seiner körperlichen Unvollkommenheit und seines Mangels an Majestät vollkommen bewußt war, hatte der Prinz seinen Lehrern sein Herz ausgeschüttet. Sie hatten ausnahmsweise versucht, ihn bei der Überwindung dessen zu unterstützen, was wir heute seine Komplexe nennen würden. Als er bei La Vauguyon beklagte, daß er niemals die Stattlichkeit seines Großvaters erreichen würde, entgegnete ihm dieser: »Es hängt nur von Ihnen ab, ob Sie jenes gütige und freundliche Äußere gewinnen. Versuchen Sie die Art und Weise nachzuahmen, mit der der König den Dank für die von ihm gewährten Gunstbezeigungen zu empfangen geruht.« Und er fuhr fort: »Achten Sie auf dieses majestätische Lächeln voller Güte, das bis zum Grunde des Herzens dringt. Es scheint sagen zu wollen: Was ich für Euch getan habe, ist unter der Größe desjenigen, der gegeben hat, und unter dem Verdienst desjenigen, der empfangen hat...«*.

Sein Großvater, »Papa König«, wie die Prinzenkinder ihn nennen, ist

---

* Bibliothèque Nationale, Manuscrits français 2325, fol. 91 ff.: *Entretien avec Monseigneur le Dauphin sur les vertus du roi.*

zugleich Objekt seiner Bewunderung und Zuneigung, aber auch seiner Angst und Scham. Die Bewunderung, die der linkische Jüngling dem glanzvollen und verführerischen sechzigjährigen König entgegenbringt, ist leicht verständlich. Der König, der im Familienkreis schlicht und liebevoll ist, umgibt seine Enkelkinder mit allen großväterlichen Zärtlichkeiten. Er sieht sie jeden Morgen im vertrauten Kreise zum Frühstück, das er seit dem Tode der Dauphine bei Frau Adélaïde zu sich nimmt. »Es ist rührend zu sehen, wie er von der Jugend herumgezerrt und gestreichelt wird und wie zufrieden er dabei ist«, bemerkt der alte Herzog von Croy.

Jedoch sind Ludwig XV. und der Dauphin durch die Alters- und Ranggrenze voneinander getrennt, und die fehlende Kommunikation schafft eine unüberschreitbare Mauer. Ludwig XV. fühlt sich keineswegs von demjenigen, den die Geburt zu seinem Nachfolger bestimmt hat, angesprochen. Nie würde er lange Zwiegespräche mit diesem so wenig zum Lachen und Reden geneigten Enkel führen. Dies hindert den König aber nicht daran, ihn fürsorglich zu beschützen, sich um seine Gesundheit zu sorgen, ihn zu ermutigen und sich später mit seinem ehelichen Intimleben zu beschäftigen. Allerdings wird der König sich nie mit ihm so gehenlassen können wie mit seinen Töchtern oder dem Infanten von Parma, einem anderen Enkelkind.

Vielleicht ist das Benehmen Ludwigs XV. auf die große Zurückhaltung des jungen Mannes zurückzuführen. Niemals geliebt, immer zurückgestoßen und auf Distanz gehalten, ist der Dauphin unfähig, das geringste Gefühl von Zuneigung für jemanden auszudrücken. Seine Herzensregungen wurden – vielleicht für immer – zerstört. Sein Großvater, der König, erscheint ihm allzu glanzvoll und zu mächtig, als daß er ihn beachten könnte. Er hält sich seiner Liebe für unwürdig und wird in seiner Gegenwart immer ungeschickter. Auch verschlimmert sich die Ambivalenz seiner Gefühle gegenüber Ludwig XV. merklich, wenn er an all das denkt, was er seit seiner frühesten Kindheit über ihn gehört hat. Denn trotz aller Vorsicht konnte sein Vater die Einwände, die er bezüglich des Privatlebens des Königs hegte, nicht geheimhalten. Berry war zehn Jahre alt, als die Marquise von Pompadour starb, und die Freude Ludwig Ferdinands bei diesem Anlaß konnte dem Kind nicht völlig entgehen. Sein Erzieher und sein Beichtvater hüteten sich davor, das heikle Kapitel der königlichen Liebschaften zu erwähnen, bemühten sie sich doch darum, ihm unerschütterliche moralische Grundsätze einzutrichtern.

Nach dem Tod Maria Leszczyńskas am 24. Juni 1768 tröstete sich der König, der zunächst große Betrübnis an den Tag gelegt hatte, schnell mit der Schönheit des Parc-aux-Cerfs, aber zur allgemeinen Überraschung beanspruchte er bald eine neue Favoritin: Madame du Barry. Man munkelte sogar, er habe Heiratsabsichten. Dafür gibt es freilich keinen Beweis. Aber ungeachtet der Empörung, die dies hervorrief, nahm er sich die Freiheit, sie offiziell am Hofe vorstellen zu lassen. Es war bekannt, daß die neue Geliebte des Königs von sehr bescheidener Herkunft und darüber hinaus mit ihren Reizen verschwenderisch umgegangen war. Der Wille des Königs setzte sich durch, und am 22. April 1769 fand die Vorstellungszeremonie inmitten einer neugierigen und verdutzten Menge statt. Wie in solchen Fällen üblich, suchte die Gräfin *Mesdames*, die Töchter Ludwigs XV., auf, die sie »konsterniert« empfingen. Der gleiche Empfang erwartete sie beim Dauphin und dessen Geschwistern. *Mesdames* waren darüber entsetzt, eine offizielle Geliebte in das kleine Gemach unter dem ihres Vaters einziehen zu sehen: Es handelte sich um ebenjenes Zimmer, das Maria Josepha von Sachsen zwei Jahre vorher bewohnt hatte, und so befanden Mesdames es für gut, dem Dauphin die Augen zu öffnen und ihm ihre tiefe Mißbilligung dieser Angelegenheit zu offenbaren. Diese säuerlichen, frömmelnden Jungfern, die eifersüchtig über die Zuneigung ihres Vaters wachten und mit allen Liebesfreuden abgeschlossen hatten, kamen überein, »ihrem Neffen nichts über den Stand der Favoritin sowie über die höchst befremdlichen Besonderheiten ihres Lebens und vor allen Dingen über die Unordnung, welche ihre Anwesenheit am Hofe auslöste, zu verschweigen«, berichtete abermals Mercy, der österreichische Gesandte. »Die Belehrung hat den Dauphin so stark beeindruckt, daß er seitdem oft seinen Abscheu gegen die Gräfin du Barry kundtut. Zweifellos wird sie sich in den Augen des Prinzen niemals rehabilitieren können.«

So trägt die Liebschaft des Königs zur Entzweiung von Großvater und Enkel bei. Nur die Jagd bringt sie zusammen. Der Dauphin beginnt eine echte Leidenschaft für diese Übung zu entwickeln. Allerdings meidet er die Jagdsoupers und diejenigen in den kleinen Kabinetten; ohnehin wird er nur selten dazu eingeladen, da Madame du Barry die königlichen Lustbarkeiten organisiert. In ihrer Anwesenheit hat er immer diese »unglückliche Miene«, die niemandem entgeht. Trotz der stummen Zensur, die der Enkel gegen ihn ausübt, begegnet Ludwig XV. ihm weiterhin liebevoll. »Ich bin ihm von ganzem Herzen zugetan, weil er mir diese Liebe zurückgibt«, gesteht er dem Infanten von Parma.

Wie beurteilt der künftige Ludwig XVI. seinen Großvater? Sicherlich ist die Liebschaft, die dieser öffentlich zur Schau trägt, für diesen verklemmten und nun allmählich heiratsfähigen Jüngling besonders verwirrend. Der Dauphin hat die Liebe noch nie kennengelernt, und Frauen sind für ihn etwas völlig Unbekanntes. Das einzige, was er von ihnen weiß, ist, daß sie die mütterliche Zärtlichkeit ersetzen können. Er identifiziert die Frauen mit seiner Mutter, einer strengen, moralisierenden Mutter, die keinerlei Freude ausstrahlte. Die begehrenswerte Frau dagegen – zum Beispiel die du Barry – ist für ihn die Verkörperung des Lasters und der Unzucht, kurzum aller Dinge, die man ihm verboten hat. Nicht genug damit, daß er sich hübscher Frauen nicht für würdig hält, man hat darüber hinaus alles getan, damit er sein Begehren verdrängt. Seine Tante, Madame Louise, die den Schleier nehmen und ins Karmeliterinnenkloster von Saint-Denis eintreten will, um die Sünden ihres Vaters abzubüßen, ermutigt ihn, keusch zu bleiben.

Der Dauphin hat sich nie jemandem anvertraut, und niemand weiß, was er von der Ehe erwartet. Er weiß, daß die Heirat, die man für ihn plant, vor allem ein politischer Akt ist: Sie besiegelt das Bündnis von 1756 zwischen Ludwig XV. und Maria Theresia von Österreich, das geschlossen wurde, als er gerade zwei Jahre alt war. Er weiß auch, daß die Festigung der Allianz durch diesen Heiratsplan ein Werk Choiseuls ist – Choiseul, der seinem Vater, dem Dauphin, verhaßt war und sogar von einigen beschuldigt wird, Ludwig Ferdinand und danach Maria Josepha vergiftet zu haben. Choiseul verabscheut die jungen Prinzen, die er verächtlich »dieses Meißner Porzellan« nennt. La Vauguyon, der Choiseul feindlich gesinnt ist, warnt den Prinzen vor der österreichischen Hochzeit. Ludwig muß dieser Gattin also mißtrauen, die ihm durch das Spiel der Diplomatie zufällt.

Einst hatte der Wechsel der Allianzen von 1756 viel Kritik hervorgerufen. Friedrich II., gestern noch Verbündeter im österreichischen Erbfolgekrieg, hatte einen Bündnisvertrag mit England, einem hartnäckigen Gegner Frankreichs, abgeschlossen. Ludwig XV. fühlte sich verraten und näherte sich Österreich an, einem anderen Erbfeind, den seine Vorfahren zu schwächen versucht hatten, indem sie sich auf die traditionellen Bündnispartner Frankreichs stützten: Schweden, die deutschen protestantischen Fürsten und das Ottomanische Reich. Von schwachen Staaten umgeben, hatte Frankreich in Europa nichts zu befürchten, aber es hatte auch nichts zu gewinnen. Trotz der vertraglichen Bande mit Friedrich II. hätte es zum Schiedsrichter der kontinentalen Konflikte werden können. Unter diesen Bedingungen hätte es sich zum Krieg gegen England um die koloniale Vorherrschaft entschließen können. Allerdings hatte die österreichische Kaiserin, im Namen eines illusorischen Zusammenschlusses gegen England, Ludwig XV. in den unheilvollen Siebenjährigen Krieg hineingezogen, der die Aufmerksamkeit der Diplomaten auf den Kontinent lenkte und die französischen Truppen dort festhielt, während Ludwig XV. – trotz des 1761 mit Spanien gegen den gemeinsamen Feind abgeschlossenen »Familienpakts« – seine Kolonien im Krieg mit England verlor.

Am Ende des Konflikts hatte Maria Theresia das begehrte Schlesien nicht zurückgewonnen, das französische Mißgeschick jedoch konnte sie froh stimmen. Durch den Frieden von Paris (1763) verlor Frankreich seine schönsten Überseegebiete – was der Kaiserin im Grunde ziemlich gleichgültig war –, vor allem aber überließ es Maria Theresia nach den erlittenen Niederlagen auf dem Kontinent die Angelegenheiten Osteuropas, die sie in Zukunft zusammen mit Rußland und Preußen kontrollieren würde. Die Versöhnung Österreichs mit Preußen wurde später auf dem Rücken Polens ausgetragen, das ein traditioneller Verbündeter Frankreichs war. Auf internationaler Ebene war dessen Ansehen also gesunken. Allerdings schien das Bündnis mit Österreich für Ludwig XV. die Möglichkeit zu beinhalten, die russische Macht einzuschränken und das europäische Gleichgewicht zu erhalten: Frankreich, Österreich, Spanien und die italienischen Staaten auf der einen Seite; England, Preußen und Rußland auf der anderen.

Im großen und ganzen war die französische Öffentlichkeit Österreich sehr feindlich gesinnt. Es hatte sich eine antiösterreichische politische Literatur entwickelt, die die Empörung gegen den schändlichen Frieden von 1763 schürte: »Die Allianz« wurde hier zum Verantwortlichen für alle Übel: Österreich galt als »Blutsauger des Staates«, während eine Annäherung an Friedrich II. dringlichst empfohlen wurde. Dies war sogar im Sinne des damaligen Dauphin, der der Meinung war, daß »die Allianz uns daran hindert, Franzosen zu sein«. Er schrieb: »Ich muß aus der Geschichte meiner Vorfahren lernen, mit welchen Mitteln sie Neapel, Lothringen, einen Teil der Niederlande, das Elsaß, die Franche-Comté und das Roussillon von diesem spanischen Hause zurückerlangt haben. Und ich darf nicht vergessen, daß Österreich, wenn ich diese aufmerksame Politik nicht beibehalte, mir wieder wegnehmen wird, was es meinen Vorfahren seit seinen Anfängen, also seit nicht allzulanger Zeit, schon einmal abgenommen hat. Man erinnere sich daran, was Frankreich unter Karl dem Großen war.« Seine Schwestern teilten diese Anschauung. Der König allerdings blieb bei seiner Sicht der Dinge, auch wenn Maria Theresia dies als einzige vorteilhaft fand.

Seit 1764 hatten die Kaiserin und der König vor, ihre Allianz durch eine Hochzeit zu festigen. Zwischen Choiseul und dem österreichischen Botschafter Stahremberg hatten schon vage Vorbesprechungen stattgefunden. Die am 2. November 1755 geborene Antoinette und der Herzog von Berry paßten altersmäßig zueinander. Es scheint, daß Ludwig Ferdinand von diesem Plan nicht unterrichtet war. Maria Josepha ihrerseits wollte ihren ältesten Sohn mit ihrer Nichte, der Prinzessin Amalia von Sachsen, vermählen. Nach dem Tod ihres Gatten von dem Vorhaben Ludwigs XV. in Kenntnis gesetzt, sorgte sie sich deshalb und teilte ihrem Schwiegervater ihre Wünsche mit. Dieser umging die Angelegenheit und begnügte sich mit dem Hinweis auf das zarte Alter der beiden künftigen Eheleute, das diese Verbindung noch recht unsicher mache. Der österreichische Hof nahm vom Verhalten der Dauphine Kenntnis, und Choiseul tat alles, was in seiner Macht stand, um Ludwig XV. von einer baldigen Vereinbarung zu überzeugen. Da bat der König die Kaiserin um die Hand der Erzherzogin Marie Antoinette für den Dauphin. Er wollte sie sogar nach Versailles kommen lassen.

Diesmal behielt Maria Josepha die Oberhand, indem sie dem König zu verstehen gab, daß es geschickter sei, den Wiener Hof warten zu lassen: Dies würde Österreich zum geeigneten Augenblick, wenn die Beziehungen zwischen beiden Ländern bedroht sein sollten, nachgiebiger stimmen.

Seit dem Tod ihres Gatten Franz I. teilte Maria Theresia die Macht mit ihrem ältesten Sohn Joseph. Mutter und Sohn verstanden sich aber nicht besonders gut. Sie waren sogar oft entgegengesetzter Meinung, und Joseph, ein großer Bewunderer Friedrichs II., erwies sich keineswegs als glühender Verteidiger des Bündnisses mit Frankreich.

Der Marquis von Durfort, Botschafter Ludwigs XV., der seinen Posten 1767 antrat, erhielt recht zwiespältige Anweisungen: Er war gehalten, die besten Beziehungen mit der Kaiserin zu pflegen, sollte ihr aber die Heirat niemals als abgeschlossene Sache darlegen, sondern sie ständig im Zweifel darüber lassen. Choiseul hatte ihn vor dem Charme Maria Theresias gewarnt. Trotzdem verfiel er ihm fast sofort und näherte sich ihren Ansichten weitaus stärker an, als dem König lieb war. Durforts Handlungsspielraum blieb ziemlich begrenzt. Auf die Frage des Fürsten von Stahremberg, wie er die Erzherzogin fände, antwortete er: »Vorzüglich... Der Bissen ist appetitlich und wird sich in guten Händen befinden.« Gleichwohl fügte er hinzu: »Falls es dazu kommt.«

Maria Theresia versuchte mehrfach, eine offizielle Erklärung des Botschafters zu erzwingen. Vergeblich. Trotzdem festigte der französische Hof die Familienbande, indem eine Heirat zwischen der Erzherzogin Marie Amalia und dem Infanten von Parma vorgesehen wurde. Diese Verbindung zog eine weitere nach sich. Am 25. September 1768 schrieb Ludwig XV. an Joseph II.: »Die Heirat meines Enkels von Parma und diejenige des Dauphins werden uns notwendigerweise zu ein und derselben Familie machen.« Da die Pläne Gestalt annahmen, mußte die junge Erzherzogin allmählich auf ihre Rolle als Dauphine vorbereitet werden.

Maria Theresia bat Mercy-Argenteau, den österreichischen Gesandten bei Ludwig XV., ihr einen Geistlichen zu schicken, der zugleich der Beichtvater und der Erzieher der Prinzessin sein solle. Auf Anraten des Bischofs von Orléans schickte Mercy ihr den Abbé von Vermond, Doktor an der Sorbonne, Großkaplan des Erzbischofs von Toulouse, Loménie de Brienne, und Bibliothekar des Collège des Quatres-Nations. Mercy schilderte diesen Mann, der zur grauen Eminenz Marie Antoinettes werden sollte, als »gebildet, einfach und bescheiden«.

Im November traf Vermond in Wien ein und widmete sich sofort der heiklen Aufgabe, die ihm zufiel. Marie Antoinette war erst dreizehn Jahre alt, und ihre Erziehung war bis dahin ziemlich vernachlässigt worden. Sie konnte allenfalls Deutsch lesen und schreiben, sprach ein bißchen Italienisch und schlecht Französisch. Ihre Kenntnisse in Latein und Religion waren rudimentär. Ihre Gouvernante, Frau von Brandeiß, hatte ihr nicht die geringste Anstrengung abverlangt, und die blonde Erzherzogin, die nur die Spiele ihres Alters im Sinn hatte, wandte ihre Aufmerksamkeit schnell ihren Lieblingsthemen zu. Des weiteren spielte sie, obwohl sie Unterricht bei Gluck hatte, recht schlecht Cembalo; sie war eher vom Tanzen angetan, und Ballettmeister Noverre, der vom französischen Hof gesandt war, konnte sich seiner Schülerin rühmen.

Maria Theresia hatte sich die Schwächen dieser Erziehung allzu spät eingestanden. Bevor Vermond den Unterricht übernahm, vertraute Maria Theresia ihre Tochter der Gräfin von Lerchenfeld an, die ihr gegenüber einige Strenge bewies. Sofort entwickelte sich ein Vertrauensverhältnis zwischen dem feingeistigen Abbé und dem ausgelassenen Kind, das er erziehen sollte. Er verstand, daß sie rebellisch auf jeden Zwang reagierte, und begann damit, sie jeden Tag eine Stunde zu unterhalten und ihre Aufmerksamkeit dabei auf bestimmte wichtige Dinge zu lenken, indem er sie amüsierte. Sie ging auf das Spiel ein, und Vermond konnte bald an Mercy schreiben, daß sie weitaus mehr Geist besitze, als man seit langem annehme. Bedauerlicherweise sei dieser Geist jedoch bis zu ihrem zwölften Lebensjahr an keinerlei Anstrengung gewöhnt worden. Die verlorene Zeit mußte nachgeholt werden. Der Abbé verfaßte ein Programm, welches das Studium der Religion, der französischen Sprache und Literatur und schließlich der französischen Geschichte vorsah. Er legte Gewicht auf die Sitten und Gebräuche des Hofes sowie auf die Umgangsformen der großen Familien, deren Bekanntschaft sie bald machen würde. Die Erzherzogin machte Fortschritte; Vermond versuchte seine Unterrichtsstunden durch Gespräche zu verlängern. Maria Theresia lernte die Talente des Abbés mit jedem Tag mehr schätzen. Sie umgab ihn mit schmeichelhaften Aufmerksamkeiten, damit er in Frankreich seiner Kaiserin ganz ergeben und in der Nähe ihrer Tochter deren Mentor und Spion zugleich sein würde – kurz: eine nicht zu verachtende Figur auf dem diplomatischen Schachbrett.

Die Erzherzogin entwickelte sich harmonisch. Sie wuchs und gedieh. Die Frische ihrer Hautfarbe war betörend. Eher charmant als schön, bezauberte sie auf den ersten Blick – trotz ihrer hohen, gewölbten Stirn und trotz der Habsburgerlippe, die sich leider mit den Jahren immer mehr ausprägen konnte. »Man kann ebenmäßigere Gesichter finden«, schrieb der Abbé, »aber ich kann mir nicht vorstellen, daß man angenehmere findet. Was für einen Eindruck diejenigen, die sie hier gesehen haben, Frankreich auch immer vermittelt haben mögen, so wird man von dem gütigen, freundlichen und lustigen Zug, der dieses Gesicht bewohnt, überrascht sein.« Offenbar hatte der vom Versailler Hof geschickte Pastellmaler Ducreux der königlichen Familie ein unvorteilhaftes Portrait von ihr überbracht.

In Wien ließ Maria Theresia sie von nun an zweimal wöchentlich den Staatsgeschäften beiwohnen. Marie Antoinette nahm so die Gewohnheiten und das Betragen einer künftigen Königin an. Jedoch zog sie die *Parties de cavagnole** und die Verlosungsspiele inmitten eines Dutzends gleichaltriger Prinzen und österreichischer Adliger vor, die jeden Tag in ihren Gemächern veranstaltet wurden.

Am 7. Juni 1769 erhielt Maria Theresia den Brief Ludwigs XV., in dem er offiziell um die Hand der Erzherzogin für den Dauphin anhielt. Die Kaiserin antwortete ihm beflissen, daß dieses neue Band, das ihre

---

* Ein Glücksspiel mit Bildern und Kugeln. (Anm. d. Übers.)

beiden Häuser vereinen werde, ihr nicht weniger angenehm als ihm sei. Auch fügte sie hinzu: »Es bleibt mir nur zu hoffen, daß meine Tochter Marie Antoinette das Glück haben wird, ihm zu gefallen. Ich bin ganz sicher, daß sie ihr Bestes tun wird, um seiner Güte würdig zu sein. Ich wage es, sie ihm an Herz zu legen; in ihrem Alter braucht man Nachsicht...« Die Hochzeit wurde auf die Woche nach Ostern des kommenden Jahres festgelegt. Die Vorbereitungen wurden rasch aufgenommen, während Vermond mit der Erziehung der Erzherzogin fortfuhr.

Ein offizieller Ehevertrag wurde abgefaßt: Marie Antoinette trat ihre Rechte auf die Habsburger Besitztümer ab; sie erhielt eine Mitgift von 200 000 Gulden sowie Schmuck im gleichen Wert; Ludwig XV. sicherte der künftigen Dauphine eine Morgengabe zu, die aus einer Rente von 20 000 Goldtalern sowie Schmuck im Wert von 100 000 Talern bestand. Die österreichische wie die französische Seite überboten sich mit großem Aufwand für das Hochzeitsfest, während die prunkvollste Aussteuer für Marie Antoinette angefertigt wurde. Die junge Erzherzogin warf sich voller Leidenschaft in den Karneval, im Laufe dessen man den französischen Botschafter bat, Versailles mitzuteilen, daß die künftige Ehefrau vollständig heiratsfähig sei. Durfort schrieb bei dieser Gelegenheit, daß »Madame Erzherzogin Antoinette recht lange getanzt habe und daß er seitdem nicht die geringste Veränderung ihrer Gesundheit bemerkt habe«.

Erst im April, wenige Tage bevor in Wien die Hochzeit *in procurationem* stattfand, erhielt die Erzherzogin das Bildnis ihres künftigen Gatten. Bis dahin kannte sie von ihm nur einen häßlichen Stich, der den »pflügenden Dauphin« darstellte. Das Bild schien ihr zu gefallen, und sie stellte es stolz in ihrem Zimmer auf. Nichtsdestoweniger sandte Mercy-Argenteau aus Versailles wenig ermutigende Kommentare über den französischen Thronfolger: »Die Natur scheint Monsieur Dauphin alles verweigert zu haben«, schrieb er und fügte hinzu, daß er einen »sehr beschränkten Zug« an ihm entdeckt habe. Auch wenn die Kaiserin ihrer Tochter diesen Brief höchstwahrscheinlich vorenthielt, bereitete sie sie zweifellos auf eine gewisse Enttäuschung vor, die aber von dem Glück ihrer künftigen hohen Stellung überstrahlt werden sollte.

Maria Theresia trauerte darum, dieses Kind weggehen zu sehen, das sie aufrichtig liebte und bereitwillig der Staatsraison geopfert hatte, als sei es die natürlichste Sache der Welt. Es wäre höchst unschicklich gewesen, bei einer politischen Heirat an Liebe zu denken. Maria Theresia, die in erster Linie Monarchin war, wäre ein solcher Gedanke nie in den Sinn gekommen. Zu diesem Thema vertrat sie eine klare Auffassung: Die Frau müsse sich »sanftmütig, liebevoll und zuvorkommend« zeigen. Sie schulde ihrem Gatten die totale Hingabe. Dabei bedeuteten die persönlichen Eigenschaften des Gemahls und sein Äußeres wenig, und der Dauphin von Frankreich war, ganz gleich um wen es sich dabei handelte, die beste Partie, die man sich für eine Erzherzogin von Österreich wünschen konnte. Die Kaiserin beschloß, daß Marie Antoinette für ihre letzten Nächte in Wien das Zimmer mit ihr teilen sollte: So konnte sie ihrer Tochter die letzten Ratschläge mit auf den Weg geben. Bei dieser Gelegenheit überreichte sie ihr die Anweisungen ihres eigenen Gatten, die dieser einige Jahre vorher für seine Kinder verfaßt hatte.

Hier fand die Prinzessin die Ratschläge eines christlichen Fürsten vor, der die Seinigen vor den Versuchungen der Welt beschützen wollte. Er ermahnte sie, »sich niemals mit dem, was ihnen als böse erscheint, zu berauschen oder es für unschuldig befinden zu wollen«. Er warnte sie vor »den vielen Leuten, die nichts anderem« als der Sinneslust der Fürsten »schmeicheln und sie dahin treiben wollen, wo sie glauben, daß sie unterliegen«. Er beschwor »seine geliebten Kinder, niemals übereilt jemandem, dessen sie sich nicht ganz sicher seien, Freundschaft und Vertrauen zu schenken«. Und schließlich riet er ihnen, »sich jedes Jahr zwei Tage Zeit zu nehmen, um sich auf den Tod vorzubereiten«, damit sie niemals von ihm überrascht würden. Maria Theresia fügte diesen Anweisungen die »Vorschrift« hinzu, die sie für ihre Tochter geschrieben hatte: Sie sollte zu einer vollendeten Christin, zu einer musterhaften und diskreten Fürstin werden, die »keinerlei Anlaß zum Skandal gibt«.

Von Vermond unterstützt, zog sich die Erzherzogin während der Karwoche drei Tage zurück, damit sie sich mit ruhiger Seele vermählen konnte. Kurz vor ihrer Abfahrt wurde Marie Antoinette von Hoffnungslosigkeit gepackt: Sie begriff, daß sie ihre Mutter und diejenigen, die ihre sorgenlose Kindheit begleitet hatten, wohl niemals wiedersehen würde. Diese Kindheit war mit Sicherheit glücklich gewesen und völlig anders verlaufen als diejenige dessen, der sie in Versailles erwartete. Sodann berauschte sie sich an den ihr zu Ehren gegebenen, herrlichen Festen.

Am 19. April 1770 schritt sie, in einem silbernen Brokatkleid, mit ihrer Mutter als Brautführerin in die Augustinerkirche und kniete neben ihrem Bruder Erzherzog Ferdinand, der den Dauphin vertrat, nieder. Die Trauung wurde in procurationem vollzogen. Gleich am nächsten Tag schrieb sie Ludwig XV. einen Brief, um ihn ihrer kindlichen Ehrerbietung zu versichern und ihn um seine Nachsicht hinsichtlich ihres »Alters und ihrer Unerfahrenheit« zu bitten. Maria Theresia ihrerseits empfahl dieses »geliebte Kind« dem »zärtlichsten aller Väter«.

Am 21. April brachte eine von goldenen Blumensträußen überhäufte, mit purpurrotem, besticktem Samt ausgeschmückte Karosse mit einer Begleitung von dreihundertsechsundsiebzig Reitern die Erzherzogin in vielen Etappen nach Frankreich. Am 8. Mai erfolgte in einem auf einer Rhein-Insel liebevoll hergerichteten Holzpavillon die feierliche »Übergabe« der Prinzessin.

Zwischen den beiden Gemächern, dem österreichischen im Osten und dem französischen im Westen, lag der Salon, in dem sich die Zeremonie vollziehen sollte. Auf österreichischer Seite mußte sich die Erzherzogin bis auf die Strümpfe aller Hüllen entledigen, um eine ganz und gar französische Kleidung anzulegen. Sie mußte ihrem Gefolge für immer Lebewohl sagen. Die Tür zum Salon öffnete sich, und die Erzherzogin lauschte der Begrüßungsansprache des Grafen von Noailles, der mit dem Empfang beauftragt war. Nach den üblichen Glückwünschen öffneten sich die Türen des französischen Gemachs, und es traten in Erscheinung der Prinz von Poix, die Gräfin von Noailles, die zur Hofdame der Dauphine ernannt worden war, sowie die Damen ihres künftigen Gefolges: die Herzoginnen von Villars und Picquigny, die Marquise von Duras, die Gräfinnen von Mailly und von Saulx-Tavannes, die allesamt bereits dem Hofstaat der verstorbenen Königin Maria Leszczyńska angehört hatten. Die Dauphine überschritt die symbolische Grenze und flüchtete sich weinend in die Arme von Frau von Noailles. Diese spontane Geste, die in der hochheiligen französischen Hofetikette nicht vorgesehen war, verdutzte die Gräfin, die bald von Marie Antoinette »Madame Etikette« genannt wurde. Der herzliche Empfang in Straßburg, der ersten Stadt, die die Prinzessin besuchte, brachte ihr rasch einigen Trost.

Schon seit Wochen bereiteten sich der König, der Dauphin, der Hof und Paris darauf vor, trotz des Finanzelends aufwendige Feste für die Dauphine zu veranstalten. Auf diese Weise wollte Ludwig XV. Frankreich und Europa die Illusion eines wirtschaftlichen Aufschwungs vermitteln. Er versprach sich davon die Belebung des Luxusgüterhandels. Während dieser Feierlichkeiten gaben die Pariser und die Fremden riesige Summen aus.

Langsam nähert sich die Dauphine Versailles. Am 13. Mai lassen sich der König und die königliche Familie in Compiègne nieder, um sich am folgenden Tag mit ihr zu treffen. Am 14. Mai wird am Waldrand, nicht weit von der Brücke von Berne, ein riesiger Teppich ausgebreitet. Der

König, seine Töchter, sein Enkelsohn und ihr Gefolge warten auf die Dauphine, die alsbald zart und noch kindlich hinter den Fenstern ihres mit Gold verzierten Karossenschreins erscheint. Sie eilt leicht und behend auf den König zu und versinkt mit ihrem zierlichen Körper in einen wahrhaft majestätischen Hofknicks. Der König zieht sie zu sich hinauf, umarmt sie und stellt sie ihrem Gatten vor. Linkisch und in seinen Festkleidern unbeholfen, gibt der Dauphin ihr den Kuß auf die Wange, den die Etikette von ihm verlangt. Was empfindet er vor dieser Jugendlichen, die noch kaum eine Frau ist, aber alles von ihm erwartet? Nimmt er »dieses längliche und regelmäßige Gesicht, diese schmale, trotz ihrer scharfen Spitze gebogene Nase, diese hohe Stirn, diese blauen Augen« und diesen kleinen verächtlichen Mund in all ihren Einzelheiten wahr? Hat er einen Sinn für den Glanz ihres Teints, für das Schimmern ihres aschblonden Haars, das nur »ein ganz klein bißchen gepudert worden ist«, für die Eleganz ihrer Figur? Erbebt er beim Anblick dieser jugendlichen Brust, die sachte zittert? Der Prinz wagt es nicht, sich etwas anmerken zu lassen, und macht nur einen verlegenen Eindruck, der seinem Großvater nicht entgeht. So zieht der alte Monarch das junge Paar heiter in seine Karosse und beginnt die Unterhaltung statt seines Enkelsohnes, der, in qualvoller Sprachlosigkeit verharrend, den ganzen Tag über kein einziges Wort an seine Frau richtet. Am Abend verzeichnet der künftige Ludwig XVI. schlicht in seinem Tagebuch – das, wie wir uns erinnern, vor allem ein Jagdtagebuch ist –: »Treffen mit Madame Dauphine«.

Am folgenden Tag stellt der König seine neue Enkelin seiner Tochter Louise vor, die sich jüngst in das Karmeliterinnenkloster von Saint-Denis zurückgezogen hat, und weiter geht die Reise zwischen zwei Reihen von Karossen, deren Insassen gekommen sind, die neue Dauphine zu bewundern. Da Ludwig XV. es vorzieht, das Volksgedränge in der Hauptstadt zu umgehen, leitet er die königlichen Wagen zum Schloß von La Muette, ohne in Paris Einzug zu halten. Zur allgemeinen Überraschung hat der Herrscher Madame du Barry zum Souper eingeladen, das nur vierzig Personen zählt. Nachdem er Marie Antoinette die Juwelen von Maria Josepha von Sachsen geschenkt hat, fährt Ludwig XV. in Begleitung des Dauphins zurück nach Versailles, während die Prinzessinnen in La Muette übernachten.

Am 16. Mai erhebt sich eine strahlende Morgensonne. Seit Tagesanbruch füllen sich die Straßen mit Menschen, und auf den Flüssen drängen sich die Schiffe. Der Palast und der Park sind hergerichtet. Der

Intendant der Hoflustbarkeiten, Papillon de La Ferté, der nicht nur die Vermählung des Dauphins vorbereitet, sondern später auch die seiner Brüder und Schwestern, hat Ludwig XV. zugeredet, auf den Bau provisorischer Gebäude, die bei derartigen Gelegenheiten üblich waren, zu verzichten. Er hat Pläne von einer in einen Ballsaal transformierbaren Oper anfertigen lassen. Im Herzen des Schlosses ist der Herkulessalon für einige Tage zum regelrechten Amphitheater geworden, das mit einer Rokokoverzierung mit den verschnörkelten Initialen der jungen Brautleute geschmückt ist. Die Büffets stehen schon im Friedenssalon bereit; es gibt Sitzbänke für die Gäste, die sich zwischen den einzelnen Fenstern der Spiegelgalerie, welche mit von goldenen Büsten getragenen Armleuchtern beleuchtet ist, niederlassen wollen. Im Park sind die Baumgruppen mit Tausenden von Papierlaternen geschmückt, Triumphbögen werden zur Feier illuminiert werden und den Großen Kanal zu einem leuchtenden Gewölbe machen. Prächtige Gondeln, von chinesischen Baldachinen überspannt, laden zur Einschiffung nach Kythera ein. Die Feuerwerker beschleunigen ihre Tätigkeit; Maschinisten, Ausstatter, Köche und Konditoren legen letzte Hand ans Werk, als die junge Braut gegen zehn Uhr morgens für die lange Toilette, die ihrer Hochzeitsfeier vorangehen muß, erscheint.

Um ein Uhr mittags tritt Marie Antoinette ins Kabinett des Königs. Der Dauphin, der die Kleidung des Heiliggeistordens mit einem Goldnetz und Diamanten angelegt hat, nimmt ihre Hand. Der König und die Prinzen reihen sich hinter dem jungen Paar auf, das sich durch die dicht mit Menschen gefüllten Gemächer fortbewegt. In der Kapelle, wo der Erzbischof von Reims die Messe lesen wird, nehmen die Brautleute vor dem Altar auf Samthockern Platz, während der König und die königliche Familie sowie die Prinzen von Geblüt weiter hinten auf ihren Betstühlen sitzen.

Um zwei Uhr nachmittags ist die Zeremonie beendet. Während die Gäste sich etwas ausruhen können, nimmt die Neuvermählte den Eid der Würdenträger ihres Hofstaates entgegen, bevor man ihr den königlichen Korb bringt: eine rote Samttruhe, von Gouthière ziseliert und von Bocciardi geschnitzt, die eine blaue Emaillegarnitur mit einer Diamantenkette enthält, sowie einen mit Diamanten besetzten Fächer, Taschenuhren, Etuis und Kästchen, in denen die Pariser Miniatur- und Juwelierkünste eine besondere Vollkommenheit entwickelt haben.

Alsbald versammelt man sich in der Galerie zum Spiel, dem sich auch der König beigesellt, bevor dann der Park beleuchtet wird und das für den Abend vorgesehene Feuerwerk beginnt. Die Gärten wimmeln von Menschen, denn jeder festlich gekleideten Person ist der Zutritt erlaubt. Plötzlich entlädt sich ein Gewitter; Regenströme ergießen sich über den Park und die Masse von Schaulustigen und überschwemmen die Vorbereitungen des bezaubernden Schauspiels, das zur allgemeinen Enttäuschung um drei Tage verschoben wird. Um zehn Uhr abends, nachdem man sich in die mit Girlanden verzierte Galerie der Kapelle begeben hat, wo als Türken verkleidete französische Gardisten »mit einer Musik dieses Landes ein großes Spektakel geben«, lädt der König die Seinigen ein, das Hochzeitsfest in seinem neuen Opernsaal fortzuführen.

Sobald die Türen sich öffnen, herrscht großes Staunen. Unter einer Decke, auf der Apollo und die Musen dargestellt sind, zwischen den Skulpturen von Pajou, wallen blaue seidenbestickte, mit Goldfransen versehene Behänge von den Logen herunter. Spiegelsäulengänge werfen die mattgoldene Beleuchtung der Flach- und Hochreliefs zurück. Das Parkett des Saals, das sich bis zur Bühnenebene erhöht und den Orchestergraben überdeckt, vermittelt den Anschein eines riesigen Salons. Während der König und das Prinzenpaar sich niederlassen, werden ihre Gäste, die sich für die Dauer des Festmahls in den Logen aufhalten oder respektvoll hinter der Balustrade stehen bleiben, welche den Tisch umgibt, nicht müde, die edle Aufmachung zu bewundern, in der alle Kunst- und Lustsymbole im Schein der an geblümten Kordeln aufgehängten Kristall- und Halbkristallüster inmitten des Spiegelsäulengangs aufleuchten.

Hinter dem aufgezogenen Bühnenvorhang spielt ununterbrochen das königliche Musikorchester, während Tafelgeschirr aus Gold und vergoldetem Silber zweieinhalb Stunden lang in einem Ballett, dessen Bewegungen sachkundig festgelegt sind, wieder und wieder vorbeizieht. Der Dauphin und die Dauphine, die zu beiden Seiten von Ludwig XV. sitzen, behalten ihre würdevolle Haltung bei. Während Marie Antoinette die erlesenen Speisen, die man ihr vorsetzt, kaum berührt, langt Ludwig, der seine Frau noch immer nicht wahrnimmt, kräftig zu. Böse Zungen behaupten, sein Großvater habe ihm geraten, seinen Appetit zu mäßigen. »Ich schlafe immer besser, wenn ich gut soupiert habe«, soll er geantwortet haben.

Wie zwei Automaten, bestimmt von dem sie treibenden Mechanismus, werden die beiden erschöpften jungen Brautleute zur traditionellen Zeremonie des Zubettgehens in ihre Gemächer geführt. Der Erzbischof von Reims segnet das Ehebett; der König schenkt dem Dauphin sein Hemd, und die Herzogin von Chartres, die im vorigen Jahr geheiratet hat, gibt der Dauphine ihr Nachtgewand in Anwesenheit all derjenigen, die es geschafft haben, bis in die Gemächer vorzudringen. Der Dauphin scheint sich zu langweilen, während seine Frau ihre prinzessinnenhafte Haltung beibehält, die aus Gelassenheit, Eleganz und Zurückhaltung besteht. Nachdem er diesem offenbar so wenig beflissenen Enkelsohn einige Worte ins Ohr geflüstert hat, gibt der alte Monarch dem Dauphin die Hand, als dieser zu seiner Gattin, die sehr entspannt wirkt, ins Bett steigt. Die Vorhänge werden zugezogen. Aber Ludwig kann noch immer nicht mit seiner Frau allein sein. Die Etikette gebietet, daß dieser Schleier der Schamhaftigkeit sofort wieder geöffnet wird, um dem Hof, also der ganzen Welt, zu zeigen, daß der Erbe der Bourbonen das Lager mit der Tochter der Cäsaren teilt. Endlich läßt man sie allein.

»Nichts«, schreibt der künftige Ludwig XVI. am 16. Mai in sein Tagebuch. Indes sind die Festtage noch lange nicht zu Ende. Der 17. ist den »Vorstellungen« der Dauphine gewidmet: Das Gedränge ist unbeschreiblich. Am Abend langweilt sich das junge Paar, während ihnen zu Ehren im Opernsaal *Persée* von Quinault und Lully aufgeführt wird. Am 18. gibt es einen Ruhetag. Endlich kann der Dauphin vor den lästigen Pflichten flüchten, die seine neue Stellung ihm auferlegt. Am Morgen ist er zu früher Stunde mit dem König zur Jagd geritten. »Welch frühe Trennung«, tuschelt man in Versailles. Marie Antoinette steht erst etwas später auf. Sie bleibt in Gesellschaft von Frau von Noailles, die den Umstand nutzt, um sich mit ihr über die Spitzfindigkeiten der französischen Hofetikette zu unterhalten, ohne daß sie ihr deren tatsächlichen Nutzen begreiflich machen kann. Vermond und Mercy haben in den nächsten Tagen als einzige Zugang zur Dauphine.

Wieder müssen neue Lustbarkeiten ertragen werden. Am 19. wird der Opernsaal von den Arbeitern in einen herrlichen Ballsaal verwandelt. Die Neuvermählten eröffnen den Ball und tanzen allein vor den umherstehenden Teilnehmern das Menuett, nach dem Zeremoniell der *Enfants de France*. Marie Antoinette ist in ihrer Anmut verführerisch; Ludwig erfüllt eine lästige Pflicht.

Das Volk von Paris und Versailles vergnügt sich währenddessen in den Gärten, wo mehrere Orchester zum Tanz aufspielen. Als die Nacht anbricht, erreicht das Fest seinen Höhepunkt: das Feuerwerk und die Beleuchtung des Parks. Die Menge – Volk und Höflinge gemischt – spaziert die ganze Nacht über durch den Park. Der König bleibt im Palast und erlaubt den Jungvermählten nicht, am allgemeinen Jubel teilzunehmen. Indes dauern die Lustbarkeiten an: ein Maskenball am übernächsten Tag und eine lange Serie von Aufführungen, die mit einer vom Dauphin sehr geschätzten Tragödie, *Athalie* von Racine, beginnt. Danach finden in Paris weitere Feste statt. Weder der König noch der Dauphin nehmen an ihnen teil. Nur Marie Antoinette bewundert in Gesellschaft der königlichen Tanten die Stadtbeleuchtung. Als die Prinzessinnen den verlassen daliegenden Cours-la-Reine entlangspazieren – die Pariser sind massenweise zur Rue Royale geströmt, um ein prächtiges Feuerwerk zu bewundern – werden sie von beunruhigenden Gerüchten überrascht. Soeben hat sich ein Drama zugetragen: Eine allzu dichte Menge, die voller Ungeduld die Feste auf den Boulevards erreichen wollte, ist in der Rue Royale in heftiges Gedränge geraten. 132 Personen sind zu Tode getrampelt worden oder erstickt.

Anläßlich dieser tragischen Begebenheiten erloschen die Papierlaternen. Die prunkvollsten Feste, die Frankreich seit Ludwig XIV. erlebt hatte, waren zu Ende. Von dem Drama in der Rue Royale bestürzt, schrieb der Dauphin an den Generalleutnant der Polizei: »Ich habe eben von dem Unglück, dessen Auslöser ich bin, erfahren. Ich bin davon sehr betroffen. Man bringt mir die Summe, die mir der König jeden Monat für meine Lustbarkeiten sendet. Nur diese steht mir zur Verfügung. Ich schicke sie Ihnen. Helfen Sie den Unglücklichen.«

Der Dauphin und die Dauphine mußten der endlosen Reihe der ihnen zu Ehren gegebenen Feste folgen. Marie Antoinette ließ sich von dem schwindelerregenden Strudel mitreißen, während der Dauphin die Feste nur erlitt. Vielleicht bieten sie für beide das beste Alibi: Mehr als eine Woche nach ihrer Hochzeit haben sie sich, obwohl sie jede Nacht das Bett teilen, noch immer nicht gefunden. Sie haben kaum einige Worte gewechselt. Keine zärtliche Geste. Offenkundig ist die Ehe noch nicht vollzogen. Der Abbé Vermond beobachtet als unfreiwilliger Zeuge eines der seltenen Zwiegespräche des Prinzenpaares, als Ludwig bei seiner Frau eintritt: »Haben Sie gut geschlafen?«, fragt er. »Ja«, antwortet sie schlicht. Und sofort nimmt der Dauphin wieder Abschied. Marie Antoinette spielt daraufhin mit ihrem kleinen Hund und beginnt zu träumen. »Hierüber blutet mein Herz«, seufzt Vermond. Hat die Dauphine den Brief noch im Sinn, den ihr ihre Mutter am 4. Mai schrieb, als Marie Antoinette den französischen Boden noch nicht betreten hatte? »Das wahre Glück auf dieser Welt ist eine glückliche Ehe«, stand darin. »Alles hängt von der Frau ab, wenn sie bereitwillig, sanftmütig und amüsant ist.«

Worüber sinnt dieser junge Ehemann nach? Hört er verwirrt die Stimme des Mentors, die den Charme seiner Frau übertönt und den leidenschaftlichen *Télémaque* ermahnt: »Entrinnen Sie den Gefahren Ihrer Jugend; aber entschlüpfen Sie vor allem diesem Kind (der Liebe), das Sie nicht kennen«? Bleibt er unter dem Einfluß der Kastrationsmoral von La Vauguyon, der ihm die österreichische Hochzeit unter finstersten Gesichtspunkten dargestellt hat? Es ist zu vermuten. Die Gleichgültigkeit, mit der er seine Gattin behandelt, fällt allgemein auf. Der noch in Versailles verweilende Fürst Stahremberg zeigt sich in seinem Brief an die Kaiserin entrüstet: »Der König selbst hat mir erzählt, daß der Dauphin sich am Hochzeitstag und am darauffolgenden Tag ihr gegenüber nicht sehr beflissen gezeigt hat, und daß die ersten Nächte ohne ein einziges bedeutsames Ereignis verlaufen sind. Es ist ganz natürlich, die Ursache dieser Kälte nur in der Verlegenheit, der Schüchternheit und einer Art von Dummheit zu sehen, die der Prinz in seiner ganzen Haltung an den Tag legt.« Der ehemalige Botschafter von Maria Theresia nimmt kein Blatt vor den Mund.

Die Prinzessin gesteht, daß ihr Gemahl sie seit ihrer Ankunft in Compiègne nicht nur nicht umarmt, sondern daß er nicht einmal ihre Hand ergriffen hat, als sie allein waren. Jedoch läßt sie ihren Mut nicht sinken und schreibt »diese Zurückhaltung nicht einer Abneigung bezüglich ihrer Person zu; sie hat sogar gesagt..., daß sie glaube, daß er sie liebe und daß sie sich ihrerseits geneigt fühle, ihn zu lieben«.

Ludwig XV. gibt zu, daß sein Enkelsohn »nicht sehr verschwenderisch mit Liebkosungen ist« und daß er »kein Mann wie die anderen ist«. Trotzdem verfällt dieser »schüchterne und scheue« Junge dem Charme seiner blonden Erzherzogin. Es ist das erste Mal, daß jemand seine Intimität – wider seinen eigenen Willen – teilt. Als die erste Befangenheit vorbei ist, gibt er zu, daß seine Gattin »sehr liebenswert ist, daß ihr Gesicht und ihre Geisteshaltung ihm gefallen und daß er wohl zufrieden ist«. Im Laufe der Tage beginnen die beiden Kinder – sie ist noch keine fünfzehn und er noch keine sechzehn Jahre alt – miteinander zu sprechen. Nach und nach wird er zutraulicher. Am 9. Juli kann Marie Antoinette ihrer Mutter eröffnen: »Mein lieber Gatte hat sich sehr verändert und dies völlig zu seinem Vorteil. Er erweist mir die größte Freundschaft und beginnt mir sein Vertrauen zu schenken.«

Der König begrüßt diese Annäherung und macht sich keine übermäßigen Sorgen über die Zukunft des jungen Paares, das am Hof ein völlig normales bürgerliches Leben führen würde, wenn nicht die Zwänge der

Repräsentation wären, wie sie das Leben eines Prinzenpaares fordert. Nach der täglichen Messe nehmen der Dauphin und die Dauphine rasch und in aller Öffentlichkeit ihr Frühstück ein. Danach ziehen sie sich in Ludwigs Gemächer zurück. Falls er arbeitet, begibt sich Marie Antoinette in ihre Gemächer, um zu lesen, zu schreiben oder zu sticken. Später statten sie den Tanten Besuche ab, gehen manchmal spazieren, erscheinen beim Spiel des Königs und speisen gemeinsam mit dem König bei Mesdames oder, wenn der Herrscher abwesend ist, mit ihnen bei sich. Diese, zumal für junge Leute besonders monotone Zeiteinteilung ermöglicht immerhin viele Zwiegespräche.

Marie Antoinette bleibt vorsichtig. Endlich stellt sie ihrem Gemahl im Juli die Frage, die ihr auf den Lippen brennt und die sich alle am Hof stellen. Hat der spanische Botschafter nicht eben seinem Herrn geschrieben, daß »der Dauphin seine Frau noch immer mit großer Gefühlskälte behandelt..., daß öffentlich bekannt ist, daß er die Ehe immer noch nicht vollzogen hat... Dies habe seinen Grund nicht in einem physischen Gebrechen«, fügt er hinzu, »sondern es sei die Frage einer seelischen Frigidität, die man auf die Ratschläge des Herzogs La Vauguyon zurückführt...« Ludwig und Marie Antoinette unterhalten sich offenbar zum ersten Mal ernsthaft über dieses Thema.

Der Prinz behauptet seiner Frau gegenüber, daß »ihm in bezug auf den ehelichen Zustand nichts unbekannt sei, daß er seine Gemahlin hätte kennenlernen wollen, bevor er sich ihr ausliefern wollte, daß er von Anfang an einen Plan dazu entworfen habe, von dem er sich nicht habe entfernen wollen; daß jetzt der Zeitpunkt gekommen sei, und daß er mit ihr in Compiègne im ganzen Ausmaß der Vertraulichkeit leben werde, die ihre Verbindung beinhalte.« Also scheint das Eis zwischen den beiden Eheleuten endgültig gebrochen, und sie werden nun vertraulich. »Da wir in intimer Freundschaft zusammenleben sollen, müssen wir über alles vertrauensvoll reden«, eröffnet Marie Antoinette. Der Dauphin, der niemals jemandem sein Herz ausgeschüttet oder sein Innerstes offenbart hat, beginnt zu sprechen und Zwiegespräche mit dieser kleinen Prinzessin zu führen, die noch vor einigen Wochen eine Fremde für ihn war. Das Gespräch kommt auf Madame du Barry. Dies ist sicherlich nicht das günstigste Thema. Die Favoritin mag die Dauphine nicht und sieht sie ein bißchen als ihre Rivalin an, zumal der König sie gerne liebkost. Die Prinzessin kann nicht dulden, daß eine Frau von so niedriger Herkunft sich solcher offiziellen Gunstbezeigungen erfreut. Marie Antoinette übergeht die königliche Geliebte öffentlich, was Ludwig XV. mit Sicherheit verstimmt.»Zum erstenmal in seinem Leben spricht der Dauphin über die inneren Angelegenheiten des Hofes. Er sagt (ihr), daß er viele Dinge wisse und sehe, aber daß er sich nie erlaubt habe, sie gegenüber jemandem zu erwähnen.« Nach der du Barry schneiden die jungen Eheleute ein noch heikleres Thema an: Choiseul. Ludwig läßt seinem heimlichen Groll gegen den verhaßten Minister, der – man darf dies nicht vergessen – zugleich der Initiator seiner Hochzeit ist, freien Lauf. Marie Antoinette gelingt es, vorsichtige Zurückhaltung zu wahren und das zerbrechliche Gleichgewicht, das zwischen den beiden Eheleuten entsteht, nicht zu gefährden.

Der ganze Hof spricht nur noch über die eheliche Lage des Dauphins. Unzählige Gerüchte kursieren. Mesdames, die Tanten, würden das Prinzenpaar gern bevormunden. Bigott und altjüngferlich, gieren sie nach schlüpfrigen Geschichten und suchen das Vertrauen ihrer Neffen. Schließlich versucht sogar die Dauphine, ihnen das Verhalten ihres Gemahls zu erklären. Die alten Jungfern, die ergriffen und angeregt zugleich sind, versuchen den Stolz des jungen Mannes zu treffen, indem sie die künftige Heirat seines Bruders Provence erwähnen. Was würde geschehen, wenn sein jüngerer Bruder vor ihm Vater würde? In Gegenwart dieser alten Prinzessinnen wagt Marie Antoinette ihrem Gemahl gegenüber einige Sticheleien und erdreistet sich sogar, zu ihm zu sagen: »Sie sind bereits mein Mann. Wann werden Sie mein Gemahl sein?« Der Dauphin stellt sich taub.

Ludwig XV., den soviel Indifferenz überrascht, läßt seinen Enkelsohn zu sich kommen, und dieser verspricht ihm, seine eheliche Lage im Laufe des Aufenthaltes in Compiègne zu regeln. Auf den Befehl des Königs hin untersucht dessen erster Chirurg, La Martinière, den Dauphin und stellt kein einziges Gebrechen fest, das dem Vollzug der Ehe im Wege stünde. Beruhigt kann Ludwig XV. dem Infanten von Parma, seinem Enkel, schreiben: »Ich rede nicht mehr darüber, denn es könnte in einem Augenblick geschehen, in dem man am wenigsten daran denkt.«

Trotzdem geschieht noch immer nichts. Während der Dauphin vor der Erfüllung der ehelichen Pflicht zurückschreckt, gibt er sich ungestüm einer Leidenschaft hin, die niemals erkalten wird: der Jagd. Als Kind hatte man ihm manchmal zu seiner größten Freude erlaubt, der Jagd seines Großvaters im Wagen zu folgen. Vor seiner Hochzeit hatte er erst fünfmal zu Pferde gejagt. Der Abbé Soldini, der ihm die Wohltat dieses »königlichen Zeitvertreibs« gerühmt hatte, hatte ihn als Jugendlichen dazu ermutigt, und nur außergewöhnliche Ereignisse können ihn davon abhalten, zu rasenden Ritten aufzubrechen, von denen er erschöpft und befriedigt zurückkehrt. Trotz der Anwesenheit des Königs, seines Gefolges und seiner Meute bleibt die Jagd für ihn ein einsamer Genuß. Er gibt seinem Pferd die Sporen, hetzt das Opfer stundenlang durch den Wald und zerlegt es selbst mit dem Messer, wobei er den Körper des Tieres gegen den seinigen preßt. Manchmal passiert es ihm, daß er seine Gefährten abschüttelt und sich mit dem Tier allein wiederfindet; dann stillt er diese finstere Lust ohne Zeugen.

So vergeht ein ganzes Jahr. In Wien beginnt Maria Theresia sich zu sorgen. Marie Antoinette amüsiert sich, regt sich auf, verfällt vom Lachen ins Weinen und putzt ihren Gatten manchmal grob herunter. Nach Mercys Worten hält sie ihm sogar eines Tages »eine Standpauke über seine unmäßige Lust an der Jagd, die seine Gesundheit zerstöre, sowie über die nachlässige und schroffe Art, die diese Übung ihm beibringe«. Getroffen zieht der Dauphin sich in seine Gemächer zurück, wohin Marie Antoinette ihm mit ihren Beschimpfungen folgt; dann bricht er in Tränen aus. Die Eheleute versöhnen sich zärtlich, und etwas später sagt Ludwig galant, daß der Streit der Liebenden nie von langer Dauer sei. Der Spruch ist schön, aber Ludwig und Marie Antoinette bleiben nur Freunde. Nicht mehr. Von Zeit zu Zeit provoziert sie ihn. Eines Abends versucht er sich zu rechtfertigen, indem er behauptet, »daß ein Mann, der die Ehe in allzu zartem Alter vollzieht, in Gefahr sei, ein Libertin zu werden, und darüber hinaus die von einem zu jungen Vater gezeugten Kinder von schwächlicher Statur und nicht lange lebensfähig seien«. Am Abend der Hochzeit des Grafen von Provence findet er seine Gattin schluchzend in ihrem Bett. Von ihrem Leid gerührt, beruhigt er sie, indem er ihr tausend Versprechungen macht. Er nutzt die Gelegenheit nicht, die Hürde zu überwinden.

Man fährt damit fort, ihre geringsten intimen Äußerungen zu bespitzeln. Der spanische Botschafter besticht die Dienstboten, damit sie die Bettlaken und die Nachtkleidung untersuchen. Vermond kitzelt Geständnisse heraus, die er Mercy eilig vermittelt, der sofort die Kaiserin benachrichtigt. Vom Zimmer der Kammerzofe aus lauscht er einem Zwiegespräch. Im ungezwungensten Ton sagt Marie Antoinette ihrem Gemahl: »Mir ist gemeldet worden, daß mein Bruder Ferdinand mir bald voraus sein wird, und daß er in einem Jahr sicherlich ein Kind haben wird...«. Vermond fügt hinzu: »Herr Dauphin hat den Sturmangriff recht lustig aufgenommen, aber ohne eine Antwort oder gar ein Versprechen zu geben.«

Einge Wochen hindurch erwägt man die Möglichkeit von Bädern für den Dauphin und spricht vor allem über einen chirurgischen Eingriff. Trotzdem ist das Urteil der aufgesuchten Ärzte das gleiche: »Nur des Prinzen Mangel an Willenskraft schafft eine solch eigenartige Lage.« Immerhin gibt 1772 der Tod von La Vauguyon Anlaß zu gewissen Hoffnungen.

Im Oktober 1772 ruft der mehr und mehr bestürzte Ludwig XV. die beiden Eheleute zu sich und verlangt »eine genaue Beichte über das Ausmaß an ehelicher Vertraulichkeit, das sie erreicht haben. Der junge Prinz erklärt, daß er versucht habe, die Ehe zu vollziehen, aber daß er immer wieder von Schmerzempfindungen gezwungen worden sei, aufzuhören; er wisse nicht, ob es sich um eine Mißgestaltung oder um andere Gründe handle. Zwei Tage später will der König selbst Licht in die Angelegenheit bringen. Er findet heraus, daß es sich bei dem kleinen bestehenden Hindernis nur um eine bei vielen Jugendlichen vorhandene Sache handelt, die nicht einmal einen Eingriff erforderlich macht.«

Ludwig XV. vertraut die beiden jungen Leute Lassone an, dem Leibarzt Marie Antoinettes; dieser untersucht sie und spricht mit jedem von beiden unter vier Augen. So kann Marie Antoinette ihrer Mutter schreiben, daß der König, der »glaubte, es handele sich um Ungeschicklichkeit und Unwissen..., befohlen hat, sie alle beide aufzuklären«.

Der Dauphin wird in den sauren Apfel beißen müssen; das beunruhigt ihn. Er weiß, daß er zum Gespött des Hofes wird und daß seine »eheliche Lage«, wie man es nennt, allen Herrschern Europas bekannt ist; daß er der Chronik des Salons Nahrung gibt, daß die Klatschbasen es von den Dächern singen und daß man die Dienstboten besticht, um seine Laken zu untersuchen und die entsprechenden Schlüsse daraus zu ziehen. Er glaubt fest, daß sich alle Augen auf ihn richten werden, sobald sich seine Lage ändert, und das verdoppelt noch seine Verlegenheit. Unter diesen Umständen ist die Dauphine sicherlich nicht die ideale Partnerin.

Trotz allem werden im Mai 1773 dank der tatkräftigen Hilfe des Arztes Lassone ein »ernsthafter Versuch und gewisser Erfolg« verzeichnet. Eines Morgens im August des gleichen Jahres, führt der künftige Ludwig XVI. dem König eine Dauphine vor, die zu seiner Frau geworden ist. »Der überraschte und gerührte Monarch nahm den jungen Prinzen und die junge Prinzessin bei der Hand; er führte sie in sein Kabinett, und hier eröffnete ihm der Dauphin, daß die Ehe vollzogen sei. Der König schien von übermäßiger Freude ergriffen; er umarmte seine

Kinder und war den ganzen Tag lang mit diesem so sehr gewünschten und erwarteten Ereignis beschäftigt.« Ergriffen schrieb Marie Antoinette ihrer Mutter: »Ich kann meiner lieben Mama und nur ihr allein sagen, daß, seitdem wir hier in Compiègne sind, meine Angelegenheiten recht weit gediehen sind, und ich halte die Ehe für vollzogen, wenn auch noch nicht derartig, daß ich schwanger wäre; aus diesem Grunde will Herr Dauphin noch nicht, daß man es schon wisse. Was für eine Freude, wenn ich im Monat Mai ein Kind zur Welt bringen würde...«

Bald jedoch fällt der junge Mann in seine »ursprüngliche Lauheit« zurück und zieht weiterhin die Jagdgenüsse den Liebespflichten vor. Allerdings unterhält er offenbar eine zärtliche Beziehung zu seiner Frau, die anläßlich der Hochzeit des Grafen von Artois versucht, seine Gefühle zu prüfen. »Lieben Sie mich wirklich?« fragt sie ihn. »Ja, Sie dürfen nicht daran zweifeln. Ich liebe Sie aufrichtig, und ich achte Sie noch mehr.« Er fügt galant hinzu, daß, wenn er sich die Gräfin von Artois ansehe, er zugeben müsse, daß er als älterer Bruder behandelt worden sei. Sicherlich ein idyllisches Klima, aber der eheliche Verkehr bleibt dennoch selten, sehr selten.

Der Dauphin versucht die Amüsements seiner Gattin zu teilen. Er nimmt Tanzunterricht, um auf den Bällen, für die sie so schwärmt, eleganter auftreten zu können. Er führt sie sogar während des Karnevals von 1773 inkognito zum Opernball aus. Marie Antoinette, die von diesem Abenteuer entzückt ist, schreibt ihrer Mutter: »Wir, Herr Dauphin, der Graf, die Gräfin von Provence und ich, waren am letzten Donnerstag auf dem Opernball. Wir haben dies allerbestens verheimlicht. Wir waren allesamt maskiert, nach einer halben Stunde hat man uns erkannt... Wir sind um sieben Uhr hierhin gekommen und haben die Messe besucht, bevor wir zu Bett gegangen sind. Alle waren von der Bereitwilligkeit des Herrn Dauphins zu dieser Partie entzückt, man hatte vermutet, auf seinen Widerwillen zu stoßen.« Oft lauscht er ihrem Duettgesang mit seiner Schwester Clotilde und wird zu einem aufmerksamen Zuschauer, wenn es ihr in den Sinn kommt, in den Gemächern seiner Schwestern heimlich Theater zu spielen.

Trotz der strengen Vorhaltungen ihrer Mutter lernt Marie Antoinette reiten. Bald nimmt sie an der königlichen Jagd teil und ist dabei von einem ganzen Schwarm munterer junger Leute umringt, die der Königin von morgen den Hof machen. Hat sie Reitstunden genommen, um ihrem Gatten zu gefallen und um mit ihm zusammen diese wilden Vergnügungen zu erleben, die ihn auszufüllen scheinen? Sicher nicht. Die Prinzessin will eine gewisse Unabhängigkeit beweisen, sie liebt die lärmende Lebendigkeit, das Zusammentreffen der gesamten Hofgesellschaft, die Vespern auf dem Land und diese Freiheit in der frischen Luft, die mit der sakrosankten Etikette bricht. Die Jagd bedeutet auch die Möglichkeit, mit dem »guten Volk« auf den Feldern in Berührung zu kommen, von dem sie nur verworrene und konformistische Vorstellungen hat. Sie kann hier auch barmherzige Gesten zeigen, die ihre Bewunderer sofort bezaubern. Die Erzherzogin von Österreich, jetzige Dauphine Frankreichs, will sich beliebt machen. Die Komplimente schenken ihr Sicherheit, das schmeichelnde Geflüster gibt ihr Auftrieb. Sie braucht dies umso mehr, als ihr Gatte noch immer weit davon entfernt ist, ihre geheimsten Wünsche zu erfüllen.

»Sie stellt eine eindeutige Neigung zu Gerechtigkeit, Ordnung und Wahrheit, gesundem Menschenverstand und eine genaue Beobachtungsfähigkeit bei ihm fest«, vertraut Mercy Maria Theresia an. »Jedoch befürchtet Frau Dauphine, in der Persönlichkeit des Prinzen, ihres Gatten, die Folgen der Nachlässigkeit, der Gefühlskälte und schließlich einen Mangel an Energie anzutreffen, der dazu führt, daß man nicht schnell genug denkt oder fühlt, um wirksam handeln zu können. Dieses Portrait des Herrn Dauphin scheint mir seiner Wesensart sehr zu entsprechen. Ich bin indes davon überzeugt, daß er einer vorzüglichen Entwicklung fähig ist, und ich habe der Frau Erzherzogin alles dargestellt, was meine Phantasie mir eingeben konnte, um sie dazu anzuhalten, ihre Bemühungen und ihre Aufmerksamkeit auf die dem jungen Prinzen nützlichen Dinge, um die es geht, zu lenken, indem sie selbst ihm das Beispiel eines vorbildlichen Benehmens gibt, das den Umständen und der Vorsicht entspricht. Meine Empfehlungen hatten zur Folge, daß die Frau Erzherzogin mit dem Dauphin über alle grundlegenden Dinge sprach, sie redete ihm zu, seine Zeit besser einzuteilen und mehr Geschmeidigkeit und Sanftmut in sein äußeres Auftreten zu legen...«

Am 8. Juni 1773, bei seinem feierlichen Einzug in Paris, erfährt das junge Paar den Höhepunkt seiner Beliebtheit. Die Kette offizieller Zeremonien, die mit einem Diner in den Tuilerien und mit dem Erscheinen des Dauphins und der Dauphine auf der Schloßterrasse abgeschlossen wird, stellt für beide eine Apotheose dar. Zu einer Zeit, da die Person des Königs mehr denn je in Verruf ist, erfahren sie gemeinsam eine um so größere Verehrung. Wie hat Ludwig auf diese Liebesbezeigungen des Volkes reagiert? Versteht er, daß er allein die Hoffnungen einer ganzen Nation verkörpern kann, oder führt er diese herzliche Anhänglichkeit einzig auf die Anwesenheit seiner strahlenden und vom Beifall beglückten Gattin zurück? Begreift er, daß er sich auf seine eigene Person stützen muß und daß man alles von ihm erwartet?

3. DAS ENDE EINER REGIERUNG

Der König wurde alt. »Er ermüdet allmählich, und bald kann die Kraft ihn verlassen«, schrieb Mercy schon 1771. Seit 1768 gibt sich Ludwig XV. einer hektischen Lebensweise hin. Das Dasein dieses großen Libertins besteht nur aus Soupers, Spielen, Tänzen, Empfängen und Ratssitzungen, die einander in rasendem Tempo ablösen, während er zugleich seine Leidenschaft für die betörende Gräfin du Barry auslebt. Mit ihrem blonden, ungepuderten Haar, den zärtlichen und offenen blauen Augen, der kecken kleinen Nase, dem vollen Mund und der strahlendweißen Haut beherrscht die Favoritin ihren königlichen Geliebten. Sie berauscht ihn mit ihrem Charme. Sie unterhält ihn und läßt den blasierten Herrscher das Herannahen jenes unausweichlichen Ereignisses vergessen, das diesen furchtsamen Genießer am meisten quält.

Mehrmals täglich steigt er die verborgene Treppe zu den fein geschmückten Gemächern hinauf, die das exklusive Reich ihrer Zweisamkeit sind. Hier arbeitet der König sogar manchmal oder empfängt er einige Personen, die er besonders auszeichnen möchte. Aber Ludwig XV. verbirgt seine Geliebte keineswegs in diesen Gemächern. Sie nimmt am gesamten Hofleben teil, und er hat dies auch bei seiner Familie durchgesetzt. Sobald Marie Antoinette die Art der Beziehung durchschaut hat, die den Herrscher mit Madame du Barry verbindet, ist sie entrüstet: »Der König ist sehr gütig zu mir«, schreibt sie an Maria Theresia, »und ich liebe ihn zärtlich, jedoch kann seine Schwäche für Madame du Barry einen dauern. Sie ist die dümmste und unverschämteste Kreatur, die man sich nur vorstellen kann. Sie hat jeden Abend mit uns in Marly gespielt; sie war zweimal an meiner Seite, aber sie hat mich nicht angesprochen, und ich habe nicht versucht, eine Unterhaltung mit ihr zu beginnen; aber wenn es sich ziemte, redete ich trotzdem mit ihr.« Der Dauphin spricht nicht mit der Favoritin seines Großvaters, für die er eine Mischung aus Verachtung und Angst empfindet. Mesdames, die Tanten, machen keinen Hehl aus ihrem Haß gegen die herausfordernde Gräfin. Die alten Tugendperlen infizieren den Dauphin und die Dauphine, die sich täglich mehr vom König zurückziehen, mit ihrer keifenden Mißbilligung. Allmählich entwickelt sich ein Kampf zwischen der erhabenen Priesterin der Liebe und der stolzen Erzherzogin, die noch eine halbe Jungfrau ist.

Madame du Barry möchte nur geliebt und umschmeichelt werden. Sie schmückt sich prachtvoll und lebt in der Erwartung des Kults, den jeder gerne mit ihrer strahlenden Schönheit treibt. Indes haben diejenigen, die sie mit Ehrerbietungen überhäufen, kein anderes Ziel, als dem König zu gefallen. Die Gräfin beansprucht keinerlei politische Rolle für sich. Die du Barry ist nicht die Pompadour. Dennoch werden die Hofgesellschaft und ihre Intriganten sehr bald die Favoritin und die Dauphine zu Repräsentantinnen zweier Parteien machen, deren gegensätzliche politische Interessen den beiden Frauen völlig entgehen.

Seit 1758 regierte der Herzog von Choiseul Frankreich als ein geistvoller, zynischer und geschickter Seigneur. Er war während des Siebenjährigen Krieges an die Macht gekommen und wurde von Madame Pompadour unterstützt. Er leitete zugleich die auswärtigen und die Kriegsangelegenheiten und hatte die Aufsicht über das Postwesen inne, während die Marine seinem Vetter Choiseul-Praslin anvertraut war. Ohne einen entsprechenden Titel zu tragen, übte er de facto das Amt eines Premierministers aus. Da er ein klarer und methodischer Kopf war, der rasch einen komplizierten Sachverhalt erklären konnte, wußte er Ludwig XV. während der Zwiegespräche im Königskabinett für seine Sicht der Dinge zu gewinnen. Er konnte seine Entscheidungen durchsetzen, weil er die Absichten seines Herrn erriet und dessen Schwächen kannte. Wenn der König zögerte, legte Choiseul ihm Briefe von einzelnen Personen vor, die natürlich mit Vorbedacht ausgewählt waren und ihn von den »Pariser Gerüchten« unterrichteten, oder überreichte ihm einen Bericht des Polizeileutnants, der Choiseuls Meinung voll beipflichtete. Choiseul war immer verfügbar und hielt sich für den Mann der Vorsehung. Sein Machthunger, seine Selbstsicherheit und Ironie hatten ihm am Hof wie in der Stadt verbissenen Haß eingebracht. Seine Außenpolitik hatte ebenfalls hartnäckige Feindschaften gezüchtet. Man war ihm für die Angliederung Lothringens und Korsikas an das Königreich wenig dankbar, und er wurde für den unheilvollen Frieden von Paris (1763) verantwortlich gemacht. Der »Familienpakt« mit Spanien wurde gebilligt, aber man kritisierte die Festigung des österreichischen Bündnisses. Seine innenpolitische Arbeit war genauso umstritten. Er hatte die Finanzen in einem jämmerlichen Zustand übernommen und die Generalkontrolleure, die er ernannt hatte, waren auf den vereinten Widerstand der Privilegierten gestoßen, als sie Finanzreformen vorschlugen, die einen Umschwung ermöglicht hätten. Zum Beispiel hatte der Staat 1769 bereits die gesamten Einnahmen für 1770 ausgegeben.

Während Choiseuls Amtszeit hatte die Opposition der Parlamentsgerichtshöfe gefährliche Ausmaße angenommen. Die Parlamente waren traditionell ein Herd der Opposition gegen die königliche Macht. Ludwig XIV. hatte ihre Rolle praktisch auf ein Nichts reduziert, aber seitdem der Regent, Philipp von Orléans, sie gebraucht hatte, um das Testament des verstorbenen Königs zu annullieren, waren sie in ihrer Stellung wieder gestärkt worden. Diese Gerichtshöfe, die über ihre juristischen Aufgaben hinaus auch die Pflicht hatten, die königlichen Gesetze zu registrieren, wollten als die Repräsentanten der Nation gelten. Die Parlamentsmitglieder, die ihre Ämter kauften und sozusagen von der Gesamtheit der Gerichtsbeamten kooptiert werden mußten, bevor sie in ihrer Mitte Platz nehmen konnten, waren eine homogene soziale Gruppe. Ihre Stärke und ihr Zusammenhalt wurden noch durch die Familienbande verstärkt, die sie praktisch alle über Generationen hinweg miteinander verbanden. Während der Regierungszeit Ludwigs XV. hatte sich der kritische Geist dieser Behörde, der an der Erhaltung der überkommenen Privilegien gelegen war, beträchtlich entwickelt: Die Gerichtsbeamten machten der Verwaltungsmonarchie den Prozeß und prangerten – meistens über den Umweg der Finanzpolitik – das Prinzip der absoluten Monarchie an. Obwohl die aufgeklärte öffentliche Meinung mit den Philosophen an der Spitze den Privilegierten – und damit auch den Parlamentsgerichtsbeamten – grundsätzlich feindlich gesonnen war, zogen sie am gleichen Strang, weil die Parlamentsgerichtsbeamten die königliche Macht angriffen. Daß dieselben Parlamente Rousseaus *Emile*, Jean Calas und den Chevalier de la Barre* verurteilt hatten, wurde demgegenüber nebensächlich. Die aufgeklärte Meinung hielt es für besser, sich die Parlamente nutzbar zu machen, als sie zu bekämpfen.

Der König glaubte die Parlamentsmitglieder und Philosophen zufriedenzustellen, indem er den Rechtsspruch des Pariser Parlaments bestätigte, der 1764 die Jesuiten des Landes verwies. Gegen seinen Willen

---

* *Jean Calas*, ein Kaufmann aus Toulouse, wurde 1762 wegen Mordes hingerichtet, aber 1765 – vor allem auf Betreiben Voltaires – rehabilitiert. *Jean-François de la Barre* wurde 1766 wegen Gotteslästerung enthauptet und verbrannt. Voltaire hatte sich vergeblich für ihn eingesetzt. (Anm. d. Hrsg.)

opferte der Herrscher auf Anraten Choiseuls hin diesen so verrufenen religiösen Orden, um die Kritik der Parlamentarier und der Philosophen zu parieren, die die Societas Jesu beschuldigten, im Dienste des Papstes einen Staat im Staate zu bilden. In den Augen der gallikanischen Parlamentsgerichtsbeamten und der Philosophen war Choiseul ein aufgeklärter Minister. Jedoch führte die fromme Partei, am Hof vertreten durch Ludwig Ferdinand, La Vauguyon und ihre Getreuen, bittere Klagen gegen seine Ministertätigkeit.

Seit der Ausweisung der Jesuiten schienen Parlamentarier und Philosophen ein gemeinsames Spiel zu betreiben. Durch ihren Erfolg ermutigt, wollten sich die Richter von der königlichen Macht nichts mehr bieten lassen. Sie entwickelten eine »Theorie der Klassen«, aufgrund deren alle Parlamente Frankreichs nur Klassen eines einzigen Parlaments für das gesamte Königreich seien. Dies bedeutete, die Solidarität der Gerichtshöfe gegen die königliche Macht zu behaupten. Die »bretonische Angelegenheit« sollte diese Ansprüche besonders deutlich zeigen...

Der Herzog von Aiguillon, ein Neffe des Marschalls Richelieu, einem alten Vertrauten des Königs, war seit 1753 Gouverneur* der Bretagne. Als Truppenkommandant und Vertreter des Königs konnte er den Anspruch erheben, Einblick in die Verwaltung der Provinz zu nehmen. Seine Beziehung zum Intendanten* Le Bret war ausgezeichnet, und die beiden Männer betrieben eine Politik, die zum Ziel hatte, die Provinz soweit wie möglich ins Königreich zu integrieren. Allerdings genoß der Herzog von Aiguillon keinen guten Ruf. Er galt als autoritär, und man nannte ihn »intrigant, gerissen, fleißig, ein unerbittlicher Feind, aber auch ein sehr zuverlässiger Freund der wenigen Leute, denen er dieses Gefühl entgegenbrachte«. Da er ein frommer Mensch und erklärter Anhänger der Jesuiten war, mißtraute er dem bretonischen Parlament, das ihn der Unterwerfung der bretonischen Stände bezichtigte, und brachte dem Generalprokurator La Chalotais, der sich als eifrigster Gegner der Societas Jesu erwies, einen unversöhnlichen Haß entgegen.

Der Gouverneur hatte gemeinsam mit dem Intendanten beschlossen, ein Straßennetz bauen zu lassen, um die Verbindungen im Innern der

---

* *Gouverneur*: höchster Vertreter des Königs in der jeweiligen Provinz (Gouvernement); im späten 18. Jahrhundert aber nur noch Ehrenamt für Prinzen von Geblüt und Angehörige des Hochadels. Die eigentliche Leitung der Provinzverwaltung liegt beim *Intendanten*. (Anm. d. Hrsg.)

Bretagne zu verbessern und sie den benachbarten Provinzen besser zugänglich zu machen. Dieses Projekt stand in der Tradition der Zentralisationspolitik der Monarchie. Bald protestierten die bretonischen Stände, die von diesen Wegebauproblemen betroffen waren, gegen das aufwendige Vorhaben des Herzogs von Aiguillon, da die Arbeiten mit der üblichen Straßenfron allein nicht bewerkstelligt werden konnten. Sofort eilte der Parlamentsgerichtshof den Ständen zu Hilfe, und es begann ein Konflikt zwischen Parlament und Ständen auf der einen Seite und der königlichen Macht, die durch den Herzog von Aiguillon und den Intendanten vertreten wurde, auf der anderen Seite. Die Angelegenheit nahm bald bedeutende Ausmaße an. Der Herzog von Aiguillon verlangte Sanktionen gegen die Parlamentsmitglieder. La Chalotais, der sich durch abfällige Urteile über die Jesuiten – welche viele Anhänger in der Bretagne hatten – profiliert hatte, schwang derartig kühne Reden gegen die Regierung, daß er zusammen mit einigen der aufrührerischsten Mitglieder des Parlaments festgenommen wurde. Man beschuldigte sie, »verbotene Vereinigungen« gebildet, »verdächtige Korrespondenzen« ausgetauscht, »aufrührerische Reden« gehalten und dem König »beleidigende und verletzende anonyme Briefe geschickt zu haben. Es war das erste Mal, daß unter Ludwig XV. ein Strafprozeß gegen Gerichtsbeamte stattfand.

Der König war über die aufsässigen Parlamentarier besonders erbost. »Der König ist äußerst wütend, und seine Verstimmtheit ist um so mehr zu fürchten, als es sich dabei um einen vernünftigen und kalten Groll handelt«, schrieb man an La Chalotais. Choiseul übte sich in taktischen Winkelzügen: Zwar gab der Minister den Parlamentariern insgeheim recht und hatte keinerlei Lust, die königliche Autorität zu stärken, aber er mußte sich dem Willen seines Herrn fügen. Das Parlament von Rennes wurde aufgelöst. Die Rechtsprechung sollte von einem zu diesem Zweck ernannten Ausschuß ausgeübt werden. Dieser Ausschuß hatte bald einen schlechten Ruf und galt als abhängig von Aiguillon. Im November 1765 begann dieser neue Gerichtshof mit dem Prozeß gegen La Chalotais. Das Parlament von Paris – und mit ihm alle anderen Parlamente – hatte für das bretonische Parlament Partei ergriffen und berief sich auf das berühmte Solidaritätsprinzip der souveränen Höfe. Die vorgebrachten *Remonstranzen** häuften sich. Der Sache überdrüssig, hielt der König am

---

* *Remonstranzen*: Einwände der Parlamente (oder auch der Stände usw.) gegen königliche Gesetze und Maßnahmen. (Anm. d. Hrsg.)

3. März 1766 eine feierliche Sitzung im Pariser Parlament ab. Er ließ den Staatsrat Joly de Fleury in seiner Anwesenheit eine Erklärung verlesen, die die Lehre der absoluten Monarchie mit einer Strenge bestimmte, welche die parlamentarischen Ansprüche in nichts auflöste. Aber das Pariser Parlament gab sich nicht geschlagen. Es antwortete dem König mit einem Beschluß, der seine gesetzgebende Gewalt »bedingungslos und unteilbar« anerkannte, jedoch das Solidaritätsprinzip der souveränen Gerichtshöfe untereinander verteidigte. Darüber hinaus definierte der Beschluß diese Instanzen als Hüter der Grundgesetze des Reiches. Um einen drohenden parlamentarischen Krieg zu verhindern und um die Gerichtsbeamten zu beschwichtigen, war Ludwig XV. schließlich bereit, das Verfahren von Rennes gegen La Chalotais und seine Freunde einzustellen.

In den folgenden beiden Jahren wurde die Lage in der Bretagne immer schwieriger. Das Ersatzgericht erfüllte seine Rolle nur schlecht, und im August 1768 reichte der Herzog von Aiguillon seine Entlassung ein. Auch der Kanzler Lamoignon, der einer der ältesten Familien des Pariser Richterstandes entstammte, trat wenig später zurück und wurde durch René von Maupeou ersetzt. Dieser neue Minister – ebenfalls von altem parlamentarischem Schrot und Korn – war nicht der richtige Mann für Choiseul. Er galt als gemäßigt und fähig, den kampflustigen Eifer der Richter im Zaum zu halten. Im folgenden Jahr wurde das Parlament der Bretagne wiederhergestellt. Nur La Chalotais und seine Freunde blieben von ihren Ämtern ausgeschlossen. Dessenungeachtet ging der Kampf zwischen dem König und den Parlamenten weiter. Im März 1770 beschloß der bretonische Parlamentsgerichtshof die Veröffentlichung eines Berichts über den Verlauf des Prozesses gegen La Chalotais und die Gerichtsbeamten, die bereits vier Jahre früher in die gleiche Angelegenheit verwickelt gewesen waren. Damit war der damalige Stellvertreter der königlichen Macht, der Herzog von Aiguillon, unmittelbar betroffen. Gegen den Willen des Königs forderte Aiguillon selbst, wie sein Rang es ihm erlaubte, durch den Gerichtshof der Pairs gerichtet zu werden. Ausschließlich die fromme Partei unterstützte Aiguillon. Choiseul, der den Parlamenten nur schwachen Widerstand entgegengesetzt hatte, erweckte schließlich das Mißtrauen des Königs. Ausgerechnet kurz vor der österreichischen Hochzeit, die zum Großteil sein Werk war, wurde seine Lage heikel.

Am 4. April wurde in Versailles der Prozeß vor dem Parlament und den Pairs in Anwesenheit des Königs eröffnet. Für den Herrscher wurde das Verfahren schnell unerträglich, denn der Prozeß gegen Aiguillon wurde zu einem Prozeß gegen die Monarchie. Sobald Ludwig XV. erkannte, welchen Lauf die Sache nehmen würde, zog er es vor, sie am 27. Juni 1770 durch einen königlichen Machtspruch zu beenden, der den Herzog von Aiguillon von allem reinwusch, was ihm angelastet worden war. Der aufgebrachte Parlamentsgerichtshof fällte dagegen einen Urteilsspruch, der den Herzog von Aiguillon aus der Pairie ausschloß. Der König erklärte das Urteil für ungültig und ließ sich am 3. September, am Schluß einer königlichen Sitzung, alle Prozeßakten aushändigen. Der parlamentarische Krieg war damit nicht zu Ende.

Eigentlich hatte Choiseul nicht so weit gehen wollen. Aber er hatte den König nicht mehr unter Kontrolle und spürte, wie die Macht ihm entglitt. Im königlichen Rat fiel ihm Maupeou in den Rücken, und er war nicht der einzige. Der Kanzler hatte Maynon d'Invaux, der im Finanzministerium gescheitert war, durch den Abbé Terray ersetzt. Die beiden Minister, die sich bald gegen Choiseul verschworen, beteiligten ihrerseits, um dem König zu gefallen, die neue Favoritin, Madame du Barry, an ihrer Politik – die du Barry, die von Choiseul aufgrund ihrer Abstammung unverhohlen verachtet wurde. Auch hatte Choiseul gehofft, daß seine Schwester, die stolze Herzogin von Gramont, in diese beneidenswerte Position gelangen würde. Vergeblich. Die Ironie des Schicksals brachte es also mit sich, daß die fromme Partei sowohl die neuen Minister als auch die Favoritin unterstützte. Man denunzierte Choiseul und mißtraute bereits der Dauphine, die kein Geheimnis aus ihrer Sympathie für ihn machte.

Marie Antoinette wurde in der Tat von Choiseul umgarnt, der ständig ihre politische Intelligenz lobte und sie nahezu gegen ihren eigenen Willen zum Haupt der Partei des diensthabenden Ministers machte, obwohl sie über ihn nicht mehr wußte, als daß er ihre Ehe ermöglicht hatte. Der Dauphin dagegen verabscheute Choiseul und ebenso Madame du Barry. Die neuen Minister schienen keine sonderliche Sympathie bei ihm zu erwecken. Was lernte er aus diesem ganzen Streit zwischen Regierung und Parlamenten? Seine Erziehung hatte ihn eher für die Parlamente eingenommen, aber nun schien ihn eher die Jagd als das Schicksal der Monarchie zu beschäftigen. Sein Großvater unterrichtete ihn nie über Regierungsprobleme, und er wurde auch nie eingeladen, an den Ratssitzungen teilzunehmen.

Der Konflikt der beiden Parteien findet bald sein Spiegelbild in dem Duell zwischen der Dauphine und der Favoritin. Die Dauphine fährt fort, die triumphierende Gräfin zu übergehen, während der Stern Choiseuls verblaßt. Auf der Reise nach Compiègne 1770 wird er vom Herzog von Richelieu heftig angegriffen, der ihm vorwirft, den Aufruhr der Parlamente zu fördern. Im Rat lauert Maupeou auf die geringste Schwäche des mächtigen Ministers. Terray und Maupeou wollen ihm den Gnadenstoß versetzen. Schließlich stellen sie sogar in Anwesenheit des Königs seine Verwaltungskompetenz in Frage. Die Stellung Choiseuls wird immer kritischer. Die Stunde seiner Absetzung vorausahnend, unternimmt er einen letzten Versuch, seine Macht zu verteidigen. Anläßlich eines Konflikts zwischen Spanien und England in bezug auf die Falkland-Inseln im südlichen Atlantik, will Choiseul den »Familienpakt«, dessen treibende Kraft er ist, zur Anwendung bringen. Frankreich soll Spanien gegen das feindliche England unterstützen. Choiseuls leichtfertiger Vorschlag trifft im Rat auf heftigen Widerstand. Terray hat keine Mühe nachzuweisen, daß ein solcher Krieg geradewegs zum Bankrott führen würde. Choiseul erwidert den Angriff, indem er das Geschäftsgebaren des Finanzministers kritisiert. In Anwesenheit des Königs bekämpfen sich die Minister bis aufs Messer. Sodann wird Choiseuls Absetzung beschlossen, gegen dessen Person der König – nach Mercys Worten – »aufkeimenden Abscheu« empfindet. Er wirft ihm finanzielle Fahrlässigkeit, Komplizenschaft mit den Parlamenten, eine gefährliche Außenpolitik und vielleicht auch seine Unverschämtheit gegenüber der Favoritin vor.

Als reicher Großgrundbesitzer macht sich der ehemalige Minister bald auf den Weg in die Touraine. Vom aufgeklärten Adel und von den Philosophen mit Beifall und Bedauern begleitet, begibt er sich auf sein Schloß in Chanteloup. Die Nachricht von seiner Absetzung am 24. Dezember 1770 wird geradezu als Revolution empfunden. In Wien ist Maria Theresia um das Bündnis besorgt; bald schreibt sie ihrer Tochter: »Nehmen Sie nicht den französischen Leichtsinn an, bleiben Sie eine gute Deutsche, machen Sie aus Ihrem Dasein eine Zierde und werden Sie zur Freundin Ihrer Freunde.« Am Hofe wird Marie Antoinette zum Symbol der künftigen Rache der Choiseulisten. Von nun an ist sie die Hoffnungsträgerin dieser enttäuschten Partei. Zwar ist bekannt, daß ihr Gatte den abgesetzten Minister verabscheut, aber man glaubt, daß sie dem Dauphin im entscheidenden Augenblick ihre Ansicht aufzwingen wird. »Mit ein bißchen Hilfe«, behauptet Mercy, »wird Frau Dauphine ihren Gatten, den Prinzen, sicherlich beherrschen, dessen Bequemlichkeit eher die Folge einer schlechten Erziehung und einer natürlichen

Schüchternheit als die eines lasterhaften Charakters ist.« Der Dauphin hat anläßlich der Entlassung Choiseuls keinerlei Gemütsregung gezeigt. »Er scheint sich übrigens für niemanden am Hofe zu interessieren«, berichtet Mercy weiter. Enttäuscht, hofieren die Frommen den Grafen von Provence und bemühen sich um die du Barry, die von der Dauphine und ihrem Gatten ostentativ gemieden wird. Der Kleinkrieg zwischen den beiden Frauen, die jeweils von einer Clique unterstützt werden, verstimmt den König, der nur den Hausfrieden wahren will und weiß, daß die beiden Frauen vor allem ein Spielball der Parteien sind. Er vertraut sich Mercy an, der zu Recht als der geheime Ratgeber der Prinzessin gilt. Von der Kaiserin persönlich unterstützt, erreicht der österreichische Gesandte, daß Marie Antoinette schließlich doch mit der Favoritin in Anwesenheit der ganzen Hofgesellschaft spricht. Damit kapitulieren die Choiseulisten ein weiteres Mal vor der machthabenden Partei.

Natürlich behält Ludwig XV. die Minister, die Choiseul zu Fall gebracht haben, im Amt. Maupeou bleibt Justizminister und Terray Finanzminister. Bourgeois de Boynes, der Staatsrat, erhält das Marineministerium, und Monteynard wird Kriegsminister; die beiden letzteren sind erklärte Anhänger des traditionellen Absolutismus. Die auswärtigen Angelegenheiten behält sich der König eine Zeitlang persönlich vor.

Mit diesem Kabinett muß der Konflikt zwischen König und Parlament möglichst schnell angegangen werden. Maupeou und der Monarch sind fest entschlossen, den Ansprüchen der Parlamentarier ein Ende zu setzen.

Einige Tage vor der Absetzung Choiseuls hatte Maupeou dem Parlamentsgerichtshof ein Gesetz vorgelegt, das diesem das Remonstrationsrecht einschränkte sowie den Zusammenschluß der Parlamente und den Justizstreik als stärkste Waffe der Parlamentsgerichtsbeamten verbot. Den Zuwiderhandelnden wurde mit Amtsenthebung gedroht. Das führte zur Auflehnung der Parlamentsgerichtsbeamten, die ihre Arbeit niederlegten und neue Remonstranzen verfaßten. Maupeou hatte nichts anderes erwartet. Nachdem er die Parlamentarier vergeblich dazu aufgefordert hatte, ihre Geschäfte wiederaufzunehmen, ließ er jedem von ihnen eine königliche *lettre de cachet** zusenden, die sie ihres Amtes enthob

---

* *Lettre de cachet*: geheimer königlicher Haftbefehl; diente unter anderem zur Verbannung und Einkerkerung unliebsamer, skandalumwitterter Familienmitglieder. (Anm. d. Hrsg.)

und sie jeweils zum Exil auf ihren Ländereien verurteilte. So waren die Gerichtsbeamten mitten im Winter dazu gezwungen, ihre entfernten und oft ungastlichen Schlösser aufzusuchen.

Die öffentliche Meinung war entsetzt. Die Fürsten lehnten sich gegen die Maßnahmen auf, da sie sie als Machtmißbrauch betrachteten. Die anderen Parlamentsgerichtshöfe unterstützten das Pariser Parlament. Malesherbes, der Vorsitzende des Steuergerichtshofes, formulierte einen offiziellen Protest und sprach der königlichen Macht das Recht ab, Justizämter einfach abzuschaffen, da sie das private Eigentum der Gerichtsbeamten darstellten. Aber die königliche Revolution hatte gerade erst begonnen. Das Gesetz vom Februar 1771 führte sie noch weiter. Es reorganisierte die Justiz, indem es die Käuflichkeit der Ämter aufhob, was letztlich eine Abschaffung des Amtsadels bedeutete. Gerichtssporteln wurden verboten, und die Gerichtsbarkeit wurde kostenfrei. In Paris wurde ein neuer Parlamentsgerichtshof geschaffen, dessen absetzbare Mitglieder der König selbst ernennen konnte. Der Große Rat, der die Gesetze registrierte, wurde umorganisiert. Der Steuergerichtshof – eine weitere Bastion des Widerstands gegen die königliche Macht – wurde ebenfalls aufgelöst. Auch ein Großteil der Provinzparlamente erlitt dieses Schicksal.

Durch ein *lit de justice** am 13. April gibt Ludwig XV. diese Maßnahmen feierlich bekannt. Die königliche Neuordnung hat zugleich eine politische und eine soziale Bedeutung. Sie gibt dem Absolutismus eine Art Bewährungsfrist. Als treuer Diener des Herrscherwillens, der die »jansenistischen und republikanischen« Parlamentsbeamten nicht mag, hat Maupeou ihren Universalitätsanspruch, in dem der König einen aufständischen und subversiven Willen sah, ausgenutzt, um sie in die Knie zu zwingen. Seine Rechtfertigung lautet: »Auch wenn ich nur meinem persönlichen Interesse gefolgt wäre, hätte ich nicht mit einer Behörde verbunden bleiben können, die sich im ganzen Königreich ausbreitet, seit geraumer Zeit – nach ihrer eigenen Auffassung sowie nach Meinung eines Teils der Nation – ein Gegengewicht gegen den Staat bildet und – vom Staat selbst gefürchtet – eine Dauerhaftigkeit und einen Vorrang beansprucht, vor denen jeder besondere Umstand in den Hintergrund zu treten scheint.« Derartige Maßnahmen lösten sowohl bei

---

* *Lit de justice*: feierliche Sitzung des *parlement*, in der der König durch seine persönliche Anwesenheit den Gerichtshof *zwingt*, ein Gesetz zu »registrieren«, auch wenn es zuvor abgelehnt worden ist. (Anm. d. Hrsg.)

der königlichen Familie als auch bei der aufgeklärten Meinung große Aufregung aus. Der künftige Ludwig XVI. sowie auch seine Brüder pflichteten der von Maupeou ausgeführten Initiative seines Großvaters bei. Er erklärte dem Kanzler, »daß er eben dem König die Krone aufgesetzt habe«. Die Prinzen von Geblüt dagegen waren geteilter Meinung. Der Prinz von Condé hielt sich wohlweislich bedeckt, während sein Onkel, der Graf von Clermont, sowie der Prinz von Conti, denen der Herzog von Orléans und dessen Sohn, der Herzog von Chartres, folgten, sich gegen ein »Parlament Maupeou« aussprachen. Unter Berufung auf die mittelalterliche Tradition behaupteten sie, daß die Prinzen von Geblüt bei Entscheidungen in Angelegenheiten des Königreiches gehört werden müßten. So verfaßten sie eine Protestschrift, welche die Notwendigkeit eines *Corps dépositaire des lois** betonte. Der königliche Bann entfernte sie daraufhin für einige Monate vom Hofe. Erst 1772 konnten sie – nach schwierigen Verhandlungen mit dem König – zurückkehren.

Nicht alle Prinzen verurteilten jedoch den königlichen Staatsstreich: Der Graf von La Marche, Sohn des Prinzen von Conti, und der Herzog von Penthièvre, Sohn des Grafen von Toulouse, des letzten anerkannten Sohnes Ludwigs XIV., verbündeten sich ohne Schwierigkeiten mit der Macht der Krone.

Am Hof stiftete die Haltung der Prinzen von Geblüt zwar mehr Aufregung als die eigentlichen Reformen, aber in Paris und in allen Städten des Königreiches redete man nur noch davon. »Seitdem die Geister gegen alles aufgebracht sind, was sich hier ereignet, kennt die Öffentlichkeit keinerlei Maß mehr. Die Politik ist nahezu der einzige Gesprächsstoff«, bemerkte Mercy am Tag nach dem *lit de justice*.

Als erstes Opfer des Umschwungs erhob sich der gesamte Richterstand, der seine Klienten aus dem Bürgertum und aus den unteren Volksschichten mit sich zog. Wieder einmal sahen sich die Philosophen gezwungen, für Priviligierte, die der königlichen Macht geopfert wurden, Partei zu ergreifen. Es fehlte daher nicht an geschickten und scharfen Federn, um ihre Rolle und ihr Handeln zu rechtfertigen.

Der neue, vom König ernannte Gerichtshof war von der Nation vollständig isoliert. Obwohl sich die Parlamentarier nicht als Delegierte der Nation begriffen, meinten sie doch, als einzige für sie sprechen zu können und damit die früheren nationalen Vertretungen zu ersetzen. An

---

* Stand der Beamten, die über die Gesetze wachen. (Anm. d. Hrsg.)

ihrer Stelle wäre es also allenfalls legitim gewesen, die *Etats Généraux** einzuberufen.

Unter dem Schutz des Königs, der für die Gerüchte, die aufkommen und umherschwirren, taub bleibt, führt die Regierung ihre zentralistische und autoritäre Politik fort. Die Berufung des Herzogs von Aiguillon zum Außenminister im Juni 1778 verstärkt noch ihre Macht und symbolisiert die Rache der frommen Partei. Von nun an bilden Aiguillon, Maupeou und Terray ein regelrechtes »Triumvirat«. Wie früher Aguesseau, plant Maupeou, die Justiz durch die Bildung eines einzigen und gleichen Hofes für das ganze Land zu vereinheitlichen. Aber er wird keine Zeit mehr haben, seinen Plan zu verwirklichen, da er zunächst die Untergerichte in Gang setzen muß, die er mit zweitrangigen Gerichtsbeamten besetzt hat, welche dafür bekannt sind, daß sie sich der Macht jederzeit unterwerfen. Es sind neue Männer, die von den Mitgliedern der ehemaligen Parlamente als »Eindringlinge«, »Meineidige« und »Eidbrüchige« bezeichnet werden, aber sie erlauben es dem König, der eigentliche Herr zu sein. So nimmt das neue Parlament ohne zu murren alle Notsteuergesetze an, die vom Finanzminister, dem Abbé Terray, vorgeschlagen werden. Die direkten Steuern (*taille*) werden erhöht, die Renten werden vermindert, die beiden *Vingtièmes***, die eingeführt worden waren, um den Siebenjährigen Krieg zu finanzieren, werden auch im Frieden beibehalten.

Diese strengen Maßnahmen ließen sich durch die katastrophale Finanzlage erklären. Das Defizit betrug damals 69 Millionen Livres und die Einkünfte von 1770 und teilweise von 1771 waren bereits verbraucht. Aber diese brutale und unbeliebte Politik verringerte ab 1772 das Defizit ganz beträchtlich.

In den Städten wie auf dem Land stiegen die Lebenshaltungskosten regelmäßig an, und der Brotpreis wurde zunehmend zur Hauptsorge der Franzosen, da sie die Hälfte ihrer Einkünfte für diese magere Verpflegung aufwenden mußten. Das Volk lebte in ständiger Angst vor einer Erhöhung der Getreidepreise. Um möglichen Unruhen vorzubeugen, hatte die Monarchie eine sogenannte »Körnerpolizei« eingeführt. Sie sollte die Wucherer bestrafen und für jede Provinz die Getreideversor-

---

* Generalstände. Zuletzt 1614 durch die Regentin Maria von Medici einberufen. (Anm. d. Hrsg.)
** Wörtlich: »Zwanzigstel«. Ab 1750 eingeführte zusätzliche Steuer auf alle Einkommen, von der es allerdings zahlreiche Ausnahmen gab. (Anm. d. Hrsg.)

gung sichern. Zu diesem Zweck hatte der König eine privilegierte Handelsgesellschaft gegründet, die den Weizenhandel organisieren sollte und deren Betreiber neben einem angemessenen Gehalt zwei Prozent des Umsatzes erhielten. Da die Ernten von 1771 und 1772 äußerst schlecht ausgefallen waren, verbot Terray die Ausfuhr von Weizen und ließ eine Menge teures Getreide nach Frankreich einführen, was sofort eine erhebliche Steigerung der Brotpreise zur Folge hatte. So entstand die schwarze Legende vom »Hungerpakt«, nach der der König auf den Getreidepreis spekulierte und das Volk aushungerte. Daraufhin kam es zu Hungerunruhen, die sofort niedergeschlagen wurden. Das »Triumvirat« wurde im ganzen Reich verhaßt. Auch der König, dessen Verschwendungssucht bekannt war, blieb nicht verschont. Aber Ludwig XV. schien sich nicht darum zu sorgen.

Am 27. April 1774 wurde dem König plötzlich kühl. Ihn fröstelte, und nichts konnte ihn wärmen. Bald bekam er Fieber, aber er lehnte es ab, die Jagd abzusagen und verfolgte sie entgegen seiner Gewohnheit vom Wagen aus. Als sein Zustand sich auch nach der Rückkehr ins Schloß Trianon nicht verbesserte, wagte es sein Leibarzt La Martinière ihm vorzuschlagen, in den Palast zurückzukehren. »Sire, wenn man krank ist, ist man in Versailles am besten aufgehoben«, sagte er ihm. Man hüllte den König in seinen Mantel ein, bevor man ihn in seine Karosse hob. »Fahre so schnell du kannst!« rief er dem Kutscher bei der Abfahrt zu.

In Versailles angekommen, begab er sich sofort zu Bett. Das Fieber stieg, ihm war unwohl, und schreckliche Migräneanfälle quälten ihn. Zweimal ließen die Ärzte ihn zur Ader. Ohne Ergebnis. »Die gesamte Familie streifte ständig in einer gespannten Unruhe um das Gemach herum«, bemerkte der Herzog von Croÿ. Man machte sich Gedanken über die Art der königlichen Krankheit.

Im Laufe des Abends bemerkten die Ärzte, die noch keinerlei Diagnose gestellt hatten, rote Flecken auf dem Gesicht des Königs. »Bringen Sie doch das Licht etwas näher! Der König sieht ja sein eigenes Glas nicht«, sagte einer von ihnen. Bedeutungsvolle Blicke wurden gewechselt. Die Ärzte hatten begriffen: Der König hatte die Blattern. Sofort wurde der königlichen Familie mitgeteilt, daß sie das königliche Zimmer nicht mehr betreten dürfe. Dennoch beschlossen Mesdames, ihren Vater nicht zu verlassen. Man ließ Ludwig XV. glauben, er sei am Frieselfieber erkrankt. Ihm selbst kam nicht in den Sinn, daß es die Blattern sein könnten, da er sicher war, sie in seiner Jugend gehabt zu haben. Zur großen Empörung der Prinzessinnen blieb Madame du Barry die Nacht über bei ihrem königlichen Geliebten.

Allerdings wollte die Favoritin Versailles so schnell wie möglich verlassen. »Ich mißfalle der ganzen Familie, man lasse mich gehen«, wiederholte sie ständig.

Der König machte sich Sorgen, die Ärzte bekamen Angst. Sie erwähnten in Gegenwart der ältesten Tochter die Möglichkeit eines unheilvollen Ausgangs. »Wir haben heute früh im Beisein von Frau Adélaïde die Frage erwogen, ob es nicht gefährlicher sei, ihm seinen wahren Zustand zu verschweigen und es darauf ankommen zu lassen, daß er ihn erst durch die Ankündigung der Letzten Ölung erfährt, als ihn aufzuklären«, schrieb der Herzog von Orléans an seine Gemahlin.

Am 1. Mai stattete der Erzbischof von Paris dem König einen Besuch ab und ging fort, ohne ihm etwas gesagt zu haben. Am 3. bemerkte der König die Pusteln auf seiner Hand und schrie: »Aber das sind ja die Blattern!« Man versuchte, ihn vom Gegenteil zu überzeugen, und er tat so, als glaube er es. Allerdings ließ er am nächsten Tag Madame du Barry rufen und sagte ihr: »Nun weiß ich über meinen Zustand Bescheid, der Skandal von Metz* darf sich nicht wiederholen. Wenn ich gewußt hätte, was ich jetzt weiß, hätten Sie das Zimmer nicht mehr betreten. Ich gehöre nun Gott und meinem Volk. Ab morgen müssen Sie sich zurückziehen.«

Währenddessen befanden sich die Töchter des Königs in dem »schrecklichen Dilemma, daß sie sich einerseits wünschten, daß er beichte, andererseits fürchteten, daß ihn die damit verbundene Angst endgültig töten würde«. Der Hofkaplan, Kardinal La Roche-Aymon, wollte den König zur Beichte bewegen. Aber der Marschall von Richelieu meinte, daß allein schon diese Vorstellung ihn töten würde. Nicht einen Augenblick lang dachte man daran, die Meinung des Dauphins einzuholen. Am 7. Mai, um Viertel nach drei Uhr morgens, verlangte Ludwig XV. selbst nach seinem Beichtvater. Der Priester hörte den König sechzehn Minuten lang an. Er war entschlossen, die letzte Ölung zu empfangen. Der reumütige Herrscher starb am 10. Mai 1774. Sofort begab sich der neue König mit seiner Familie und dem gesamten Hof nach Choisy.

---

* Gemeint ist die schwere Erkrankung des Königs in Metz 1744, wo er gegen seinen Willen die Letzte Ölung erhielt. (Anm. d. Hrsg.)

4. »DAS TALENT DER BERATERWAHL«

Inmitten einer schweigenden und ergriffenen Menschenmenge nähert sich der königliche Wagen langsam seinem Reiseziel; das Volk huldigt seinem neuen König und bekundet damit seine Hoffnungen.

Auf den Schultern dieses schmächtigen jungen Mannes, dem bisher niemand große Beachtung geschenkt hat, lastet das Schicksal einer Nation. Obwohl von der Bedeutung seiner Aufgabe überzeugt, ist er noch nicht reif, die Regierung zu übernehmen, und er weiß es. Die Tränen, die er trotz seiner großen Schüchternheit nicht unterdrücken kann, drücken sowohl das Leid über den Verlust des geliebten, schützenden Großvaters aus als auch die Bestürzung angesichts seiner Berufung zum höchsten Amt, für das seine Geburt ihn bestimmt hat.

Auf halbem Weg nach Choisy entlud sich endlich die äußerste Spannung, die ihn seit dem Beginn der endlosen Agonie des Königs erfaßt hatte. Die Königin, der Graf von Provence, der Graf von Artois und ihre Gemahlinnen, die mit ihm die Kutsche teilten, unterhielten sich, als der Gräfin von Artois ein Versprecher unterlief. Alle sechs wurden von einem nervösen, zunächst verschämten, dann befreienden Lachanfall ergriffen. Trotz der tiefen Trauer, die die königliche Familie und den Hof erfaßt hatte, wurde ihre Ankunft in Choisy als Einzug der Jugend und als Wiederkehr des Lebens begrüßt.

Der verwesende Leichnam Ludwigs XV. war einigen Dienern überlassen worden, die ihm auf eigene Gefahr hin die letzte Ehre erwiesen. Er wurde eilig in einen doppelten, mit Weingeist gefüllten Bleisarg gebettet; das übliche Zeremoniell wurde vermieden. Am übernächsten Tag, nach Anbruch der Dunkelheit, verließ der königliche Katafalk den verwaisten Palast und wurde im Eiltempo nach Saint-Denis gebracht. Wie man weiß, rief das gute Volk dem vorbeifahrenden Leichenwagen ein spöttisches »Hussa! Hussa!« nach.

Während noch die Liedermacher Verse über die Ausschweifungen des Verblichenen schmieden und den neuen Herrscher feiern, macht sich dieser schon am 11. Mai an die Arbeit. Kühl und bestimmt ordnet

Ludwig, der möchte, daß man ihn den Strengen nennt, die Verbannung der du Barry an. Dann läßt er den Polizeichef kommen und befiehlt, daß die guten Sitten geachtet und die Brotpreise gesenkt werden müssen. All dies ist einfach. Aber was den Rest – also das Wichtigste – angeht, ist der junge Monarch völlig hilflos, so daß er als »der verlegenste Mann seines Reiches« gilt. Er kennt sich nicht in den Staatsgeschäften aus, und wegen der Ansteckungsgefahr, die darauf zurückzuführen ist, daß die Minister zu lange beim König waren, ist es ihm verboten, sie innerhalb der nächsten neun Tage zu Rate zu ziehen. Auch Marie Antoinette kann ihm nicht helfen. »Es wäre gefährlich, wenn sie sich allzu früh in die Angelegenheiten einmischen würde«, schreibt Mercy-Argenteau bereits am 10. Mai. »Ich habe ihr geraten, dem König nahezulegen, nichts im Kabinett zu verändern, bevor er sich zurechtfindet und Zeit gehabt hat, die Dinge zu untersuchen.« Dennoch hofft Maria Theresia in Wien, daß ihre Tochter zur ergebensten Agentin Österreichs wird. Ungeachtet des herzlichen Briefes, den Ludwig XVI. anläßlich seines Regierungsantritts an die Kaiserin schickt, zieht er das Umfeld der Königin nicht zu Rate. Der junge König mißtraut auch seinem Bruder Provence, der davon träumt, an seiner Stelle zu regieren. Artois hingegen ist ein charmanter Leichtfuß, ein bißchen Libertin, und zu sehr mit seinen Vergnügungen beschäftigt, um an ernsthafte Angelegenheiten zu denken.

Was sollte der neue Herrscher tun? Ihm blieben nur seine Studienerinnerungen, die Prinzipien, die La Vauguyon ihm eingeschärft hatte, und vor allem das Bild seines Vaters, der ihm während seiner Kindheit und Jugend als Vorbild des gerechten und tugendhaften Königs vorgehalten worden war. Mesdames, die Tanten, waren das einzige Band, das zu Ludwig Ferdinand bestehenblieb. Trotz der Ansteckungsgefahr, die auch sie betraf, weil sie das Krankenlager ihres Vaters die ganze Zeit über nicht verlassen hatten, gelang es ihnen, in Choisy Einlaß zu erhalten. Die Zeitgenossen behaupten, daß die Prinzessinnen eine Art »politisches Testament« ihres Bruders Ludwig Ferdinand besessen hätten. Dieser soll eine Liste der Personen hinterlassen haben, die man zu Rate ziehen sollte, falls Ludwig XV. sterbe. Heimlich beriet sich Ludwig XVI. mit seinen Tanten. Manche behaupten, daß diese Zusammenkunft ohne das Wissen der Königin stattgefunden habe, andere, daß die Königin daran teilnahm und die Zurückberufung Choiseuls vorschlug. Der Rückgriff Ludwigs XVI. auf die Tanten war nicht ungefährlich. Die alten Damen hatten keine Ahnung von den Realitäten des Königreiches und Politik kannten sie nur in Form von Intrigen.

Dennoch geben sie ihrem Neffen einen recht sinnvollen Ratschlag: Er soll eine Art Weisen an seine Seite nehmen, der an seiner Stelle die geheimnisvollen Staatsgeschäfte des Königsreiches entschlüsseln solle. So könne man abwarten und vorschnelle Entscheidungen vermeiden. Die Idee war nicht schlecht, und diese Linie entsprach auch vollkommen dem Nacheiferer *Télémaques*, dem ein Mentor unentbehrlich schien. Aber wer? Auf der Liste Ludwig Ferdinands waren drei Namen besonders hervorgehoben: der Herzog von Aiguillon, der ehemalige Finanzminister Machault sowie der Graf von Maurepas. Der erste konnte nicht ernsthaft in Betracht gezogen werden, da er noch Außenminister des verschiedenen Königs war. Ludwig XVI. zögerte zwischen Machault und Maurepas. Obwohl er beide nicht kannte, mochten beide der ideale Mentor sein. Hatte er nicht im *Télémaque* gelesen, daß man einen in Ungnade gefallenen Greis auswählen sollte, um ihn zum Berater des Fürsten zu erheben? Machault und Maurepas waren beide verbannt worden; der eine war dreiundsiebzig Jahre alt, der andere bald vierundsiebzig. Ludwig hätte sich beinahe für Machault entschieden, wenn nicht Madame Adélaïde einer Hofintrige nachgegeben hätte. Die Prinzessin wurde von ihrer Schminkdame, der intriganten Gräfin von Narbonne, beherrscht, einer Tante des Herzogs von Aiguillon. Diese Gräfin legte ihr also nahe, Maurepas zu berufen, denn der ehemalige Marineminister war zugleich ein Onkel des Herzogs von Aiguillon und der Schwager des Herzogs von La Vrillière, dem Minister des königlichen Hofstaates. Frau Adélaïde setzte daher den König unter Druck, indem sie seine religiösen Skrupel ausspielte. Machault, behauptete sie, stehe im Verdacht des Jansenismus, und er habe sich den Haß des Klerus zugezogen, indem er einst dessen Reichtümer durch seine Steueredikte vermindert habe. Also schrieb Ludwig XVI. folgenden Brief an Maurepas, den er zuerst Machault zugedacht hatte:

»Monsieur, trotz des tiefen Schmerzes, der mich getroffen hat und den ich mit dem ganzen Königreich teile, muß ich meine Pflichten erfüllen. Ich bin der König: Allein dieses Wort birgt viele Verpflichtungen, und ich bin erst zwanzig Jahre alt. Ich glaube nicht, alle nötigen Kenntnisse für dieses Amt zu haben. Darüber hinaus kann ich mich mit keinem einzigen Minister treffen, da sie alle bei dem kranken König waren. Ich habe immer von Ihrer Gewissenhaftigkeit gehört und weiß um Ihren Ruf, den Ihre gründlichen Kenntnisse der Staatsgeschäfte Ihnen gerechterweise eingebracht haben. All dies veranlaßt mich, Sie darum zu bitten, mir mit Ihrem Rat und Ihrer Weitsicht beizustehen. Ich wäre

Ihnen dankbar, Monsieur, wenn Sie so schnell wie möglich nach Choisy kämen, wo ich Sie zu meiner größten Freude empfangen würde.«

Jean-Frédéric Phélyppeaux, Graf von Maurepas, war der Enkelsohn von Ludwig von Pontchartrain, dem Kanzler Ludwigs XIV., und der Sohn von Jérôme von Pontchartrain, einem Mitglied des Regentschaftsrates und Marineminister. Jean-Frédéric war um die Jahrhundertwende geboren und übte seit seinem fünfundzwanzigsten Lebensjahr das Amt seines Vaters aus. Seine Karriere verlief reibungslos trotz mancher Auseinandersetzungen mit den Favoritinnen des Königs. Aber Frau von Châteauroux, die ihn verabscheute, wurde letztlich durch ihren Tod daran gehindert, seine Absetzung zu erreichen. Dies gelang erst 1740 der Marquise von Pompadour anläßlich eines Spottgedichts, das er über sie geschrieben haben soll. Auf Befehl des Königs durfte er sich Paris nicht mehr als vierzig Meilen nähern. Er ließ sich in Bourges nieder, aber sieben Jahre später, als der königliche Zorn verraucht war, wurde ihm die Erlaubnis erteilt, in sein Schloß von Pontchartrain zurückzukehren, wo er sich in Gesellschaft seiner Gattin, der Tochter des verstorbenen Herzogs von la Vrillière, geruhsamer Tage erfreute. Trotz der Schwächeanfälle des Gatten, über dessen Impotenz viel gemunkelt wurde, galt ihr Eheleben als beispielhaft. Man nannte sie Philemon und Baucis. Im Sommer war Pontchartrain ein ständiger Anziehungspunkt. Hier begegnete man Parlamentariern, Ökonomen und Physiokraten. Turgot, der Prinz von Montbarey, Malesherbes, Miromesnil und der Abbé von Véri gehörten dem vertrauten Kreis der Maurepas an. Pontchartrain war ein geistiges Zentrum: Man las, man besprach alle Neuigkeiten, man plauderte im Park, und man spielte Lotterie oder Karten mit Frau von Maurepas. Auch wurde Maurepas weiterhin heimlich von den amtierenden Ministern aufgesucht, die manchmal seinen Rat wünschten. Nichts was die Welt der Politik oder die Welt der Literatur betraf, blieb ihm fremd. Auch fanden – nach den Worten des Prinzen von Montbarey – »am Hof und in Paris nur wenige Hochzeiten oder wichtige Ereignisse statt, über die er nicht unterrichtet war und bei denen man nicht seine Meinung berücksichtigte«. Ohne die Nostalgie ihres vergangenen Ruhmes zu kultivieren, und – so schien es – endgültig vom Hofe entfernt, hatten sich die Maurepas jener »Süße des Lebens« hingegeben, die nur den Privilegierten vorbehalten ist.

Da Maurepas ein unscheinbares Aussehen und keine Anmut besaß, ersetzte er seinen Mangel an natürlicher Eleganz durch eine gewisse Steifheit und übertriebene Pflege seiner Person. Aufgewachsen im Arkanbereich der Macht, war dieser Erbe einer langen Ahnenreihe einflußreicher Rechtsgelehrter ein vollkommener Höfling. Er besaß einen scharfen Geist und weitreichende Kenntnisse auf allen Gebieten, die einen rechtschaffenen Mann beschäftigen konnten. Darüber hinaus war er im Besitz einer sicheren Urteilsfähigkeit, eines genauen Verstandes und einer bewundernswerten Ausdrucksfähigkeit. Er war liebenswürdig, zutiefst skeptisch, manchmal auch zynisch, und es lag ihm eher, Intrigen zu durchkreuzen, als einer dauerhaften Tätigkeit nachzugehen.

Die Ankunft des ehemaligen, in Ungnade gefallenen Ministers brachte Choisy in helle Aufregung. Die Entscheidung des jungen Prinzen war nicht ausgeplaudert worden, und der »Hof erwartete mit einem Gefühl zwischen Unruhe und Angst, wessen Partei Ludwig XVI. ergreifen würde«. Die Freunde des Herzogs von Aiguillon machten sich Hoffnungen, während die Choiseulisten resignierten. Der umgängliche Greis, der sich mit dem neuen Monarchen treffen sollte, hatte seinen Entschluß lange durchdacht. Er empfand keine Leidenschaft für die Macht; sein Alter und die häufigen Gichtanfälle, deren Opfer er war, ließen ihn die Anstrengungen, die ein Ministeramt mit sich brachte, nicht auf die leichte Schulter nehmen; es schien ihm töricht, den behaglichen Alterssitz von Pontchartrain zu verlassen. Daher hatte er sich entschieden – nachdem er sich wie üblich mit seiner Frau beraten hatte –, die Einladung des Königs abzulehnen. Aber ein zweiter, von Madame Adélaïde verfaßter Brief hatte ihn dann doch von der Notwendigkeit überzeugt, nach Choisy zu fahren.

Der Empfang, den ihm Ludwig XVI. an diesem Freitag, dem 13. Mai, bereitet, ist von jener etwas groben Einfachheit, die den neuen König kennzeichnet. Gleich zu Anfang der Unterhaltung gesteht der König Maurepas, daß er ihn aufgrund der Reden, die La Vauguyon früher über ihn führte, zu sich gerufen hat, und er fügt sofort hinzu, daß er seinen ehemaligen Erzieher keinesfalls schätzt. Er zögert, bevor er zum eigentlichen Thema übergeht, und währenddessen hat der feinsinnige Höfling Zeit genug, sein Gegenüber einzuschätzen. Es gelingt ihm, dessen Schüchternheit zu durchbrechen und dem Gespräch einen Ton zu geben, wie ihn Ludwig XVI. wünscht. Die Pläne des Königs bleiben noch recht vage: Soll man die alten Minister beibehalten? Soll man sie ersetzen? Was wäre in diesem Fall die beste Wahl? Welche Rolle soll Maurepas selbst spielen? Da Ludwig XVI. ganz der Bildung folgt, die er genossen hat, ist er äußerst mißtrauisch gegenüber Premierministern. Falls er seine Frau diesbezüglich zu Rate gezogen hat, konnte sie seiner Haltung nur beipflichten, denn Mercy hat ihr eingetrichtert, daß ein Premierminister immer nur darum bemüht sei, den Einfluß einer Königin zu zerstören. Ohne Umschweife gesteht der König Maurepas seinen Widerwillen gegen die Einführung eines solchen Amtes. Maurepas wagt es, die Rolle des Kardinals von Fleury an der Seite von Ludwig XV. zu erwähnen, und am Ende findet er Formulierungen, die beide Seiten zufriedenstellen. Seinem Vertrauten, dem Abbé von Véri, verdanken wir die Überlieferung des Berichts der ersten Unterhaltung zwischen dem Greis und dem Königslehrling: »Wenn Sie es wünschen, so werde ich in den Augen der Öffentlichkeit ein Nichts darstellen. Ich werde nur für Sie dasein«, sagte der Greis. »Ihre Minister werden mit Ihnen arbeiten. Ich werde mit ihnen nie in Ihrem Namen sprechen und ebenfalls nicht in ihrem Namen zu Ihnen. Schieben Sie Ihre Entschlüsse nur bei ungewöhnlichen Angelegenheiten auf; lassen Sie uns ein- oder zweimal die Woche zusammentreffen, und wenn Sie zu schnell gehandelt haben, so werde ich es Ihnen sagen. Mit einem Wort: Ich werde allein Ihr Vertrauensmann sein und nichts weiter. Wenn Sie selbst Ihr eigener Premierminister werden wollen, können Sie dies durch Arbeit erreichen, und ich biete Ihnen zur Unterstützung meine Erfahrung an. Aber vergessen Sie nicht, daß, wenn Sie es nicht sein wollen oder können, Sie notwendigerweise einen auswählen müssen.« Der König antwortete: »Sie haben meine Gedanken erraten. Genau das ist es, was ich von Ihnen erwartet habe.«

Also wurde ausgemacht, daß Maurepas mit dem König über alle Angelegenheiten des Reiches lange Zwiegespräche führen sollte. Darüber hinaus sollte er an allen Ratssitzungen teilnehmen, und Ludwig XVI. verlieh ihm den Titel eines Staatsministers. So begann unter dem Schutz eines Mentors die politische Ausbildung des Königs gleichzeitig mit seiner Regierung. Der Herrscher war erleichtert. Der Greis war tief bewegt und dachte vielleicht eher an die sanfte Rache, die er am Schicksal nehmen konnte, als an den starken Beistand, den der junge Mann von ihm erwartete. Statt eines politischen Programms hatte Maurepas einige Grundsätze: Als enger Anhänger der alten Magistratur und großer Bewunderer Montesqieus pries er die Tugenden einer gemäßigten Monarchie.

Noch war keine Entscheidung gefällt worden, aber am Hof redete man bereits über die Entlassung der alten Minister. Das Erscheinen Maurepas' war wie ein Traum, aber im Beisein des königlichen Paares wurde nicht darüber gesprochen. Schon versuchte man, sich den Wünschen der neuen Herren anzupassen. Der König war glücklich darüber, die Last der Macht mit einem erfahrenen Mann zu teilen, und da er sich wegen der Trauerzeit noch nicht wieder den Jagdfreuden widmen konnte, nahm er seine Gattin vertraulich in den Arm und spazierte mit ihr durch die Gärten von Choisy. »Dieses Beispiel beeinflußte die Geisteshaltung der Höflinge so nachhaltig, daß man sein Vergnügen daran hatte, vom folgenden Tage an mehrere, schon seit langer Zeit und aus gutem Grunde getrennte Ehepaare zu sehen, die in der gleichen ehelichen Vertrautheit auf der Terrasse spazierten.«

Bald wurde die Beschaulichkeit von Choisy durch die Krankheit Mesdames', der Tanten, unterbrochen, deren Triumph also nur von kurzer Dauer gewesen war. Am 18. Mai ergriff sie hohes Fieber, das von heftigen Kopfschmerzen und fürchterlichem Unwohlsein begleitet wurde. Man diagnostizierte die Blattern. Man müßte also die Stätte, wo der König sich anstecken konnte, sofort verlassen. Diesmal bewegte sich die lange Reihe der Kutschen auf das kleine Schloß von La Muette zu, das am Rande des Bois de Boulogne lag. Der König fuhr durch eine riesige Menschenmenge hindurch, die ihn seit der Morgendämmerung erwartete, um ihm zuzujubeln. In dieser Zeit des Aufbruchs scheint Ludwig XVI. »das Herz seiner Völker zu besitzen«, schreibt Mercy an die Kaiserin. In ihrem neuen Domizil bieten die königlichen Eheleute der Öffentlichkeit das rührende Bild eines Paares, das von einem Genremaler der Wende zum 19. Jahrhundert gemalt sein könnte. Oder wie der Herzog von Croÿ berichtet: »Der Wald war voller Menschen [...] die Königin kam, schön wie der Tag, auf einem Pferd angeritten... Sie begegnete dem König, der zu Fuß inmitten seines Volkes spazierte und seine Wachen weggeschickt hatte, was großes Gefallen erregte. Sie gleitet vom Pferd, er eilt zu ihr und küßt sie auf die Stirn. Der ganze Wald hallt vom Beifall wider. Das Volk klatscht in die Hände, woraufhin der König ihr zwei herzhafte Küsse gibt.«

Am 20. Mai leitet der König in La Muette seine erste Ratssitzung. An diesem Tag ist die »Quarantäne« endlich abgelaufen, der sich die chemaligen Minister Ludwigs XV. beugen mußten. Zweifellos will Ludwig XVI. sie nicht im Amt behalten. Er sagt Maurepas, daß seine Vorstellungen präziser sein würden, wenn er ein »aufrichtiges Ministerium« bekäme. Stammt diese Idee wirklich von ihm, oder ist sie ihm bereits vom Mentor eingeflüstert worden? Dessenungeachtet unterhält sich Ludwig XVI. ausführlich mit allen Ministern und läßt die Geschäfte weiterführen, ohne die geringste Entscheidung zu erwägen. In die Ratssitzung, deren Diskussion in Wirklichkeit von Maurepas gelenkt wird, greift der König selten ein. Die Arbeit scheint äußerst monoton zu sein. »Es werden nur Depeschen und Zeitungen verlesen. Eine Diskussion findet nicht statt.« Jeder stellt den Fleiß des Königs fest, auch seine Redlichkeit und seinen aufrichtigen Wunsch, das Wohl seines Volkes zu verwirklichen. Gleichwohl verwirrt seine Barschheit, und bestimmte Einzelheiten erregen bald Befürchtungen: Er ist schnell entmutigt. So steht er zum allgemeinen Entsetzen mitten in der Depeschensitzung plötzlich auf und verläßt seine Minister. Man muß hinter ihm hereilen, »um ihn zu beschwören, wenigstens einen Termin für die nächste Ratssitzung festzusetzen«.

Während dieser Übergangszeit ist keinerlei Entscheidung gefällt worden. Maurepas gibt vor, er lasse seinem königlichen Schützling die volle Freiheit, mit anderen als ihm selbst Beschlüsse zu fassen, damit er ihn später um so fester in der Hand habe. Als persönlicher Berater des Königs und als Staatsminister hat er den Vorrang im Rat und will von nun an die Macht, soweit es in seiner Kraft steht, bewahren – eine Macht, die ihm früher entglitten war und die ihm ein unerfahrener Prinz, ohne sich selbst darüber im klaren zu sein, wie durch ein Wunder zurückgegeben hat. Unter diesen Umständen kann Maurepas die Anwesenheit von Ministern, die ihm nicht völlig ergeben sind – und seien sie auch Mitglieder seiner Familie –, nicht länger dulden. Die Tage des »Triumvirats« sind deshalb gezählt. Darüber hinaus verlangt auch die öffentliche Meinung die Auflösung dieses Kabinetts; alles, was vom verschiedenen König herrührt, wird abgelehnt. Die Entscheidung, diese verhaßten Männer zu entlassen, kann jedoch allein vom König und nur von ihm kommen. Und Ludwig XVI. scheint es nicht sonderlich eilig zu haben, die Angelegenheit zu klären.

Maurepas hatte ihm zwar geraten, seine Entscheidung nicht zu überstürzen, aber nun wurde er langsam ungeduldig. Der König erklärte sich einverstanden, mit ihm den Fall des Herzogs von Aiguillon zu untersuchen. »Ich muß Ihr Vertrauen erwidern, indem ich weder Angehörige, noch Freunde, noch Feinde kenne«, verkündete der alte Minister gleich zu Beginn, denn er wußte, daß sein Neffe sich in einer heiklen Lage befand. Der Herzog von Aiguillon hatte sich viele Feinde gemacht; man fürchtete seinen Jähzorn und seine Fähigkeit, unversöhnlich zu hassen. Er hatte die Freunde Choiseuls gegen sich, die Anhänger des Parlaments und die Philosophen, die ihn als Parteigänger der Jesuiten denunzierten. Ganz allgemein warf man ihm Frankreichs Zurückhaltung bei der Teilung Polens vor. Und schließlich hatte er, als erklärter Freund der du Barry, auch noch die Königin gegen sich, nachdem er nämlich die Unvorsichtigkeit begangen hatte, sie im Beisein einiger Höflinge als »kokett« zu bezeichnen. Natürlich hatte man nichts Eiligeres zu tun, als der Betroffenen diese Äußerungen zu hintertragen, und diese schwärzte deshalb den Herzog von Aiguillon ununterbrochen bei ihrem Gatten an. Ohne besonders aufgeklärt zu sein oder außergewöhnliche Talente zu besitzen, galt der Herzog von Aiguillon als ein gewissenhafter und aufrichtiger Verwalter seines Amtes. Maurepas verteidigte ihn halbherzig. »Ich weiß durchaus«, sagte der König und schlug dabei auf den Tisch, »daß er seine Sache gut macht, aber genau das ist es, was mich ärgert... welche Unruhen hat nicht sein Haß verursacht!« Maurepas wollte seinen Herrn nicht verstimmen. Er zog es vor, für die auswärtigen Angelegenheiten und Kriegsgeschäfte einen Mann einzusetzen, der ihm persönlich verbunden war. So beschloß Ludwig XVI. den Herzog zu entlassen, und Maurepas, der seinen empfindlichen Neffen nicht kränken wollte, riet ihm gewiß zu einem freiwilligen Rücktritt. Am 2. Juni verzichtete der Herzog von Aiguillon auf sein Ministeramt. Der König schickte ihn nicht ins Exil, wie es in solchen Fällen üblich war. Darüber hinaus behielt der Herzog sein Amt als Kommandant der leichten Kavallerie und wurde mit einer Abfindung von 50 000 Pfund beschenkt. Das hatte Maurepas vorgeschlagen, der nicht zum Haßobjekt seines Neffen werden wollte. Es war ihm gelungen, diesen davon zu überzeugen, daß er nur wenig Einfluß auf den König habe: »Der König hört ebensowenig auf Maurepas wie auf die anderen«, meinte Aiguillon wenig später gegenüber Moreau. Die Anhänger Choiseuls faßten neuen Mut.

Nach dem Abtreten Aiguillons mußte Ersatz gefunden werden. Tatsächlich ernannte man zwei neue Minister; einen für den Krieg und einen für die Auswärtigen Angelegenheiten. Ludwig XVI. setzte den Grafen von Muy, den damaligen Gouverneur von Flandern, als Kriegsminister ein. Dieser alte Jugendfreund seines Vaters war bereits einmal – von Ludwig XV. nach der Absetzung Choiseuls – mit diesem Amt betraut worden, obwohl er ohne sonderliche Brillanz und ein Freund der Jesuiten war. Aber er hatte dieses Angebot abgelehnt, da er es nicht ertragen konnte, um die Gunst der du Barry zu buhlen. Dem Angebot des neuen Herrschers kam er dagegen sofort nach. Die Choiseulisten mußten ihre Hoffnungen wieder begraben.

Maurepas und der König hatten zwei Kandidaten für die auswärtigen Angelegenheiten: den glänzenden Baron von Breteuil, zuletzt Botschafter in Neapel, und den unbekannten Grafen von Vergennes, Botschafter in Stockholm. Zwar war der Graf von Nivernais, ein Schwager Maurepas', in der aufgeklärten Öffentlichkeit als fähigster Mann für die Nachfolge Aiguillons bekannt, jedoch zogen weder Maurepas noch der König ihn in die engere Wahl. Empfand Maurepas es als peinlich, ein Familienmitglied in die Regierung aufzunehmen? Erinnerte sich Ludwig XVI. daran, daß Nivernais entschieden gegen die Abschaffung des Parlaments protestiert hatte? Niemand vermag es zu sagen. Jedenfalls erwogen sie beide nie die Möglichkeit, ihn zum Außenminister zu machen. Maurepas trat für Breteuil ein, obwohl man ihm ein wenig zuviel Ehrgeiz nachsagte. Der Wiener Hof ermutigte Marie Antoinette dazu, seinen Aufstieg zu begünstigen. Ludwig XVI. war überzeugt, die richtige Wahl zu treffen. Die Ernennung erschien bereits sicher, als Maurepas und seine Frau mit dem Abbé von Véri das Diner einnahmen, der gehofft hatte, Maurepas selbst würde Außenminister. Als er nun hörte, daß Breteuil für dieses Amt vorgesehen sei, warnte Véri mit allem Nachdruck: »Sie wollen die Einheit im Kabinett herstellen, und Sie haben das Unglück der Zwietracht unter Ludwig XV. kennengelernt. Aber können Sie der gewünschten Harmonie mit einem ehrgeizigen und intriganten Charakter sicher sein? Ich weiß, daß man ihm mehr Talent als Herrn von Vergennes nachsagt; dies mag stimmen, obwohl ich bezweifele, daß es sich dabei um wirkliches Talent handelt. Aber die Aufrichtigkeit des Herrn von Vergennes beugt jeder Zwietracht vor. Es wird Ihre eigene Sache sein, seine Kenntnisse zu ergänzen, da Sie meinen Rat nicht befolgen und dieses Amt nicht selbst übernehmen. Bei Herrn von Vergennes werden Sie jedenfalls große Kenntnisse in Einzelheiten, beharrliche Arbeit und redliche Absichten feststellen.«

Maurepas war überzeugt. Sofort trat er für Vergennes ein und bewog den König, seine Sicht der Dinge zu teilen. Der künftige Minister genoß keinen glänzenden Ruf. Man konnte ihm keinen übertriebenen Ehrgeiz vorwerfen, ganz im Gegenteil. Er galt eher als eifriger Arbeiter und geradsinniger Schreibtischmensch denn als intriganter oder eitler Höfling. Er war der Sohn eines Parlamentspräsidenten von Dijon; unter der Leitung eines Verwandten, des Marquis von Chavigny, war er in den Botschaften von Lissabon, Trier und Hannover tätig gewesen. 1756 war der achtunddreißigjährige Vergennes zum Botschafter in Konstantinopel ernannt worden, wo er dreizehn Jahre lang blieb. Er verliebte sich dort leidenschaftlich in eine schöne »Ottomanin«, Tochter eines Handwerkers und Witwe eines Chirurgen, die er nach einigen Jahren sogar heiratete. Für seine Karriere war dies äußerst nachteilig. Nach Choiseuls Absetzung wurde er jedoch nach Stockholm berufen, wo er während der Revolution von 1772 eine beachtliche Rolle bei der Stärkung der Macht Gustavs III. spielte. Sicherlich sah Ludwig XVI. in ihm einen strengen Verteidiger des Throns, und Vergennes – so wurde erzählt – stand auf der Personenliste seines Vaters, was sicherlich die beste Bürgschaft darstellte. Naiv, wie er war, schenkte der junge König dem Kriegs- und dem Außenministerium keine besondere Beachtung. »Da ich mich in die Angelegenheiten anderer nicht einmischen will, glaube ich auch nicht, daß sie zu mir kommen und mich behelligen werden«, sagte er in aller Unschuld zu Maurepas.

Marie Antoinette, der Mercy auf Geheiß Maria Theresias regelmäßig die Leviten las, agierte auf der politischen Bühne wie ein schlecht eingestellter Automat. Die Kaiserin hatte darauf gedrängt, Choiseul aus der Verbannung zu befreien, ohne jedoch zu wünschen, daß er wieder Minister würde. Obwohl er der sicherste Verteidiger der Allianz mit Österreich war, hielt sie ihn für gefährlich. Dieser »Kutscher Europas«, wie die Zarin ihn nannte, könnte Frankreich einen Vorrang verschaffen, was Maria Theresia vermeiden wollte. Sie hätte gerne mit dem glanzlosen Aiguillon vorliebgenommen. Sie wunderte sich daher über die Wahl Maurepas' und wollte selbst über die geringsten Versailler Entscheidungen auf dem laufenden gehalten werden. »Ich lege Wert darauf, rechtzeitig und genau darüber unterrichtet zu werden, was in den entscheidenden Augenblicken in Frankreich passiert, und ebenfalls alles rechtzeitig dorthin mitteilen zu können, was meinen Interessen dient«, schrieb sie Mercy bereits am 16. Juni. »Die Königin darf keinen Augenblick lang die Mittel aus den Augen verlieren, die ihr einen vollständigen und ausschließlichen Einfluß auf die Geisteshaltung ihres Gatten erlauben«, hatte sie befohlen – und sie zögerte nicht, ihrer Tochter mitzuteilen: »Mercy ist ebenso Ihr Minister, wie er der meinige ist.«

Sie hoffte, daß Marie Antoinette ihr brav gehorchen würde und die Urteilskraft ihres Gatten dirigieren könnte, um ihn nach ihren Wünschen zu lenken. Auf diese Weise wollte Maria Theresia die Entscheidungen Ludwigs XVI. beeinflussen. Damit unterstellte sie allerdings der Königin mehr politischen Verstand, als diese tatsächlich besaß. Im Rausch ihrer jungen Königswürde war Marie Antoinette damals viel zu sehr mit den kleinen Wonnen am Rande der Macht beschäftigt, um die Macht an sich genießen zu wollen. Zwar ahnt sie dunkel, daß ihr Einfluß wachsen wird, aber im Augenblick ist ihr dies noch nicht wichtig. Als ein folgsames Kind will sie ihrer Mutter natürlich Freude bereiten; aber man verlange nicht von ihr, daß sie Einfluß auf die Staatsgeschäfte nähme. Sie sind ihr völlig unverständlich und langweilen sie in höchstem Maße. Sie versteht kaum, was ihre Mutter von ihr verlangt, und oft interpretiert sie die Anweisungen aus Wien äußerst ungeschickt. Der König tut so, als ahne er nichts von dieser heimlichen Korrespondenz zwischen Maria Theresia und Mercy. Aber er weiß von ihrer Existenz. Trotz der zärtlichen Zuneigung, die sie zu diesem Zeitpunkt zu verbinden scheint, vermeidet er es, seiner Frau bestimmte Dinge anzuvertrauen. Er gesteht Maurepas, »daß er nie mit der Königin oder seinen Brüdern über Staatsangelegenheiten spricht«.

Die Verschwiegenheit des Königs beruhigt Maurepas: Sie gibt ihm freie Hand, die Kabinettsumbildung fortzuführen, und hindert ihn nicht, gleichzeitig der Königin zu schmeicheln, um zu vermeiden, daß sie auf die Idee kommt, seine Politik zu behindern. Bis jetzt hat sie keinerlei Rolle gespielt. Wenn manche die Absetzung des Herzogs von Aiguillon auf ihren Einfluß zurückführen, so irren sie sich. Zwar hat der König die abfälligen Urteile seiner schönen und kapriziösen Frau durchaus gehört, aber es ist bekannt, daß die Entlassung des Ministers weitaus ernstere Gründe hatte. Marie Antoinettes Versuch, an seiner Stelle Breteuil ernennen zu lassen, sind fehlgeschlagen. Als Ausgleich erklärt der König sich jedoch bereit, Choiseuls Verbannung aufzuheben. Sofort wittert dessen Anhängerschaft Morgenluft: Die Königin werde schon dafür sorgen, daß Choiseul wieder Erster Minister werde, dachten sie, und Maurepas wäre dann nichts weiter als ein Ratgeber für den Übergang gewesen.

Eilig verließ der Verbannte von Chanteloup seine Touraine, um nach Versailles zurückzukehren. Allerdings hatten sich die Gefühle Ludwigs XVI. für diesen Minister, der sich seinem Vater unverschämt widersetzt hatte, nicht verändert. Auch hatte er keineswegs vergessen, daß die Frommen Choiseul beschuldigten, seine königlichen Eltern vergiftet zu haben. Choiseuls Schicksal war längst beschlossen. Der Empfang, den der Herrscher ihm bereitete, war mehr als kühl. »Herr von Choiseul, Sie haben einen Teil Ihrer Haare verloren«, sagte er ihm nur. Die Königin machte ihm zwar einige Komplimente, aber der Herzog hatte begriffen, daß seine Zeit vorbei war. Trotz des Beifalls der Bevölkerung, die ihn bei seiner Ankunft in der Hauptstadt begrüßt hatte, konnte er sich keinerlei Hoffnung mehr machen, die Macht wiederzuerlangen. Schon am nächsten Morgen fuhr er nach Chanteloup zurück. Vielleicht genoß der junge

König heimlich die Demütigung, die er dem anmaßenden Herzog zugefügt hatte. Jetzt war er der Herr, und er hatte seinen Vater gerächt.

Bis dahin läßt die Beraterwahl Ludwigs XVI. noch nicht auf seine künftige Politik schließen, und man macht sich ausgiebig Gedanken über die Persönlichkeit des jungen Herrschers. Mercy schreibt: »Der König, bei dem ich wirklich starke Qualitäten feststelle, hat leider nur sehr wenig liebenswürdige. Nach außen hin ist er schroff, die Staatsgeschäfte könnten ihn sogar launisch machen.« Bis zum Tod seines Großvaters war der junge Thronfolger »auch für die aufmerksamsten Beobachter undurchdringbar. Diese Wesensart muß von einer großen Verstellung oder Schüchternheit herrühren, und ich habe Grund zu glauben, daß letztere ihn weitaus mehr als erstere bestimmt hat«, fügt der österreichische Gesandte hinzu. Wenn auch niemand seine Ausdauer bei der Arbeit in Zweifel zieht – in der Tat verbringt der König Stunden damit, in seinem Kabinett Akten durchzusehen, um sich in allen Angelegenheiten eine eigene Meinung zu bilden –, so macht Maurepas sich dennoch Sorgen über sein grenzenloses Mißtrauen, das einen erheblichen Mangel an Selbstvertrauen verbirgt: Ludwig XVI. erinnert sich stets besser an die Schwächen als an die guten Eigenschaften seiner Mitarbeiter. Wie sein Großvater, der die Angewohnheit hatte, das Briefgeheimnis zu verletzen, um zu erfahren, was man über ihn sagte, bezieht Ludwig XVI. seine Informationen aus dunklen Kanälen. Mit Hilfe Rigoley von Oignys, dem Direktor des »schwarzen Kabinetts«, das schon Ludwig XV. diente, führt der junge König eine alte Tradition fort, obwohl Maurepas ihn vor einem solchen Vorgehen gewarnt hat. Bald nimmt er Kontakt zu einem Abenteurer auf, dem Marquis von Pezay, mit dem er hinter dem Rücken von Maurepas (zumindest glaubt Ludwig XVI. dies...) einen regelmäßigen Briefwechsel führt.

Maurepas, den er bei jeder Kleinigkeit um Rat bittet und dem er die Erlaubnis erteilt hat, ihn zu kritisieren, entdeckt an ihm sowohl eine gewisse Schwäche als auch eine erhebliche Entscheidungsunfähigkeit. Ludwig scheint immer dem letzten, der gesprochen hat, nachzugeben. Bereits in den ersten Tagen der neuen Regierung fragt sich der Abbé von Véri: »Wird Ludwig XVI. tatsächlich die Fähigkeit haben, sich seine Berater zu wählen und Entscheidungen zu treffen?«

Noch sind die wichtigsten Entscheidungen in bezug auf die neue Regierung allerdings nicht getroffen. Und bevor Ludwig über das Schicksal der Minister seines Großvaters befindet, die auf wunderbare Weise im Amt zu bleiben scheinen, entscheidet der König, als Sohn der

Aufklärung – vielleicht teilweise auch auf Drängen der Königin hin –, daß er und seine beiden Brüder, der Graf von Provence und der Graf von Artois, geimpft werden sollen. Obwohl der alte Hof solchen Eifer als Leichtfertigkeit kritisiert, ist der gesamte junge Hof vom Beschluß des Herrschers begeistert. Am 17. Juli schlägt Ludwig XVI. in Marly sein Quartier auf. Am nächsten Tag »wird die Impfung ohne besondere Vorbereitungen durchgeführt... Man zieht die Fäden durch die dicksten und schönsten Pickel eines dreijährigen Kindes, dessen Veranlagung man, ebenso wie diejenige seiner Eltern, aufmerksam studiert hat, und danach steckt man diese Fäden in den Arm des Königs.« Provence und Artois erleiden die gleiche Behandlung. Zu dieser Zeit gilt die Impfung noch als revolutionärer Vorgang. Die Gefahr, die sie zu enthalten scheint, sorgt in der königlichen Familie und im gesamten Land für einige Aufregung. »Ganz Frankreich zittert«, notiert der Herzog von Croÿ. Der König aber bleibt gelassen und zeigt über die Folgen des Eingriffs nicht die geringste Sorge. Trotz Fieber und Unwohlsein arbeitet er weiter. Am 30. Juli sind die drei Brüder wieder ganz wohlauf. Voltaire begrüßt die Impfung auf seine Weise: »Die Geschichte wird die Tatsache nicht übergehen können, daß der König, der Graf von Provence und der Graf von Artois in jungen Jahren den Franzosen durch ihre Impfung beibrachten, daß man der Gefahr die Stirn bieten muß, um dem Tod zu entgehen. Die Nation war gerührt und belehrt.«

Währenddessen arbeitete Maurepas im Schatten. Mehr denn je war er von der Notwendigkeit überzeugt, den alten Parlamentsgerichtshof wiederherzustellen; aber der König, von den Frommen erzogen, die Feinde dieser Behörde und ihrer Ansprüche waren, hatte bis dahin keinerlei Feindschaft gegen Maupeous Reform gezeigt. Er hatte dem Kanzler, als der neue Parlamentsgerichtshof eingeführt wurde, sogar seinen Glückwunsch ausgesprochen. Maurepas inszenierte deshalb ein regelrechtes Szenario, das seine Zustimmung rückgängig machen sollte. Er beriet sich zunächst mit seinem Freunde Augeard, dem damaligen Sekretär der Königin, und erklärte ihm rundheraus: »Der König verabscheut die Parlamentsgerichtshöfe. Er ist ihnen gegenüber noch verstockter als sein Großvater. Der Kanzler hat ihm gerade eine Denkschrift überreicht, die seine Feindschaft möglicherweise noch verstärkt. Hier ist mein Glaubensbekenntnis: Ohne Parlament keine Monarchie. Das ist der Grundsatz, mit dem ich aufgewachsen bin, aber ich wage es nicht, dem König dies zu eröffnen oder ihn überhaupt auf die Parlamentsgerichtshöfe anzusprechen.« Deshalb schlug er Augeard vor, den Herzog von Orléans aufzusuchen, um ihm seine Absichten mitzuteilen und ihn zu bitten, eine Audienz beim König zu erwirken, ohne ihm Näheres über den eigentlichen Anlaß zu sagen. Der König würde dann natürlich Maurepas' Rat einholen, der ihn zur Zustimmung ermutigen würde. Der Herzog von Orléans würde dann die Sache der Parlamentsgerichtshöfe vor dem Herrscher vertreten und ihm eine Denkschrift überreichen. Maurepas wußte, daß Ludwig XVI. sie ihm sofort unterbreiten würde. Er würde dann so tun, als ergreife er Partei für Maupeou, indem er mit scheinbarer Objektivität über die mögliche Zurückberufung des ehemaligen Parlaments diskutierte, ohne das geringste Mißtrauen beim König zu erwekken. Über diesen ganzen Plan mußte natürlich absolutes Stillschweigen herrschen.

Zu Anfang ging alles bestens. Der König empfing den Herzog von Orléans, der ihm eine vom Anwalt Lepaige verfaßte Denkschrift überreichte, in welcher der Autor pathetisch die Lage der verbannten Parlamentsrichter schilderte. Der König war gerührt und sprach zuerst mit Maurepas über die Lebensbedingungen der Verbannten; danach erwähnte er ihre Rolle und die jeweiligen Vorzüge des alten und des neuen Parlaments. So brachte Maurepas Ludwig XVI. allmählich dazu, seine Ansichten zu übernehmen. Dabei war die persönliche Abneigung, die der König gegen Maupeou hegte, für Maurepas eine beträchtliche Hilfe. Ludwig warf ihm vor, »bei allem was er getan hatte, aus Leidenschaft gehandelt zu haben«. Aber dennoch verwarf er das Werk des ehemaligen Kanzlers nicht vollständig. »Er schätzte seine Arbeit, aber nicht seine Persönlichkeit.«

Der König war schon fast überzeugt, als eine Unbesonnenheit Maurepas' Manöver in Frage stellte. Der Herzog von Orléans hatte es sich nicht verkneifen können, die Sache Frau von Montesson, seiner morganatischen Gattin, zu erzählen. Diese hatte sich »verläßlichen Freunden« anvertraut, die die Angelegenheit ebenfalls weitererzählten, so daß am Ende jeder außer dem König von Maurepas' Plänen unterrichtet war. Der Mentor befürchtete, daß Ludwig XVI. vermuten könnte, er stecke mit dem Herzog von Orléans unter einer Decke, und suchte nun einen Vorwand, um sich öffentlich mit dem Vetter des Königs zu entzweien. Der Trick gelang. Der Herzog von Orléans ließ den Herrscher wissen, daß er dem Seelenamt für Ludwig XV. am 25. Juli nicht beiwohnen könne, da auch der Kanzler und das neue Parlament anwesend sein würden, die er nicht anerkenne. Maurepas tat entsetzt und schlug dem König vor, seinen unverschämten Neffen zu verbannen. Auf diese Weise wurde jeder Verdacht einer Absprache zwischen dem Minister und dem Prinzen vermieden. Ludwig XVI. stimmte sofort zu, und der Herzog von Orléans mußte sich nach Villers-Cotterêts zurückziehen. Als der König von der Trauerfeier zurückkam, durchquerte er eine eisig schweigende Menge. Wieder einmal wurde die Sache der Parlamentsgerichtshöfe von Teilen der Bevölkerung unterstützt. An diesem Tag wurde dies Ludwig besonders bewußt. Die Zeitschriften sprachen bereits von der Rückberufung der Parlamente. Aber zunächst war ihr Schicksal noch unklar. Maupeou, der das gegen ihn gerichtete Manöver fürs erste durchkreuzt hatte, verfaßte seinerseits eine klare und bündige Denkschrift für den König, um sein Werk zu rechtfertigen und den König für ein *lit de justice* zu gewinnen, das den neuen Parlamentsgerichtshof bestätigen würde.

Maurepas gab aber gegenüber Maupeou nicht nach und tat alles, um den ehemaligen Minister zu diskreditieren. Zuerst fädelte er die Entlassung des Marine-Ministers, Bourgeois de Boyne, ein. Dieser galt als »graue Eminenz« des Herzogs von Aiguillon. Man erzählte sich sogar, daß er es war, der Maupeous Reform veranlaßte und daß er zum Dank das Marineministerium erhalten habe. In seinem Ressort galt er als kümmerlicher Verwaltungsbeamter, was um so schwerer wog, als Maurepas selbst aufgrund seiner früheren Aufgaben in diesem Bereich große Erfahrungen besaß. Der König interessierte sich leidenschaftlich für die Marine. Es fiel dem Mentor daher leicht, Bourgeois de Boynes beim Herrscher zu diskreditieren und ihm den Marineintendanten Clugny als Ersatz vorzuschlagen. Auf diese Weise würde das Ministerium keine Stütze für Maupeou mehr darstellen. Der König lehnte Clugny jedoch ab und verwies auf das Doppelspiel, das dieser in der Angelegenheit Maupeou-Aiguillon betrieben hatte. Da nannte Maurepas, unter dem Einfluß seiner »grauen Eminenz«, des Abbé Véri, den Namen Turgot. Der alte Minister hatte schon in bezug auf das Justiz- oder Finanzressort an ihn gedacht. Nun schlug er ihn für die Marine vor. Aber Ludwig war noch immer nicht entschlossen, Bourgeois de Boynes seine Entlassung mitzuteilen. Am Dienstag, dem 19. Juli, stellte Maurepas den König zur Rede: »Die Angelegenheit erfordert rasche Entscheidungen. Sie wollen Herrn von Boynes nicht behalten, und sein Bericht auf der letzten Ratssitzung hat Ihnen mißfallen. Hören Sie nun auf, das Für und Wider abzuwägen. Da Sie Herrn von Clugny nicht wollen und da Sie mir Gutes über Herrn Turgot berichtet haben, sollten Sie ihm die Marine geben, falls Sie noch keinen Entschluß in bezug auf den Abbé Terray gefaßt haben.« Ludwig

XVI. sagte kein Wort, aber am nächsten Tag schrieb er dem Herzog von La Vrillière, dem Minister des königlichen Hofstaates, er erwarte den Rücktritt Bourgeois de Boynes. An seiner Stelle ernannte er Turgot. Zu Maurepas sagte er nur: »Ich habe getan, was Sie mir aufgetragen haben.«

Die Entscheidung war dem König also entrissen worden. Man konnte kaum erwarten, daß er sich bald auch zur Entlassung Terrays und Maupeous überwinden würde. Die Absetzung des unbeliebten Abbés fiel weniger ins Gewicht als die des Kanzlers, da sie vor allem die Rückberufung des ehemaligen Parlaments und insofern eine radikale politische Veränderung bedeutete. Der König schien unfähig zu sein, eine endgültige Entscheidung zu fällen. Maurepas wurde ungeduldig, aber am 31. Juli begab sich der Hof nach Compiègne.

Die Tage vergehen ohne die geringste Entscheidung. Schließlich ist Maurepas die Sache leid und geht am 9. August zum Angriff über. Er sagt zum König: »Die Verzögerung bewirkt, daß sich immer mehr Sachen anhäufen oder gar verschlechtern, ohne daß wir einer Lösung näher kämen. Sie dürfen nicht meinen, daß Sie nur diese Angelegenheit zu erledigen hätten. Am selben Tag, an dem Sie eine Sache entscheiden, entsteht eine neue. Das ist ein ewiger Kreisel, der sich bis zu Ihrem letzten Seufzer drehen wird. Der einzige Weg, dieser Belästigung zu entgehen, besteht darin, zügig Entschlüsse zu fällen, was jeweils Überlegungen voraussetzt. Ich werde so lange mit Ihnen nicht mehr über die parlamentarischen Belange sprechen, wie Sie nicht Ihre Entscheidung in bezug auf den Kanzler getroffen haben – andernfalls wären dies nur vergebliche Worte. Wollen Sie ihm diesbezüglich Ihr absolutes Vertrauen schenken, so geben Sie es öffentlich bekannt. Haben Sie mit ihm über die Parlamente und die Magistratur gesprochen?« – »Nicht das geringste Wort«, sagt der König. Und lächelnd fährt er fort: »Er erweist mir kaum die Ehre, mich aufzusuchen, geschweige denn die, mit mir zu reden. Aber es ist so schwer, einen Nachfolger zu finden!« Damit sind sie beim eigentlichen Thema angelangt, und der alte Minister schlägt Malesherbes oder Miromesnil als Kanzler vor. Trotz der Unterstützung durch die aufgeklärte Öffentlichkeit und Maurepas lehnt der König die Wahl Malesherbes' ab, da dieser ihm allzusehr mit den Philosophen verbunden scheint. Aber er ist auch nicht für Miromesnil. »Entscheiden Sie sich für jemanden!« fleht Maurepas ihn an. »Ich könnte Ihnen noch Herrn Turgot vorschlagen, wenn Sie ihn nicht für das Finanzressort brauchen würden, wo die Auswahl noch geringer ist.« – »Er ist ein sehr systematischer Kopf«, bemerkt der König, »aber er unterhält Beziehungen zu den

Enzyklopädisten.« – »Ich habe Ihnen bereits auf diese Anschuldigungen geantwortet«, erklärt der Minister. »Keiner der zur Auswahl stehenden Männer wird jemals von Kritik oder gar Verleumdungen verschont bleiben. Schauen Sie sich den Mann doch an, und prüfen Sie seine Auffassungen. Vielleicht werden Sie herausfinden, daß seine Theorien auf Vorstellungen basieren, die Sie richtig finden.«

Nach dieser Unterhaltung begnügt sich der König damit, dem Minister zu versprechen, demnächst eine Entscheidung zu fällen. Das ist alles. Maurepas ist über diese grundlegende Unschlüssigkeit des Königs besorgt. Am Hof erinnert man sich, daß sein Vater verdächtigt wurde, an der gleichen Entscheidungsschwäche zu leiden, und daß auch der König, sein Großvater, die Minister allzu lange warten ließ, bevor er ihnen seinen Willen aufzwang. Maurepas befürchtet, daß die vielen belastenden Aufgaben die Fähigkeiten des jungen Königs übersteigen, und die allernächste Umgebung des Königs sieht schon den Augenblick nahen, in dem der Mentor gezwungen sein wird, ihn völlig zu ersetzen. Aber im System der absoluten Monarchie, wie es in Frankreich besteht, liegt die letzte Entscheidung beim König, und zwar bei ihm allein. Für den Mentor, den die Minister unterstützen, ist es also wichtig, den Herrscher – der Angst hat, seine nicht vorhandene Autorität einzubüßen, und der trotz seiner Schüchternheit von der Bedeutung seines hohen Amtes durchdrungen ist – davon zu überzeugen, daß alle Entscheidungen von ihm ausgehen.

Um so wichtiger ist es, daß ein völlig homogenes Kabinett gebildet wird. Der Abbé von Véri hat nichts von den geheimen Unterhaltungen zwischen Ludwig XVI. und seinem Minister überliefert. Vermutlich waren sie ihm nicht alle bekannt. Dennoch sagen seine Berichte sehr viel über den Charakter des Königs aus, über dessen Beziehung zum Mentor und zu den anderen Ministern sowie über deren Arbeitsmethoden. Sein Tagebuch erlaubt es, an mehreren Beispielen der kritischen Frage nachzugehen, wer jeweils die Entscheidungen getroffen hat.

Trotz der Unsicherheit des Königs handelt Maurepas so, als ob die Kündigung Maupeous und Terrays beschlossen sei, und er bereitet mit Turgot – obwohl dieser damals noch das Marine-Ressort leitet – die Rückkehr der Parlamente vor. Die beiden Männer ersuchen Malesherbes, einen Freund Turgots und Vorsitzenden des Steuergerichtshofes, der sich noch in Verbannung befindet, um seine Unterstützung. Bereits am 3. August hat Turgot ihn um die Zusendung der Denkschriften gebeten, die er für die Wiedereinsetzung und die Reform der Parlamentsgerichtshöfe verfaßt hatte. Außerdem deutet er ihm an, daß er für die Nachfolge Maupeous vorgesehen sei. Obwohl Malesherbes Turgot und Maurepas verspricht, ihnen seine gesamten Unterlagen über die Wiedereinsetzung der alten Gerichtshöfe zu schicken, lehnt er ihr Angebot auf ein Ministeramt sofort ab. »Es gibt nur zwei Parteien im Königreich«, antwortet er ihnen, »den Despotismus und die Parlamente, und falls einer der Fürsprecher der Parlamente eine hohe Stellung einnimmt und eine Reform einleitet, wird seine Partei ihn als Verräter betrachten.« Malesherbes schlägt deshalb vor, daß Maurepas selbst Kanzler werden soll. Für den Fall, daß er dies ablehnt, schlägt er Amelot, den Parlamentspräsidenten Portail, den Parlamentspräsidenten Miromesnil oder eben Turgot selbst vor. Denn »Sie sind der Beste von den vieren«, schreibt er seinem Freund.

Obwohl die Ablehnung Malesherbes' sie enttäuscht, verlassen sich Maurepas und Turgot auf seine Unterstützung, um die ehemaligen Gerichtshöfe wiederherzustellen. Turgot drängt ihn, ihm Denkschriften zu schicken, die er dann dem König übergeben will, um ihn zu überzeugen. Gewiß ist anzunehmen, daß der Briefwechsel mit dem Vorsitzenden des Steuergerichtshofes dem König bekannt war, denn wie wir sahen, war er Malesherbes gegenüber relativ voreingenommen. Außerdem wurde das Ablehnungsschreiben dem König mit Sicherheit gezeigt. Véri zufolge war er recht verwundert darüber, daß man dem königlichen Willen so einfach widersprechen konnte. Denn die Minister-Vorschläge gingen im Prinzip vom König aus, auch wenn dessen Entscheidung in diesem Fall noch gar nicht offiziell gefällt war. Aufgrund dieser Bemühungen seines Mentors sowie angesichts des täglich stärker werdenden Drucks sah sich Ludwig XVI. zu einer klaren Aussage über Maupeou und Terray gezwungen. Indes zauderte er noch immer und schob die Erledigung der Angelegenheit bis zur Abfahrt nach Compiègne auf.

Bei weniger wichtigen Fragen erweist sich der König als ebenso unschlüssig. Marie Antoinette fordert zum gleichen Zeitpunkt eine Änderung der Etikette, die den Männern erlauben soll, ihre Mahlzeiten mit den Prinzessinnen der königlichen Familie einzunehmen. Ohne sich gegen diese Neuerung auszusprechen, ist der König unfähig, eine klare Meinung zu äußern, während seine aufgebrachte Frau einem ihrer Vertrauten gesteht: »Was soll man an der Seite eines solchen Holzkopfes schon ausrichten können?«

Die Zeit verging. Turgot und Maurepas studierten die Denkschriften von Malesherbes, die sie regelmäßig erhielten. Maurepas nutzte die Abwesenheit des Abbés Terray, um den beiden Ministern, deren Sturz er schon seit Wochen betrieb, den Gnadenstoß zu versetzen. Terray war in die Picardie gereist, um den unterirdischen Kanal zu inspizieren, der zur Spiegelmanufaktor von Saint-Gobain gebaut wurde. Seine Abwesenheit führte dazu, daß der ganze Hof erneut über die Entlassung des Ministers sprach. Nun nahm der Mentor den König beiseite und trug ihm die sofortige Entlassung des Finanzministers vor. »Ich wünschte, ich könnte ihn behalten«, sagte Ludwig XVI., »aber er ist ein zu großer Schurke. Es ist ärgerlich, sehr ärgerlich«, fügte er hinzu. – »Ich bedaure es ebenfalls«, antwortete der Minister, »da ich an seiner Arbeit großes Gefallen fand. Ich habe es Ihnen immer gesagt. Aber so wie die Dinge jetzt stehen, kann man ihn nicht im Amt behalten. Sein Nachfolger hat sich in Herrn Turgot gefunden. Aber man muß auch an das Amt des Justizministers und an die Marineangelegenheiten denken.« Auf diese Art lenkte Maurepas das Gespräch von Terray wieder auf Maupeou. Bevor der Mentor den König verließ, trieb er ihn noch einmal an: »Entscheiden Sie sich«, forderte er ihn auf. Der König versprach, am folgenden Dienstag eine Antwort zu geben.

Am Dienstag, den 23. August, läßt der König Maurepas wissen, daß er ihn erst am folgenden Tag empfangen könne, und er läßt Turgot zu sich rufen. Alles wartet darauf, daß er ihm das Finanzressort vorschlägt. Nichts dergleichen geschieht. Er spricht mit ihm über den Getreidehandel, und Turgot kehrt in sein Arbeitszimmer zurück. Erst am 24. morgens finden die »erwarteten Umbrüche« endlich statt. Um zehn Uhr betritt Maurepas ohne Akten das Kabinett des Königs.

»Sie haben kein Portefeuille bei sich«, sagt der König, »ich vermute also, Sie haben nichts Wichtiges zu berichten?«

– »Ich bitte Sie um Verzeihung, Sire. Die Angelegenheit, über die ich mit Ihnen sprechen muß, bedarf keiner Papiere, aber sie ist dennoch von größter Wichtigkeit. Es handelt sich um Ihre Ehre, um die Ihrer Ministerien und um das Wohl des Staates. Durch Ihre Unentschiedenheit überlassen Sie Ihre derzeitigen Minister der öffentlichen Meinung, die sie entwürdigt und in den Dreck zieht. Darüber hinaus halten Sie die Erledigung der Staatsgeschäfte auf. Auf diese Art und Weise werden Sie Ihre Pflichten nicht erfüllen können. Wir haben einen Monat Zeit verloren, und Zeit ist keine Sache, die Sie verspielen können, ohne sich selbst und Ihren Untertanen zu schaden. Wenn Sie Ihre Minister behalten wollen, so sollten Sie es kundtun, aber liefern Sie sie nicht dem Klatsch des Pöbels über ihren baldigen Sturz aus. Wenn Sie sie jedoch nicht behalten wollen, so müssen Sie dies ebenfalls sagen und ihre Nachfolger ernennen.«

— »Ja, ich bin entschlossen, sie zu ersetzen«, sagt der König. »Dies wird am Samstag nach der Besprechung der Depeschen geschehen.«

— »Nein, keineswegs Sire«, entgegnet der Minister aufgebracht. »So regiert man keinen Staat! Ich wiederhole, die Zeit ist kein Gut, das Sie nach Belieben verscherzen dürfen. Sie haben schon allzuviel Zeit unnütz verloren. Sie müssen Ihren Entschluß fassen, noch bevor ich diesen Raum verlasse. Welche Rolle sollen wir Ihrer Meinung nach spielen? Weder die, die bleiben sollen, noch die, die gehen müssen, wissen bisher, wie sie sich verhalten sollen. Glauben Sie, daß Sie Ihre Pflicht erfüllen, wenn Sie wie bisher die Dinge in der Schwebe halten und Ihre Minister der Geringschätzung überlassen?«

— »Was verlangen Sie denn?« fragt der König. »Ich bin mit Arbeit überhäuft und erst zwanzig Jahre alt. All dies verwirrt mich.«

— »Verwirrung läßt sich nur durch Entscheidung auflösen. Überlassen Sie die Einzelheiten und die Papiere Ihren Ministern, und beschränken Sie sich darauf, gute und rechtschaffene Männer auszuwählen. Sie haben mir immer gesagt, Sie wollten ein aufrichtiges Kabinett. Ist dies der Fall? Wenn nicht, ersetzen Sie es. Dies ist Ihre Aufgabe. Vor ein paar Tagen hat der Abbé Terray Ihnen die Gelegenheit dazu gegeben, als er Sie fragte, ob Sie mit seiner Arbeit zufrieden seien.«

— »Sie haben recht«, sagt der König, »aber ich wagte es nicht. Bis vor vier Monaten hat man mir noch beigebracht, Angst zu empfinden, wenn ich mit einem Minister spreche.«

— »Damals mußten Sie um etwas bitten, und die anderen waren die Herren. Heute dagegen sind sie Ihre Minister, und Sie wollen nicht, daß sie die Entscheidungen treffen. Der Abbé Terray hat mir von seiner Unsicherheit und Ihrem Schweigen berichtet. Mir war dies durchaus peinlich. Tag für Tag bin ich zu Ihrem *lever** gekommen. Warum haben Sie mich nicht zur Seite genommen, um mit mir zu sprechen? Statt dessen muß man Ihnen selbst bei den wichtigsten Fragen jedes einzelne Wort entreißen. Ich bin derjenige, der bei Ihnen am meisten Vertrauen zu genießen scheint. Dennoch kann ich Sie oft nur durch bohrende Fragen dazu veranlassen, das auszusprechen, was Sie mir eigentlich sagen wollen. Dies ist nicht der Weg zu einer guten Regierung. Also, wollen Sie oder wollen Sie nicht diese beiden Minister ersetzen?«

---

* *Lever*: tägliches Hofzeremoniell beim Aufstehen des Königs. (Anm. d. Übers.)

– »Ja, ich will es«, sagt der König.
– »Nun gut! Dann tun Sie es sofort. Ich werde es dem Abbé Terray mitteilen, und Herr von La Vrillière wird den Kanzler um die Rückgabe der Siegel ersuchen. Haben Sie sich in der Frage der Nachfolger entschieden? Denn nun muß alles zusammen erledigt werden. Die Unsicherheit in der Besetzung der Ämter schadet den Geschäften und fördert nur Intrigen.«
– »Ja, ich entschließe mich. Herr Turgot erhält die Finanzen.«
– »Aber bevor er das Amt annehmen wird, wünscht er eine Audienz bei Eurer Majestät, da es für ihn ein großes Opfer bedeutet, wenn er damit einverstanden ist. Dafür müssen Sie ihm dankbar sein.«
– »Nun«, entgegnet der König, »eben gestern legte ich ihm nahe, sich zu erklären. Wir sprachen nur wenig über die Marineangelegenheiten, und dafür habe ich ihm vieles über die Finanzen erzählt. Ich wartete darauf, daß er sich mir öffnete.«
– »Ich glaube, er wartete noch mehr als Sie. Diese Öffnung konnte nur von Ihrer Seite kommen. Ich werde ihn aufsuchen und ihn sofort zu Ihnen schicken. Was ist mit den anderen Ressorts?«
– »Nun«, sagt der König schließlich, »Herr von Miromesnil soll die Justiz und Herr von Sartine die Marine übernehmen; man soll ihnen eine Mitteilung schicken.«
Nachdem diese Entscheidungen getroffen sind, sagt Maurepas beim Weggehen:
– »Übrigens, Sire, befürchte ich, daß ich heute früh zu heftig war und die Grenzen des Respekts übertreten habe. Ich bitte Sie dafür um Vergebung, ich war sehr aufgebracht.«
– »O nein, Sie brauchen nichts zu befürchten«, antwortet der König und legt ihm die Hand auf den Arm. »Ich bin von Ihrer Ehrlichkeit überzeugt, und das genügt. Sie werden mir den Gefallen tun, mir die Wahrheit immer mit solchem Nachdruck zu sagen; ich brauche das.«*

Maurepas hatte gewonnen. Ludwig XVI. hatte sich so entschieden, wie er es wünschte. Das neue Kabinett war gebildet, aber war es auch überlebensfähig? An seiner Spitze steht ein Mann von altem Schlage, der sicherlich etwas reformerisch, aber vor allem ein Freund des leichten Weges ist; die Schlüsselpositionen sind verteilt auf Miromesnil, einen Choiseuilisten, der den alten Parlamenten nahesteht, zwei ergebene Anhänger des Absolutismus, Du Muy für das Kriegsministerium und La

---
* Abbé de Véri, Journal, Bd. I, S. 184 ff.

Vrillière für den Hofstaat, einen neutralen und strengen Befürworter des Absolutismus, Vergennes, und einen Philosophen, der den Ökonomen nahesteht, Turgot. Wird dieses Gleichgewicht vom König oder von Maurepas nicht aufrechterhalten, so ist dieses Kabinett von Anfang an zum Scheitern verurteilt. Der König ist zu jung, zu unerfahren und zu unentschieden, um eine solche Mannschaft in Schach zu halten; Maurepas hat dazu nicht den geeigneten festen Willen, und er weiß im voraus, daß der starke Mann des Ministeriums nicht er selbst, sondern Turgot sein wird, den er freilich achtet und bewundert.

Aufgrund seiner hohen und schweren Statur, seinem schönen, schon etwas schwammigen Gesicht, in dem große hellblaue Augen glänzen, seiner für einen sich dem fünfzigsten Lebensjahr nähernden Staatsbeamten überraschend arglosen Art hat Anne Robert Turgot nichts von einem Höfling. Ganz im Gegenteil: Er ist Schreibtischmensch, ein Mann der Reflexion, für den die intellektuelle Arbeit die Hauptsache ist.

Sein Vater, Michel Etienne Turgot, war Staatsrat, Vorsteher der Pariser Kaufmannschaft und Präsident des Großen Rates des Pariser Parlaments. Nach einem glänzenden Studium am Gymnasium Louis-le-Grand sollte Anne Robert Turgot zuerst ein Kirchenamt anstreben. Als Prior der Sorbonne rezitierte er im Jahr 1749 als Zweiundzwanzigjähriger die Lobrede auf die heilige Ursula in Latein, aber er zog es vor, über das theoretische System von Law zu arbeiten oder die Prinzipien des Geldumlaufs zu untersuchen. Im darauffolgenden Jahr gab er die Theologie zugunsten der Rechtswissenschaften auf und begann eine Laufbahn als Justizbeamter am Parlament von Paris. Er verkehrte viel mit Quesnay, Gournay und Adam Smith und wurde bald zu einem der Wortführer der politischen Ökonomie. Zur gleichen Zeit schrieb er einen Beitrag für die »Enzyklopädie« von Diderot und d'Alembert. 1761 wurde er zum Intendanten des Limousin ernannt. Als Vertreter des Königs in einer der benachteiligsten Provinzen des Reiches tat er sich im Kampf gegen die Steuerpolitik des Abbés Terray hervor und schaffte den Frondienst ab, den er durch eine neue Steuer ersetzte, die gleichmäßig auf die Bevölkerung verteilt war. In Zeiten der Teuerung richtete er Armenwerkstätten ein. So schickte er sich an, seine persönlichen Grundsätze für die Modernisierung des Limousin anzuwenden. Er galt deshalb als vorbildlicher Intendant und seine Provinz als ein gelungenes Experimentierfeld seiner Ideen. Sein Weggang löste bei der Bevölkerung Bedauern aus. Während seiner Intendantenzeit verfaßte Turgot mehrere Abhandlungen, darunter: *Mémoire sur les Mines et les Carrières* (1764), *Observations sur les*

Mémoires relatifs aux impôts indirects (1767), *Mémoire sur les Prêts d'Argent* (1770) und *Lettre sur la Liberté du Commerce des Grains* (1770). Die Vielfalt seiner Interessengebiete war von einem einheitlichen Denken begleitet, das nie in Dogmatismus oder Systemgeist ausartete. Staat und Recht stehen für ihn im Vordergrund. In allen seinen Werken erweist er sich als ein Wegbereiter des ökonomischen und politischen Liberalismus sowie als ein Verteidiger des Naturrechts. Der königlichen Macht treu ergeben, kritisiert er nicht das monarchische System an sich, sondern beklagt dessen Mißbräuche. Darüber hinaus ist er der Meinung, daß der König vor allem die aufgeklärte Meinung berücksichtigen soll, was ihn dazu veranlassen sollte, das Schulwesen zu fördern, damit die königliche Politik von gebildeten Untertanen unterstützt werden kann. Dies setzt eine Gesetzgebung voraus, die allein am öffentlichen Wohl ausgerichtet und auf Gerechtigkeit und Vernunft begründet ist. Turgot verteidigt die individuelle Freiheit und die Unantastbarkeit des Privateigentums, verurteilt den repressiven Staat und träumt von einer Verweltlichung aller Institutionen, während er die soziale Ungleichheit akzeptiert.

Am Tage des heiligen Bartholomäus, am 24. 8. 1774, tritt Turgot ins königliche Arbeitszimmer. Er steht im Glanz seines intellektuellen Ansehens und seines hohen Rufes, wofür Ludwig XVI. vermutlich sehr empfänglich ist. Die besondere Sensibilität des Ministers zeigt sich schon in den ersten Augenblicken der Begegnung. Turgot fühlt sich bei diesem König, den man ihm als einen jungen, befangenen, etwas scheuen Mann geschildert hat, der von seinen Völkern geliebt werden will, wie mit einer Mission beauftragt. Auf Anhieb gelingt es ihm, Ludwig XVI. zu gewinnen: Er vertraut ganz auf die Kraft seiner Ideen, seinen Überzeugungswillen und seine warmherzige Großzügigkeit; nur seine natürliche Schüchternheit gebietet ihm eine gewisse Zurückhaltung. Der König vergißt seine üblichen Komplexe. Er ist er selbst, er sieht und hört nur noch den Minister, der ihm seine eigene Stärke einhaucht. Nach einem ziemlich langen Vortrag, der seine ganze Leidenschaft durchscheinen läßt, hält Turgot inne: »Alles, was ich Ihnen sage, ist etwas konfus, da ich verwirrt bin.« – »Mir ist bekannt, daß Sie schüchtern sind«, antwortet der König. »Aber ich weiß ebenfalls, daß Sie stark und gerecht sind und daß ich keine bessere Wahl hätte treffen können. Ich habe Sie eine Zeitlang für die Marineangelegenheiten verwendet, um Gelegenheit zu haben, Sie kennenzulernen.« – »Sire, ich brauche Ihre Erlaubnis, um meine Grundideen zu Papier zu bringen, und ich wage es, Ihnen meine

Bedingungen über die Art, wie Sie mir in dieser Verwaltung beistehen könnten, mitzuteilen. Denn ich gestehe, daß sie mich erzittern läßt, weil meine Kenntnisse diesbezüglich so oberflächlich sind.« – »Ja, ja«, sagt der König, »wie es Ihnen beliebt. Ich gebe Ihnen im voraus mein Ehrenwort«, fügt er hinzu und ergreift seine Hände, »daß ich alle Ihre Ansichten übernehmen werde und Sie immer in den mutigen Entscheidungen, die Sie treffen müssen, unterstütze.«

Zutiefst gerührt kehrt Turgot zu Maurepas und Véri zurück, die sich gerade mit dem Abbé von Vermond, dem vertrauten Vorleser der Königin, unterhalten. Turgot erzählt ihnen von dem Gespräch und vermittelt den Freunden, wie bewegt er ist. Die große Schwäche des Königs, die sie erahnen, läßt sie die Zukunft unter einem schlechten Vorzeichen sehen. Vermond, der bei Ludwig XVI. nicht sehr beliebt ist, aber der seine Persönlichkeit genau durchschaut, kann nicht umhin, die Minister vor der ausweichenden Haltung des Herrschers zu warnen. Er gesteht ihm nur eine gute Eigenschaft zu: Er hält sich an seine Abmachungen. Darüber hinaus gibt er Turgot einen letzten Ratschlag: »Wappnen Sie sich in allen wichtigen Fällen im voraus mit seinem Ehrenwort.«

Die Nachricht verbreitete sich in Windeseile. Man grübelte über die Ernennung Turgots. Die Frommen und die Choiseulisten waren entsetzt. Maurepas eilte zu Terray, um ihm seine Entlassung mitzuteilen. Maupeou, der diesbezüglich schon von La Vrillière vorgewarnt worden war, machte sich zu seinen Ländereien nach Roncherolles in der Nähe von Les Andelys auf. Zu seinem alten Kollegen soll er gesagt haben: »Ich habe den König einen Prozeß gewinnen lassen, der seit dreihundert Jahren andauerte. Er will ihn nun wieder aufrollen, und es steht ihm frei.«

Das Volk seinerseits gab sich gewissen »Extravaganzen der Freude« hin. Die Feuerwerker hatten alle Hände voll zu tun. Die Hauptstadt hallte wider vom Lärm der Knallerei, während man Strohpuppen anfertigte, die Terray und Maupeou darstellten. Die eine wurde verbrannt und die andere am Justizplatz von Sainte-Geneviève aufgehängt. Am nächsten Tag brachte eine Delegation von Marktfrauen dem König Blumen und überhäufte ihn mit Komplimenten.

Erst in der Stille des Schlosses von Compiègne konnte Ludwig XVI. über die Programmschrift nachdenken, die Turgot ihm noch am Abend ihres Treffens hatte bringen lassen. Die öffentliche Meinung unterstützte ihn. Er fühlte, daß sein Volk ihn liebte, und er wußte, daß die aufgeklärte Meinung, von der so viel gesprochen wurde, ihn als bahnbrechenden König willkommen hieß. Julie von Lespinasse spricht in einem Brief an Guibert anläßlich dieser Ereignisse von einer »Bewegung der universellen Freude«. Métra spricht von »universeller Zustimmung«. Und sogar Voltaire hatte persönlich an Turgot geschrieben, der damals noch Marineminister war, daß er für ihn »das Te Deum laudamus« anstimme und sein Herz sich bei dieser Gelegenheit »mit heiliger Freude« fülle.

Es war also ein glücklicher und vertrauensvoll in die Zukunft blickender König, der am 1. September 1774 in sein Versailler Schloß zurückkehrte.

5. DIE VERÄNDERUNG

In einer Stimmung äußerster Erregung erreichte der junge König Versailles, das inzwischen vom Pesthauch des sterbenden Ludwigs XV. und seiner Regierung gereinigt war. Mit neuen Ministern, die von vielen Hoffnungen begleitet wurden und von denen man sich ein goldenes Zeitalter versprach, kehrte Ludwig XVI. in den Palast seiner Ahnen zurück. Selten hatte die öffentliche Meinung so sehr an die Jugend und an die Zukunft geglaubt, die allein dieser Herrscher verkörperte.

Da er ein Prinz der Tradition ist, läßt sich Ludwig im Gemach seines Großvaters nieder, an dem praktisch nichts verändert worden ist. Das kleine Gemach der Gräfin du Barry wird nicht wieder hergerichtet. Der König bringt hier weder seine Frau noch seine Geliebte unter – denn er hat keine, und er wird niemals eine haben –, sondern bittet lediglich seinen Mentor darum, sich täglich darin aufzuhalten. Auf diese Weise kann der junge Herrscher seinen Minister zu Rate ziehen, wenn er es für gut befindet und ohne daß es jemand weiß. So wird das Einvernehmen zwischen dem Greis und seinem Schüler immer größer.

Die Königin behält ihr Gemach, das zum Friedenssalon führt und von dem ihres Gatten ziemlich weit entfernt liegt. Wenn er sie besuchen will, muß er im Schlafrock das »Ochsenauge«* durchqueren, so daß er vom ganzen Hof gesehen werden kann. Nach kurzer Zeit lassen Ludwig XVI. und Marie Antoinette deshalb einen geheimen Durchgang zwischen ihren beiden Schlafzimmern bauen.

In diesen ersten Septembertagen geht es dem König ausgesprochen gut. Er ist merklich stärker und kräftiger geworden, so als hätte seine Thronbesteigung ihm etwas von jener Zuversicht verliehen, an der es ihm so sehr mangelte. Er teilt seine Zeit straff ein und hält sich weder lange beim *Lever* noch bei seiner Toilette auf, um jeden Morgen drei oder vier Stunden arbeiten zu können. Nach der Jagd, der er sich am Nach-

---

* Vorzimmer des Königs. So benannt wegen des ovalen Fensters (*oeil de bœuf*). (Anm. d. Hrsg.)

mittag immer noch mit der gleichen Leidenschaft hingibt, nimmt er abends – allein oder mit seinen Ministern – die Arbeit wieder auf.

Die Frage der Parlamente sowie die Neuorientierung in der Wirtschafts- und Finanzpolitik erfordern seine ganze Aufmerksamkeit. Maurepas, den von nun an eine Gruppe ergebener Männer bei der Arbeit unterstützen, arbeitet weiter an seinen Plänen in bezug auf die Parlamente und läßt Turgot in allem übrigen freie Hand. Zwar ist es dem Mentor gelungen, die Auffassung seines Herrn bezüglich des Parlaments zu erschüttern, aber Ludwig XVI. ist noch nicht völlig von der Notwendigkeit der Wiedereinsetzung der ehemaligen Parlamentsgerichtsbeamten überzeugt.

Die diesbezüglichen Meinungen im Königlichen Rat blieben geteilt. Der Herzog von La Vrillière, der Graf von Muy sowie Vergennes begünstigten als entschiedene Anhänger des Absolutismus weiterhin ein Parlament ohne Macht und gaben sich vollauf mit dem »Parlament Maupeou« zufrieden. Allerdings ließ die Entlassung des Kanzlers auf die baldige Zerstörung seines Werkes schließen. Sein Nachfolger, Miromesnil, wurde von den ehemaligen Mitgliedern des Parlaments als wahrer Held betrachtet, weil er es 1771 abgelehnt hatte, Vorsitzender von Maupeous Gnaden zu werden. Im darauffolgenden Jahr hatte er einen Vergleich vorgeschlagen, der die Wiederkehr der alten Gerichtsbeamten bei gleichzeitiger Begrenzung ihrer Ansprüche vorsah; darüber hinaus wollte er den neuen Gerichtsbeamten, die zurücktreten sollten, finanzielle Entschädigungen zugestehen. Aber sein Projekt war gescheitert.

Miromesnil teilte in etwa die Ideen seines Verwandten Malesherbes. Wie oben erwähnt, hatte Turgot ihn während der ganzen vorhergehenden Wochen zuerst dringend gebeten, Maupeou zu ersetzen, und ihn danach ersucht, dem Rat seine Meinung über den Gerichtshof mitzuteilen. Malesherbes hatte dem König vier Denkschriften zukommen lassen. Zwar berücksichtigte er durchaus die Fehler der ehemaligen Gerichtsbeamten – insbesondere, daß sie in einen Justizstreik getreten waren –, jedoch erklärte er die Abschaffung der Parlamentsgerichtshöfe zu einem Beweis königlicher Willkür, gegen die er sich aussprach. 1774, anläßlich der Wiederherstellung des Steuergerichtshofs, sprach er sogar von einem »Staatsstreich«. Die monarchische Gewalt, die er als absolut und unabhängig anerkannte, durfte sich nicht als despotisch erweisen. Die königliche Macht mußte die Gesetze achten und aufrechterhalten, die unter dem Schutz einer unveränderlichen Behörde standen, die dazu da war, ihre Unverletzlichkeit zu gewährleisten. Diese Behörde war der Gerichtshof. Also verurteilte Malesherbes die durch Maupeou herbeigeführte Abschaffung der Unantastbarkeit der Ämter. Als überzeugter Liberaler stand Malesherbes allen konstituierten Körperschaften positiv gegenüber, solange es keine nationale Vertretung gab, wie er sie im Grunde anstrebte. Indes begnügte er sich 1774 damit, die Wiederherstellung der ehemaligen Gerichtshöfe vorzuschlagen, was er nur als eine gerechte Entschädigung betrachtete. Aber er fürchtete den Mißbrauch von seiten des Parlaments, der die königliche Macht untergraben könne, und sah deshalb die Einsetzung eines mäßigenden Organs vor, des »Großen Rats«, der die Gesetze registrieren sollte, die der Parlamentsgerichtshof ablehnte, und der ihn ersetzen sollte, falls seine Mitglieder ihre Dienste verweigerten.

Maurepas teilte diese Auffassung vollkommen. Da er befürchtete, daß Ludwig XVI. sich als »ungerecht und beschränkt« erweisen könnte, wünschte er die Wiederherstellung einer Macht, die fähig war, ihm Einwände entgegenzusetzen. Als aufrichtiger Bewunderer Malesherbes', dessen Eintritt in den Rat er weiterhin wünschte, schloß sich Turgot, wie schon erwähnt, seiner Auffassung über die souveränen Höfe an, ohne jedoch ein glühender Verfechter des ehemaligen Parlaments zu sein. Er brauchte die Unterstützung der öffentlichen Meinung, die der parlamentsgerichtlichen Strömung wohlgesonnen war, und er befürchtete vielleicht auch die Unruhe, die die ehemaligen Gerichtsbeamten, von ihm »Ochsentiger« genannt, schüren könnten. Wie Malesherbes hatte Turgot eine nationale Vertretung im Sinn, da nur so eine größere Gerechtigkeit denkbar war. In seinem Plan einer Reform der Gemeindeverwaltung versuchte er dem einen Schritt näher zu kommen.

Noch ein ganz anderes Argument dürfte ebenfalls eine große Rolle bei seinem Entschluß gespielt haben: Würde das »Parlament Maupeou« aufrechterhalten, so müßten die Richter des ehemaligen Gerichtshofes, die ihre Ämter verloren hatten, finanziell entschädigt werden. Das würde den Staat rund 45 Millionen Livres kosten. Als Finanzminister wollte er die Leitung der Wirtschaft und der Staatsfinanzen natürlich nicht mit einem solchen Handicap beginnen.

Schon im August, noch vor der »Bartholomäusnacht der Minister«, hatten Maurepas und Turgot Malesherbes' Plan stillschweigend übernommen. Bereits am 18. hat Véri dies festgehalten. Der König hatte die Denkschriften zur Kenntnis genommen, die Maurepas, Turgot und bald auch Miromesnil ihm während kleiner gemeinsamer Konferenzen erläuterten. Im Laufe des September wurden diese Sitzungen immer häufiger, aber ihr Geheimnis blieb gut gewahrt. Nur Véri war als Vertrauter von Maurepas und Turgot unterrichtet. Die drei Minister, denen sich Sartine angeschlossen hatte, trugen Ludwig XVI. alles vor, was über die Parlamentsgerichtshöfe gesagt oder geschrieben worden war, und baten ihn bei jedem Punkt um seine Meinung; sie bemühten sich sogar, ihn widersprüchliche Argumente vertreten zu lassen. Denn sie wollten den jungen Herrscher davon überzeugen, daß er selbst regiere, damit er dieser Arbeit das notwendige »Maß an Eifer und an Interesse« widmete. »Diese Methode erzielte die gewünschte Wirkung, die darin bestand, ihn [Ludwig XVI.] den Plan, für den man sich entschieden hatte, als den seinigen betrachten zu lassen und diese Meinung auch in der Öffentlichkeit zu verbreiten. Denn um welche Entscheidung es sich auch immer handelte, der entscheidende Punkt war, daß sie von seinem Willen und nicht vom Rat seiner Minister ausgehen sollte«, stellte Véri fest. »Da diese Entscheidung den Auffassungen, die er vor seiner Thronbesteigung hatte, widerspricht, hat er selbst seine Verwunderung eingestanden: ›Wer hätte mir vor einigen Jahren, als ich zum *lit de justice* meines Großvaters ging, vorausgesagt, daß ich jetzt ein solch entgegengesetztes *lit de justice* abhalten würde?‹«

Die Wiedereinsetzung der Parlamentsgerichtshöfe stand also fest. Aber die Entscheidung war noch nicht bekanntgemacht worden. Die königliche Familie, deren Meinung genauso geteilt war wie die der Minister, machte sich Gedanken. Marie Antoinette und der Graf von Artois standen der Wiedereinsetzung positiv gegenüber; Mesdames, die Tanten, wollten entsprechend den Auffassungen der frommen Partei nichts davon hören. Der Graf von Provence, ein strenger Anhänger des Absolutismus, stellte sich gegen die Zurückberufung der ehemaligen Kammern. Er hatte sogar eine Broschüre schreiben lassen, die den großspurigen Titel »*Mes Idées*« (Meine Ansichten) trug. Sie referierte die Geschichte der Kämpfe zwischen den Parlamenten und der königlichen Macht und beklagte die Haltung der Gerichtsbeamten, »die der höchsten Macht eine Rivalin gegenüberstellen wollten«.

Die Tumulte, die bereits am Bartholomäustag in Paris begonnen hatten, dauerten an, wobei die Gerichtsschreiber in vorderster Reihe standen. Die Mitglieder des »Parlaments Maupeou« wurden öffentlich im Hofe des Palais-Royal oder gar in der Umgebung des Justizpalastes beschimpft. Am 15. September wurde erneut eine Puppe des ehemaligen Kanzlers hingerichtet, diesmal von den Goldschmiedegesellen. Die Philosophen, allen voran Voltaire, waren ratlos. Gewiß, Maupeou hatte ungerechte Richter bestraft; es waren die gleichen, die La Barre* und Lally**verurteilt hatten. Aber hatte sich Maupeou dabei nicht auf die Partei der Frommen gestützt? Der Patriarch von Fernay*** hoffte, daß mit einem Philosophen****an der Spitze die Wiedereinsetzung des Parlaments keine wirkliche Restauration bedeuten würde. D'Alembert, der die Nachteile beider Parlamentsgerichtshöfe kannte, schrieb an Friedrich II.: »Die Fanatiker stöhnen viel über seine Wiedereinsetzung. Dies mag ein Grund dafür sein, daß er in Zukunft nicht mehr so fanatisch und abergläubisch sein wird, wie er es in der Vergangenheit viel zu sehr war.« Condorcet sagte etwa das gleiche zu Voltaire: »Das Parlament Maupeou ist niederträchtig und wird verachtet; das frühere Parlament war unverschämt und verhaßt; alle beide waren dumm und fanatisch; wir brauchen ein drittes, und ich hoffe sehr, daß es dazu kommt.« Selbst die skeptischsten Philosophen erwarteten Wunder von der neuen Regierung.

Ludwig XVI. zeigte sich in der Öffentlichkeit gleichgültig, und nichts in seinem Verhalten ließ auf grundlegende Veränderungen schließen. Er trieb das Spiel sogar so weit, eine Delegation des neuen Parlaments von Rennes und eine weitere des Parlaments von Paris zu empfangen. Die Richter befürchteten natürlich ihre mögliche Absetzung. Der König wies diese Unterstellung zurück und tat so, als wundere er sich darüber, daß sie »Gerüchten ohne Grundlage« Beachtung schenkten. Er versicherte ihnen, daß es »nichts Neues« gäbe, obwohl seine Entscheidung längst gefällt war.

Ist seine Handlungsweise doppelzüngig oder politisch berechnend? Der König mag solche Geheimnisse; er liebt es, seine Umwelt so oft wie möglich zu überraschen. Aber die Zwickmühle, in der er sich befindet, treibt ihn tatsächlich dazu zu lügen. Zwei Tage nachdem er die Delegation der Pariser Gerichtsbeamten zurückgeschickt hatte, erhielten alle verbannten Richter ein versiegeltes Schreiben. Darin befahl ihnen der König, sich am 9. November in Paris einzufinden, um seine Anordnungen zu erwarten. Die Ungenauigkeit des Textes rief große Beunruhigung hervor. Manche Gerichtsbeamten fragten sich ängstlich, ob es sich wirklich um ihre Rückberufung handele. Am 10. November behielt der

---

* Siehe die Erläuterung in der Fußnote auf Seite 67.
** Thomas Arthur de Lally, franz. Kommandant in Indien; wurde 1766 nach seiner Niederlage gegen die Engländer wegen Hochverrats hingerichtet. Sein Sohn und Voltaire erreichten eine Rehabilitierung. (Anm. d. Hrsg.)
*** Gemeint ist Voltaire. (Anm. d. Hrsg.)
**** Gemeint ist Malesherbes. (Anm. d. Hrsg.)

König immer noch seinen geheimnisvollen Ton bei. Er forderte sie auf, sich am 12. in den nach Saint-Louis benannten Saal zu begeben, um hier »schweigend« seine Befehle, die noch immer nicht bekannt waren, entgegenzunehmen.

In der Zwischenzeit schrieb Ludwig XVI. zusammen mit Miromesnil die Präambel der neun Edikte, die die Parlamentsgerichtsbeamten wieder in ihre Ämter berief, aber sie auch neuen Regeln unterwarf, die sie von nun an daran hindern sollten, den üblichen Mißbrauch zu treiben. Der König meinte nämlich, er sei sicher, daß »der Korpsgeist dem staatlichen Interesse jeweils nachgeben werde, daß seine [des Königs] stets weitsichtige und nie bestrittene Autorität zu keiner Zeit gezwungen sein werde, alle ihre Kräfte aufzubieten, und daß sie trotz der Vorkehrungen, die er jetzt treffen müßte, keineswegs weniger verehrt und geheiligt sein werde«. Die Gesetze, die der Parlamentsgerichtshof registrieren mußte, sowie die Disziplinarverfügung, die folgte, waren unmittelbar durch Malesherbes angeregt. (Es handelte sich damals noch nicht um die Parlamentsgerichtshöfe der Provinzen, die erst im folgenden Jahr wiederhergestellt wurden.) Damit wurden das Parlament, der Große Rat und der Steuergerichtshof wiedereingesetzt. Die Kammern sollten in Zukunft nur noch für die Registrierung neuer Gesetze zusammentreten. Sie behielten das Recht, Einwände (Remonstranzen) vor der Registrierung einzureichen, aber nach der Registrierung konnten sie das Inkrafttreten der Gesetze nicht mehr verhindern. Außerdem wurde den Gerichtsbeamten verboten, ihre Rechtsprechung einzustellen und als Gesamtkörperschaft zurückzutreten. Wie Malesherbes vorgeschlagen hatte, sollte im Falle der Arbeitsverweigerung des Parlaments statt dessen der Große Rat einberufen werden.

Ludwig XVI. bereitet das *lit de justice*, das die Wiederherstellung des ehemaligen Gerichtshofs bestätigen soll, sehr sorgfältig vor. Dennoch ist den Ministern nicht ganz wohl. Sie erinnern sich an das Lampenfieber, das Ludwig XVI. lähmte, als er öffentlich reden sollte. Er war kaum imstande, einige Sätze vorzulesen. Wie soll sich dieser junge, schüchterne und verdrießliche König vor einer solchen Versammlung behaupten können? Die Minister wagen dem Herrscher ihre Besorgnis mitzuteilen. »Warum meinen Sie, daß ich Angst haben soll?« entgegnet der Monarch nicht ohne Verwunderung. Er ist sicher, daß er etwas für das allgemeine Wohl verwirklichen wird, und er glaubt, dies alleine beschlossen zu haben. Über diese Reaktion erstaunt, lassen die vorsichtigen Minister ihn seine Rede auswendig lernen und mehrfach aufsagen; einer von ihnen schlägt den Takt, während der König vor einem begrenzten Publikum auftritt. Seinen Lehrern, die ihm vorwerfen, daß er zu schnell spricht, erwidert Ludwig XVI., er bedaure es, nicht über »die Grazie und Gemächlichkeit« des Grafen von Provence zu verfügen. Trotz seiner guten Zuversicht muß er zugeben, daß er hastig und undeutlich spricht, und ist darüber besorgt.

Am 12. November morgens verlassen Ludwig XVI. und seine Brüder in Begleitung der Großwürdenträger der Krone das Schloß von La Muette, wo sie die Nacht verbracht haben, und begeben sich in großem Prunk zum Justizpalast. Während der ganzen Fahrt dringen Hochrufe in die Karosse. Wie es die Sitte vorschreibt, ist Ludwig XVI. mit einem violetten Rock bekleidet, und seine Kopfbedeckung ist mit weißen Federn geschmückt. Der Große Saal ist mit violetter Seide ausgestaltet. Der König nimmt langsam, ja majestätisch auf dem monumentalen Samtthron von gleicher Farbe Platz, der mit goldenen Lilien bestickt und von einem Baldachin überdeckt ist. Er eröffnet zuerst eine Versammlung, die ausschließlich aus Prinzen von Geblüt und Pairs besteht, und kündigt ihnen seine Absichten an. Miromesnil ergänzt seine Rede, und danach ruft der Zeremonienmeister die Beamten des ehemaligen Parlamentsgerichtshofs auf, die schweigend eintreten.

Noch bevor alle Richter ihre Plätze eingenommen haben, beginnt der König seinen Vortrag mit einer Klarheit und Autorität, die überraschen: »Ich berufe Sie heute wieder in Ihre Ämter, die Sie niemals hätten verlassen sollen; ermessen Sie den Wert meiner Gunstbezeigungen, und vergessen Sie sie nie«, ruft er ihnen zu. Seine Rede endet mit einer gnädigen Vergebung, die aber nicht ohne unterschwellige Drohungen ist: »Alles, was geschehen ist, soll vergessen sein, und falls innere Zwietracht die Ruhe und Ordnung meines Parlamentsgerichtshofs stören sollte, würde mich das sehr betrüben. Seien Sie ausschließlich darum besorgt, Ihre Aufgaben zu erfüllen und meinen Bemühungen um das Wohl meiner Untertanen zu genügen. Denn dies wird stets mein einziges Ziel sein.«

Endloser Beifall begleitet Ludwig XVI. nach Versailles. Marie Antoinette teilt ihrer Mutter strahlend mit, daß »die große Angelegenheit der Parlamentsgerichtshöfe endlich beendet ist; alle Welt sagt, daß der König wunderbar aufgetreten ist«. Sie fügt hinzu: »Alles ist so verlaufen, wie er es wollte... Alles ist gelungen, und es scheint mir, daß, wenn der König seinen Mut aufrechterhält, seine Macht noch größer und stärker als früher sein wird.« Aber Maria Theresia, die jeden Liberalismus ablehnte, konnte nicht recht verstehen, warum Ludwig XVI. »das Werk von Maupeou zerstört« hatte. Auch der englische Botschafter, der solchen Maßnahmen a priori näherstehen mochte, stellte fest: »Der junge König denkt, daß seine Macht durch die Maßnahmen, die er ergriffen hat, genügend abgesichert ist. Vieles spricht dafür, daß er sich noch vor dem Ende seiner Regierungszeit daran die Finger verbrennen wird.« Ludwig XVI. dagegen glaubt, daß »die Parlamentsgerichtshöfe unter einer guten Regierung niemals gefährlich sind«. Also macht er sich keine Sorgen.

Die Partei der Frommen sprach allerdings bereits vom Verrat des Königs, und die Parlamentsgerichtsbeamten waren ihrerseits keineswegs zufrieden. Sie meinten, zur Unterwerfung gezwungen worden zu sein, und lehnten sich gegen die Novemberedikte auf. Auf Anregung des Herzogs von Orléans und des Prinzen von Conti verfaßten sie Remonstranzen, die bereits am 30. Dezember bekannt wurden. Es handelte sich geradezu um ein gegen die königliche Macht gerichtetes Manifest, das den Wunsch der Gerichtsbeamten nach einer Rückkehr zur Situation vor 1771 ausdrückte.

Die hinhaltende Antwort des Königs verstärkte lediglich ihre Ansprüche, aber der Herrscher änderte nichts an seinen Beschlüssen. Im darauffolgenden Jahr genehmigte er lediglich die Wiederherstellung der Berufungskammer, die mit jungen, manchmal etwas ungestümen Richtern besetzt war und stets als eine Heimstätte der Rebellion galt. Bis dahin mußten *Messieurs* sich damit begnügen, den Großen Rat zu kritisieren und die Überläufer aus dem »Parlament Maupeou« mit Sarkasmen zu überhäufen oder gar als »Lakaien«, »Kriecher« oder »Schufte« zu beschimpfen. Die Anwälte traktierten sich gegenseitig auf die gleiche Weise.

Auch wenn die Opposition der Parlamente sich nicht mehr so heftig artikulierte wie früher – zumindest bis zur Notabelnversammlung von 1787 –, verbanden sich die Gerichtsbeamten dennoch mit allen Privilegierten, um gegen jedwede innovativen Reformen der Regierung zu opponieren.

Die Historiker haben sich daran gewöhnt, von Generation zu Generation zu wiederholen, daß Maurepas und Miromesnil die Träger einer parlamentarischen Reaktion waren, weil sie politische Körperschaften wiederherstellten, deren Bestrebungen unverhohlen waren, und daß diese Wiedererrichtung der Parlamente der grundlegende Irrtum der Regierungszeit Ludwigs XVI. war. Die Krone habe sich damit unter die Vormundschaft der Justiz begeben. In seiner ausgezeichneten Zusammenfassung der Geschichte des Ancien Régime vertritt Hubert Méthivier die These, daß es sich hierbei um »vorbereitende Maßnahmen einer freiwilligen Abdankung handele« und daß die Wahl Turgots einer Beibehaltung der Monarchie mit ihren alten sozio-politischen Strukturen widerspreche. Obgleich wir diese Ansicht teilen, muß daran erinnert werden, daß das Problem des »Parlaments Maupeou« eine ernste Diskussion über den eigentlichen Charakter der königlichen Macht und ihre Ausübung ausgelöst hatte. Auch ohne die Rückkehr der souveränen Gerichtshöfe hätte diese Debatte zur Idee einer nationalen Volksbefragung geführt – auch wenn ein derartiger Gedanke Ludwig XVI. zu Beginn seiner Regierungszeit noch völlig fremd war.

Während der junge Herrscher die Wiederherstellung der Parlamente vorbereitete, setzte er sich mit den Plänen seines neuen Generalkontrolleurs der Finanzen auseinander, der ihm nach dem Treffen in Compiègne ein umfangreiches Memorandum geschickt hatte. Von der besonderen Bedeutung seiner Aufgabe überzeugt, richtete Turgot sich respektvoll, aber entschlossen an den König: »Kein Bankrott, keine Steuererhöhung, keine Anleihen«, kündigte er an, und unterstellte seine Finanzpolitik der Notwendigkeit drakonischer Sparmaßnahmen. Er wollte die Ausgaben nicht nur geringer halten als die Einnahmen, sondern darüber hinaus jedes Jahr 20 Millionen Livres einsparen. Die Bedingung dafür war, daß die königlichen Finanzen aus der Abhängigkeit von Steuerpächtern befreit und die Ausgaben des Hofes verringert wurden. Da er die Opposition der anderen Minister gegen die beträchtlichen Streichungen in ihren eigenen Ressorts voraussah, verlangte er, mit jedem einzelnen von ihnen in Anwesenheit des Königs sprechen zu dürfen. Turgot ahnte, daß er den Kampf für die Monarchie und das staatliche Wohl allein führen würde. Ohne sich der üblichen Platitüden eines höfischen Ministers zu bedienen, aber auch ohne falsche Kühnheit warnte er seinen Herrn vor dem Druck, den man auf ihn ausüben werde.

An dieser Stelle ist daran zu erinnern, daß bereits Terray für eine strenge Sparpolitik eingetreten war. Er hatte dem König nahegelegt, Streichungen im Haushalt des Kriegsministeriums, der Marine und des königlichen Hofstaates vorzunehmen, aber der Abbé besaß vermutlich nicht die Gabe, dem König sein Programm zu vermitteln. Dieser gestand denn auch Turgot, »daß Terray sich nicht so wie er ausgedrückt« hatte. Turgot selbst ging mit gutem Beispiel voran, indem er seine Bezüge von 142 000 auf 80 000 Pfund senkte, von der üblichen Aufwandsentschädigung absah und die von den Generalpächtern traditionell dem neuen

Finanzminister angebotenen Geldgeschenke ablehnte. Diese Summe von 100 000 Talern wurde statt dessen den Priestern von Paris für die Armen übergeben.

Als der neue Minister sein Amt antrat, herrschten geordnete Verhältnisse. Terrays Verwaltung hatte sich, so unbeliebt sie auch gewesen sein mag, als erfolgreich erwiesen. Es war der Abbé »mit dem finsteren Gesicht«, welcher der Krise die Stirn geboten und sie überwunden hatte. Turgot forderte von ihm eine Bestandsaufnahme der Einnahmen und Ausgaben für 1774, während er selbst ebenfalls eine Aufstellung machte. Die Zahlen stimmten nicht völlig überein. Natürlich bemühte sich der Abbé, sein Werk zur Geltung zu bringen: Er setzte den Fehlbetrag auf 27 Millionen an. Turgot dagegen schätzte ihn auf über 36 Millionen, wobei die beiden Berichte auch nicht von den gleichen Angaben ausgingen. Dennoch war es eine Tatsache, daß Terray das Defizit beträchtlich verringert hatte, das 1769 noch 60 Millionen betrug. Trotz der Unbeliebtheit des Ministers war das Vertrauen in die Finanzpolitik am Ende der Regierungszeit Ludwigs XV. zurückgekehrt. Turgot konnte also aus einer günstigen Lage Nutzen ziehen. Der neue Generalkontrolleur warf denn auch dem Abbé Terray vor allem seine Methoden und seine Wirtschaftspolitik vor.

Turgot macht sich sofort an die Arbeit. Er übernimmt mehrere Gehilfen des ehemaligen Ministers und zieht einige persönliche Freunde hinzu. Der liberale und weise Condorcet, der ihm stets treu ergeben ist, wird zu seiner grauen Eminenz. Wie Dupont von Nemours, einem anderen Ratgeber des Generalkontrolleurs, wird ihm der Titel eines *Inspecteur général du Commerce et des Manufactures* verliehen, bevor er dann zum Direktor des Münzwesens ernannt wird. Ein Spezialist für Getreide- und Handelsfragen, der Abbé Morellet, wird zu seinem Assistenten berufen. Ihm steht Vaines, ein geschickter und sachkundiger Mann, als Mitarbeiter zur Seite, den er schätzen gelernt hatte, als er Verwalter der Domäne im Limousin war. Darüber hinaus gewinnt Turgot aufgeklärte Männer wie Malesherbes, den Abbé Véri oder den damaligen Erzbischof von Toulouse, Loménie de Brienne, als Berater.

Gleich zu Beginn seiner Verwaltungszeit setzt Turgot einigen Mißbräuchen (wie Maklergebühr und Aufgeld), die der Abbé Terray in seinen Büros geduldet hatte, ein Ende. Nutzlose Ämter werden abgeschafft, bestimmte Renten gegen eine Entschädigung aufgehoben und die Anzahl der Darlehen für künftige Dienste verringert. Dabei handelt es sich nur um Sanierungsmaßnahmen.

Auf dem Gebiet der Finanzverwaltung ging es dem neuen Minister in erster Linie darum, den Schuldenberg und die Kosten der Steuereintreibung zu reduzieren. In der Tat mußte der Staat nicht nur seine Schulden mit Zinsen zurückzahlen, sondern darüber hinaus auch für die Eintreibung seiner Einnahmen zahlen. Diese Kosten betrugen 30 Prozent des gesamten Budgets. Turgot setzte an bei der Steuerpacht (*ferme*), weil sie die Mehrzahl der indirekten Steuern betraf: Der Steuerpächter (*fermier*) erhielt die Bruttoabgaben, der König nur die Nettoabgaben. Man schätzte, daß der »Umsatz« des Steuerpächters auf ungefähr 10 Prozent kam, zuzüglich der Zinsen, die er für seinen Fonds erhielt, seines Gehalts und der Erstattung seiner Verwaltungskosten. Die Abschaffung der Steuerpacht hätte also eine beträchtliche Einsparung für den Staat bedeutet – trotz der Kosten, die eine solche Steuerverwaltung erforderte. Damals glaubte man, daß Turgot ganz einfach die Steuerpachtverträge abschaffen wollte. »Herr Turgot ist nicht leichtsinnig genug, um den Steuerpachtvertrag sofort zu stürzen«, bemerkte jedoch der Abbé Baudeau. In der Tat schien es gefährlich und verfrüht, sich mit den Steuerpächtern und Finanzleuten anzulegen, die einen Staat im Staate bildeten. In einer Denkschrift, die er bereits am 11. September dem König übergab, begnügte sich Turgot damit, die Rekrutierung der Steuerpächter und ihrer Vertreter sowie die Mißbräuche, die durch die mit ihnen abgeschlossenen Verträge entstanden waren, anzuprangern. Er schlug vor, daß sie von nun an vom König ernannt werden sollten und daß ihnen verboten werden sollte, weitere Gewinnanteile zu fordern. Die mächtigen Steuerpächter begriffen sehr wohl, was diese neuen Pläne für sie bedeuteten: »Er ist ein Mann ohne Religion: Er glaubt nicht an die Steuerpacht«, sagte man nicht ohne Bosheit.

Turgot hielt das Budget des Kriegsministeriums für überzogen; es betrug allein ein Viertel des gesamten Haushalts. Obwohl er sich der Notwendigkeit einer den Nachbarstaaten an Stärke entsprechenden Armee bewußt blieb, wünschte er die entsprechenden Ausgaben zu vermindern, was ihn in Gegnerschaft zum Marschall von Muy brachte, der eine Erhöhung der bereits bewilligten Beträge verlangte. Da es ihm nicht zustehe, »über die Anzahl der Truppen, die Seine Majestät unterhielt«, zu bestimmen, begnügte sich Turgot damit, die Abschaffung der schlimmsten Mißbräuche zu fordern: der doppelten oder dreifachen Besoldung, der übertriebenen Ernennung von Stabsoffizieren, der anhaltenden Einquartierung von Offizieren in Orten, die keine entscheidende Rolle mehr spielten. Darüber hinaus forderte er selbstverständlich Ersparnisse jeglicher Art. Diese Maßnahmen hinderten ihn aber nicht, die Erhöhung des Soldes zu erwägen. In diesem Ressort blieben die Erfolge des Generalkontrolleurs freilich sehr beschränkt. Während seiner ganzen Amtszeit befürchtete er die Möglichkeit eines Krieges, den er auf jeden Fall als fatal für die Finanzen und die Wirtschaft des Königreiches betrachtete. Die beiden Denkschriften, die er dem Marschall von Muy und seinem Nachfolger, dem Grafen von Saint-Germain, über die voraussichtlichen Ersparnisse für 1775 vorlegte, wurden nur teilweise befolgt.

Wie alle seine Vorgänger war Turgot in seinem Innersten davon überzeugt, daß beträchtliche Streichungen beim königlichen Hofstaat gemacht werden konnten. Seit Jahren lieferten die Verschwendungen des Hofes Stoff für die Chronisten. Die Gegner der Monarchie hatten im 18. Jahrhundert beim Volk das Bild eines verschwenderischen und sittenlosen Herrschers unterstützt, der seinen unglücklichen Untertanen die letzten Mittel entriß, um seine törichten Launen zu befriedigen. In der Tat war der Hofstaat des Königs und der Königin für den Staat außerordentlich teuer: Allein der Hofstaat des Königs verfügte über einen Haushalt von 41 Millionen Pfund, das heißt eine Summe, die höher war als das gesamte Defizit des Königreiches. Bald erhielten auch die Königin, die Brüder des Herrschers und seine Schwester ihren eigenen Hofstaat. Der öffentlichen Meinung waren die genauen Kosten des Lebensstils der königlichen Familie nicht bekannt, da die staatlichen Bilanzen niemals veröffentlicht wurden. Aber vermutlich stellte man sich sogar noch größere Summen vor, die auf diese Weise für alle sichtbar vergeudet wurden. Daher wurden diese Ausgaben als unmoralisch verurteilt.

Man erwartet von den neuen Herrschern eine Regierung der Tugend und der Sparsamkeit. Ludwig XVI. macht einen vorzüglichen Eindruck, indem er sofort nach seinem Antritt den königlichen Küchendienst (*Service de la Bouche*) reduziert und einen Teil der königlichen Küche auflöst. Dies bedeutet die Abschaffung einer beträchtlichen Anzahl von Speisegängen, die man sowieso nicht anrührt. »Ich ernähre einfach nur meine Familie«, hatte der junge König erklärt, der dem Aufwand für seine eigene Person kritisch gegenübersteht. Zum Entsetzen des »Großmeisters der *Garde-Robe*« will er nach dem Tod seines Großvaters sechs schlichte Ratineröcke bestellen. Man hält ihm entgegen, daß die Lebensumstände eines Monarchen ihn dazu verpflichten, eine riesige Kleiderauswahl zu besitzen.

Es kursieren die rührendsten Gerüchte über die Natürlichkeit und

Schlichtheit des jungen Herrschers. An einem Herbsttag 1774 entdecken die Pariser auf dem Sockel des Standbilds Heinrichs IV. auf dem Pont-Neuf die Inschrift *Resurrexit* (Er ist auferstanden). Ludwig XVI. wird nicht wie sein entfernter Ahne als Schürzenjäger angesehen, sondern als der gute König Heinrich, der seinen Untertanen das »Huhn im Topf« versprach. Leider ist die Königin weit davon entfernt, sich ebenso sparsam wie ihr Gatte zu zeigen. Sie liebt den Prunk, schöne Kleider und kostbaren Schmuck. Sehr bald wird ihr zügellose Verschwendung vorgeworfen. Aber wie beträchtlich diese auch immer war: Die Launen einer Königin oder Favoritin können einen Staat nicht zugrunde richten, solange sie sich auf den Putz beschränken. Sicher hätten beträchtliche Einsparungen bei den persönlichen Ausgaben Marie Antoinettes vorgenommen werden können, aber vor allem mußten hunderte, ja tausende Hofämter abgeschafft werden, die dazu beitrugen, eine riesige Menge von Parasiten zu ernähren. (Es gab ungefähr 6000 zivile Ämter und 8000 militärische Ämter.) Darüber hinaus sollte die Freigebigkeit bei Gnadengehältern und Schenkungen eingeschränkt werden.

All dies wußte Turgot, aber er brauchte die Einwilligung des Herrschers, um die Reformen zu verwirklichen, die er für unerläßlich hielt. Außerdem benötigte er einen Minister des königlichen Hofstaates, der ihn unterstützte, sowie Geld, um die abzuschaffenden Ämter zurückkaufen zu können. Der Generalkontrolleur der Finanzen hoffte, daß Malesherbes bereit wäre, den Herzog von La Vrillière, einen Schwager von Maurepas, als Minister des Hofstaates zu ersetzen. La Vrillière war der einzige Minister des alten Kabinetts, der im Amt geblieben war.

Von der Notwendigkeit drakonischer Sparmaßnahmen überzeugt, wußte Turgot ebenfalls, daß diese Streichungen – in dem Maße, wie sie durchführbar waren – ungenügend bleiben würden, denn die Bedürfnisse des Staates würden zweifellos zunehmen. Also mußten die Einkünfte erhöht werden. Allerdings wußte Turgot sehr wohl, daß die Steuern für die meisten Franzosen ungerecht waren, und deshalb erwog er zunächst keine Steuererhöhung. Die Landwirtschaft hatte die meisten Steuern zu erbringen, was ihm um so absurder schien, als damit die grundlegende wirtschaftliche Tätigkeit bestraft wurde. In dieser Frage folgte Turgot den Physiokraten und ging davon aus, daß »es immer die Erde ist, welche die ursprüngliche und einzige Quelle allen Reichtums ist«. Er plante also eine Reform, welche die Steuerlasten auf alle Bevölkerungsschichten umverteilte, ohne den Adel oder die Stadtbourgoisie zu begünstigen. Aber noch wichtiger als die Steuerreform war für ihn der wirtschaftliche Fortschritt. Als Apostel der Expansion war er in erster Linie ein Förderer der landwirtschaftlichen Entwicklung. Letztlich bestand für ihn das einzige Mittel, die Staatseinkünfte zu erhöhen, in der Erhöhung der landwirtschaftlichen Profite.

Andererseits konnte es für diesen Anhänger des Liberalismus keine Expansion ohne Freiheit geben: Unternehmensfreiheit und Handelsfreiheit. In der wichtigen Frage des Getreidehandels, der von entscheidender Bedeutung war, weil er die Brotversorgung betraf, schlug Turgot den freien Umlauf des Getreides im ganzen Königreich vor. Seiner Meinung nach würde dadurch die wirtschaftliche Expansion gefördert und die Lage der Produzenten und Konsumenten verbessert werden. Da die landwirtschaftliche Produktion des Königsreiches ausreiche, um den Bedarf der gesamten Bevölkerung zu decken, wünschte er »das Korn dahin zu tragen, wo es keines gibt [...], etwas davon für die Zeit zu behalten, in der es fehlt, und es deshalb von dort zu nehmen, wo es ist«. Indem er so zugleich den Transport und die Speicherung förderte, sah er voraus, daß der Preis des Weizens steigen würde. Er nahm diese Gefahr auf sich und plante, die Institution der Armenwerkstätten zu nutzen, um in Notzeiten den Ärmsten zu Hilfe zu kommen.

Damit widersprach er den Reglementierern, die die Spekulanten und Wucherer anprangerten und ihre ganze Politik gegen die Speicherung von Weizen gerichtet hatten. Zwar war die strenge gesetzliche Reglementierung 1764 abgeschafft worden, aber die Maßnahmen, die den Handel und die Speicherung behinderten, bestanden weiter: Das Korn durfte nur auf öffentlichen Märkten verkauft werden, der Landwirt durfte nicht selber seine eigene Produktion verkaufen, und die Binnenzölle blieben hoch. Auch hatte die staatliche Kontrolle über den Weizen und der von Terray durchgesetzte Dirigismus dazu beigetragen, daß sich in der öffentlichen Meinung – wie erwähnt – die Idee eines »Hungerpaktes« entwickelte: Der König spekuliere mit dem Weizen und fördere so die Aushungerung seiner Untertanen. Der Tod Ludwigs XV. hatte diese Gerüchte nicht beseitigt, und es wurden sogar neue Beschuldigungen gegen den jungen Herrscher erhoben, der davon sehr betroffen war. Die Getreidefrage war also von entscheidender Bedeutung, weil sie die Beziehung zwischen König und Nation betraf. Ludwig XVI. mußte unbedingt von den Beschuldigungen reingewaschen werden, die lediglich auf ihm seit seiner Thronbesteigung lasteten.

Unter diesen Bedingungen entwarf Turgot eine Verordnung, deren Präambel mit größter Sorgfalt abgefaßt wurde. Er verurteilte darin den

Dirigismus von Terray, begründete die neuen Maßnahmen und betonte, daß weder vom König noch von sonst jemandem in seinem Namen Getreide oder Mehl eingekauft würden. Durch eine solche Begründung wurden, wie La Harpe kommentierte, »die souveränen Entscheidungen des Königs in Werke der Beweisführung und der Überzeugung« verwandelt. Und Voltaire rief aus: »Hier sind ein neuer Himmel und eine neue Erde!« Turgot selbst meinte lediglich, daß er seine Ansichten so klar ausdrücken wollte, »daß jeder Dorfrichter sie den Bauern verständlich machen könnte...« Diese neue, am 20. September verabschiedete Verordnung schaffte die staatliche Getreidekontrolle ab und räumte alle Hindernisse des Binnenhandels aus dem Weg. Das Getreide sollte innerhalb des Königreiches frei verkauft werden können, aber seine Ausfuhr blieb verboten. Allerdings ist anzumerken, daß die besonderen Bestimmungen für die Stadt Paris durch die Reform nicht angetastet wurden.

Diese wirtschaftliche und politische Maßnahme wurde von der aufgeklärten Meinung nicht einmütig aufgenommen. Der Genfer Bankier Necker, dessen *Eloge de Colbert* von der Académie française ausgezeichnet worden war, erhob sich gegen den freien Getreidehandel. Er wollte mit Turgot zusammentreffen und versuchte – vergeblich – ihn von seiner Meinung zu überzeugen. Der Abbé Galiani, ein eifriger Gegner des Liberalismus, schrieb an Madame von Epinay: »Die freie Ausfuhr des Getreides wird ihm [Turgot] das Genick brechen. Erinnern Sie sich daran.« Turgot war sich der Gefahren durchaus bewußt, die er und der König eingingen, und dies gerade zu einer Zeit, da sich eine schlechte Ernte ankündigte. In seinem berühmten programmatischen Brief vom 24. August hatte er seinem jungen Herrn bereits gesagt, daß er seine Stellung – wegen der verbreiteten Sorge über die Lebensmittelversorgung – unter unerfreulichen Umständen übernommen habe. Diese Sorge »wird noch dadurch verstärkt, daß die Gemüter schon seit einigen Jahren erregt sind, daß die Verwaltungsprinzipien der Minister ständig gewechselt haben, einige unvorsichtige Maßnahmen ergriffen wurden und vor allem die Ernten schlecht waren«.

Turgots nächste Umgebung warnte ihn vor jeder übereilten Maßnahme. Sein Kollege Bertin, ein strenger Anhänger des landwirtschaftlichen Liberalismus, der im Kabinett keine große Rolle spielte, hielt ihn zur größten Vorsicht an: »Ich rate Ihnen, bei Ihrem Vorhaben größte Umsicht walten zu lassen«, schrieb er Turgot, als dieser seine Pläne im Rat vorlegte. »Ich rate Ihnen sogar, wenn Ihnen dies möglich ist [...], Ihre Ansichten und Standpunkte gegenüber diesem *Kinde*, das Sie anleiten und dem Sie helfen müssen, zu verbergen. Zwar können Sie nichts anderes tun, als die Rolle des *Zahnarztes* zu übernehmen, aber geben Sie sich möglichst den Anschein, daß Sie, auch wenn Sie Ihrem Ziel nicht den Rücken zukehren, doch wenigstens mit ganz langsamen Schritten darauf zugehen...« Dieser wichtige Brief beleuchtet nicht nur die schwierige Situation Turgots, sondern darüber hinaus den damaligen Umgang der Minister mit dem jungen König.

Hinsichtlich des freien Getreidehandels war es allerdings leicht, Ludwig XVI. zu überzeugen. Turgots Argumente verfehlten nicht ihr Ziel. »Den Preis des Getreides niedrig halten, wenn eine schlechte Ernte es selten gemacht hat, ist ein Ding der Unmöglichkeit«, behauptete der Generalkontrolleur der Finanzen. »Die Ungleichheit der Ernten muß hauptsächlich durch den Handel, und zwar durch den freien Handel ausgeglichen werden.«

Ludwig XVI. ließ sich überzeugen; allerdings war er sich der Gefahr dieser Politik im Falle eines Scheiterns nicht wirklich bewußt. Turgot schien das Risiko realisitsch einzuschätzen. Er war fest entschlossen und hielt ständigen Kontakt zu den Intendanten der Provinzen, denen er genaue Anordnungen gab. Sie mußten die Händler dazu ermutigen, die neue Lage zu nutzen, und darüber hinaus sollten sie die größte Wachsamkeit »gegen diejenigen an den Tag legen, die das Volk aufzuwiegeln versuchen«. Alle Getreidetransporte sollten beobachtet werden.

In der Tat begannen viele Bauernaufstände mit Ausschreitungen bei der Abfahrt von Getreidefuhren. Die Dorfbewohner versuchten, sie aufzuhalten. Sie befürchteten eine Hungersnot und plünderten oft die Wagen. Falls die Abfahrt des Konvois gelang, erfolgte die Ausplünderung einige Meilen weiter. Turgot befürchtete zwar keine Lebensmittelknappheit, da sein System darauf abzielte, das Getreide im ganzen Königreich zu verteilen, aber statt dessen konnte es zu einer Erhöhung des Brotpreises kommen. Also gab er genaue Anordnungen für die Schaffung von Armenwerkstätten, die jedem – sogar Kindern – einen Minimallohn für den Lebensunterhalt sichern sollten.

Am 19. Dezember wurde der Erlaß mit einigen Schwierigkeiten vom Parlament registriert. Im Namen der gesamten Körperschaft versicherte der Erste Vorsitzende dem König das Vertrauen des Gerichtshofes. Allerdings sorgte er für einige Unruhe, als er erklärte, daß »der Gerichtshof davon überzeugt sei, daß der König vorsichtig genug sein wird, um die öffentlichen Märkte mit Lebensmitteln zu versorgen, so daß die Bürger ihre täglichen Lebensmittel erhalten«. Condorcet kritisierte diese

Demagogie des Parlaments, das sich zum Verteidiger des Volkes aufwerfe. »Was für üble Pedanten!« rief er aus.

Mittlerweile gab es die ersten Unruhen. In Caen herrschte seit Oktober akuter Brotmangel, und der Brotpreis hatte drei Sous das Pfund erreicht. Die Gerüchte im Volk machten den freien Handel für die Brotknappheit und Teuerung verantwortlich. Im Dezember wurde die Lage auch in Paris bedrohlich. Es gab kaum noch Brot, und trotz des Schnees, der die Transporte erschwerte, schickte der Polizeileutnant Lenoir seine Leute nach Corbeil, um Getreide zu holen. In den meisten Städten legten die Kaufleute Vorräte an und trugen so ihren Anteil zur Preissteigerung bei. Von Dezember bis März, während eines besonders rauhen Winters, griff die Angst vor der Brotknappheit in ganz Paris um sich. Die Obrigkeit sandte dem Generalkontrolleur immer beunruhigendere Briefe zu. Überall wurden Aufstände befürchtet.

Der König verließ sich jedoch ganz auf Maurepas und Turgot. Innerhalb des Kabinetts war man sich offenbar einig. Im Dezember endeten endlich die Zwänge der höfischen Trauer um Ludwig XV. Marie Antoinette, damals im vollen Glanz ihrer Schönheit, genoß es, im Mittelpunkt einer Gruppe junger Frauen und Männer zu stehen, die einen ausgewählten Kreis bildeten. Der alte Hof mußte begreifen, daß diese Jugend mit seinen veralteten Grundsätzen und der Etikette des vorangehenden Zeitalters erbarmungslos brechen würde. Die Königin machte sich mehr oder weniger offen über die grotesken alten Prinzessinnen lustig, über die welken Herzoginnen und alle diese »hochgestellten Kragen«, wie sie ironisch sagte. Sie hatte bereits viele Empfindliche gekränkt – angefangen bei Mesdames, den Tanten, die es deshalb wagten, sie in Gegenwart des Königs schroff zu kritisieren, und ihre Karmeliterinnenschwester, Madame Louise, eine regelrechte Moralpredigt an Marie Antoinette schreiben ließen. Die beiden Eheleute sprachen sich darüber aus, und Marie Antoinette trug den Sieg davon. Ludwig XVI. verteidigte seine Frau, und es wurde gemunkelt, daß Mesdames Gefahr liefen, den Weg ins Exil nach Lothringen antreten zu müssen. Aber daraus wurde nichts. Jedoch bemühte sich der Kreis um die alten Prinzessinnen von nun an, die ärgerlichsten Gerüchte über das Verhalten der Königin zu verbreiten. Der König entzog diesen Lästerzungen daraufhin seine Freundschaft.

Das junge Paar lebte in gutem Einvernehmen mit der Familie des Grafen von Provence und derjenigen des Grafen von Artois. Allein *Monsieur* litt verhohlen: »So bin ich jetzt auf Lebenszeit dazu verurteilt, nicht mehr nach eigenem Gutdünken zu handeln; denn in Zukunft wird meine Aufgabe immer darin bestehen, in die Fußstapfen meines Bruders, des Königs, zu treten«, vertraute er dem Prinzen von Montbarey an. Provence verachtete den König; seine Reden über ihn waren überaus heimtückisch. Um die Person seines älteren Bruders zu schildern, sagte er gern: »Stellen Sie sich geölte Elfenbeinkugeln vor, die Sie sich vergeblich zusammenzuhalten bemühen.« Er hatte keinerlei Respekt vor seinem Bruder, so daß Mercy in seinen Briefen an die Kaiserin klagte: »Der König hat sich manches vorzuwerfen; die Art von Gleichberechtigung, die er von vornherein zwischen sich und seinen Prinzenbrüdern hat walten lassen, hat letztere dazu verleitet, dies schamlos auszunützen.« Allerdings verschaffte sich Ludwig XVI. auch kleine Genugtuungen. So rief er bei einer Theateraufführung, welche die Königin und ihre Schwäger ihm zu Ehren gaben und bei der *Monsieur** die Rolle des Tartuffe spielte: »Das ist ganz wunderbar wiedergegeben, die Personen waren völlig natürlich!«

Die Sarkasmen des Königs gingen jedoch nie über diese Art von Äußerungen hinaus. Seit seiner Kindheit wußte Ludwig, daß *Monsieur* ihn nicht liebte und eifersüchtig auf ihn war. Die Briefe des Prinzen, die er in der Schatulle Ludwigs XV. nach dessen Tod gefunden hatte, offenbarten ihm die Scheinheiligkeit seines Bruders. Zweifellos faßte er diesbezüglich den Entschluß, ihm niemals etwas anzuvertrauen.

»Von seinem Wesen und seiner Lebendigkeit her zum Prinzen der Jugend erkoren, war Artois stets von der gesamten Jugend des Hofes umgeben und galt als das Idol von Paris«, sagte der Prinz von Montbarey. Artois hatte in der Tat nur seine Freuden im Sinn, und die Königin zog deshalb seine Gesellschaft derjenigen ihres allzu ernsten Gatten oder des prunksüchtigen Provence, den sie nicht mochte, vor. Außer *Monsieur* waren alle diese jungen Leute mit Festen beschäftigt und kümmerten sich nicht um die Staatsgeschäfte. Sie begnügten sich damit, die Minister und ihre Pläne ins Lächerliche zu ziehen. Niemals hätten sie ernsthaft über die Verwaltung des Königreiches reden können. Die Gräfin von Provence und die Gräfin von Artois, zwei piemontesische Häßlichkeiten, spielten am Hof keinerlei Rolle. Die Königin und ihre lauten Freunde stachen ihre schmollende Sauertöpfigkeit völlig aus.

Dessenungeachtet zeigte die Gräfin von Artois an diesem Jahresende

---

* Titel des Grafen von Provence. (Anm. d. Übers.)

1774 alle Anzeichen einer Schwangerschaft. Zur größten Enttäuschung der Königin trug sie die Hoffnungen der Bourbonen in sich. Pamphlete kamen in Umlauf; Ludwig XVI. wurde als zeugungsunfähig, die Königin als leichtlebig geschildert, und sie wurde schon jetzt beschuldigt, ihrem armen Gatten die Vaterschaft ihrer künftigen Bastarde anzuhängen. In Wirklichkeit war der König mit Marie Antoinette »immer noch am gleichen Punkt« – wie sie selbst in einem Brief an ihre Mutter schrieb. Sie litt sehr darunter, nicht schwanger zu werden. Aber die Schwangerschaft der Gräfin von Artois ermutigte Ludwig XVI. dazu, erneut den Arzt Lassonne zu Rate zu ziehen. Nach einer ausführlichen und genauen Untersuchung entschied der Chirurg, »daß kein Eingriff nötig sei«.

Damit waren wieder alle Hoffnungen erlaubt. Galant gab Ludwig XVI. den Launen seiner Frau nach. Er war damit einverstanden, sofort nach dem Ende der Trauerzeit prunkvolle Feste zu veranstalten. Montags und mittwochs wurde getanzt. Die Königin äußerte den Wunsch, daß man in Kostümen des späten 16. Jahrhunderts erscheinen sollte. So eröffnete der König am 23. Januar 1775 einen Ball, bei dem er Heinrich IV. darstellte. Wieder schrieb man *Resurrexit*, aber diesmal auf den Sockel der Statue Ludwigs XV.

6. DER MEHLKRIEG

So sehr er sich auch bemühte, brachte Ludwig XVI. seine Minister immer mehr in Verlegenheit – vor allem Maurepas, der das meiste Vertrauen beim König besaß. Der Mentor gestand dem Abbé von Véri seine Ratlosigkeit. Er hatte miterlebt, wie der junge Monarch sich anfangs leidenschaftlich für die Angelegenheiten des Parlaments interessiert hatte, nun aber schien er in einer düsteren Teilnahmslosigkeit zu verharren. »Noch verweigert er sich keiner Sache, aber er kommt ihr auch nie entgegen und verfolgt die Spur einer Angelegenheit nur, wenn man ihn daran erinnert«, klagte der Greis, der es »müde war, ihm seine Entscheidungen immerzu abzuringen«. Mehrere Monate nach seinem Regierungsantritt, zeigt Ludwig XVI. sich noch immer unschlüssig, sogar in bezug auf Fragen von so geringer Bedeutung wie die nach dem künftigen Schicksal von Madame du Barry. Maurepas verzögert absichtlich Angelegenheiten und drängt den Herrscher täglich zur Entscheidung. Vergeblich. Aber er lehnt es ab, anstelle seines Herrn zu entscheiden, obwohl er ahnt, daß Ludwig XVI. darüber sehr erleichtert wäre.

Verwirrt durch das königliche Betragen, hat Sartine den anderen Ministern nahegelegt, dem König systematisch »alle Papiere über Angelegenheiten, die eine Entscheidung erfordern«, zukommen zu lassen, um ihn aus seiner Reserve zu locken. Zwar bearbeitet der Herrscher die ihm vorgelegten Akten, „aber es wäre ein Wunder, wenn seine Neugier darüber hinausginge«, stellt Sartine um so bitterer fest, als Maurepas dieses schriftliche Arbeitsverfahren keineswegs schätzt. Tatsächlich befürchtet der Mentor, daß der König eine Meinung äußert, die nicht mit den Ansichten seiner Minister übereinstimmt. „Die Bildung des Königs, die es ihm erlauben soll, seiner Herrscherrolle zu genügen, kann eher durch mündliche Gespräche erfolgen als durch Schriften, die lediglich Resultate darstellen«, meint Maurepas. Und er fährt fort: »Wenn wir genug Fingerspitzengefühl aufbringen, läßt sich sein Interesse für die Sache einfacher durch unsere gemeinsame Arbeit mit ihm wecken als durch Papiere, die er möglicherweise nur überfliegt.«

Zwar weiß Maurepas, daß der König alles, was ihm vorgelegt wird, aufmerksam liest, aber er bezweifelt seine »Klarsicht«. Er befürchtet, daß dieser die Texte, die man ihm vorlegt, falsch interpretiert. Er weiß, daß Ludwig XVI. imstande ist, trotzig zu werden, und er hält es stets für einfacher, ihn durch ein Gespräch, für das jeder seine Argumente sorgfältig vorbereiten kann, umzustimmen; so wird der König die bereits von seinen Ministern angestrebten Lösungen leichter akzeptieren.

Da er eine schwache Marionette in der Hand seiner Minister ist, die ihm die tatsächliche Macht, welche sie widerwillig an seiner Stelle ausüben, aber ihm durchaus übergeben wollen, mißtraut Ludwig XVI. sich selbst ebenso wie den Männern, die er ausgewählt hat. Er ist ständig darauf bedacht, sich zu beweisen, daß er wirklich regiert, indem er sich, ohne daß jemand etwas davon weiß – zumindest glaubt er es –, darüber informieren läßt, was über seine Minister, seine Brüder, die Königin und sogar seine eigene Person erzählt wird.

Seine Kontrollmittel bleiben freilich ebenso unbedeutend wie schwach. Er verschlingt die Briefe, die Rigoley von Oigny weiterhin für ihn aussucht, und er unterhält einen Briefwechsel mit dem Marquis von Pezay, seinem geheimen Informanten, den er großzügig für seine Dienste belohnt. Indem er das Briefgeheimnis verletzt, glaubt Ludwig allen Intrigen zuvorkommen zu können: Er gibt sich damit den Freuden des Voyeurs hin und zugleich dem Schrecken des gehetzten Tieres preis. Mit einem völlig reinen Gewissen gaukelt er sich die Illusion der Macht vor und versucht die Wahrheit auf eigene Faust zu ergründen – wie es sein Lehrer La Vauguyon ihm empfohlen hatte –, ohne nur einen Augenblick zu bemerken, daß dieses Vorgehen seine Hemmungen nur noch verstärkt.

Maurepas, der zunächst an die Einfachheit des Herzens und an die Naivität des jungen Mannes geglaubt hatte, ist diese Verstellung nicht entgangen. Er hielt es für richtig, den König noch einmal vor dieser unseligen Angewohnheit zu warnen. Als guter Mentor ließ er »ihn die Unschicklichkeit einer solchen Gepflogenheit spüren und zitierte ihm mehrere Flugschriften, in denen sich Menschen dieses Mittels bedient hatten, um Verleumdungen und Greuelmärchen zu verbreiten«. Ludwig XVI. hörte ihn zwar an, aber seine geheimen Aktivitäten führte er fort wie ehedem.

Zu Beginn des Jahres 1775 wird Maurepas endgültig klar, daß Ludwig XVI. niemals der Mittelpunkt der Entscheidungen sein wird, obwohl seine Berufung ihn dazu verpflichtet. Auch die Königin, »deren Geistesarmut mehreren Personen bekannt ist«, scheint ihm völlig unfähig, eine

Hauptrolle zu spielen. Wer also wird regieren, wenn der König es ablehnt, die Regierungszügel einem ernannten Premierminister zu überlassen? Der Mentor will sich neben diesem schwachen König an der Spitze des Staates halten, aber er empfindet keine wirkliche Leidenschaft für die Macht. »Weder seinem Alter noch seinem Charakter nach besitzt er dieses beharrliche und mutige Bestreben, das einen dazu bringt, die Macht zu usurpieren.« Der alte Minister möchte sich lediglich an der Vergangenheit rächen und nur jenen Machtanteil bewahren, der sein eigenes Dasein rechtfertigt.

Die schwachen Hoffnungen des skeptischen Greises waren dahingeschwunden. Wenn seine Klarsicht und seine Aufrichtigkeit auch nicht bezweifelt werden können, so muß man sich doch fragen, ob der Mentor nicht ein bißchen eifersüchtig auf Turgot war: Der starke Mann im Ministerium beherrschte den König besser als er selbst. Turgot glaubte an den guten Willen des Königs und übte weiterhin einen Einfluß auf ihn aus, der auf seiner Bescheidenheit und seinem großen Vertrauen in die eigenen Ideen beruhte. In seinem Innersten blieb Turgot nämlich davon überzeugt, daß seine Politik die beste und einzige war, die man im Königreich durchsetzen sollte. Der König widersetzte sich seinen Ansichten nicht, er schätzte sie sogar, und wurde so von seinem Finanzminister unaufhaltsam mitgezogen. Diese passive, aber wesentliche Unterstützung stärkte Turgot, und er meisterte alle Hindernisse, die sich ihm bei der Durchführung seines Programms in den Weg stellten.

Das neue Jahr versprach sehr problematisch zu werden, und Ludwig XVI. befürchtete, daß er Turgot verlieren könnte. Wie die Ärzte meinten, war der Generalkontrolleur von einer schweren Gichtkrise heimgesucht worden und schwebte einige Tage lang zwischen Leben und Tod. Seine Gegner ließen ihrem Haß freien Lauf. Man versuchte, den König von der Politik, die Turgot ihn befolgen ließ, abzubringen. Dessen Verleumder verkündeten bereits seine baldige Entlassung. In der Tat veranlaßte seine schwere Krankheit Maurepas, nach einem möglichen Nachfolger Ausschau zu halten.

Turgot wußte um die Umtriebe seiner Gegner. Sein Bruder erzählte ihm von der »höllischen Kabale, die gegen ihn lief... Die Pfaffen, die Finanzleute, alle die im trüben fischen, haben sich zusammengerottet«, meinte er. Ein weiterer Briefkorrespondent erwähnte seinen »baldigen Rücktritt«. Aber Turgot kümmerte sich nicht im geringsten um diesen Klatsch und leitete die Geschäfte vom Bett aus. Er wußte, daß die Verwirklichung seiner Politik seiner ganzen Energie bedurfte, und das

Vertrauen des Königs genügte ihm. Ihr Verhältnis blieb weiterhin vorzüglich. Der Minister wurde regelmäßig im Sessel zum Herrscher getragen, und sie arbeiteten dann drei Stunden lang gemeinsam in der Stille des königlichen Kabinetts. Einige Wochen lang erlaubte es der gesundheitliche Zustand dem Minister nur selten, den Ratssitzungen beizuwohnen.

Ludwig XVI. übernahm gefügig die Ansichten seines Generalkontrolleurs und setzte seinen Plänen nicht den geringsten Widerstand entgegen. Als Turgot dringende Vorkehrungen traf, um eine Viehseuche zu bekämpfen, welche die Herden im Süden verheerte und sich weiter auszubreiten drohte, unterstützte der König sein Vorgehen mit aller Entschlossenheit. So gelang es Turgot, den Grundsatz der souveränen Staatsintervention gegenüber der Ineffizienz oder dem schlechten Willen der Intendanten durchzusetzen. Nachdem er den Arzt Vicq von Azir, der sich durch seine anatomischen und physiologischen Arbeiten hervorgetan hatte, an Ort und Stelle geschickt hatte, gab er die Anordnung, alle kranken Tiere zu schlachten, und bot dafür ein Entgelt, das dem Wert der geschlachteten Tiere zu zwei Dritteln entsprach.

Während Turgot die laufenden Geschäfte erledigte, unterhielt er sich mit dem König über seine Pläne: Er wollte den Frondienst abschaffen und ihn durch eine Steuer ersetzen; er erwog, Gemeinderäte einzuführen, die eine nationale Vertretung einleiten sollten, und er betonte nachdrücklich die Notwendigkeit der wirtschaftlichen Entwicklung des Königreiches. Der König hörte ihn an und ließ sich gern von ihm belehren. Darüber hinaus besprach Turgot mit seinem Herrn die internationale Lage. Er fürchtete nichts mehr als den Krieg, weil er die Finanzen und folglich die Wirtschaft Frankreichs erschüttern mußte. Damals verschlechterten sich gerade die Beziehungen zwischen England und den Kolonien in Amerika. Die Amerikaner ahnten, daß Frankreich die Schande des Friedens von Paris (1763) auslöschen wollte, und ließen beim Außenministerium die Absichten der französischen Regierung sondieren. Vergennes war sehr zurückhaltend, aber Turgot fürchtete, daß der König aus monarchischem Stolz und besessen von dem Wunsch, die französische Ehre wiederherzustellen, verleitet werden würde, sich in einen Konflikt einzulassen, dessen Konsequenzen für die Zukunft ihm katastrophal erschienen.

Die amerikanische Krise versetzte die Spitze des Adels in große Aufregung. Nachdem die Königin ihre Tränen über die Nachricht von der Schwangerschaft der Gräfin von Artois getrocknet hatte, stürzte sie sich in den Karnevalstrubel, und der König mußte das Gewicht der Krone allein tragen, die er nächsten Monat – bei der feierlichen Krönungszeremonie – auch offiziell aufgesetzt bekommen sollte. Trotz seiner Krankheit fuhr Turgot unermüdlich fort, ihn anzuleiten, und er allein übernahm die Verantwortung für die anstehenden Reformvorhaben.

Der Generalkontrolleur wußte, daß der freie Getreidehandel zu Unruhen führen würde. Er hatte sie vorausgesehen. Der Winter konnte nicht ohne Erschütterungen zu Ende gehen. Die vorangegangene schlechte Ernte und die Angst vor einem Mangel an Getreide (die bei Müllern und Bäckern dazu führte, Vorräte zu horten) schufen auf dem Lande und auf den Märkten wachsendes Mißbehagen. Der Weizen wurde rar, sein Preis stieg. Vom 12. März an gab es ernste Unruhen in der Brie, in Lagny, Point-sur-Seine, Montlhéry und Meaux. Die offiziellen Berichte, die in Versailles eintrafen, warnten unmißverständlich vor möglichen Aufständen, falls der Brotpreis nicht sänke. Hier und da bildeten sich Gruppen, um die Getreidewagenkolonnen auf ihrem Weg in die Städte aufzuhalten. Bereits in den ersten Apriltagen griffen die in der Brie sich ausbreitenden Unruhen auf die Champagne über. In Paris stieg der Brotpreis ebenfalls. »Was für eine besch... Regierung«, murrte man auf den Märkten der Hauptstadt. Bald erreichten die Aufstände auch die Bourgogne, und am 12. April gab es schwere Markttumulte in Dijon.

Trotz der Unbeliebtheit seiner Methoden beharrte der Finanzminister streng auf den Prinzipien, die er erlassen hatte. Er spielte die Teuerung weiter gegen die Lebensmittelknappheit aus und ordnete an, die Bauern und Händler zu überreden, ihr Korn auf die Märkte zu bringen, die Unruhestifter streng zu bestrafen und die Opfer zu entschädigen.

Um dieses Verhalten zu rechtfertigen, behauptete man, der Aufstand verdanke sich einem Komplott, dessen Anstifter man unbedingt finden müsse. Sogar die aufgeklärtesten Geister, allen voran Voltaire, ließen sich von dieser These verführen, die bei den folgenden Aufständen wiederauftauchte. Turgot unterstützte sie ganz ausdrücklich. Aber die Untersuchung konnte keinerlei Verschwörungen nachweisen. Die »Schuldigen«, allesamt recht junge Männer und Frauen, waren meistens arme Tagelöhner, aber keine Vagabunden, die man hätte kaufen können. Vielmehr scheint es sich hier um Lebensmitteltumulte klassischen Typs gehandelt zu haben, wie sie das Ancien Régime immer wieder erlebt hat.

Da er neue Unruhen voraussah, beschloß Turgot, den Händlern, die ausländisches Getreide einführten, Prämien in Aussicht zu stellen; er versprach darüber hinaus zusätzliche Vergütungen »für diejenigen, die Getreide nach Paris oder nach Lyon einführen würden«. In einem Rundschreiben an die Intendanten rechtfertigte er diese Maßnahmen mit der Notwendigkeit, das einheimische Getreide, das die beiden großen Städte aus den Provinzen des Königreichs zogen, aufzusparen. Er erteilte den Bankiers Cottin den direkten Auftrag, Paris sofort mit der notwendigen Menge an Getreide zu versorgen, das sie aus dem Ausland – mit einer Zahlungsgarantie für die betroffenen Unternehmer – herbeischaffen sollten. Darüber hinaus wurden Truppen in die Champagne geschickt.

Im gleichen Augenblick, wo die Durchführung der neuen Politik ernstzunehmende Erschütterungen und somit die heftigste Kritik nach sich zog, schlug eine am 28. April in der Presse veröffentlichte Schrift in den aufgeklärten Kreisen wie eine Bombe ein. Darin lieferte der Bankier Necker, »Gesandter der Republik Genf«, eine gelehrte und glänzende Abhandlung über die Gesetzgebung und den Getreidehandel. Dies war zugleich der Titel seines Buches, in dem er die Grundsätze der liberalen Ökonomen und demzufolge den Finanzminister persönlich kritisierte.

Necker hatte dieses Thema schon in seiner *Eloge de Colbert* angeschnitten, als er das umstrittene Problem der freien Getreideausfuhr behandelte. Er gab zu, daß es sich dabei um ein »Eigentumsrecht« handele, aber, so fuhr er fort, »alle diese Männer, die nichts zu tauschen haben, die nur Brot für den Preis ihrer Arbeit wollen und die durch ihre Geburt das Recht auf Leben erlangt haben, besitzen ebenfalls ihre Anrechte...«. In seinem neuen Werk ging der Genfer davon aus, daß die Grundrechte des Volkes vor denjenigen des Eigentums rangieren müßten und daß die vorrangige Aufgabe des Gesetzgebers darin bestehen müsse, zum geringstmöglichen Preis den Lebensunterhalt für die unteren Klassen zu sichern. Unter diesen Bedingungen wollte er die Ausfuhr des Getreides über die Grenzen nur für den Fall zulassen, daß der Preis des Weizens auf 20 Pfund das *Septier* fallen würde, was eine außergewöhnlich gute Ernte voraussetzte.

Zwar stellte sich das Problem der Getreideausfuhr für Turgot damals nicht, aber Necker kritisierte auch den freien Umlauf im Innern des Landes, wie er bereits eingeführt worden war. Er hielt ihn nur für sinnvoll, wenn der Weizenpreis nicht mehr als 30 Pfund das *Septier* betragen würde (im Frühling 1775 kostete das *Septier* aber 36 Pfund). »Ich fordere«, schrieb er, »daß der Einkauf zu diesem Preis ohne Angabe des Verwendungszwecks und nur in der Absicht, es zu einem anderen Zeitpunkt teurer weiterzuverkaufen, verboten wird.« Er betonte also die

Notwendigkeit, die Konsumenten vor den »Monopolisten« zu schützen, »die ihre Voraussicht, ihr Geld und ihre Geschicklichkeit« benutzen, um die Preise steigen zu lassen und sich zu bereichern.

Necker machte sich zum scharfen Kritiker der Ideen Turgots und zum Verteidiger der Unterdrückten. »Diejenigen, die nichts besitzen, brauchen eure Menschlichkeit, eure Anteilnahme und endlich politische Gesetze, welche die Macht des Eigentums in ihrem Sinne mäßigen. Da das Allernötigste ihr einziges Gut ist und ihr einziges Bestreben darin besteht, es zu erhalten, können nur vernünftige Getreidegesetze ihr Glück und ihre Ruhe fördern.« Und zum Schluß drückte Necker noch den Wunsch aus, an der Spitze der Verwaltung einen Mann mit umfassenden Kenntnissen und offener Geisteshaltung zu sehen, der flexibel genug sei, eine pragmatische Politik zu betreiben, die kein anderes Ziel verfolge, als stets einen bescheidenen Lebensunterhalt zu sichern. »Einem solchen Manne könnte die Gesellschaft zu sagen wagen: Wir ziehen die beharrliche Aufgeklärtheit Ihres Verstandes der Dauerhaftigkeit des Gesetzes vor; passen Sie Ihre Politik unseren Bedürfnissen und den Ergebnissen unserer Ernten an, untersuchen Sie die Lage im Innern des Reiches und außerhalb der Grenzen, um abzuwägen, was uns am dienlichsten ist; erlauben Sie, verteidigen und gestalten Sie die Ausfuhr unseres Getreides je nach Jahresernte, nach den Erfordernissen anderer Konzepte und nach der politischen Lage. Das Gesetz, das aus Ihren Vorschlägen hervorgehen wird, möge jedes Jahr erneuert werden, auf daß es immer unserer größten Wohlfahrt entspreche.«

Necker konnte sich kaum deutlicher als Nachfolger Turgots anbieten. Er empfahl sich als der Retter in der Not, den Maurepas gewiß rufen würde, falls Turgot an seiner Aufgabe scheiterte.

Das Buch löste heftige Polemiken aus. Die liberalen Ökonomen mit Condorcet und Morellet an ihrer Spitze, Physiokraten wie Abbé Roubaud oder Abbé Beaudeau und Voltaire persönlich verteidigten leidenschaftlich den Finanzminister, während Buffon, Grimm und Diderot sich in unerschöpflichen Lobeshymnen über die Ideen Neckers ergingen.

Turgot, der Necker einige Monate früher getroffen hatte, gestattete den Druck des Werkes. Dennoch zeigte er sich dem Autor gegenüber äußerst reizbar, als dieser es ihm zuschicken ließ. »Hätte ich über dieses Thema schreiben wollen, und hätte ich geglaubt, die Auffassung, die Sie verteidigen, unterstützen zu müssen, so hätte ich einen ruhigeren Augenblick abgewartet, in dem die Frage nur Personen interessieren könnte, die mit kühlem Kopf zu urteilen imstande sind«, sagte er ihm. Turgots

Mißmut war nur zu verständlich. Das Erscheinen des agitatorischen Textes fiel mit dem Ende des Aufruhrs in Dijon und mit dem Beginn neuer Aufstände zusammen, die in einen Teil der Ile-de-France sowie in der Hauptstadt selbst entflammten. Diese Verkettung von Aufständen ist unter dem Namen »Mehlkrieg« bekannt geworden. Neckers Gegner beschuldigten ihn, den Aufstand selbst angestiftet zu haben, was völlig absurd ist. Allerdings förderten die von ihm verteidigten Ideen die sich gegen Turgot formierende Opposition, und die entfesselten Aufstände trugen dazu bei, seine Thesen zu untermauern, und verschafften ihm so die beste Propaganda.

Am 27. April befindet sich die kleine Stadt Beaumont-sur-Oise im Aufruhr. Für die Bevölkerung ist der Weizen unerschwinglich geworden. Da die Obrigkeit ihr nicht zu Hilfe kommt, beschließt sie, ihre eigenen Preise festzusetzen. Aber nichts wird gestohlen.

Auf den Märkten von Beauvais und Méru stürzt sich am nächsten und übernächsten Tag die Menge auf Waren und Händler. Säcke, mit Messerstichen aufgeschlitzt, bleiben liegen, ihr kostbarer Inhalt ist auf dem Boden verstreut; ein Großteil der Säcke, ungefähr hundert, verschwindet. Gleichzeitig wird den Eigentümern, die ihr Gut zu verteidigen suchen, übel mitgespielt. Eine Gruppe von Aufständischen verläßt mit Stöcken bewaffnet Méru, um sich zum Hafen von Noailles zu begeben, wo Weizen und Mehl lagern sollen. Dort plündern sie eine Mühle.

Am 29. April ist Pontoise der Schauplatz noch schwerwiegenderer Unruhen. Ein Teil der Bevölkerung, dem sich einige »Fremde«, also Bewohner der benachbarten Dörfer zugesellt haben, plündert ab acht Uhr in der Frühe sämtliche Mehl- und Weizenhändler aus. Etwa hundert aufgeregte Menschen eilen zum Zivilleutnant und fordern ihn auf, den Weizenpreis festzulegen. Als er sich weigert, schreien sie: »Laßt uns welchen holen!« Manche kaufen die Ware zu einem selbst festgesetzten Preis, 15 Pfund pro *Septier*. Die Mehrzahl zieht es jedoch vor, einfach zu stehlen. Überall hört man den Satz: »Das gleiche werden wir auch in Paris machen.« Dieses Gerücht ist besonders beunruhigend, weil Pontoise damals eine entscheidende Rolle bei der Versorgung der Hauptstadt spielt.

Die örtliche Obrigkeit hat offenbar Schwierigkeiten, einheitlich vorzugehen. Obwohl der Zivilleutnant es während der darauffolgenden Vernehmung bestreitet, ist anzunehmen, daß er den Preis schließlich auf 12 Pfund das *Septier* festgelegt hat. Rasch kehrt daraufhin wieder Ruhe ein.

Am ersten Mai erreicht der Aufruhr Saint-Germain, wohin auch ein

Teil der Bevölkerung von Triel und Herblay geströmt ist. Es kommt fast zu den gleichen Szenen wie in Pontoise. Und noch am selben Tag ereignen sich ähnliche Dinge in Nanterre, Gonesse und Saint-Denis. Während die Brie seit den Märzwirren ruhig ist, plündern Aufständische eine Mühle in Meaux und legen selbst den Preis für den Weizen fest. Schließlich steigt die Spannung auch in der Umgebung des Marktes von Versailles.

Am Dienstag, dem 2. Mai, machen sich Gruppen aus Bougival, Carrières-sur-Seine, Sartrouville und Puteaux nach Versailles auf und plündern unterwegs die Getreidewagen aus. Als sie die Stadt erreichen, setzen sie ihre Preise bei Bäckern und Mehlhändlern durch, falls sie sie nicht sofort ausplündern. Während die Aufständischen in die Stadt eindringen, befinden sich Maurepas und Turgot in Paris, und der König ist gerade im Begriff, zur Jagd aufzubrechen. Der Herrscher ändert daraufhin seine Pläne, und es scheint, daß er in Abwesenheit seines Mentors und des Ministers, auf dessen Ratschläge er am meisten hört, die Lage selbst in die Hand nimmt.

Trotzdem bleiben einige Zweifel bestehen, denn die Zeugnisse über den Versailler Aufstand und die Haltung des Königs stimmen nicht alle miteinander überein. Abbé Georgel, dessen Behauptungen nicht immer zuverlässig sind, berichtet, daß der Hauptmann der Gardisten dem König vorgeschlagen habe, nach Choisy oder Fontainebleau auszuweichen, wo es einfacher sei, die Truppen zu versammeln. Diese Version, die von keinem anderen Bericht beglaubigt wird, braucht jedoch nicht völlig verworfen zu werden. Es ist gut möglich, daß im Palast Panik herrschte, weil man überhaupt nicht darauf vorbereitet war, einem Aufstand die Stirn zu bieten, und sich die Anstifter viel gefährlicher vorstellte, als sie es eigentlich waren. Waren die zehntausend Mann, aus denen die Versailler Truppen bestanden, nicht bereit, den König zu verteidigen, wie Georgel behauptet? Man mag es bezweifeln. Aber dann scheint unbegreiflich, daß die Aufständischen daran gedacht haben sollen, das Schloß anzugreifen.

Métra, ein im allgemeinen wohlunterrichteter Zeuge, geht davon aus, daß die Menge in den Palasthof eindrang, daß der König mutig versucht hat, zum Volk zu sprechen, aber daß der Tumult seine Stimme erstickte. Nachdem er, zur Beschwichtigung der Aufständischen, den Befehl gegeben habe, das Brot zu 2 Sous das Pfund zu verkaufen, soll er sich traurig in seine Gemächer zurückgezogen haben. Merkwürdigerweise finden sich im Briefwechsel Marie Antoinettes und Mercys keinerlei Anspielungen auf diese Ereignisse. Wenn wirklich große Beunruhigung im Palast geherrscht hätte, wenn der König sich öffentlich an die Aufständischen gewandt hätte, so hätten die Königin und der Gesandte es nicht unterlassen, der Kaiserin ihre Ängste mitzuteilen. Aber weder Mercy noch Marie Antoinette erwähnen dergleichen. Véri, der sich damals in Toulouse aufhielt, kam auf Bitten Turgots sofort nach Paris zurück. Natürlich war er gut unterrichtet, aber auch er ließ hinsichtlich dieser Ereignisse keinerlei Bemerkung fallen. Glücklicherweise erlauben die an diesem Tag vom König an Turgot gerichteten Briefe, den wirklichen Verlauf in etwa zu rekonstruieren.

Turgot hatte sich nach Paris begeben, um – vielleicht etwas spät – Vorkehrungen gegen die Aufstände zu treffen, die für die Hauptstadt befürchtet wurden. Seit einigen Tagen warnte ihn der Polizeileutnant Lenoir vor möglichen Unruhen, denn Paris war schlecht mit Lebensmitteln versorgt. Frühmorgens schrieb der Generalkontrolleur dem König einen Brief, um ihm seine Beschlüsse mitzuteilen. Turgot wußte noch nichts von dem Aufstand, der sich in Versailles abspielte; zweifellos erfuhr er erst durch den Brief des Königs davon, den dieser ihm um elf Uhr morgens schrieb:

»Mein Herr, ich habe eben Ihren Brief von Herrn von Beauveau* erhalten. Versailles wird angegriffen, und es sind die gleichen Leute wie in Saint-Germain; ich werde mit dem Herrn Marschall von Muy und Herrn von Affry** über unser Vorgehen beraten; Sie können auf meine Entschlossenheit zählen. Ich habe eben die Garde zum Markt geschickt. Mit den Vorsichtsmaßnahmen, die Sie in Paris getroffen haben, bin ich sehr zufrieden, hatte ich doch am meisten Angst um Paris. Sie können Herrn Bertier*** sagen, daß ich sein Vorgehen zu schätzen weiß. Sie täten gut daran, die Personen, von denen Sie mir berichtet haben, festnehmen zu lassen; aber, sind sie einmal gefaßt, vor allen Dingen keine Voreiligkeit, sondern viele Fragen. Ich habe soeben Befehle darüber erlassen, was hier auf den Märkten und in den Mühlen der Umgebung zu tun ist.«

Dieses Billett, das im Eifer des Gefechts, ohne große Sorgen um die Form formuliert wurde, bezeugt eine Geistesgegenwart und eine Entscheidungsfreude, die für Ludwig XVI. außergewöhnlich sind. Zum

---

* Hauptmann der Leibgardisten.
** Oberst der Schweizergarde.
*** Intendant der Generalität Paris.

ersten Mal seitdem er regiert, scheint der König wirklich im Mittelpunkt der Beschlüsse zu stehen. Während der darauffolgenden Stunden gibt er Befehle und verhält sich als Herr und nicht mehr als verängstigter Jüngling. Er verfolgt die Entwicklung der Erhebung und läßt sich jeweils über die Truppenbewegungen informieren. Um zwei Uhr nachmittags schreibt er einen langen Brief an Turgot, in dem er die derzeitige Lage zusammenfaßt:

»Ich habe eben Herrn Bertier gesprochen; ich war sehr zufrieden mit allen Anordnungen, die er für die Oise und die Basse-Seine getroffen hat. Er hat mir berichtet, was sich in Gonesse zugetragen hat, und daß er den Bauern und den Getreidehändlern zusprach, den Handel nicht stocken zu lassen; ich habe Noailles' Truppe in Beauvais befohlen, sich, falls nötig, mit ihm zu beraten. Er ist eben nach Mantes aufgebrochen und wird die leichten Reiter und die Gendarmen in Meulan treffen, die Befehl haben, sich mit ihm abzusprechen; darüber hinaus wird Infanterie in beiden Städten eingesetzt. Die Musketiere sind angewiesen, sich für den Fall, daß Sie sie brauchen, in Paris bereit zu halten: Die Schwarzen im Faubourg Saint-Antoine können Sonderabteilungen zur Marne schikken, und die Grauen im Faubourg Saint-Germain können sich längs der Basse-Seine aufstellen. Der Herr Intendant hat mir versichert, daß er nichts für die Haute-Seine und die Marne, von wo aus kein Mehl herbefördert wird, befürchtet; trotzdem werden wir sie überwachen. Der General-Oberst wird sich nach Montereau und Melun begeben, Lorraine nach Meaux. Hier sind wir absolut sicher; der Aufstand begann heftig zu werden; jedoch haben die anwesenden Truppen die Aufständischen in Schach gehalten, und danach kehrte wieder Ruhe ein. Herr von Beauveau, der zugegen war, befragte sie: Die einen antworteten, daß sie aus Sartrouville und Carrière-Saint-Denis stammten, und die anderen, daß sie aus mehr als zwanzig Dörfern kämen; die meisten erklärten, daß sie kein Brot hätten und gekommen seien, um welches zu erhalten, und sie zeigten sehr schlechtes Gerstenbrot vor, das sie, wie sie sagten, für zwei Sous erstanden hätten. Etwas anderes wolle ihnen niemand verkaufen. Der größte Fehler, der unterlaufen ist, bestand darin, daß der Markt geschlossen war; also ließ man ihn öffnen, und alles verlief zufriedenstellend. Es wurde gekauft und verkauft, als ob nichts geschehen wäre. Danach sind sie weggegangen, wobei Sonderabteilungen der Leibwache ihnen nachmarschierten, um zu erfahren, welchen Weg sie nähmen. Ich glaube nicht, daß der Verlust beträchtlich war. Die Strecke von Chartres und die Mühlen in den Tälern von Orsay und Chevreuse habe ich überwachen lassen, und ich habe Vorsichtsmaßnahmen für die Märkte von Neauphle und Rambouillet getroffen. Ich hoffe, daß all diese Wegverbindungen sicher sind und der Handel weitergeht. Den Herrn Intendanten habe ich beauftragt, diejenigen ausfindig zu machen, welche bestochen haben, sie sind meines Erachtens der beste Fang.

Ich gehe heute nicht aus, nicht aus Angst, sondern weil ich will, daß sich alles beruhigt.

Herr von Beauveau unterbricht mich, um mir von einem törichten Manöver unsererseits zu berichten: ihnen das Brot zu 2 Sous zu verkaufen. Er behauptet, es gäbe keinen Kompromiß zwischen den Alternativen, es ihnen entweder umsonst zu überlassen oder sie mit Bajonetthieben dazu zu zwingen, es zu dem Preis zu nehmen, zu dem es angeboten wird. Dieser Markt ist zwar zu Ende, aber es müssen zum erstenmal große Vorsichtsmaßnahmen ergriffen werden, damit sie nicht wieder zurückkommen und über die Preise gebieten. Machen Sie mir Vorschläge für etwaige Vorkehrungen, denn solche Zustände sind äußerst störend.«

Dieser zweite Brief ist sehr wichtig. Er offenbart einen bis dahin unbekannten Ludwig XVI., der »eine Kühnheit des Geistes und eine Gelassenheit an den Tag legt, die man aufgrund seines Alters und seiner Friedfertigkeit nicht von ihm erwartet hat«, einen Herrscher, der dazu entschlossen ist, fortzuführen, was er begonnen hat, aber einen noch unerfahrenen Politiker, welcher der Unterstützung des Ministers bedarf. Außerdem erhellt der Brief die umstrittenen Punkte in bezug auf den Ablauf dieses Tages. Wenn die Aufständischen zur Umgebung des Schlosses geeilt sind und wenn der König zu ihnen geredet hat – wie Métra behauptet –, hätte er dies Turgot bestimmt mitgeteilt. In dem Augenblick, als der König den Brief verfaßte, war bereits Ruhe eingekehrt; die Episode kann nicht am späten Nachmittag stattgefunden haben. Die Festlegung des Brotpreises, die Métra dem König vorwirft, nennt dieser ein »törichtes Manöver«. Jene Initiative, die wahrscheinlich vom Prinzen von Poix ausging, ließ die Aufständischen allerdings glauben, daß der König nachgegeben habe. Die Aufgebrachtesten beruhigte diese Maßnahme, und die Truppen drängten die Aufrührer nach Véris Worten »wie eine Schafherde« aus der Stadt.

Als wieder Ruhe eingekehrt war, schickte Ludwig XVI. eine Nachricht an Maurepas, um ihn auf die Wirren und auf die Wiederherstellung der Ordnung hinzuweisen. Zweifellos war der Mentor über die Ereignisse in Versailles auf dem laufenden gehalten worden. Er hatte nichts von sich hören lassen und stellte nicht ohne Verdruß fest, daß sein »Mündel« ihn nicht zu Hilfe gerufen hatte. Vielleicht war er insgeheim auch erleichtert. Dieser alte Anhänger des Parlamentsgerichtshofs, der an die Hofbräuche gewöhnt und in die Geheimnisse der Kabinettsintrigen eingeweiht war, hatte keine Ahnung vom Volk und allem, was mit ihm verbunden war. Wie wäre er dem Aufstand begegnet? Außerdem wurde gemunkelt, Maurepas sei nicht darüber verstimmt gewesen, daß Turgot sich in einer schweren Lage, die er selbst geschaffen hatte, durchbeißen mußte. Maurepas selbst neigte eher zu einer traditionellen Wirtschaftspolitik: Der freie Getreidehandel, dem er sich nicht widersetzt hatte, konnte Turgot seinen Posten kosten, wohingegen er den seinen behalten würde und über den Wirren stand. Während der Generalkontrolleur am Abend nach Versailles zurückkehrte, um sich des königlichen Vertrauens zu versichern und mit Ludwig XVI. zu beraten, hatte der alte Höfling nichts Besseres zu tun, als in die Oper zu gehen. Er beteuerte, daß er erst dort über die Geschehnisse in Versailles unterrichtet worden sei. Niemand ging dieser vorgetäuschten Naivität auf den Leim, und die Liedermacher hatten reichlich Gelegenheit, ihrem poetischen Schwung freien Lauf zu lassen.

In Versailles wurde Turgot von einem heiteren Herrscher empfangen, der, als er ihn erblickte, ausrief: »Uns gehört das gute Gewissen, und das macht uns stark.« Auch wenn Turgot erleichtert war, daß sein Herr ihn immer noch unterstützte, so mußte ihm die Zukunft einige Sorgen bereiten. Mit dem König besprach er die Aufstände in Versailles, aber auch diejenigen in Rennemoulin, Poissy, Romorantin, Boulogne, Epinay und Argenteuil. Turgot wußte, daß am folgenden Tag eine Revolte in der Hauptstadt ausbrechen würde. Die Vorkehrungen, die er getroffen hatte, reichten nicht aus, dies zu vermeiden. Auf die Ordnungskräfte war kein Verlaß, und leicht konnte ein Aufstand in einer großen Stadt in eine offene Revolte ausarten.

Wahrscheinlich stattete Ludwig XVI. Turgot im Laufe dieses Abends mit allen Vollmachten aus. Normalerweise unterstand die Stadt Paris dem Minister des königlichen Hofstaates, in diesem Falle dem Herzog von La Vrillière. Der aber war unfähig, einen schweren Aufstand zu vereiteln. Deshalb wollte Ludwig XVI. ihm den Pariser Verwaltungsbezirk entziehen, um ihn Turgot zu unterstellen. Vermutlich beschlossen der Generalkontrolleur und der König an diesem Abend auch, der Gerichtsbarkeit des Pariser Parlamentsgerichtshofs die im Zusammenhang mit einem Aufstand anfallenden Straftaten zu entziehen, da das Gericht im Verdacht einer gewissen Sympathie für die Aufständischen stand, weil sie sich gegen ein System erhoben, das ja vom Parlamentsgerichtshof selbst heftig kritisiert wurde.

Am Mittwoch, dem 3. Mai, zogen die Bauern wie gewöhnlich um sieben Uhr früh mit ihren Körben voller Spargel und Gemüse nach Paris. Friedlich ziehen sie zu den Märkten, um ihre Waren zu verkaufen; aber zur gleichen Zeit strömen Banden von »Fremden«, die vielfach mit Stöcken bewaffnet sind, durch die Porte Saint-Martin, die Porte de la Conférence und die Schranke von Vaugirard. Sie dringen bis zur Getreidehalle vor, die gut von den Französischen Garden, den Schweizergarden und den Dragonern des königlichen Hofstaates bewacht werden. Ein Angriff ist deshalb unmöglich. Also wenden sie sich den unbewachten Märkten und den Bäckereien zu.

Die Bäcker hatten die Gefahr kommen sehen. Viele hatten ihre Läden geschlossen und ihre Brote bei Nachbarn in Verwahrung gegeben. Diese Vorsichtsmaßnahmen waren den Aufständischen bekannt, und so raubten sie systematisch die offengebliebenen Läden sowie die Nachbarhäuser der geschlossenen Bäckereien aus, deren Öffnung sie vielfach erzwangen. Die Plünderung dauerte gut zwei Stunden und fand direkt unter den Augen der verblüfften Pariser Bevölkerung statt, die sich nicht (oder kaum) in den Aufruhr einmischte.

Zur allgemeinen Überraschung blieben die Ordnungskräfte lange Zeit untätig; sie hofften, einer Kraftprobe aus dem Weg gehen zu können. Oft überließ der Wachtposten die Dinge ihrem Lauf und lehnte es ab, die Aufständischen ins Gefängnis zu führen. »Wir haben keinen Haftbefehl«, meinte er.

Um neun Uhr fand sich der Kommandant der Französischen Garde, Marschall Biron, bei Maurepas ein. Der Aufstand war in vollem Gange, aber Biron hatte nichts anderes als die Einsegnung der Fahnen im Sinne, eine Zeremonie, die für diesen Tag vorgesehen war. Maurepas riet ihm, seine Truppen auf Paris zu verteilen, aber Biron wollte seine Absicht nicht fallenlassen und nahm mit seinen Männern an der Zeremonie teil, während die Plünderung andauerte. Als er endlich Sonderabteilungen zu den kritischsten Punkten der Hauptstadt sandte, gab er lediglich den Befehl, Tötungen zu verhindern. »Am nächsten Tag machten sich die Unteroffiziere der Französischen Garde über die Art und Weise lustig, wie sie sich am Vortag verhalten hatten.« Allein die wenigen Musketiere versuchten, den Aufstand niederzuschlagen. Obwohl sie keinen Befehl dazu erhalten hatten, beschlossen sie, einige Aufständische ins Gefängnis zu werfen, aber der Wachtposten ließ sie unter dem Vorwand, daß die

Aufständischen auseinandergetrieben, aber nicht verhaftet werden sollten, eiligst wieder frei.

Erst Turgot leitete Maßnahmen ein, um die Ruhe wiederherzustellen. Er legte Biron die Briefe des Königs vor, und der Marschall gab Anordnungen, damit die Französischen Gardisten die Aufständischen auseinandertrieben. Im Laufe des Abends und in den folgenden Tagen führte die Polizei Festnahmen durch. Bereits am Abend des 3. Mai war der Pariser Aufstand zu Ende.

Turgot behielt die Oberhand. Als er nach Versailles zurückgekehrt war, ließ er sofort spätabends ohne Wissen von Maurepas eine außerordentliche Ratssitzung zusammenrufen. Der Generalkontrolleur sprach jetzt als Gebieter. Vor allem müsse man der Wiederkehr solcher Unruhen vorbeugen. Auch forderte er die Suspendierung des Polizeileutnants Lenoir, den er vor allem für die unhaltbare Passivität der Wachtposten verantwortlich machte. Einige Stunden später schrieb er ihm, daß eine solche Aufgabe »eine größere Übereinstimmung der Geisteshaltung mit den Erfordernissen der augenblicklichen Lage« voraussetze. Mit dieser Entlassung verscherzte sich Turgot die Sympathie Sartines, der Lenoir protegierte. Ein Vertrauensmann Turgots, Albert trat an Lenoirs Stelle.

Zwar hatte Biron nicht viel Geistesgegenwart bewiesen, aber er galt als ein ergebener und disziplinierter Mann des Militärs und erhielt deshalb das Kommando über die Truppen von Paris. Der Marquis von Poyanne und der Graf von Vaux sollten unter dem Befehl von Biron eine schlagkräftige Armee in der Ile-de-France anführen, um die Unruhen zu beenden und neue Tumulte zu verhindern.

Im Laufe derselben Ratssitzung wurden außerdem Maßnahmen gegen die Aufständischen beschlossen. Wie der König und Turgot schon am Abend zuvor ausgemacht hatten, sollten zu diesem Zweck Obergerichtshöfe geschaffen werden. Alle Menschenansammlungen wurden verboten. Jedes gewaltsame Eindringen in Bäckereien sollte streng bestraft werden, und niemand hatte das Recht, Mehl oder Brot zu einem geringeren Preis als dem verlangten zu fordern. Die Truppen erhielten Befehl, beim geringsten Zwischenfall das Feuer zu eröffnen. Diese Vorkehrungen, die der Einführung eines Belagerungszustands gleichkamen, sollten bis zum Ende des Jahres gelten.

Von nun an waren aber nicht nur die Unruhen auf dem Land zu glätten und die Ordnung in Paris aufrechtzuerhalten, sondern es war auch den Reaktionen des Parlaments vorzubeugen, das diese Angelegenheit natürlich nicht gleichgültig lassen konnte. Bereits am 2. Mai hatte der König dem Gerichtspräsidenten mitgeteilt, »daß jeder Schritt seines Parlamentsgerichtshofes in dieser Lage die Spannung nur vergrößern würde«, und ihn inständig gebeten, »sich an die Beschlüsse zu halten, die er getroffen hatte«. Die am 3. Mai zusammengetretenen Kammern bestätigten dem König »den Eifer und die Ergebenheit der Versammlung«, was ein gutes Zeichen zu sein schien, aber am Tag nach den Aufständen tagten die Kammern erneut: Sie beschlossen nunmehr, eine Untersuchung zu eröffnen und das Verfahren gegen die festgenommenen Aufständischen einzuleiten. All dies entsprach völlig den Befugnissen des Gerichtshofes. Darüber hinaus nahm das Parlament jedoch einen gemeinsamen Beschluß an, der den König ersuchte, »den Korn- und Brotpreis auf ein Maß zu senken, das den Bedürfnissen des Volkes Rechnung trägt, um so den Unruhestiftern jeden Vorwand und jede Gelegenheit zu nehmen, die Geister in Aufruhr zu versetzen«. De facto bedeutete dieses scheinbar unschuldige Ansinnen der Pariser Richter eine Distanzierung von der Politik Turgots. Wieder einmal machte sich der Parlamentsgerichtshof zum Vermittler zwischen der Macht und dem Volk, dem auf diese Weise die Berechtigung seiner Klagen bestätigt wurde.

Allerdings ahnten die Richter während ihrer Beratungen noch nichts von der Absicht des Königs, ihnen die ganze Angelegenheit zu entziehen. Mit Rücksicht auf ihre Empfindlichkeit hatte die Regierung beschlossen, den Gerichtshof von La Tournelle zum Sondergericht zu erheben. Sofort äußerten die *Messieurs* ihren Protest. Sie weigerten sich, die königliche Verordnung zu registrieren, und stützten sich dabei auf rein juristische Argumente. Die Antwort des Herrschers ließ nicht lange auf sich warten. Die Veröffentlichung des Gerichtsentscheids wurde verboten, und darüber hinaus befahl der König den Gerichtsbeamten, sich nach Versailles zu einem neuen *lit de justice* zu begeben. Diese von Turgot empfohlene Maßnahme war ganz eindeutig ein autoritärer Akt.

In Versailles wollte man den Parlamentsgerichtsbeamten die Macht des königlichen Willens demonstrieren, ohne sie jedoch derart zu demütigen, daß ihre frühere Aggressivität wiedererwachte. Die stolzen Gerichtsbeamten mußten zum Gehorsam gezwungen werden, ohne die Verbitterung zu erzeugen, die zu spektakulären Beschlüssen führt. So wurden die *Messieurs* in Versailles wohlwollend empfangen, und bevor der König die feierliche Sitzung eröffnete, ließ er ihnen ein vorzügliches Diner vorsetzen.

Ludwig XVI. sollte eine Rede halten, die er mit Turgot vorbereitet hatte. Trotz seiner Schüchternheit zeigte der Prinz vor einer Versammlung weit mehr Gewandtheit als vor einem einzelnen Zuhörer. Die Entschlossenheit, die er in den letzten Tagen bewiesen hatte, vermittelte ihm diesmal eine außergewöhnliche, nahezu natürliche Majestät. Zwar vergaß er vor den versammelten Gerichtsbeamten den genauen Wortlaut seiner Ansprache, aber ohne Scham oder Furcht fand er andere Worte, um in noblem und entschlossenem Ton die Beschlüsse bekanntzugeben, wobei die erzwungene Improvisation seine Rede zugleich natürlicher und gewichtiger machte.

Wie der Brauch es verlangte, las der Gerichtsschreiber danach die Rede des Justizministers vor, der die Einführung der Sondergerichtsbarkeit mit dem außerordentlichen Charakter der Aufstände, die offenbar »vorsätzlich geplant« seien, rechtfertigte. Er versprach, daß der normale Gerichtsweg sofort wieder eingeführt würde, wenn die Lage sich beruhigt habe. In einer zweiten Rede an seinen Parlamentsgerichtshof verbot der König ihm die geringste Remonstranz. Trotz der Aufmerksamkeit, die die Gerichtsbeamten bei den Ministern genossen hatten, kehrten sie verbittert nach Paris zurück. Aber da die Autorität des Königs sie beeindruckt hatte, fügten sie sich und registrierten die königliche Verordnung über die Einführung einer Sonderjustiz.

Der »Mehlkrieg« war indes noch nicht zu Ende. Am 4. Mai, dem Tag der Pariser Aufstände, wurden neue Unruhen aus der Brie, aus Choisy-le-Roi und Limours gemeldet. Am 5. Mai waren Arpajon, Montlhéry, Nanteuil-Le-Haudoin und Brie-Comte-Robert an der Reihe, am 6. die Stadt Meaux. Die Aufständischen plünderten und verbrannten einige Gehöfte, wendeten manchmal Gewalt an, begnügten sich aber meistens damit, einen »gerechten Preis« zu fordern, den sie selber festlegten. Bald erreichten die Unruhen auch das Soissonnais und die Picardie, die Beauce, die Normandie und die Bourgogne. Soissons, Noyon, Péronne, Roye, Chartres, Dreux, Vernon und Joigny fielen ihnen zum Opfer. Vom 6. Mai an verwandelte sich der »Mehlkrieg« in einen wahren »Guerillakrieg«, der bis zum 10. andauerte. Ab dem 5. und 6. wurden Truppen eingesetzt, um die Aufstände niederzuschlagen. Am 11. schien die Ruhe wiederhergestellt.

In Paris hatte Biron drakonische Maßnahmen ergriffen. Er verhielt sich wie in einer belagerten Stadt und zögerte nicht, die Kanonen auf die Bastille und das Arsenal zu richten, als man ihm meldete – gewiß ohne Grund –, daß die Aufständischen diese beiden Bauwerke bedrohten. Im Volk kursierte über ihn ein Spottlied, in dem er als »Jean Farine«

(Johann Mehl) erwähnt wurde. Die bessergestellten Pariser Bürger waren ihm jedoch dankbar dafür, daß er die Ruhe wiederhergestellt hatte, und die Bäcker zeigten sich mit seinem Versprechen, eine Entschädigung zu zahlen, zufrieden.

Dem *lit de justice* folgte eine Welle der Unterdrückung. Mehr als vierhundert Beschuldigte wurden verhaftet und hart bestraft. Zum Beispiel verurteilte man zwei arme Teufel, einen ehemaligen Soldaten, der Perückenmacher geworden war und sich nebenbei als Marktgehilfe und Matratzenreiniger verdingte, sowie einen Florweber. Der eine war achtundzwanzig und der andere sechzehn Jahre alt! Sie wurden beschuldigt, Bäckereien aufgebrochen und Brot gestohlen zu haben. Man erzählte sich, die Richter hätten geweint, als sie die Todesurteile unterzeichneten. Das ist kaum anzunehmen. Die beiden Unglücklichen, die man am 11. Mai zu den auf der Place de Grève errichteten Galgen schleppte, klagten, daß sie stellvertretend für das Volk stürben. Die Anklage gegen sie war in der Tat lächerlich, auch wenn Diebstahl damals mit der Höchststrafe geahndet wurde.

Man warf dem König und vor allem Turgot vor, ein solches Unrecht geschehen zu lassen. Ludwig XVI. war über diese in seinem Namen getroffenen Verurteilungen betrübt: »Wenn Sie diejenigen, die nur mit hinein gezogen worden sind, verschonen könnten, so täten Sie gut daran«, schrieb er Turgot, nachdem er von der Hinrichtung der beiden Unglücklichen erfahren hatte. Am gleichen Tag wurde eine Verfügung veröffentlicht, derzufolge alle Aufständischen begnadigt würden, die in ihre Gemeinde zurückkehrten und wieder herausgaben, was sie gestohlen hatten. »Die Köpfe und Anführer des Aufstands« waren jedoch von dieser Begnadigung ausgeschlossen. Der »Belagerungszustand« wurde beibehalten.

Als die Aufstände vorbei waren, fragte man mehr nach ihren äußeren Anlässen als nach ihren tieferen Ursachen. Seit den Unruhen in Dijon hatte sich selbst Turgot davon überzeugen lassen, daß sie die Frucht eines finsteren, gegen seine Politik angezettelten Komplotts seien. Auch der König teilte diese Ansicht. »Ich wünschte, man könnte die Anführer dieser hassenswerten Verschwörung ausfindig machen«, sagte er am 11. Mai zum Generalkontrolleur. Damit wurde die Komplotthese offiziell. »Offenbar hat es einen Plan gegeben, um das Land ins Elend zu stürzen, die Schiffahrt zu unterbrechen, den Weizentransport auf den Straßen zu blockieren und um die großen Städte und vor allem Paris auszuhungern«, hatte der Justizminister während des *lit de justice* dramatisch verkündet. Dieselbe Idee wurde lang und breit in einer später verfaßten Instruktion entwickelt.

Die Komplottthese stützte sich jedoch auf keinerlei konkrete Beweise, sondern nur auf Annahmen. Die einen bezichtigten den Abbé Terray, die Seele der Verschwörung zu sein, die anderen den Prinzen von Conti oder auch Finanzleute und Priester. In der Tat entflammte eine der ersten Unruhen in Beaumont-sur-Oise, einem Ort in der Nähe von Isle-Adam, der Domäne des Prinzen von Conti. Dieser hatte immer an der Spitze der parlamentsgerichtlichen Opposition gestanden und seine Feindschaft gegen den Generalkontrolleur niemals verhehlt. Aber waren dies plausible und ausreichende Gründe, um eine Revolte anzustiften, die bald das Oise-Tal weit überschritt? Hinzu kommt, daß die Aufständischen im Laufe jener Tage auch ein Gut des Prinzen plünderten.

Die Anschuldigungen gegen den Abbé Terray waren ebenso fadenscheinig. »Man soll diejenigen, die das Feuer schüren, nicht mit denen verwechseln, die einen Brand entfachen«, bemerkte Véri zu Recht. Auch das Komplott der Priester war eine Fiktion. Einige, die ihre aufständischen Gemeindemitglieder zu milde behandelt hatten, mußten den Weg ins Gefängnis antreten. Allerdings kann man sie deshalb noch lange nicht als die Anstifter der Unruhen betrachten. Die Regierung machte sich hierüber auch keinerlei Illusionen.

Dennoch unterstützten einige verwirrende Fakten die These vom Komplott. Hatte man während der Aufstände nicht wiederholt auf die Anwesenheit »Fremder« hingewiesen, die über Geld verfügten? Eine genaue Untersuchung ergab, daß alle Bewohner benachbarter Dörfer, die man nicht kannte, als *Fremde* bezeichnet wurden. Bei den Verhafteten, die keine Straßenräuber waren, sondern zum Großteil den arbeitenden und benachteiligten Klassen angehörten – in den Städten Lastenträger, Wasserträger, Straßenpflasterer; auf dem Lande Schankwirte, Krämer, Schulmeister, kleine Weinbauern –, fanden sich bescheidene Summen. Einige von ihnen waren mit etwas Geld von zu Hause aufgebrochen, um die Preisfestlegung zu nutzen. Manche hatten sich sogar Geld geliehen – vor allem von Priestern –, um mehr zu kaufen, da man ja seinen eigenen Preis durchsetzen konnte. Das erklärt natürlich nicht die Ausplünderungen und Erpressungen. Fast alle Festgenommenen beteuerten diesbezüglich, daß sie sich von den »anderen«, d. h. von den Bewohnern der Nachbardörfer, hätten verleiten lassen. Sie waren also – so nennt Georges Lefebvre diese Erscheinung – zum bloßen Spielball einer Woge revolutionärer Erregung geworden.

Noch ein anderes Argument sprach für die These vom Komplott. Auf den ersten Blick scheint die Aufstandsbewegung in der Tat einem Plan zu folgen – eigens ausgeheckt, um Paris auszuhungern. Bis zum 3. Mai mag diese Hypothese einleuchten, wenn man die ersten Unruhen in der Brie und in der Bourgogne beiseite läßt. Aber wie läßt sich dann das Andauern des »Mehlkriegs« nach dem 4. Mai erklären, und weshalb konnte er auch die an die Ile-de-France angrenzenden Gebiete erreichen? Wie der Historiker George Rudé gezeigt hat, war es wohl »das Gerede über die Festlegung des Brot- und Getreidepreises, das von Markt zu Markt und von Dorf zu Dorf verbreitet wurde und als Hauptantrieb diente, um die Bewegung auszuweiten«. Darüber hinaus wurden die Niedrigpreise, die vom Volk gefordert wurden, von der örtlichen Obrigkeit oftmals anerkannt. Als sei es das Selbstverständlichste der Welt, verbreitete sich das Gerücht, daß diese Maßnahmen im Namen des Königs getroffen worden seien und auch durchaus angesehene Leute beeilten sich, zum festgesetzten Niedrigpreis einzukaufen.

Noch etwas anderes machte die vernünftigsten Köpfe ratlos, ganz gleich, ob sie dem Generalkontrolleur wohlgesonnen waren oder nicht. Als nämlich die Revolte losbrach, stieg der Brotpreis an, aber er erreichte nie den Rekord aus der Amtszeit des Abbé Terray. Damals hatte sich niemand erhoben. Die Preiserhöhung von 1775 hatte das tägliche Leben noch unerträglicher gemacht; fast drei Viertel der Familieneinkommen der unteren Klassen – und manchmal noch mehr – wurden ausschließlich für Brot ausgegeben.

Die Aufstände des Mehlkriegs lassen sich als Elendsaufstände, die unter dem Ancien Régime eine häufige Erscheinung waren, betrachten. Aber zugleich zeichneten sich diese Unruhen durch einige Besonderheiten aus, welche die örtlichen Obrigkeiten zu spüren bekamen. Während der traditionellen Revolten setzten die Aufständischen keinen Preis fest, und sie verlangten auch nicht das Eingreifen der Verwaltung, so wie es hier der Fall war. Die Aufständischen von 1775 wollten einen »gerechten Preis« bezahlen, einen Preis, der offiziell von der Regierung anerkannt wurde. Verwirrt suchten die örtlichen Gerichtsbeamten mit den Aufständischen zu verhandeln. Diese Bewegung der Preisfestsetzung durch das Volk deutet bereits die Oktobertage von 1789, die Februartage von 1792 und die Septembertage von 1793 an. Wie Edgar Faure bemerkt, »begreift sich die Masse nicht mehr nur als Kraft, sondern auch als Macht. Im Dunkel des kollektiven Unbewußten gibt es hier bereits etwas, das einer Ergreifung von Souveränität ähnelt«.

Ohne den genauen Sinn von Turgots Reform begriffen zu haben, hatten die Volksmassen gehofft, nunmehr bessere Tage zu erleben. Die Enttäuschung, die auf einen Zeitabschnitt der Hoffnung folgte, beendete einen monatelangen Zustand der Euphorie. Die neue Regierung brachte nicht das erwartete Goldene Zeitalter.

7. DAS LETZTE FEST DER MONARCHIE

Als die Unruhen endlich unterdrückt waren, hatte Ludwig XVI. das Gefühl, diese Prüfung sehr gut überstanden zu haben. Zum ersten Mal in seinem Leben hatte er seine Verantwortung akzeptiert und den Sieg davongetragen. Von seinem guten Recht überzeugt und in der Gewißheit, richtig gehandelt zu haben, beglückwünschte er sich zu Turgots Vorgehen. Der Finanzminister war unbestritten zum Oberhaupt des Ministeriums geworden. Maurepas fühlte sich ausgestochen und konnte seine Ressentiments kaum verbergen.

Dennoch schien das Ansehen Turgots in der aufgeklärten Öffentlichkeit erschüttert zu sein. Finanzleute und Konservative verkündeten lauthals, daß er das Königreich in den Ruin treibe, und es gab eine Flut gegen ihn gerichteter Pamphlete. Manche seiner Anhänger begannen sogar an der Triftigkeit seiner Reformen zu zweifeln. Die Choiseulisten hatten noch immer nicht aufgegeben und nutzten die Lage, um ihre Angriffe zu erneuern, was um so einfacher war, als Choiseul wieder nach Paris zurückgekehrt war. Skeptisch und voller Ironie, geistvoll und scharfsinnig, konnte der ehemalige Minister Ludwigs XV. alle Pariser Schön- und Freigeister in seinen Salon in der Rue de Richelieu locken. Überall stand er im Mittelpunkt. Choiseul brannte darauf, wieder an die Macht zu kommen, und seine Wünsche wurden von einer verschworenen Gesellschaft von Getreuen, die Verbindungen zur Königin hatten, unterstützt.

Marie Antoinette interessierte sich bekanntlich nur wenig für Politik. Sie enttäuschte darin Maria Theresia und Mercy, die in ihr nicht den »Ratgeber« des Königs fanden, den sie im Interesse des Kaiserreichs aus ihr machen wollten. Auch wenn die Königin keine politischen Ziele hatte, war sie trotzdem zu heftigen Gefühlen gegenüber den leitenden Ministern fähig. Aber bis jetzt hatte sie Maurepas mit einer gewissen Gleichgültigkeit und Turgot mit relativer Sympathie betrachtet. Sie bedauerte, daß Choiseul, der Initiator ihrer Hochzeit, nicht die Position Maurepas' einnahm, und sie hegte einen geradezu abgrundtiefen Haß gegen den Herzog von Aiguillon, der sowohl ein Handlanger der du Barry als auch ein naher Verwandter Maurepas' war. Sicherlich intrigierte der Herzog von Aiguillon gegen Marie Antoinette; er machte sich nicht nur über die Launen eines verzogenen Kindes auf dem französischen Thron lustig, sondern wurde auch hinter vorgehaltener Hand beschuldigt, Autor eines pöbelhaften Pamphlets zu sein, das Ludwig XVI. als zeugungsunfähig und Marie Antoinette als leichtlebig schilderte und prophezeite, daß die Königin ihrem unglücklichen Gemahl ihre künftigen Bastarde unterschieben würde.

Der Baron von Besenval und die Gräfin von Brionne, die gegenüber Marie Antoinette die treuesten Anwälte der choiseulistischen Sache waren, kritisierten systematisch alle Reformen des Ministeriums. Besenval, weit über fünfzig Jahre alt, hatte unter Ludwig XV. siegreich auf den Schlachtfeldern gekämpft. Er war Schweizer savoyischer Herkunft und ein vollendeter Höfling, der Marie Antoinette täglich ihre melancholischen Launen zu vertreiben vermochte. Er hatte die Enttäuschungen der jungen Königin deutlich erkannt und die Leere ihres Daseins einer Müßiggängerin durchschaut. Er fand in ihr »einen sanften und zuvorkommenden [...] Charakter, eine empfindsame und gütige Seele, aber ihm entging auch nicht ihre große Neigung zum Genuß, ihre übermäßige Koketterie, ihr Leichtsinn und ihre mangelnde natürliche Heiterkeit [...] In ihrer Art zu denken hat sie keinerlei feste Grundlage.« Darüber hinaus war er der Meinung, daß »ihr familiärer Umgangston ihrem Ansehen schade«. Dieser Oberstleutnant der Schweizergarden hatte sich bald bei der Königin unentbehrlich gemacht. Keiner konnte den neuesten Klatsch so fesselnd wiedergeben, ein Fest improvisieren oder einer Herzensergießung zuhören wie er. Mühelos bediente er sich je nach Situation der lustigen oder der ernsten Maske. Zutiefst selbstsüchtig, großspurig und eitel, hatte er beschlossen, die Königin dahin zu führen, wo er sie haben wollte, und dafür hatte er bei Choiseul ein offenes Ohr gefunden.

Die Gräfin von Brionne, geborene Rohan-Rochefort, die mit den Habsburgern verwandt war, gehörte ebenfalls zum vertrauten Umkreis der Königin. Diese schöne reife Frau, die zunehmend Einfluß auf die Vorstellungswelt der Herrscherin ausübte, galt als die Geliebte des abgesetzten Ministers. Die neue Freundin Marie Antoinettes, die Gräfin Jules von Polignac, gehörte ebenfalls zu diesem Clan. Und die Choiseulisten unternahmen außerdem alles, um den jungen Grafen von Artois zu sich hinüberzuziehen.

Die sozialen Unruhen im Frühling dienten dieser verschworenen Gemeinschaft zum Anlaß, bei der Königin eine neue Offensive zugunsten Choiseuls zu unternehmen. So legte ihr die Gräfin von Brionne Anfang April eine alarmierende Denkschrift zur Lage des Königreichs vor. Darin wurde Choiseul als der einzige Mann gepriesen, der allen Übeln, die Frankreich bedrohten, die Stirn bieten könne. Marie Antoinette war aber so ungeschickt und inkonsequent, diesen Text an ihren Gatten weiterzugeben. Der König tobte: »Man erwähne mir gegenüber niemals mehr diesen Mann!«

Die Choiseulisten gaben sich jedoch nicht geschlagen. Sie attackierten jetzt den geschworenen Feind Choiseuls, den Herzog von Aiguillon, der weiterin enge Beziehungen zu Maurepas unterhielt. Indem sie den Neffen angriffen, zielten sie auf den wichtigsten Minister und hofften, seinen Abschied zu erzwingen und die Rückkehr Choiseuls vorzubereiten. Um diesen ziemlich kurzsichtigen Plan zu verwirklichen, bauten sie allzusehr auf die Gunst der Königin und die Schwäche des Königs, die jedoch nie dem abgesetzten Minister gegolten hatte, ganz im Gegenteil.

Bersenval und seine Freunde witterten günstige Umstände. Besenval überzeugte – vielleicht zu Recht – die Königin davon, daß Aiguillon sie verleumde und eine Armee von Pamphletisten bezahle, um schamlose Gerüchte über sie und den König zu verbreiten. Die Königin beherzigte die Ratschläge des Barons und begann, »gegen Aiguillon zu arbeiten«. Am 20. April beklagte sie sich ausführlich bei ihrem Gatten und verlangte, daß er Aiguillon auf seine Ländereien zurückschicke und ihm verbiete, jemals wieder bei ihr zu erscheinen. Ludwig beeindruckte die Wut seiner Frau, und die Tränen, die alsbald folgten, rührten ihn; er sah sich deshalb gezwungen, ihr zu erklären, daß es ihm völlig unmöglich sei, ihren Wünschen sofort nachzukommen, denn der Herzog von Aiguillon müsse wegen eines Prozesses gegen den Grafen von Guines, den französischen Botschafter in England, in Paris bleiben.

Trotz dieser Intrigen bereitete sich der König damals voller Optimismus auf die feierliche Krönungszeremonie vor, welche der Tradition gemäß die Vermählung von Königtum, Kirche und Nation demonstrieren sollte. Durch die Gnade der Salbung würde er – nach dem heiligen Mysterium der Monarchie – zum wirklichen Statthalter Gottes auf Erden.

Diese altertümliche Zeremonie des *Sacre*, deren Ursprung auf Pippin III., den Jüngeren, zurückgeht, war die Jahrhunderte hindurch mit einigen Varianten praktiziert worden. Alle französischen Könige hatten sich diesem Ritus unterworfen, der ihnen den göttlichen Charakter verlieh, den sie für die Ausübung der weltlichen Macht benötigten. Die Salbung mit dem heiligen Öl, das in Reims, wo es einst von der Taube des Heiligen Geistes in einer Phiole abgesetzt worden war, ehrfürchtig aufbewahrt wurde, machte den Herrscher zum Gesalbten Gottes, der über alle Sterblichen gestellt war. Indem Gott ihm somit eine übermenschliche Natur verlieh, brauchte er seine Taten auch nur noch vor Gott selbst zu verantworten. Allerdings verpflichteten ihn die Eide, die er bei dieser Gelegenheit ablegte, das Staatswohl zu verteidigen. Glücklicherweise fiel es mit dem Wohle aller zusammen, da er in seiner Person die gesamte Nation vertrat. Außerdem war er dazu verpflichtet, die Einheit von Volk und Kirche aufrechtzuerhalten, sie zu schützen und Gerechtigkeit walten zu lassen.

Diese Sakralisierung der Monarchie, wie sie seit 1614 offiziell geltend gemacht wurde, geriet im späten 18. Jahrhundert zunehmend ins Kreuzfeuer der Kritik. Alle aufgeklärten Geister erblickten darin nichts weiter als den Ausdruck einer kindischen Magie, die dazu bestimmt war, die Völker im Zaum zu halten. Manche bejahten diese veraltete Tradition in der Hoffnung, daß sie dem Herrscher seine Verantwortung gegenüber der Nation verständlicher machen würde. Andere dagegen forderten, daß dieser Zeremonie der Charakter einer nationalen Wahl verliehen würde, die mit einem Pakt zwischen König und Volk besiegelt werden sollte, dessen einziger Garant Gott wäre. Die Vertreter dieser Auffassung stützten sich auf den alten Brauch der Königswahl, bei der vor der Krönung des Prinzen symbolisch die Zustimmung des Volkes gefordert wurde.

Der traditionalistische Klerus und die Frommen lehnten diese neuen Ideen natürlich ab und bemühten sich, alle Risse, die im Gebäude des Glaubens auftraten, zu flicken. Denn allein der Glaube bildete die Grundlage der idealen Gesellschaft, die sie sich erhofften. Sie waren davon überzeugt, daß eine schlimme moralische Krise, die durch den Verrat der Gottlosen und Philosophen genährt würde, die Seelen geschwächt habe. Alle Übel im Königreich waren damit erklärt. Einige sogenannte philosophische oder »politische« Prälaten prangerten die Übertreibungen der Mehrheit ihrer erhabenen Kollegen an. Deren Auffassungen hatten jedoch seit dem Ende der Regierungszeit Ludwigs XV. am Hofe die Oberhand. Der Abbé von Beauvais, der zum Erzbischof von Senez avancierte, hielt 1773 und 1774 am Hofe die Fastenpredigten und wetterte bei diesem Anlaß von der Kanzel herab: »Sehet die allgemeine Erschütterung aller anderen Prinzipien, seitdem die heiligen Grundsätze des Glaubens gebrochen worden sind!« Er behauptete allen Ernstes, daß das französische Königreich seine Prüfungen nur bestehen würde, wenn man zur Religion und zur Moral der Ahnen zurückkehre. Für einen solchen Klerus, der von Ludwig XVI. »die Wiederherstellung der Sitten« erwartete, war die Zeremonie der Salbung die beste Gelegenheit, um die moralische und religiöse Erneuerung Frankreichs einzuleiten.

Die persönliche Haltung Ludwigs XVI. entmutigte weder die Frommen noch die Philosophen. Den Geboten seines Vaters und seiner Lehrer getreu, legte der König, dessen Sittenstrenge über jeden Verdacht erhaben war, feste religiöse Grundsätze an den Tag, aber seine Religiosität hatte nichts Missionarisches an sich. Der Tradition gemäß ging er täglich zur Messe und kommunizierte regelmäßig. Aber er war kein Frömmler. Den Anweisungen des Abbé Soldini folgend, hatte er sich einen verschwiegenen Beichtvater erwählt, der keinerlei politische Rolle spielte. Kein geistlicher Berater stellte sich also zwischen ihn und seine Minister. Was die fromme Partei angeht, so erinnern wir uns, daß Ludwig XVI. sich unter besonderen Umständen von ihren Vertretern befreit hatte. Trotz seines tiefen Mißtrauens, ja sogar Abscheus gegen die Philosophen zeigte sich Ludwig XVI. verhältnismäßig tolerant. Hatte er sich nicht einen Mentor gewählt, dessen religiöse Prinzipien zumindest schwankend waren? War sein Generalkontrolleur nicht eine der markantesten Figuren der angefeindeten Sekte? Mochte sich seine christliche Seele auch insgeheim darüber grämen; auf jeden Fall schenkte er sein Vertrauen diesen beiden Männern, die vor Gott nicht gerade zitterten. Turgot, der den König sehr gut kannte, wagte es sogar, ihm eine Denkschrift über die Toleranz zu überreichen, die ihn von der Absurdität der Staatsreligion überzeugen sollte. Tatsächlich fürchtete Turgot, daß die Salbung den Frommen Anlaß zu einer wirklichen Offensive bieten würde. Deshalb bat er den König, auf jenen der Eide zu verzichten, in dem die Ausrottung der Ketzer versprochen wurde.

Für diesen jungen unentschiedenen Prinzen, der aufrichtig dem Glauben und der Tradition verbunden war, konnte der tiefe Sinn des *Sacre* nicht in Frage gestellt werden: Erst nach der heiligen Salbung würde er zum wirklichen König werden. Die göttliche Gnade, die ihm während dieser Zeremonie zuteil würde, sollte ihn ermutigen, die schwere Bürde der Monarchie zu tragen. Aber würde sie ihn auch von seinen Hemmungen befreien? Würde sie ihm das Selbstbewußtsein vermitteln, das ihm so oft fehlte? Ludwig XVI. wußte, daß ihn die Salbung, die ihm die höchste Macht verlieh, auf ewig von den anderen Menschen unterscheiden würde. Aber diese Macht würde er bald in allen ihren Dimensionen anerkennen und verantworten müssen. In sehr viel stärkerem Maße noch als Ludwig XIV. oder Ludwig XV. brauchte Ludwig XVI. diese besondere Weihe.

Schon seit der Thronbesteigung sorgte sich der König um die Vorbereitungen des *Sacre*: Gleich Anfang Mai 1774 hatte er den Ersten Edelleuten und dem Intendanten der Hoflustbarkeiten Befehle erteilt, mit der Ausarbeitung verschiedener Pläne für die Zeremonie zu beginnen. Man holte die Akten über die Salbung Ludwigs XV. aus dem Jahr 1722 hervor und legte Ludwig XVI. im Dezember 1774 einen Plan vor, dem er seine Zustimmung gab. Der Generalkontrolleur bestätigte ihn. Die Kosten von 760 000 Pfund schienen recht vernünftig: Die Krönung von 1722 hatte bereits 600 000 Pfund gekostet. Als Termin wurde der 11. Juni vorgesehen.

Auch wenn er keinen Augenblick daran dachte, eine Zeremonie abzuschaffen, die er zwar für überholt hielt, deren Bedeutung für den König und die Monarchie er aber sofort durchschaute, wollte Turgot aus Sparsamkeitsgründen die Krönung am liebsten in Paris veranstalten. Die Pariser träumten ohnehin von Festen, und die Krönungsfeier war das außergewöhnlichste aller Feste. Die Generalpächter boten für diesen Anlaß eine Spende von zwei Millionen Pfund an, und der Kaufmannsstand eine weitere Million. In Paris könnte man viele auswärtige Besucher empfangen, die von einem solchen Ereignis angezogen würden, was der Hauptstadt sehr viel Geld einbrächte. Der Handel würde belebt, und die Pariser würden sich ihrem König näher fühlen. Trotz dieser triftigen Gründe zog es Ludwig XVI. vor, daß die Zeremonie der Tradition getreu in Reims stattfand. Obwohl die Pariser sehr enttäuscht waren, nahmen sie es ihm nicht übel. Von den ersten Maitagen an strömten sie in Scharen herbei, um die ausgestellten königlichen Ornamente zu bewundern, und alles fragte sich, wie man am bequemsten nach Reims gelangen könnte, um dem Fest beizuwohnen.

Am 5. Juni verläßt der König Versailles, vom ganzen Hof geleitet, um sich über Saint-Denis nach Compiègne zu begeben. Begleitet vom Geläut sämtlicher Kirchen, bewegt sich der prächtige Zug durch ein Spalier von Schaulustigen – bescheidene Geste der Ehrerbietung eines christlichen Volkes, dem allein schon die Anwesenheit seines Königs eine außergewöhnliche Freude bereitet. Einige Stunden lang zieht an diesen verblüfften Menschen eine Prozession der Herrlichkeit vorbei – Symbol einer unbekannten und unerreichbaren Welt. Die einen mögen von ihr träumen, die anderen betrachten sie mit Verbitterung. Überglücklich, seine Bestimmung zu erfüllen, fährt Ludwig XVI. wie ein gutmütiges und jugendliches Idol mit marmornen Gesichtszügen durch die Menge.

Der Aufenthalt in Compiègne dient der Entspannung vor den Mühen der Krönungszeremonie. Stundenlang geht der König seiner Jagdleidenschaft nach. Das Wetter ist schön, das Wild reichlich... So vergehen rasch zwei Tage, in denen die Regierungssorgen weit entfernt erscheinen.

Am 8. Juni setzt der König seine Reise fort. Stets drängen sich zahlreiche Menschen auf seinem Weg, verneigen sich vor dem König und bewundern die Prozession, die über Weiler und Dörfer bis nach Fismes gelangt, einem Städtchen sechs Meilen vor Reims. Hier fällt ein Schatten auf das Gemälde: Das Brot ist immer noch zu teuer, und die Husaren sind zur Stelle, um die Ordnung aufrechtzuerhalten. Der alte Herzog von Croÿ klagt, daß er »einer Krönung beiwohnen soll, die von Truppen gesichert werden muß«. Der Anblick der Soldaten entfacht bei dem alten Höfling »den Schrecken der Revolte« inmitten einer festlichen Stimmung.

Die Königin hat den König nicht nach Fismes begleitet. Gegen acht Uhr abends ist sie mit ihren Schwägern und der Gräfin von Provence von Compiègne aufgebrochen. Trotz der hereinbrechenden Nacht wartet das Volk und bejubelt diese junge mit Federn geschmückte Frau, an deren Busen die Edelsteine glitzern: ein Traumbild fast, von Fackeln und Mondschein beleuchtet. Die Reise nach Reims ist für sie ein wunderbarer Spaziergang, der ihren Triumph bestätigt, obwohl nicht sie es ist, die gesalbt wird. Denn die französischen Königinnen mußten sich damit begnügen, der Salbung ihrer Gatten beizuwohnen. Der Herzog von Duras, Erster Edelmann der Kammer, hatte zwar ein Manuskript gefunden, dessen Auslegung diese Sitte hätte in Frage stellen können. Er ließ es der Königin zukommen, aber zum großen Entsetzen des Wiener Hofes verwarf sie das Projekt.

Auf dem Weg nach Reims genießt Marie Antoinette die Demütigung, die sie kürzlich ihrem alten Feind, dem Herzog von Aiguillon, zugefügt hat. Am 30. Mai, während der Parade des königlichen Hofstaats in Le Trou d'Enfer, ließ sie blitzschnell den Vorhang ihrer Karosse herunter, als er sich ihr näherte, um sie zu grüßen. Am 2. Juni sprach das Châtelet-Gericht den Grafen von Guines mit sieben gegen sechs Stimmen gegenüber dem Herzog von Aiguillon frei. Das war aber nur ein mittelmäßiger Erfolg, der den Botschafter trotz des Jubels seiner Freunde nicht sehr zufrieden stimmte. Marie Antoinette hatte nun endlich bei ihrem Gatten durchgesetzt, daß der Herzog von Aiguillon auf seine Ländereien im Agenais verbannt und ihm – als härteste Brüskierung – die Teilnahme an der Krönungszeremonie verboten wurde. Sie hatte über die ganze Angelegenheit heftig mit Maurepas gestritten, der damit erstmals seine Entlassung befürchten mußte. Der Mentor zog es daher vor, nach Pontchartrain zu reisen, während Aiguillon den Weg ins Exil nahm. Choiseul dagegen fuhr nach Reims. Marie Antoinette triumphierte.

Am 9. Juni ist das kleine Gemach der Königin im erzbischöflichen Palais von Reims völlig überfüllt. Ludwig XVI. ist noch nicht eingetroffen. Marie Antoinette nimmt also allein die Ehrenbezeigungen der bereits in der Stadt anwesenden Höflinge entgegen. Sie hebt sich aus diesem prächtigen Durcheinander heraus, indem sie »dem einen ein Wort vergönnt und dem anderen einen freundlichen Blick zuwirft«. Sie beherrscht diese kleine Welt der Schmeichler inmitten von Damen, »die vornehm den neuesten galanten Ton anschlagen« und so hohe Federn tragen, daß sie alle »anderthalb Fuß größer wirken«.

Während die Königin empfängt und die letzten Ratschläge Mercy-Argenteaus erhält, verläßt der König Fismes. Wenige Stunden später hält er feierlich Einzug in Reims. Kurz vor der Stadt ist er in eine speziell für diesen Zweck gebaute Krönungskarosse umgestiegen, die von den schönsten Pferden des königlichen Marstalls gezogen wird. Majestätisch bahnt sich der Wagen seinen Weg durch die Menschenmenge, die immer dichter wird, je näher man der Stadt kommt.

Der Intendant der Champagne, Rouillé d'Orfeuil, der fünf Jahre zuvor Marie Antoinette in Châlons-sur-Marne empfangen hatte, hat sich selbst übertroffen. Die biedere Stadt ist zu »einer heiligen Stätte der Monarchie« transformiert worden. Monumentale Dekorationen sind auf der ganzen Strecke angebracht worden. Zwei kolossale Statuen, Personifizierungen von Justiz und Religion, begrüßen den Herrscher, der nun unter einem Triumphbogen hindurchfährt, welcher von korinthischen Säulen von 60 Fuß Höhe getragen wird. Hätte der König Zeit, alle diese Ausschmückungen zu bewundern, so würde er die Allegorien seiner Güte wahrnehmen, die von den Künstlern auf den Flachreliefs dargestellt wurde. Am Ende der Hauptstraße symbolisiert ein riesiger Säulengang die blühende Wirtschaft des Königreiches mit Sinnbildern des Handels, der Manufakturen, der Landwirtschaft und der Seefahrt.

Eine Terrasse mit einem kreisförmigen Altar, Altar des Mitleids geheißen, verdeckt die bedrückende Mauer des Armenhauses. Rund um den Altar streuen etwa dreißig Kinder aus den ärmsten Schichten, die zu diesem Anlaß fein gekleidet waren, bei der Durchfahrt des Königs Blumen und jubeln ihm zu. Durch seine Grandiosität, seinen Luxus und seine Pathetik sollte dieses Fest unvergeßlich bleiben.

Die »prachtvolle und einzigartige« Karosse kommt schließlich vor der Kathedrale zum Stehen, wo der Empfang seitens der Bevölkerung an Herzlichkeit ein wenig zu wünschen übrigläßt. Auf dem Vorplatz der Kirche ist nicht genügend Platz für die Menge gelassen worden. Gleichgültig oder eingeschüchtert, wagen die paar Schaulustigen kein einziges Vivat. Etwas verdrossen, aber dennoch freundlich verläßt der König sein wunderbares Gefährt, überquert den Platz und verschwindet in dem heiligen Gebäude, das ebenfalls zu diesem Anlaß völlig verändert wurde. Eine Säulenreihe aus Gips und Holz vor dem Hintergrund einer gemalten Wand, die weißen Marmor vortäuscht, verdeckt die Tore und reicht bis zum erzbischöflichen Palais, um dem König einen überdachten Durchgang zu bieten.

Das Innere der Kathedrale hat sich in eine Art barocke Oper verwandelt, deren Logen, überdacht von einer glockenförmigen Decke, wie Sitzkästen zwischen den Pfeilern des Kirchenschiffes hängen, die als korinthische Säulen verkleidet sind. Griechisch drapierte Gruppen von Engeln müssen schwere Leuchter tragen, und Kinder halten mit Kerzen versehene Weihrauchfäßchen. Dieses farbenprächtige Dekor, das noch durch Wandbehänge aus Samt und violetten, lilienverziertem Satin mit goldenen Posamenten gesteigert wird, verleiht der letzten großen Inszenierung des Ancien Régime einen unerhörten Luxus. Es fehlt auch nicht an Kritik an dieser opernhaften Aufmachung eines politisch-religiösen Festes. Der Herzog von Croÿ beklagte zum Beispiel, daß die Kirche wie »ein Theatersaal wirkt, der in das herrlichste gotische Kirchenschiff vesetzt worden ist. Trotz seiner Größe erscheint er im Verhältnis zum übrigen wie ein kleiner vergoldeter Karton in einem riesigen und noblen Gebäude.«

Der König kniet in der Kathedrale mit seinen Brüdern und den Prinzen von Geblüt, die ihm folgen, nur einige Minuten nieder. Dann begibt er sich in seine Gemächer im erzbischöflichen Palais. Wie schon morgens bei der Königin, drängelt sich an diesem Abend alles in das kleine Zimmer des Königs. Immer noch etwas verlegen, scheint Ludwig XVI. an diesen höfischen Ehrenbezeigungen keine besondere Freude zu finden. »Hier hätte es des erhabenen Auftritts eines Ludwigs XIV. bedurft«, seufzte der Herzog von Croÿ, der sich nach den großen Augenblicken der Selbstdarstellung der Monarchie zurücksehnt. Dabei hat sich dieser alte

Höfling nicht zu beklagen. Der König spricht ihn und nur ihn allein an: »Ah, da sind Sie ja, Herr von Croÿ! Sie waren krank?« ruft er ihm etwas plötzlich entgegen. Der respektvollen und dem Anlaß entsprechenden Antwort des Greises, der sich eher an ein Symbol als an den realen jungen Mann wendet, entgegnet Ludwig XVI. vertraulich und apodiktisch: »Sie nehmen zu viele Arzneien«, worauf er sich aus der aufgeregten Menschenmenge, die ihm Unwohlsein bereitet, entfernt. »Da er sich ausschließlich an uns gewandt hat, dürfen wir dies als eine wirklich freundliche Behandlung bezeichnen«, meinte der Herzog in seinen Memoiren.

Am Abend ist die Stadt hell erleuchtet. Man drängt sich beim Erzbischof, dem Kardinal La Roche-Aymon, der die Zeremonie trotz seines hohen Alters durchführen möchte. Der Weihbischof von Reims, Alexandre von Talleyrand-Périgord, lädt ebenfalls zu einem vortrefflichen Souper ein. Der gesamte französische Adel hält sich in Reims auf, der Schwertadel ebenso wie der Amtsadel, die Marschälle ebenso wie die Minister. Choiseul erhofft sich möglicherweise eine Revanche. Maurepas schmollt in Chanteloup, und Turgot hat sich, bösen Zungen nach, mit zerzauster Haartracht und verstörter Miene nur gleichsam »inkognito« eingefunden. Die pompöse Aufmachung und die Feierlichkeit des Ereignisses lenken ihn nicht von seinen Plänen ab, über die er auch hier entschlossene und leidenschaftliche Reden hält. Denn die politischen Realitäten bleiben dieselben.

Am Samstag, dem 10. Juni, wohnen der König und der Hof der feierlichen Krönungsvesper bei, die die große Zeremonie des folgenden Morgens einleitet. Die Predigt des Erzbischofs von Aix, Jean-de-Dieu-Raymond von Boisgelin, reißt die Zuhörer mit sich. Dieser Priester, der den neuen Ideen ergeben ist, soweit sein Amt dies erlaubt, hat eine Rede über die Gefahren des Königtums und die Pflichten eines französischen Königs vorbereitet. Er wendet sich ganz persönlich an den Herrscher und predigt ihm Selbstbewußtsein und Arbeitslust; er ermahnt ihn, die »Angst vor dem Widerspruchsgeist« zu besiegen. Als Anhänger des Parlamentgerichtshofs betont er die Notwendigkeit, den Gesetzen gemäß zu regieren, und drängt mit Nachdruck auf die Abschaffung der Steuern, wobei er ein idyllisches Bild »des Palasts der Könige« zeichnet, »dessen Größe sich am Glück und Gewinn des flachen Landes messen läßt«. Geschickt entfernt sich der Erzbischof von seinem politischen Thema, indem er behauptet, daß allein die Religion »eine sichere Zuflucht der Könige« sei.

»Nichts war bewegender, als dem Herrscher am Abend seiner Beichte und am Vorabend des Tages, an dem er schwören sollte, nur für das Glück seiner Völker zu herrschen, so ungeschminkt die Wahrheit sagen zu hören«, bemerkt der Herzog von Croÿ, den diese Predigt sehr betroffen macht. Nachdem er die Brillanz Boisgelins bewundert hat, fragt er sich besorgt, ob sich nicht »hinter so viel Kühnheit zuviel Politik verbirgt«. Denn der Prediger hatte gegen die Tradition verstoßen, als er seine Rede damit eröffnete, daß »diese Zeremonie der königlichen Größe nichts hinzufüge«, und sogar so weit ging zu behaupten, »daß man sich darüber einig sei, daß sie eine unnütze Sache und nur vom Brauch gefordert sei«. Der Herzog von Croÿ revidiert daraufhin seinen ersten Eindruck; ihm wird sogar etwas mulmig: »Unglückliches Jahrhundert, wo all dies bloß noch Form und Scherz ist«, entschlüpft es ihm.

Trafen diese Ermahnungen Ludwig XVI. in seinem Innern? Entsprach diese Rede tatsächlich seiner Auffassung von der Krönung? Niemand wird sagen können, was der junge Monarch empfand, als er den Worten des Erzbischofs von Aix lauschte. Allerdings wurde die Predigt nie gedruckt, wie es dem Brauch entsprochen hätte.

Am gleichen Tag noch schreibt Ludwig XVI. an Turgot auf dessen Bitte in bezug auf den Eid über die Ausrottung der Ketzer:

»Mein Herr, ich habe Sie nicht rufen lassen, um Ihnen auf Ihren gestrigen Brief zu antworten, weil ich Ihnen anläßlich dieser Gelegenheit lieber ein schriftliches Zeugnis meiner Meinung über Sie geben wollte. Der Vorschlag, den Sie mir unterbreitet haben*, ist der eines sehr redlichen Menschen, der mir äußerst verbunden ist. Dafür bin ich Ihnen unendlich dankbar, und ich werde mich Ihnen gegenüber immer verpflichtet fühlen, wenn Sie weiterhin mit der gleichen Offenheit zu mir sprechen. Dennoch will ich in diesem Augenblick Ihrem Ratschlag nicht folgen; ich habe die Sache wohl erwogen und mich mit einigen Personen darüber beraten. Ich denke, daß es weniger Nachteile mit sich bringt, wenn man die Dinge unverändert läßt. Jedoch bin ich Ihren Ansichten nicht weniger verpflichtet, und Sie können versichert sein, daß sie geheim bleiben werden, so geheim, wie ich wünsche, daß Sie diesen Brief halten mögen.«

Der König ist bereit, die heilige Salbung und die Krone im Namen Gottes von der Kirche entgegenzunehmen. Im Morgengrauen, bereits um vier Uhr, begeben sich die geladenen Gäste in die Kathedrale, während

---

* Turgot hatte vorgeschlagen, auf den Eid gegen die Ketzer zu verzichten. (Anm. d. Hrsg.)

der König noch schläft. Gegen sechs Uhr, nach seiner Toilette, zieht er ein langes Gewand aus silberner Spitze an; dann legt er sich wieder in das prächtige Bett im Stil Ludwigs XIII., wo ihn die Bischöfe von Laon und Beauvais wecken werden. Letzterer hat den Bischof von Soissons, der aus alter Tradition dieses ehrenvolle Amt für sich beansprucht hatte, ausgestochen!

Um halb acht pochen die Prälaten an die Tür des Königs. Man antwortet: »Der König schläft.« Erneutes Pochen. Wieder dieselbe Antwort. Beim dritten Mal öffnen sich die Türen. Die Vertreter der Kirche nähern sich dem königlichen Lager, sprechen ein Gebet und führen den Herrscher zur Kathedrale, wobei sie ihm die Arme stützen. Der Erzbischof und der Klerus empfangen den Monarchen unter Fanfarenklängen, und die Anwesenden erheben sich. Auf ihrem Platz, umgeben von wundervoll geschmückten Frauen, erbebt die Königin, als ihr sonst so linkischer, ungeschickter und schüchterner Gatte jetzt selbstsicher zu einem riesigen Thronsessel mit Baldachin schreitet. Er sitzt, den Rücken zum Altar gekehrt, gegenüber dem Erzbischof von Reims, dem die Bischöfe von Soissons und Amiens assistieren.

In großer Feierlichkeit wird die heilige Phiole mit dem wertvollen Salböl herbeigebracht. Die Zeremonie kann beginnen. Der Erzbischof von Reims tritt zum König und fragt ihn, ob er sich dazu verpflichte, die Kirche zu schützen und ihre Privilegien aufrechtzuerhalten. Dann heben die Bischöfe von Laon und Beauvais den König hoch, damit er seinen Eid im Stehen ablegt. Die Bischöfe gedenken des alten Brauchs der Königswahl und fragen die Anwesenden, ob sie Ludwig XVI. als König anerkennten. Gemäß dem Ritual herrscht absolute Stille – wohlgemerkt ein Schweigen der Zustimmung. Manche hatten gehofft, daß dieser Teil der Zeremonie mehr Gewicht erhalten würde, um den politischen Aspekt der Krönung stärker zu betonen. Aber Ludwig XVI. hatte an dem Ritual nichts verändern wollen.

Inbrünstig leistet der König die Eide, die ihn dazu verpflichten, den Frieden der Kirche aufrechtzuerhalten, den Raub zu verhindern, das Recht zu wahren, sich den Duellen zu widersetzen und die Ketzer auszurotten. Nicht ohne Scheinheiligkeit murmelt er diese letzten beiden Schwüre bloß. Alsdann werden die alte Krone Karls des Großen, sein Schwert, sein Zepter und die eigene Krone Ludwigs XVI. gesegnet, und der König wirft sich auf einem langen violetten Samtteppich nieder. Ungeachtet seines hohen Alters folgt der Erzbischof von Reims dieser Geste seines Herrn. Daraufhin erhebt sich der König wieder und kniet vor dem Erzbischof nieder, der sich zum feierlichsten Augenblick des Tages vor ihn hingesetzt hat.

Das Obergewand und das Hemd des Herrschers werden aufgeknöpft, und er empfängt die Salbung auf die Stirn sowie fünf weitere Salbungen, die ihm die höheren Weihen der Kirche verleihen. Alles hält den Atem an.

Der zutiefst gerührten Königin rollen einige Tränen über die Wangen. Der König hebt den Kopf und schaut sie an: »Dann zeichnet sich auch auf dem Gesicht des Monarchen eine unverkennbare Zufriedenheit ab.« Marie Antoinette verläßt, von Gefühlen überwältigt, ihren Platz, und die gesamte Versammlung gibt sich nun Tränen der Rührung hin. Nach Métras Worten soll der Gesandte von Tripolis »wie ein Kalb geblökt« haben. Nachdem der König mit einer Tunika und einer Dalmatika bekleidet worden ist, die Amtstracht des Diakons und Subdiakons, legt er einen blauen Schultermantel an, der mit Hermelin und goldenen Lilien besetzt ist. Mit dem Zepter und dem Gerichtsstab in den Händen läßt er sich zum Thron führen. Dann öffnen sich die Pforten der Kathedrale, damit das Volk seinem König huldigen kann, während Hunderte von Vögeln losgelassen werden, die in wildem Flug in alle Richtungen aufsteigen. Hochrufe und Beifall wechseln einander ab. Man klatscht wie in einer schönen Tragödie, die Vivats hallen wider unter der geweihten Kuppel und erschüttern die heilige Tradition. Die Zeit bleibt stehen...

Nachdem wieder Ruhe eingekehrt ist, beginnt die Messe. Der König empfängt die Kommunion in beiderlei Gestalt und wirft sich noch einmal nieder, bevor er seine Krone erhält. Um elf Uhr begibt sich der strahlende junge Herrscher wieder in seine Gemächer im erzbischöflichen Palais. Die Etikette verlangt zwar noch ein Krönungsmahl, aber sie erlaubt glücklicherweise eine Mittagspause. Der vom König plötzlich beschlossene Abendspaziergang war dagegen nicht vorgesehen. Nachdem er die schweren Krönungsgewänder abgelegt hat, faßt Ludwig XVI. Marie Antoinette »unterm Arm« und zieht sie – ohne Bewachung – mit sich zur Kolonnade, die zur Kathedrale führt, wo die Schaulustigen friedlich warten. Der König gibt Befehl, niemanden wegzuschicken, und das junge Paar mischt sich eine ganze Stunde lang unter die Menge. Die gesamte Bevölkerung von Reims drängt sich an den Fenstern und auf dem Vorplatz. Immer wieder wird gerufen: »Es lebe der König und die Königin!« Der König ist glücklich.

Obwohl zutiefst ergriffen und vom Beifall berauscht sowie »beglückt über die zärtliche Zuneigung ihres Gatten«, verfolgt Marie Antoinette mit aller Hartnäckigkeit ihr Ziel. Choiseul ist in Reims, Maurepas in Chanteloup. Die Gelegenheit ist zu günstig. Der Montag soll der Erholung dienen, und Marie Antoinette fragt – nicht ohne Hintergedanken – ihren Gatten, welches der geeignete Zeitpunkt für eine Unterhaltung zwischen ihr und dem ehemaligen Minister Ludwigs XV. sei. Etwas später wird sie dieses kleine Manöver ihrem Korrespondenten, dem Grafen von Rosenberg, beichten: »Sie ahnen gar nicht, mit welchem Fingerspitzengefühl ich vorgegangen bin, um nicht den Anschein zu erwecken, daß ich um seine Erlaubnis bitte... Ich habe es so geschickt angestellt, daß der arme Mann selber mir die beste Stunde für ein Treffen mit Choiseul freigemacht hat.« Die Königin empfängt daraufhin den Herzog von Choiseul mit tausend Gunstbezeigungen eine ganze Stunde lang.

Der alte Höfling ist viel zu geschickt, um seine Rückkehr an die Macht zu erbitten, und begnügt sich damit, die Königin an das ungerechte Verhalten des verstorbenen Königs ihm gegenüber zu erinnern. Er überschüttet sie mit Lob über ihre Entschlossenheit anläßlich des Prozesses des Grafen von Guines. Außerdem formuliert er eine zugleich subtile und strenge Kritik an Turgot, dem Mann der theoretischen Systeme. Läßt sich die Königin zu einigen vertraulichen Geständnissen hinreißen? Es ist anzunehmen. Choiseul, der nicht viel Ahnung von den Eigenschaften des Königs hat, rät der Königin, ihren Gatten entweder »auf sanftem Wege oder durch Einschüchterung« zu beherrschen. Auf diese Weise stärkt er das labile Gemüt der Königin und bekräftigt zugleich das ohnehin wenig rühmliche Bild, das sie sich von ihrem »armen Manne« macht.

Die Nachricht von dieser Audienz verbreitet sich wie ein Lauffeuer in der kleinen Stadt Reims. Die Absetzung Turgots und Maurepas' ist bereits in aller Munde. Der Klatsch blüht. Die Choiseulisten triumphieren, und die Königin strahlt vor Freude, als sie mit Madame, der Gräfin von Provence, den Manövern des Husarenregiments von Esterhazy beiwohnt. Einige Stunden später bittet der Graf von Artois seinen Bruder darum, Choiseul sein Amt als General-Oberst der Schweizer und der Graubündner Garden zurückzugeben. Aber Ludwig XVI. erteilt seinem jüngeren Bruder nicht nur eine Abfuhr, sondern will die Träume der Choiseulisten endgültig zunichte machen.

Das Programm geht wie geplant weiter. Am 13. Juni präsidiert der König die Zeremonie des Heiliggeistordens. Am 14., dem letzten Festtag, an dem die Prinzen und viele Seigneurs teilnehmen, begibt er sich zu

Pferde nach der alten Abtei von Saint-Rémi in der Nähe von Reims. Die Königin verfolgt die Kavalkade vom Balkon eines der schönsten Häuser der Stadt aus. Nach der Zeremonie von Saint-Rémi berührt der König gemäß der Tradition der wundertätigen Könige mehr als 2400 Skrofulöse, »die untersucht worden waren und echte Anzeichen der Krankheit aufwiesen«. »Wegen der Hitze stank es sehr, und es bestand eine Ansteckungsgefahr, so daß es den König viel Mut und Kraft kostete, diese Zeremonie durchzustehen, die ich niemals für so roh und ekelhaft gehalten hätte. Der Glaube dieser braven Leute war wirklich bemerkenswert: Sie waren mit gefalteten Händen und einem andächtigen Ausdruck reinsten Vertrauens niedergekniet, und es würde mich nicht wundern, wenn einige – wenn auch nur durch ihre tiefe Überzeugung – geheilt wären«, schreibt beeindruckt der Herzog von Croÿ, der dem König in nächster Nähe folgte.

Nach dieser Prüfung wohnt Ludwig XVI. einem Empfang der Königin bei. Er zeigt sich äußerst aufgeschlossen und gesprächig, bis plötzlich der Herzog von Choiseul angekündigt wird. Ludwig XVI. steht sofort auf und verschwindet von der Bildfläche. Dies ist aber nur die erste Ohrfeige für den abgesetzten Herzog, der noch mehr einstecken muß. Am Abend machen der König und die Königin entspannt und lächelnd einen öffentlichen Spaziergang rund um die Stadt und werden erneut vom endlosen Beifall der Menge begleitet. Der Aufenthalt in Reims geht seinem Ende zu. Alle verabschieden sich vom König. Auch Choiseul erscheint, um »seinem Rang gemäß« dem König die Hand zu küssen. Ludwig XVI. hat sich gewiß überlegt, welche Schmach er dem Mann zufügen will, der seinen Vater haßte. Als der Herzog sich verneigt, um ehrerbietig seine Hand zu ergreifen, wendet der König das Gesicht ab, schneidet eine »fürchterliche Grimasse« und zieht seine Hand zurück. Choiseul begreift nun, daß die Königin ihren mürrischen Gatten nicht allzu bald beherrschen wird.

Indes scheint Marie Antoinette von diesem Verhalten nicht betroffen zu sein. Sie ist umworben und vergöttert worden; sie kann sich wichtig fühlen. Das genügt ihr für den Augenblick. Nach Versailles zurückgekehrt, sucht die charmante »Dame Leichtfuß« Turgot auf, um ihm mitzuteilen, daß sie ihn bei seinen Plänen unterstützen will. Sie unterliegt noch immer dem Zauber dieser außerordentlichen, berauschenden Tage, die ihr von der öffentlichen Meinung eine völlig falsche Vorstellung vermittelt haben. Schnell schreibt sie der Kaiserin, um ihr ihre Ergriffenheit mitzuteilen: »Es ist erstaunlich und wunderbar zugleich, zwei Monate nach der Revolte und ungeachtet der Brotteuerung so gut empfangen zu werden... Angesichts dieser Leute, die uns in ihrem Elend so gut behandeln, sind wir ganz gewiß noch mehr verpflichtet, für ihr Wohl zu wirken. Ich glaube, daß der König von dieser Wahrheit durchdrungen ist. Ich selbst werde den Krönungstag niemals vergessen«, schließt sie einfältig.

Das Glück der Völker! Eine väterliche und wohltätige Monarchie! Reiche Ernten! Das waren die Träume Ludwigs XVI., als er von der Krönung zurückkehrte. Träume eines ehrlichen Mannes seiner Zeit, in der die Idee des Glücks zu einem wahren Dogma geworden ist. Niemals hat ein Herrscher Frankreichs so reine, einfältige und redliche Hoffnungen gehegt. Was verbergen jedoch diese kindlichen, naiv ausgedrückten Träume, die er Maurepas in folgendem Brief darlegt: »Ich bin von meiner ganzen Müdigkeit befreit. Die Prozession des heutigen Morgens (es war Fronleichnamstag) war die letzte... Ich bedaure, daß Sie die Erfüllung, die mir hier zuteil wurde, nicht mit mir genießen konnten. Es ist wohl rechtens, daß ich für das Glück eines Volkes arbeite, das zu meinem Glück beiträgt. In diesem Sinne werde ich mich bemühen. Ich hoffe, Sie haben sich die Pläne überlegt, die wir gemeinsam besprochen haben. Ich meinerseits habe mich, soweit es mir inmitten der unzähligen Zeremonien möglich war, damit beschäftigt. Das Werk ist gewaltig; aber mit Mut und Ihren Ratschlägen, davon bin ich überzeugt, werden wir es vollenden. Adieu, bis Montag abend, dann sehen wir uns wieder.«

Ahnt er zu diesem Zeitpunkt bereits, daß »die Ideen der Gleichheit und der Republik heimlich in den Köpfen Gestalt gewinnen«?* Versteht er, daß übermäßige und oft ungerechte Steuern die Verbitterung des Volkes steigern? Weiß er, daß die hohen Ausgaben für die Krönungen von vielen mißbilligt werden? Ist ihm bewußt, daß die Stärke des Ministeriums, das bei der öffentlichen Meinung noch nicht verankert ist, von ihm und nur von ihm allein abhängt? Ahnt er, daß er allein den Versuch wagen kann, die alte Monarchie, die er verkörpert, zu erneuern? Begreift er, daß ihm bereits alle Übel der Zeit angelastet werden?

Wenn Ludwig XVI. diese Probleme nicht völlig durchschaut, so tun dies um so mehr Maurepas und Turgot. Maurepas, der einen Augenblick lang fürchtete, daß ihm die Macht entgleiten könnte, ist über den Brief seines Herrn gerührt und seufzt vor Behagen: »Ich beginne ihn zu lieben... wie man sein Kind liebt, das guten Willens ist.« Dies ist der

---

* Véri, *Journal* Bd. 1, S. 298.

Gedanke eines Greises, dem Véri sofort einen Dämpfer aufsetzt: »Man muß ihm die Mittel und die Kraft verleihen.« Der Mentor ist ernüchtert. »Die Mittel bereiten mir keine Sorgen, das ist Herrn Turgots Aufgabe, er wird sicherlich welche finden«, sagt er, »aber die Kraft, darin liegt das Problem.«

8. DER STURZ TURGOTS

Die Rückkehr aus Reims fand in einer euphorischen Stimmung statt. Der König glaubte, in seiner Einfalt, an die Zukunft, die Königin triumphierte; Maurepas blieb an der Macht und mäßigte seinen Widerwillen gegen Turgot, während die Choiseulisten immer noch hofften, ihren Mann bald wieder an der Spitze der Regierung zu sehen. Das Kabinett wirkte wohlorganisiert: Vergennes, Miromesnil und Turgot wünschten Maurepas an ihrer jeweiligen Arbeit mit dem König teilnehmen zu lassen und wollten ihn dadurch zur zentralen Figur machen. Ludwig XVI. hielten sie für zu unerfahren und zu unschlüssig, um die ihm rechtmäßig zustehende Rolle zu spielen.

Der Mentor, der befürchtet hatte, seinen Lebensabend in seinem friedlichen Pontchartrain verbringen zu müssen, hegte noch immer keinerlei Ambitionen, sich bei dem jungen Monarchen, der offenbar sehr um seine eigene Macht bemüht war, als Premierminister durchzusetzen. Wieder einmal wich Maurepas der Frage aus. Aber er teilte die Meinung seiner Kollegen, die Malesherbes als Nachfolger des Herzogs von La Vrillière im Ministerium des königlichen Hofstaates wünschten. Dieser alte frivole Höfling – der einzige ehemalige Minister Ludwigs XV. – hatte seit Jahrzehnten diese Rolle innegehabt. Seine Schwester, die Gräfin von Maurepas, wahrte die Interessen ihrer Familie und hatte erreicht, daß er sein Amt behalten konnte, indem sie ihrem Gatten gegenüber geltend machte, daß La Vrillière die Etikette in all ihren Spitzfindigkeiten kannte und das Zeremoniell akkurat beherrschte. Indes sollte die Krönung des Königs seiner Karriere ein Ende setzen, und La Vrillière wußte dies. »Obwohl er schwerhörig ist, vernimmt er von allen Seiten, daß es für ihn an der Zeit sei zu gehen, bevor man ihm die Türe vor der Nase zuschlägt«, schrieb Marie Antoinette zynisch in ihrem berühmten Brief an Rosenberg. Wieder einmal zögerte Ludwig XVI., einen neuen Minister zu ernennen. Und er zauderte um so mehr, als die Königin einen Kandidaten vorschlug: Sartine, den Marineminister. Für die Marineverwaltung wollte sie statt dessen einen gewissen Ennery durchsetzen, einen ehemaligen Gouverneur der Antillen und Schützling Choiseuls, der nicht das geringste Verwaltungstalent besaß und dessen Zahmheit ihn vor jedem Widerspruch feite. Sartine schloß sich heimlich diesem Plan an, und die Königin drängte Ludwig XVI., ihrem Vorschlag nachzugeben.

Marie Antoinette handelte immer noch unter dem Einfluß Besenvals, der sie davon überzeugt hatte, daß Aiguillons Exil nur ein »erster Schritt« sei; sie solle sich von nun an »Minister verschaffen«, die ihr ganz ergeben seien. Darüber hinaus hatte er ihr vorgeschlagen, sich eine Zeitlang Maurepas anzunähern, wobei dieses Kalkül darauf hinauslief, Turgot sein Amt zu verleiden. Wäre dieser erst einmal weg und Maurepas zu alt, so wäre der Weg für Choiseul frei. Deshalb setzte die Königin Maurepas entschieden unter Druck: »Sie kennen meinen Wunsch«, sagte sie zu ihm »an Ihrer Seite zu schreiten. Es handelt sich um das Staatswohl, das Wohl des Königs und also um das meinige. Herr von La Vrillière wird sich zur Ruhe setzen, und ich will seinen Posten für Herrn von Sartine... Ich möchte Ihre Freundin sein; es hängt nur von Ihnen ab, ob dies geschieht. Sie kennen die Bedingungen.«

Marie Antoinettes Eifer verwunderte den Mentor, und er wollte das Manöver, das er durchschaut hatte, zu Fall bringen. Zwar fühlte er sich durch die Annäherung der Königin geschmeichelt, aber ebenso wie Turgot legte er großen Wert auf die Mitarbeit Malesherbes'. Maurepas und Turgot hofften, daß der Vorsitzende des Steuergerichtshofes die Reform des königlichen Hofstaates, wo drakonische Sparmaßnahmen notwendig waren, verwirklichen würde. Turgot wünschte sich brennend, diesen engen Freund der Philosophen im Kabinett empfangen zu können, während gleichzeitig die Versammlung des Klerus tagte. Seit der Absetzung Lenoirs, dem Schützling Sartines, waren die Beziehungen zwischen Generalkontrolleur und Marineminister ziemlich gespannt. Die mögliche Anwesenheit des letzteren im Ministerium des königlichen Hofstaates hätte Turgot behindert. Wenn außerdem die Marineangelegenheiten einem so unfähigen Manne wie Ennery anvertraut würden, wären die Folgen äußerst ärgerlich. Nun hatte Turgot den glücklichen Einfall, den vertrauten Vorleser der Königin einzuweihen, und dieser Abbé von Vermond versprach, seine Herrin für Malesherbes' Sache zu gewinnen. Zugleich bemühten sich Maurepas und Turgot darum, die Entscheidung des Königs zu bekommen. Sie erhielten sie ohne allzu große Schwierigkeiten.

Eigentümlicherweise war es der designierte Minister selbst, der ablehnte, in die Regierung einzutreten. Wir erinnern uns, daß Malesherbes im Vorjahr das Amt des Justizministers zurückgewiesen hatte. Er war ein philosophischer Gerichtsbeamter, ein Mann des Denkens, dem die Handlung widerstrebte, und er hatte, als Erbe einer langen Reihe verdienstvoller Juristen, Tausende von Seiten mit seiner großen, schrägen Schrift gefüllt. Er schrieb Abhandlungen über das Wesen der Macht und die Mechanismen der Institutionen. Mit der Einfachheit des Bürgers, dem die Eitelkeiten dieser Erde fernliegen, flüchtete er ins Grüne, um sich zu zerstreuen. Er sammelte Kräuter und hielt seine pflanzenkundlichen Beobachtungen schriftlich fest. So erreichte er den Höhepunkt seiner Karriere: Er wurde Vorsitzender des Steuergerichtshofes, Vorsteher der königlichen Bibliothek und Mitglied der Académie française. Er liebte die Einsamkeit, die Juristerei und die politische Philosophie, zu schreiben und seine Ideen vorzutragen, wenn er sie ausgearbeitet hatte.

Heute erscheint uns Malesherbes als ein politischer Denker, der seiner Zeit voraus war. Er ist der Typus des großen Liberalen des 19. Jahrhunderts. Vor 1789 mochte sein Denken in den Augen mancher Zeitgenossen als subversiv gelten. Er ist ein Anhänger der Rückkehr der souveränen Gerichtshöfe, aber trotzdem prangert er deren Mißbräuche an. Am 6. Mai 1775 trägt er die längsten Remonstranzen vor, die der Steuergerichtshof jemals gehört hat. In dieser regelrechten Anklagerede gegen den Verwaltungsdespotismus und die Willkür der Steuerjustiz erwähnt er auch die skandalösen *lettres de cachet*, welche »die Freiheit der Bürger verletzen«. Allerdings betont er sein Vertrauen in die königliche Justiz und wendet sich unmittelbar an den Herrscher, um ihn zu beschwören, in eine »direkte Kommunikation« mit »der Nation« zu treten. Bis zur Einberufung von Generalständen, welche die Gesuche der Franzosen formulieren sollen, fordert er die Einrichtung von Provinzialständen, »die dazu ermächtigt sind, als Verteidiger der Armen, Schwachen und Unterdrückten« zu fungieren.

Nachdem er diese Remonstranzen wohlwollend empfangen hatte, ließ Ludwig XVI. sie genauestens studieren, aber die »königliche Erklärung«, die er dem Gerichtshof durch den Grafen von Provence übermitteln ließ, bereitete Malesherbes und den anderen Richtern einiges Unbehagen. Der König begnügte sich damit, sie an die Ergebenheit zu erinnern, die sie der königlichen Macht schuldeten. »Die Gerichtsbeamten sind voller Eifer, aber die Einsicht in nahezu alle Verwaltungstätigkeiten ist ihnen entzogen worden«, entgegnete daraufhin Malesherbes, und er fügte hinzu: »Die Völker spüren ihr Unheil, aber es fehlt ihnen ein Organ, um sich Gehör zu verschaffen.«

Das offensichtliche Einverständnis zwischen Turgot und Malesherbes war durchaus mit Maurepas zu teilen. Aber wie würde die Beziehung zum König aussehen? Malesherbes wußte von der Voreingenommenheit des Königs gegen die Philosophen, war über die königliche Erklärung aufgebracht und ahnte, daß der König seine Vorstellungen nicht teilen würde. Des weiteren war ihm die Feindschaft der Königin gegen seine Person nicht verborgen geblieben. Und schließlich sah sich der Präsident des Steuergerichtshofs außerstande, die Aufgaben eines Ministers zu erfüllen: »Ich werde keinen guten Minister abgeben. Ich habe keinen Charakter«, hatte er dem völlig verdutzten Erzbischof von Aix erklärt.

Als Maurepas, Turgot und Véri sich bemühten, ihm seine Einwilligung abzuringen, brachte Malesherbes, seiner Gewohnheit gemäß, seine Überlegungen zu Papier: »Ich habe Frankreich unter Ludwig XV. dahinsiechen sehen. Es gab dafür viele Gründe, aber einen Hauptgrund, von dem alle anderen abgeleitet sind. Es handelt sich darum, daß die Angelegenheiten jedes Ministers entweder von anderen Ministern oder von mächtigeren Personen durchkreuzt wurden, und dies wird bald unweigerlich geschehen«, schrieb er, indem er den Ehrgeiz der Königin erwähnte. Ohne einen einzigen Augenblick daran zu denken, daß einige geschickte Reden und entschlossenes Vorgehen die Aktionen dieser liebenswürdigen »Dame Leichtfuß« neutralisieren könnten, zog der gestrenge Jurist es vor, auf seine Berufung ins Kabinett zu verzichten. »Es schadet dem öffentlichen Wohl und der rechten Ordnung, wenn jemand zum Minister berufen wird, der der Königin nicht genehm ist. Ich könnte dieses Amt nur annehmen, wenn die Königin selbst es von mir verlangen würde.«

Obwohl enttäuscht, ließen Maurepas, Turgot und Véri ihr Vorhaben zunächst noch nicht fallen, sondern malten Malesherbes die drohende Rückkehr Choiseuls mit finsteren Farben aus. Dann beschloß Maurepas, noch stärkere Druckmittel zu benutzen. Am 30. Juni wurde Malesherbes mitten in der Nacht von einem Kurier des Königs geweckt. Die Antwort des designierten Ministers war zwiespältig. Verzweifelt sandte ihm Turgot einen weiteren Brief und beruhigte ihn über die Absichten der Königin: »Der Rückenwind, der sie heute treibt, wird sie nicht lange gegen die öffentliche Meinung, die Entschlossenheit des Königs und die Einigkeit des Ministeriums unterstützen... Der König«, fügte er hinzu, »erkennt seine Lage und weiß, daß die Ernennung der Minister gänzlich ohne die Königin geschehen muß, damit die Kabale zum Stillstand kommt...« Diesem Brief seines Generalkontrolleurs hatte der König ein drängendes Billett beigelegt. Besiegt und widerwillig stimmte Malesherbes dem Amt zu, das Ludwig XVI. ihm aufdrängte. »Ich werde keine Gelegenheit auslassen, Eure Majestät darum zu bitten, sich um die Ernennung meines Nachfolgers zu kümmern«, antwortete er dem König prompt.

Seine Berufung an die Spitze der Verwaltung des königlichen Hofstaates löste einen Freudentaumel aus. »In jeder Hinsicht ist dies eine Regierung der Vernunft und der Tugend. Ich glaube, jetzt können wir daran denken zu leben«, schrieb Voltaire, dessen Begeisterung keine Grenzen kannte. »Herr von Malesherbes wird sich an dem Beispiel seines Großonkels, des Gerichtspräsidenten Lamoignon, orientieren; Herr Turgot wird ihm mit allem Edelmut und aller Festigkeit seiner Seele beistehen; Ludwig XVI. wird es sich zur Pflicht machen, dem Heiligen Ludwig nachzueifern«, fuhr er fort. Überall gab es Episteln, Gedichte und Huldigungsschreiben zu Ehren des Präsidenten des Steuergerichtshofes, die überlicherweise mit einem Lob Turgots verbunden wurden.

Nur die Königin und ihre kleine verschworene Gesellschaft zeigten dem tugendreichen Minister die kalte Schulter. Indes waren Vermond und Mercy-Argenteau aufrichtig von Turgots und Malesherbes' Fähigkeiten überzeugt und bemühten sich darum, Marie Antoinette günstiger zu stimmen. Zwar trat die Königin dem Präsidenten des Steuergerichtshofes mit liebenswürdiger Miene gegenüber, aber sie empfand diese Ernennung als persönliches Scheitern, für das sie Turgot verantwortlich machte, dem sie von nun an besonders kühl begegnete. Besenval spielte weiterhin seine Rolle der grauen Eminenz und des Agenten Choiseuls. Immer noch ging es darum, Turgot zu stürzen, indem man sich Maurepas' bediente, da die Stellung des letzteren unangreifbar schien. Besenval umschmeichelte nun Maurepas: Er beschwichtigte ihn bezüglich der Absichten Choiseuls, der – so behauptete er – endgültig auf die Macht verzichtet habe. Maurepas antwortete nicht, aber nun ging Besenval zum Angriff auf Turgot über, indem er darauf anspielte, daß »gefährliche Theorien das Königreich erschütterten«, und erweckte so von neuem die Zweifel des Mentors am freien Getreidehandel. Er bezichtigte Turgot, das Vertrauen des Königs monopolisieren zu wollen, und beendete seine Rede geschickt mit einem Lob auf die Königin. Gleichzeitig drängte er Marie Antoinette dazu, sich dem Mentor anzunähern, da ihre Beziehung seit der Ernennung von Malesherbes etwas gespannt war. Immer wenn er mit der Königin zusammentraf, betonte er den großen Gewinn, den sie aus einer weiteren Annäherung an den wichtigsten Minister ihres Gatten erzielen könnte.

Der König, der viel zu sehr mit den Reformen und seinen täglichen

Jagdausflügen beschäftigt war, hatte keine Ahnung von all diesen Intrigen, die sich um ihn herum entwickelten. Trotz ihrer üblichen Unbesonnenheit und ihrem Leichtsinn sagte Marie Antoinette ihm kein Wort davon. Sie ließ Besenval für sich handeln. Auf dessen Ratschlag hin empfing sie Maurepas. Das Gespräch hatte kaum begonnen, als der König eintrat. »Ich habe erkannt«, sagte sie, »daß ich mich bezüglich Herrn von Maurepas geirrt habe, und ich möchte Ihnen sagen, daß ich mit ihm sehr zufrieden bin.« Voller Freude umarmte Ludwig XVI. seine Frau und drückte seinem Minister die Hand. Im Eifer der Gefühle ließ die Königin ihre Perücke fallen, und Maurepas beeilte sich, sie aufzuheben. »All dies schuf eine Mischung aus Rührung und Heiterkeit, die in eine Stimmung mündete, welche bis zum heutigen Tag nicht unterbrochen wurde«, schrieb Véri im November 1775 über diese Begegnung zwischen der Herrscherin und Maurepas.

Der König, die Königin und Maurepas verstanden sich großartig, während der Stern von Turgot allmählich erlosch. Bald versuchten Choiseuls Freunde, den Mentor davon zu überzeugen, die Königin an seiner Arbeit mit dem König teilnehmen zu lassen. Wohl spürte der alte Höfling die Gefahr; auch verpflichtete er sich, einige Grillen der Herrscherin zu befriedigen, um zu verhindern, daß sie sich in das politische Spiel gefährlich einmischte. So erlaubte er zum Beispiel die Wiederherstellung des Amtes der Oberintendantin des Hofstaats der Königin, das der Prinzessin von Lamballe zugute kam. Äußerst aufwendig und völlig überflüssig, war dieses Ministeramt der Frivolität von Marie Antoinette gefordert worden, um ihre neue vermeintliche Anerkennung zu genießen. Turgot zeigte sich darüber betroffen.

Indes führte das Kabinett die Reformen fort, deren Gestaltung der »Mehlkrieg« brutal unterbrochen hatte. Kaum von Reims zurückgekehrt, hatte Turgot die Reorganisierung der Munitionsverwaltung abgeschlossen, die er unter die Verwaltung Lavoisiers stellte. Danach widmete er sich dem Transportproblem. Er wollte Frankreich mit einem neuen Wegenetz ausstatten, um die Verbindungen und den Handelstransport zu erleichtern. Er wollte die Frondienste abschaffen und diesen alten Brauch durch eine Steuer ersetzen, da er der Meinung war, daß der Frondienst die Arbeit und die Einnahmen der Landwirtschaft beeinträchtigte und auch sonst eine widerwärtige Maßnahme war. Noch bevor er diesen Plan, der ihm besonders am Herzen lag, verwirklichte, begann er sich mit dem Verkehr auf dem bestehenden Wegenetz zu beschäftigen.

Der von Privatunternehmen, die dafür Konzessionen gekauft hatten, gesicherte Handelsverkehr war damals sehr schwierig. Die alten und schweren Wagen erreichten die Stationen für den Gespannwechsel niemals pünktlich, und die Reisen waren endlos. Turgot hielt es für günstig, die Transporte unter staatliche Regie zu stellen, und verscherzte sich damit die Sympathien der Privatunternehmer, die sich trotz der versprochenen Ablösungssummen ruiniert glaubten. Sodann ersetzten leichte Wagen mit vier, sechs oder neun Plätzen, die bald »Turgotines« genannt wurden, die alten Gespanne. Leicht, gut gefedert, von Pferden gezogen, die alle zwei Stunden an den Poststationen ausgewechselt wurden, gewannen sie die Öffentlichkeit für sich. Von nun an fuhr man in weniger als sechs Tagen von Paris nach Bordeaux, während die konzessionierten Unternehmen bis dahin für die gleiche Reise vierzehn Tage gebraucht hatten. Für andere Strecken galt das gleiche.

Zur großen Enttäuschung der Königin, die wieder einen Kandidaten vorschlagen wollte, wurde die Oberintendanz der Post, die seit Choiseuls Entlassung unbesetzt war, dem Generalkontrolleur der Finanzen zuerkannt. Nach der Einführung des Güterschnellverkehrs, der diese Poststationen benutzte, konnte dies kaum überraschen. Turgot, der von nun an das Sagen über das Transportwesen und die Poststellen hatte, wollte außerdem das Abfangen privater Korrespondenzen unterbinden. Aber dank der bedingungslosen Unterstützung des Königs behielt Rigoley von Oigny sein »abscheuliches, kleines Ministeramt« bei seinem Herrn, der darüber ganz zufrieden war. Der Direktor des »schwarzen Kabinetts«* Ludwigs XVI. wurde damit zu einer Figur, vor der sich auch die Minister keine Blößen geben durften.

Turgot wollte die Verwaltung, die er zu zentralistisch fand, erneuern und den Mißbrauch vonseiten des Fiskus abschaffen. Er gab Du Pont de Nemours den Auftrag, eine Denkschrift über die Stadträte (Munizipalitäten) zu verfassen. Dieses anspruchsvolle Projekt, das der Generalkontrolleur seit Jahren verfolgte, sah eine Abfolge von Versammlungen vor, deren Mitglieder von den höchstbesteuerten Bürgern, also von den Grundbesitzern, vertreten werden sollten, was ganz den Grundsätzen des entstehenden Liberalismus entsprach. So sollte es Stadträte, Bezirksversammlungen und Provinzialversammlungen geben. Die erstgenannten sollten alle lokalen Probleme verwalten und die Steuern auf die Einwohner verteilen. Die Bezirksversammlungen, deren Mitglieder von den Ab-

---

* Das schwarze Kabinett fing heimlich Briefe ab, die dann dem König vorgelegt wurden. (Anm. d. Übers.)

geordneten der Munizipalitäten gewählt würden, sollten sich um die Verteilung der Steuern auf die Gemeinden und die Vertretung lokaler Interessen auf der Bezirksebene kümmern. Sie sollten ihrerseits Abgeordnete zu den Provinzialversammlungen schicken, die die Verwaltung der Provinz kontrollieren sollten. Schließlich sollte eine Generalversammlung aus Abgeordneten aller Provinzialversammlungen gebildet werden, die die gesamte Steuermasse unter Berücksichtigung der ökonomischen Bedürfnisse des Königreiches auf die Provinzen verteilen würde. Sie war als eine regelrechte Verbindung zwischen König und Nation vorgesehen. Allerdings behielt der König bei diesem Projekt, das eine Art embryonaler Nationalversammlung vorsah, die gesamte vollstreckende Gewalt, da die Versammlung im Prinzip keine Gegenmacht darstellte. Ihre Rolle erschöpfte sich darin, die Verwaltung den Untertanen näherzubringen, hauptsächlich durch ein gerechteres Steuerwesen. Bei einer geringen steuerlichen Belastung könnten die Bürger des Königreiches höhere Erträge erwirtschaften und würden überdies konsumfreudiger sein. Die Wirtschaft würde aus einem solchen System also großen Gewinn erzielen. Darüber hinaus entsprach diese Denkschrift über die Munizipalitäten der Konzeption einer neuen Gesellschaft, die sich nicht mehr auf die Geburt, sondern auf den Besitz gründete und in der das Zunftwesen keinen Platz mehr hatte.

Turgot glaubte fest an dieses Projekt, das nichts anderes war als der Entwurf einer Verfassung, deren Anwendung die wirtschaftlichen, sozialen und politischen Strukturen des Königreichs erschüttert hätte. »Der Ursprung des Unheils, Sire, rührt daher, daß Ihre Nation keine wirkliche Verfassung hat«, behauptete der Generalkontrolleur der Finanzen gegenüber seinem Herrn. Ohne die Denkschrift unmittelbar zu kennen, entnahm Ludwig XVI. ihren Inhalt den Berichten, die sein Minister ihm selbst laufend erstattete. Dieser vertrat seine Ideen mit Leidenschaft und war davon überzeugt, daß er seinen Herrn wieder einmal überzeugen könnte. Aber er stieß auf die stumme Ablehnung des Königs, der, obwohl er Turgot so sehr bewundert hatte, allmählich begann, gereizt auf seinen Minister zu reagieren: Turgot war allzu aufgeklärt, er wollte alles erneuern, alles beherrschen. Zum ersten Mal entschlüpfte Ludwig XVI. eine abfällige Bemerkung über den Generalkontrolleur: »Nur seine Freunde scheinen verdienstvoll zu sein, nur seine Ideen scheinen gut zu sein«, sagte er in seiner Abwesenheit etwas bitter.

Den Munizipalitätenplan Turgots anzunehmen bedeutete, ein für alle Mal mit den Grundgesetzen des Königreiches, als deren Treuhänder sich der König verstand, zu brechen. Diesbezüglich hatten ihn seine Lehrer streng vor jeder Änderung gewarnt, und der Krönungseid hatte diese Grundsätze in ihm noch vertieft. Die Anerkennung dieses Plans hätte letztlich eine Begrenzung seiner Macht bedeutet, die er als absolute verstand und die ihm von Gott verliehen war.

Der Generalkontrolleur kannte die Gefühle des Königs, die ihm zweifelsohne überholt vorkamen. Indes blieb er davon überzeugt, daß Ludwig XVI. nach und nach seine Ansichten teilen würde. »Ich wollte ihm Zeit geben, sich zu bilden und sich durch seine eigenen Überlegungen von der Notwendigkeit der Beschränkung seiner Macht zu überzeugen, um die Idee jener Gerechtigkeit zu verwirklichen, die er seinem Volke schuldig ist«, sagte er zwei Jahre später seinem Freund Véri, als Neckers Provinzialplan veröffentlicht wurde.

So verzichtete Turgot auf sein großes Projekt, und Ludwig XVI. begann, den Kritikern seines Ministers mehr Beachtung zu schenken: der Königin, die ihn unmittelbar und manchmal gnadenlos angriff, dem Hofe, der hinterlistig und oft dumm argumentierte, und Maurepas, dessen Einwände um vieles subtiler und schwerwiegender waren. Da brachte ein anonymer Brief, den der Mentor auf seinem Schreibtisch fand, ihn endgültig gegen Turgot auf. Der Generalkontrolleur wurde darin als geschworener Feind des wichtigsten Ministers bezeichnet; man bezichtigte ihn, dessen Posten zu beanspruchen und die Ernennung Malesherbes' gefördert zu haben, um ihm nach dem Weggang Maurepas' das Finanzministerium zu geben. Obwohl er derartigen Verleumdungen keinen Glauben schenkte, konnte Maurepas nicht umhin, sich über Turgot zu ärgern, dessen Selbstsicherheit und überzeugender Schwung in Widerspruch zu seinem eigenen laxen Skeptizismus standen. Es gelang ihm, dem Herrscher seine wachsende Mißgunst durch listige und gern mit Untertreibungen spielende Reden mitzuteilen.

Die Kritik an Turgot wurde zum Hauptgesprächsstoff des Hofes. Von den ersten Maßnahmen des Generalkontrolleurs geschädigt, begannen die Finanzleute gleichsam ein vorbeugendes Fluchkonzert gegen dessen künftige Reformen anzustimmen. Sie spielten sich als Verteidiger des durch die Freiheit des Getreidehandels ausgehungerten Volkes auf und beschuldigten den Generalkontrolleur sowohl die Nation wie den Staat zu ruinieren. Alles diente als Vorwand zur Kritik. Die verhältnismäßig bescheidene Hochzeitsfeier von Madame Clotilde, der Schwester des Königs, mit dem Prinzen von Piemont diente zum Beispiel als Anlaß, die Knausrigkeit des engstirnigen Ministers zu denunzieren.

Währenddessen ist das aufgeklärte Europa von seiner Arbeit begeistert: »Herr Turgot ist unser Held«, schreibt die Fürstin von Kaunitz an Véri, »er wird das Glück der Nation auf festen Grundlagen errichten, wenn man ihm nur freie Hand läßt... Die schönen Tage Frankreichs werden wiederauferstehen, und Sie können sich nicht vorstellen, wieviel Ansehen es dank der vernünftigen Leitung durch Ihre Freunde zurückgewonnen hat.«

Die Präsenz Turgots und Malesherbes im Kabinett nährte die Sorgen der frommen Partei, die zutiefst erschrocken war, als sie erfuhr, daß der Generalkontrolleur es gewagt hatte, Ludwig XVI. eine Denkschrift über die Toleranz zu übergeben. Außerdem verlangten sie laut und ungestüm die Beibehaltung der Gesetze über das Buchwesen, da sie davon überzeugt waren, daß nur eine strenge Zensur die Verbreitung ruchloser Ideen verhindern könnte. Ihre Verurteilung der Toleranz führte sie dazu, die sofortige Wiederanwendung der ein Jahrhundert zuvor gegen die Protestanten erlassenen Maßnahmen zu verlangen. Dies hätte bedeutet, den Reformierten zu verbieten, ganz normal inmitten der Nation zu leben. In der Praxis hatte sich die Lage der Protestanten seit dem Ende der Regierungszeit Ludwigs XV. bedeutend verbessert, und der junge König, von Turgot beeinflußt, zeigte sich ihnen gegenüber äußerst tolerant. Erzbischof von Beaumont bewies erneut seine besondere Engstirnigkeit, indem er Maurepas vorschlug, ein Gesetz zu erlassen, das die gesamten seit Franz I. verkündeten Maßnahmen gegen die Reformierten wiederaufnahm, um so die wahre religiöse Einheit des Königreiches herzustellen. Aber in solchen Dingen war Maurepas stets besonders geschickt, und er konnte dem Pariser Erzbischof höchst liebenswürdig widersprechen, ohne daß dieser beleidigt gewesen wäre.

Dennoch führten die Frommen ihre Offensive gegen die Aufklärung eifrig weiter: Sie legten dem König »Remonstranzen« vor und baten ihn inständig, daß er »zu sehen geruhe, von welcher Bedeutung es sei, mit einer Fülle von Angriffen Schluß zu machen, die so viele Schriftsteller jeden Tag gegen die Religion richten, so daß die Gedanken- und Schreibfreiheit ihr Gift in alle Bevölkerungsklassen spritzt und die Auflösung der Sitten – als unweigerliche Folge zügelloser Grundsätze – sich also immer mehr verbreitet«. Ludwig XVI. ließ sich von einem solchen Appell, der auf Gewaltmaßnahmen hinauslief, nicht beeindrucken. Er antwortete den erzürnten Prälaten gelassen, daß er immer auf die Religionspflege und die Aufrechterhaltung der guten Sitten achten werde und daß er sich auf seine Bischöfe verlasse, die ihren Schäflein gewiß das geeignete Vorbild bieten würden, um den Glauben und die Tugendhaftigkeit wiederzubeleben.

Die Bischöfe gaben sich jedoch nicht geschlagen. Wenig später griffen sie erneut die Reformierten an. Obwohl er die Ketzerei natürlich nicht verteidigte, lehnte Ludwig XVI. eine repressive Politik gegen sie ab. So bewiesen der König und das Kabinett eine feste und gemäßigte Haltung gegen den hohen traditionalistischen Klerus. Am Vorabend ihrer Auflösung beschloß die Versammlung des Klerus 1775 eine »freiwillige Abgabe«* von sechzehn Millionen Pfund; man hatte jedoch nur zehn Millionen erwartet. Der König und die Minister waren darüber erfreut, während Turgot bereits neue Reformen vorbereitete.

Trotz der Zwietracht im Kabinett, ungeachtet der Intrigen, die laut und deutlich gegen ihn gesponnen wurden, und der Kritik des Königs, der langsam anfing, an ihm zu zweifeln, setzte Turgot seine Pläne weiterhin in die Tat um und bestätigte sich immer noch als der entscheidende Mann der Regierung. Die Umstände, unter denen ein neuer Kriegsminister ernannt wurde, beweisen es.

Am 10. Oktober 1775 verstarb plötzlich der Marschall von Muy. Der Tod des alten Militärs löste wenig Bedauern aus. Seine Nachfolge mußte rasch gesichert werden. Bereits am folgenden Tag erschien Turgot bei Maurepas. »Ich habe einen Einfall«, sagte er ihm, »den Sie vielleicht lächerlich finden werden; aber da ich ihn nach reiflicher Überlegung für gut halte, will ich mir später mein Schweigen nicht vorzuwerfen haben. Ich habe an Herrn von Saint-Germain gedacht.« – »Nun gut«, antwortete Maurepas, »wenn Ihre Einfälle lächerlich sind, sind die meinigen es ebenso, denn ich werde nach Fontainebleau fahren, um ihn dem König vorzuschlagen.« Im allgemeinen waren die beiden Minister, wie erwähnt, bei der Auswahl ihrer Mitarbeiter einer Meinung. Beide befürchteten, daß die Königin – von Besenval beeinflußt – den Marquis von Castries, einen Freund Choiseuls, vorschlagen würde.

Eine so extravagante Persönlichkeit wie der Graf von Saint-Germain verdient, daß man kurz bei ihr verweilt. Er war Novize bei den Jesuiten gewesen, die er aber bald verlassen hatte, um die Militärlaufbahn einzuschlagen. Als Dragoneroffizier im Dienste Österreichs und Bayerns hatten seine Talente ihn hervortreten lassen, so daß Moritz von Sachsen ihn für sich gewinnen wollte. Besonders zu Beginn des Siebenjährigen Krie-

---

* *Don gratuit*, mit dem sich der Klerus von Besteuerungen, wie dem Zwanzigsten, freikaufte. (Anm. d. Übers.)

ges stieg er rasch in seinem Dienste auf, bis ein böser Zwist mit dem Marschall von Broglie seine Karriere zerstörte. Saint-Germain quittierte den Dienst und ging nach Dänemark, wo er die Armee neu gestaltete. Nach sechs guten und rechtschaffenen Dienstjahren brachte sein schrulliger Charakter ihm eine aufsehenerregende Absetzung ein. Etwas verbittert beschloß er, das Soldatenleben an den Nagel zu hängen, um sich der Landwirtschaft zu widmen, und ließ sich auf seinen Ländereien im elsässischen Lauterbach nieder. Als Militärphilosoph verbrachte er den Großteil seiner Zeit damit, »Denkschriften über das Militär« zu verfassen, die er den französischen Kriegsministern sowie auch anderen hohen Persönlichkeiten schickte. Der Ruf des alten Soldaten ging weit über die Grenzen seiner Provinz hinaus. In der aufgeklärten Welt waren seine Fähigkeiten bekannt. Malesherbes war ein eifriger Leser seiner Denkschriften und der erste, der ihn Turgot empfahl. Der König ließ sich schnell überzeugen. »Er steht auf keiner Seite«, sagte er, »und dies ist ein Grund, ihn zu berufen«. Einer Empfehlung seiner Minister folgend, die eine Intrige der Königin vermeiden wollten, bat er diese zuvor pro forma um ihre Meinung. »Ich habe nichts zu sagen, ich bin weder für noch gegen ihn, da ich ihn nicht kenne«, schrieb Marie Antoinette an ihre Mutter. Der Clan Choiseuls war übergangen worden; die Minister und der König hatten gesiegt.

Saint-Germains Dienstantritt war pittoresk. Der Bote des Königs, der ihm das Berufungsschreiben überbrachte, überraschte den künftigen Minister, als er gerade dabei war, mit der Schlafmütze auf dem Kopf seine Hühner zu füttern... »Er weinte vor Freude und Dankbarkeit« und erbat sich einige Tage Frist, um sich einen ordentlichen Rock schneidern zu lassen, der es ihm erlaubte, vor dem König zu erscheinen. In Fontainebleau, wo sich der Hof aufhielt, traf er mit einem bescheidenen Gespann ein und konnte nur in einem verrufenen Hotel unterkommen, da – wie man ihm sagte – alle anderen Zimmer der Stadt für das Gefolge des neuen Kriegsministers reserviert seien, der jeden Augenblick erwartet werde. Malesherbes und Maurepas wurden benachrichtigt und holten Saint-Germain in dieser sonderbaren Unterkunft ab.

Gleich am nächsten Tag traf er sich mit Ludwig XVI., der ihn überaus herzlich empfing. Die aufgeklärte Meinung begrüßte die Nachricht dieser Ernennung mit einem ähnlichen Begeisterungssturm wie dem, der einige Wochen früher Malesherbes' Eintritt ins Kabinett gefeiert hatte. Man nahm an, daß der neue, als rechtschaffen geltende Minister viele Mißbräuche abstellen würde. Die Militärs schienen jedoch geteilter Meinung zu sein: Die einen bejubelten die Tatsache, daß einer der Ihren, der für seine Weisheit und seine Kenntnisse bekannt war, diese hohe Aufgabe übernehmen sollte; andere dagegen fürchteten seinen systematischen Geist und meinten, er habe »die französische Empfindsamkeit verloren«, als er fremden Herrschern diente.

Mit so vielen aufgeklärten Männern wirkte das Ministerium einiger denn je. Dennoch beruhte sein Gleichgewicht auf dem guten Einverständnis zwischen Maurepas und Turgot. Und gerade diese Beziehung war keineswegs ausgewogen. Zu seinem größten Bedauern sah sich Véri in der Rolle des ständigen Vermittlers. Turgot, der mit der Ausarbeitung seiner neuesten Projekte beschäftigt war, ließen die gegensätzlichen Leidenschaften in bezug auf seine Person immer gleichgültiger. So als wüßte er, daß seine Tage gezählt waren, entwickelte er seine Ideen immer geradliniger, denn er war von der Notwendigkeit überzeugt, daß schnell gehandelt werden müsse. Von einem regelrechten »Wahn des öffentlichen Wohls« besessen, sperrte er sich tagelang ein, um seine Denkschriften zu schreiben. »Indem ich all meine Stunden zur Verfügung stelle, werde ich wenigstens getan haben, was in meiner Macht steht, und es werden ebenso viele Mißstände sein, von denen ich das Volk befreit habe«, meinte er zu Véri. Er vertrat seine Ideen mit so viel Autorität, daß es ihm sogar gelang, den Unwillen derjenigen zu erregen, die ihm bisher am wohlsten gesonnen waren.

Gegen Ende des Jahres 1775 beendete er die Ausarbeitung von sechs Gesetzen, und am 6. Januar des neuen Jahres legte er diese Pläne auf den Arbeitstisch des Königs. Drei dieser Gesetze waren weniger bedeutend. Es handelte sich um eine Verordnung für die Hallen, Kais und Häfen von Paris, um die Abschaffung der Zahlstelle von Poissy und um die Tierfettsteuer. Dies waren eigentlich Routinesachen. Anders verhielt es sich mit drei weiteren Gesetzen. Eines betraf die Getreidepolizei von Paris. Es war im Sinne der neuen Getreidepolitik verfaßt, und die Gefahr bestand, daß sich der Streit, der mit dem »Mehlkrieg« beendet worden war, erneut entfachte. Zu einer Zeit, da der Brotpreis immer noch sehr hoch war, konnte eine Maßnahme, die die Getreidehandelsfreiheit in Paris festschrieb, heftigen Streit im Parlamentsgerichtshof und ernste Debatten in der aufgeklärten Welt heraufbeschwören. Die beiden anderen Gesetze stellten die Grundstrukturen der Gesellschaft in Frage: Es handelte sich darum, einerseits den Frondienst und andererseits die Zünfte abzuschaffen. Damit ging die Bedeutung dieser beiden Gesetzestexte weit über alles hinaus, was man sich damals vorstellen konnte.

Wir haben bereits gesagt, daß Turgot den Frondienst aus wirtschaftlichen und sozialen Gründen abschaffen wollte. Die Bauern sollten nicht mehr aus der Feldarbeit herausgerissen werden, um tagelang Straßen zu bauen und auszubessern. Der Augenblick war gekommen, mit diesem feudalen Brauch – ein Merkmal der sozialen Abhängigkeit des Großteils der Bevölkerung – zu brechen und ihn durch eine Geldsteuer zu ersetzen. Der Ersatz des Frondienstes durch eine Steuer bedeutete keine wirkliche Erneuerung. Mehrere Intendanten hatten damit bereits – wie Turgot im Limousin – Erfahrungen gemacht, die im allgemeinen von Erfolg gekrönt waren. Diese Steuer war damals lediglich von den *taillables**, das heißt von den Nichtadligen bezahlt worden, während der Klerus und der Adel davon befreit blieben. An diesem Punkt barg das Edikt Turgots einen revolutionären Kern: Die Steuer, die den Frondienst ersetzen sollte, würde alle Benutzer von Wegen und Straßen treffen, unabhängig davon, ob sie dem Adel, dem Klerus oder den übrigen Ständen angehörten. Über kurz oder lang zielte diese Maßnahme also auf die allgemeine Steuergleichheit und insofern auf die Gleichheit vor dem Gesetz.

Das Edikt über die Zünfte war ebenfalls von großer Bedeutung. Es sah die Gewerbefreiheit als natürliches Recht vor: Jeder sollte von nun an den Beruf oder den Handel seiner Wahl ausüben, ohne über die polizeiliche Erklärung hinaus weitere Formalien zu erfüllen. Das bedeutete die Auflösung der alten Korporationen, denn die Zünfte hatten bisher die Handwerks- oder Handelsmonopole seit Generationen den gleichen Familien vorbehalten. Darüberhinaus unterband diese neue Verordnung die Entwicklung neuer beruflicher Körperschaften. Turgot wollte nicht nur »die finsteren Regeln, die aus Gier verfaßt und ungeprüft in den Zeiten der Ignoranz angewendet worden waren«, abschaffen, sondern darüber hinaus die Niederlassung dynamischer Unternehmer sowie die Rückkehr ausgewiesener protestantischer Familien fördern, die seit Generationen in Deutschland oder England lebten.

Der Generalkontrolleur hatte sich diese beiden Erlassestexte reiflich überlegt. Vor der Ausarbeitung des Frondiensterlasses hatte er mehrere Intendanten zu Rate gezogen, die nahezu alle für die Abschaffung waren. Also stellte er seinen Plan mit Unterstützung der königlichen Provinzialvertreter vor. Eine Denkschrift, die die Folgen des Gesetzes untersuchte, begleitete den im Kabinett vorgestellten Text.

---

* Diejenigen, die der *Taille*, der allgemeinen Kopfsteuer, unterlagen. (Anm. d. Hrsg.)

Sofort stieß Turgot auf den Widerstand von Miromesnil, der im Kabinett die Verfechter der Tradition vertrat und sich entschieden gegen eine Maßnahme stellte, welche die Rechte der Privilegierten antastete. Einen Monat lang tauschten der Justizminister und der Generalkontrolleur Argumente, Denkschriften und Akten aus. Bissig schrieb Miromesnil an Turgot, daß er »von den Antworten auf seine Anmerkungen wenig beeindruckt sei«. Turgot gab nur in einem Punkt nach: Er war damit einverstanden, dem Klerus weiterhin die Steuern zu erlassen.

Auch wenn es keinen vergleichbaren Streit entfachte, stellte das Gesetz über die Zünfte Turgot ebenfalls in Widerspruch zu seinen Ministerkollegen, die dem Liberalismus nicht alle wohlgesonnen waren.

In diesen Ratssitzungen voller Zwietracht hütete sich Maurepas, trotz der äußersten Höflichkeit, die weiterhin herrschte, einen Entschluß zu fällen. Er fürchtete die Reaktionen des Parlaments, und deshalb störte es ihn nicht, daß Miromesnil Turgot so heftig angriff. So nahm dieses überaus redliche Kabinett am Ende einen weisen Standpunkt ein: Der König selbst sollte entscheiden.

Am Sonntagabend, dem 4. Februar, legte Maurepas ihm die vollständigen Akten vor, die die Gesetzestexte, die Kritiken und die Antworten enthielten: »Es geht um Sie und den Fortgang Ihrer Regierung«, sagte er ihm. »Folglich muß Ihr Wille und nicht der Ihrer Minister sichtbar werden. Um ihn deutlich zu machen, müssen Sie ihn jedoch besitzen. Betrachten Sie das Problem von allen Seiten, nehmen Sie einen Standpunkt ein, der ganz der Ihrige ist, und es wird der einzige sein, der ausgeführt wird.« Diesmal hatte niemand die Entscheidung Ludwigs XVI. gelenkt.

Am folgenden Tag, um zehn Uhr morgens, als Maurepas in das Kabinett des Herrschers trat, hatte dieser alles schon zweimal gelesen. Er ließ sich die gesamten Texte ein drittes Mal vorlesen. »Ich will mich davon überzeugen«, sprach er, »daß ich wohlüberlegt nach meinem eigenen Gewissen entscheiden werde.« Der König unterschrieb die Gesetze und schickte sie sofort an den Parlamentsgerichtshof. Obwohl sie der Tradition, auf die er im allgemeinen besonderen Wert legte, widersprachen, schienen ihn diese Gesetzestexte, die er so genau studiert hatte, recht zu sein. Hatte er etwa ein Gespür für die soziale Ungerechtigkeit entwickelt, die er beheben wollte? Glaubte er, daß diese Maßnahmen ihn beliebt machen würden? Wollte er sich davon überzeugen, als aufgeklärter Prinz zu handeln? Niemand weiß es. Indes ist die Schnelligkeit seiner Entscheidung, die so manches Risiko mit sich brachte, erstaunlich.

Der König ahnte, daß der Parlamentsgerichtshof seinen Widerwillen bekunden würde; so war es dann auch. Dennoch hüllten sich die »Messieurs« einige Tage lang in Schweigen: die Ruhe vor dem Sturm. Dann ergoß sich eine Flut von Broschüren über Paris, die das Gesetzesprojekt des Generalkontrolleurs angriffen. Maurepas in Versailles bekam es mit der Angst zu tun; seine Beziehungen zum Parlament waren recht gut, und die Reaktionen der Privilegierten, die Turgot unisono verfluchten, beunruhigten den Mentor im höchsten Grade. »Obwohl er ein heller Kopf ist, der sich eine eigene Meinung bilden müßte, läßt sich Herr von Maurepas durch die öffentliche Meinung außerordentlich beeindrukken«, bemerkte Turgot mit einer gewissen Verbitterung. Im Kabinett behielt Miromesnil seine höfliche und zurückhaltende Haltung gegenüber dem Generalkontrolleur bei; Vergennes, Sartine und Saint-Germain legten eine kühle Neutralität an den Tag; nur Malesherbes unterstützte den Freund, aber pessimistisch wie er war, sah er die schlimmsten Ärgernisse voraus und beschwor Turgot, auf sein Projekt zu verzichten. Der Generalkontrolleur dachte im Traum nicht daran. Er hatte die feste Unterstützung des Königs. Während Ludwig XVI. seinem Zeitvertreib in der Schlossereiwerkstatt nachging, sagte der Arbeiter, den er eingestellt hatte, zu ihm: »Sire, ich sehe hier nur Sie und Herrn Turgot, die Freunde des Volkes sind.« Glücklich über dieses unerwartete und in seinen Augen zweifellos wichtige Zeugnis, wiederholte der König diese Worte gegenüber der Königin, die sie natürlich weiterverbreitete. So glaubte Ludwig, daß er gut regiere.

Am Samstag, dem 17. Februar, untersuchte der Parlamentsgerichtshof höchst offiziell die Gesetzesvorlagen und forderte den König auf, sie mit Ausnahme des Gesetzes über die Zahlstelle von Poissy, das ohne Schwierigkeiten registriert wurde, zurückzuziehen. Die Gerichtsbeamten bereiteten Remonstranzen vor, wie man es in Versailles erwartet hatte. Selbstverständlich wollte Turgot dieses Hemmnis überwinden und ermutigte den König, ein weiteres *lit de justice* einzuberufen, um die Registratur zu erzwingen. Ludwig XVI. schien dazu entschlossen, obwohl Maurepas schwankend blieb und sich seine Meinung, je nachdem, ob er mit dem Generalkontrolleur oder dem Justizminister sprach, ständig änderte. Letzterer nährte unter der Hand »durch sein geschicktes Verhalten, mit dem man den Leuten einerseits zu verstehen gibt, was man von ihnen erwartet, und sich zugleich die Möglichkeit vorbehält, es zu leugnen«, den Widerstandsgeist der Parlamentsgerichtsbeamten.

An der Spitze des Parlaments schürte der Prinz von Conti den kämpferischen Groll der »Messieurs«. Dieser alte Libertin gefiel sich in einer systematischen Opposition gegen alle Reformmaßnahmen. Man erzählte sich, sein Vermögen sei durch die Aufhebung der Zünfte gefährdet. Das Gelände des »Temple«, das ihm unterstand, war in der Tat der einzige Ort in Paris, wo die Regeln der Zunftordnung nicht galten. Er zog daraus erhebliche finanzielle Vorteile, die er mit der neuen Gesetzgebung verlieren würde. Sicherlich beeinflußten diese materiellen Aspekte den alten, von Krankheit ausgezehrten Prinzen; aber noch wichtiger war wohl für diesen verbrauchten Körper die belebende Wirkung des politischen Kampfes.

Malesherbes, der die subtilen Manöver der Parlamentarier sehr gut einschätzen konnte, warnte Ludwig XVI. vor den Intrigen dieses zügellosen entfernten Vetters, dessen Beispiel Schule machen konnte. Er unterstützte Turgot mit Nachdruck und verteidigte ebenfalls die Idee eines *lit de justice*, falls das Parlament die Registratur der Gesetze ablehnte. Davon überzeugt, für das Wohl seines Volkes zu handeln, folgte der König seinen beiden Ministern auf diesem Weg.

Am 7. März 1776 wurden die Remonstranzen des Parlaments dem König feierlich mitgeteilt. Entschieden konservativ und davon überzeugt, daß die Ungleichheit der Menschen göttlichen Ursprungs sei, wollte der Parlamentsgerichtshof die seit Jahrhunderten geltenden gesellschaftlichen Regeln beibehalten. Also bekämpfte er entschieden jedes Projekt, das dazu neigte, »unter den Menschen eine Gleichheit der Pflichten einzuführen und die notwendigen Unterscheidungen zu zerstören, was nur zur Unordnung führen würde. Dies wäre eine unvermeidliche Folge der absoluten Freiheit und würde den Umsturz der gesitteten Gesellschaft mit sich bringen, da ihre Harmonie nur durch die Stufenleiter der Macht, der Obrigkeiten, der Ordnungen und Unterscheidungen, die jeden auf seinen Platz verweisen, gewährleistet ist.« Es ging also nicht an, »alle Stände des Staates durcheinanderzuwürfeln, indem man ihnen das gleiche Joch der Territorialsteuer auferlegte«. In ihrer Unredlichkeit, die nicht mit der Verteidigung ihrer Privilegien zu entschuldigen ist, gingen die Gerichtsbeamten sogar so weit, die Nachteile des Frondienstes zu leugnen, und diese ganze Körperschaft, die sich als Verteidigerin des Volkes aufspielen wollte, scheute sich auch nicht, zu behaupten, daß die letzte Klasse der Nation, das heißt der dritte Stand, dem Staat keine so »hervorragenden Dienste« bieten könnte wie der Klerus oder der Adel. Also mußte er sich durch »die Abgaben, durch gewerbliche Tätigkeit und durch körperliche Arbeit« freikaufen.

Auch das Gesetz über die Zünfte, das die Privilegien der Parlamentsgerichtsbeamten nicht antastete, erweckte ihren Unmut. Die Parlamentarier mußten sich die Unterstützung der Bourgeoisie sichern, die darum besorgt war, ihre Privilegien zu behalten. Deshalb verteidigten sie die alte Gesetzgebung, die – so behaupteten sie – den Überfluß im Königreich sichere, und die Privilegien, welche die Herausbildung »jener alten und fruchtbaren Geschlechter erlaubt hatten, die, aus dem Handelsstand hervorgegangen, sich in allen Gesellschaftsständen verbreitet haben«.

Ludwig XVI. antwortete sofort: »Ich habe die Remonstranzen meines Parlamentsgerichtshofs untersucht. Sie enthalten nichts, was wir nicht vorhergesehen oder reiflich überlegt haben.« Im übrigen teilte der Herrscher den Gerichtsbeamten mit, daß er nicht vorhabe, die »Stände zu verwechseln« oder den Adel seiner Privilegien zu berauben. Er selbst ging mit gutem Beispiel voran, da er damit einverstanden war, künftig den Grundbesitz der Krone zu versteuern.

Die Parlamentsgerichtsbeamten gaben sich mit der königlichen Antwort nicht zufrieden. »Von Schmerz erfüllt«, richteten sie erneute Remonstranzen an den König und baten ihn, »sie selbst lesen zu wollen«. Dieser kleine ungeschickte Satz tangierte den Stolz Ludwigs XVI. Er veranlaßte ihn, die Machtprobe zu wagen. Er würde also am 12. März in Versailles ein neues *lit de justice* abhalten. Mit diesem klaren Entschluß verstimmte der König Maurepas, der schon seit einigen Tagen versucht hatte, ihn von der Position Turgots und Malesherbes' abzubringen. Der Mentor war sogar nahe daran, sein Amt niederzulegen und sich nach Pontchartrain zurückzuziehen. Die Liebe zur Macht, die ihn am Leben erhielt, hinderte ihn zweifellos daran, seinen Plan in die Tat umzusetzen. Er nahm sich zusammen, aber seine Mißgunst gegen Turgot war nun erheblich größer als nach dem »Mehlkrieg«.

Einige Stunden vor Beginn der feierlichen Sitzung herrschte ein Klima äußerster Spannung. Erneut wurden in Paris Flugschriften verbreitet, die die Uneinigkeit des Kabinetts und den Leichtsinn der Königin anprangerten (obwohl sie mit dieser Angelegenheit gar nichts zu tun hatte). Verschiedene Gerüchte waren im Umlauf. Man erzählte sich, daß ein Komplott geplant sei, das darauf abziele, die Stadt auszuhungern. Man sagte, daß der Prinz von Conti eine heftige Rede vor dem König halten würde, und noch viele andere Dinge... Die Polizei traf Vorkehrungen, damit die Bäckereien geöffnet wären und über genügend Vorräte verfügten. Der König beschloß, welche Haltung er gegenüber dem Prinzen von Conti einnehmen wollte: Er sollte sich müde reden, und danach sollte man ihm verbieten, noch einmal im Parlament zu erscheinen, indem man ihn in seinem Palais unter Hausarrest stellte.

Am 12. März wurde die Sitzung in Versailles bei großem Andrang eröffnet. Alle Prinzen hatten sich versammelt, und die Damen – bei solcher Gelegenheit eine Seltenheit – waren so zahlreich erschienen, daß man sie bat, ihre Körbe abzugeben. Ängstliche Blicke trafen abwechselnd den König, den Prinzen von Conti und den Herzog von Choiseul. Ein heftiger Streit zwischen den beiden Männern eröffnete praktisch die Sitzung. Choiseul, der eher liberal war, neigte zur Registrierung. Er dachte, sich die Gunst des Königs dadurch zu erwerben, daß er sich nicht als systematischer Gegner verhielt. Conti soll ihn wütend mit folgenden Worten angefahren haben: »Herr von Choiseul, bevor Sie ihr Amt übernahmen, waren Sie ein Windbeutel, im Amt waren Sie unverschämt, und seit Sie außer Dienst sind, entpuppen Sie sich als Kriecher!«

Als die Ruhe wiederhergestellt war, fühlte sich der Justizminister gezwungen, die Gesetze, die er bekämpfte, zu verteidigen. Als würdevoller Jurist zeichnete demgegenüber der Parlamentspräsident d'Aligre ein düsteres Bild von dem Frankreich, das ein Opfer dieser Maßnahmen würde. Während draußen die Schänken von Arbeitern überfüllt waren, »die allesamt das Schauspiel eines wahren Glücksdeliriums boten«, behauptete der Präsident gegenüber dem König: »Überall zeigt sich den erlauchten Blicken Eurer Majestät eine dumpfe Traurigkeit. Wenn Sie geruhen, Ihre Augen auf das Volk zu richten, so werden Sie sehen, wie niedergeschlagen es ist.«

Ein Gesetz nach dem anderen wurde untersucht. Jedesmal hielt Staatsanwalt Séguier eine Rede. Er begab sich nicht auf die gleiche Ebene wie der Parlamentspräsident. Er bekämpfte diese neue Gesetzgebung nur als Jurist und nicht als blinder Vertreter der Privilegierten. Von daher hatten seine Argumente mehr Gewicht. Er wollte das Eigentum gegen den Steuermißbrauch verteidigen, und als Ersatz für den Frondienst schlug er eine interessante Lösung vor, die ihm von Saint-Germain nahegelegt worden war: Die Armee sollte den Straßenbau übernehmen. Bezüglich der Zünfte vertrat Séguier das Prinzip der Reglementierung, da nur durch sie, so meinte er, für Qualität garantiert sei; gleichzeitig befürwortete er aber eine Reduzierung der Zahl der Korporationen.

Fünf endlose Stunden lang hörte Ludwig XVI. eine erneute Verlesung der Gesetze, vernahm die Kritik und betrachtete die unzufriedene Miene der Gerichtsbeamten. Die Beiträge Séguiers haben ihn angeblich »ergriffen und erschüttert«. Und welche Überraschung, als er sah, wie sich seine eigenen Brüder an diesem großen Tag als Gegner der Erlasse erwiesen! Als Miromesnil deren Meinungen einholte, bekräftigten Provence und Artois ohne Scheu ihre Opposition. Die »Zuschauer« dieses *lit de justice* – meist Höflinge – waren von der Kühnheit Séguiers geradezu begeistert: Der Staatsanwalt hatte sogar starken Beifall erhalten. Man erzählte sich, seine Rede sei göttlich gewesen.

Dennoch wurden die Erlasse registriert, denn dies war der eigentliche Zweck des *lit de justice*. Obwohl ihn nichts dazu zwang, ergriff Ludwig XVI. ein letztes Mal das Wort. Die feierlichen Reden der Gerichtsbeamten hatten ihn implizit als Unterdrücker seines Volkes dargestellt, während er nur versuchte, seine Untertanen von vielen Fesseln zu befreien: »Sie haben eben die Gesetze vernommen, zu denen die Liebe gegenüber meinen Untertanen mich verpflichtet«, begann er. »Ich verlange, daß man sich nach ihnen (den Gesetzen) richtet... Ich will einzig durch Gerechtigkeit und Gesetz herrschen. Wenn die Umsetzung mancher Regelungen, die diese Gesetze enthalten, Nachteile mit sich bringen sollte, so werde ich gerne Abhilfe schaffen.« Der unumschränkte Herrscher räumte also dem Parlamentsgerichtshof ein, daß er keineswegs unfehlbar war. Er ging so weit anzukündigen, daß »wenn er sich irrte, er nicht zaudern würde, sich zu korrigieren, um es besser zu machen«. Solche Reden, die einige Jahre zuvor aus dem Munde seines Großvaters unvorstellbar gewesen wären, lösten Begeisterung bei der aufgeklärten Öffentlichkeit aus. »Allein dieser schlichte Satz ist in meinen Augen großartig«, schrieb wenig später ein Journalist des »Espion anglais«, einer der bestinformiertesten Zeitungen jener Zeit. Voltaire lobte den jungen Herrscher in den Himmel: Er sei der erste einer langen Ahnenreihe, der »Partei für sein Volk« ergreife.

In einer langen Prozession bewegten sich die »Messieurs« vom Parlamentsgerichtshof mißmutig nach Paris zurück. Sie hatten der königlichen Macht nachgeben müssen. Dennoch waren sie nicht bereit, sich ihre Niederlage einzugestehen. Bereits am folgenden Tag protestierten sie gegen das *lit de justice* und beschlossen, neue Remonstranzen an den König zu richten. Das waren aber nur noch rein formale Manöver.

Der König und der Generalkontrolleur hatten die Oberhand behalten. Nichtsdestotrotz sollte dieser teuer erkaufte Sieg die Absetzung Turgots nach sich ziehen. Nach dem *lit de justice* zeigte Ludwig XVI. sichtbare Anzeichen einer Entmutigung. Er interessierte sich wieder weniger für die Staatsgeschäfte, so als ob die Anstrengung, die ihn die letzten Wochen gekostet hatten, seine ganze Energie verbraucht hätte. Befürchtete er, mit den Reformen zu weit gegangen zu sein? Fühlte er sich nicht stark genug, die Widerstände gegen den Minister, den er bis dahin unterstützt hatte, zu überwinden? Wahrscheinlich. *Ein* Mann vor allem zog Nutzen aus dieser vorübergehenden Unsicherheit: der Mentor. Er genoß die Situation und nahm sie zum Anlaß, sich gründlich an Turgot zu rächen. Während des *lit de justice* hatte er sich von seinem Herrn, der seiner Meinung keine Beachtung geschenkt hatte, zurückgesetzt gefühlt: Turgot hatte eine noch stärkere Vormachtstellung im Ministerium erhalten. Vielleicht hegte der Greis darüber hinaus eine gewisse Eifersucht, weil sein junger Herr ihm einen anderen Führer vorzog. Maurepas beschloß, Turgot zu stürzen.

In seinen täglichen und geheimen Gesprächen mit Ludwig XVI. brachte er ihn dazu, die Befürchtungen zu teilen, die er für die Zukunft hegte, falls Turgots Reformen fortgeführt würden. Er verstand es, seine Kritik an den Reformen so auszudrücken, daß er den Generalkontrolleur nie unmittelbar angriff. Der König zeigte sich mehr und mehr in seinen Auffassungen verunsichert, flüchtete in sein Arbeitszimmer oder lenkte sich mit endlosen Jagdausflügen ab. Wenn die Königin ihm begegnete und die politischen Neuigkeiten erwähnte, sprach er immer nur von der allgemeinen Unzufriedenheit oder von den besonderen Beschwerden gegen seinen Finanzminister.

Die Umgebung des Königs attackierte Turgot mit allen Mitteln. Monsieur inspirierte zu einem heftigen Pamphlet mit dem Titel »Die Marionetten«, das seit dem 1. April in Manuskriptform zirkulierte. In einem fiktiven persischen Königreich erwähnte es einen alten Minister, Ali Bey (Maurepas), den ein »elender« Mullah (Véri) beherrschte, der einen gewissen Togur an seine Seite genommen hatte. »Die Schrulle von Togur bestand darin, über alles Rechenschaft ablegen zu wollen.« Dieser »linkische, schwerfällige, breite Mann, blindwütig vor Eigenliebe und schüchtern vor Stolz«, schaffte es, den großen »Sophi« zu »togurisieren«, der als eine unglückliche Herrschermarionette von Togur ausgenutzt wurde. Dieses beleidigende Pamphlet, um das man sich am Hofe riß, schilderte Ludwig XVI. als Hampelmann und verletzte zweifellos den jungen, sensiblen Herrscher, der um so empfindlicher auf das Bild, das man sich von seiner Autorität machte, reagierte, als er in Wirklichkeit noch schwächer war. In den Salons kreisten noch viele Schmähschriften mit ähnlicher Tendenz. Ganz Paris machte Spottverse auf die Extravaganzen des Generalkontrolleurs.

Am Hofe war die Königin die erste, die sich über den Minister ihres

Gatten lustig machte. Ihr Haß gegen Turgot, der von ihren choiseulistischen Freunden genährt wurde, hatte sich anläßlich zweier Affären, die überhaupt nichts mit den Reformen zu tun hatten, zugespitzt. Die erste – ein unbedeutender Zwischenfall – betraf ihre neue Freundin Frau von Polignac. Diese hatte für ihre Tante, Frau von Andlau, ein beträchtliches Gnadengehalt gefordert. Turgot, der die Unhöflichkeit besessen hatte, diese Gunst zu kritisieren, hatte sich schließlich gezwungen gesehen, sie zu genehmigen. Dafür wollte sich Frau von Polignac bei ihm bedanken. Gereizt, entrüstet und ungehobelt hatte der Generalkontrolleur ihr entgegnet: »Danken Sie nicht mir, denn ich habe nichts damit zu tun.« Über eine derartige Grobheit empört, hatte die Königin persönlich ihre Feder sprechen lassen und diesem Brummbären, der nichts anderes als ein Spielverderber war, ein böses Billett geschrieben.

Die zweite Affäre schien weitaus schwerwiegender zu sein. Wieder einmal handelte es sich um den Grafen von Guines. Nachdem er sich in seine Londoner Botschaft zurückbegeben hatte, kam es gerade zu dem Zeitpunkt, in dem das Kabinett hauptsächlich mit den Reformgesetzen beschäftigt war, zu einem neuen folgenreichen Skandal. Der äußerst empörte Vergennes deckte ihn auf. Vor den versammelten Ministern verlas er einen Brief des spanischen Botschafters Aranda, welcher vertrauliche Mitteilungen von Guines enthüllte. Dieser habe durchscheinen lassen, daß Frankreich den mit Spanien 1761 geschlossenen Familienpakt hintergehe, indem es Spanien in einem eventuellen Krieg mit Portugal nicht unterstützen werde. Ludwig XVI. war über die Indiskretionen seines Botschafters erzürnt und schlug vor, ihn abzuberufen. Allen voran Turgot, stimmten die Minister zu. Also wurde beschlossen, Guines zurückzubeordern; sein Vergehen war so schwerwiegend, daß selbst Choiseul sich davor hütete, ihn gegenüber der Öffentlichkeit zu verteidigen. Dennoch konnte es die verschworene Gesellschaft der Königin nicht hinnehmen, daß einer der ihren in Ungnade fiel. Deshalb sollte Marie Antoinette an Turgot Rache nehmen: Die Gelegenheit war zu schön!

Der umsichtige Mercy-Argenteau – Ratgeber der Königin für geheime und offizielle Angelegenheiten – bedauerte es, daß sie zum Spielball der choiseulistischen Kabale wurde: »Es gelingt ihnen, sie bei ihrer Eitelkeit zu nehmen, sie aufzuhetzen und diejenigen anzuschwärzen, die ihrem Willen aus Staatsräson die Stirn bieten wollen. All dies spielt sich während der Rennen und anderer Vergnügungen ab«, schrieb er der Kaiserin.

Ermutigt durch diese mächtige Unterstützung, richtete Guines ein Verteidigungsschreiben an den König. Er scheute sich nicht, eine »Konfrontation« mit Vergennes und Turgot zu fordern, also den beiden Ministern, die ihn entlarvt hatten. Tag für Tag bedauerte Marie Antoinette das ungerechte Schicksal des Botschafters gegenüber ihrem Gatten, der begann, seinen Standpunkt ernstlich in Frage zu stellen. Vergennes durchschaute natürlich die Machenschaften der Choiseulisten, die sich der Königin bedienten. Der Minister erinnerte den Herrscher an Guines' Vergehen und warnte ihn nachdrücklich: »Es geht weniger um die Rehabilitierung des Grafen von Guines als darum, in Ihr Kabinett ein Durcheinander zu bringen, das man auszunutzen hofft«, schrieb er ihm und drohte mit seinem Rücktritt, falls der König Guines in seinem Amt belasse. Daraufhin mußte Guines London verlassen.

Außerordentlich gelassen tauchte er am Hofe auf, wo er bald im Umkreis der Königin das arme Opfer spielte. Indes hielt sich Marie Antoinette ihm gegenüber mehrere Wochen lang vorsichtig zurück und tat so, als spreche sie ihn nicht an, was die Minister beschwichtigte. Aber heimlich fuhr sie fort, den abgesetzten Botschafter bei ihrem Gatten ins beste Licht zu rücken. Sie wollte eine Auszeichnung für ihn erhalten und zugleich die Absetzung Turgots durchsetzen. Obwohl Vergennes der leidenschaftlichste Gegner Guines' war, richtete die Königin all ihre Ressentiments gegen den Generalkontrolleur, der schon seit einigen Monaten von ihrer kleinen Verschwörergruppe systematisch herabgewürdigt wurde.

Sicherlich waren es nicht ausschließlich die zweite Guines-Angelegenheit und Marie Antoinettes Beschuldigungen gegen Turgot, die den Bruch der Beziehungen zwischen Ludwig XVI. und seinem Minister verschuldeten, wie einige Historiker behauptet haben. Indes muß betont werden, daß die Offensive der Königin sich in eine allgemeine Offensive einreihte, mit der der König täglich konfrontiert war. Auch seine Brüder zeigen unverhohlen ihre Antipathie gegen Turgot; sein Mentor ist entschlossen zum Angriff übergegangen; seine Minister zeigen sich kühl und sogar feindlich gegenüber ihrem Kollegen, und die persönlichen Berichterstatter des Königs, die höchstwahrscheinlich von Necker bestochen sind, versetzen Turgot die gemeinsten Schläge.

Rigoley von Oigny sucht sehr genau die Briefe aus, die die Politik Turgots im schlechtesten Licht erscheinen lassen. Es sind diese – und nur diese –, die der König liest. Der Marquis von Pezay haßt Turgot, weil ihn dieser offen verachtet, und läßt sich mit Maurepas auf eine niedrige Intrige ein. Der Mentor hat ihm eine Haushaltsnotiz von Turgot ausgehändigt. Pezay legt sie zwei »Experten« vor, von denen der eine kein anderer als Necker ist. Die beiden Spezialisten verfassen ein äußerst kritisches Urteil, das der ränkeschmiedende Marquis sofort Ludwig XVI. überreicht. Diese beharrliche Untergrabungsarbeit erschöpft nach und nach die Gunst, die der Generalkontrolleur beim König genießt.

Sein Ansehen schwand um so schneller, als Turgot außerhalb des Hofes keinesfalls nur auf Zustimmung stieß. Auch wenn ein Teil der aufgeklärten Öffentlichkeit seine Reformen noch unterstützte, stellte sich die Schar der Privilegierten völlig gegen ihn, und die Volksmassen, die ein unmittelbares Interesse an seinen Gesetzen hätten haben müssen, unternahmen aus Unwissenheit nichts. Nur die Autorität des Königs konnte ihn weiter an der Macht halten. Gerade der König aber begann, ernsthaft zu schwanken. Bald war der Minister völlig isoliert. Dennoch verfolgte er seine Aufgabe weiter, weil er davon überzeugt war, noch immer das Vertrauen des Königs zu genießen.

So kam es anläßlich des Rücktritts von Malesherbes zur Krise. Wie wir gesehen haben, war der Minister des königlichen Hofstaates nur widerwillig in das Kabinett eingetreten. Im Laufe seiner zehnmonatigen Amtszeit in diesem Ministerium, das praktisch alle inneren Angelegenheiten betraf, war Malesherbes nicht untätig gewesen. Er gehörte dem Stand der Gerichtsbeamten an, war der Erbe einer langen Ahnenreihe großer Rechtsgelehrter, die dazu beigetragen hatten, die französische Gesetzgebung zu erneuern, und hatte seit langem vor, den abscheulichen Brauch der *lettres de cachet* zu beseitigen und das Schicksal der Häftlinge gerechter zu bestimmen. Nach seiner Amtsübernahme hatte er systematisch die Pariser Gefängnisse besucht: Der Zustand der Eingesperrten übertraf an Grauen alles, was er sich vorgestellt hatte. Es handelte sich nicht nur um Opfer der gerichtlichen Willkür, sondern auch um viele Personen, die aus verschiedensten Gründen auf den Wunsch ihrer Familien eingekerkert worden waren. Er unternahm die notwendigen Schritte, um ungerechte Verhältnisse im Rahmen seiner Möglichkeiten zu beenden, indem er sich genauestens über jeden Fall erkundigte. Der Minister war vor allem darum besorgt, die berühmten Menschenrechte zu achten, die sein Jahrhundert formulierte, und so schuf er Sonderausschüsse, die die Aufgabe hatten, diese Fälle zu untersuchen und zu überprüfen. Er konnte nun ermessen, wie sehr diese Willkürjustiz die Monarchie in Mißkredit brachte und dies führte ihn dazu, eine völlige Umarbeitung des Strafgesetzes ins Auge zu fassen. Damit stieß er sofort auf den erbitterten Widerstand aller Traditionalisten.

Gleich bei seinem Eintritt ins Kabinett war Malesherbes bestrebt, den

Protestanten die Bürgerrechte zu verschaffen, deren sie seit der Aufhebung des Edikts von Nantes und der Erklärung vom Mai 1724 beraubt waren. Einige Texte, die jene strengen Maßnahmen verschlimmerten, waren im nachhinein noch hinzugefügt worden. Malesherbes war wie sein Freund Turgot ein Anhänger der Toleranz und dazu entschlossen, diesen Skandal zu beenden. Er hatte die Denkschriften betreffs der Protestanten nachgelesen; er kannte die Haltung des Klerus gegenüber den Reformierten und bemühte sich, die verworrene und manchmal widersprüchliche Politik zu entschlüsseln, die gegen sie ausgeübt wurde. Von den ersten Tagen seines Ministeramtes an überfluteten Bittschriften und Gesuche seinen Schreibtisch. Sie betrafen in erster Linie protestantische Kinder, die ihren Eltern weggenommen worden waren, von welchen man auch noch ein hohes Entgelt für eine gegen ihren Willen erzwungene katholische Erziehung verlangte; es ging um Haushalte, die man entzweien wollte und Zwangsbekehrungen und Verhaftungen von Pastoren... Die Protestanten waren nicht nur nicht verschwunden, wie man es am Ende der Regierungszeit Ludwigs XIV. erhofft hatte, sondern sie tauchten trotz aller Verfolgungen immer zahlreicher und mutiger wieder auf. Auch die Kirche richtete ihre Klagen an den Minister. Malesherbes sandte den Geistlichen hinhaltende Antworten, damit die Klagen folgenlos blieben. Sein Liberalismus zugunsten der Protestanten brachte den Klerus und die Frommen gegen ihn auf. Ohne dies besonders zu beachten, bereitete er ein Projekt vor, das die rechtliche Anerkennung der Protestanten regeln sollte.

Die Verwirklichung dieser beiden Hauptreformen erforderte viel Geduld, viel Geschicklichkeit und sehr viel Zeit. Darüber hinaus brauchte Malesherbes die bedingungslose Unterstützung des Herrschers, denn die liberale Gesetzgebung, die er vorschlagen wollte, erschütterte die bestehende Ordnung und somit auch die Gesellschaft. Während derartige Ziele diesen vom Liberalismus geprägten Geist brennend beschäftigten, ließen ihn die Angelegenheiten seines eigentlichen Ministeriums (des königlichen Hofstaats) völlig kalt. Die Leitung dieses Verwaltungsbereichs langweilte ihn ganz und gar. Gegenüber Augeard, dem Sekretär des Hofstaats der Königin, meinte er einmal, daß dieser Bereich »der langweiligste und der nichtssagenste von allen sei; im übrigen gebe er Anlaß zu allen möglichen Streitereien mit allen Memmen des Hofes«.

Sein Hauptwunsch bestand darin, die gewaltigen Ausgaben zu senken, und ungeachtet aller möglichen Druckmanöver versuchte er in der Tat, beträchtliche Kürzungen durchzuführen. Am Rande der Listen der Gnadengehälter und Gratifikationen ist oft ein von ihm geschriebenes »Das geht nicht« zu lesen. Eine allgemeine Reform des königlichen Hofstaats schien unvermeidlich zu sein. Er bereitete sie vor, während er dem König »einige allgemeine Überlegungen« zu diesem Thema vorlegte. Ihm war bekannt, welcher Feindschaft er sich unweigerlich aussetzte. Deshalb brauchte er erneut die bedingungslose Unterstützung des Königs, und er wußte, daß er sie nicht erhalten werde. Indes wagte er ihm zu eröffnen, daß er alle Leute angreifen würde, »deren Feindseligkeit zu befürchten ist, all diejenigen, die vielleicht die Liebsten Eurer Majestät sind, da sie Zugang zum vertrauten Kreise haben«. Sein einziges Bestreben bestehe darin, seinem Herrn die Wahrheit zu sagen.

Die Reformpläne Malesherbes', von denen wir nur die wichtigsten aufgreifen, gingen in die gleiche Richtung wie diejenigen seines Freundes Turgot und erweckten die gleiche Feindschaft der Privilegierten. Sie wurden nur von einem Bruchteil der Nation begriffen und ernsthaft unterstützt. Malesherbes hatte angekündigt, daß sein Aufenthalt im Ministerium von kurzer Dauer sein würde. Er hatte die Hindernisse, die man ihm in den Weg stellen würde, sofort vorausgesehen. Er stellte sich ihnen. Zu der erschöpfenden ministeriellen Tätigkeit kamen noch die Resignation und der Ekel. Schließlich sah er, wie sich das Parlament und der Steuergerichtshof, dessen Präsident er kurz zuvor noch gewesen war, gegen die Turgotschen Gesetze richteten.

Der Steuergerichtshof war mit dem Parlamentsgerichtshof solidarisch und zeigte sich bezüglich der Registrierung genauso störrisch; man mußte ihn ebenfalls erst zwingen. So stellte sich Malesherbes, der selbst die königlichen Befehle in seiner Eigenschaft als Minister des königlichen Hofstaats gegenzeichnete, gegen seine ehemaligen Kollegen. Sein eigener Gerichtshof protestierte gegen den Mißbrauch, den er angeblich mit ihm trieb, und gegen den gewaltigen Apparat, der bei dieser Gelegenheit benutzt wurde. Seine Kollegen verteidigten ihre Rechte, wie er es früher selber oft getan hatte, und lehnten ihn von nun an ab. Der erste Präsident, sein Nachfolger, griff ihn sogar persönlich an. Dieser Konflikt zwischen einer Regierung, in der er isoliert war, und dem Gerichtshof, dessen Rechte er so oft verteidigt hatte, brachte ihn letztlich dazu, einer Macht den Rücken zu kehren, die er niemals gesucht hatte. Diese Hauptgründe, zu denen natürlich die ständigen Intrigen des Hofes kamen, überzeugten ihn von der Notwendigkeit seines Rücktritts. Malesherbes teilte dem König seine Entscheidung wahrscheinlich am 12. April 1776 mit. Ludwig XVI. bat ihn jedoch, sie einige Monate hinauszuzögern.

Ludwig XVI. schien von diesem Rücktritt sehr betroffen zu sein. Er konnte nicht verstehen, daß man ihn im Stich ließ. Das Rücktrittsgesuch galt ihm sowohl als gefühlsmäßiger Bruch wie auch als Widerruf der Politik Turgots: Malesherbes verließ das Ministerium, weil er von seinem König enttäuscht war und weil die vom Generalkontrolleur der Finanzen geplanten Reformen, die er unterstützte, zum Scheitern verurteilt waren. Malesherbes konnte nicht genau erklären, was ihn zu seinem Weggang trieb. Er betonte seine Müdigkeit sowie seinen Wunsch, einen glücklichen Ruhestand zu genießen, um seine Denkschriften über die Aufgaben der Zeit zu verfassen.

Ludwig XVI. verstand diese Ermattung recht gut. Sein Minister konnte kündigen. Aber er konnte nicht abdanken. Man behauptete sogar, er hätte gesagt: »Was für ein glücklicher Mensch Sie sind! Wenn ich doch meinen Platz auch verlassen könnte!« Die Last der Macht, die einem Malesherbes unerträglich war, war es dem König von Frankreich zweifellos noch mehr; er lebte zwar in der Illusion voll und ganz zu herrschen, empfand aber immer noch keine Leidenschaft beim Regieren. Trotz seiner lobenswerten Hartnäckigkeit, die es ihm bis jetzt erlaubt hatte, eine geschickte Politik – weit entfernt von den Grundsätzen, die seine Erzieher ihm vermittelt hatten – zu unterstützen, war Ludwig XVI. erschöpft. Der Verlust Malesherbes' stellte erneut alles in Frage.

Maurepas begriff rasch, daß die Lage immer vorteilhafter für die Stärkung seines eigenen Ansehens wurde. Dupont de Nemours, der Freund und Mitarbeiter Turgots, berichtet, daß der Mentor dem König, der in eine Art von Depression versunken war, folgendes sagte: »Hier sind zwei Männer, die ich Ihnen selbst als die tugendhaftesten gegeben hatte und welche Ihnen zutiefst zugetan sein sollten. Der eine von beiden verläßt Sie. Der andere droht oft damit, Sie zu verlassen, wenn Sie ihn nicht in all seinen Absichten unterstützen. Mit Bedauern stelle ich fest, daß beide Ihnen nicht zugetan sind.« Maurepas traf auf einen empfindlichen Nerv: Der König konnte nicht umhin, sich von diesen Männern ungeliebt zu fühlen, denen er seine aufrichtige Wertschätzung und sogar Zuneigung – was Turgot betrifft – entgegengebracht hatte. Maurepas, dessen Meinung der König im Laufe der letzten Monate nicht berücksichtigt hatte, schien der einzige Getreue zu sein, der einzige, der ihn liebte, kurzum die einzige und alleinige Zuflucht: der wirkliche Vater des Königs und der Nation. Ludwig XVI. wurde immer erschütterter.

Schließlich versetzte Maurepas Turgot seine letzten Hiebe: Seine Finanzverwaltung hatte die erhofften Wunder nicht verwirklicht. Das Defizit betrug noch immer 24 Millionen Pfund. Es gäbe also nichts zu bedauern, wenn man ihn entließe. Der König würde mit Leichtigkeit einen anderen Finanzminister finden, und man würde sich darum bemühen, einen Nachfolger zu berufen, der sich nicht systematisch in alles einmischte. Bereits Mitte April 1776 dachte Ludwig XVI. also ernsthaft daran, seinen Generalkontrolleur zu entlassen. Die persönlichen Bande, die ihn mit Turgot vereint hatten, die herzliche Autorität des letzteren machten die Angelegenheit äußerst heikel. Der König empfand ein gewisses Unbehagen, wenn nicht sogar Beschämung, dem Manne zu danken, der ihn aus sich selbst hatte herausgehen lassen, der es ihm erlaubt hatte, seine eigenen Grenzen zu überschreiten, und der ebenfalls seine Schwächen, also auch seine Fehler kannte. Er wollte die Entscheidung hinausschieben. Maurepas wußte, daß er die Ereignisse beschleunigen mußte. Er fühlte voraus, daß er gesiegt hatte, und schlug einen Nachfolger für Malesherbes vor: seinen eigenen Neffen Amelot, einen Unfähigen, den Turgot im Vorjahr gezwungenermaßen als Finanzintendanten eingestellt hatte.

Da er von Amelots Beschränktheit wußte, verspürte Maurepas keinerlei Lust, diesem Verwandten eine außerordentliche Gunst zu erweisen. Er bediente sich seiner schlichtweg nur, um eine unumstößliche Lage zu schaffen: Turgot würde sich nicht enthalten können, heftig beim König gegen diese Ernennung zu protestieren; er würde es ablehnen, mit Amelot zusammenzuarbeiten. Wenn die Einsetzung Amelots aufrechterhalten bliebe, wäre der Generalkontrolleur in der Lage, sein Rücktrittsgesuch einzureichen. Auf jeden Fall würde er den König mit seinen Beschwerden reizen. Der König könnte deshalb aufgebracht sein und ihn entlassen. Turgots Sturz war sicher.

Turgot, der über die Absichten Maurepas' nicht im Bilde war, schlug dem König den Abbé Véri als Ersatz für Malesherbes vor. Die Wahl war gescheit, denn sie sicherte das Einverständnis zwischen dem Mentor und dem Generalkontrolleur. Im Laufe des Monats April richtete Turgot mindestens zwei Briefe an Ludwig XVI. Der König antwortete nicht, und Turgot geriet in Unruhe. Bis dahin hatte Ludwig XVI. immer mit ihm diskutiert und sich in seinen Auffassungen meist als zahm erwiesen. Zum erstenmal bestand kein Kontakt mehr zwischen ihnen.

Am 30. April wird plötzlich alles klar, als Turgot von dem Plan der Ernennung Amelots erfährt. Erfaßt er die ganze Arglist, die hinter Maurepas' Vorstoß steht? Es ist möglich, aber nicht sicher. Jetzt ist er es, der ein Gefühl von Verrat empfindet; er fühlt sich im Stich gelassen. Von widersprüchlichen Gefühlen bewegt, schreibt er dem König einen langen Brief. Unsystematisch, von heftigen Gefühlen geleitet, manchmal ungeschickt, ist es nicht der Brief eines Politikers, sondern ein Beleg für die tiefen persönlichen Sympathien, die im Laufe der Zeit zwischen dem schüchternen jungen König und seinem Finanzminister entstanden waren. Dieser Brief erhöht noch die Bedrängnis des Königs: Falls er den Minister empfängt, wird er ihn bei sich behalten und ihm die Regierung überlassen müssen; das heißt, daß er sich von diesem Mann schwerwiegende Entscheidungen auferlegen läßt, die das Königreich erschüttern und den Zorn der einen hervorrufen, ohne unbedingt die Dankbarkeit der anderen zu erzeugen. Dies würde darauf hinauslaufen, daß Ludwig XVI. praktisch allein all seinen Vertrauten die Stirn bieten müßte: Turgot lastet allzu schwer auf dem königlichen Gewissen.

Bis zur Absetzung des Ministers kann es sich nur noch um Tage handeln. Der König flüchtet, und Turgot tritt nicht zurück. Am 10. Mai erfährt Turgot, daß Amelot bald an Malesherbes' Stelle treten wird und daß Maurepas seinen Rücktritt verlangt. Einige Stunden später erreicht ihn eine ebenso jämmerliche wie unerhörte Nachricht: Guines ist zum Herzog ernannt worden. Marie Antoinette triumphiert. Sie hatte ihre Intrige so geheim wie möglich gesponnen und ihren Gatten dazu gedrängt, den verletzten Stolz des ehemaligen Botschafters zu kurieren, obwohl der König dessen Vergehen erkannt hatte. Sie hoffte, daß diese Ernennung mit der Absetzung des Generalkontrolleurs zusammenfallen würde. Nahezu größenwahnsinnig verlangte die kleine Königin sogar, daß ihr schwacher Gatte Turgot in die Bastille werfen lassen sollte. »Die stärksten und nachdrücklichsten Vorhaltungen waren notwendig«, schrieb Mercy an die Kaiserin, »um die Wutanfälle der Königin zu mäßigen. Sie verfügte über keinerlei Motiv außer dem Antrag, den Turgot einst für die Abberufung des Grafen von Guines eingereicht hatte.«

Turgot beginnt nun allmählich die Dinge zu durchschauen und teilt Véri seine Trauer mit: »Ich habe allen Grund zu der Annahme«, sagte er ihm, »daß er [Maurepas] seit langer Zeit daran gearbeitet hat, das Ansehen Ihrer beiden Freunde beim König zu vernichten. Er rechnet mit meinem Rücktritt... Ich werde mit dem Bedauern gehen, daß ein schöner Traum zerstört ist, daß ein junger König zurückbleibt, der ein besseres Los verdient, und daß ein ganzes Königreich durch denjenigen verloren ist, der es retten sollte.« Allerdings will Turgot seinen Weg bis zum Ende gehen, den König in die Enge treiben und die Worte, die ihn verurteilen, aus seinem eigenen Munde hören. So begibt er sich am Abend des 10. Mai nach Versailles.

Ludwig XVI. hat Angst vor seiner eigenen Schwäche und befindet sich diesmal in einer Lage, die jede Flucht unmöglich macht. Er kann seine Gemütserregung nicht verbergen, als Vergennes seinen Kollegen ankündigt. Völlig verängstigt, schließt der König eine Schublade so heftig ab, daß der Schlüssel fast abbricht. Er steht langsam auf, geht bis zu der Tür seines Arbeitszimmers und steht dem Generalkontrolleur gegenüber: »Was wollen Sie?« fragt er ihn schroff. »Ich habe keine Zeit, mit Ihnen zu sprechen.« Der König kann dem Blick Turgots nicht standhalten und kehrt ihm sofort den Rücken zu.

Am 12. Mai wird das Rücktrittsgesuch Malesherbes' offiziell angenommen. Am gleichen Tag schickt der König Bertin zum Generalkontrolleur. Er soll Turgot bitten, sein Portefeuille zurückzugeben und auch als Oberintendant des Postwesens zurückzutreten. Darüber hinaus wird er ersucht, Versailles und den Hof zu verlassen. Während Malesherbes sich befreit fühlt, ist Turgot nur traurig. Ludwig XVI. gewährt ihm nicht einmal eine letzte Audienz, um die Turgot ihn gebeten hat.

Reicht die Schwäche des Königs aus, eine solche Unnachgiebigkeit zu erklären? Man könnte es meinen. Jedoch muß eine Einzelheit hinzugefügt werden. Ein gestrichener und unveröffentlichter Teil von Véris Tagebuch enthüllt am 10. Oktober 1783, daß Rigoley von Oigny Ludwig XVI. im Monat Mai 1776 den Brief eines Freundes von Turgot ausgehändigt habe. Er enthielt einen Satz, der Ludwig XVI. zweifellos voll ins Herz traf: »Ich wußte nicht, daß der König so beschränkt ist, wie Sie ihn mir beschrieben haben.«

Der Generalkontrolleur war Maurepas' Hinterlist und sicherlich auch der Kabale der Königin zum Opfer gefallen. Jedoch war er vor allem das Opfer der Verbrüderung der Privilegierten und der souveränen Gerichtshöfe, gegenüber denen sich der König als schwach erwies. Allerdings muß zur Entlastung Ludwigs XVI. gesagt werden, daß seine Schwäche allein nicht ausgereicht hätte. Sein Wille war einige Monate lang von diesem Mann gefangen gewesen, der ihn unfehlbar zu lenken schien. Er neigte dazu, die traditionelle Monarchie in eine Art königliche Demokratie zu verwandeln, die von einem tugendhaften Herrscher geleitet werden sollte. Bei diesen Grundsätzen bestand die Gefahr, daß das alte monarchische Gebäude zusammenfiel, aber es konnte ebensogut erneuert werden. Nachdem er anfangs die Reformen ernsthaft unterstützt hatte, führten ihn die eingetretenen Schwierigkeiten zu den Grundlagen des

Regimes zurück, und so konnte Ludwig XVI. nichts anderes tun, als den Mann der Erneuerungen zu entlassen. Auf diese Art setzte er einem Experiment des entstehenden Liberalismus und Physiokratismus ein Ende. Die ganze Ausrichtung seiner Regierung war damit wieder offen.

9. MONSIEUR NECKER

Die Absetzung Turgots rief die Begeisterung der Choiseulisten hervor, angefangen bei der Königin, die »ihrer lieben Mama« gestand, daß sie über die Absetzung des Generalkontrolleurs »nicht verärgert« sei, und, um über jeden Verdacht erhaben zu sein, hinzufügte, »daß sie sich in diese Angelegenheit nicht eingemischt« habe. Im Vorzimmer des Königs freute und beglückwünschte man sich, allen voran die Prinzen von Geblüt. Die Minister atmeten auf, und der Erzbischof von Paris dankte Gott im Himmel, daß er die Gebete des Ablaßjahres erhört hatte.

Ein Großteil der aufgeklärten Öffentlichkeit war dagegen zutiefst enttäuscht. »Ein Greis von ungefähr dreiundachtzig Jahren ist bereit zu sterben, wenn er solche Neuigkeiten erfahren muß«, klagte Voltaire in Ferney. »Versailles wird sich freuen, aber die Provinzen werden bestürzt sein«, prophezeite die Fürstin Kaunitz in einem Brief an Véri. Ein gut unterrichteter Zeitungsschreiber brachte die Lage folgendermaßen auf den Punkt: »Was soll man in der Tat von einem König halten, der, nachdem er sich für seinen Minister begeistert, seine Vorstellungen angenommen, die Remonstranzen seiner Gerichte übergangen, die autoritärsten Maßnahmen getroffen und in weniger als einem Jahr zwei *lits de justice* abgehalten hat, seine schützende Hand dem Schöpfer einer neuen Verfassung entzieht, noch bevor er deren mögliche Fehler und Nachteile erkennen konnte und inmitten eines Wirrwarrs und Durcheinanders, wie es der Beginn jedes größeren Vorhabens mit sich bringt? So ist das ganze Unheil schon geschehen, noch bevor das Gute, das aus den Reformen hervorgehen soll, sich erkennen läßt!«

Zweifellos erschüttert, versteckte Ludwig XVI. seine Verunsicherung wie sein Zögern hinter einer mürrischen Maske und hüllte sich in vorsichtiges Schweigen. Er war allein. Maurepas hatte Versailles nach der Entlassung Turgots verlassen; er genoß seinen Triumph bescheiden im milden Frühling von Pontchartrain. Sein Sieg war vollständig: Er behielt die Macht und gewann das Vertrauen seines Königs zurück.

Weder der eine noch der andere scheinen an die Zukunft gedacht zu haben. Maurepas hatte lediglich vorgeschlagen, daß man die Übergangsverwaltung des Finanzministeriums Bertin anvertrauen sollte. So geschah es. Der König mußte allein nach einem Nachfolger suchen. In Abwesenheit des Mentors genossen die geheimen Ratgeber Rigoley von Oigny und der Marquis von Pezay den Einfluß, den sie mit ihrer eigentümlichen ministeriellen Tätigkeit auf den König ausübten. Rigoley von Oigny schlug seinem Herrn die Kandidatur Jean Etienne Bernard von Clugnys vor, des Intendanten der Guyenne. Oigny hatte dafür gesorgt, daß der König einige Briefe – echte oder gefälschte – las, die die Vorzüge seines Kandidaten herausstrichen, obwohl es sich in Wirklichkeit um einen Günstling der choiseulistischen Partei handelte, der auch Rigoley von Oigny heimlich diente. Es war ihm gelungen, Thierry, einen Kammerdiener des Königs, der manchmal von seinem Herrn ins Vertrauen gezogen wurde, für sein Vorhaben zu gewinnen. So wurde am 21. Mai zur allgemeinen Verblüffung die Ernennung Clugnys offiziell angekündigt.

Nachdem der König seine Entscheidung getroffen hatte, benachrichtigte er sofort Maurepas. Der Mentor eilte nach Versailles, um zu verhindern, daß diese jämmerliche Wahl auf ihn zurückgeführt wurde. Nicht nur die Verwaltungsfähigkeiten Clugnys waren unterentwickelt; darüber hinaus genoß er einen schrecklichen Ruf. Er hatte seine Karriere in Santo Domingo begonnen und derartige Verfehlungen begangen, daß sogar der Aufsichtsrat der Kolonie seine Entlassung forderte. Als Intendant in Perpignan und Bordeaux wurde er mit seinem skandalösen Lebenswandel zum Mittelpunkt aller Klatschgeschichten; er lebte mit seinen drei Schwestern zusammen, die zugleich seine Geliebten waren. Man beklagte seine Geldgier, und seine Redlichkeit war höchst zweifelhaft. Obwohl der Hof zum Großteil choiseulistisch war, wurde selbst dort diese Ernennung mit Befremden aufgenommen.

Die aufgeklärte Öffentlichkeit war empört und gab Maurepas die Schuld für die Verirrungen des Königs. Dieser aber erwies seinem Mentor seine Gunst, indem er ihn zum Vorsteher des Finanzrates ernannte – ein Posten, der seit sechs Jahren unbesetzt war und keine besondere Aufgabe beinhaltete. Dieser Titel wurde nur verliehen, wenn ein König mit einem seiner Minister besonders zufrieden war und ihn so über alle anderen Minister stellen wollte. Von nun an begab sich jeder Minister, bevor er mit dem König arbeitete, zu Maurepas und unterhielt sich mit ihm. Alsdann bereitete dieser das Gespräch mit dem Herrscher vor. Der Greis wurde also in seiner Rolle bestätigt. Auf diese Weise konnte er alle Pläne seiner Kollegen »filtern« und gefährliche Neuerungen verhindern.

Clugny war berufen worden, um Turgots Werk zu zerstören und die Macht mit den souveränen Gerichtshöfen zu versöhnen. Ein paar Federstriche machten die Reformen seines Vorgängers praktisch zunichte. Am 11. August führte ein königliches Edikt den Frondienst wieder ein. In seiner Vorrede gebrauchte der König eine Sprache, welche die vorhergehenden Maßnahmen widerrief, und er verbeugte sich vor den souveränen Gerichtshöfen: »Damit die großen Straßen vor dem Winter ausgebessert werden, haben wir die Mittel untersucht, mit denen wir dies bewerkstelligen können, und wir haben erkannt, daß es unmöglich ist, diejenigen anzuwenden, die uns der Erlaß vom letzten Februar verordnet. Wir sind zu der Auffassung gelangt, daß wir den Vorstellungen unserer Gerichtshöfe besondere Aufmerksamkeit schulden...« Das neue Gesetz stellte es den Intendanten jedoch frei, den Frondienst in ihrem Bezirk durch eine Steuer zu ersetzen. Man kehrte also zum Status quo ante zurück.

Am 19. August erweckte ein zweites Gesetz die Zünfte wieder zum Leben. Nur einige schreiende Mißbräuche blieben abgeschafft: So gestand man den Kleingewerbetreibenden, wie Schuhflickern, Vogelhändlern, Wollkremplern, die Gewerbefreiheit zu, und die Frauen waren nicht mehr von gewissen Berufen, wie beispielsweise der Stickerei, die sonderbarerweise dem männlichen Geschlecht vorbehalten war, ausgeschlossen. Auch hier kam der König den Gerichtsbeamten wieder entgegen. Diese Kehrtwendung zeigte die Schwäche der königlichen Macht. Man konnte ihn also erneut angreifen, und er würde der geringsten Forderung nachgeben. Die souveränen Gerichtshöfe waren darüber hocherfreut, der Hof setzte seine Kritik fort, und die aufgeklärte Meinung beurteilte den König äußerst negativ.

Als Generalkontrolleur der Finanzen suchte Clugny nach einem geeigneten Weg, um die Staatskasse aufzufrischen. Er hatte keinen besseren Einfall, als eine »Königliche Lotterie« einzuführen, deren gesamter Gewinn für den König bestimmt war, während die Privatlotterien, die bis dahin in einigen religiösen Gemeinden und öffentlichen Wohlfahrtseinrichtungen geduldet worden waren, verboten wurden. Allerdings hatten die Glücksspiele traditionell keinen guten Ruf. Die Neuerung Clugnys veranlaßte eine scharfe Kritik des »Espion anglais«: »Der König macht sich gewissermaßen zum Anführer aller Spielhöllen in seinem Reiche, bietet ihnen das Vorbild furchtbarer Habgier und scheint seinen Untertanen das Fell über die Ohren ziehen zu wollen.«

Aufgrund seiner Machtposition fühlte sich Clugny besonders sicher und frönte seinen Leidenschaften. Er erneuerte die Finanzpachtverträge, aus denen er die *croupes** und Bestechungsgelder bezog, die er munter verteilte. Bald besiedelten Schurken der besseren und schlechteren Gesellschaft das Palais des Finanzministeriums, das zu einem der verrufensten Orte von Paris wurde. Die Finanzleute gerieten in Unruhe, die Geschäfte stagnierten, Maurepas war außer sich, und der König erkannte – leider etwas zu spät –, daß er einen groben Fehler begangen hatte. Maurepas wollte Clugny unschädlich machen, indem er ihn unter die Kuratel eines Intendanten der Staatskasse stellte. Er hatte Augeard vorgesehen, der aber das Angebot ablehnte, weil er nicht zum »Partner oder Jockey eines verrufenen Wesens werden wollte«. Zum Glück für Maurepas und den König erlitt Clugny einen Gichtanfall, der sich durch Frieselfieber noch verschlimmerte. Seit Colbert war kein Generalkontrolleur mehr im Amt gestorben. Clugny ahnte, daß er die Tradition Lügen strafen würde. Zur allgemeinen Erleichterung gab er am 18. Oktober, von seiner Frau und seinen Geliebten umringt, seinen Geist auf.

Maurepas ließ nun dem König keine Wahl mehr. Die finanzielle Lage hatte sich innerhalb weniger Monate verschlimmert. Das Vertrauen war geschwunden, die Banken verweigerten den Kredit, und das Defizit des Haushalts war angestiegen. War eine solche Lage bereits in normalen Zeiten besorgniserregend, so wurde sie zu diesem Zeitpunkt, da die Angelegenheiten Amerikas in aller Munde waren, ein Grund ernster Beunruhigung. Die französische Öffentlichkeit unterstützte die aufständischen Siedler; der König verfolgte die Ereignisse mit großer Aufmerksamkeit und handelte äußerst vorsichtig. Die Möglichkeit eines offenen Konflikts mit England gewann im Kabinett Gestalt. Aber niemand redete darüber. Einige Monate zuvor hatte Turgot, der die Ausgaben eines möglichen Krieges ausgerechnet hatte, vor einem solchen Unternehmen gewarnt, das er für die königlichen Finanzen als fatal ansah. Jedoch machte die Entwicklung der Ereignisse, auf die wir noch zurückkommen werden, ein Eingreifen Frankreichs unumgänglich. Mehr denn je brauchte der König eine gesunde Staatskasse und neue Geldquellen. Deshalb mußte man einen redlichen und geschickten Generalkontrolleur finden. Seit den Erfahrungen mit Clugny plante Maurepas, das Finanzressort in zwei Bereiche aufzuteilen: Der eine sollte mit den technischen und administrativen Aufgaben betraut werden und der andere mit der Oberaufsicht der Finanzen. Der König nahm diesen Vorschlag an.

---

* Gewinnanteile der Steuerpächter, die einigen hochgestellten Persönlichkeiten vorbehalten sind. (Anm. d. Übers.)

Schon seit einigen Monaten dachte Maurepas an die Kandidatur eines ehemaligen Bankiers, der zum residierenden Minister der Genfer Republik in Paris geworden war: Jacques Necker. Seit dem Amtsantritt Turgots waren viele Denkschriften, die der Verwaltung des Generalkontrolleurs feindlich gesonnen waren, an den Mentor gerichtet worden. Einige wurden sogar von Necker persönlich geschickt. Turgot vermutete es und verübelte Maurepas, daß er ihm nie etwas davon erzählt hatte. Als Necker seine *Législation sur le commerce des grains* (Die Gesetzgebung über den Kornhandel) – eine heftige Anklage gegen den amtierenden Minister – veröffentlichte, bot er sich bereits als Nachfolger für Turgots Posten an.

Die Herzogin von Enville, eine Freundin Neckers und Verwandte Maurepas', lobte die Verdienste des Genfers beim Mentor. Necker genoß im ganzen aufgeklärten Paris, das die Konzeptionen Turgots ablehnte, einen glänzenden Ruf. In der rue de la Chaussée-d'Antin empfing der Salon Madame Neckers die großen Gelehrten der Zeit: Abbé Morellet, Marmontel, Abbé Raynal, Grimm, Diderot, Buffon, Abbé Galiani, Gibbon, Marquis Caraccioli... Alle großen Debatten des Jahrhunderts hallten hier wider.

»Die Konversation war vorzüglich, wenngleich sie etwas unter dem strengen Zwang« der Hausherrin stand. Necker selbst blieb nach den Worten Marmontels ein »schweigender und kühler Zuschauer«. Aber er hatte auf diesem Weg einflußreiche Freundschaften geschlossen.

Als Anti-Turgot war Necker in Mode, und Maurepas trat mit ihm in Kontakt, ohne bereits zu wissen, ob Necker dem amtierenden Generalkontrolleur nachfolgen würde. Der zwielichtige Marquis von Pezay spielte bei dieser Angelegenheit eine nicht unwichtige Rolle. Er war ebenfalls Genfer, und sein Adel war mehr als zweifelhaft. Als ehemaliger Mitschüler des Dichters Dorat und La Harpes hatte er Zutritt zu allen Salons und informierte regelmäßig den König. Necker wußte dies. Er kannte ihn außerdem als den Geliebten Frau von Montbareys, welche großen Einfluß auf Frau von Maurepas besaß. Er spürte sofort, welche Vorteile Pezay ihm verschaffen könnte, ohne dessen Fähigkeiten genau zu kennen. Er erschien ihm zugleich als idealer Vermittler beim König und bei seinem Mentor. Also »arbeitete« Pezay für Necker: mit Erfolg.

Maurepas zögerte noch, seine Kandidatur vorzuschlagen. Necker war Schweizer und Protestant, was ihn, wie später seine Tochter, die künftige Madame de Staël, sagte, »aus der Reihe üblicher Auswahl« herausfallen ließ. Trotzdem holte Maurepas seine Meinung zur möglichen Teilung der

Finanzressorts ein. Der Genfer beeilte sich, diesen Vorschlag, der ihm nützlich sein konnte, zu befürworten. In einem vertraulichen Brief an Maurepas bestätigte er sein Mißtrauen gegenüber den Juristen, die gewöhnlich die Finanzen leiteten. Gleichwohl schlug er Taboureau des Réaux, den ehemaligen Intendanten von Valenciennes, für das Amt des Generalkontrolleurs der Finanzen vor und hoffte, selbst Direktor der Staatskasse zu werden.

Necker umschmeichelte den alten Minister, der eifersüchtig über seine Macht wachte. Er gab alle möglichen Versprechungen und ging sogar so weit, sich zum Rücktritt zu verpflichten, falls er seinen Herrn enttäusche. Heimlich traf er sich mit Ludwig XVI., dem er die größte Schüchternheit vorgaukelte – zweifellos, um dem König zu gefallen, der umso zurückhaltender war, als ihm der Gedanke an einen ketzerischen Schweizer im Kabinett nicht gefiel. Die Pariser Salons, der Hof und der Klerus sprachen von nichts anderem mehr als von dieser Ernennung, die am 22. Oktober öffentlich bekannt gemacht wurde. Die Notwendigkeit, Geldquellen zu erschließen, hatte den Widerwillen des Königs besiegt. Necker selbst sagte später: »Ich verdanke die Entscheidung Seiner Majestät allein der absoluten Finanzkrise des Staates. Man hatte erlebt, wie der Kredit unter der Verwaltung der Juristen verlorenging und wollte die Kenntnisse eines Mannes aus einem anderen Fach erproben.«

Necker war vierundvierzig Jahre alt, als er die Oberaufsicht über die Staatskasse übernahm. Dieser Posten war eigens für ihn geschaffen worden, und Necker vermittelte sofort den Anschein eines amtierenden Ministers. »Wenn ich Herrn Necker gesehen hätte, ohne ihn zu kennen«, schrieb der Menschenkenner Lavater, »so hätte ich ihn niemals für einen Literaten, Militär, Künstler oder Händler gehalten. In seiner Seele war er zum Minister bestimmt.« Seine hohe Statur, sein vorzeitiger Bauchansatz und sein langes schwammiges Gesicht mit dem kleinen verächtlichen Mund kündigten eine gewichtige Feierlichkeit an, der nur sein beweglicher, empfindsamer und manchmal melancholischer Blick widersprach. Gegenüber seiner Frau, die ihn anbetete, seiner Tochter, die ihn vergötterte, und einigen Freunden, die ihm zugetan waren, benahm sich Necker einfach und liebevoll. Außerhalb dieses kleinen vertrauten Kreises war er äußerst förmlich: Ernsthaft, gleichmütig, etwas hochmütig, hörte er ohne sonderliches Wohlwollen zu und sprach sehr wenig. »Er hilft einem keineswegs dabei zu entwickeln, was man denkt, und man ist in seiner Gegenwart dümmer als allein«, sagte Frau von Deffand nicht ohne Gereiztheit. Man fürchtete sich vor seinen Urteilen, die er immer einfach, ruhig und mit außerordentlicher Selbstsicherheit vortrug. Mit einem Wort: Necker machte Eindruck.

Seit seiner Kindheit wurde er von seinem enormen Stolz geleitet, den seine besondere Strebsamkeit noch ergänzte. Er war der Sohn eines Professors für deutsches Staatsrecht an der Akademie von Genf, und seine Familie gehörte der Oberschicht der Republik an. Wenn man Madame de Staël glauben darf, hatte er sich als Fünfzehnjähriger, nach einem ziemlich kurzen Studium, in Paris »mit einem sehr bescheidenen Vermögen, von dem seine Eltern wollten, daß er es durch Handel vergrößere«, niedergelassen. Er begann seine Laufbahn als einfacher Angestellter beim Bankhaus Isaac Vernet und begründete 1756 mit seinem Landsmann, Georges Tobie von Thélusson, die Bank Thélusson, Necker und Cie., an der sich Isaac Vernet mit einer Einlage beteiligte.

So kam Necker zu einem riesigen Vermögen. Gegen Ende des Siebenjährigen Krieges erzielte die Bank hohe Gewinne. Seine Erfahrung brachte ihm bald die Aufgabe ein, die Indische Handelskompanie, die nach diesem Krieg faktisch bankrott war, wiederaufzubauen. Die Lage war hoffnungslos. Trotz seiner Anstrengungen gelang es Necker nicht, sie so zu erneuern, wie er es wollte. Er bereitete mit Terray die Grundlagen einer ehrbaren Liquidation vor. Dieses Geschäft brachte ihm erneut viel Geld und neue einflußreiche Beziehungen. 1768 nahm er als gemachter Mann Abschied von der Bank, um residierender Minister (Botschafter) der Republik Genf in Paris zu werden.

Seine neue Tätigkeit schnitt ihn freilich von der Finanzwelt keineswegs ab. Anfang des Jahres 1772 lieh seine Bank der königlichen Staatskasse 40 Millionen Pfund. Damals war Terray Generalkontrolleur der Finanzen. Necker hegte einige Zeit die Hoffnung, ihn abzulösen, aber er wußte, wie sehr die Tatsache, daß er Ausländer und Protestant war, ihm den Weg versperrte. Er begnügte sich also damit, seine Ideen in seinen Schriften darzulegen.

Seine Hochzeit im Jahre 1764 mit Suzanne Curchod, die eine Waise aus guter Familie war und nicht das geringste Vermögen besaß, hatte ihn glücklich gemacht. Die junge Frau war liebenswürdig und ziemlich hübsch; sie war fünf Jahre jünger als er, hochgebildet und begeisterte sich für neue Ideen. Sie erinnere an die Julie von Jean-Jacques Rousseau, meinte Dupont de Nemours. Die Ehe war äußerst harmonisch; Suzanne war zugleich Geliebte, Vertraute und Ratgeberin ihres Gatten, den sie sehr verehrte.

In der Persönlichkeit Neckers waren der Geschäftsmann und der

Mann der Tat dem Denker unterlegen. Er brauchte unendlich viel Zeit – manche warfen es ihm vor –, sich zu entscheiden. Dies galt ebenso für die kleinen Dinge des Lebens wie für schwerwiegende Beschlüsse. Trotz dieser Umsicht, die an Aberglauben grenzte, erwies er sich manchmal auch als kühn. Wenn er ein Problem lösen mußte, blieb kein Aspekt im dunkeln.

Im Gegensatz zu Turgot, der das Bedürfnis hatte, alles umzustürzen, um es zu erneuern, war dieser vorsichtige Opportunist vor allem um die öffentliche Meinung besorgt. Er war davon überzeugt, daß nur allmähliche Reformen es dem alten monarchischen Gebäude erlauben würden zu überleben. Er kannte die französischen Institutionen nur sehr schlecht. Als Bürger einer Republik fiel es ihm schwer, die absolute Monarchie zu erfassen, und er erwies sich als glühender Anhänger des englischen Systems. Er plädierte dafür, in Frankreich eine genaue Kontrolle der Ausgaben einzuführen, um die Verschwendung von Staatsgeldern zu stoppen. Allerdings beschritt er in seiner neuen ministeriellen Tätigkeit zuerst den Weg der Finanzreformen, da er die Finanz- und Kreditprobleme am besten beherrschte und sich in der französischen Verwaltung kaum auskannte. Er begann dort, wo er Spezialist war.

Seine Ernennung wurde allgemein begrüßt. Necker lehnte die mit seinem Amt verbundenen Bezüge ebenso wie alle materiellen Privilegien ab, deren sich die Minister erfreuten. Diese Uneigennützigkeit steigerte noch seine Popularität. Die Legende eines Staatskassendirektors mit strengen Sitten, »der sich ausschließlich von den Gerichten ernährt, die seine tugendhafte Frau zubereitet«, verbreitete sich im ganzen Reiche. Lediglich die Freunde Turgots beklagten die Berufung des Genfers.

Da er Ausländer und Protestant war, wurde Necker vom Eid vor dem Rechnungshof befreit. Er erhielt keinen Zutritt zum Kabinett, und es wurde abgemacht, daß er mit Maurepas arbeiten solle, bevor er dem König seine Pläne darlegte, was ebenfalls stets in Anwesenheit des Mentors geschehen sollte. Außerdem war er nicht dazu ermächtigt, Akten zu unterzeichnen. Ungeachtet dieser Einschränkungen schlug Necker Pläne vor und leitete die Finanzgeschäfte. Maurepas diskutierte seine Vorhaben mit ihm, lehnte sie ab oder pflichtete ihnen bei. Der amtierende Minister Taboureau dagegen erhielt nur eine äußerst bescheidene Aufgabe. Er mußte sich damit begnügen, Maurepas seine Kritik vorzutragen.

Seit Beginn seiner ministeriellen Tätigkeit war Taboureau beleidigt. Er hatte sehr wohl begriffen, daß er trotz seines Titels niemals etwas anderes als der Stellvertreter Neckers sein könnte, und hielt sich – zu Unrecht – für das Opfer einer Hofintrige. Frau Taboureau, deren Salon sich nicht mit demjenigen von Frau Necker messen konnte, schürte den Ärger ihres Gatten. Er beklagte sich so viel und so oft über seine Lage als hochbezahlter Subalterner, daß der König ihm versprach, im Falle des Scheiterns seinen Rücktritt nach einer sechsmonatigen Probezeit an der Seite Neckers anzunehmen. Dennoch zogen der Herrscher und der Mentor diesen Staatsratsbeamten, der die Gebräuche achtete und Haltung bewahrte, dem Genfer Bankier mit dem allzu lupenreinen Gewissen und dem scharfen Verstand vor. Die Fähigkeiten dieses letzteren gaben jedoch den Ausschlag. Sofort kam es zwischen dem Generalkontrolleur – der um so eifersüchtiger über seine Vorrechte wachte, als sie beschränkt waren – und dem allmächtigen Direktor der Staatskasse zu Reibereien. In diesen Arbeitsdiskussionen überflügelte Necker den farblosen Taboureau, der nie die richtigen Argumente fand, um ernsthaft widersprechen zu können.

Bei der Erledigung der laufenden Geschäfte stieß Necker immer wieder auf den Widerstand der Finanzintendanten: Diese wichtigen Persönlichkeiten, die jeweils einen Verwaltungsbezirk leiteten, behaupteten, nur dem Generalkontrolleur zu unterstehen. Als unantastbare Beamte, die ihre Ämter geerbt oder als Gunstbeweise erhalten hatten, waren sie verhältnismäßig unabhängig. Zwar fielen ihnen schwierige Aufgaben zu, die im höchsten Maße für das öffentliche Wohl von Belang waren, aber oft mangelte es ihnen an »Gerechtigkeit, Scharfsinn, Tatendrang und Maß«. Darüber hinaus kamen ihre Bezüge den Staat teuer zu stehen. Necker war eher über sie als über Taboureau aufgebracht, dessen Anwesenheit ihn nicht wirklich behinderte. Er wußte genau, wie er seinen Kollegen zum Rücktritt drängen konnte, und sorgte auch dafür, daß dies geschah. So schlug er im Juni 1777 vor, die Ämter der Finanzintendanten ganz abzuschaffen: Er behauptete, daß dies beträchtliche Einsparungen sowie eine Vereinheitlichung der inneren Verwaltung ermöglichen würde.

Taboureau, der damit seine wichtigsten Stützen verloren hatte, reichte auf der Stelle seinen Rücktritt ein. Der König nahm ihn sofort an und gab ihm eine angemessene Pension, um seinen Schmerz zu lindern. Necker triumphierte. Am 29. Juni 1777 ernannte ihn Ludwig XVI. zum Generaldirektor der Finanzen, nachdem die Stelle des Generalkontrolleurs für vakant erklärt worden war. Im neugeschaffenen Amt des Generaldirektors war die Finanzverwaltung wieder vereinigt. Die Finanz- und

Handelsintendanturen wurden dagegen abgeschafft. Wie Véri treffend bemerkte, »befürchtete Herr Necker, der den Einfluß eines Generalkontrolleurs gewinnen wollte, ohne seinen Titel zu besitzen, daß die Beamten seiner Vorgänger ihn nicht unterstützen und seinen Befehlen nicht gehorchen würden«. Aber von nun an mußten die Angestellten und Bevollmächtigten des Königs die gesamte Verwaltungsarbeit unter Neckers alleiniger Leitung durchführen. Die Abschaffung der alten Ämter erweckte die Unzufriedenheit der hohen Beamten, die dem Generaldirektor der Finanzen vorwarfen, die Herrschaft der Büroschreiber einzuführen. Erneut protestierten die Privilegierten gegen eine Reform, die sie beeinträchtigte.

Trotz seiner hohen Funktion blieb Necker von allen Kabinettssitzungen ausgeschlossen. Daß er nicht zu den Mitgliedern des königlichen Finanzrats oder des königlichen Handelsrats gehörte, hatte allerdings keinerlei entscheidende Konsequenzen. Ersterer versammelte sich nur selten und traf keine Entscheidungen; der zweite wurde nie einberufen. Wesentlich ärgerlicher war allerdings, daß er auch von den Sitzungen des Obersten Rates, der die außenpolitischen Angelegenheiten behandelte, oder des Depeschenrates, der die inneren Angelegenheiten regelte, ausgeschlossen war. Zu den interministeriellen Ausschüssen, die einige Staatssekretäre außerhalb der eigentlichen Räte versammelten, war er ebenfalls nicht zugelassen.

Necker arbeitete ununterbrochen. Der Salon seiner Gattin war stets gut besucht. Gerüchte und Nachrichten wurden ausgetauscht. Necker hatte viele politische Prälaten für sich gewonnen: Boisgelin, den Erzbischof von Aix, Dillon, den Erzbischof von Narbonne, Loménie de Brienne, den Erzbischof von Toulouse, Champion de Cicé, den Bischof von Rodez, und viele Adlige des Hofes, wie zum Beispiel den Marquis von Castries, den Herzog von Châtelet, den Prinzen von Beauvau, und nicht zu vergessen die allerdings leichtsinnigen und wankelmütigen Frauen: Die Prinzessin von Beauvau, die Herzogin von Gramont, die Gräfin von Montesson, die Gräfin von Tessé, die Gräfin von Brionne, die Gräfin von Simiane, die Marquise von Coigny, die Prinzessin von Poix und noch viele andere sparten nicht mit ihren Lobgesängen auf die spartanischen Tugenden des großen Mannes an der Macht. Diese von Schmeicheleien und Eitelkeiten durchtränkte Atmosphäre stützte Necker und entlohnte ihn für seine undankbare Arbeit mit dem Mentor.

Den König behandelte er zwar respektvoll und ergeben, aber auch mit einer Art von Herablassung, die er angesichts der intellektuellen Schwächens seines Herrn nicht ganz verhehlen konnte. Anders als zwischen Turgot und dem König herrschte zwischen diesen beiden Männern kein herzlicher Kontakt. Die Anwesenheit Neckers erfüllte Ludwig XVI. mit Unbehagen, und er zog es vor, ihn zu meiden, indem er sich mehr denn je auf Maurepas verließ.

Ganz im Gegensatz zu ihrem Gatten schien Marie Antoinette sogar eine gewisse Bewunderung für den Generaldirektor der Finanzen zu empfinden. Obwohl sie äußerst verschwenderisch war, hörte sie sich seine Ratschläge an und befolgte sie manchmal auch. Zweifellos war diese relative Zahmheit der Königin aber auch eine Folge der Mode, die Necker an die Spitze der besseren Gesellschaft stellte. Natürlich kam es Necker darauf an, seine Ansichten beim König durchzusetzen, vor allem aber träumte er davon, die öffentliche Meinung zu erobern. »Er opferte Vermögen und Auszeichnungen – kurzum alles, wonach die Ehrgeizigen streben – der Achtung der Nation... Das mondäne Ziel seiner Handlungen, der Erdwind, der ihn segeln ließ, war die Liebe zum Ruhm«, sagte später Madame de Staël.

Obwohl Necker der Zutritt zu den Ratssitzungen, in denen über die notwendigen Staatsausgaben entschieden wurde, verweigert war, sollte er der königlichen Staatskasse unter die Arme greifen und ihr Sondereinnahmen für einen Krieg verschaffen, von dem offiziell noch nicht die Rede war. Später sagte er einmal, daß das Jahr 1777 für die königlichen Finanzen bereits ein Kriegsjahr gewesen sei.

In seinem *Eloge de Colbert* hatte er zwei Mittel herausgestellt, um Geld in die Staatskassen fließen zu lassen: Steuern und Anleihen. Er verwarf keine dieser beiden Lösungen, aber er war der Meinung, daß das französische Steuersystem völlig umgestaltet werden müsse. Er propagierte eine Besteuerung der Produktion und der Konsumtion anstelle einer Einheitssteuer auf den Grundbesitz, wie sie von den Physiokraten gefordert wurde. Eine sofortige Steuerreform schien allerdings unmöglich. Auch an eine Erhöhung der bestehenden Steuern war nicht zu denken: Diese Maßnahme wäre zu unbeliebt, und die souveränen Gerichtshöfe würden gemeinsam die Registrierung derartiger Gesetze ablehnen. Die königliche Macht wäre gezwungen nachzugeben und Anleihen zu den schlechtesten Bedingungen aufzunehmen. Deshalb schlug Necker Maurepas eine sofortige Anleihe als Lösung vor.

Er hielt diese Methode für günstig, weil sie zugleich den Geldgebern und dem Staat entgegenkamen: Indem man die Anzahl der Rentenbürger erhöhte, würden auch die an der Erhaltung der Macht interessierten

Bürger und somit auch die Untertanen, die dem König ergeben waren, zahlenmäßig zunehmen. Darüber hinaus betonte Necker die Tatsache, daß die Beliebtheit des Königs sich auf diese Art vergrößere, da der Haushalt der Franzosen keine neue Belastung erfahren würde. Selbstverständlich wußte der Finanzmann Necker, daß Mittel gefunden werden mußten, um die Zinsen der Anleihe zu decken. Auch an diesem Punkt lehnte er Steuererhöhungen ab und überzeugte Maurepas davon, daß statt dessen grundlegende Einsparungen im Staatshaushalt diese neuen Ausgaben abdecken würden. In seinem *Mémoire d'avril 1787* behauptete er, daß die Einsparungen, die während seiner Verwaltungszeit geleistet wurden, die Zinsen der Anleihen bestens gedeckt hätten.

Es war kühn, am Ende des Jahres 1776 eine Anleihe zu machen, denn der Staatskredit hatte damals einen Tiefpunkt erreicht. Neckers Ernennung schuf jedoch sofort wieder etwas Vertrauen. Als sachkundiger Finanzmann wußte er den Augenblick zu nutzen und ging davon aus, daß auf diesem Gebiet »keinerlei genaue Berechnung gemacht werden könne, und daß man aus einer Art Tastsinn und dunkler Schätzung heraus entscheiden müsse«. Necker hatte begriffen, daß der Staat arm, Frankreich aber reich war. Trotzdem blieb er davon überzeugt, daß nur ein »sparsames und weises Verhalten« der Finanzverwaltung, das Vertrauen, das er erweckte, erhalten könne. »Diese Verwaltung«, sagte er, »muß ununterbrochen gegen Mißbräuche und nutzlose Gewinne eintreten.«

So nahm er im Januar 1777 die erste Anleihe auf. Es handelte sich um eine Lotterieanleihe, die für Privatpersonen aufregend, für die Staatskasse aber belastend war. Er rechtfertigte dies, indem er die Attraktivität einer derartigen Anleihe erläuterte: »Es ist sozusagen ein zusätzliches Interesse, das man in Chancen aufteilt; ein solches Spiel hat nichts Verwerfliches und verbreitet ohne Nachteil die Freude der Hoffnung. Letztlich vermehrt der Zufall die Geldquellen des Königreiches, weil jeder hofft, in den Genuß des Reichtums zu kommen.« Dieses Vorgehen hatte sofort großen Erfolg. Der Parlamentsgerichtshof registrierte die Maßnahme, ohne Einwände zu erheben. »Die Bankiers und die Wechselmakler[...] hatten die Scheine der nämlichen Lotterie so schnell für sich okkupiert, daß Privatpersonen nur noch welche erhielten, wenn sie auf die Zuschläge der Bankiers und Wechselmakler eingingen.« Diese erste Anleihe kostete die Staatskasse 7,5 Prozent. Im Dezember des gleichen Jahres nahm Necker noch eine zweite Anleihe auf und im Oktober 1780 eine dritte; beide waren für den Staat etwas vorteilhafter. Insgesamt brachten die Lotterieanleihen 85 Millionen Pfund ein. Darüber hinaus legte Necker ab November 1778 Renten auf Lebenszeit auf, die den Großteil der außerordentlichen Einkünfte ausmachten, um den amerikanischen Unabhängigkeitskrieg zu finanzieren. Sie brachten nahezu 290 Millionen Pfund ein. Alle Anleihen wurden schnell gedeckt: »In weniger als acht Tagen war die Anleihe geschlossen, und vorgestern [...] mußte sogar eine Garde von zwölf Soldaten zur königlichen Staatskasse geschickt werden, um die Menge derjenigen zu entfernen, die ihr Geld zum Verleih anboten«, erzählte der Abbé Véri.

Seit Anfang 1777 war die Wirtschaft wieder in Gang gekommen. Die Finanzleute freuten sich und spekulierten um die Wette, was bald von manchen Seiten kritisiert wurde. Vor allem die Renten auf Lebenszeit wurden als unmoralisch bezeichnet, weil sie den Familiensinn und die Erbschaften zerstörten, und für die Staatsfinanzen zu teuer seien. Der Parlamentsgerichtshof nahm sich der Angelegenheit an und berief sich auf eine alte Gesetzgebung, wonach Wucherzinsen verboten waren. Aber niemand schenkte dem Beachtung, und alle konnten mit Mirabeau ironisch ausrufen: »Er ist ein wahrer Gott, denn er führt einen Krieg ohne Steuern.«

Zu dem Zeitpunkt, als er die erste Anleihe aufnahm und lediglich Direktor der Staatskasse war, hatte Necker vor allem Einsparungen und das neue Steuerwesen, das er einführen wollte, im Sinn. Wie Turgot und Malesherbes, war er empört über die immense Verschwendung des königlichen Hofstaates und den Mißbrauch der Gnadengehälter und Gunstschenkungen. Wie seine Vorgänger hielt er eine Reform für unentbehrlich. Man mußte sie sorgfältig vorbereiten. Es sollten unmittelbare Maßnahmen getroffen werden, die weder beim König noch bei der Königin Anstoß erregten. Bei der Durchsicht der Buchhaltung stellte er fest, daß die Ausgaben des königlichen Hofstaates erst nach drei oder vier Jahren bezahlt wurden, was äußerst kostspielige Stundungen erforderte. Durch eine am 22. Dezember 1776 eingeführte Verordnung mußten die ausstehenden Schulden binnen sechs Jahren bezahlt sein. Die neuen Ausgaben sollten von nun an jeweils im folgenden Jahr beglichen werden.

Was das Steuersystem anging, so ließ es Necker zunächst unangetastet. Auch darin erwies er sich als Anhänger eines vorsichtigen Reformismus.

Während der Genfer die Finanzen des Königreichs in die Hand nahm, widmete sich der Kriegsminister Saint-Germain einer intensiven Reformtätigkeit. Erinnern wir uns an seinen pittoresken Einzug am Hofe. Seine bäuerliche Schlichtheit und sein militärischer Starrsinn gefielen Ludwig XVI. Saint-Germain hatte eine offene Sprache und sprudelte über von Ideen, die er während seiner langen Dienstjahre in ganz Europa entwickelt hatte. Während seiner Ruhestandszeit hatte er viele Denkschriften über Militärfragen verfaßt, die der König sehr schätzte. Indem er ihn zum Minister ernannte, glaubte Ludwig XVI., dem alten Soldaten, der früher von der Pompadour-Clique verfolgt worden war, Genugtuung zu verschaffen. Diese Ernennung hatte – so überraschend sie auch wirkte – eine gewisse Begeisterung ausgelöst. In aufgeklärten Kreisen waren Saint-Germains strenge Intellektualität, seine Redlichkeit und sein Reformgeist bekannt; man wußte, daß ihn keine Intrige an die Macht gebracht hatte und daß er niemals einer Verschwörung beitreten würde. Mit Ausnahme einiger Stabsoffiziere, die Angst vor Neuerungen hatten, hieß die Armee den Grafen von Saint-Germain willkommen.

Er setzte sich ein doppeltes Ziel: die Reform der Militärlaufbahn und eine beträchtliche Erhöhung der Truppenstärke, ohne daß die Staatskasse dadurch geschröpft würde. Es handelte sich um eine Aufgabe, deren Bedeutung weder dem König noch dem Kabinett entging. Saint-Germain begründete die Reform der Militärlaufbahn mit einer Anzahl von Prinzipien, die er in seinen später veröffentlichten Memoiren genauer erläuterte. Er wollte vor allem den Soldatenberuf »moralisieren«. Da er oft erlebt hatte, wie Ehrgefühl durch Eigennutz ersetzt wurde, vertrat er die Ansicht, daß derjenige, der die Soldatenlaufbahn einschlug, sich nicht bereichern dürfe. Er kritisierte die weitverbreitete Sitte, Titel ohne Rang und Ränge ohne Aufgabe zu vergeben; der Aufstieg sollte statt dessen durch Verdienst erworben werden. Er wollte das Militär schützen und daher die Sicherheit der Ränge und Laufbahnen gewährleisten, die man von nun an nur noch aufgeben mußte, wenn man seine Aufgabe verfehlte. Darüber hinaus hielt er die Religion und die Moral für »das sicherste Thermometer, das den Glanz der Nationen anzeigt«.

Bei solchen Grundsätzen hätte man annehmen können, daß Saint-Germain die Armee demokratisieren würde, um den Söhnen des Volkes auch die höheren Ränge zu erschließen. Dem war aber nicht so, ganz im Gegenteil. Saint-Germain machte sich sofort zum Interessenvertreter des Provinzadels, also des armen Adels, gegenüber dem Hofadel, welcher dank seines Vermögens und seiner Beziehungen die Regimente führte. Er wandte sich ebenfalls gegen die reichen Bürgersöhne, die sich Regimenter kaufen konnten und so mit den Adligen konkurrierten. »Ein

Mann von Stand«, schreibt er in seinen Memoiren, »also ein rechtschaffener und altgedienter Edelmann, will nicht in seiner untergeordneten Rolle bleiben, weil er darin mit zu vielen Personen zusammenkommt, die niedrigen Ranges sind.« Deshalb bekämpfte er die Käuflichkeit der militärischen Ämter, die es reichen, aber »aus dem Abschaum des Volkes« stammenden Männern erlaubte, Führungspositionen zu erlangen.

In weniger als zwei Jahren veröffentlichte Saint-Germain an die hundert Verordnungen, die den militärischen Hofstaat des Königs und die Armee nachhaltig erschütterten und bis in die Zeit des Kaiserreiches nachwirkten. Ohne genaues System führte er Reformen im königlichen Hofstaat, in der Artillerie, dem Pionierwesen, der Truppenstärke, der Rekrutierung, den Militärschulen, der Ämterkäuflichkeit, der Taktik und der Disziplin usw. durch.

Saint-Germain hatte mit dem militärischen Hofstaat begonnen. Die Elitetruppen, die den Herrscher seit den Anfängen der Monarchie umringten, waren im 17. Jahrhundert immer wichtiger geworden, so daß Ludwig XIV. ihre Zusammensetzung und Struktur im Jahre 1667 genau festlegte. Leibgardisten, Schweizer, Gendarmen, Französische Garden, graue Musketiere, schwarze Musketiere und leichte Reiter, die Korps des Hofstaates der Königin und der Prinzen von Geblüt usw. bildeten das angesehenste militärische Potential des Reiches.

Während der Feldzüge Ludwigs XIV. und Ludwigs XV. hatte der militärische Hofstaat sich mit Ruhm bedeckt. Er war für seine Treue und Unbesiegbarkeit bekannt und genoß sehr hohes Ansehen. Aber zwischen den Korps, die sich nur aus dem ältesten Adel rekrutierten, gab es viele Rivalitäten, und diese Rivalitäten brachten einen bedenklichen Disziplinmangel mit sich — manchmal führten sie sogar zu Streitereien, die den Verlauf eines Feldzugs behinderten. Diesen Korps wurde hauptsächlich vorgeworfen, daß sie vier- bis fünmal teurer waren als gewöhnliche Truppen. Saint-Germain fürchtete nicht das Gewitter, das er auf sich lenken konnte, und ließ nur die Leibgarden bestehen, die für die Verteidigung des Thrones unerläßlich waren.

Die Nachricht von dieser Reform verbreitete sich am Hofe und in Paris, noch bevor Saint-Germain Zeit gehabt hatte, seinen Plan auszuarbeiten. Während sich die kleinen Bürger freuten, rief der Adel zum Widerstand auf. Die Köpfe erhitzten sich. Und die Aussicht, das Geld für diese Offizierspatente, die alle recht teuer erstanden worden waren, zurückzahlen zu müssen, beunruhigte den König und den Finanzminister.

Man war also gezwungen, mit dem erzürnten Adel einen Kompromiß zu schließen. Nur die Musketierabteilungen und die Grenadiere zu Pferde wurden abgeschafft. Die anderen Korps wurden nur beträchtlich reduziert. So verringerte die Reform die Truppen um eintausend Stellen. Ebenso viele Adlige sahen sich, trotz der Rückzahlung, die sie erhielten, schwer geschädigt, während die reichen Bürger sich ebenfalls gegen Saint-Germain richteten.

Als Beschützer des armen Adels machte sich Saint-Germain nun daran, die Käuflichkeit der Militärämter überhaupt abzuschaffen. Natürlich war es für ihn unmöglich, sie einfach nur durch eine Verordnung zu beseitigen. Eine am 25. März 1776 veröffentlichte Verordnung sollte nur eine erste Etappe auf dem Weg zur Abschaffung der Ämterkäuflichkeit bilden: Bei jeder Vakanz sollte ein Viertel des »Preises« verlorengehen, so daß in absehbarer Zeit die Patente frei sein würden. Durch diese Maßnahme brachte Saint-Germain sowohl den Adel als auch die Bourgeoisie noch mehr gegen sich auf. Als er dann in die Ernennung und Beförderung der Regiments-Obersten eingriff, provozierte er vollends den Unwillen des Hofes.

Er wollte einem unerhörten Mißbrauch ein Ende bereiten: In der Tat vertraute man jedem hochwohlgeborenen Jüngling ein Regiment an. So gab es sehr viele Obersten, die zwischen achtzehn und zwanzig Jahre alt waren und den Spitznamen »Oberst Sabberlätzchen« trugen. Darüber hinaus kam nur jede vierte Oberst seiner Aufgabe wirklich nach. Der neuen Verordnung gemäß konnte kein Offizier mehr zum Oberst ernannt werden, ohne zuvor vierzehn Jahre gedient zu haben, davon sechs Jahre als Stellvertretender Regimentskommandeur.

So wie alle anderen Offiziere auch waren die Obersten endlich von Maßnahmen betroffen, die ihr alltägliches Leben völlig veränderten. Die Militärlaufbahn wurde zum regelrechten Beruf. So sahen sich die Stabsoffiziere, die es bis dahin vorgezogen hatten, einen Großteil ihrer Zeit am Hof oder auf ihren Schlössern zu verbringen, nun gezwungen, mindestens sechs Monate in ihrer Garnison zu verbringen. Die Subalternoffiziere wurden regelmäßigen Inspektionen unterworfen, die sie dazu verpflichteten, ein strenges Dasein hinter Kasernenmauern zu verbringen; die Genehmigung von Urlaub wurde zur heiklen Angelegenheit.

Saint-Germain bemühte sich, die Armee im Konfliktfall dem König wirklich verfügbar zu machen, und teilte die Truppen in sechzehn Militärabteilungen auf, von denen jede die verschiedenen Waffen umfaßte. Diese Abteilungen sollten streng gedrillt werden, »damit die Armee von einem Tag auf den anderen zu einem Feldzug bereitsteht«. Dies erforderte eine völlige Neueinteilung der Regimenter.

Saint-Germain wußte, daß er sich damit die Gegnerschaft des hohen Adels zuzog. Denn dieser mußte sich von nun an widerwillig verpflichten, die meiste Zeit ein strenges Garnisonsleben in entfernten, unzugänglichen Grenzorten zu führen, die wenig Annehmlichkeiten boten. Ludwig XVI. förderte seinen Minister, weil er begriffen hatte, daß eine den Feind abschreckende, gut organisierte Streitmacht die Sicherheit des Landes gewährleistete. Auch hier wurde jedoch die Entschlossenheit des Königs durch die Beschuldigungen seitens des Adels und hauptsächlich Marie Antoinettes stark erschüttert; letztere beschützte vor allem ihre Freunde, von denen einige behaupteten, daß sie ihre Favoriten seien. Wie hätte die Königin von Frankreich es beispielsweise zulassen können, daß man Esterhazy nach Valenciennes schickte? Ludwig XVI. beugte sich den Forderungen seiner Frau, und der unglückliche Saint-Germain mußte wütend klein beigeben. Wieder einmal wurde die höchste Protektion eingesetzt, um diejenigen noch mehr zu privilegieren, die ohnehin auf der Sonnenseite des Lebens standen.

Saint-Germain förderte aber auch den jungen Adel, der wirklich eine Neigung zu den Waffen verspürte, wie sie sich jener alte Soldat, der Friedrich den Großen bewunderte, erträumte. Deshalb löste er die Pariser Militärschule auf, zu der nur die Knaben des reichen Adels und eines Teils der Bourgeoisie Zugang hatten. Sechshundert arme Adlige wurden dagegen in zwölf Provinzlehranstalten untergebracht. Nach ihrer Ausbildung würden sie als Kadetten in ein Regiment eintreten, wo dann ihr wirklicher Militärunterricht begann.

Alle diese Maßnahmen betrafen nur die Armeekader, die sich Saint-Germain nicht anders als adlig vorstellen konnte, um die bürgerlichen Soldaten, die als Freiwillige dienten, tapfer und diszipliniert waren, in Schach zu halten. »Kettenhunde, die man für den Kampf dressiert«, wie er zu sagen pflegte. Dennoch betonte er, daß man sie umsichtiger als früher auswählen und ihnen eine anständige Behandlung zugestehen müsse. Er bemühte sich deshalb, dafür zu sorgen, daß die Anwerbung unter »moralisch« korrekten Bedingungen stattfand. Dies war die Aufgabe der Rekrutenwerber, die sich die Naivität der Jugendlichen mit Weinschoppen und trügerischen Versprechungen zu Nutze machten. Ihre Vorgesetzten wurden nun dazu gehalten, die jungen Rekruten anständig zu behandeln, »mit Respekt«, wie es hieß...

Eine Verordnung brachte dem Kriegsminister besonders viele Sympathien ein: Sie brach mit der barbarischen und fest eingeführten Tradition, wonach auf Fahnenflucht auch in Friedenszeiten die Todesstrafe stand. Statt dessen wurde eine Gefängnisstrafe, deren Dauer von den Desertionsbedingungen abhängig war, verhängt. Während Saint-Germain diese humanitäre Maßnahme einführte, sorgte er gleichzeitig für eine strenge Disziplin. Er war ein Bewunderer des preußischen Systems und hielt es für gut, Hiebe mit dem flachen Säbel als Disziplinarstrafe in einer Armee einzuführen, in der man bis dahin nur selten das Spießrutenlaufen bei Diebstahl, Betrug oder Plünderei anwendete. Eine Welle der Empörung erhob sich in der Armee, als diese Maßnahme bekannt wurde.

Saint-Germains Reformen brachten ihm die Kritik und sogar den Haß des Hofadels, der Bourgeoisie und schließlich auch der Truppe ein. Der Minister wurde unpopulär. Man vergaß, daß er die Armeestärke praktisch ohne Haushaltserhöhung verdoppelt, die französische Artillerie zur besten Europas gemacht und die Kolonnentaktik durchgesetzt hatte, von der 1791 die Verfasser des Infanteriereglements profitierten.

Saint-Germain wurde auch innerhalb seines eigenen Ministeriums kritisiert, wo der Prinz von Montbarey ihn ausstechen wollte. Im Januar 1776 zog sich Saint-Germain eine schlimme Lungenentzündung zu und bat Maurepas, ihm einen fähigen Mitarbeiter an die Seite zu stellen, der ihn von bestimmten Aufgaben befreite. Unter dem Einfluß seiner Frau hatte der Mentor den Prinzen von Montbarey berufen, dessen Adel weniger alt war, als sein hochtrabender Titel vermuten ließ. Montbarey war also am 25. Januar 1776 an der Seite Saint-Germains zum »Direktor für Kriegsangelegenheiten« geworden. Er war sehr ehrgeizig und träumte davon, Saint-Germains Nachfolger zu werden. Als vollendeter Höfling wußte er mit liebenswürdigen Manieren die Abteilungsleiter des Ministeriums zu gewinnen und Zweifel an Saint-Germains Reformen zu schüren. Es ärgerte ihn, daß der Minister ihm von seinen Plänen erst dann erzählte, wenn er sie zum König trug. Die Rolle des Gehilfen gefiel ihm gar nicht, und er hatte ein düsteres Vergnügen daran, zu bemerken, daß »Saint-Germain immer mehr nachlasse, daß sein Kopf immer schwächer werde und seine Gesundheit sich verschlechtere«. Da nun die Maßnahmen des Kriegsministers, wie erwähnt, Kritik auslösten, machte sich Montbarey geschickt zum Fürsprecher der Unzufriedenen gegenüber dem mehr und mehr beunruhigten Maurepas. »Wenn ich um Rat gefragt wurde, begnügte ich mich damit, spüren zu lassen, daß ich nicht der gleichen Ansicht wie Herr von Saint-Germain war – ohne meinen Ansichten den Vorrang zu geben«, schrieb er in seinen Memoiren.

Saint-Germain wußte nichts von diesen Manövern seines Untergebenen, dessen Ansehen bei Maurepas sich jeden Tag mehr festigte. Im Mai 1776 wurde dieses Ansehen besonders offensichtlich, als der Kriegsminister Sénac von Meilhan, einen Freund Turgots, zum Armeeintendanten ernannte, hauptsächlich, damit er ihm in strittigen Zivil- und Finanzangelegenheiten zur Hand ging. Diese Ernennung erregte den Zorn Montbareys, der beim Mentor protestierte, welcher daraufhin Saint-Germain dazu zwang, sein Wort zurückzunehmen, was seinem Ansehen bei Hofe und in der öffentlichen Meinung sehr schadete.

Wenige Monate später, am 5. November 1776, wurde Montbarey zum *Secrétaire d'Etat pour la Guerre en survivance** ernannt, was ihm erlaubte, in den Depeschenrat einzutreten. Sein Einfluß nahm zu, und er verbrachte lange Stunden bei Maurepas. Von nun an teilte dieser dem König seine Zweifel über Saint-Germain mit, und Ludwig XVI. ließ seinen Minister nach und nach im Stich. Er zeigte sich ihm gegenüber immer kühler und antwortete nur noch mit großer Verspätung auf seine Denkschriften. Saint-Germain wurde seine Einsamkeit zunehmend bewußt. Man wartete auf den geringsten Anlaß, um ihn zu entlassen. Der Anlaß fand sich. Der Kriegsminister, der trotz aller Hindernisse sein Reformwerk weiterführte, wollte ein »Priesterseminar« für die Truppe einführen. Sofort wurde das Gerücht verbreitet, daß er die Jesuiten begünstigen werde, die aus Frankreich verjagt worden waren. Diese Drohung brachte nun auch diejenigen aufgeklärten Geister gegen ihn auf, die ihm eine gewisse Sympathie bewahrt hatten. Von allen Seiten verunglimpft und von seinen letzten Anhängern verlassen, zog Saint-Germain die Konsequenz und reichte sein Rücktrittsgesuch ein, das der Mentor mit Erleichterung entgegennahm. Der König sicherte ihm einen glänzenden Ruhestand, den zu genießen er aber keine Zeit mehr hatte. Wenig später starb er. Am 23. September 1777 wurde Montbarey, der so begierig darauf gewartet hatte, sein Nachfolger.

Aus den Abgängen Turgots und Saint-Germains konnte Necker seine politischen Lehren ziehen. Er begriff, wenn er es nicht ohnehin schon vorher wußte, daß ein vorsichtiger Reformismus – ach um so vieles! – besser war als »der Wahn des öffentlichen Wohls«, dem seine Amtsvorgänger und Kollegen erlegen waren.

---

* Dieses besondere Staatssekretärsamt im Kriegsministerium wurde ausschließlich für Montbarey geschaffen, der damit bereits offiziell als Saint-Germains Nachfolger berufen war. (Anm. d. Übers.)

10. FREUDEN UND ALLTAG

Inmitten des prunkvollen Dekors von Versailles, jenes von Ludwig XIV. erbauten Tempels zur Huldigung des Königs, vermischen sich Illusion und Wirklichkeit auf wundersame Weise und erschaffen eine Welt, die niemand erahnt, der nicht zu ihren Auserwählten gehört. Inmitten einer riesigen, sich ständig bewegenden Menschenmenge, die amorph, aber dennoch hierarchisiert und diszipliniert ist und aus der jeder ein verborgenes Ziel – das eigene – verfolgt, in diesem Spiegelpalast Europas, in dem eine strenge, unwandelbare Etikette herrscht, die der Sonnenkönig auf dem Gipfel seiner Macht durchsetzte, bleibt der junge König einsam und allein. Er kann die Macht nicht genießen, er lehnt die Freuden eines umschmeichelten Monarchen ab und entflieht immer wieder diesem Universum, in dem Wahrheit und Schein, Pracht und Schäbigkeit, Geistesschärfe und Dummheit, Talent und Schwindel, Aufrichtigkeit und Zynismus kaum zu unterscheiden sind.

Seine natürliche Schüchternheit, die manche als Eigenbrötlerei bezeichnen, schützt ihn vor all diesem falschen Schein, aber seine schlechte Menschenkenntnis und das Mißtrauen, das er seit seiner Kindheit gegen sich selbst empfindet, drängen ihn in eine nahezu menschenfeindliche Abgeschiedenheit. Seine Lehrer haben ihm beigebracht, Höflingen und Ministern mit Argwohn zu begegnen. Sie haben ihn vor der Freundschaft und der Liebe gewarnt. Die Persönlichkeit des Königs und seine innersten Regungen sind nicht heftig, seine Intelligenz und seine Empfindsamkeit nicht anspruchsvoll genug, um aus diesem Gehäuse von Verboten auszubrechen. Ludwig XVI. ist ein Opfer seiner Erziehung.

Im Namen dieser Grundsätze traut er nur der heimlich abgefangenen Korrespondenz; er stützt sich auf sie, ohne zu ahnen, daß sie bereits gesiebt und oft sogar das Produkt eines Mannes ist, der von Interessengruppen bezahlt wird. Deswegen hört er auf den zwielichtigen Marquis von Pezay, einen geschickten Intriganten, der weitaus eigennütziger handelt, als es scheint. Nie wird der König jemandem seine Freundschaft schenken. Er wird immer nur gute Jagdgenossen haben und sich stärkere

Gefühle verbieten. Lediglich seine Beziehung zu Maurepas fällt aus diesem Rahmen. Allerdings fordert Ludwig stets mehr, als er gibt. Was sollte er auch tun? Wie sollte er – wenigstens in seinen ersten Regierungsjahren – herrschen, ohne daß ihm jemand den Weg wies? Die Berufung des Mentors paßte außerdem hervorragend zu seiner Erziehung: Ludwig XVI. hatte mehrfach den *Télémaque* gelesen. Der verehrte und bevorzugte Greis erhielt, wie erwähnt, das Zimmer der Favoritin Ludwigs XV. Genauso wie die Erziehung Ludwigs XVI. seine Willenskraft untergrub und ihn an der geringsten Entscheidung hinderte, verhinderten die kastrierenden Prinzipien, die man ihm eingeschärft hatte, eine normale Beziehung zu seiner Gattin.

Das finstere Mißtrauen, von dem die Persönlichkeit des Königs so tief geprägt ist, bedingt sein tägliches Verhalten. Er versucht seine Pflichten soweit wie möglich mit seinen Neigungen zu verbinden. Als Gefangener des Staates, des Hofes und der Etikette versucht er die königliche Repräsentation auf ein Minimum zu beschränken und behält sich lange Stunden vor, um sich seinen Leidenschaften und Marotten hinzugeben, ohne daß ihn jemand stört. Er pflegt seine Einsamkeit wie eine Zuflucht vor den Gefahren, die seine Pflichten mit sich bringen.

Im Zentrum des riesigen Versailler Palastes, der aus einem Labyrinth von Galerien, Salons und verborgenen Treppen besteht, die zu unzähligen Gemächern führen, liegt das königliche Arbeitszimmer mit seinen schweren bestickten Wandbehängen aus Gold- und Purpurbrokat. Zwar weisen die Zeiger der Standuhr, die zur Todesstunde des jeweils zuletzt verstorbenen Königs angehalten werden, darauf hin, daß der König in Frankreich niemals stirbt, aber sie erinnern auch denjenigen, der regiert, an das unerbittliche Verrinnen der Zeit. Dieser heilige Ort des königlichen Rituals, in dem Ludwig XIV. täglich das Heilige Mysterium der Monarchie feierte, befindet sich auf der Westseite des Schlosses, also zum Morgenstern hin, der den Marmorhof mit seinen goldenen Strahlen zum Glitzern bringt. Jetzt ist er nur noch ein Prunkraum, dessen Benutzung von der Etikette vorgeschrieben wird. In Wirklichkeit lebt der König in seinen »kleinen Gemächern«, einer Folge von intimen Zimmern mit verhältnismäßig einfacher, aber erlesener Ausstattung. Als reichster Seigneur des Königreiches schläft er in einem Zimmer von bescheidener Größe, in dem die Farbe Blau vorherrschend ist, und in einem Bett, das von Federn, Helmen und Goldtäfelungen überragt wird. Seine Möbel sind von den besten Kunsttischlern angefertigt und werden regelmäßig erneuert. Auf der Kommode stehen zwei prächtige goldene Armleuchter, zwischen die der König später eine Gipsgruppe stellt – eine Abbildung seiner Tochter, die einen Delphin ruft. Über den Türen sind die Portraits von Don Juan von Österreich, Katharina von Valois, Maria von Medici und Franz I. zu bewundern – ein sonderbares Zusammentreffen historischer Persönlichkeiten in den Privatgemächern eines Königs, der sich nicht im geringsten von ihnen angezogen fühlt.

Die kleinen Gemächer des Königs erreichen zwar nicht die Pracht der Gemächer seiner Gattin, die diese mit großer Raffinesse umbauen und ausstatten ließ, aber sie umfassen mehrere Räume, deren Anordnung überrascht. Bald sind sie nur aneinandergereiht, bald liegen dazwischen kleine mit Spiegeln und Holztäfelungen ausgeschmückte Kabinette. Das strengste Zimmer ist zweifellos das große Arbeitszimmer, in dessen Mitte eine Miniatur der majestätischen Statue des verschiedenen Königs steht. An den Wänden scheinen sich vier Porträts miteinander zu unterhalten: Ludwig XV., Maria Leszczyńska, der Dauphin und Maria Josepha von Sachsen. Indes sind es nicht die königlichen Gemälde, welche die Blicke auf sich ziehen, sondern die außergewöhnliche Standuhr von Passemant, die Stunden, Monate, Jahre, Mondphasen und die Kreisbewegungen der Planeten anzeigt. Am 31. Dezember abends wartet Ludwig XVI. auf das Mitternachtsläuten, um den völligen Wechsel aller Anzeigen seiner Standuhr zu bewundern. Seltene Möbel, wertvolles Porzellan und Gemälde, die an die Feldzüge von Ludwig XV. und später auch an den Unabhängigkeitskrieg Nordamerikas erinnern, ergänzen die Ausstattung der königlichen Gemächer.

Von all diesen Kabinetten und Salons, die ineinander übergehen, liebt der König ganz besonders seine Privatbibliothek. Hier arbeitet er gewöhnlich, und zwar an einem kleinen Schreibtisch, der in der Fensternische steht. Überall liegen Papiere, einige Bücher sind auf dem Boden verstreut. Der helle Raum mit der verhältnismäßig tiefen Decke, der ganz mit Büchern gefüllt ist, lädt zum Studieren ein. Weitab von der Welt und dem gräßlichen Zeremoniell kann der König sich hier stundenlang aufhalten. Vom Fenster aus sieht er von weitem diejenigen, die zum Palasthof strömen. Im Innern des Zimmers richtet sich sein Blick auf einen breiten Mahagonitisch mit Skulpturen, welche die Dichter des 17. Jahrhunderts verewigen. Und schließlich kann Ludwig XVI. sein Fernweh lindern, indem er über die beiden herrlichen, gerade erstandenen Weltkugeln streicht.

Zu den kleinen Gemächern gehören ebenfalls ein großer Salon, ein Billardzimmer und ein Speisezimmer, alle mit Gemälden geschmückt, die königliche Jagdszenen darstellen. Hierhin lädt Ludwig an Jagdtagen die wenigen Personen zum Souper ein, die er besonders auszeichnen will und deren Namen dann, von seiner Hand notiert, um neun Uhr abends im »Ochsenauge«, dem Vorzimmer, vom Türhüter feierlich ausgerufen werden.

Jeden Morgen wacht der König gegen sieben Uhr auf, manchmal auch etwas früher. Nach einer raschen Toilette ohne Zeugen zieht er sich einen einfachen grauen Gehrock an. Danach frühstückt Ludwig XVI. reichlich und verbringt bis halb zwölf einige ruhige Stunden abseits der Welt des Hofes. Entweder arbeitet er dann in seiner Bibliothek oder in der Schlossereiwerkstatt, die er sich ein Stockwerk tiefer hat einrichten lassen.

Neben den Dossiers über die Staatsgeschäfte, die er sehr genau durchsieht, liest Ludwig XVI. auch viel Literatur. Er erweitert ständig seine große Bibliothek, in der die antiken Autoren neben den großen französischen und ausländischen Klassikern gut vertreten sind. Trotz seiner Aversion gegen den philosophischen Geist hat Ludwig XVI. die gesammelten Werke von Voltaire und die *Encyclopédie* gekauft. Von Rousseau besitzt er nur den *Emile*, aber er hat sich dafür die Werke von Mably besorgt. Obwohl ihm sein Beichtvater dringend von Romanen abgeraten hat, hat er trotzdem einige gelesen, so beispielsweise den *Comte de Valmont* – freilich ein gegen die Philosophen gerichteter Roman. In dieser Bibliothek bewahrt der König auch die Buchführungsakten des königlichen Hofstaates auf. Während die Staatsfinanzen sich dem Bankrott gefährlich nähern, werden die des Herrschers mit einer Genauigkeit verwaltet, die des kleinlichsten Händlers würdig wäre. An jedem Monatsanfang errechnet der König den Betrag seiner Barbestände in der Kasse und in seiner Börse, wobei er sogar die Anzahl der Münzen zählt, die letztere enthält. Alles wird in einem Heft verzeichnet. Auf der Seite der Ausgaben sind die gesamten Kosten der kleinen Gemächer und des Trianons aufgelistet. In manchen Jahren hat der König eine Abschrift der Kostenrechnungen von Angestellten und Lieferanten des Palastes angefertigt. Erstaunt stellt man fest, daß er nicht nur weiß, wieviel die Erdbeerkörbchen oder Melonen kosten, sondern daß er ebenfalls die Preise des Laternenöls, seines Tabaks und aller Kleinigkeiten bis hin zu den Waschbürsten kennt.

Ludwig XVI. verzeichnet auch seine persönlichen Einkäufe: Bücher, eine Statue, eine Kommode, eine Uhr für die Königin, zwei silberne Kaffeekannen, eine Sonnenuhr, Thermometer, Champagner, Burgunderwein, Kaffee... Er vergißt nichts, weder den Preis der Bücherverpakkungen oder der Kaffeefuhre aus Toulon, noch den der Hobel für den Schlosser Gamain. Er trägt auch einige Vergütungen ein: so etwa die für Pezay und Gamain. Er verzeichnet die Summen, die er der Königin oder seiner Schwester Elisabeth gibt. Er begleicht die Schulden seiner Frau. Zum Beispiel verpflichtet er sich im Dezember 1776, innerhalb von sechs Jahren 300 000 Pfund mit Zinsen für ein Paar Ohrringe abzuzahlen, die Marie Antoinette etwas leichtsinnig beim Juwelier Bohemer gekauft hat.

Der König lehnt Verschwendung ab. Er läßt sein Porzellan kitten, seine Lüster restaurieren und hält sich, wie ein aufmerksamer sparsamer Bürger, über die tausend Einzelheiten der täglichen Verwaltung seines Interieurs auf dem laufenden. Er vertieft sich stundenlang in Zinsberechnungen, und manchmal überprüft er sie mehrmals: Seine Streichungen beweisen es. Macht er sich auf diese Art vor, daß er die Finanzmechanismen des Staates beherrscht? Will er sich anhand des Mikrokosmos seines Hofstaates die wirtschaftliche Gesundheit des Königreiches beweisen? Sicherlich nicht. Ludwig XVI. will sich allenfalls selbst Rechenschaft ablegen. Wir werden darauf noch zurückkommen.

Unbestreitbar hat der König einen Sinn für Statistik. Er vertieft sich in Zahlenreihen. Sein eigentümliches Tagebuch, das in erster Linie als Jagdheft angesehen wird und weiterhin geheimnisvoll bleibt, beweist seine Manie der Bestandsaufnahme. Er zählt die Nächte auf, die er außerhalb von Versailles verbracht hat, seine Spaziergänge zu Fuß oder mit dem Wagen, die Beileidsbezeigungen des Hofes anläßlich des Todes der Kaiserin... Darüber hinaus verzeichnet er natürlich den Verlauf seiner Jagdausflüge, er registriert die genaue Anzahl der Beutestücke, von den Schwalben (200 am 28. Juni 1784) bis zu den Hirschen, ohne daß er einen Hund oder ein Eichhörnchen vergißt, die zweifelsohne unabsichtlich getötet worden sind. Seine Genauigkeit führt ihn sogar oft dazu, die Temperatur, die Orte der Jagdetappen und die Zeitpunkte von Abfahrt und Ankunft anzugeben, wenn er unterwegs ist. Er nimmt ebenfalls alle Ereignisse auf, die seine Familie betreffen, die Kommunion seiner Brüder, die Masern des Grafen von Artois, die der Königin, die Aderlässe der einen und der andern.

Ludwig XVI. kommentiert nichts, er schreibt zwei oder drei Worte nieder, das ist alles. Indes gibt es zwei Ausnahmen, den 19. Dezember 1778 und den 22. Oktober 1781: Anläßlich der beiden Niederkünfte Marie Antoinettes verfaßt er einen regelrechten Bericht. Die politischen Ereignisse werden nicht systematisch aufgezeichnet und niemals kommentiert. Das berühmte »Nichts«, über das soviel geschrieben wurde, bedeutet bekanntlich nur, daß der König nicht gejagt hat. Wenn dieses »Nichts« jedoch vor einem wichtigen Ereignis steht, wirkt es etwas merkwürdig: »Nichts, Vorstellung der Abgeordneten aus Amerika« – »Nichts, Theaterkomödie, Rücktritt von Herrn Necker« – »Nichts, Tod der Kaiserin« – »Nichts, Tod von Herrn Maurepas«...

Diese außerordentlich trockenen Bemerkungen sind für seine Persönlichkeit ebenso aufschlußreich wie lange Reden. Indem er sein Leben auf eine Reihe von Chiffren beschränkt, die sich im Laufe der Jahre anhäufen, versucht er vielleicht, sich – mehr oder weniger erfolgreich – von der Dichte seines eigenen Daseins zu überzeugen. Es ist kein Zufall, daß die einzigen Berichte seines Tagebuches gerade die sinnliche Bestätigung dieser Existenz betreffen. In den Augen eines Analytikers entspricht sein Verhalten genau dem eines Zwangsneurotikers. Die Liebe zur Einsamkeit, die Sterilisierung der Gefühle sind die ersten Anzeichen. Geiz, Lust am Katalogisieren, an der Zeiteinteilung und ständige Unschlüssigkeit sind ebenfalls deutliche Symptome.

Die Jagd ist in der Tat die Hauptleidenschaft des Königs. Wie sein Tagebuch beweist, besitzt sie in seinem Leben genausoviel – wenn nicht mehr – Bedeutung wie Familienereignisse oder politische Krisen. Am liebsten würde Ludwig XVI. jeden Tag jagen. Ist dies nicht der einzige Genuß, den seine Lehrer ihm erlaubt und sogar empfohlen haben? Nur schwerwiegende Ereignisse oder außerordentlich schlechte Witterungsbedingungen können ihn davon abhalten: Es ist der königliche Zeitvertreib schlechthin, dem schon seine Vorfahren stürmisch gefrönt haben. Alle Zeitgenossen sind sich einig, daß er an dieser Betätigung einen unmäßigen Genuß findet. »Er liebt nur die Jagd«, bestätigt der Herzog von Croÿ mehrfach. Die königliche Jagd läßt sich nicht improvisieren, der König achtet persönlich auf ihre Vorbereitung. In seinem Arbeitszimmer genießt er schon im voraus die heftige Gefühlsregung, die er empfinden wird, wenn er einen Hirsch – manchmal neun Stunden lang – verfolgt. Dazu liest er die Berichte, die er über die königlichen Wälder hat verfassen lassen, um die Verstecke der Tiere besser kennenzulernen; er studiert den Zustand der Hirsche, die er hat zähmen lassen, und notiert die besten Strategien für die Hatz und den Angriff. Er studiert aufmerksam die Berichte der Wildhüter, die die Treibjagd vorgenommen haben, und kann so einen Jagdplan entwerfen, der die Genauigkeit eines Schlachtplans besitzt.

Der König kennt die Namen seiner Jagdtreiber und der Bediensteten, die ihn beritten oder zu Fuß auf der Jagd begleiten oder die für die

Spürhunde der Meute zuständig sind. Obwohl kein sehr guter Reiter, ist Ludwig XVI. ein unermüdlicher Jäger. Er verfolgt sein Opfer so lange, bis es ermattet aufgibt. Danach gibt er für seine Jagdgenossen in Saint-Hubert oder Rambouillet ein großes Essen.

Körperlich erschöpft von den Anstrengungen des Tages und der reichlichen Mahlzeit, begibt er sich – manchmal erst spät in der Nacht – zurück nach Versailles. Der erlebte Genuß wird in unendlichen Plaudereien fortgeführt, und schon am nächsten Tage verewigt der König das Jagdergebnis, indem er es mit der ihm eigenen Genauigkeit und Bündigkeit schriftlich festhält. Seine Jagdberichte sind manchmal ebenso lang wie die über eine Niederkunft der Königin. Er vergißt weder den Zeitpunkt der Abfahrt oder den der Rückkehr noch die Namen der durchquerten Dörfer. Auch legt er einen Zettel für jeden Hirsch an, so daß er geradezu über ein Register der unschuldigen Opfer seiner königlichen Lust verfügt.

Zwar gibt sich Ludwig XVI. in ungestümer Wut der Jagd hin, aber auch auf diesen Ausflügen bleibt er der König – ein König, dessen standesbedingte Zurückhaltung zwar manchmal von ihm abfällt, der aber immer der Monarch ist, der repräsentiert. Falls es ihm jedoch wirklich gelingt, Herrscherpflichten zu entkommen, zieht er sich an einen Ort zurück, zu dem nur wenige Auserwählte Zutritt haben: in die unter seiner Bibliothek eingerichtete Schlosserwerkstatt. In dieser Höhle spielt er gern den Vulkanus und von Zeit zu Zeit verfertigt er einen Schlüssel oder ein Hängeschloß. Die Wände des Raumes sind mit wunderbaren Schlössern dekoriert: unvergleichliche Modelle, die der König niemals nachahmen könnte. Obwohl Gamain und Ambroise Poux-Landry, ein ehemaliger Soldat der Französischen Garde, der die Schlosserkunst zur höchsten Vollkommenheit brachte, dem König mit ihren Ratschlägen zur Seite stehen, bleiben seine handwerklichen Fähigkeiten, wohl auch aus Zeitmangel, äußerst begrenzt.

Dennoch hatte der König reichlich Gelegenheit, sein Talent zu erproben, als einmal ein Brand in der Nähe seiner Gemächer ausbrach. Er nahm sofort seine Werkzeuge und brach das Schloß des betreffenden Zimmers auf, damit der Brand gelöscht werden konnte, bevor er auf den Rest des Palastes übergriff – allerdings nicht schnell genug, um eine alte Dienerin zu retten, die im Qualm erstickte.

Leider fehlte es Ludwig XVI. bei der Schlosserei wie bei allem anderen an dem nötigen Selbstvertrauen. Deshalb lehnte er es ab, die größten Schlossermeister seiner Zeit, die Maurepas nach Versailles kommen lassen wollte, kennenzulernen. Auch eine herzliche Delegation der Versailler Handwerker, die ihm am Sankt-Eligiustag* einen riesigen Blumenstrauß überbrachten, empfing er nicht. Diesen spontanen Akt empfand er sicher nicht als Beleidigung, zumal er sehr wohl dem Zeitgeist und seinem Bild einer väterlichen Monarchie entsprach; aber er wollte wohl, daß man diese geheime Neigung, über die er mit niemandem sprach, als solche respektierte.

Die Zeitgenossen wunderten sich natürlich über diese plebejische Arbeit ihres Königs. Die Historiographie und die volkstümliche Malerei haben sich bald dieses Themas angenommen und über Generationen hinweg ein zwiespältiges Schuldbewußtsein überliefert, indem sie Ludwig XVI. als Heimwerker darstellten, der den ganzen Tag lang Schlösser feilte: Der Königsmord war also an einer Person begangen worden, die dem Volk näherstand als jeder andere Herrscher, aber gleichzeitig wurde so auch der Staatschef kritisiert, der die Angelegenheiten des Königreiches vernachlässigt hatte, um sich mit dem guten Funktionieren von Schlössern zu beschäftigen. So kam jeder mit seiner Empfindung auf seine Kosten. Allerdings hat man nur selten versucht, diese besondere königliche Neigung zu erklären. Warum die Schlosserei? Warum nicht die Kunsttischlerei oder das Kochen? Die Psychoanalytiker behaupten, daß die Manie der handwerklichen Arbeit bei einem Menschen, dessen Beruf sie nicht ist, als Symptom der weiter oben bereits erwähnten Zwangsneurose betrachtet werden kann. Diese Hypothese erscheint durchaus plausibel, aber aufgrund einiger psychoanalytischer Studien kann man vielleicht noch einen Schritt weitergehen und hier eine Interpretation vorschlagen, die das Verhalten Ludwigs XVI. in neuem Licht erscheinen läßt.

Wie wir uns erinnern, hatte Ludwig einige Monate lang dem Todeskampf seines Bruders Bourgogne beigewohnt, dessen besondere Begabung von seinen Eltern und vom ganzen Hof gelobt wurde. Als nun dieser kleine Prinz starb, wurde unser Held, der junge Herzog von Berry, zum Thronerben – nach seinem Vater, der ihn aber weitaus weniger liebte als Bourgogne. Unterschwellig warfen der Dauphin und die Dauphine Berry vor, daß er an Stelle des verstorbenen Kindes lebte. Niemand weiß natürlich, was sich daraufhin in Berry abspielte, aber gewiß glaubte er, einen Platz zu usurpieren, der einzig und allein für seinen Bruder bestimmt war, welcher alle dafür erforderlichen königlichen Tugenden

---

* Schutzpatron der Schmiede. (Anm. d. Übers.)

besaß. Damals wurde ihm seine ganze Unwürdigkeit bewußt, seine ganze Tölpelhaftigkeit, die ihn seine Umgebung dann so oft mit perverser Freude spüren ließ.

Diese Kindheitserinnerung Ludwigs XVI. verweist uns auf die Arbeiten von zwei Psychoanalytikern, Nicolas Abraham und Maria Torok*: Mit dem Ausdruck *Kryptophorie* bezeichnen sie den Zustand eines Menschen, der den Geist eines toten Verwandten in sich (in seiner »Krypta«) trägt – meistens denjenigen eines Bruders oder einer Schwester. Dieser im tiefsten Innern verschüttete Geist nährt sich vom Leben dessen, den er bewohnt, und läßt ihn manchmal völlig erstarren, falls der »Wirt« ihn nicht loswerden kann. Man könnte sich also fragen, ob die ständige Beschäftigung mit Schlössern und Schlüsseln bei Ludwig XVI. nicht das Indiz einer unermüdlichen, zugleich symbolischen und unbewußten Suche war nach dem befreienden *Sesam öffne dich*.

Verlassen wir jetzt wieder das Gebiet der Interpretation, um zur Wirklichkeit der königlichen Schlosserwerkstatt zurückzukehren, wo der Herrscher im verschwitzten Hemd die ganze Kraft seiner dreiundzwanzig oder vierundzwanzig Jahre in physische Anstrengungen investierte. Bevor die fatale Stunde des großen *levers* anbricht, hat er gerade noch Zeit, die kleine Treppe hochzugehen, um sich in dem Aussichtstürmchen, das über der Schlosserwerkstatt liegt, auszuruhen. Dort oben, wo ihn niemand stören kann, ergreift der König von Frankreich ein Teleskop und beobachtet die Menge, die sich von der Straße nach Paris bis hin zu den Höfen des Schlosses drängt.

Manchmal macht er von diesem Zufluchtsort aus auch lange Spaziergänge durch das Labyrinth der Dachstühle des Schlosses. Von Zeit zu Zeit steigt er auf die Dächer hinaus und jagt die Katzen in den Dachrinnen. »Wo kann ich allein frische Luft schnappen, ohne jemanden zu stören?« gesteht er seinen Vertrauten, die sich über diese absonderlichen Eskapaden wundern. Indes kommt die Stunde des großen *levers* viel zu früh: Schnell muß er zurück in sein Zimmer und sich auf das unabänderliche Zeremoniell vorbereiten. Schon seit Stunden wartet die Menge der Höflinge im Spiegelsaal, im Vorzimmer und im »Ochsenauge«. Um Punkt halb zwölf legt der König sein Morgengewand ab und betritt im Nachtgewand das Prunkzimmer. Ein Kammerdiener öffnet die Tür und ruft mit lauter Stimme: »Meine Herren, die Garde-Robe!«

---

* Vgl. N. Abraham/M. Torok, *Kryptonymie. Das Verbarium des Wolfsmanns*, Frankfurt-Wien-Berlin 1979. (Anm. d. Hrsg.)

Nur die Prinzen von Geblüt, die höchsten Würdenträger der Krone, die Vorsteher der *Garde-Robe* sowie einige Privilegierte werden zur königlichen Toilette zugelassen, die in Wirklichkeit nur die Vollendung der eigentlichen Toilette ist. In ihrer Anwesenheit zieht der König seine Strümpfe und sein Hemd an. Alsdann wird zur *Première Entrée* aufgerufen: In diesem Augenblick treten Ärzte, Kammerdiener der Garde-Robe sowie ein Diener ein, den man pompös den *Porte-Chaise d'affaires* nennt: Dieser Beamte in Höflingskleidung hat die ausschließliche Aufgabe, sich um den Nachtstuhl Seiner Majestät zu kümmern. Für sein Amt, das ihm jährlich runde 20 000 Pfund einbringt, hat er ein nettes Sümmchen bezahlt. So kann ein Emporkömmling von den königlichen Exkrementen auf großem Fuße leben.

Wenn der König nur noch sein Obergewand überstreifen muß, treten die Offiziere, Pagen, Gouverneure, Geistlichen und Höflinge ein. Der König, der nun endlich angezogen ist, wird in einen riesigen Mantel gehüllt, bevor er in ein Zimmer tritt, wo ihm der Barbier, der seine Haare schon beim ersten *lever* vorbereitet hat, die Frisur vollendet und pudert. Nun ist Ludwig XVI. bereit. Die beiden Türflügel öffnen sich, und alle, die bisher noch nicht in das königliche Zimmer durften, werden hereingelassen. Man sieht, wie der König über die Balustrade steigt, die sein Bett umgibt, auf einem Kissen niederkniet, um zusammen mit seinen Kaplänen ein Gebet zu sprechen. Nach den üblichen Begrüßungen zieht sich der König für einige Augenblicke ins Ratszimmer zurück, während die Menge der Höflinge sich längs der Galerie aufstellt und den Abgang des Monarchen zur Messe, der er täglich beiwohnt, erwartet. Bald wird die Spiegeltür geöffnet: Der König erscheint.

Obwohl er bereits einen kleinen Bauchansatz hat, der ihm eine Art von Würde verleiht, die ihm in den ersten Monaten seiner Regentschaft noch fehlte, gewinnt der König durch seinen hohen Wuchs und seine kräftige Statur an Ausstrahlung. Manchmal amüsiert er sich damit, einen seiner Pagen in eine riesige Schaufel zu setzen und dann lachend die Last mit dem ausgestreckten Arm hochzuheben.

Diesem kräftigen jungen Mann fehlt es aber stets an Eleganz. Trotz der Tanzstunden, die er sich auferlegt hat, um der Königin zu gefallen, behält er weiterhin einen watschelnden Gang, und sein Äußeres macht, ungeachtet der Pflege, die ihm zukommt, einen ziemlich vernachlässigten Eindruck: Seine unordentliche Haartracht und seine von der Arbeit in der Schlosserwerkstatt geschwärzten Hände überraschen die neuankommenden Besucher. Seine Kleidung bleibt immer bescheiden. Wie schon erwähnt, wollte er sich am Tag nach dem Tod seines Großvaters nur sechs Ratineröcke bestellen.

Für das große *lever* begnügt er sich damit, seinen grauen Morgenrock gegen einen braunen Leinenrock auszutauschen und sich ein silbernes oder stählernes Schwert umzubinden, das ihn stets zu behindern scheint. An Sonntagen und Feiertagen trägt er eine bestickte Samtweste mit Goldplättchen sowie den *Sancy**, um das blaue Band zusammenzuhalten, und den *Régent* am Hut: Dies sind seine einzigen Zugeständnisse an den Prunk. Indes kann ein aufmerksamer Beobachter, der den Blick auf den jungen Herrscher richtet, nicht umhin, von dem vornehmen, melancholischen und entrückten Silberblick seiner blauen, sanften Augen betroffen zu sein, die nirgendwo haften bleiben und in einem endlosen Traum verloren zu sein scheinen. So wirkt der französische König auf den einfachsten seiner Untertanen, der nach Versailles gekommen ist, um ihn zu bewundern: Vergessen wir nicht, daß jedermann zum Palast zugelassen ist; einzige Bedingung ist, dezent gekleidet zu sein und ein Seitenschwert zu tragen. Dieses kleine Detail macht auf niemanden Eindruck: Man kann solch ein Zubehör im Eingangshof des Schlosses mieten.

Ludwig XVI. betritt nun die Kapelle, wo ihn bereits die Königin und üblicherweise die ganze königliche Familie erwarten. Erst jetzt begegnet er also seiner Gattin, falls er ihr nicht schon am Morgen einen Privatbesuch mittels ihres geheimen Durchgangs abgestattet hat. In jener Zeit sind solche Zusammenkünfte selten, da die Königin sehr spät zu Bett geht und nicht gerne früh aufsteht.

Die beiden Eheleute bieten ein eigentümliches Kontrastbild. Nahezu alles bei ihnen steht in Widerspruch zueinander. Die Königin ist groß, gut gewachsen und verfügt bereits über einen sehr vollen Busen; sie hat einen strahlenden Teint und bewegt sich mit Grazie und Majestät. Trotz ihrer etwas arroganten Gesichtszüge und ihrer leicht hervorspringenden blauen Augen ist Marie Antoinette, ohne wirklich schön zu sein, eine wirklich gutaussehende Frau. Und nichts wünscht sich die Königin von Frankreich sehnlicher, als zu gefallen. Ihrem Pagen, dem Grafen von Tilly, zufolge besitzt sie etwas, »das auf dem Thron mehr gilt als die vollkommene Schönheit, und dies sogar in den Augenblicken, in denen sie nichts weiter sein will als eine hübsche Frau«. Der geistvolle und skeptische Tilly, dessen Talent Stendhal später bewunderte, gehörte

---

* *Sancy* und *Régent* sind Diamanten des Königs. (Anm. d. Übers.)

zwar nicht zu denjenigen, die vor der Königin in Ohnmacht fielen, aber er muß dennoch gestehen: »Wenn ich mich nicht irre, so wollte man ihr stets den Thron heranrücken wie einer anderen Frau den Stuhl.«

Diese majestätische Grazie beeindruckt Ludwig XVI. inzwischen ebensosehr, wie der natürliche Charme der kleinen Erzherzogin, die im Wald von Compiègne anmutig seinem Großvater zu Füßen gesunken war, ihn als Fünfzehnjährigen in Verlegenheit gebracht hatte. Diese von der strengsten Herrscherin Europas erzogene Prinzessin, diese Marie Antoinette mit ihrem unberechenbaren und impulsiven Wesen besitzt nicht die Zurückhaltung einer Maria Theresia (der Gattin Ludwigs XIV.) oder einer Maria Leszczýnska, die beide ihren allmächtigen Ehemännern völlig ausgeliefert waren und nur im Schatten des verehrten Monarchen zu atmen wagten. Bei der jungen Königin von Frankreich, die ihr Leben wie eine Romanheldin ihrer Zeit leben will, ist genau dies nicht der Fall. Auch wenn sie jene Romane kaum gelesen hat, gewinnt sie aus ihnen eine ungefähre Glücksvorstellung: ein Königreich, das sich auf die Gärten von Trianon beschränken würde; Untertanen, die sie selbst ausgewählt hätte; ein Märchenprinz, der sie immer wieder überraschen und sie unter den begeisterten Blicken dieses kleinen, idealen und liebenswürdigen Hofes aus ihren inneren Abgründen herausreißen würde. Trotz aller Ermahnungen ihrer Mutter, trotz der Predigten von Mercy und des Abbés von Vermond flüchtet sie aus dem öden Leben der höfischen Repräsentation, die ihr bei allen Amüsements, die man für sie veranstaltet, nicht mehr gefällt.

Diese Flucht vor der Etikette und dem königlichen Ritual ist genau der Punkt, an dem König und die Königin einander näher kommen. Das Königspaar wünscht sich gemeinsam ein anderes Leben, aber ihre Träume unterscheiden sich. Beide langweilen sich, aber jeder flüchtet in seine eigene Richtung. Der König träumt von den Reisen des Kapitän Cook, verausgabt sich auf der Jagd, schwitzt in der Schlosserwerkstatt oder spaziert auf den Dächern herum. Die Königin dagegen vergnügt sich mit einem Wirbelwind von Oberflächlichkeiten, putzt sich mit Schmuck und Federn heraus und schafft sich eine kleine Gesellschaft, in der sie sagen kann »Ich bin ich« – das heißt eine Frau wie alle anderen. Immer wieder richtet sie ihre Zimmer neu her, spielt im Trianon die Schloßherrin und träumt den ökologischen Traum ihrer Zeit. Ständig muß sie abgelenkt und davon abgehalten werden, einer Melancholie nachzugeben, die ihr eher entspricht als ihre aufgesetzte Fröhlichkeit. Sie verträgt die Einsamkeit nicht. Sie ist sentimental und muß von sich erzählen, sich anvertrauen können, kurzum, sie will lieben und geliebt werden.

Seit ihrer Ankunft in Frankreich steht Marie Antoinette unter dem Eindruck einer grausamen Enttäuschung: Sie hat keine Liebe kennengelernt und keinen Geliebten gefunden. Trotz aller Bemühungen ist es ihr nicht gelungen, den ihr von der Staatsraison aufgezwungenen Gatten zu lieben. Die etwas ängstliche Ergebenheit, die er ihr öffentlich bezeigt, irritiert sie, da sie von einem ruhmreichen Herrscher begehrt werden möchte. Marie Antoinette hat nichts von einer Königin, die nur ihre Pflichten kennt. Sie ist vor allem eine Frau mit leerem Herzen und ungestillter Sinnlichkeit – und dies in der aufregendsten Atmosphäre der Welt, wo man ihr die anstößigsten Geschichten ins Ohr flüstert, und wo sie täglich miterlebt, wie sich ihre engsten Vertrauten bedenkenlos ihren erotischen Leidenschaften hingeben.

Um diese Einsamkeit zu kompensieren, hatte sich die junge Dauphine eine Freundin gewählt, die sanfte Prinzessin von Lamballe, aber deren Anmut einer etwas törichten Klosterschülerin war Marie Antoinette bald langweilig geworden und sogar auf die Nerven gegangen. Sie zog ihr daraufhin die strahlende und verwirrende Yolande de Polastron, Gattin des Grafen Jules de Polignac, vor. Sie verliebte sich sofort in diese blauäugige, braunhaarige Schönheit mit dem Engelsgesicht, deren ungezwungener Glanz überall gefeiert wurde. Die Gräfin Jules war etwas älter und unendlich erfahrener als die Königin, und bald konnte sie sie völlig beherrschen. Marie Antoinette überschüttete sie mit Gunstbeweisen, brachte sie am Hof unter, ernannte ihren Gatten zum ersten Knappen und ihre Schwägerin Diane zur Hofdame von Madame Elisabeth, der jüngeren Schwester des Königs. Die neue Freundin glänzte nicht durch Sittenstrenge und unterhielt, mit dem Einverständnis ihres Gatten, ganz offiziell ein Verhältnis mit dem Grafen von Vaudreuil. Die Polignacs, die man am Hofe bald nur noch *les Jules** nannte, drängten der Königin ihre Freunde auf. Es waren durchaus geistvolle Leute, aber Egozentriker, die über alles lachen konnten und sich am übelsten Klatsch noch erfreuten. Sie lenkten die Königin ab, die in ihrer Naivität glaubte, hier den Zauber wirklicher Vertraulichkeit zu finden, wo sie die Fesseln ihres Ranges abstreifen konnte, wo die Unterhaltung von einem Thema zum anderen wechselte und ständig von Lachsalven unterbrochen wurde.

---

* Wortspiel, das auf den Vornamen des Grafen Polignac und die männliche Rolle seiner Frau gegenüber der Königin anspielte (Jules = Macker). (Anm. d. Hrsg.)

Wie ein junges, soeben aus dem Kloster entlassenes Mädchen schreitet Marie Antoinette von Entdeckung zu Entdeckung, und sie flieht mehr denn je vor dem langweiligen monarchischen Ritual, das ihr stets ein Greuel war. Zwar warnt Maria Theresia sie vor dem Ruf ihrer Freunde, aber Marie Antoinette verschanzt sich immer mehr in dieser kleinen Scheinwelt und vernachlässigt am Hofe alles, was nicht zu ihrer geliebten verschworenen Gesellschaft gehört. Empört beginnt der alte Adel, Versailles zu verlassen, und schimpft über diese ebenso unbesorgte wie unverschämte Jugend. Mercy meldet betreten nach Wien: »Die Hofbälle sind dieses Jahr sehr kühl und nur wenig besucht. Manchmal scheint die Königin darüber etwas erstaunt und schockiert zu sein, aber man hat ihr schon lange zu verstehen gegeben, was geschehen wird, wenn sich in Versailles eine gewisse Gesellschaft niederläßt, die alle Annehmlichkeiten des Hofes für sich vereinnahmt und den Rest des Hochadels ausschließt [...]. In diesem Jahr sind nicht halb soviel Leute am Hof wie früher.«

Marie Antoinette zieht die neuen und spontanen Feste, die mit den Traditionen brechen, den Hofbällen vor. Im Winter besucht sie am liebsten die Opernbälle; ihr Inkognito wird durch eine Dominoverkleidung und eine Samtmaske geschützt, und nur ihre Schwäger – der eine ein Scheinheiliger, der andere ein Windhund – begleiten sie als Anstandswärter. Nur ein einziges Mal ist auch der König mit von der Partie. Eines Nachts hat Marie Antoinettes Wagen einen Radschaden, so daß sie in einen Fiaker umsteigen muß. »Ich im Fiaker!« wiederholt sie immer wieder, so als sei dies eine ungewöhnliche Heldentat. Natürlich mag es für die Königin von Frankreich ein Abenteuer sein. Aber das Abenteuer bestand wohl eher darin, mit vielen unbekannten Menschen in Berührung zu kommen. Was kann sich nicht alles unter einer Samtmaske und einem Domino verbergen! Erst im Morgengrauen kehrt sie zurück, manchmal erst zum *lever* des Königs.

In den heißen Sommermonaten überfällt Marie Antoinette die Laune, sich den Sonnenaufgang auf den Höhen von Marly anzusehen. Der König erlaubt ihr, Versailles um drei Uhr morgens zu verlassen; er selbst zieht es vor, weiterzuschlafen. In lustiger Begleitung fährt die Königin also nach Marly. Schon wenige Tage später kursiert in Paris und am Hof eine der übelsten Flugschriften seit dem Regierungsantritt Ludwigs XVI., die den Titel trägt: *Le Lever de l'Aurore* (Die Morgendämmerung). Marie Antoinette wird darin aller Laster bezichtigt. Die empörendsten Gerüchte über sie beginnen sich zu verbreiten. In aller Naivität – die auf ihre Unschuld schließen läßt - gesteht sie ihrer strengen Mutter, »daß man ihr eine Neigung zu Frauen und zu Geliebten nachsagt«. »Die Franzosen sind so furchtbar oberflächlich!« denkt sie.

Welchen Platz mag diese charmante, mit bunten Federn und ebenso extravaganten wie teuren Juwelen geschmückte Dame Leichtfuß im Leben des Königs einnehmen, der an ihrer Seite zur Messe geht und mit ihr vor aller Welt zu Abend speist? »Mein Geschmack ist nicht der gleiche wie der des Königs, der sich nur für die Jagd und die Handwerkskünste begeistern kann. Sie müssen zugeben, daß ich nicht gerade in eine Schlosserwerkstatt passe; ich wäre kein Vulkanus, und ihm könnte die Rolle der Venus weitaus weniger gefallen als meine Neigungen, die er keineswegs verachtet«, schreibt sie ihrem Vertrauten Rosenberg. Den König scheinen diese Inkompatibilität der Vorlieben und diese offensichtliche Indifferenz der Gefühle, die die Zeitgenossen so deutlich gespürt haben, nicht übermäßig zu empören. Aber Marie Antoinette denkt nicht nur ausschließlich an ihr Vergnügen, sondern sie versucht auch nie, ihren Gatten an ihren Freuden teilnehmen zu lassen. Wenn er sich zufällig einmal in den Freundeskreis der Königin verirrt hat, stellt ein Witzbold einfach nur den Uhrzeiger vor, damit der biedere Spielverderber alsbald zu Bett geht. Nach seinem Abgang werden die Unterhaltungen wieder lockerer. Die Königin läßt alles zu, und man weiß es. Marie Antoinette kommt nie auf den Gedanken, ihren Stundenplan nach dem des Königs zu richten. Sie bezeigt ihm nicht einen Bruchteil jener Aufmerksamkeit, die die Gesellschaft von einer Gattin erwartet.

Ludwig XVI. macht sich über diese Amüsements offenbar keinerlei Gedanken; wenn er mit ihr darüber spricht, so nur, um zu scherzen und sie etwas zu necken. Er läßt sie ihre Feste veranstalten und bezahlt die Rechnungen. Im September 1777 kostet eine einzige Nacht in Trianon 400 000 Pfund. Er bezahlt auch alle ihre Schulden: Spielschulden, Juwelierrechnungen und so weiter. Am Ende des Jahres 1776 kommt Mercy, der auf Wunsch der Königin eine Bilanz erstellt, zu einer erklecklichen Gesamtsumme: 487 872 Pfund Schulden! Der König, der niemals mehr als sechs Pfund beim Spiel verliert, zeigt sich gütigst damit einverstanden, die Gesamtsumme in mehreren Monatsraten abzubezahlen, und besteht darauf, daß das Geld aus seiner persönlichen Kasse genommen wird. Die außerordentliche Nachsicht des Königs in bezug auf die Extravaganzen der Königin, die weit und breit bekannt sind, empört die Bürger und überrascht den Hof. Der Buchhändler Harry erzählt das Gerücht, dem zufolge »der König sich zu einem derartigen Wutanfall hinreißen ließ, daß er die Königin ohrfeigte oder sie mit einem Stock schlug; man ging sogar noch viel weiter und behauptete, was man besser errät, als daß ich es schriebe«. Das ist ganz sicher falsch: Ludwigs Verhalten ist vielmehr, wie Mercy berichtet, »das eines aufmerksamen Höflings, der insbesondere auch die Umgebung der Königin hervorhebt, obwohl er sie bekanntlich nicht mag«.

Gewiß ist Ludwig XVI. so lange zufrieden, wie er sicher ist, daß die Königin sich nicht in die Politik einmischt. Ihre diesbezüglichen Extratouren waren immer von schlimmen Irrtümern begleitet. Auch Maurepas ermutigt seinen Schüler zu der größten Nachsicht gegenüber Marie Antoinettes Inkonsequenzen, da er selbst die Wutanfälle der Königin fürchtet. Allerdings erklärt sich diese unglaubliche Duldsamkeit des Königs gegenüber seiner Gattin auch durch ihren absonderlichen »ehelichen Zustand« – um den Ausdruck der damaligen Kanzleien zu übernehmen.

Wie erwähnt, war die Ehe nur mit großen Schwierigkeiten vollzogen worden. Obwohl sie über die intimsten Einzelheiten im Leben des jungen Paares auf dem laufenden gehalten wurde, stellte Maria Theresia den Vollzug der Ehe weiterhin in Frage. »Ich zweifle immer noch daran, daß meine Tochter eine Frau ist, und ich rechne noch weniger damit, sie als Mutter zu sehen«, beklagte sie sich bei Mercy. Indes teilte der König zwar regelmäßig das Lager mit seiner Gattin, aber ihr Verkehr blieb enttäuschend und gar beschämend. Als Ende 1774 die Schwangerschaft der Gräfin von Artois bekannt wurde, war die Königin, wie erwähnt, recht traurig, und der König entschloß sich, den Arzt Lassonne aufzusuchen. »Nach einem erneuten, umfassenden Bekenntnis hat er sich wieder peinlich genau untersuchen lassen... Der Arzt hat große Veränderungen zur Besserung hin festgestellt. Er hält eine Operation für überflüssig und meint, daß das Hindernis ausschließlich im mangelnden Selbstvertrauen und in einer kindlichen Angst des Königs besteht, die durch ein kühles und unterentwickeltes Temperament noch verstärkt wird. Jedoch hat er sichere Indizien dafür gesehen, daß das Temperament sich nach und nach herausbildet, und er hegt keinen Zweifel, daß die echte körperliche Fähigkeit sich entwickeln wird«, schreibt Mercy gewissenhaft an Maria Theresia. Er fügt hinzu, daß Ludwig XVI. die Königin »von ganzem Herzen liebe« und »ihr Gesicht bezaubernd« fände.

Diese Liebe trägt aber keine Früchte. Mit einem Wort: Der König ist impotent. Diese pathologische Impotenz ist kein Zufall. Wahrscheinlich wird Ludwig XVI. durch eine »Bremse« behindert, die der Chirurg beheben kann, ohne daß dafür eine regelrechte Operation notwendig ist: Es handelt sich nur um einen kleinen, befreienden Skalpellschnitt, der keine anschließende Bettruhe erfordert. Allerdings ist bekannt, daß bei Zwangsneurotikern die bereits mehrfach erwähnte Hemmung des Willens und der Handlungen häufig auch mit einer sexuellen Hemmung verbunden ist.

Marie Antoinette war diese mühevollen und vergeblichen Versuche sehr bald leid. Ihr Ehebett wurde zum Ort einer Prüfung, die sie so oft wie möglich vermeiden wollte. Indem sie erst spät schlafenging, hatte sie ein wunderbares Alibi. Sicherlich belog sie ihre Mutter, wenn sie behauptete, »daß die Nachlässigkeit gewiß nicht von ihr ausginge... Ich habe gute Gründe zu hoffen«, fuhr sie fort, »normalerweise schläft der König bei mir«.

Die Königin und Mercy erwägen wiederholt eine mögliche Operation. »Ich bezweifle stark, daß der König damit einverstanden ist«, klagt Marie Antoinette. »Unglücklicherweise steigern die Ärzte seine Unentschlossenheit: Der meinige hält eine Operation nicht für notwendig, aber für nützlich; derjenige des Königs ist ein Schwätzer und erzählt, sie sei problematisch, und deshalb sei es besser, keinen Eingriff vorzunehmen.« Auch ein Chirurg des Krankenhauses, der vom Herrscher zu Rate gezogen wird, sagt nichts anderes als seine angesehenen Kollegen.

Die Unentschiedenheit und Angst Ludwigs XVI. nahmen zu, während die Königin vor seinen peinlichen Umarmungen flüchtete. Maria Theresia und Mercy tadelten sie dafür. Letzterer erinnerte sie ständig daran, daß »einer der wichtigsten Aspekte ihres Ansehens und ihrer Sicherheit darin besteht, die Öffentlichkeit und den Hof nichts davon erfahren zu lassen, daß der König und die Königin nicht miteinander schlafen«. Schließlich hoffte sie sogar, daß sich ihr Gatte für eine andere Frau erwärmen könnte. Der alte Herzog von Richelieu, ein ehemaliger Vertrauter Ludwigs XV., dessen Ratschläge für den König von großem Wert gewesen wären, beschloß, ihm die Contat vorzustellen, eine Schauspielerin, deren Auftritte der König besonders gern verfolgte. Die Mühe war vergeblich. An einer galanten Liebschaft war Ludwig nicht interessiert. Er gehörte nur seiner eigenen Frau, die er nicht befriedigen und der er nicht widerstehen konnte. Da er unfähig war, ihr seine Liebe auszudrücken und ihr etwas von sich zu geben, überhäufte er sie mit Geschenken; das schönste war sicherlich das Trianon-Schlößchen, in dem sich früher die Favoritinnen Ludwigs XV. aufhielten und das er ihr bereits bei seiner Thronbesteigung schenkte.

Maria Theresia in Wien ist verzweifelt. Es demütigt sie als Mutter und Kaiserin, daß ihre Tochter sich auf dem französischen Thron wie die du Barry benehmen kann. »Meine Tochter rennt mit Riesenschritten auf einen Abgrund zu«, schreibt sie an Mercy. Die Kaiserin ist zu alt, um eine Reise nach Frankreich zu unternehmen. Aber ihr Sohn Joseph wird an ihrer Stelle reisen. Obwohl sie die Regierung mit ihm teilt, will die alte Kaiserin diesem Sohn nicht völlig freie Hand lassen. Er ist der Typ des aufgeklärten Despoten schlechthin, schmiedet im stillen seine Pläne und rächt sich, indem er auf den Rest seiner Familie – insbesondere auf seine Schwestern – eine Art moralische Kontrolle ausübt. Joseph, der zweifach verwitwet ist, verachtet die Frauen und meidet ihre Gesellschaft. Autoritär, pedantisch und tugendhaft, gibt er sich nach außen hin völlig schlicht und umgänglich; aber beim geringsten Widerspruch fällt er in die Rolle des autoritären Herrschers zurück.

Sobald Marie Antoinette begreift, daß die Reise ihres Bruders nicht nur ein vages Vorhaben ist, schwankt sie zwischen dem Wunsch, ein Mitglied ihrer geliebten Familie wiederzusehen, und der Angst vor den Vorwürfen, die er ihr sicherlich machen wird. Auch Ludwig XVI. erwartet mit gemischten Gefühlen diesen furchteinflößenden Schwager, der für seine unerbittlichen Urteile bekannt ist. Joseph wird sich nicht nur in ihre intimen Angelegenheiten einmischen, sondern darüber hinaus zweifellos das Ziel verfolgen, die Allianz mit Frankreich zu festigen. Der König wird durch seine Minister gewarnt, angefangen bei Vergennes, der eine lange Denkschrift verfaßt, um die Antworten des Königs vorzubereiten. Auf französischer Seite ist die Freude über den Besuch des Kaisers also ziemlich gedämpft. In Wien bereitet Kaunitz seinerseits einen Verhaltensplan für seinen Herrn vor: damit sich dieser nicht allzu herrisch benimmt.

Am frühen Vormittag des 18. April 1777 erwartet Marie Antoinette mit pochendem Herzen ihren Bruder. Joseph will ein absolutes Inkognito wahren und wird als Graf von Falckenstein vorgestellt. Er wird also nicht mit den Ehrerbietungen empfangen, die seinem Rang entsprechen. Er lehnt es sogar ab, in Versailles zu wohnen, und zieht es vor, »im Wirtshaus« – wie er es nennt – zu übernachten, das heißt in einer einfachen Herberge, wie jeder gewöhnliche Reisende. Um neun Uhr früh erreicht sein Wagen den Palast, und der Abbé von Vermond führt den erlauchten Besuch über eine entlegene Treppe in die Gemächer der Königin, ohne daß er durch eines der mit Menschen gefüllten Vorzimmer muß. Der Bruder und die Schwester sind allein! Seit sieben Jahren hat Marie

Antoinette niemanden aus ihrer Familie wiedergesehen. Und der Besuch ihres jüngeren Bruders, des Tolpatschs Maximilian, hatte ihr nach der Thronbesteigung nicht die Zuneigung ihrer Familie und die Wiener Atmosphäre übermitteln können. Auch der kühle Kaiser wirkt nun ergriffen. Seine Schwester, die Königin von Frankreich, scheint ihm eine recht hübsche Person zu sein. Er beginnt sofort mit ihr zu schäkern: Wäre sie nicht seine Schwester, würde er sie sofort heiraten.

Marie Antoinette zieht sich mit ihm in ein anderes Zimmer zurück, und nach einiger Zeit schüttet sie ihm ihr Herz aus. In einem wilden Durcheinander erzählt sie ihm alle Einzelheiten über ihr Tun und Treiben, ihre Freuden und ihre Leiden. Sie spricht deutsch, und er hört ihr zu. Diese sprunghafte Unterhaltung verzaubert ihn; seine finstere Miene heitert sich auf: Der Zensor ist zum gerührten Bruder geworden. Dann nimmt Marie Antoinette ihn mit zum König. Die beiden Herrscher, die sich nicht kennen, umarmen sich herzlich. Ludwig XVI. zeigt sich vertraulich und jovial, und Joseph ist äußerst liebenswürdig. Schließlich führt die Königin ihren Bruder zu den Prinzen und den Prinzessinnen. Später unterhält sich Joseph auch mit Maurepas und Vergennes.

Das starre Versailler Protokoll wird ausnahmsweise übertreten. Das Königspaar und der österreichische Kaiser speisen im Zimmer der Königin, am Fußende ihres Bettes. Ein eigentümliches Diner, wie der Herzog von Croÿ meint, der in der Türöffnung die Szene beobachtet. Zum ersten Mal diniert die französische Königin mit einem Mann, der nicht, wie es die Etikette verlangt, der königlichen Familie angehört. Marie Antoinette, Ludwig XVI. und Joseph sitzen alle drei auf hohen Klappstühlen, die ziemlich unbequem sind, der König und die Königin nebeneinander, gegenüber dem Kaiser und mit den Rücken zum Bett. In der Aufregung des Vormittags hat die Königin vergessen, sich entsprechend anzukleiden und zu frisieren: Sie trägt nur ein einfaches Trauerkleid, weil der König von Portugal soeben gestorben ist. Der König ist besser gekleidet als seine aufgeregte Gattin; mit seiner violetten Weste und seinen gutgepuderten Haaren hat er sich wenn schon nicht um Eleganz, so doch wenigstens um die Repräsentation bemüht. Der Kaiser sieht in seinem schwarzen Leinengehrock recht gewöhnlich aus und macht den Anschein eines respektablen, aber etwas ärmlichen Fremden. Die Unterhaltung ist ungezwungen, da der König seine übliche Zurückhaltung aufgibt. Nach dem Diner wird das Gespräch noch fortgeführt. Der alte Herzog von Croÿ vergleicht seinen Herrn mit dem österreichischen Kaiser und gibt ein gutes Urteil über Ludwig XVI. ab: »Der Ton des Königs

war gütig, nobel und einfach – mindestens so gut wie der des anderen ...
der König trat als Hausherr auf ohne jede Affektiertheit.«

Ob in Versailles oder Paris – der Kaiser will alles sehen, kennenlernen und verstehen ..., fast wie ein Inquisitor, der anschließend sein unbarmherziges Urteil sprechen wird. So wirft er beispielsweise seinem Schwager vor, daß er die *Invalides* und die Militärschule nicht kennt. Er wundert sich darüber, daß der König nie durch sein Reich gereist ist. Er läßt sich den Mechanismus des französischen Finanzwesens erklären, wohnt einer Sitzung des Parlamentsgerichtshofes bei und beobachtet ganz genau die Sitten aller sozialen Klassen. Er besucht die Verwaltung des Straßen- und Brückenbaus, die königliche Gerätekammer im Louvre, die Königliche Druckerei, die Gobelinmanufaktur, die Seifensiederei, das Naturkundekabinett und die Taubstummenanstalt des Abbé de L'Épée. Er trifft die Minister, läßt sich dem Erzbischof von Toulouse, Loménie de Brienne, vorstellen, beehrt den Salon der Madame Geoffrin sowie den der Gräfin von Brionne mit seiner Anwesenheit und gewährt Berthier, dem Intendanten von Paris, eine Audienz ... Kurzum, in wenigen Tagen unternimmt er mehr, um die Hauptstadt des Königreiches kennenzulernen, als Ludwig XVI. in mehreren Jahren.

Der Kaiser sieht alles, notiert alles und kritisiert alles. Aber diese ebenso interessierten wie interessanten Besuche hindern ihn nicht daran, jeden Tag mehrere Stunden mit seiner Schwester zu verbringen und mehrfach Gespräche mit dem König zu führen. Die Gespräche werden immer vertraulicher und im Hinblick auf das Privatleben immer intimer. Die Königin beichtet ihm, was sie ihrer eigenen Mutter niemals zu sagen wagte. Auch der König, der gewöhnlich seine Geheimnisse für sich behält, überwindet alle Scham gegenüber diesem Fremden, diesem Mann, den ganz Europa zugleich fürchtet und bewundert. Er gesteht ihm das Nichtgestehbare. Die Briefe Mercys und vor allem Josephs zeigen deutlich den Ton und die Art dieser Vertraulichkeiten: »Es gelingt dem Kaiser, den König von der sonderbaren Vorstellung zu befreien, die darin besteht, daß er bei der Erfüllung der ehelichen Pflichten seine Gesundheit aufs Spiel setze«, berichtet Mercy der Kaiserin.

Indes enthüllt Joseph in einem Brief an seinen Bruder Leopold das traurige Geheimnis des königlichen Ehebetts und überliefert mit der Kühle eines Fachmanns die genauesten Details über den »ehelichen Zustand« des französischen Herrscherpaares: »In seinem Ehebett hat er wohlbeschaffene Erektionen, er führt das Glied ein, verharrt ungefähr zwei Minuten in dieser Stellung, ohne sich zu rühren, und zieht sich dann zurück, ohne sich jemals zu entladen, hat immer noch einen Steifen und wünscht gute Nacht. Dies ist unverständlich, denn manchmal hat er nächtliche Pollutionen, aber allein; er vollbringt die Tat nie, ist darüber zufrieden und erzählt einfach, daß er dies nur aus Pflicht tue und daran keinerlei Geschmack habe. Ach, hätte ich nur einmal dabeisein können, so hätte ich ihn wohl zugerichtet; man müßte ihn peitschen, damit er sich entlädt wie die Esel; hinzu kommt noch, daß meine Schwester wenig Temperament hat, und sie beide zusammen sind zwei rechte Tölpel.«

Der Kaiser konnte seinen Schwager zu dem kleinen Eingriff überzeugen, obwohl er davon ausging, daß »Faulheit, Ungeschicklichkeit und Apathie die einzigen Hindernisse« für die Vollziehung des normalen Geschlechtsakts seien. Das Urteil Josephs II. über den König von Frankreich erwies sich – wie anzunehmen war – als äußerst hart: »Er ist ein absoluter Herrscher nur, um von einer Sklaverei in die andere zu versinken [...]. Der König ist schlecht erzogen; sein Äußeres spricht gegen ihn, aber er ist rechtschaffen [...], schwach für diejenigen, die ihn einschüchtern können und ihn folglich an der Leine führen [...]. Dieser Mann ist ein Schwächling, aber kein Dummkopf; er besitzt Kenntnisse und Urteile, aber es handelt sich bei ihm um eine Apathie des Körpers wie des Geistes [...]. Das *fiat lux* hat noch nicht stattgefunden. Die Materie ist immer noch im Zustand der Kugel.« Verächtlicher geht es wirklich nicht.

Mercy versuchte immerhin, diese unerbittliche Kritik gegenüber der Kaiserin etwas abzumildern. »Mir scheint, daß der Kaiser ihn für beschränkter hält, als er wirklich ist«, säuselt er in seinem Brief vom 15. Juni.

Auch mit seiner Schwester ging Joseph nicht gerade zart um, obwohl er sie relativ nachsichtig behandelte. Trotz aller ärgerlichen Gerüchte, die über ihren guten Ruf im Umlauf waren, stellte er fest, daß ihre »Tugend unbeschädigt ist«. Nichtsdestoweniger kritisierte er ihren unersättlichen Appetit nach oberflächlichen und gefährlichen Freuden ebenso wie ihre intellektuelle Faulheit. Schließlich warf er ihr vor, »ihre Pflichten weder als Gattin noch als Königin auf eine befriedigende Art zu erfüllen [...]. Sie ist eine Dame Leichtfuß, die den ganzen Tag damit beschäftigt ist, von Ablenkung zu Ablenkung zu eilen. Sie denkt nur daran, sich zu amüsieren, sie empfindet nichts für den König [...]. Sie ist eine liebenswürdige und ehrliche Frau, etwas jung, wenig besonnen, aber sie hat einen aufrichtigen und tugendvollen Kern.«

Als er Versailles verließ, nachdem das Herrscherpaar ihm zu Ehren ein zauberhaftes Fest im Trianon gegeben hatte, überreichte er seiner

Schwester eine längere »Instruktion«: »Machen Sie sich dem König unentbehrlich? Bemerkt er Ihre Zuneigung und daß sie nur ihm gehört? Mäßigen Sie Ihre Eitelkeit und Ihre Prunksucht, die ihn schädigen? Sind Sie von einer unerschütterlichen Verschwiegenheit über seine Fehler und Schwächen? Schaffen Sie Verbindlichkeit und Zärtlichkeit, wenn Sie mit ihm zusammen sind? [...] Ihr einziges Streben und das Ziel all Ihrer Bemühungen muß darin bestehen, die Freundschaft und das Vertrauen des Königs zu gewinnen. Als Königin haben Sie eine klare Aufgabe zu erfüllen [...] Ist Ihre Art nicht etwas zu gewagt, und haben Sie nicht am Hofe allzu sehr die Sitten jener Zeit angenommen, als Sie hier eintrafen? [...] Haben Sie an die Folgen Ihrer Beziehungen und Freundschaften gedacht und ob Sie wirklich nur völlig unbescholtenen Personen gelten? [...] Denken Sie etwas mehr an die Peinlichkeiten, denen Sie bei Opernbällen bereits begegnet sind, oder an die Abenteuer, von denen Sie mir selbst berichtet haben.«

Nach dieser Gewissensprüfung, die er Marie Antoinette auferlegte, gab er ihr so manchen Ratschlag: Sie sollte Gespräche vermeiden, die sich nur um Skandale drehten, mit ihren Empfehlungen sparsam umgehen und sich davor hüten, sich einer auserwählten Gesellschaft von Favoriten anzuschließen. Schließlich beschwor er sie, ihre christlichen Pflichten genau zu beachten.

Zur größten Erleichterung der Minister verließ Joseph endlich Versailles. Marie Antoinette, die einige Tage lang sehr traurig war, dachte ernsthaft über die Ansichten ihres Bruders nach. Der König war zufrieden. Der Kaiser setzte seine Reise durch Frankreich fort, immer noch in der größten Einfachheit und unter strengstem Inkognito, während *Monsieur* und der Graf von Artois sich mit großem Pomp in die südöstlichen Provinzen begaben. Über die beiden Brüder des Königs und ihre Gemahlinnen hatte Joseph ein unerbittliches Urteil gefällt: »Monsieur ist ein undefinierbares Wesen; obwohl klüger als der König, ist er tödlich kühl. Madame ist häßlich und grob und nicht umsonst Piemontesin, das heißt voller Intrigen. Der Graf von Artois ist ein Laffe wie er im Buche steht; seine Frau, die ausschließlich Kinder in die Welt setzt, ist absolut dumm.«

Einige Wochen lang trugen Josephs Predigten Früchte. Marie Antoinette schien vernünftiger zu werden, und der König zeigte sich ihr gegenüber beflissener. »Das ist viel für ihn..., und ich kann mich dessen nur glücklich schätzen«, schrieb sie ihrer »lieben Mama«. Die beiden Eheleute trafen sich immer häufiger und verbrachten normalerweise ein oder zwei Stunden am Nachmittag in ihrem Zimmer. Endlich, am 18. August, wurde das Wunder vollbracht. Mercy, der acht Tage später benachrichtigt wurde, teilte der Kaiserin triumphierend die Neuigkeit mit: »Dieses so interessante Ereignis hat am Montag, dem 18. August, stattgefunden. Der König war um zehn Uhr morgens zur Königin gekommen, die gerade aus dem Bad stieg; die beiden erlauchten Eheleute blieben ungefähr fünf Viertelstunden zusammen. Der König verlangte dringlichst, daß alles, was sich zwischen ihnen ereignet habe, geheim bliebe, und die Königin mußte dies versprechen. Nur der erste Arzt, Lassonne, war ausnahmsweise vom König über alle Begebenheiten unterrichtet worden, und er zögerte nicht, zu bestätigen, daß die Ehe vollzogen sei.« Der König fürchtete, daß die Angelegenheit allzu schnell bekannt würde: »Nach allen diesbezüglich gemeldeten illusorischen Neuigkeiten mußte man sich die Zeit nehmen, sich von der Wirklichkeit der Dinge zu überzeugen, bevor man sich erlaubte, von ihnen zu sprechen.«

Ludwig XVI. frohlockte. Er hatte endlich »das große Werk« vollbracht, wie Joseph II. es dann nannte, dem er herzlich dafür dankte: »Ich bin sicher, das Nötige getan zu haben, und ich hoffe, daß das nächste Jahr nicht vergehen wird, ohne Ihnen einen Neffen oder eine Nichte zu schenken«, eröffnete er ihm im Dezember. »Ihnen allein verdanken wir dieses Glück, denn seit Ihrer Reise wurde es immer besser, bis zum vorzüglichen Abschluß. Ich zähle auf Ihre Freundschaft und wage es deshalb, Ihnen diese Einzelheiten mitzuteilen.«

Hatte Ludwig am Ende etwa doch noch den kleinen chirurgischen Eingriff vornehmen lassen? Dieser nicht besonders wesentliche Punkt ist oft diskutiert worden. Es läßt sich weder behaupten noch widerlegen. Allerdings vertraute Marie Antoinette ihren Freunden an, daß sie endlich Königin von Frankreich sei, und bestätigte ihrer Mutter einige Tage nach dem großen Ereignis, daß sie den »höchsten Glückszustand ihres ganzen Lebens erreicht« habe.

Die Wonnen dieses Spätsommers waren nur von kurzer Dauer. Ludwig und Marie Antoinette hatten ihre Aufgabe erfüllt. Wenn man die Folgen berücksichtigt, kann man behaupten, daß sie es ohne Lust getan haben. Sie brauchten Nachkommen, und deshalb mußten sie sich fortpflanzen. Bald schrieb Marie Antoinette ihrer Mutter, daß »der König nicht gern zu zweit schlafe«. Die Königin war dabei nicht ganz ehrlich: Denn auch sie nahm schnell ihr verrücktes Leben wieder auf und vergaß dabei Josephs Rügen. Mercy, der versuchte, sie gegenüber ihrer jähzornigen Mutter zu verteidigen, mußte zugeben, »daß der König jene Gewohnheit nur deshalb unterbrochen hat, weil die Königin die Nächte am Spieltisch verbringt [...] Das ist der wahre Grund für die getrennten Betten«, behauptete er, »was im Hinblick auf den Umschwung des Königs [...] für die Königin sehr nachteilig ist. Der König scheint aus Gefälligkeit, aus Schwäche und wider seinen Willen alle Vergnügungen der Königin zu begrüßen, und er drängt sie in gewisser Weise dazu.« So vernachlässigte Marie Antoinette also die Ratschläge ihres Bruders und verweigerte sich ihrem Gemahl. Es gibt dafür sogar einen Beweis. Während einer Reise nach Fontainebleau im Dezember klopft Ludwig XVI. vergeblich an die geschlossene Tür ihres Zimmers und kehrt ohne sichtbare Beschämung in sein eigenes Zimmer zurück. Die Menge der Höflinge ist überrascht und verlegen. Es ist sicher nicht das erste Mal, daß der König in eine solche Lage kommt; aber in Versailles vermeidet eben der geheime Durchgang, daß dieses Mißgeschick öffentlich stattfindet.

Ungeachtet dieser traurigen Begebenheiten konnte die Königin ihrer Mutter am 19. April 1778 mitteilen, daß sie in guter Hoffnung sei. Am 4. Mai wurde dem überaus erfreuten Ludwig XVI. das »glückliche Ereignis, das ihm widerfuhr«, offiziell mitgeteilt.

11. DIE AMERIKANISCHE HERAUSFORDERUNG

Als Kriegsminister Saint-Germain, dessen Verdienste Joseph II. noch einige Monate zuvor gegenüber seinem Schwager gelobt hatte, seinen Rücktritt einreichte, machte sich Ludwig XVI. bereits Sorgen über den europäischen Frieden, dessen Gefährdung er während des Besuchs des Kaisers begriffen hatte. Dieser war nämlich nicht nur gekommen, um ihm Ratschläge für seine Ehe zu geben, sondern auch – vielleicht sogar hauptsächlich –, um die französisch-österreichische Allianz zu stärken, die er brauchte, um seine territorialen Ansprüche gegenüber Preußen durchzusetzen. Eine größere Intimität zwischen den beiden Eheleuten konnte ihm nur insofern dienlich sein, als es Marie Antoinette als ergebener Agentin der Habsburger gelang, ihren Gatten vollständig zu lenken.

Dabei überschätzte Joseph allerdings die Gefügigkeit des Königs und den Eifer der Königin. Zwar war Ludwig XVI. Joseph II. persönlich sehr dankbar für seine intimen Ratschläge und seine Vorhaltungen gegenüber Marie Antoinette, aber er entsprach keinesfalls seinen Absichten, ihn – Ludwig XVI. – zum Spielball der österreichischen Politik zu machen. Vielmehr begriff er, daß diese Politik dazu neigte, Europa zu destabilisieren, und dies zu einem Zeitpunkt, in dem die Angelegenheiten Amerikas seine ganze Aufmerksamkeit erforderten. Am Hof war allen bekannt, daß der König dem Hause Österreich nicht übermäßig wohlgesonnen war. Schon sein Vater, der Dauphin, hatte die Allianz nicht besonders geschätzt, denn sie war das Werk des Ministers Choiseul, der ihm zutiefst verhaßt war. Wie auch in anderen Dingen übernahm Ludwig XVI. auch hierin die Ansichten seines Vaters. Die Berufung Vergennes' ins Außenministerium war in diesem Zusammenhang bedeutsam, und wir erinnern an die Naivität, mit der der junge König bei seinem Regierungsantritt die europäischen Angelegenheiten betrachtete. Vergennes mußte seinen Schüler in die Geheimnisse der Außenpolitik einweihen, und Ludwig XVI. zeigte bald ein reges Interesse. Sofort nach seiner Ernennung hatte Vergennes dem König einen ausführlichen Bericht über die europäischen Beziehungen vorgelegt.

Der neue Minister prangerte die räuberische Politik der Großmächte an, die all das verhöhnten, was er die »wahren Grundsätze« nannte. Damit spielte er eindeutig auf Österreich, Preußen und Rußland an, die Polen unter sich aufgeteilt hatten, ohne daß Frankreich intervenieren konnte. Das zerbrechliche europäische Gleichgewicht wäre aber erneut bedroht, wenn eine dieser Mächte sich nun als gieriger als die anderen erweisen würde. Der Machthunger Österreichs war nicht zu verkennen; es hatte seinen polnischen Teil gut verdaut und träumte nun davon, sich, sobald sich die Gelegenheit bieten würde, ein weiteres Gebiet anzugliedern.

Österreich hatte um so mehr Grund, Frankreich zu schonen, als Preußen, sein Erzfeind, sich gewiß weiterhin der Expansion des Kaiserreichs entgegenstellen würde. Ludwig XVI. wurde damit also zum Schiedsrichter Europas. Da aber das Ansehen Frankreichs seit dem kläglichen Frieden von Paris (1763) beträchtlich gesunken war, konnte er diese Rolle noch nicht spielen. Rasch mußte eine Gelegenheit gefunden werden, um jene Schande wiedergutzumachen. Deshalb wollte Vergennes die französische Außenpolitik gegen England richten – eine »unruhige und gierige Nation, weniger auf ihr eigenes Glück bedacht als eifersüchtig auf den Wohlstand ihrer Nachbarn schielend, mächtig bewaffnet und jederzeit bereit, zuzuschlagen«. Unter diesen Umständen lag es keineswegs im französischen Interesse, die österreichischen Aggressionen zu unterstützen: ganz im Gegenteil! Es ging vielmehr darum, das Bündnis mit Spanien, also den berühmten »Familienpakt« gegen England, enger zu gestalten.

Der Aufstand der amerikanischen Kolonien gegen das Mutterland bot dem französischen Minister den erwünschten Vorwand, um sich an England zu rächen. Dieser Aufstand kam für das französische Kabinett keineswegs überraschend: Choiseul hatte ihn bereits 1765 vorausgesehen. Der ehemalige Minister Ludwigs XV. hatte prophezeit, daß die See das einzige Schlachtfeld gegen England sei; deshalb ließ er die Flotte neu gestalten und sandte Geheimagenten nach England und Amerika, um über die geringsten Begebenheiten unterrichtet zu sein. Da er überzeugt war, daß der britische Handel die Quelle des englischen Reichtums und der englischen Macht war, versuchte er darüber hinaus, ohne rechten Erfolg, den amerikanischen Handel nach Frankreich zu lenken. Um in einem Vergeltungskrieg mit England nicht allein zu stehen, hielt er die Allianz mit Spanien für unentbehrlich. Deshalb schlug er im Konflikt um die Falklandinseln den Kriegseintritt Frankreichs an der Seite Spaniens vor. Dieser Vorschlag, den Ludwig XV. für zu gefährlich hielt, hatte dann – wie erwähnt – Choiseuls Entlassung zur Folge.

Wenn auch etwas vorsichtiger, wollte Vergennes im Hinblick auf England diese Linie Choiseuls weiterführen. Seine Politik war vor allem darauf aus, das Gleichgewicht der Großmächte zugunsten Frankreichs zu verlagern. Vielleicht hoffte er auch, daß das Königreich auf lange Sicht einige materielle Vorteile aus einem Eingriff jenseits des Atlantiks ziehen könnte; aber er konnte diese Vorteile noch nicht genau definieren.

Es war nicht so schwer, Ludwig XVI., dessen Kindheit durch den schändlichen Frieden von Paris zutiefst geprägt worden war, für diese Auffassungen zu gewinnen. In einer Zeit, da amerikanische Gepflogenheiten in Paris und Versailles Furore machten, brauchte der König seine Englandfeindlichkeit nicht zu verhehlen. Hatte er nicht dem Herzog von Lauzun, der ein leidenschaftlicher Bewunderer britischer Moden war, kühl zugerufen: »Mein Herr, wenn man die Engländer so sehr liebt, dann muß man sich bei ihnen niederlassen und ihnen dienen«?

Seit der Thronbesteigung Ludwigs XVI. beschäftigten die amerikanischen Ereignisse die Gemüter. Bereits 1774 hatten sich die amerikanischen Siedler, die sich durch das unterdrückerische Kolonialsystem beeinträchtigt fühlten, in Philadelphia zum Protest gegen das wirtschaftliche und steuerliche Joch des Mutterlandes zusammengeschlossen. Sie beschlossen zunächst nur, die englischen Waren zu boykottieren, aber viele von ihnen forderten bereits die Unabhängigkeit. Im Dezember des gleichen Jahres hatten amerikanische Abgesandte in London bereits heimlich beim französischen Kabinett nachgefragt, ob Frankreich eventuell die aufständischen Siedler in einem Krieg gegen England unterstützen würde. Die Ereignisse schienen den von Vergennes erwünschten Weg einzuschlagen. Selbstverständlich hatte sich der Außenminister gegenüber den kämpferischen Amerikanern vorsichtig zurückgehalten, aber er hatte sie nicht entmutigt.

Ludwig XVI. erklärte sich bereit, das von seinem Minister vorgeschlagene geheime und gefährliche Spiel zu spielen. Offiziell behielt er am Hof von Saint-James den beruhigenden Ton seines Gesandten, des berühmten Grafen Guines, bei, während er zugleich den früher von Choiseul geschaffenen Geheimdienst neu belebte und ausbaute. Die Bewegung der amerikanischen Siedler wurde stärker, und Vergennes befürchtete, daß der autoritäre englische Premierminister Lord North durch Lord Chatham, der den Amerikanern Zugeständnisse machen könnte, ersetzt würde. In diesem Fall wäre die Gelegenheit für einen Vergeltungskrieg verpaßt.

Am 19. April 1775 ereignete sich in Amerika, in Lexington, der erste ernsthafte Zwischenfall. Englische Soldaten, die Befehl hatten, die Munitionsspeicher der Siedler zu zerstören, stießen mit amerikanischen Milizen zusammen und behandelten sie als Rebellen. Auf beiden Seiten gab es Tote. Nach diesem Ereignis erhob sich ganz Amerika. Die konservativen, an England gebundenen Siedler wurden bald durch den Aufstieg der Radikalen, die sich von dieser Vormundschaft befreien wollten, überrollt. Das britische Kabinett zögerte und suchte eine geeignete Politik. Der König von Frankreich wartete noch ab und verschob seine Figuren auf dem Schachbrett der Geheimdiplomatie, während er sich offiziell als völlig unparteiisch darstellte.

Einer der wertvollsten französischen Berichterstatter in England war Beaumarchais, der am Ende der Regierungszeit Ludwigs XV. häufiger für heikle Verhandlungen eingesetzt worden war. In London unterhielt er enge Beziehungen zu Wilkes und zur gesamten Opposition sowie zu den Anhängern der Amerikaner. Er brachte rasch in Erfahrung, daß die aufständischen Siedler mit Schiffseignern und Händlern aus England, Holland und Frankreich über den Kauf von Munition verhandelt hatten. Beaumarchais legte deshalb Vergennes nahe, die amerikanischen Rebellen mit Waffen und Zubehör zu beliefern. Die Briten würden die eigentliche Absicht nicht bemerken, wenn man nur geschickt genug vorginge. Er selber wollte diese gegen England gerichtete Schmuggeloperation organisieren. Der Geheimagent, der sich für die amerikanische Sache begeisterte und Frankreich zum Verbündeten der Kolonisten machen wollte, behauptete, daß man unbedingt diese ernste Krise, die England durchmache, ausnutzen müsse, um seinen Nerv zu treffen.

Diese Vorschläge ließen den Minister nicht unberührt. Vergennes rief Beaumarchais nach Paris zurück. Bevor er die geringste Entscheidung fällte, veranlaßte er den König, den »Familienpakt« zu testen, weil ein Angriff auf England nur mit Unterstützung Spaniens in Betracht gezogen werden konnte. Nun hatte aber Spanien in der Falklandaffäre den kürzeren gezogen und sann ebenfalls auf Vergeltung. Die glückliche Niederkunft der Gräfin von Artois lieferte Ludwig XVI. einen willkommenen Vorwand, um sich an Karl III. zu wenden. Nach den üblichen Höflichkeiten schnitt der König ganz vorsichtig auch das Thema der Beziehungen der beiden Staaten gegenüber England an: »Ich kenne den Abscheu Eurer Majestät gegen den Krieg, und ich teile dieses Gefühl sehr aufrichtig. Vielleicht hat es niemals eine Lage gegeben, in der die Wahrscheinlichkeit eines Krieges mit England geringer war. Zwischen ihnen und uns besteht nicht der geringste Streit, aber ihre unglückliche Politik macht diese Nation unberechenbar. Sie ist sehr mit ihren amerikanischen Kolonien beschäftigt, und wiewohl ich glaube, daß diese sich niemals mit dem Mutterland arrangieren werden, könnte irgendein politischer Fakt dem englischen Volk den Krieg mit uns als ein Mittel gegen die jetzigen Übel erscheinen lassen. Ich denke also, daß wir unsere ganze Aufmerksamkeit auf die Vorbereitungen richten und gemeinsam die nützlichsten Vorkehrungen treffen müssen, um den Krieg zu verhindern... Wenn man uns immer einig und gemeinsam handeln sieht, so werden wir uns immer durchsetzen können.«

Diesem Brief, zu dem Vergennes dem König ausdrücklich gratulierte, mangelte es nicht an Geschicklichkeit. Ludwig XVI. betonte seinen Friedenswunsch, während er gleichzeitig einen Krieg plante, und zwang so seinen spanischen Verbündeten, ihm zu antworten. Selbst die Engländer konnten diesen Brief lesen. Er widersprach keineswegs den Instruktionen für Guines in London oder den Unterhaltungen, die mit dem englischen Botschafter Stormont in Paris geführt wurden.

Stormont war seinerseits durch Vergennes und Maurepas völlig beschwichtigt. Hatte letzterer ihm nicht bestätigt, daß der französische König sich nichts sehnlicher wünsche, als mit England in Frieden zu leben? Tatsächlich scheinen die Besprechungen zwischen Vergennes, Maurepas und dem König geheim geblieben zu sein; auch der Abbé von Véri, der stets gut unterrichtet ist, macht niemals die leiseste Anspielung auf die geheime Politik des Kabinetts zugunsten Amerikas.

England glaubte an Frankreichs Aufrichtigkeit, während die Lage sich in Amerika verschlimmerte. George Washington war zum Oberbefehlshaber der Armee ernannt worden, und der Kongreß tagte ununterbrochen. Doktor Franklin, der amerikanische Gesandte in London, war mit seiner Versöhnungsmission gescheitert und enttäuscht nach Amerika zurückgekehrt. Da vom Mutterland kein Einverständnis mehr zu erwarten war, beschloß er, für die Unabhängigkeit zu kämpfen. Die Amerikaner bereiteten sich ernstlich auf den Krieg vor. Ludwig XVI. begann sie zu unterstützen; Beaumarchais erhielt den vorgeschlagenen Auftrag: Unter dem Namen Roderigo Hortalez richtete er ein französisch-spanisches Handelshaus ein, das bald Kriegsmaterial und sonstige Hilfsgüter für die Amerikaner lieferte. Vergennes schickte einen ehemaligen Offizier, Achard von Bonvouloir, nach Amerika, der unter dem Deckmantel eines Versailler Handelsunternehmens über die wirkliche Stärke der »Aufständischen« berichten und sie ermutigen sollte.

Am 25. Dezember 1775 verschlimmerte sich die Lage schlagartig, als das britische Parlament beschloß, die amerikanischen Kolonien vom 1. März des folgenden Jahres an für jeden Handel zu schließen. Das Parlament bewilligte sofort hohe Kriegskredite, und die Engländer begannen in Hannover und Hessen-Kassel Soldaten anzuwerben. Von nun an lehnte der König von England jede Bittschrift der amerikanischen Siedler ab. Das Fieber stieg, die Aufregung nahm zu, als zu Beginn des neuen Jahres eine Broschüre mit dem Titel *Common Sense* erschien. Ihr Autor, Thomas Paine, forderte die sofortige Unabhängigkeit. Jetzt war die Mehrheit der Amerikaner zum Krieg entschlossen und löste sich von den letzten Banden, die noch mit England bestanden. Mehr denn je brauchten sie Hilfe.

Im November hatte der Kongreß einen »Ausschuß für Geheimkorrespondenz« gegründet, eine Vorform des State Department. Hier schlug Richard Henry Lee vor, nach »ausländischen Verbündeten« zu suchen. Da die Amerikaner strenge Protestanten und Puritaner waren, konnten sie *a priori* weder den Franzosen noch den Spaniern gewogen sein, aber derartige Abneigungen mußten sie wohl oder übel überwinden, denn nur diese beiden Mächte konnten ihnen wirksame Unterstützung bieten. Auch hatten sie einen Abgesandten – den Kaufmann Silas Deane aus Connecticut – nach Versailles geschickt, um einerseits die Absichten des französischen Kabinetts zu sondieren und andererseits Munition und Waren auf Kredit zu kaufen. Richard Lee bereiste selbst ganz Europa, um möglichst viele Anhänger zu versammeln.

Noch bevor Silas Deane die Küste Frankreichs erreichte, hatten sich Vergennes' Pläne konkretisiert. Da er aus der Gegenwart auf die Zukunft schloß, glaubte er nicht mehr an eine Versöhnung der amerikanischen Kolonien mit England. Und wenn England einen Krieg beginnen sollte, so würde der Konflikt sehr lange dauern, und die Engländer wären dazu gezwungen, auf der anderen Seite des Atlantiks so viele Truppen einzusetzen, daß die britische Macht in Europa keinerlei Rolle mehr spielen könnte. Würden die Engländer aber unterliegen, so würden sie eine Entschädigung auf Kosten Frankreichs und Spaniens anstreben. Also mußte man die französischen Antillen, die unter diesen Bedingungen eines der Hauptziele wären, besonders gut schützen. Letztlich fragte sich Vergennes, ob es nicht besser sei, der Gefahr vorzubeugen, indem man England angriff.

Der Minister teilte dem König seine Überlegungen in einem langen Bericht mit, den der Herrscher an Turgot weiterleitete, dessen Meinung er unbedingt schriftlich haben wollte. Kurz vor seinem Sturz verfaßte der Generalkontrolleur noch diese wichtige Denkschrift. Er lehnte jede Kriegsspekulation entschieden ab, da sie die königlichen Finanzen endgültig ruinieren würde, und er wünschte, daß England »den Widerstand seiner Kolonien überwinde«. Er glaubte, daß die amerikanischen Kolonien ihre Unabhängigkeit ohnehin erhalten würden, und prophezeite, daß »alle Mutterländer gezwungen sein würden, die Herrschaft über ihre Kolonien aufzugeben. Weise und glücklich die Nation, die bereit sein wird, in ihren Kolonien nur noch verbündete Provinzen und keine Unterdrückten des Mutterlandes mehr zu sehen!« Die Entsendung von Truppen zum Schutz der französischen und spanischen Kolonien hielt er für einen verderblichen und kostspieligen Plan, denn die Engländer würden dann nur noch mächtigere Geschwader schicken, so daß man sich tatsächlich in einem regelrechten Kriegszustand befände. Allerdings schlug Turgot einige Vorkehrungen vor: die Beibehaltung einer aktiven Geheimdiplomatie, die Gewährung materieller Unterstützung und Munition für die Amerikaner und die weitere Erneuerung der Flotte durch Sartine. Schließlich schlug er für den Fall eines unvermeidbaren Krieges die Ausarbeitung von Plänen für eine Expedition nach England vor.

Obwohl die Absetzung des Ministers schon praktisch entschieden war, erschütterte seine Denkschrift den König zutiefst. Maurepas und Vergennes, die ohnehin der Klarsicht des Generalkontrolleurs in seinem eigentlichen Dienstbereich mißtrauten, konnten ihm natürlich auch in der Außenpolitik nicht folgen. Und sie brachten den König dazu, sich ihnen anzuschließen. Nach einer Kabinettssitzung, die bei Maurepas stattfand und zu der Turgot nicht geladen war, wurde beschlossen, zehn bewaffnete Schiffe nach Brest und drei nach Toulon zu schicken. Ganz diskret bereitete man sich auf einen Krieg vor.

Silas Deane traf wenig später in Paris ein, um die Freundschaft Frankreichs zu gewinnen. Im Namen der englischen Kolonien bat er um Kriegsmaterial, das in Raten abgezahlt werden sollte, und schlug den Franzosen Handelsvorteile vor, von denen er sagte, daß sie bis jetzt den Reichtum Großbritanniens ausgemacht hätten. Gérard von Rayneval, Abteilungsleiter im Außenministerium, empfing den Amerikaner und schickte ihn zu Beaumarchais alias Roderigo Hortalez.

Während Silas Deane mit den Franzosen zu verhandeln begann, war ein entscheidendes Ereignis eingetreten: Die Vereinigten Staaten von

Amerika hatten ihre Freiheit und Unabhängigkeit erklärt. Nachdem der Kongreß die berühmte *Erklärung der Menschenrechte* angenommen hatte, deren Text bald darauf in ganz Europa kursierte, wurde England offiziell der Krieg erklärt.

Vergennes war überglücklich. Bald würde die Stunde der Vergeltung schlagen. Hatte er aber bedacht, daß eine französische Intervention einer Republik auf die Beine helfen würde, deren Grundsätze der alten Monarchie, der er diente, völlig entgegengesetzt waren? Vor allem scheint er an die Verlagerung des europäischen Gleichgewichts zugunsten Frankreichs gedacht zu haben, und dies war wohl auch das Argument, mit dem er Ludwig XVI. überzeugte. Er nutzte die Umstände, um dem König eine weitere Denkschrift zu schicken, die er in einer kleinen Ausschußsitzung mit Maurepas, Sartine, Saint-Germain und Clugny (der soeben Turgots Nachfolger geworden war) besprach.

Also mußte Ludwig XVI. Krieg führen, um den Frieden zu sichern. Der König und sein Mentor zeigten sich umsichtig, und die amerikanischen Ereignisse gaben ihnen recht. Die britische Armee unter Howe, Clinton und Cornwallis besetzte Long Island, New York, die Jerseyinseln; George Washington trat den Rückzug an. Nichts schien weniger wahrscheinlich als der amerikanische Erfolg. Der König äußerte sich nicht.

Am 6. Dezember 1776 setzte Benjamin Franklin seinen Fuß auf französischen Boden. Obwohl Vergennes sich dafür bei Lord Stormont verantworten mußte, hatte er Franklins Ankunft in Paris drei Tage vor Weihnachten begünstigt. Aber vor dem aufgeregten englischen Botschafter tat er überrascht: Die Post, die er an den Amerikaner geschickt hatte, habe ihn nicht rechtzeitig erreicht; ihn jetzt zurückzuweisen wäre sozusagen einer Verletzung der Gastfreundschaft gleichgekommen. Selbstverständlich empfing Vergennes den berühmten Gelehrten. Mit Silas Deane und Richard Lee gemeinsam besaß Franklin vom Kongreß die Vollmacht, einen Freundschafts- und Handelsvertrag zu unterzeichnen. Als er sein Beglaubigungsschreiben überreichte, erläuterte er, daß er als erstes Frankreich dieses Angebot mache, weil die »Behandlung, welche die Handelsschiffe der Vereinigten Staaten durch die freie Zulassung in die Häfen dieses Königreiches erhalten haben, gerecht und großzügig ist«. Vergennes hörte den Vertreter der Neuen Welt wohlwollend an und versicherte ihn der königlichen Gunst. Es war jedoch noch zu früh, um sich festzulegen. Neben den bereits erwähnten diplomatischen Überlegungen mußte auch berücksichtigt werden, daß die französische Marine nicht genügend vorbereitet war.

Franklin, der selbst lange genug zwischen einer Versöhnung der Kolonien mit England und dem Krieg geschwankt hatte, konnte die Hinhaltetaktik des französischen Ministers durchaus nachvollziehen. Dennoch drängte er und forderte bis zum 5. Januar 1777 acht Linienschiffe, 30 000 Gewehre sowie Kanonen und Munition. Im Namen des Königs mußte Vergennes den Eifer seines Gesprächspartners dämpfen: »Man kann der Zeit und den Geschehnissen nicht vorgreifen. Man muß auf sie warten können und in der Lage sein, sie zu nutzen«, sagte er und versprach eine »geheime Unterstützung« durch Ludwig XVI. Sofort entgegnete Franklin, daß er sich respektvoll den Wünschen des Herrschers beugen werde.

Er war von bäuerlicher Schlichtheit und trug einen Zwicker, seine Haare hingen ungepudert bis auf die Schultern, auf seinem Kopf saß eine Pelzmütze, seine Schuhe waren ohne Spange. Aber dieser Amerikaner, der den Blitz gezähmt hatte, wurde bald zum Schwarm der besseren Gesellschaft von Paris. Er wohnte in Passy, ging jeden Tag in den Salon der Madame Helvétius, besuchte regelmäßig auch den der Madame Deffand sowie die Loge der »Neun Schwestern«, die ihn zu ihrem Mitglied machten. Paris feierte den amerikanischen Helden, und die bekanntesten Männer suchten die Gesellschaft des weisen Republikaners, der wie ein Prophet der Neuen Welt und – offenbar – der Zukunft behandelt wurde. Philosophen und Künstler unterhielten sich mit ihm über große Streitfragen, während der junge, in der Tradition der absoluten Monarchie erzogene Adel bei der Vorstellung erbebte, demnächst das Schwert zu ziehen, um den neuen, sich auf revolutionäre Grundsätze stützenden Staat vom Joch der britischen Monarchie zu befreien. Diese ungeduldig in den Salons herumtanzende Jugend empörte sich gegen eine abwartende Politik, der es an Glanz und Größe zu mangeln schien. Trotz eines Verbots seitens des Kriegsministers begaben sich drei junge Leute – der Älteste war nicht mehr als dreiundzwanzig Jahre alt – nach Amerika, um sich den Aufständischen anzuschließen: der Marquis von La Fayette, der Vicomte von Noailles und der Graf von Ségur.

Ludwig XVI. und Vergennes, denen es vor allem darum ging, das Königreich nicht in eine Katastrophe zu stürzen, und die in erster Linie an die französischen Interessen dachten, stellten sich gegenüber diesen freiheitlichen und kriegerisch-poetischen Ergüssen taub.

Am Hof von Saint-James begann man jedoch an den friedlichen Absichten des französischen Königs zu zweifeln. Er wurde um so unruhiger, als sieben von Beaumarchais geheuerte Schiffe eine beträchtliche

Waffen- und Munitionsladung nach Charleston brachten. Vergennes versuchte die Ängste des englischen Botschafters zu zerstreuen, der wie eine Hummel von einem zum anderen schwirrte, um verläßliche Informationen zu erhalten. Alle machten sich ein böses Vergnügen daraus, ihn an der Nase herumzuführen.

Unterdes vervielfachten sich die Zwischenfälle auf See. Am Hof von Saint-James nahm die Verärgerung zu. Um die Glaubwürdigkeit der Versailler Regierung zu prüfen, wollte er sie verpflichten, die in die französischen Häfen mitgebrachte Beute der Amerikaner ihren Besitzern zurückerstatten zu lassen. Aber Frankreich konnte eine solche Verpflichtung nicht akzeptieren. »Ein großer Staat kann Verluste erleiden, ohne daß er an Ansehen verliert, aber er geht zugrunde, wenn er Demütigungen unterzeichnet«, erklärte Vergennes dem König. Unterdessen kam ein englischer Kurier, um Maurepas diskret über die wirklichen Absichten Frankreichs zu befragen. Der Mentor gab ihm einen liebenswürdigen Korb und keinerlei Versprechen. Die Spannung stieg. Man war nicht im Kriegszustand, aber es war offensichtlich, daß man sich auch nicht mehr im Frieden befand.

Innerhalb des Kabinetts ist der Krieg aber noch nicht beschlossene Sache. Der neue Kriegsminister, Prinz von Montbarey, erweist sich als ein leidenschaftlicher Gegner Vergennes, den er in seinen *Mémoires* als »eine exotische Pflanze« bezeichnet, die »am Hof isoliert« gewesen sei. Im Rat, dem er jetzt zugehört, plädiert Montbarey für den Frieden und nennt die gleichen finanziellen Gründe wie Turgot einige Monate zuvor. Er schreckt mit dem Gespenst einer Revolte der französischen Kolonien, falls man die der englischen Kolonien unterstütze, und betont die europäische Mission Frankreichs. Ein Kriegsminister, der den Frieden verteidigt: Seine Kollegen sind verblüfft. Sie berufen sich erneut auf die Gefahr, die Frankreich droht, wenn es zuläßt, daß die Amerikaner geschlagen werden: Die britische Macht würde arroganter denn je auftreten, die französischen und spanischen Kolonien an sich reißen und zu guter Letzt die Meere und den Handel beherrschen. In dieser Lage warnte Montbarey vor einer Steuererhöhung und dem finanziellen Bankrott des Königreiches.

Seine Argumente lassen Ludwig XVI. nicht unbeeindruckt. Der König wiederholt immer wieder, daß er den Krieg haßt, und jedes Argument für den Frieden erweckt seine Aufmerksamkeit. Je näher das entscheidende Datum heranrückt, desto mehr weicht der König zurück – wie gewöhnlich. Zunächst war er willensstark aufgetreten, aber nun, da der

Augenblick der Entscheidung sich nähert, beginnt er wieder zu zögern. Maurepas schwankt ebenfalls noch und berät sich oft mit Montbarey, wenn Vergennes abwesend ist. Der eitle Kriegsminister frohlockt. In seinen *Mémoires* erzählt er später selbstherrlich, daß der König große Stücke auf ihn und seine Ansichten gehalten habe, und brüstet sich mit dem Erfolg, den er errungen hätte, wenn nicht Vergennes gewesen wäre, der den Krieg wollte, und Necker, der Maurepas beschwichtigte, indem er ihm versprach, die neuen Ausgaben zu bestreiten, ohne die Steuern zu erhöhen.

Montbarey verteidigt seine Meinung im Kabinett und im Gespräch mit Maurepas; aber die Entscheidung, den Krieg an der amerikanischen Seite zu führen, fällt auch ohne ihn. In Wirklichkeit ist Maurepas nach wie vor im Zweifel und will gegenüber Vergennes Zeit gewinnen. Als treuer Sohn des 18. Jahrhunderts betrachtet der Mentor den Krieg auch für das Volk der Sieger als eine Seuche. Keiner hat weniger mit Mars und Bellona zu tun als der friedliche Schloßherr von Pontchartrain. Er fragt sich, ob die Landtruppen in guter Form, ob die Generäle auf der Höhe sind und ob die französische Flotte mit der spanischen zusammen der englischen Marine das Wasser reichen kann. Allerdings macht er sich vor allem über die Finanzen Sorgen, da er weiß, daß »der Frieden uns über die jährlichen Einkünfte hinaus auffrißt«. Es ist so weit gekommen, daß der Mentor zu seinem eigenen Bedauern die Regierungszügel übernommen hat. Zwar spielt er gerne die Rolle des Beraters, aber die des Gebieters versetzt ihn in Schrecken. Maurepas braucht einen König, aber nun braucht der König ihn. Ludwig XVI. entzieht sich diesen Ansprüchen und bringt Maurepas zur Verzweiflung: »Statt dazuzulernen wird er täglich untauglicher«, gesteht er Véri. »Ich habe ihn auf der Grundlage seiner eigenen Persönlichkeit zu einem Mann machen wollen. Einige Erfolge hatten mir Hoffnung gemacht. Dieses Ereignis beweist mir nun das Gegenteil, und ich bin nicht der einzige, es zu bemerken, da andere Minister das gleiche beobachtet haben [...] Wenn ich sein gesamtes Vertrauen noch genieße, so beruht diese Kontinuität auf Gewohnheit und Mittelmäßigkeit und nicht etwa auf Urteilskraft und Charakterstärke.

Wenn ich nicht mehr sein werde – und dies wird bald der Fall sein –, muß ein agiler Mann her, der ihn, seine Frau, seine Brüder und den ganzen Hof unter Kontrolle hat, um der Regierung das entscheidende Zentrum zu bieten, das sie benötigt. Weder mein Alter noch mein Charakter verleihen mir die erforderliche Stärke für eine derartige Aufgabe. Sie wird mir auch nicht durch das große Vertrauen verliehen, das der König anscheinend in mich hat, denn oft entgleitet er mir durch sein unentschiedenes Schweigen in wichtigen Angelegenheiten und durch unhaltbare Schwächen gegenüber seiner Frau, seinen Brüdern und seiner gesamten Umgebung. Wird man eines Tages den entsprechenden Mann für eine gute Regierungsführung finden? Kann ich darüber hinaus bei allen Zweifeln, die ich dargelegt habe, Frankreich in einen Krieg stürzen, weil es möglich ist, daß man ihn uns gegen unseren Willen aufzwingt?«

Kann ein Regierungschef eine hellsichtigere Beschreibung des vorläufigen Fiaskos geben? Besser als jedes andere Dokument offenbaren diese Geständnisse den hoffnungslosen Alltag der französischen Politik: Das Schicksal des Königreiches liegt in der Hand eines jungen Herrschers, der im Prinzip allmächtig, aber völlig gehemmt ist, und seinerseits von einem Greis geleitet wird, der so scharfsichtig wie machtlos ist.

Die französische Zauderei beginnt die Amerikaner ungeduldig zu machen, und so versuchen sie es mit einer kleinen Erpressung bei Vergennes: Wenn sie gezwungen wären, sich mit England zu versöhnen, so sagen sie, wäre das für die französischen Interessen besonders nachteilig. Daraufhin bestürmt Vergennes erneut Maurepas, der sich aber immer noch nicht entscheiden kann. Bis zu dem Tag, an dem der amerikanische Sieg über die Engländer in Saratoga bekannt wird, bleibt die Unsicherheit bestehen.

Dieser unbestreitbare Erfolg der *Insurgents* überzeugt endlich auch den Mentor, der nun aufhört zu grübeln. Er weiß, daß England mit den Amerikanern verhandeln will und seine meisten Wirtschafts- und Handelsvorteile verlieren wird. Als Beinahebesiegter wird es sich schadlos halten wollen, indem es die französischen oder spanischen Kolonien angreift. Also muß die Lage genutzt werden, damit die Briten die Meere nicht allein beherrschen. Frankreich muß den Amerikanern Hilfe gewähren, um den gemeinsamen Feind zu schwächen.

Dennoch scheint nach wie vor die Unterstützung durch Spanien unentbehrlich. Der Graf von Aranda macht Vergennes einige Hoffnungen, und ohne die Antwort Karls III. abzuwarten, veranlaßt Vergennes Ludwig XVI., am 6. Dezember 1777 die Unabhängigkeit der Vereinigten Staaten anzuerkennen. Es geht hauptsächlich darum, die Amerikaner zu stärken, damit diese nicht mit England in Verhandlungen treten. Am Rande von Vergennes' Brief verzeichnet Ludwig XVI. wie gewöhnlich »genehmigt« und schreibt das Datum dazu, was nicht zu seinen Angewohnheiten gehört. Diese außergewöhnliche Anmerkung entspricht im

Denken des Königs gewiß einer neuen Ära. Sie bedeutet die Erneuerung Frankreichs, die sich aus der Zusammenarbeit mit dem neuen Staat ergibt: »Diese letzten Erfolge der amerikanischen Armee scheinen eine neue Perspektive aufzuzeigen«, schreibt Vergennes. »Wir müssen dabei weniger den Vorteil im Auge haben, der aus mehr oder weniger vollständigen oder raschen Siegen entstehen kann, als die politischen Folgen, die notwendigerweise daraus hervorgehen. Sie konsolidieren das Ansehen der amerikanischen Führer und Schöpfer der Unabhängigkeitserklärung und vereinen den Geist und das Herz aller Völker in dieser Gegend zu einem System, das als einziges ihr Glück vollständig und dauerhaft sichern kann, das heißt in der absoluten Unabhängigkeit.«

Das Wort war heraus. Frankreich hatte gewählt: Es nahm die amerikanische Herausforderung an.

Zwei Tage später schlagen die Amerikaner Frankreich den Handels- und Freundschaftsvertrag vor, den sie seit ihrer Ankunft mit sich herumtragen. Ihr Vorschlag ist mit der dringenden Bitte um Kriegsschiffe verknüpft. Endlich, am 17. Dezember, verkündet Gérard von Rayneval die Anerkennung der Vereinigten Staaten durch Frankreich und versichert die amerikanischen Vertreter in Paris der tatsächlichen Unterstützung des Königs, was selbstverständlich den baldigen Krieg mit den Engländern bedeutet. Noch am gleichen Tag überreicht der Graf von Broglie seinem Herrn einen »Kriegsplan«, der unmittelbar aus der Schublade Choiseuls stammt.

Ludwig XVI. hatte den Rubikon überquert. Dennoch fragte sich seine nächste Umgebung, wie dieser Beschluß zustande gekommen war. Welche Argumente hatten schließlich gesiegt? Der Abbé von Véri – wieder er – berichtet ohne Gewähr (was seinen Gewohnheiten nicht entspricht), daß man Ludwig XVI. einige englische Zeitungen zu lesen gegeben habe, in denen er, die Königin und seine nächste Umgebung besonders bissig angegriffen wurden. Zweifellos las Ludwig XVI. diese Zeitschriften und war darüber gekränkt. Dessenungeachtet hatten die Argumente Maurepas' und Vergennes' für seine Entscheidung wahrscheinlich weitaus mehr Gewicht.

Zu diesem Zeitpunkt bleibt die Anerkennung der Vereinigten Staaten noch quasi geheim. Am Hof und in den Salons redet man in einer verschlüsselten Sprache darüber, aber niemand ist wirklich sicher, nicht einmal der unglückliche Lord Stormont, der immer noch – wer verstünde ihn nicht? – von den schlimmsten Befürchtungen geplagt wird. Insgeheim wird mit den Amerikanern über zwei Verträge verhandelt, die der König aber nicht sofort ratifiziert. Er wartet auf die Antwort Karls III. von Spanien, und wie Vergennes befürchtet, ist die Antwort negativ. Von Florida Bianca indoktriniert, bleibt Karl III. der amerikanischen Sache feindlich gesinnt und wirkt unzufrieden, weil Ludwig XVI. sich allein in diesen Konflikt stürzt, ohne sich mit ihm besprochen zu haben. Die Aufrichtigkeit des spanischen Königs ist zu bezweifeln. Er ist bis ins kleinste über alle französischen Schritte unterrichtet worden. Böse Zungen behaupten denn auch, daß sein Beichtvater sich an die Engländer verkauft habe! Der französische König muß also zunächst ohne den spanischen Beistand auskommen, aber die Diplomaten strengen sich weiter an, denn die Allianz mit Spanien muß um jeden Preis erreicht werden.

Durch den ersten, am 6. Februar 1778 ratifizierten Vertrag erkannte Frankreich die Vereinigten Staaten offiziell an, und die beiden Mächte verpflichteten sich, miteinander Handel zu treiben. Durch den zweiten Vertrag wurde eine Verteidigungsallianz für den Fall geschlossen, daß England Frankreich den Krieg erklärt oder einen Konflikt veranlaßt, indem es die Handelsfreiheit unterbindet. Im Kriegsfall könne kein Waffenstillstand oder geteilter Friede von einem der beiden Staaten ohne das Einverständnis des anderen geschlossen werden. Natürlich mußten diese Verträge auch noch vom amerikanischen Kongreß ratifiziert werden. Aber da stellte Maurepas am 22. Februar, wenige Stunden vor dem Auslaufen der Schiffe, welche die wertvollen Texte nach Amerika bringen sollten, beinahe alles wieder in Frage.

Durch die Vermittlung eines gewissen Doktor Forth, eines Verbindungsagenten aus der besseren Gesellschaft, unterhielt der Mentor Beziehungen zum britischen Premierminister Lord North. Doktor Forth hatte Maurepas streng geheim davon unterrichtet, daß ein Versöhnungsvertrag zwischen den Amerikanern und den Engländern abgeschlossen worden sei. Sofort schlug der Mentor Ludwig XVI. vor, die Abfahrt der Schiffe nach Amerika zu verschieben. Der König lehnte es kategorisch ab, seine Entscheidung zu widerrufen. Er wollte sich nicht blamieren. Mit einer Subtilität, die nicht ohne Größe ist, entgegnete er dem Minister: »Dies ist vielleicht eine Lüge des Doktor Forth, um uns zu behindern. Darüber hinaus würde ein solches Vorgehen früher oder später bekannt werden und den Anschein von Ängstlichkeit erwecken.« Er sprach als König und hatte recht. Dennoch war er einige Tage lang verstimmt. Vielleicht bedauerte der junge Mann, dieses Engagement in einem Augenblick eingegangen zu sein, in dem der bayrische Konflikt offen ausbrach und sein Schwager Joseph ihn zum Eingreifen drängte. Was Ludwig XVI. befürchtete, war durchaus wahrscheinlich: ein Seekrieg gegen England und gleichzeitig ein Krieg in Europa an der Seite Österreichs.

Trotzdem ließ sich Ludwig XVI. auf das amerikanische Abenteuer ein. Am 13. März ließ der französische Botschafter in London den Hof von Saint-James wissen, daß der König von Frankreich die Vereinigten Staaten anerkenne, und daß er mit ihnen gerade einen Freundschafts- und Handelspakt abgeschlossen habe. Sofort wurde Lord Stormont nach London zurückberufen; der Marquis von Noailles kehrte nach Versailles zurück, während der König sich darauf vorbereitete, Franklin, Deane und Lee am Hof zu empfangen.

Der Empfang der Amerikaner im Spiegelsaal stellte ganz Versailles auf den Kopf. »Den englischen Botschafter am Tag seiner Abfahrt durch Franklin, den Aufrührer und Anführer der Revolte, zu ersetzen, die Aufständischen anzuerkennen, die noch nicht ganz frei sind, und sie als erster anerkennen: Was für ein Beispiel!« Der alte Herzog von Croÿ war »baß erstaunt«. Aber auch dieser Nachkomme einer alten traditionsbewußten Adelsreihe begrüßte Franklin und sagte ihm, daß »derjenige, der die Elektrizität erfunden hätte, nun auch die beiden Welten elektrisieren möge«. Mit seiner funkelnden Glatze, die von einem Kranz dünner langer Haare umsäumt war, und mit seiner bäuerlichen Kleidung fühlte sich der alte Philosoph im goldgetäfelten Palast Ludwigs XVI. inmitten der Höflinge mit bestickten Gewändern durchaus wohl. Er verblüffte Versailles mehr als Versailles ihn. Vergennes stellte dem König die amerikanischen Abgeordneten vor. Ludwig XVI. sprach mit herzlichen Worten die offizielle Willkommensrede. Die Höflinge hatten seine Rede mit Spannung erwartet, zuerst waren sie überrascht und schließlich entzückt. Der »römische« Heldenmut des alten, weisen Bürgers der Neuen Welt und die strenge Tugend des jungen Königs, der das Erbe einer der ehrwürdigsten Monarchien vertrat, boten dieser blasierten und klatschsüchtigen Menge ein rührendes und außergewöhnliches Schauspiel.

Noch hatten die Feindseligkeiten nicht begonnen. Einige Wochen lang fragte man sich, ob man nun im Kriegszustand oder im Frieden lebe. England griff nicht an, aber Maurepas war diesmal fest entschlossen, standhaft zu bleiben. »Man muß den günstigen Augenblick nutzen, um die Kraft des Feindes zu schwächen«, meinte er zu Véri. Am 13. April verließ ein Geschwader von zwölf Linienschiffen und vier Fregatten

Toulon mit Kurs auf die Bucht von Delaware oder New York, je nachdem, wo sich die englische Flotte zu diesem Zeitpunkt befinden würde. Unter der Leitung des Admirals von Estaing durchquerte das Geschwader unbehelligt die Meerenge von Gibraltar, weil die Briten diese Abfahrt als für England verhältnismäßig ungefährlich einstuften und es vorzogen, ihre Hauptkräfte in der Nordsee zu versammeln.

Dem gut unterrichteten französischen Geheimdienst war dies bekannt, und der König veranlaßte das Auslaufen eines starken Geschwaders, das den Ärmelkanal durchqueren sollte, um alle Güter abzufangen, die von den englischen Häfen abgehen würden. Im Kriegsministerium wurde ein Plan für eine Landung an der englischen Küste ausgearbeitet. Seit seiner Ernennung hatte Montbarey Truppen in Flandern, der Picardie, der Normandie, der Bretagne und der Aunis für eine sogenannte »vorläufige Vorsorgedemonstration« zusammengezogen. Er führte Ludwig XVI. persönlich den Standort der Truppen entlang der Küste vor und überreichte ihm die schriftlichen Lageberichte der Stabsoffiziere mit seinen Randbemerkungen.

Allein und ohne jede Absprache ernannte Ludwig XVI. den Marschall de Broglie zum Oberbefehlshaber der Armee. Man traute ihm allgemein ein solches Kommando zu, und sein Bruder, der stets mit ihm zusammen war, galt als talentierter Organisator. Allerdings mißfiel die königliche Wahl den Ministern, weil sie befürchteten, daß die beiden Brüder in erster Linie ihre eigenen Interessen verfolgten, was dieses Kommando unter ein schlechtes Vorzeichen stellte. Sie zogen den Prinzen von Condé vor, den wiederum der König nicht mochte: »Er ist dieses Jahr zu sehr in Mode; das letzte Jahr hätte ich ihn genommen«, erklärte er und spielte auf die Unterstützung an, die Condé dem Herzog von Bourbon anläßlich eines aufsehenerregenden Streites mit dem Grafen von Artois gewährt hatte. Der König ließ sich nicht von seinem Urteil abbringen.

Von Anfang an erwies sich ein Einvernehmen zwischen Broglie und Montbarey als unmöglich; der Marschall wollte nicht von einem Minister abhängig sein, den er einmal als einen sehr schlechten – damals zwölf Jahre alten – Reiter kennengelernt hatte, als er selbst bereits Oberst des Regiments von Luxembourg war. Er war wütend, daß sein Kommando auf die Provinzen Bretagne und Normandie beschränkt war und daß man ihn von seinem Bruder getrennt hatte, der als Ortskommandant nach Metz beordert wurde. Er lehnte den Kriegsminister so sehr ab, daß er sich bei Maurepas über ihn beschwerte.

Ungeachtet dieser Verzögerungen wurde ein Geschwader in Brest bewaffnet. Der König wünschte, daß Montbarey eine Inspektionsrundfahrt an den Küsten der Bretagne und der Normandie machte. Er selbst hätte gern dabeisein mögen, aber Maurepas brachte ihn aus Vorsicht von diesem Vorhaben ab. Abgesehen von den Ausgaben, die diese Reise erfordert hätte, würde sie zu einem Augenblick, da die französischen Pläne, an der britischen Küste zu landen, Gestalt annahmen, den Verdacht der Engländer erregen. Montbarey hatte diese Pläne im einzelnen ausgearbeitet, die Minister zeigten sich einverstanden, und der König genehmigte sie. Zwar bekamen die britischen Spione von dem Vorhaben Wind, aber das Verhalten der Engländer blieb bis zum 17. Juni 1778 eigentümlich ruhig.

An diesem schönen Sommermorgen wurde die *Belle Poule*, eine französische Fregatte unter dem Befehl des Kapitäns La Clocheterie unversehens von einer englischen Fregatte, der *Arethusa*, nicht weit von der französischen Küste angegriffen. Mehrere Stunden lang leistete die *Belle Poule* den wiederholten Angriffen der besser bewaffneten *Arethusa* tapfer Widerstand. Um elf Uhr nachts stellten die Engländer das Feuer ein, und die *Belle Poule* machte sich auf den Weg zurück nach Brest, wo sie zwei Tage später vor Anker ging. Man zählte siebenundfünfzig Verletzte, mehr als vierzig Tote und einen arg mitgenommenen Kommandanten.

Die Nachricht eines Seekampfes, der von den Engländern ohne Kriegserklärung vom Zaun gebrochen worden war, empörte ganz Frankreich und veranlaßte Ludwig XVI. zum Handeln. Ganz Versailles schrie »Krieg, Krieg!« Maurepas zögerte noch und behauptete, der Angriff sei nichts weiter als ein Seeunfall, der keine Rückschlüsse erlaube. Trotzdem wurden nach einer außerordentlichen Kabinettssitzung Eilboten in alle europäischen Hauptstädten und die großen französischen Häfen geschickt. Man wollte der Interpretation, die der Hof von Saint-James abgeben würde, zuvorkommen und den französischen Botschaftern die tatsächliche Version der Geschehnisse mitteilen: »Sie dürfen nicht zögern, sie als aggressive und vorsätzliche Aktion von seiten Englands darzustellen. Dadurch sieht sich Seine Majestät gezwungen, ihr bisheriges gemäßigtes Verhalten zu ändern und die Gewalt mit Gewalt zurückzudrängen...« Gleichzeitig wurde allen Stabsoffizieren befohlen, am 1. Juli bei ihren Truppen zu sein.

In Brest wollen Offiziere und Soldaten sich möglichst bald mit den Engländern schlagen: »Wir werden ihnen den gleichen Streich spielen oder es geht mit dem Teufel zu«, schreibt Herr von Chaffault, der Kommandant der zweiten Abteilung, an den Marineminister. In Paris wird Franklin »überall, wo er sich zeigt, mit großer Begeisterung und Fanatismus begrüßt«. Trotz der Abschiedstränen seiner Frau begibt sich der Herzog von Chartres zu seinem Kommando. Der ruhmsüchtige und schöne Prinz hat kurz zuvor die königliche Ernennungsurkunde zum Generalinspektor der Marine erhalten. Der Prinz von Condé macht sich auf den Weg nach Flandern, wo ihn seine Truppen erwarten. Alles spricht nur noch vom Krieg und zwar einem sehr heftigen Krieg.

Der Graf von Almodovar, spanischer Botschafter in London, schlägt seine Dienste als Vermittler zwischen England und Frankreich vor. Maurepas greift nach dem Rettungsanker. Die Kampfeslust, die ihn noch vor einigen Wochen beseelte, ist verschwunden. Die anderen Minister, mit Vergennes an ihrer Spitze, befürchten, daß er den König dazu bringt, seine Meinung zu ändern. Kurz darauf kapert Admiral Keppel drei weitere französische Schiffe und kreuzt auf der Höhe von Ouessant, so daß nun die französische Küste bedroht ist.

Am 9. Juli wird die Ratifikation des französischen Vertrages durch den amerikanischen Kongreß in Frankreich offiziell bekannt, und am 12. geht Conrad-Alexandre Gérard von Rayneval, der den Atlantik an der Seite des Admirals von Estaing an Bord des Flaggschiffs überquert hat, in Chester nahe bei Philadelphia an Land. Er kommt, »um den König beim Generalkongreß von Nordamerika zu vertreten«. Frankreich bietet den Amerikanern nicht nur Sicherheit durch Waffengewalt, sondern darüber hinaus verleiht es dieser jungen Nation, die seit dem 4. Juli 1776 die englische Vormundschaft abgeschüttelt hat, seine Würde. Den waghalsigen amerikanischen Verbündeten muß klargemacht werden, daß eine dauerhafte Unabhängigkeit nur mit französischer Hilfe möglich ist: »Sie müssen ihnen beweisen, daß wir den Krieg nur für sie führen. [...] Unsere gemeinsamen Beweggründe müssen auf ewig verbunden sein«, schreibt Vergennes an Gérard. Der Krieg ist also in vollem Gange.

Auch wenn der König von Frankreich die Herausforderung der jüngsten Republik der Welt angenommen hatte, konzentrierte sich sein Interesse dennoch hauptsächlich auf die kontinentalen Angelegenheiten. Sein Schwager Joseph II. wollte ganz Europa herausfordern, während Frankreich sich an der Seite der Vereinigten Staaten engagierte. Der Kaiser war ziemlich verstimmt von seiner Frankreich-Reise zurückgekehrt. Er hatte festgestellt, daß das Königreich der Söhne des Sonnenkönigs im Vergleich zum österreichischen Kaiserreich reich und vor allem einig war. Demgegenüber bestand das Kaiserreich aus einem bunten Staaten-

und Völkergemisch, die sich im Laufe der Jahrhunderte durch gewaltsame Eroberungen und diplomatische Verhandlungen um das Haus Habsburg herum gruppiert hatten. Joseph konnte nicht umhin, ein wenig neidisch auf diesen Schwager zu blicken und ihn mit kaiserlich-philosophischem Hochmut zu verachten. Er träumte davon, ganz verschiedene Staaten miteinander zu vereinigen. Am 30. Dezember 1777 war der Kurfürst von Bayern gestorben – souveräner Fürst eines Staates, dessen Inbesitznahme für Österreich eine Verbindung zwischen seinen Provinzen im Westen und im Süden bedeutet hätte. Die Annexion Bayerns hätte auf längere Sicht auch die Besetzung Württembergs bedeuten können, was Österreich näher an Frankreich herangebracht hätte. Joseph hegte also recht großartige Expansionsträume.

Sofort nach dem Tod des Kurfürsten von Bayern, Maximilian III. Josef, einigte sich Joseph mit dem legitimen Erben, dem pfälzischen Kurfürsten Karl Theodor, der eine Entschädigung in den österreichischen Niederlanden erhielt. Aber obwohl er der absolute Herrscher war, zögerte der Kaiser, seine Beute, die er dem naiven Pfälzer abgehandelt hatte, in Besitz zu nehmen. Er fürchtete die Reaktion Friedrichs II. von Preußen und die seines ungeschickten, aber störrischen Schwagers in Frankreich, der jetzt so sehr mit den amerikanischen Angelegenheiten beschäftigt war. Immerhin konnte die Reaktion Ludwigs XVI. sogar feindlich ausfallen.

In der Tat hatte Joseph schon während seines Aufenthaltes in Frankreich die Möglichkeit einer Nachfolge in Bayern erwähnt. Der Kaiser hatte dem französischen König versprochen, ihn über die Verhandlungen mit dem Kurfürsten auf dem laufenden zu halten, natürlich ohne ihm zu gestehen, daß er die Absicht hatte, Karl Theodor quasi zu enteignen. Das Abkommen zwischen Joseph und dem Kurfürsten war in Wirklichkeit ganz anders ausgefallen, als er es dem französischen Herrscher angedeutet hatte. Die Einwände seines Schwagers voraussehend schrieb Joseph II. bereits am 5. Januar 1778 an Mercy: »Dies wird an dem Ort, wo Sie sich befinden, kein Gefallen erregen, aber ich sehe nicht, was man dagegen einwenden könnte, und die Lage mit den Engländern scheint sehr dafür zu sprechen.«

Joseph, der die intimsten Geheimnisse des Königs und der Königin von Frankreich kannte, Joseph, dem Ludwig XVI. sein »Eheglück« verdankte, hoffte sehr, sich seinen Schwager mit Hilfe von Marie Antoinette gefügig zu machen. Mehrere Monate lang drängte der österreichische Hof die Königin, die Wiener Politik in Versailles zu vertreten. Maria

Theresia griff zu Zuckerbrot und Peitsche, um ihre Pläne zu verwirklichen. Natürlich mußte Mercy der jungen Königin regelmäßig die Leviten lesen. Allerdings hatten Vergennes und Maurepas Ludwig XVI. bereits vor den Bitten gewarnt, die seine Gemahlin sicherlich zugunsten ihrer Familie an ihn richten würde. Ludwig XVI. entgegnete ihnen bloß, daß die Königin sich nicht mit diesen Dingen befasse. Dennoch blieben die Minister auf der Hut.

Als die Königin erfuhr, daß Joseph dabei war, eine Armee von 12 000 Mann nach Bayern zu schicken, schrieb sie der Herzogin von Polignac, daß sie »sehr befürchte, daß [...] ihr Bruder Ärger machen werde«. Diese erste Reaktion war treffend, aber Mercy ließ nicht locker: Er machte sich zum scheinbar unparteiischen Anwalt des Wiener Hofes und erklärte Marie Antoinette in aller Ausführlichkeit, daß ihre Unbesonnenheit ein Bündnis in Gefahr bringe, an dem ihr eigentlich sehr viel liegen müsse. Die alte Kaiserin war bestürzt und wetterte bei Mercy gegen die Kindereien ihrer Tochter: »Es wäre ohne Zweifel von größtem Vorteil und zu diesem Augenblick, in dem der Tod des Kurfürsten von Bayern eine tiefe Krise nach sich zieht, notwendiger denn je, daß meine Tochter von ihrem Einfluß auf den König regen Gebrauch macht; aber wie kann man sich dies erhoffen, wenn sie nur ihre leichtsinnigen Vergnügungen und üblichen Zerstreuungen im Sinn hat?«

Gleichzeitig schmeichelte Maria Theresia der Königin und appellierte an ihre töchterliche Zuneigung, um ihrem Ziel näher zu kommen: »Ich brauche [...] alle Ihre Gefühle für mich, Ihr Haus und Ihre Heimat«, sagte sie ihr und fügte hinzu, »daß eine Veränderung innerhalb des Bündnisses [...] ihm den Todesstoß versetzen würde«. Marie Antoinette mußte also Schuldgefühle empfinden, für die es in Wirklichkeit keinerlei Berechtigung gab, jedenfalls nicht in diesem Zusammenhang. Sie hörte sich brav die Empfehlungen Mercys an, aber Spiele und Opernbälle, die sie mehr beschäftigten als die Außenpolitik des Königreiches, hinderten sie zweifellos daran, sich mit ihrem Gatten intensiv über die bayrische Angelegenheit zu unterhalten.

Etwas verlegen mußte Mercy der Kaiserin gestehen, daß er »es sich gewünscht hätte, daß die Königin gegenüber dem König etwas mehr von dem Gebrauch machte«, was er ihr einflüsterte. Marie Antoinette, die von Politik nichts verstand, reagiere immer nur gefühlsmäßig und ungeschickt. »Obwohl sie von einer Sache zutiefst betroffen ist, hat sie nicht genügend Geduld, ihre Hintergründe zu untersuchen und kennenzulernen oder dazu einen grundsätzlichen Gedankengang zu entwickeln.

Die Königin ist sehr gegen den preußischen König aufgebracht [...] Sie spricht mit dem König, aber ihre Worte zeigen nur eine allgemeine Empörung und sind nicht genügend begründet.« Die Königin benutzte also nicht die richtigen Argumente, um ihren Gatten zu überzeugen: jene Fälle, in denen Frankreich die Unaufrichtigkeit Preußens am eigenen Leib erfahren hatte, sowie den Vorteil, den Ludwig XVI. aus dem österreichischen Bündnis gegenüber England ziehen könnte. Allerdings wäre die Mühe ohnehin vergeblich, denn auch diese Argumente hätten beim König nicht gezündet.

Ludwig XVI. und seine Minister waren erleichtert, als sie merkten, daß die Königin sich nicht in die bayrische Angelegenheit einmischte. Auch wenn Maurepas, Vergennes und der König nicht immer der gleichen Ansicht in bezug auf Amerika waren, blieben sie in dieser Sache einer Meinung. Dennoch begann die Arbeit Mercys Früchte zu tragen. Vor allem ein kleiner Satz der Kaiserin erreichte viel mehr bei Marie Antoinette als alle Vorträge des Gesandten. »Eine Veränderung des Bündnisses würde mir den Todesstoß versetzen«, hatte Maria Theresia gedroht. Marie Antoinette geriet in Panik. Während ihrer vertraulichen Begegnungen mit ihrem Gemahl sprach sie endlich das heikle Thema an. Ludwig XVI. entzog sich nicht, aber er blieb unbeugsam: »Die Bestrebungen Ihrer Verwandten werden noch alles auf den Kopf stellen; mit Polen haben sie begonnen, jetzt ist Bayern an der Reihe... Sie machen mich sehr böse«, bemerkte er einfach nur.

So viel Entschiedenheit überraschte beim König, und auch Mercy, dem die Königin selbst von dieser Unterhaltung erzählte, war verblüfft. Der österreichische Gesandte war der Meinung, daß Amerika die Schuld dafür trage, daß sich Ludwig XVI. so wenig um die Förderung der österreichischen Allianz kümmerte. In Wirklichkeit verdächtigte der eifrige Informant Maria Theresias Frankreich, sich Preußen anzunähern, womit er nicht ganz unrecht hatte. Zum selben Augenblick, in dem Friedrich II. gegen die österreichischen Anmaßungen protestierte und mit einem Feldzug drohte, falls Joseph II. seine nach Niederbayern geschickten Truppen nicht zurückziehe, liefen geheime Verhandlungen zwischen Versailles und Berlin.

Maria Theresia wurde immer unruhiger. Sie klammerte sich an ihre Tochter: »Sie muß ohne Ungestüm, mit viel Umsicht und Gewandtheit handeln, damit sie dem König nicht lästig oder gar verdächtig wird«, beschwor sie Mercy. Um ihre Mutter zufriedenzustellen, traf Marie Antoinette zwischen zwei Karnevalsbällen mit den Ministern zusammen und glaubte auch Erfolg zu haben. So war sie glücklich, Mercy melden zu können, »daß sie mir gute Antworten bezüglich der Allianz gegeben haben, und daß sie mir wirklich zugetan zu sein scheinen; aber als ich sie zu dem Punkt drängte, an dem der König von Preußen mit den Feindseligkeiten beginnen würde, habe ich keine klare Antwort erhalten«. Sie war ganz erleichtert, ihre Pflicht getan zu haben. Aber wie man sehen kann, kompromittierten die Minister sich nicht.

Einige Tage später verfolgte die Königin ihre Aufgabe erneut mit viel Nachdruck, wobei die Umstände die österreichische Sache zu begünstigen schienen: Marie Antoinette hatte nämlich erfahren, daß sie endlich schwanger war. Die kaiserliche Familie und Mercy sahen auf der Stelle den Nutzen, den sie aus der neuen Lage ziehen konnten: Die Königin würde nun an Einfluß auf ihren Gatten gewinnen, und er mußte ihr eher nachgeben. Mercy hielt ihr einen langen Vortrag, und die Königin rief die Minister zu sich: »Ich habe Herrn von Maurepas und Herrn von Vergennes zu mir kommen lassen«, erzählt sie. »Ich habe einen härteren Ton angeschlagen, und ich glaube, Eindruck bei ihnen gemacht zu haben – hauptsächlich bei letzterem. Ich war mit dem Gedankengang dieser Herren nicht sehr zufrieden; sie sind nur darauf bedacht, den König hinters Licht zu führen und ihn daran zu gewöhnen. Ich habe vor, noch einmal mit ihnen zu sprechen, vielleicht sogar in Anwesenheit des Königs. Es ist grausam, in einer solch wichtigen Angelegenheit mit Leuten zu tun zu haben, die nicht aufrichtig sind.«

Indes behielten die Minister vor der verwöhnten Wiener Prinzessin ihre Zurückhaltung bei, und Ludwig XVI. hatte sicher das Gefühl, sich für seine Rolle als ungeschickter Gatte Genugtuung verschafft zu haben. Endlich war es ihm gelungen, diese unerreichbare Frau, die ihn einschüchterte und deren Launen er fast immer nachgab, zu schwängern. Er würde nicht aus Liebe zu ihr zum gefälligen Verbündeten der Habsburger werden. Ganz im Gegenteil, er würde ihr zeigen, daß er manchmal der wirkliche Gebieter sein konnte. Vielleicht glaubte er es in einem dieser Augenblicke sogar selbst.

12. DIE BESTE ALLER WELTEN

Obwohl der Sommer 1778 allerlei Unsicherheiten und Widersprüche in sich barg, kündigte er sich sehr verheißungsvoll an. Der König erhoffte sich einen Erben und bot der jüngsten Nation der Welt seine Hilfe an. Mit dieser Nation verbanden sich die Hoffnungen eines ganzen Jahrhunderts philosophischer Reflexion, die Ludwig XVI. allerding ablehnte.

Voltaire war soeben in Paris gestorben, das ihn als das Licht seiner Zeit gefeiert hatte. Ludwig XVI. hatte ihn nicht sympathisch gefunden: Der alte Philosoph blieb in seinen Augen die Verkörperung der Gottlosigkeit und des Zeitgeistes, vor dem er sich so ängstigte. Marie Antoinettes Ansinnen, Voltaire in der Oper eine Loge neben der seinen herrichten zu lassen, hatte der König zurückgewiesen. Während die Königin nur den Ruhm und den mondänen Erfolg sah, ahnte der König den Ruin der Monarchie, die der Eremit von Ferney freilich nicht gänzlich verwarf. Hatte er die Morgenröte der neuen Herrschaft nicht festlich mit Dutzenden von Versen begrüßt, die den Neid vieler europäischer Herrscher erregten? Voltaire war nie Republikaner gewesen, das sollte nicht vergessen werden. Etwas weiter von Paris entfernt starb auch Rousseau in ländlicher Einsamkeit. Während Voltaire nach einer triumphalen Aufführung der *Irène* mit einem Lorbeerkranz gekrönt wurde, verließ Jean-Jacques diese Welt ohne jeden Lärm, fast in allgemeiner Gleichgültigkeit.

Am Hof wie in der Stadt klammerte man sich an die neuesten Nachrichten über die bayrische Angelegenheit und den Krieg gegen England, während die schwangere Marie Antoinette, der die Aktionen der Minister und Diplomaten völlig unbekannt blieben, mit Aufmerksamkeiten überhäuft wurde.

Im stillen Einvernehmen mit Frankreich und Rußland bedrohten seit Anfang Juli die Truppen Friedrichs II. die der Österreicher. Die Preußen hatten die Grenze ohne Kriegserklärung überschritten, und ihre Armee hatte sich in Böhmen, in der Nähe von Sadowa, den Kaiserlichen gegenüber festgesetzt. Maria Theresia, die die gefährliche Politik ihres Sohnes schnell durchschaut hatte, war verzweifelt und richtete ihren Ärger gegen Ludwig XVI. »Frankreich hat uns viel Unrecht getan«, jammerte sie am 7. Juli gegenüber Mercy. Sie verwirrte Marie Antoinette durch das Ausmaß ihrer Bestürzung und hinderte die junge Frau daran, sich den Freuden ihrer künftigen Mutterschaft hinzugeben.

Ludwig XVI., der ihr die mit Hilfe des Baron Goltz geführten Verhandlungen mit Preußen sorgsam verschwiegen hatte, machte sich über den Zustand seiner Frau einige Sorgen. Zwar versprach er ihr nicht, zugunsten der Habsburger einzugreifen, weil dies den französischen Interessen widersprochen hätte, aber er war immerhin »zu Tränen gerührt«. Marie Antoinette redete sich nun ein, daß ihr Jammern ihn dazu bringen könne, sich wie »ein guter und wirklicher Verbündeter zu verhalten«. Ferner nutzte sie diese Gelegenheit, um Maurepas eine gewaltige Szene zu machen. Dieser mußte erneut seine Verbitterung über die patzige Dame Leichtfuß, welche ihre Pflichten als Königin vergaß, herunterschlucken. Wieder ist es Mercy, der von diesem stürmischen Gespräch nach Wien berichtet: »Hiermit, Monsieur, spreche ich Sie bereits das vierte oder fünfte Mal auf dieselben Angelegenheiten an«, habe die Königin gewettert. »Sie konnten mir niemals eine andere Antwort geben; bisher war ich geduldig, aber die Lage spitzt sich zu, und ich will derartige Niederlagen nicht mehr dulden.« Sodann trug sie, die Worte Mercys nachbetend, den ganzen Ablauf der Ereignisse vor und behauptete, daß Frankreich den Schmeicheleien des preußischen Königs erlegen sei und statt ihn zurückzuhalten, ihn noch verbissener gemacht hatte. Maurepas war überrascht, die Königin so leidenschaftlich und sachverständig sprechen zu hören, und verhedderte sich in Entschuldigungen und demütigen Entgegnungen. Der österreichische Gesandte riet Marie Antoinette daraufhin, ihren Zorn gegenüber dem alten Minister zu mäßigen, auf dessen Rat ihr Gatte noch immer am meisten hörte.

Glücklicherweise war die junge Frau wohlauf und ging weiterhin ihren Vergnügungen nach, was sie davon abhielt, sich allzusehr um die bayrischen Angelegenheiten zu kümmern. Gegen Ende der traditionellen Reise nach Marly begann sie wieder mit dem gleichen Spiel, das sich bis zwei oder drei Uhr morgens hinzog. Ihre Berater konnten ihr kaum vorwerfen, daß sie dadurch ihre Intimität mit Ludwig XVI. kompromittiere, denn dieser hatte den Geschlechtsverkehr sofort eingestellt, als sich die Hoffnung auf eine Schwangerschaft bestätigt hatte. Allerdings stellte jeder Brief aus Wien die nervliche Verfassung der Königin auf eine neue Probe: Beschloß sie nicht sogar eines Tages, auf die Darbietungen des Hofes und auf alle weiteren Vergnügungen zu verzichten, solange die

Lage ihrer Familie noch kritisch sei? Wieder einmal war Mercys ganze Geschicklichkeit vonnöten, um sie von dieser extremen Haltung abzubringen, die ihren gewohnten Neigungen so sehr widersprach.

Maria Theresia, die sich große Sorgen über den Verlauf des Krieges machte, der so schlecht für Österreich begonnen hatte, und die ihrem Sohn vorwarf, diese Lage erst geschaffen zu haben, beschloß, hinter seinem Rücken mit Friedrich II. zu verhandeln. Als Joseph II. davon erfuhr, hatte er einen Wutausbruch und bezeichnete diese Einmischung als die »entehrendste, die man sich nur vorstellen kann«. Das Verhalten der alten Kaiserin war um so demütigender, als Friedrich die Verhandlungen zurückwies. Zwischen Mutter und Sohn braute sich ein Gewitter zusammen. Der Kaiserin blieb schließlich nichts anderes übrig, als beinahe demütig die französische Vermittlung zu erbitten. Als Katharina von Rußland Truppen an der polnischen Grenze aufmarschieren ließ und die österreichischen Herrscher dazu aufforderte, ein Abkommen mit Preußen zu schließen, fragte Maria Theresia bei Mercy um Rat.

Die Entschlossenheit der französischen Regierung machte sich also bezahlt, und der europäische Frieden war gerettet. Ludwig XVI. genoß seinen schönen diplomatischen Erfolg und konnte den Krieg gegen England trotz der Tränen seiner Gattin fortführen. Um den Haussegen zu bewahren, ließ er sie außerdem glauben, daß nur seine Minister sich gegen eine regere Unterstützung der Habsburger gestellt hätten. Daraufhin wiegte sich die Königin in sanften Illusionen. Sie glaubte nun, daß ihr Einfluß auf den Gatten es ihr ermöglichen würde, einen für Österreich günstigen Schiedsspruch zu erlangen.

Nachdem sie sich mit Vergennes und Maurepas beraten hatte, die sie vor allen Dingen nicht verstimmen wollten, schrieb sie in aller Unschuld ihrer Mutter: »Die Hauptsache ist, daß unsere Minister die wirkliche Sprache der Allianz sprechen; sie beteuern es zwar, aber man muß darüber wachen und immer wieder dafür kämpfen, wenn diese traurige Angelegenheit nicht sofort beendet wird. Ich habe den großen Trost, daß der König mit Herz und Seele dabei ist.« Nicht einen Augenblick scheint die Königin zu ahnen, daß der König und seine Minister allein im Interesse des Königreiches handeln, das in ihren Augen weitaus wichtiger ist als die Allianz. Schon tuschelt man am Hof und in der Hauptstadt: Sollte das Herz der Königin etwa eher für Österreich als für Frankreich schlagen?

Die französischen Diplomaten hatten es nicht eilig, einen für Österreich günstigen Frieden auszuhandeln. Der Mißerfolg der kaiserlichen

Truppen stimmte Maria Theresia und ihren Sohn immer nachgiebiger. Sie verzichteten auf ihre Ansprüche, was die Aufgabe Frankreichs besonders erleichterte. Der Bayerische Erbfolgekrieg wurde 1779 in Breslau und Teschen durch einen Kongreß beigelegt. Der Frieden war wiederhergestellt. Man kehrte zu den alten territorialen Verhältnissen von vor 1777 zurück, mit Ausnahme einiger bayrischer Gebiete, die Österreich als Entschädigung zugesprochen wurden.

Der Krieg gegen England machte dem König und seinem Kabinett weitaus mehr zu schaffen. Seit dem Angriff auf die *Belle Poule* fieberte man den Ereignissen entgegen. Die Engländer hatten zwei französische Fregatten gekapert. Auch hatte man Herrn von Orvilliers, dem die zweiunddreißig Schiffe von Brest unterstanden, befohlen »die Segel zu setzen«, da sich der englische Admiral Keppel auf der Höhe von Ouessant befand. Darüber hinaus hatte man Orvilliers die Order gegeben, alles zu kapern, was ihm begegnete: Kriegsschiffe ebenso wie Handelsschiffe.

Am 8. Juli verläßt die französische Flotte bei günstigem Wind die Reede von Brest. Wäre sie nicht durch ungünstige Winde einige Tage lang am Kai aufgehalten worden, hätte sie leicht hundert englische Schiffe, die aus Westindien kamen, einfangen können. Es ist zum Verrücktwerden! Mehrere Tage lang gibt es keinen einzigen Zwischenfall. Dann, am 27. Juli um elf Uhr, beginnt ein gnadenloser Kampf. Wer hat den ersten Kanonenschuß abgefeuert? Niemand weiß es. »Der Wille zum gegenseitigen Kampf ist auf beiden Seiten vorhanden«, bemerkt Véri. Die Schlacht dauert bis sechs Uhr nachmittags. Auf beiden Seiten zählt man viele hundert Verletzte, und die Zahl der Toten wächst ständig. Aber kein einziges Schiff wird versenkt oder erbeutet. Nachts wartet die französische Flotte in voller Beleuchtung auf einen neuen Angriff, aber die englische Flotte verschwindet in der Dunkelheit. Am 29. Juli führt Orvilliers seine Flotte nach Brest zurück.

Die ersten Nachrichten über die Schlacht von Ouessant hatten an einen eindeutigen Sieg Frankreichs glauben lassen, und in Versailles wurde etwas voreilig ein Tedeum gefeiert. Der Herzog von Chartres, dem die Nachhut unterstand, kehrte triumphierend zum König zurück, um ihm von der Seeschlacht zu berichten, an der er gerade teilgenommen hatte. Das Wichtigste verschwieg er jedoch. Der Prinz, dessen Erfahrungen in Führung und Marine gleich Null waren, hatte in Wirklichkeit einen schweren Irrtum begangen: Da er die Signale nicht deuten konnte, die er eigentlich hätte kennen müssen, hatte er ein verwirrendes Manöver angeordnet, das es den Engländern ermöglichte, sich zu entfernen, ohne weiteren Schaden zu erleiden.

Erst einige Tage später kam die Wahrheit ans Licht. Der König und das Ministerium zeigten sich sehr verärgert, daß man sich durch Chartres Fehler die Engländer hatte entkommen lassen, und mißbilligten die Rückkehr der Flotte nach Brest. Dennoch sandte Ludwig XVI. Herrn von Orvilliers einen herzlichen Brief. Chartres kehrte nach Brest zurück, wohin Ludwig XVI. den Chevalier von Escars geschickt hatte, um Nachforschungen über das Verhalten seines leichtsinnigen und großmäuligen Vetters anzustellen. Während Sartine wünschte, daß die ganze Wahrheit aufgedeckt würde, begünstigte die Untersuchung jedoch den Herzog von Chartres: Kein Offizier konnte gefahrlos einen Prinzen von Geblüt angreifen. Allerdings ließ sich niemand täuschen. Chartres, auf dessen Unfähigkeit und Tölpelhaftigkeit man bereits Spottlieder verfaßte, forderte nun vom König eine öffentliche Wiedergutmachung. Großzügig schuf der König daraufhin den Posten eines Generaloberst der Fußtruppen für ihn, einen reinen Ehrentitel, aber als es ein Jahr später darum geht, wirklich zu kämpfen, erhält er Befehl, nach Versailles zurückzukehren. Auch Marie Antoinette, die bis dahin ein vorzügliches Verhältnis zu diesem frohgemuten Vetter gepflegt hatte, unterstützte diese Vorsichtsmaßnahme, die jedoch den Beginn einer finsteren Feindschaft markiert, die Philippe von Orléans von nun an dem Königspaar entgegenbringen wird.

Der Krieg gegen England war also in vollem Gange. Die französische Marine war trotz der Bemühungen Sartines sicherlich schwächer als die englische. Sie hatte bis dahin das Glück gehabt, in keiner Schlacht zu unterliegen. Indes ging der Krieg auf den Antillen weiter: Die Franzosen hatten den Engländern die Insel Dominica entrissen, während jene Saint-Pierre-et-Miquelon besetzten. Vom Grafen von Estaing gab es keine neuen Nachrichten. Man wußte nur, daß er die Mündung des Delaware erreicht hatte, die die Engländer soeben verlassen hatten. Entlang der amerikanischen Küste schien er in ein langwieriges Versteckspiel mit dem Feind verwickelt zu sein.

Der Beistand Spaniens schien nötiger denn je. Die französischen Diplomaten versuchten, das Einverständnis des katholischen Königs zu gewinnen, der aus bekannten Gründen seine reservierte und sogar feindliche Haltung gegen die Vereinigten Staaten beibehielt. Er hatte ihnen jedoch Unterstützung versprochen, und Spanien traf große militärische Vorkehrungen, um bei dieser Gelegenheit Gibraltar zu erobern. Das

Hauptziel dieser Maßnahmen bestand jedoch darin, England einzuschüchtern. Das spanische Kabinett hoffte, daß England um den Preis der spanischen Neutralität Gibraltar und vielleicht auch Menorca abtreten würde. Das französische Kabinett mußte abwarten.

Die französische Außenpolitik Frankreichs stand unter keinem schlechten Vorzeichen. Im Innern ging Necker einer regen reformerischen Tätigkeit nach, die vom König und den Ministern unterstützt wurde, und die Schwangerschaft der Königin nahm einen glücklichen Fortgang. Die Prinzessin war völlig mit der bevorstehenden Geburt beschäftigt und führte ein ausgeglicheneres Leben als gewöhnlich; sie bezeigte ihrem Gatten endlich die kleinen Aufmerksamkeiten, mit denen sie bisher so gegeizt hatte. Ludwig XVI. blühte auf und legte seine angstvolle Unterwürfigkeit gegenüber der Königin ab. Er wirkte beinahe selbstsicher, und die königliche Zweisamkeit bot durch ihre einfachen Umgangsformen fast das Bild eines glücklichen bürgerlichen Paares, dem allerdings unbegrenzte finanzielle Mittel zur Verfügung standen. Der König gab sich alle Mühe, seine Gattin auf jede erdenkliche Art zu unterhalten, indem er ihr zuliebe so manches Fest veranstalten ließ. Drei Wochen vor ihrer Niederkunft überraschte er sie noch mit einem Kostümball.

Böse Zungen behaupteten, daß in Wirklichkeit der Herzog von Coigny, den die Königin mit ihrer Freundschaft beehrte, der künftige Vater sei. Ludwig XVI. wußte um diese beleidigenden Gerüchte, schenkte ihnen jedoch keine weitere Beachtung. Überraschenderweise bewies er dies mitten in einer Kabinettssitzung. Man hatte eben eine Depesche aus Schweden verlesen, die ein Gerücht über den König von Schweden, Gustav III., wiedergab: Er galt allgemein als homosexuell und sollte seinen Stallmeister angehalten haben, ihn bei seiner Frau zu ersetzen, um so die königliche Nachkommenschaft zu sichern. In Versailles »konnten die Ratsmitglieder, die von der Verlesung dieses Textes unter solchen Umständen überrascht waren, nicht umhin, den König anzublicken. An der unbeschwerten Art, mit der er sich über die Neuigkeit lustig machte, sahen sie, wie weit er von dem bösen Gerücht entfernt war, das in Paris und Versailles seine Kreise zog«. War der französische König etwa ein erlauchter Hahnrei? Sicherlich nicht. Der endlose Briefverkehr zwischen Versailles und Wien und die geheimen Berichte der ausländischen Botschaften beweisen das Gegenteil. *Monsieur* und der Graf von Artois wären allzu glücklich gewesen, einen solchen Skandal zu enthüllen. Sicherlich ist es denkbar, daß der scheinheilige und eigennützige Graf von Provence so manchen Schmierenschreiber bezahlte, um die Verleumdung zu verbreiten.

Der Augenblick der Entbindung rückte heran. Man hoffte auf einen Dauphin. Es wurde ein Mädchen. Die Niederkunft der Königin wurde von einem außerordentlichen Etikettezeremoniell begleitet, wie man es seit einem halben Jahrhundert nicht mehr gesehen hatte. Die Herrscherin mußte öffentlich entbinden, natürlich unterstützt von den Ärzten und ihrem Geburtshelfer. Sie hatte die Betreuung durch Sieur Levret, der sich bereits bei der Gräfin von Artois bewährt hatte, abgelehnt, um statt dessen einen modischen Geburtshelfer zu wählen: Vermond, den Bruder ihres Vorlesers, des berühmten Abbés. Seine Talente waren bekannt, aber er galt als habgierig und eingebildet: Man warf ihm vor, jederzeit die einfache Bürgerin für die reiche Finanziersfrau oder die Herzogin, die ihm hohes Ansehen in der Öffentlichkeit brachte, im Stich zu lassen. Ludwig XVI. hatte dem Wunsch seiner Frau mit Bedauern nachgegeben. So war es also Vermond, der die Schwangerschaft der Königin betreute, und man holte ihn in der Nacht zum 19. Dezember herbei, als Marie Antoinette die ersten Wehen spürte.

Die Nachricht verbreitete sich wie ein Lauffeuer, man strömte von überall her nach Versailles. Ludwig XVI. selbst scheint diese Menschenmenge nicht wahrgenommen zu haben, aber die Zeitgenossen waren darüber sehr erstaunt. »Der Brauch, jeden Ankömmling unterschiedslos in den Palast zu lassen, um der Niederkunft der Königin beizuwohnen, wurde so maßlos übertrieben, daß in dem Augenblick, als der Geburtshelfer Vermond mit lauter Stimme rief: ›Die Königin entbindet‹, die Menge von Schaulustigen, die sich ins Zimmer drängte, so groß und ungestüm wurde, daß man befürchten mußte, die Königin könne durch diese Bewegung umkommen«, erzählt Frau Campan. »Der König hatte nachts vorsichtshalber mit Seilen befestigte riesige Paravents anbringen lassen, die das Bett Ihrer Majestät umgaben. Ohne diese Vorkehrung wären die Zuschauer sicherlich auf die Königin gefallen.« Die Menschen standen so dicht aneinander gedrängt, daß man sich nicht mehr im Zimmer bewegen konnte. Zwei junge Savoyarden waren auf die Tische gestiegen, um die Darbietung besser beobachten zu können. Es war sehr heiß. Das Kind war eben vom Geburtshelfer herausgezogen worden, als der Königin schlecht wurde. »Das Blut schoß ihr in den Kopf, ihr Mund verzog sich«, fährt Frau Campan fort. »Der Geburtshelfer schrie: ›Luft, heißes Wasser! Wir müssen einen Aderlaß am Fuß vornehmen.‹ Die Fenster waren abgedichtet worden: Der König öffnete sie nun mit einer

Kraft, die nur die Zärtlichkeit für die Königin ihm eingeben konnte; diese Fenster waren nämlich sehr hoch und völlig mit Papierstreifen zugeklebt.« Wegen der störenden Menge konnte das Wasser nicht schnell genug gebracht werden, man stach die Königin trocken, das Blut spritzte, und sie kam wieder zu sich.

Ludwig XVI. war über seine junge Vaterschaft außerordentlich glücklich. Er hatte bewiesen, daß er die Dynastie sichern konnte, und dieser Gesichtspunkt war wichtiger als alles andere. Die Prinzessin wurde ebenso begrüßt wie ein Dauphin, was keineswegs der königlichen Tradition entsprach. Das neugeborene Kind erhielt den Titel *Madame*, der eigentlich der Gräfin von Provence zukam, und um diese Prinzessin nicht zu kränken, durfte sie ihn beibehalten. Die kleine Marie Thérèse wurde einfach *Madame fille du roi* oder *Madame Royale* genannt.

Die Freude des Volkes entsprach der des Herrschers. Ganz Paris feierte: Mehrere Kanonenböller begrüßten das Ereignis, Häftlinge wurden entlassen, tausend junge Mädchen erhielten je 700 Pfund als Mitgift, die Stadt wurde feierlich erleuchtet, Brot, Wein und Fleisch wurden verteilt; alle Darbietungen waren kostenlos, und das Tedeum wurde gefeiert. Merkwürdigerweise identifizierten sich die biederen Bürger von Paris nur zu gerne mit diesem königlichen Paar, das sich so sehr von den vorherigen unterschied und in der Mythologie des Volkes zu einem Paar wie alle anderen auch wurde. Die Stadt Paris bereitete ihm einen wunderbaren Empfang, um das glückliche Ereignis zu feiern. Ludwig XVI. wurde bejubelt. Inmitten dieser Freude war die Königin allerdings etwas bedrückt: Man bejubelte sie nicht so sehr, wie sie es sich gewünscht hätte.

Der König umgab seine Frau und seine Tochter mit der ganzen Zärtlichkeit, deren er fähig war. Solange die Königin im Bett blieb, war er der erste, der sie besuchte und einen Teil des Morgens mit ihr verbrachte, um mehrmals am Nachmittag zurückzukehren. Versailles war in diesem Winter sehr ruhig, und diese Ruhe wurde von keiner Turbulenz gestört. Die Königin war glücklich und entspannt; sie erholte sich gänzlich von ihrer Entbindung, an die sie allerdings eine unangenehme Erinnerung behielt, die sie nicht dazu ermutigte, allzubald wieder schwanger zu werden. Deshalb wies sie Anfang Februar die Annäherungsversuche ihres Gemahls zurück. Vermond und Mercy mußten ihr erneut Vorhaltungen zu diesem heiklen Thema machen.

Die Königin führte bald wieder ein normales Leben. Sie blieb in der Umgebung des Königs und kümmerte sich um ihre Tochter, was sie aber nicht daran hinderte, während des Karnevals einige Bälle zu besuchen. Schließlich ritt sie wieder aus, zur größten Empörung aller, die ihr eine weitere Schwangerschaft wünschten. Am 31. März wurde sie krank; man diagnostizierte die Masern. Sie wünschte daraufhin, ihre Genesung im Trianon zu verbringen. Ludwig XVI. gab nach. Aber das war noch nicht alles. Marie Antoinette beschloß, nur vier ganz besondere Krankenpfleger bei sich zu behalten: vier Herren aus ihrer kleinen vertrauten Gesellschaft, die Herzöge Coigny und Guines, den Grafen Esterhazy und den Baron von Besenval. Man mag sich wundern, daß die Gräfin von Polignac dem Gefolge der Königin nicht angehörte, aber sie hatte ebenfalls die Masern.

Der König fand nichts Böses dabei und genehmigte die Anwesenheit der vier Edelleute, die sich am Bett seiner Gattin ablösen mußten; diese hatte betont, daß ihr Gatte sie in diese Zuflucht nicht begleiten sollte. Sie berief sich auf die Ansteckungsgefahr. Niemand ließ sich davon täuschen; der Hof klatschte und hatte guten Grund dazu. Man fragte sich, welche vier Damen dem König in ähnlichen Umständen Gesellschaft leisten würden. Man tuschelte, aber die Reden zu diesem Thema gingen nie besonders weit, da Ludwig XVI. den Damen gegenüber immer noch sehr gleichgültig blieb. Dennoch benutzte man die sonderbaren Umstände der Genesung Marie Antoinettes, um den König in Versuchung zu führen. Nach Mercys Worten sollen einige Höflinge den ersten Kammerdiener des Königs gebeten haben, bezaubernde Damen in das königliche Bett zu legen. Vergeblich, so scheint es.

Der immer noch wachsame Mercy sorgte dafür, daß die Beziehungen zwischen den beiden Eheleuten nicht vollständig abbrachen. Er ließ die Königin ihrem Gemahl Liebesbriefe schreiben und führte eine romantische Zusammenkunft für sie herbei: Marie Antoinette sprach von einem Balkon aus zu ihrem Gemahl. Nach ihrer Rückkehr in den Palast zeigte sich der König ihr gegenüber einige Tage lang verstimmt. Marie Antoinette war gezielt von Mercy gewarnt worden, der ihr mitgeteilt hatte, daß der König sich wohl auf ein galantes Abenteuer einlassen könnte. In ihrer Eitelkeit getroffen, benahm sie sich von nun an vernünftiger und näherte sich ihrem Gatten wieder an. Sie schleppte ihn mit zur Gräfin von Polignac und bemühte sich, ihre Freuden mit ihm zu teilen. Sie folgte ihm auf die Jagd und zeigte sich seinen Wünschen gegenüber aufmerksam. Die Intimität war zurückgekehrt, und erneut erzählte sie Mercy ihre Geheimnisse.

Der König hatte ihr gesagt, »er sei ihr von ganzem Herzen zugetan und könne ihr schwören, daß er, außer für sie, niemals Empfindungen oder Gefühle für eine Frau verspürt habe. Die Königin schenkte diesem Satz große Aufmerksamkeit und schloß daraus, der König glaubte, daß sie von den Plänen, ihm eine Geliebte zu geben, unterrichtet sei«. Beruhigt gab sie sich ihm hin: Erneut wurde sie schwanger, aber zur größten Enttäuschung des Herrscherpaars kam es bald zu einer Fehlgeburt.

Den Sommer 1779 über herrschte Eintracht zwischen den Eheleuten. Sie bewachten die Fortschritte der kleinen Marie Thérèse, die eben zum erstenmal »Papa« gesagt hatte. »Ich bin froh, daß sie als erstes den Namen ihres Vaters ausgesprochen hat«, gestand Marie Antoinette, die gute Vorsätze für die Zukunft hatte. Sie achtete auf ihre eigene Gesundheit und erwog eine Kur in Forges-les-Eaux, um der Unfruchtbarkeit zu entgehen. »Ich bin mir so sehr der Notwendigkeit bewußt, Kinder zu bekommen, daß ich nichts vernachlässigen möchte [...]. Wenn ich früher Unrecht getan habe, so war dies Kinderei und Leichtsinn; aber zu dieser Stunde ist mein Kopf viel besonnener [...]. Darüber hinaus schulde ich dies dem König für seine Zärtlichkeit und, wenn ich so sagen darf, für sein Vertrauen in mich, auf das ich immer stolzer sein kann«, schrieb sie ihrer Mutter. Ludwig XVI. war voller Hoffnung. Er hatte einen kleinen Bauch bekommen, und den Zeitgenossen zufolge zeigte er »alle Merkmale eines gesunden und kräftigen Mannes«.

Der Unabhängigkeitskrieg Nordamerikas blieb im Mittelpunkt seiner Aufmerksamkeit. Im Gegensatz zu Vergennes hatte Maurepas Anfang des Jahres erneut für den Frieden plädiert. Er hoffte auf die spanische Vermittlung. Im Januar hatte man jedoch eine Expedition gegen die englischen Schiffe an der Küste Afrikas losgeschickt. Im Dezember 1778 lief ein neues, von Admiral de Grasse geleitetes Geschwader aus, um sich mit dem des Admirals d' Estaing vor den Antillen zu treffen. Im Februar wurde bekannt, daß dieser gerade eine Niederlage erlitten hatte: Die Engländer hatten die Insel Santa Lucia erobert, und von Estaing hatte sich nach Martinique zurückgezogen. Betrüblicher als der Verlust der Insel war die »Wirkung, die das Wort *Sieg* auf das englische Volk und das Wort *geschlagen* auf das amerikanische haben würde«. Jedoch hoffte der König erneut auf Spanien, da dessen Verhandlungen mit England nicht erfolgreich verliefen.

In diesem Klima relativer Unsicherheit betrat der feurige La Fayette, der zwei Jahre lang ruhmreich in Amerika gekämpft hatte, nach einer phantastischen Überfahrt, die den besten damaligen Abenteuerromanen alle Ehre machte, wieder französischen Boden. Anfangs wies ihn der

König aus formalen Gründen einige Tage lang wegen seines früheren Ungehorsams ab. Indes hatte er es eilig, ihn zu hören. Der französische Held Amerikas wurde bald im Triumph am Hof empfangen.

Da die französichen Geschwader über das Meer verstreut waren, erbat er vom König eine Unterstützungsflotte für Amerika, die dazu beitragen sollte, die Engländer zu besiegen. Der höflichen Ablehnung Ludwigs XVI. begegnete er mit guten Argumenten, und er schlug vor, schwedische Schiffe zu mieten. Abermals erhielt er eine Ablehnung. Wie wäre es dann mit einer Landung in England, die er mit dem Korsaren John Paul Jones anführen würde? Dieser letzte Vorschlag wurde sicherlich günstiger aufgenommen, aber man konnte diesen flinken und rechtschaffenen Verteidiger der amerikanischen Sache nicht in die laufenden geheimen Vorkehrungen und diplomatischen Verhandlungen einweihen. Er mußte sich gedulden und hoffte auf das Kommando über ein Landungskorps, falls es zu einer Landung kommen sollte. In Wirklichkeit war das französische Kabinett damals von den Entscheidungen in Madrid abhängig, die den Kriegsverlauf verändern konnten.

Wie Vergennes gehofft hatte, waren die spanischen Bemühungen nicht mit Erfolg gekrönt. Florida Bianca, die davon überzeugt war, daß England kein einziges Zugeständnis an Spanien machen würde, stimmte schließlich Verhandlungen mit Frankreich zu. Im April 1779 wurde ein geheimes Abkommen zwischen den beiden Mächten geschlossen. Im Vertrag von Aranjuez sicherte Spanien Frankreich militärische Hilfe zu, das sich seinerseits verpflichtete, keinen Einzelfrieden abzuschließen und so lange zu kämpfen, bis die Spanier Gibraltar zurückerhielten. Frankreich sollte Spanien außerdem bei der Eroberung Menorcas und Mobiles helfen. Madrid versprach dafür, die französischen Anstrengungen für territoriale und Handelsvorteile in Neufundland, Senegal und Indien zu unterstützen. In dieser Angelegenheit war Spanien nur der Verbündete Frankreichs, was die Politik von Vergennes gegenüber den Vereinigten Staaten nicht vereinfachte: Spanien erkannte diese nicht einmal an.

In der Zwischenzeit hatten die Franzosen in den Antillen Saint-Vincent und Grenada eingenommen. Der Admiral d'Estaing gewährte den amerikanischen Truppen im Norden tatkräftige Unterstützung, aber er erlitt in Savannah eine Niederlage. Die Lage klärte sich nicht. Man kam nicht voran.

Spanien zog es vor, die Engländer in Amerika zu bekämpfen, und setzte das französische Ministerium in diesem Sinne unter Druck. Die

Landungsvorkehrungen hatten schon lange begonnen, und La Fayettes letzter Vorschlag wurde endlich in Betracht gezogen. Man schickte den jungen Marquis nach Le Havre. In Wirklichkeit wünschten aber weder der König noch Vergennes eine Landung, deren Konsequenzen das europäische Gleichgewicht stören könnte. Das französische Kabinett wollte die anderen Mächte über seine Absichten beruhigen. Es hielt es für weitaus nützlicher, die Neutralen für den Erfolg der amerikanischen Sache zu interessieren und den Krieg nach Amerika zu verlagern.

Die französische und die spanische Flotte vereinigten sich in Sissargas nahe bei Coruña. Die Spanier kamen verspätet, und Gegenwinde lähmten die beiden Flotten einen Monat lang. Die Mannschaften wurden vom Skorbut dahingerafft. Schließlich segelten sie zum Ärmelkanal; es handelte sich in Wahrheit um eine Fahrt, die die Engländer einschüchtern sollte. Die Zeit verging, und eine Landung erwies sich nach der Sommersonnenwende als unmöglich. Der Plan wurde also fallengelassen. Vergennes war darüber nicht unmäßig verstimmt. Er zog es vor, England anderswo harte Schläge zu erteilen: »Wenn wir sie von den Quellen ihres Reichtums abschneiden, werden wir sie sicherlich genauso und mit weniger Unannehmlichkeiten schwächen, wie wenn wir sie im Zentrum angreifen«, schrieb er dem französichen Botschafter in Madrid.

Während die verbündeten Flotten die Küsten des Ärmelkanals entlangsegelten und die Landungstruppen sich in der Bretagne und der Normandie versammelten, erkundigte sich Vergennes bei dem feurigen La Fayette über die Möglichkeit einer französischen Expedition nach Amerika. La Fayette war sofort begeistert: »Ein Truppenkorps ermöglicht uns auf diesem Kontinent große Überlegenheit«, antwortete er ihm. »Die Kenntnis, die ich von diesem Land besitze, sagt mir, daß eine derartige Expedition, wenn sie gut geführt wird, nicht nur in Amerika gelingen würde, sondern darüber hinaus für unsere Heimat von großem Vorteil sein könnte.«

Der Minister rief La Fayette nach Versailles zurück und unterhielt sich lange mit ihm. Die Ansichten des jungen Helden überzeugten ihn. Vergennes überredete seinerseits den König: Frankreich sollte sechs Linienschiffe und 6000 Infanteristen unter der Leitung des Grafen von Rochambeau zu General Washington schicken und so die Vereinigten Staaten bei ihrer Befreiung von der englischen Tyrannei unterstützen. Am 5. März 1780 reiste La Fayette mit der Neuigkeit nach Amerika. Die gesamte Blüte des französischen Adels verpflichtete sich: der Herzog von Lauzun, der Chevalier von Chastellux, der Vicomte von Noailles, der

Graf von Charlus und viele andere. Am 2. Mai begaben sie sich nach Rochambeau, und am 11. Juli erreichten sie die amerikanische Küste.

Kurz zuvor hatte Frankreich einen wichtigen diplomatischen Erfolg errungen. Seit Kriegsbeginn durchsuchten die Engländer systematisch alle Schiffe, um feindliche Güter zu beschlagnahmen und den Kriegsschmuggel zu unterbinden. Sie gaben vor, die neutralen Schiffe daran hindern zu wollen, in die feindlichen Häfen einzulaufen. Vergennes dagegen hatte den Neutralen völlig freien Seehandel zugestanden. Unter diesen Bedingungen gründete Katharina II. von Rußland eine »bewaffnete Neutralitätsliga«, um die Freiheit der Meere zu verteidigen. Bald schlossen sich ihr Frankreich, Spanien, Österreich, Preußen, Holland, Portugal, das Königreich der zwei Sizilien und viele Kleinstaaten an. Selbstverständlich war diese Liga gegen England gerichtet und bestärkte Frankreich in seiner Politik.

Das amerikanische Fieber schien die beharrlichen Anstrengungen Neckers etwas in den Hintergrund zu drängen. Kühn und in aller Ruhe verfolgte der Generaldirektor der Finanzen seine undankbare Aufgabe. Er sicherte auch die Finanzierung des Krieges, aber er beschränkte sich nicht darauf. Necker wollte das Steuerwesen wenn schon nicht reformieren, so doch wenigstens verbessern, Einsparungen vornehmen und eine soziale Politik verwirklichen.

Necker wußte, daß die unbewegliche und komplexe französische Steuermaschinerie nicht sofort umgestülpt werden konnte. Die Lage war für die Staatskasse besonders kritisch und erlaubte keinerlei Strukturreform. Er mußte sich damit begnügen, die schreiendsten Mißbräuche abzuschaffen. Deshalb nahm er zunächst den *Vingtième* (Zwanzigsten) und die *Taille* in Angriff.

Von den direkten Steuern war der Zwanzigste sicherlich die unbeliebteste. Er bestand in einer Abgabe von ungefähr 10 Prozent, die sich nicht nur auf die Einkünfte aus dem Grundbesitz, sondern auch auf die Arbeitsprodukte bezog, was als »Industriezwanzigster« bezeichnet wurde. Die Höhe der Abgabe hing vom guten Willen und der Rechtschaffenheit der Fiskusbeamten ab. Necker hätte den Zwanzigsten am liebsten abgeschafft und ihn durch eine gerechte Grundsteuer ersetzt. Aber da er der königlichen Staatskasse eine solch bedeutende Einnahmequelle nicht einfach entziehen konnte, gab er sich mit der Abschaffung des »Industriezwanzigsten« in den Kleinstädten, Dörfern und auf dem flachen Land zufrieden. Damit linderte er eine Ungerechtigkeit und hoffte im übrigen, die Industrie in ländliche Gebiete zu locken.

Mit der *Taille* verfuhr Necker etwas mutiger. Im Prinzip bezog sie sich auf den Besitz von Immobilien, wurde aber ebenfalls auf die Einkünfte aus Grundbesitz und beweglichem Einkommen erhoben. Sie betraf ausschließlich die Nichtadligen, während Adel und Klerus davon befreit waren. Allerdings besaßen diese beiden Stände den Hauptanteil des Grundvermögens. Der Gesamtbetrag der *Taille* wurde willkürlich vom König festgesetzt, der dazu weder das Einverständnis der Generalstände noch das der Parlamentsgerichtshöfe benötigte, was den Ausdruck *taillable à merci** erklärt. Necker träumte davon, diese skandalöse Steuerfreiheit der Privilegierten abzuschaffen und die Lasten gerecht, d. h. dem jeweiligen Einkommen entsprechend, auf die Untertanen des Reiches aufzuteilen. Auch darin mußte er sich mit einigen Reformen begnügen. Immerhin wagte er es, dem König vorzuschlagen, jede Steuererhöhung dem Parlamentsgerichtshof vorzulegen. Das bedeutete eine erhebliche Einschränkung der königlichen Willkür. Ludwig XVI. war mit dieser liberalen Maßnahme einverstanden, die bei der öffentlichen Meinung gut ankam und den Ruf des Ministers bei den souveränen Höfen merklich verbesserte. Die *Taille*, die bis 1781 regelmäßig erhöht worden war, blieb bis zur Revolution auf demselben Stand.

Die Salzsteuer (*gabelle*) war bei allen aufgeklärten Geistern der Zeit verhaßt: Sie setzte das Salzmonopol je nach Gegend zu unterschiedlichen Preisen fest. Trotz aller Bemühungen konnte Necker nichts daran ändern. Diese indirekte Steuer brachte der Staatskasse viel zuviel ein, als daß man daran denken konnte, sie abzuschaffen. Er mußte sich damit begnügen, eine Reform vorzubereiten, die nicht mehr realisiert werden sollte.

Der Generaldirektor der Finanzen wollte auch diejenigen treffen, die die Steuern im Namen des Königs eintrieben: die Generalschatzmeister für die direkten Steuern und die Generalpächter für die indirekten. Die einen fühlten sich mit den anderen verbunden. Ihre Privilegien anzutasten – eine Vorstellung, die so vielen Generalkontrolleuren einen Schrecken eingejagt hatte – war ein kühnes Unternehmen, wenn man berücksichtigt, daß diese Männer das Vermögen Frankreichs in Händen hielten und den Staat sehr teuer dafür bezahlen ließen. Man erinnere sich nur, daß Turgot versucht hatte, gegen die Willkür bei der Ernennung der Generalpächter zu kämpfen sowie gegen die *Croupes*, die Gewinnanteile der Generalpächter, die einer bestimmten Anzahl von hohen Persönlich-

---

* Auf Gnade und Ungnade der Steuer unterliegen. (Anm. d. Hrsg.)

keiten vorbehalten waren. Turgot hatte sogar davon geträumt, die Generalpächter schlicht und einfach abzuschaffen; sie streckten dem König das Geld der Untertanen vor und erzielten damit riesige Gewinne. Necker dagegen zeigte sich äußerst vorsichtig: Er begnügte sich damit, ihre Anzahl von sechzig auf vierzig zu beschränken und die *Croupes* endgültig abzuschaffen. Schon im ersten Jahr der Reform sparte der Staat mehr als eine Million Pfund. Die Hauptsteuereinnehmer wurden von achtundvierzig auf zwölf verringert und ihre Bezüge herabgesetzt. Die öffentliche Meinung stimmte begeistert zu: Die Generalpächter, »diese plebejischen Könige«, waren im ganzen Königreich verhaßt, und die Hauptsteuereinnehmer waren auch nicht beliebter.

In der Finanzwelt und vor allem bei Hofe riefen diese sehr populären Maßnahmen allgemeines Protestgeschrei hervor. Mehrere angesehene Familien waren mit den Generalpächtern verbunden. Obwohl er von allen Seiten angegriffen wurde, gab Ludwig XVI. nicht nach und unterstützte seinen Minister gegen alle Kritik. Auch die Königin, die von ihren Freunden bestürmt wurde, legte eine ungewöhnliche Standhaftigkeit an den Tag. Necker nutzte diese Situation, um mehrere hundert Ämter abzuschaffen, die teuer und unnütz waren.

Gestützt auf den bedingungslosen Beistand des Herrscherpaares, machte sich Necker daran, auch den Hofstaat des Königs zu reformieren. Von Januar bis September 1780 schaffte er mehr als tausend Ämter ab, von denen einige bis ins Mittelalter zurückgingen und deren Aufgaben völlig sinnlos geworden waren. So etwa: die *hâteurs de broche*, die auf den königlichen Braten achtgaben, die *sommiers de bouteille*, die den königlichen Wein hüteten, oder die *conducteurs de la haquenée*, deren einzige Aufgabe darin bestand, das Brot, die Früchte und die Marmeladen des Königs zu begleiten, wenn dieser auf Reisen ging. Ganz Versailles wurde zum Forum der Beschwerden der entlassenen Beamten und ihrer Unterstützer.

Eigentümlicherweie war der greise Mentor der erste, der Necker kritisierte. Scharfsinnig inszenierte er *pianissimo* das Fluchkonzert gegen den Genfer Emporkömmling, den er nicht mochte. Er genoß es, ihn seine völlige Abhängigkeit spüren zu lassen. Maurepas ahnte, daß er nicht mehr lange zu leben hatte, und versuchte sich täglich seine Macht zu beweisen. Obwohl Ludwig XVI. noch immer auf ihn hörte, gehorchte er gleichzeitig auch Necker und unterstützte ihn. Maurepas konnte diesen politischen Rivalen ebensowenig dulden wie Turgot.

Trotz dieser kränkenden Feindschaft und dank der königlichen Unterstützung fühlte Necker sich stark genug, um auch skandalösen Umgang mit den Gnadengehältern und Begünstigungen in Angriff zu nehmen. Das bedeutete, daß er von vornherein den ganzen Hof gegen sich aufbrachte. Wenn man von den berechtigten Vergütungen für wirkliche Staatsdienste absieht, wurde ein erheblicher Teil des staatlichen Einkommens für Günstlinge vergeudet, die einfach nur gute Schmeichler gewesen waren. Während der Regierungszeit Ludwigs XV. umschwärmte man die Geliebten des Königs, während der Regierungszeit Ludwigs XVI. genügte es dagegen, die Gunst der Königin zu erlangen: Man bat sie um ein Gnadengehalt, ein Privileg oder um eine Pfründe.

Marie Antoinette verteidigte übrigens sehr nachdrücklich die Sache ihrer Bittsteller. Der Clan der Polignacs nutzte diese Gunst bis zum Exzeß. Man urteile selbst: Allein 1779 und 1780 hatte Marie Antoinette 400 000 Pfund erhalten, um die Schulden der Gräfin von Polignac zu bezahlen, ein Grundstück von 35 000 Pfund Ertrag, 800 000 Pfund als Mitgift für ihre dreizehnjährige Tochter und eine Rente von 30 000 Pfund für Vaudreuil, ihren Geliebten. Die anderen Freunde der Königin, die Adhémars, die Guines und die Esterhazys, wurden auf die gleiche Weise begünstigt. Die Summe der Gnadengehälter und Gunstschenkungen war daher in Frankreich etwa doppelt so hoch wie an allen anderen großen europäischen Höfen.

Necker wußte, daß es unmöglich war, mit den uralten Sitten radikal zu brechen. Dennoch versuchte er ihre Exzesse abzustellen. Jährlich sollte eine genaue Auflistung der Gnadengehälter in Form einer Tabelle erfolgen, die alle Tilgungen berücksichtigte, damit der König genau wußte, wieviel die Staatskasse weiterhin dafür ausgeben konnte. Außerdem wurde beschlossen, daß die Rechnungskammer jährlich auf Grund dieser Angaben den maximalen Betrag der Gunstschenkungen und Gnadengehälter festlegen sollte. Necker, der die Heerschar der Privilegierten, die ihn jetzt schon verunglimpften, nicht noch mehr gegen sich aufbringen wollte, ließ verkünden, daß die neuen und ehemaligen Gnadengehälter »unübertragbar und anantastbar« seien, was ihre Empfänger natürlich beruhigte. Auch hier beschränkte sich Necker also darauf, Mißbräuche zu begrenzen.

Während Necker seine Ansichten auf dem Gebiet des Steuerwesens und des Finanzwesens vorsichtig durchsetzte, verfolgte er gleichzeitig ein Verwaltungsprojekt von großem Maßstab, das unter manchen Gesichtspunkten an das von Turgot erinnerte. Er wollte, daß die Untertanen durch Provinzialversammlungen an der Verwaltung teilnähmen. In der

Tat prangerte Necker das Heer der Beamten an, die unter der Leitung der Intendanten Steuerpflichtige »ihrer kleinen Macht« unterstellten. Es gelang ihm, Maurepas und den König von der Nützlichkeit solcher zum Teil ernannten Versammlungen zu überzeugen, die unter der Kontrolle des Intendanten die Steuern erheben und verteilen, sich um die Fragen des Wegebaus kümmern und dem König schriftliche Vorschläge zuschicken sollten, die der Provinz nützlich wären. Zu diesem Zweck legte Necker dem König einen langen Text vor. So wurde im Jahr 1778, sozusagen versuchsweise, die Versammlung von Bourges geschaffen, der achtundvierzig Grundbesitzer angehörten: zwölf Vertreter des Klerus, zwölf des Adels und vierundzwanzig Vertreter des dritten Standes.

Diese Neuerung rief Verwunderung hervor. Manche warfen Necker vor, dem Klerus ein zu großes Gewicht gegeben zu haben. Andere kritisierten, daß der dritte Stand die Hälfte der Sitze einnahm, was für die Konservativen umso schlimmer war, als nach Köpfen und nicht nach Ständen abgestimmt wurde. Die Parlamentsgerichtshöfe zögerten noch mit ihrem Urteil. Jahrzehnte hindurch hatten sie gegen den Absolutismus und die monarchische Zentralisierung gekämpft, aber sie ahnten, daß die neuen Versammlungen ihrer Macht einen entscheidenden Schlag versetzen könnten. Als Neckers Denkschrift über die Provinzialverwaltung 1781 bekannt wurde, erwies sich der Verdacht der Parlamentsmitglieder als begründet.

Sodann schlug der Generaldirektor der Finanzen vor, die Tätigkeit der Parlamentsgerichtshöfe lediglich auf Justizaufgaben zu beschränken, während die Versammlungen, welche die drei Stände der Nation – den Klerus, den Adel und den dritten Stand – vertraten, die Gesetze registrieren sollten. In Erwartung dieser großen Umwandlungen erhoffte sich Necker, daß in den Provinzialversammlungen »jeder etwas werden konnte, man das Staatswohl kennen und schätzen lernen würde und auf diese Weise neue Bande zum Vaterland begründet würden«. Natürlich erinnert dieses Projekt an das Turgots, der allerdings behauptete, daß »dies seinen Munizipalitäten gleiche wie eine Windmühle dem Mond«! Beide Männer wollten eine embryonale Nationalvertretung schaffen, aber ihre Ansichten waren verschieden: Turgot war ein Zentralisierer und wollte, daß der Intendant durch Versammlungen unterstützt wurde; Necker dagegen wollte eine Art von Notabelnvertretung um den Intendanten herum, die seine Macht eingeschränkt hätte.

Ludwig XVI. blieb reserviert. »Ich kann weder beim König noch bei Herrn von Maurepas irgendeinen Eifer« für das Gelingen der Provinzialversammlungen erkennen, bemerkte Véri. Maurepas und Ludwig XVI. liebten solche Neuerungen nicht. Die Einführung der neuen Instanzen würde die alten monarchischen Institutionen umstürzen, an denen der König mit Leib und Seele hing. »Ist es dienlicher, Verwaltungsbehörden die Aufsicht über die Verwaltung zu geben, oder ist es weiser, sie Justizbehörden vorzubehalten?« notierte er am Rande von Neckers Bericht. Der König behinderte die Einführung der neuen Institutionen nicht, aber er unterstützte sie auch nicht.

Provinzialversammlungen wurden zuerst in Grenoble, Montauban und Moulins eingeführt. Sie zeichneten sich bald durch eine rege Tätigkeit aus. Die des Berry ersetzte den Frondienst durch eine Steuer und die der Haute-Guyenne führte eine Überprüfung des Katastersystems durch, um eine gerechtere *Taille* einzuführen.

Schließlich bemühte sich Necker während seiner ministeriellen Tätigkeit um die Verbesserung der Lage der Unterschichten. Das öffentliche Interesse galt damals allen Formen der Wohlfahrt, Gefängnisse, Lazarette und Krankenhäuser zogen also die Aufmerksamkeit der Regierung und des Finanzdirektors auf sich. Die Aufgabe war riesengroß.

Die Hospitäler dienten zugleich als Irrenhäuser und manchmal auch als Gefängnisse. Im Bicêtre brachte man Kranke, Bettler und Vorbestrafte ohne Sorge um diese gefährliche Mischung in niedrigen Sälen ohne Heizung oder Frischluft unter, und je acht Insassen mußten sich ein Bett teilen. Es gab keine Trennung nach Geschlechtern oder Altersgruppen, und es wurde keinerlei Rücksicht auf den Gesundheitszustand des einzelnen genommen. Man stritt sich gierig um die stinkige und dürftige Nahrung.

Im Hôtel-Dieu gab es im Prinzip nur Kranke, aber die Lage war furchtbar. Die Lebensbedingungen waren denen von Bicêtre vergleichbar; hinzu kam noch der Schrecken des Operationssaales, der einem Leichenhaus gleichkam. Die Chirurgen operierten inmitten der Menchen, die auf einen Eingriff warteten. Die Kranken hatten vor ihrer eigenen Operation das Vergnügen, in einer verpesteten Atmosphäre die Schreie der anderen Patienten zu hören und das Blut spritzen zu sehen.

Das Frauenhospital Saint-Joseph war völlig heruntergekommen. Nur das Heim Sainte-Marguerite, das ebenfalls den Frauen vorbehalten war, galt als erträglich, aber um aufgenommen zu werden, mußte man sehr gute Beziehungen haben.

Unter diesen Umständen kann man sich die Zustände in den Gefängnissen vorstellen. Mit Ausnahme der Sonderbehandlung, die einige auserwählte Gefangene in der Bastille und der Conciergerie – nach den Worten eines Zeitgenossen das einzige Gefängnis, wo der Aufenthalt nicht tödlich war – genossen, waren die Abbaye, das For-l'Evêque oder das Petit Châtelet Empfangshallen des Todes. Viele Gefangene verhungerten oder siechten in den luft- und lichtlosen Kerkern dahin, waren unterernährt und wurden manchmal mißhandelt.

Necker begann seine Krankenhausreform im Hôtel-Dieu. Man bemühte sich, die Lebensbedingungen erträglich zu machen, indem man das Krankenhaus so umgestaltete, daß es 300 bettlägerige Kranke beherbergen konnte, die je nach Krankheit auf verschiedene Säle verteilt wurden. Das Hôtel-Dieu erhielt eine unverhoffte Spende: 300 000 Pfund vom Erzbischof von Paris, dem diese runde Summe durch einen gewonnenen Prozeß zugefallen war. Vergleichbare Maßnahmen wurden in den anderen Krankenhäusern des Königreiches durchgeführt. Mit finanzieller Unterstützung des Königs eröffnete der Generaldirektor der Finanzen ein Modellkrankenhaus im Viertel von Saint-Sulpice, das bis zur Revolution durch Frau Necker geleitet wurde. Dieses Krankenhaus trägt noch heute den Namen seines Gründers.

In dem rührseligen und schwülstigen Stil jener Zeit wollte Ludwig XVI. »denen, die ihr Unglück nur den Verirrungen eines Augenblicks verdanken, eine helfende Hand reichen«. So begann man mit der Reform des Strafvollzugs und setzte als erste Maßnahme Gefängnisinspektoren ein. Bald darauf wurde beschlossen, das For-l'Evêque und das Petit Châtelet zu schließen und durch ein »Modellgefängnis« in den Gebäuden des *Hôtel de la Force* zu ersetzen. Darin sollten ausschließlich »Zivilgefangene« eingesperrt werden, die nicht mehr mit Verbrechern zusammengelegt werden sollten. Der König verlangte, daß man die Häftlinge dort menschlich behandelte.

Diese Reform des Gefängniswesens ging der Abschaffung eines barbarischen Brauchs voraus, der immer noch praktiziert wurde: der peinlichen Befragung, also der Folter. Es gab genau kodifizierte Foltermethoden, die man während der Prozeßvorbereitung bei den Verdächtigen anwandte, um ihnen Geständnisse zu entlocken. Sie bezog sich auch auf die zum Tode Verurteilten: Vor ihrer Hinrichtung sollten sie noch letzte Enthüllungen machen. Trotz seiner Vorliebe für alte Gesetze und die Bräuche des Reiches war Ludwig XVI. froh, ein »so gewalttätiges Mittel« abzuschaffen.

Gleichzeitig verkörperte der König also die Hoffnungen der jüngsten der Nationen – der Vereinigten Staaten von Amerika – und modernisierte sein Königreich, ohne daß größere Erschütterungen damit verbunden waren, unter dem Einfluß seines Generalkontrolleurs der Finanzen. Alles stand also zum Besten in der besten aller Welten. Ludwig XVI. glaubte fest daran. Nur einige besonders scharfsinnige Geister erkannten, daß bereits die nächste Krise am Horizont heraufzog.

13. NECKERS ENTLASSUNG

Sechs Jahre ist Ludwig XVI. nun schon an der Macht, und noch immer hat er sich selbst nicht gefunden: In Wirklichkeit regieren Maurepas, Vergennes und Necker, und der König begnügt sich damit, zu ihren Plänen sein Einverständnis zu geben. Er gibt es nicht immer, und durch diese Möglichkeit der Verweigerung kann Ludwig XVI. seine Stärke oder Schwäche bekunden. Allerdings ist der König noch recht jung. Im August 1780 ist er gerade fünfundzwanzig Jahre alt. Alle Hoffnungen wären noch erlaubt, wenn seine nächste Umgebung feststellen könnte, daß er die politischen Angelegenheiten mit zunehmender Leichtigkeit beherrscht, wenn er eine persönliche Lust entwickeln würde, tatsächlich zu herrschen oder seine Ansichten durchzusetzen. Das ist aber nicht der Fall. Der König erduldet seine Minister. Er folgt ihnen nur so lange, wie sie nicht von ihm verlangen, daß er seine eigenen Grundsätze verletzen solle, und wie sie ihm eine bequeme, wenn auch vielleicht strenge Linie anbieten. Wenn sie dagegen verlangen, daß er seine Ideen in Frage stellt, wenn ihre Projekte tatsächliche Kühnheit erfordern, entläßt Ludwig XVI. sie. Darin besteht seine wahre Macht, die einzige, die er bis jetzt ausgeübt hat.

Der Mentor förderte insgeheim diese Neigungen. Auch er zog die Bequemlichkeit vor. War dies für ihn nicht das beste Mittel, sich seinen Posten zu bewahren? Er wußte, daß seine Tage gezählt waren; also sollten sie wenigstens angenehm sein. Die Monarchie und der König mußten die Folgen tragen! So glaubte Ludwig XVI. dem Weg der Weisheit zu folgen, indem er auf einen Mann hörte, der sein Alter geschickt mit seiner Schwäche und seiner Liebe zum bequemen Leben in Einklang brachte. Der Einfluß, den er auf den Prinzen ausübte, wurde mit den Jahren nicht geringer. Der König war dem Greis mehr denn je zugetan und erwies ihm Aufmerksamkeiten, die er niemandem sonst bezeigte. So schenkte er ihm eine Büste aus Ton, die Maurepas schon zu Lebzeiten verherrlichte. Maurepas war ein erfahrener Höfling und wirkte gerührt, aber im Grunde seines Herzens empfand er nichts für diesen jungen, ungeschickten Herrscher. Er hielt sich für unentbehrlich und suchte den König in einem Zustand gefühlsmäßiger Abhängigkeit zu halten, der ihm die Macht auch noch dann sicherte, als seine Kräfte nachließen.

»Ich weiß«, sagte er zu Véri, »man behauptet, daß er mich stets zu dem bringt, was er will, genauso wie alle anderen Minister, denen ich gehorche. Man sieht nur, daß ich sie gewähren lasse. Man bemerkt jedoch nicht, daß ich sie auch an manchem hindere.« »Nach mir wird man sehen«, fuhr er lächelnd fort, »ob es wahr ist, daß ich zu nichts tauge und die Dinge laufenlasse.«

»Nach ihnen«, antwortete der Abbé, »wird man nichts als Durcheinander und Anarchie im Kabinett erleben, es sei denn, der König beruft einen einzelnen Mann, der sein ganzes Vertrauen besitzt.«

»Das wird er am Anfang nicht wollen.«

»Das ist es, was Verwirrung bei den Ministern stiften wird. Alle ahnen dies voraus und vermissen Sie schon jetzt.«

»Dann werden sie sehen«, sagte er, »daß ich zu etwas taugte. Das wird mein Ruhm sein«, fügte er lachend hinzu.

»Das mag sein«, antwortete Véri, »aber wird es auch Ihrem Ruhm dienlich sein, daß Sie die Dinge so weit haben kommen lassen? Letztlich wird allein die Notwendigkeit die Dinge erzeugen, für die Sie nicht gesorgt haben und die der König nicht will. Denn auf lange Sicht erfordern alle Angelegenheiten auch Entscheidungen.«

»Er wird sich so wie seine Vorfahren verhalten«, sagte Maurepas. »Der spanische Botschafter sagte mir einmal: ›Das Schicksal der Prinzen des Hauses Bourbon, die bei uns wie bei Ihnen regieren, besteht darin, am Ende entweder von einer Frau, einer Gemahlin, einer Geliebten oder aber von ihrem Beichtvater beherrscht zu werden. Die Natur hat sie so gemacht. Wir Untertanen müssen uns darein fügen.‹«

»Dennoch haben sie eine durch und durch gute Seele und einen gerechten Geist«, fuhr Herr von Maurepas fort. »Dieser hier hat ein gutes Auge, ein vorzügliches Gedächtnis und das Herz auf dem rechten Fleck. Leider mangelt es ihm an Charakterstärke und Entscheidungsfähigkeit. Ohne die Folgen miteinander in Zusammenhang zu bringen, läßt er handeln und beschließen oder handelt und entscheidet völlig widersprüchlich von einem Tag auf den anderen.«

Maurepas übte seinen Einfluß täglich durch Vorschläge, Formulierungen oder Schweigen aus. Er konnte dem König Sympathien oder Mißtrauen mitteilen, aber bei aller Kritik konnte er ihm nicht helfen, einen

Beschluß zu fällen, weil der König selber nicht dazu in der Lage war. Ludwig XVI. hätte einen Lehrer gebraucht, der ihm Dynamik und Handlungskraft eingeflößt hätte; statt dessen hatte er es nur mit der Dickköpfigkeit eines rückwärtsgewandten Greises zu tun.

Da Ludwig XVI. sich unter dieser Vormundschaft sicher fühlte, konnte er es sich erlauben, auf jüngere und dynamischere Minister zu hören. Hatte er früher Turgot unterstützt, so hielt er sich nun an Necker, zumal sein glücklicheres Privatleben ihm eine Energie verlieh, die man ihm nie zugetraut hätte. Der beharrliche Wille, mit dem er die Reformen des Generaldirektors unterstützte, war erstaunlich, und insgeheim war Maurepas bereits neidisch auf Necker, den er jedoch für die Finanzierung des Krieges brauchte.

Im kleinen Kreise sparte der Mentor nicht mit boshaften Reden über den Genfer. Neckers offensichtliche Beliebtheit in allen Bevölkerungsschichten erweckte seine Ironie: Die Franzosen seien von der *Turgomanie* zur *Nekromanie* übergegangen! Sein Freund und Vertrauter Augeard ließ Schmähschriften gegen den Finanzdirektor schreiben, in denen nicht nur die Maßnahmen des Ministers, sondern auch seine Person angegriffen wurden: Necker sei nur ein ausländischer Emporkömmling, der durch zweifelhafte Machenschaften an die Macht gelangt sei. Maurepas ließ Augeard gewähren, jubelte hinter den Kulissen und wußte, daß Necker, der zutiefst gekränkt war, unter diesen schändlichen Angriffen litt. Man kann sich die zuckersüßen Manöver des Mentors, die Neckers Kredit beim König untergraben sollten, lebhaft vorstellen.

1780 ist für den Direktor der Finanzen ein großes Jahr der Reformen: Er veranlaßt die Auflösung der Steuerpacht, vermindert die Zahl der Hauptsteuereinnehmer und beginnt mit der Reform des königlichen Hofstaates. Das Fluchkonzert der Privilegierten ist niemals heftiger gewesen. Necker, der die Schwäche seines Herrn genau kennt und Maurepas' Spiel sicherlich durchschaut, fühlt sich bedroht. Schon mehrfach ist das Gerücht aufgetaucht, er sei in Ungnade gefallen, und so versucht er, seine Stellung im Kabinett zu stärken. Sartine liefert ihm bald den nötigen Vorwand.

Zwischen den beiden Männern herrschte offene Feindschaft. Seit Beginn des Krieges gegen England hatte Sartine als Marineminister eine Schlüsselposition inne. Obwohl er für seine Aufgaben schlecht vorbereitet war, hatte er sich recht gut bewährt; es war ihm gelungen, schnell eine moderne Flotte aufzubauen, die in den ersten Kämpfen gegen England ihre Prüfung bestanden hatte. Trotzdem war sein persönlicher

Ruf nicht der beste. Man sagte ihm nach, er neige zu Intrigen und habe keinerlei Skrupel. Außerdem legte er eine gefährliche finanzielle Sorglosigkeit an den Tag: Sein Haushalt war zwischen 1774 und 1780 von 34 auf 169 Millionen Pfund angestiegen. Aber er lehnte es ab, seine Abrechnung dem Direktor der Finanzen vorzulegen, weil dieser eine solche Steigerung kaum geduldet hätte. Der König und Maurepas mußten die beiden mehrfach miteinander versöhnen. Im September 1780 erfuhr Necker vom Generalschatzmeister, daß Sartine für Ausgaben der Marine ohne sein Wissen Wechsel im Wert von 20 Millionen Pfund ausgestellt hatte, die bald bezahlt werden mußten. Necker, den dieses unfaßbare Vorgehen niederschmetterte, schrieb sofort an Maurepas: »Die Geschichte hat mich derartig erschüttert, daß ich in diesem Augenblick nicht weiß, was zu tun ist, und Zeit brauche, um zu überlegen«. Unter diesen Umständen wollte er die Verwaltung der Finanzen nicht mehr verantworten; er beschloß zurückzutreten und erklärte dem König die unmögliche Lage, in welche er sich durch die Handlungsweise Sartines versetzt sah.

Zu diesem Zeitpunkt erlitt Maurepas wieder einmal einen Gichtanfall und mußte das Bett hüten. Man stelle sich die Verlegenheit des Königs vor: »Werden wir Necker entlassen? Werden wir Sartine entlassen? Ich bin mit ihm nicht ganz unzufrieden. Aber ich glaube, daß uns Necker nützlicher ist«, schrieb er an den Mentor. Maurepas dachte, der König würde das Ende seines Unwohlseins abwarten, um sich zu entscheiden. Dies war aber nicht der Fall. Die Krankheit Maurepas' dauerte immer länger, und Necker erhielt dadurch die unverhoffte Gelegenheit, unmittelbar mit dem König zu arbeiten. Der Generaldirektor der Finanzen stellte ihm die Lage klar und einfach dar. Der König war von der Deutlichkeit seiner Rede erschüttert und ärgerte sich über Sartine, den er auf der Stelle entlassen wollte. Sofort erwog er mit Necker die Nachfolge des unredlichen Marineministers. Von Neckers Rücktritt war selbstverständlich keine Rede mehr.

Ein öffentliches Gerücht besagte, daß der Genfer den Posten Sartines bekleiden wollte. Vielleicht wünschte er es sich tatsächlich. Indes begnügte er sich damit, den Marquis von Castries, Generalleutnant der Armee, Gouverneur von Flandern und des Hainaut, für diese Aufgabe vorzuschlagen. Castries war ein großer Bewunderer Neckers und galt als redlicher Soldat; aber Maurepas mochte ihn nicht, denn er gehörte zur Gruppe der Choiseulisten. Deshalb war er bei Hof und in der Gesellschaft der Königin recht gut bekannt, und auch sie trat für seine Ernennung ein. Ludwig XVI. ernannte also Castries und eilte nach Paris, um Maurepas zu benachrichtigen. Der Greis war gekränkt, daß er nicht zu Rate gezogen worden war, und tat so, als »wirke er selbst bei einer Abmachung mit, die er für unabwendbar hielt«. Einige Stunden später empfing er Necker recht kühl und erklärte seinen Vertrauten, daß der König hinters Licht geführt worden sei.

In diesem Oktobermonat 1780 scheint das Ansehen des Generaldirektors der Finanzen seinen Höhepunkt erreicht zu haben. Man stellt sich bereits vor, daß der König den alternden Mentor zugunsten des umsichtigen Finanzmannes fallenlassen wird, auf den jeder Lobgesänge anstimmt und den sogar die Königin in den Himmel hebt. Nach der Ernennung von Castries schöpfen die Choiseulisten neue Hoffnung: Anstelle von Vergennes wäre Choiseul der einzige Minister, der den Unabhängigkeitskrieg Nordamerikas zu einem guten Ende führen könnte. Die Ernennung des neuen Kriegsministers als Ersatz für den Prinzen von Montbarey würde Maurepas' Macht einen weiteren Stoß versetzen und den Stern Neckers noch heller erstrahlen lassen, obwohl dieser sich nur wenig in diese komplexe Angelegenheit einmischte.

Der Prinz von Montbarey genoß damals einen jämmerlichen Ruf. Nachdem er durch Intrigen aufgestiegen war, hielt er sich nun durch Gunstbezeigungen an der Macht. Auch wenn man ihm dankbar war, daß er einige Bestimmungen von Saint-Germain abgemildert hatte, so hatte man doch seine Unfähigkeit in einem Ministerium, das im Kriegsfall besonders entschlossenes Handeln erforderte, schnell erkannt. Montbarey erwies sich als leichtsinnig und überließ seinen Untergebenen die Entscheidungen, während er ein lustiges Leben führte, das für Gesprächsstoff sorgte. Seine Geliebte, eine Opernsängerin, mischte sich in die Beförderungen und die Postenvergabe ein und erhielt bei jeder Gelegenheit beträchtliche Sonderzuwendungen.

Am Hof wurde Montbarey von Frau von Maurepas unterstützt, während ihn die Königin haßte. Der Minister hatte den großen Fehler begangen, seine Günstlinge den ihren vorzuziehen. Maurepas wußte, daß man nicht umhinkonnte, eine so verrufene Person zu ersetzen. Er dachte an die Kandidatur des Grafen von Puységur, des Generalleutnants der königlichen Armee, ein hochgeschätzter Soldat, über den kein einziges böses Gerücht in Umlauf war. Maurepas erwähnte seinen Namen gegenüber dem König.

Gleichzeitig schlug die Polignac-Clique, die einen verläßlichen Minister wollte, den Grafen Ségur vor, der damals Gouverneur der Bourgogne und der Franche-Comté war und dessen kühlen Kopf, dessen Energie und Strenge man allgemein kannte und schätzte. Obwohl der neue Kandidat ein Choiseulist war, schien dies eine glückliche Wahl zu sein. Die Königin war derselben Ansicht wie ihre Freunde, und Necker, der heimlich von dem Grafen von Adhémar, einem der Vertrauten Marie Antoinettes, konsultiert worden war, unterstützte ebenfalls die Kandidatur Ségurs. Dieses sonderbare Bündnis zwischen dem gestrengen Direktor der Finanzen und der frivolsten Gruppe des Hofes mag überraschen, aber zu einer Zeit, da der Mentor immer schwächer wurde, mußte Necker mit dem wachsenden Einfluß der Königin rechnen. Deshalb war er gezwungen, an diesen kleinen Intrigen teilzunehmen, solange sie ihn nicht kompromittierten.

Ségur, der von Besenval, dem Vertrauten der Königin, um seine Kandidatur gebeten worden war, zögerte zunächst. Er fürchtete um seine Unabhängigkeit, wenn er seine Ernennung der Königin verdankte. Er zog Choiseul zu Rate, der seine Bedenken zerstreute, und war schließlich einverstanden. Am Ende hörte der König auf die Königin und verwarf Maurepas Kandidaten Puységur. Der Mentor konnte dieser Wahl nicht ausdrücklich widersprechen, aber er nahm es Ségur übel, daß er sich nicht unmittelbar an ihn gewandt hatte; ihm war klar, daß er von der Clique der Polignacs, der Königin und Necker überrumpelt worden war. Ohnmächtig sah er zu, wie das Ministerium sich mit den Günstlingen des Direktors der Finanzen bevölkerte, und empfand dabei mehr als Verdruß. Am 23. Dezember 1780 trat Ségur die Nachfolge Montbareys an.

Anscheinend hatte die Königin die Oberhand über den greisen Minister gewonnen. Ein so gut unterrichteter Beobachter wie der Abbé von Véri erkannte durchaus, daß Marie Antoinette sich gegen Maurepas durchgesetzt hatte. Mercy dagegen, der sämtliche Wechselfälle dieses kleinen Boudoirkrieges zwischen dem Mentor und der Herrscherin kannte, hielt die Königin für unfähig, eine wirklich politische Rolle zu spielen. Marie Antoinette interessierte sich noch immer mehr für ihre Amüsements als für die Staatsgeschäfte und nur ganz am Rande im Zusammenhang mit Ernennungen für Politik. Sie verbrauchte ungeheuer viel Energie, um Gesandte und Oberste ernennen zu lassen oder Hofämter und Finanzposten zu verteilen; und all dies tat sie nur, um ihrem kleinen Kreise zu gefallen, der gierig auf Gunstschenkungen und Gefälligkeiten war. »Ich möchte, daß mich nie jemand unzufrieden verläßt«, gestand sie dem Grafen von Ségur. Mit dieser Haltung gewann

Marie Antoinette zwar die Anerkennung einiger weniger, die Mehrheit jedoch war mit ihr unzufrieden. Bei der Ernennung von Ségur hatte sie wieder einmal den Willen ihrer Freunde befolgt, und sie war glücklich, Choiseul einen Gefallen zu tun und Maurepas, den sie nicht mochte, zu besiegen.

De facto war es Necker, der triumphierte. Maurepas schien nicht nur ausgestochen worden zu sein, sondern darüberhinaus hatte der Generaldirektor der Finanzen von nun an zwei ergebene Gehilfen im Kabinett. Seine Popularität wuchs weiter. Die öffentliche Meinung führte die Absetzung der beiden verrufenen Minister auf Necker zurück. Darüber hinaus beneideten die europäischen Herrscher den König von Frankreich um seinen so fähigen Finanzminister. Der König brachte ihm eine gewisse Herzlichkeit entgegen, und auch die Königin hegte solche Gefühle für ihn.

Trotz dieser Lobgesänge erschienen weiterhin unzählige Schmähschriften gegen Necker. Man bezichtigte ihn der Scharlatanerie oder der Unredlichkeit. Maurepas förderte dies, und Necker, der die geheimen Machenschaften des Mentors ahnte, war darüber betrübt. Frau Necker war ungeschickt genug, ohne Wissen ihres Mannes dem Mentor ihr Herz auszuschütten und ihn darum zu bitten, Maßnahmen gegen diejenigen zu ergreifen, die ihren Gemahl zur Verzweiflung brachten. Daraufhin wurden die Angriffe nur noch heftiger. Maurepas war entzückt, die Achillesferse seines Rivalen entdeckt zu haben. Er schien eine zweite Jugend zu erleben. Während der Arbeitszusammenkünfte setzte er dem Generaldirektor der Finanzen, den er mit einer gewissen Verachtung behandelte, sanften Widerstand entgegen.

Maurepas konnte sich der Unterstützung Vergennes' sicher sein, da dieser Necker nicht mochte und sich schlecht mit ihm verstand. Der eine war ein leidenschaftlicher Anhänger der absoluten Monarchie und der andere ein Liberaler. Ihr Hauptstreitpunkt war der Krieg, der immer noch andauerte, ohne daß sich ein Sieg abzeichnete. Necker wollte Friedensverhandlungen, um die Finanzen zu retten; Vergennes war gegen solchen Pazifismus, weil er der Meinung war, daß er den Interessen des Königreiches schade. Die Einmischung Neckers in sein Ressort empörte den Außenminister zutiefst. Angestachelt von Maurepas, wuchs die Spannung im Kabinett an.

Ausgerechnet diesen Augenblick wählte Necker, um zu einem großen Schlag auszuholen und einen Text zu veröffentlichen, den er Maurepas und dem König schon vorgelegt hatte. Es handelt sich um den berühmten *Compte rendu au roi pour l'année 1781*.* Der Mentor hatte von einer Veröffentlichung abgeraten, aber der König hatte sie genehmigt. Dieser mehr als hundert Seiten lange Text, der von dem Buchhändler Panckouke verlegt wurde, schlug ein wie eine Bombe: Am 19. Februar 1781, seinem Erscheinungstag, verkauften sich mehr als sechstausend Exemplare, und der Erfolg riß auch während der folgenden Tage nicht ab.

Neckers Buch enthüllte die Geheimnisse des französischen Finanzwesens und schien die politischen Sitten regelrecht zu revolutionieren. In der Tat war es Tradition, daß die Finanzminister dem König einen Jahresbericht vorlegten, der den globalen Betrag der Ausgaben und Einnahmen des vergangenen Jahres sowie auch der Einnahmen und Ausgaben des folgenden Jahres auflistete. Diese Abrechnungen blieben aber der Öffentlichkeit verborgen, die über die Verwendung der Steuergelder und die Höhe der königlichen Aufwendungen nichts wußte. Necker machte mit all diesen Geheimnissen Schluß.

Für die einen war es ein aufklärerisches Werk, für die anderen eine Majestätsbeleidigung. Das Buch verbreitete sich in Windeseile in allen Klassen der französischen Gesellschaft. Es begann mit Informationen über den Mechanismus des Finanzwesens, der den Franzosen völlig unbekannt war. Und nachdem Necker das Räderwerk der Steuerverwaltung genau erklärt hatte, enthüllte er die Verwendung der eingenommenen Gelder, ohne die manchmal unerhörte Freigebigkeit zu verbergen, die der König und seine Umgebung sich leisteten. So erfuhr man die genaue Summe der Gnadengehälter und Gunstschenkungen, deren Exzesse der tugendhafte Minister denunzierte. Nicht ohne Selbstgefälligkeit erinnerte er an seine Bemühungen, diesen Mißbrauch zu beenden. Er legte seine Projekte dar und erteilte sich hie und da auch ein Lob. »Er sang sein eigenes Loblied so gut [...], daß man munkelte, er habe schon im voraus seine eigene Leichenrede veröffentlicht«, schrieb später der Herzog von Croÿ. Schließlich schätzte Necker die Ausgaben für das folgende Jahr. Er rechnete mit 264 Millionen Pfund Einnahmen und hoffte, daß die Ausgaben 254 Millionen nicht überschritten, was einen Überschuß von 10 Millionen ausmachen würde.

Hierbei handelte es sich um Schätzungen, und Necker wies darauf hin, daß er nur die »gewöhnlichen« Einkünfte und Ausgaben berechnet habe. Weder die »außergewöhnlichen« Ausgaben noch die »außergewöhnlichen« Einnahmen seien erfaßt. Der amerikanische Unabhängig-

---

* Rechnungsbericht an den König für das Jahr 1781. (Anm. d. Hrsg.)

keitskrieg gehörte zu ersteren und die Anleihen bei den Generalpächtern auf das zu erwartende Steueraufkommen zu letzteren. Die Bilanz von 1781 wird in Wirklichkeit ganz anders aussehen: Die Ausgaben steigen auf 526 Millionen an, die Einkünfte auf 436 Millionen, und so kommt es zu einem Defizit von 90 Millionen. Jedoch glaubte man in diesen Februartagen 1781 noch an die Prognosen des Direktors der Finanzen.

Mit diesen außergewöhnlichen Informationen wollte Necker der Nation reinen Wein einschenken und die Franzosen vom Wohlstand ihres Königreiches überzeugen. In einem Augenblick, da er eine neue Anleihe brauchte, wollte er das Vertrauen der Geldgeber aktivieren. Er hatte sich nicht geirrt: Privatleute und Bankiers drängten sich zu den Staatskassen: Neckers Strategie hatte gesiegt. Darüberhinaus beabsichtigte er, England zu entmutigen und es davon abzubringen, mit einem so reichen Staat wie Frankreich den Krieg fortzuführen. Ohne die Einzelheiten zu kennen, wußte der Generalkontrolleur der Finanzen, daß der britische Haushalt damals ein großes Defizit aufwies. Er hoffte auf einen baldigen Frieden. Natürlich sollte die Veröffentlichung dieses Rechnungsberichtes auch dazu beitragen, seine Stellung zu stärken und die Schmähschriften, die gegen ihn in Umlauf waren, Lügen zu strafen.

Neckers Broschüre wurde ein riesiger Erfolg. Man verlegte mehr als hunderttausend Exemplare, eine bis dahin unerreichte Auflage. Sie wurde in mehrere Sprachen übersetzt. Die Beliebtheit des Ministers erreichte ihren Höhepunkt. Dieses eine Mal stimmte das Volk in den Chor der aufgeklärten Welt ein, um diesen »Finanzhelden«, wie Véri ihn nannte, in den Himmel zu heben. Die Glückwunschschreiben strömten in das Palais der Generalkontrolle: Sie waren vom Marschall von Mouchy, von Marmontel, vom Erzbischof von Mirepoix, von Adligen, Geistlichen und Bürgern unterschrieben. Necker hatte die »öffentliche Meinung«, an der ihm so außerordentlich viel gelegen war, auf seiner Seite.

Indes ließen sich einige Mißtöne in dieser Flut der Loblieder nicht ganz überhören. Maurepas, der sehr darüber verärgert war, daß ihn der Generaldirektor der Finanzen nicht ein einziges Mal in seinem Werk zitiert hatte, sprach verächtlich über diesen *compte bleu* und spielte damit nicht nur auf die Farbe des Buchdeckels an.* Bald machte ein Pamphlet die Runde, *La Réponse au compte bleu*, das die Behauptungen Neckers widerlegte. Es folgten weitere Flugschriften, und ein Artikel des »Mercure« bezichtigte Necker sogar offen des Republikanismus.

---

* Anspielung auf »conte« = Märchen. (Anm. d. Hrsg.)

Mehrere Wochen hindurch bestimmte der *Compte rendu* die Stadt- und Hofgespräche. Ungeachtet der Anspielungen Maurepas' erwies Ludwig XVI. Necker die gleiche Aufmerksamkeit, und dieser schien noch immer der Ratgeber zu sein, auf den der König am meisten hörte. Indes ereignete sich am 20. April 1781 ein Skandal, dessen Folgen die Lage des Generaldirektors der Finanzen gefährden sollten. Man hatte im Parlamentsgerichtshof Neckers *Mémoire sur les assemblées provinciales* verbreitet, worin, wie erwähnt, die königliche Verwaltung, die Leitung der Intendanten und die ihrer Stellvertreter heftig kritisiert und darüber hinaus vorgeschlagen wurde, die Rolle der Parlamentsgerichtshöfe auf die reine Rechtsprechung zu beschränken.

Man stelle sich die Betroffenheit der Parlamentsmitglieder vor! Sie sprachen von nichts anderem mehr als von den »verbrecherischen Ansichten dieses Ausländers«. Necker war niedergeschmettert. Wie konnte diese vertrauliche Denkschrift, die er 1778 in Dialogform geschrieben hatte, aus der Truhe des Königs verschwunden sein? Ludwig XVI. hatte Necker »absolute Geheimhaltung« versprochen. Maurepas jubelte. Als ihn der Generaldirektor der Finanzen aufsuchte, gab er ihm zu verstehen, daß »vermutlich ein ungetreuer Kommis diesen Anschlag verübt hatte«. Dies war nicht der Fall. Der König, der sich nur selten jemandem anvertraute, hatte mit seinem Bruder, dem Grafen von Provence, über dieses Schriftstück gesprochen; dieser bat Necker daraufhin, ihm den Inhalt mitzuteilen. Necker konnte dem voraussichtlichen Erben der Krone einen solchen Wunsch nicht abschlagen. Er las ihm die Denkschrift persönlich vor. *Monsieur* erzählte Cromot davon, der sein Ratgeber und zugleich ein entschiedener Gegner Neckers war. Er war es, der seinem Herrn nach der Veröffentlichung des *Compte rendu* vorschlug, jenen Text gegen den Generaldirektor der Finanzen zu benutzen. *Monsieur* sprach also erneut mit dem Minister und meinte, daß er die berühmte Denkschrift über die Provinzialversammlungen gerne noch einmal lesen würde. Arglos ließ Necker dem Prinzen den Text durch einen seiner Angestellten überbringen. Es blieb genügend Zeit, ihn ganz abzuschreiben. So wurden die Herren vom Parlamentsgerichtshof durch Cromot und *Monsieur* über die geheimen Pläne des Ministers und des Königs unterrichtet.

Die Parlamentsmitglieder sprachen bereits von einem neuen Justizstreik. Alle lehnten die Registrierung des Erlasses ab, der eine Provinzialversammlung im Bourbonnais vorsah und beschlossen, Remonstranzen an den König zu richten, um die abscheuliche Denkschrift zu vernichten.

Die Intendanten, die ebenfalls durch Neckers Maßnahmen betroffen waren, legten bei Maurepas Protest ein.

Es war ein regelrechter Aufstand, dem der König und sein Minister verhältnismäßig gelassen die Stirn boten. Der König empfing den Parlamentspräsidenten d'Aligre. Als er ihn einließ, war er in ein tiefes Gespräch mit dem Generaldirektor der Finanzen verwickelt, dem er vertraulich die Hand auf die Schulter legte.

Ludwig XVI. konnte dem Präsidenten eine gewisse Entschlossenheit entgegensetzen und gab ihm den Befehl, die Sitzung aufzuheben, falls Neckers Denkschrift auf die Tagesordnung käme. »Ich will nicht, daß mein Parlamentsgerichtshof sich auf irgendeine Art und Weise in die Angelegenheiten der Verwaltung einmischt«, sagte er am Ende des Gesprächs. Die Wut des Parlamentsgerichtshofes schien abzukühlen. Dennoch führte er seinen Kampf weiter. Heftige Pamphlete wurden gegen Necker veröffentlicht.

Diese Lawine von Haßtiraden traf noch immer ihr Opfer. Die Autoren der Flugschriften wurden nicht ermittelt oder gar verfolgt. Maurepas zeigte offen seine Feindschaft gegen Necker, Vergennes wünschte seinen Rücktritt, und auch der Justizminister, Miromesnil, konnte seine Ideen in bezug auf die Parlamente nicht dulden. Als Männer des Ancien Régime hielten sie ihn für einen gefährlichen Revolutionär. Wie Turgot, aber vielleicht noch isolierter als jener, hatte Necker jetzt nur die öffentliche Meinung auf seiner Seite. Auch den königlichen Beistand sollte er bald verlieren. Wie im Falle Turgots hatte Ludwig XVI. sich selbst einen Ruck gegeben, um Neckers Eingriffe gegen die Privilegierten, gegen die Parlamentsgerichtshöfe und gegen den Mentor zu verteidigen. Dann bekam es der König mit der Angst zu tun. Setzte er das Königreich nicht einer Gefahr aus, wenn er auf diesen Genfer Bankier hörte, der ihm jetzt von allen Seiten als Schurke und Scharlatan dargestellt wurde? Würde er seine heiligen Herrscherpflichten nicht verletzten, wenn er die Grundlagen der tausendjährigen Monarchie antastete, indem er auf diesen Mann hörte?

Ludwig XVI. wurde für die giftigen Reden seiner Brüder und Maurepas' immer zugänglicher. Er empfing einige Parlamentsmitglieder, die gekommen waren, ihm ihre Unzufriedenheit zu bekunden. Er legte nicht mehr den gleichen spitzen Ton an den Tag, den er gegenüber dem Präsidenten d'Aligre benutzt hatte. Die Gerichtsbeamten begriffen, daß der König sie beschwichtigen wollte, und dies stärkte ihren Mut.

An den folgenden Tagen ging Ludwig XVI. Necker bewußt aus dem

Wege. Mercy, der ihm begegnete, fand den Genfer mit »wundem Herzen« vor. Necker sah, wie der König sich von ihm distanzierte und sein Werk zusammenbrach. Wieder dachte er daran, seine Kündigung einzureichen. Ludwig XVI. war ratlos. Man lobte Neckers Fähigkeiten und verunglimpfte ihn zugleich. Der König merkte auch, daß der Mentor alt wurde. Deshalb beschloß er, Vergennes über den berühmten *Compte rendu* zu befragen. Die Antwort des Außenministers ließ nicht lange auf sich warten. Er hielt eine regelrechte Anklagerede gegen seinen Kollegen. Er war ein Anhänger des traditionellen Absolutismus und verurteilte daher die Grundsätze Neckers, die zugleich von England und seiner heimatlichen Genfer Republik beeinflußt seien. Er beschuldigte Necker, eine zu bedeutende Stellung im Kabinett einzunehmen, wo er einen gefährlichen »Neuerungsgeist« fördere, der die Institutionen der alten Monarchie bedrohe. Deshalb beschwor er seinen Herrn, Necker zu entlassen.

Vergennes' Sprache erinnerte an die Sprache der Lehrer des Königs und auch an den Eid, den der König bei seiner Krönung geleistet hatte. Zweifellos ging Ludwig XVI. davon aus, daß er dem herbeigesehnten Dauphin das Erbe seiner Väter unversehrt übergeben müsse. Das monarchische System, das er vertrat, war in seinen Institutionen unbeweglich. Sie durch andere zu ersetzen, käme einem Verbrechen gleich, das der König von Frankreich keinesfalls unterstützen durfte. Vielleicht rechtfertige Ludwig XVI. auf diese Weise vor sich selbst die Absetzung Neckers, die von nun an beschlossene Sache ist. Nach der Absetzung Turgots zeigt sich hier erneut, daß der König Strukturreformen ablehnt. Aber ist er sich dessen voll bewußt, oder gibt er aus Erschöpfung oder Angst der Koalition der Privilegierten nach?

Ludwig XVI. hatte seine Entscheidung bereits getroffen, aber er mußte sie Necker erst noch mitteilen. Der Generaldirektor der Finanzen beschleunigte selber seinen Sturz. Er wurde immer verlegener, wenn er mit seinen Kollegen arbeitete, und die neuen Flugschriften und anonymen Briefe, die er erhielt, machten ihn sehr betroffen. Da beschloß er, Ludwig XVI. seine Bedingungen zu stellen: Er verlangte, daß vom Parlament die Registrierung der Gesetze erzwungen wurde, durch die die Versammlung von Moulins konstituiert wurde; er forderte außerdem die Leitung der Marine- und Kriegsgeschäfte, und schließlich forderte er den Zutritt zum Staatsrat, von dem er bisher ausgeschlossen war. Hätte der König diese Bedingungen erfüllt, so hätte er ihn implizit als Premierminister bestätigt – auch wenn er ihm diesen Titel nicht zuerkannt hätte.

Necker legte Maurepas seine Pläne vor. Dieser beschränkte sich darauf, die Forderungen seines Kollegen verächtlich zu ironisieren. Der Mentor erzählte dem König auf seine Weise von der Zusammenkunft: Die Eitelkeit dieses dicken republikanischen Genfers sei einfach unerträglich, er vergleiche sich mit Sully* und beanspruche, an der Seite des Königs zu sitzen. Der König war entsetzt und wütend, und diese Wut half ihm zweifellos bei der Begründung seiner Entscheidung.

Das Gerücht einer baldigen Entlassung des Generaldirektors der Finanzen hatte sich in der Hauptstadt bereits verbreitet. Ganz Paris war in Angst. Als das Gerücht sich zu bestätigen schien, sank der Kurs der königlichen Wechsel schlagartig, aber er stieg ebenso schnell wieder an, als das Gegenteil behauptet wurde. Necker wußte dies, aber die Popularität, die ihm früher so am Herzen gelegen hatte, war ihm jetzt gleichgültig geworden. Er wollte über seine Zukunft im klaren sein.

Am 19. Mai ging er nach Marly, wo der Hof residierte. Er kam, um seinen Rücktritt für den Fall einzureichen, daß ihm die Teilnahme am Staatsrat verweigert würde. Der König ließ sich entschuldigen und lehnte es ab, Necker zu empfangen. Daraufhin erbat dieser eine Zusammenkunft mit Marie Antoinette, die sofort genehmigt wurde. Er überreichte ihr sein kurzes Rücktrittsschreiben an den König. Eine ganze Stunde lang unterhielt sich die Herrscherin mit dem strengen Genfer und war dabei besonders herzlich. Weitsichtiger – warum nur? – als ihr Gemahl, versuchte sie, Necker umzustimmen. Vergeblich. Man erzählte sich, sie habe sogar geweint. Selbst Mercy berichtet, daß sie alles tat, was in ihrer Macht stand, um die Absetzung des Ministers zu verhindern. »Ob aus Mangel an Erfahrung oder aus Schüchternheit, jedenfalls schaffte sie es nicht, das Gewitter aufzulösen oder abzuwenden«, klagte er.

Maurepas, der noch in letzter Minute einen Umschwung des Königs zugunsten Neckers befürchtete, ließ sich kurz nach der Zusammenkunft mit der Königin bei seinem Herrn melden. Für den Fall, daß Necker in den Obersten Rat aufgenommen würde, brachte er Ludwig XVI. sein eigenes Rücktrittsgesuch sowie das der anderen Minister mit Ausnahme von Castries und Ségur. Aber diese Aktion war überflüssig. Ludwig XVI. war fest entschlossen, Necker zu entlassen. Er nahm den Rücktritt seines Generaldirektors der Finanzen an, was ihm auch eine unangenehme Begegnung mit ihm ersparte. Er begnügte sich damit, etwas später einige Worte an Maurepas zu senden: »Die Königin hat mir das Rücktrittsge-

---

* Minister und Freund Heinrichs IV. (Anm. d. Hrsg.)

such von Herrn Necker überreicht. Ich habe es angenommen. Unterrichten Sie Herrn Joly de Fleury.« Im Laufe der Nacht wurde Necker von seiner Entlassung benachrichtigt, und man erteilte ihm den Befehl, das Gebäude der Generalkontrolle so schnell wie möglich zu räumen.

Niedergeschmettert von dieser Nachricht, begab sich Necker auf sein Landgut in Saint-Ouen, wobei ihn das Bedauern ganz Frankreichs begleitete. Die Zeugnisse der Zeitgenossen sind eindeutig, wenn sie von der Verzweiflung berichten, die sich in der Hauptstadt ausbreitete. »In ganz Paris wurde geschrien und geheult«, sagte Augeard, der Berater von Maurepas. Grimm dagegen stellte fest, daß die Menschen auf den öffentlichen Plätzen außerordentlich still waren. »Man sah sich an und drückte einander schweigend die Hand.«

Die aufgeklärte Welt teilte die Enttäuschung des Volkes. Täglich kamen Trostschreiben und Freundschaftsbriefe in Saint-Ouen an, wo das Ehepaar Necker die erlauchtesten Besucher empfing: den Erzbischof von Paris, den Herzog von Orléans, den Herzog von Chartres, den Prinzen von Condé, den Marschall von Richelieu, den Herzog von Luxemburg, den Herzog von Noailles, Choiseul und viele andere. Auch die beiden Minister, die er protegiert hatte, wagten es, ihn aufzusuchen. Philosophen, Schriftsteller und Besucher des Salons der Madame Necker gaben sich in Saint-Ouen ein Stelldichein. Im Ausland war das Entsetzen ebenfalls groß. Katharina von Rußland lobte Neckers Reformen, und Joseph II. überlegte sich sogar, ob er diesen tüchtigen Mann nicht für Österreich gewinnen könnte.

Fern der Öffentlichkeit wählte Ludwig XVI. in seinem Versailler Palast bereits einen Nachfolger: Jean François Joly de Fleury. Er war der Erbe einer alten Familie integrer Rechtsgelehrter und ein beflissener und disziplinierter Staatsratsbeamter. Er galt sofort als zahmer Minister, der die Tradition achtete, dem König ergeben war und sich als Verteidiger des Parlamentsgerichtshofes erwies. Seine Ernennung sollte die Richterschaft beschwichtigen.

Der neue Generalkontrolleur der Finanzen, den der König Lefèvre d'Ormesson, Foulon und Calonne vorgezogen hatte, glänzte nicht durch innovative Ideen. Er war alt, litt unter verschiedenen Krankheiten und hatte dem König keinerlei Pläne vorzulegen. Der Herrscher hatte ebenfalls kein Programm für seinen neuen Minister. Wie ein an den Generalkontrolleur gerichtetes Billet bezeugt, waren seine Ansichten über die Zukunft der Finanzen immer noch sehr beschränkt: »Wir wollen uns noch nicht über die Form auslassen, auf deren Grundlage wir Ihnen vorschlagen, ein Ressort zu leiten, das für das Wohl des Königreiches von so großer Bedeutung ist. Wir sind der Meinung, keine bessere Wahl für seine Verwaltung treffen zu können.« Die Liebenswürdigkeit Ludwigs XVI. war entwaffnend.

Die öffentliche Meinung empfing Joly de Fleury äußerst kühl. Seit dem Abgang Neckers waren die Kurse tief gesunken. Das Vertrauen war erschüttert, und man fand keine Gelder mehr für die königlichen Anleihen. Die schwache Persönlichkeit des neuen Generalkontrolleurs ermutigte die Verleiher nicht, und man mußte bald andere Mittel finden, um die Ausgaben für den amerikanischen Unabhängigkeitskrieg zu decken. Also erhöhte Joly de Fleury die Steuern, indem er einen neuen »Zwanzigsten« für den Grundbesitz erließ und die Verbrauchsabgaben auf 20 Sols das Pfund erhöhte. Man murrte viel über diese Maßnahmen, die einige Wochen nach dem Abgang Neckers ergriffen wurden, und sehnte sich noch mehr nach dem ehemaligen Minister zurück.

Wie einst Clugny nach der Absetzung Turgots, zerstörte Joly de Fleury sehr bald das Werk seines Vorgängers. Rasch führte er die abgeschafften Ämter wieder ein und ließ die Provinzialversammlungen fallen. Alle ehemaligen Mißbräuche tauchten wieder auf; die öffentliche Meinung war empört. Die Zeitungen wurden zum Sprachrohr der allgemeinen Erregung. »Man sagte laut, daß das zu Beginn dieser Regierungszeit versprochene Huhn im Topf sich entschieden vom Topf des Armen entfernte und in denjenigen der Generalpächter oder anderer Finanzmänner wanderte.« Joly de Fleury hatte keinerlei Kredit oder Ansehen.

Schließlich begann man sich in der Umgebung des Königs ernsthafte Sorgen zu machen, einerseits wegen der Lage sowie andererseits und vor allem wegen der Nachfolge Maurepas'. Seit Neckers Sturz hatte der Greis zwar doppelt soviel Heiterkeit und Sorglosigkeit an den Tag gelegt, aber die Regierungszügel entglitten ihm immer mehr. Seine Senilität verführte ihn dazu, egoistische Reden zu führen: Joly de Fleury würde bald ernüchtert sein, denn er werde in Kürze nicht mehr wissen, wo er die Gelder auftreiben solle, prophezeite er. Ihm sei es ohnehin egal, denn er, Maurepas, würde nicht mehr dasein, um die Lage zu retten – und er schien sich darüber zu freuen, dem König und der Nation so hübsche Streiche gespielt zu haben.

Am Ende des Sommers 1781 denkt Ludwig XVI. mehr an seine eigene Nachfolge als an die des Mentors. Die Königin ist erneut schwanger, und der König wartet geduldig auf einen Erben. Diese Geburt ist ihm wichtiger als alles andere.

Ludwig XVI. und Marie Antoinette hatten einen Modus vivendi gefunden. Sie waren nicht wirklich zärtlich und noch weniger leidenschaftlich zueinander, aber ihre Beziehung schien von einer echten Freundschaft durchdrungen, die nur von einigen Gewittern getrübt wurde, was an der offensichtlichen Unvereinbarkeit ihrer Stimmungen und Vorlieben lag. Ludwig XVI. gab weiter den Launen seiner Frau nach, aber er widersetzte sich ihren Forderungen, wenn sie seiner Meinung nach das Königreich in Gefahr brachten. Er ließ ihr kostspielige Launen durchgehen, obwohl sich die öffentliche Meinung darüber erregte, und von nun an hörte er gern auf ihre Vorschläge, wenn es um die Besetzung von Ämtern ging, was recht gefährlich war, denn die Königin war, wie man weiß, ein Spielball ihrer Umgebung.

Seit sie Mutter war, hatte Marie Antoinette von den Vergnügungen abgelassen, aus denen ihr Leben bis dahin bestanden hatte. Sie kümmerte sich um ihre Tochter. Sie verzichtete auf ihre nächtlichen Ausflüge nach Paris und schränkte sich auf eine immer kleinere Gesellschaft ein, die nur aus ihren Freunden bestand. Mehr denn je flüchtete sie vor dem monarchischen Ritual und erhielt von ihrem Gemahl die Erlaubnis, sich des öfteren im Trianon aufzuhalten. Manchmal blieb sie einen ganzen Monat dort und führte eher das Leben einer Schloßherrin als das einer Königin von Frankreich. Trotz beträchtlicher Umbauten, die sie in ihren kleinen Gemächern hatte vornehmen lassen, war der Aufenthalt in Versailles ihr wegen der Etikette besonders widerwärtig. In Marly, in Compiègne oder in Fontainebleau hielt man praktisch am gleichen Zeremoniell fest – und dies zu einer Zeit, da man bereits die Süße des Lebens in der Natur feierte. Nur im Trianon, ihrem kleinen luxuriösen Schloß, fühlte sich die Königin wirklich zu Hause. Sie trug ein weißes Baumwollkleid, einen über die Brust geknüpften Schleier und einen breitkrempigen Hut, und so spazierte sie ohne Gefolge durch die Alleen ihres englischen Gartens. Wenn sie den Salon betrat, erhob sich niemand; man stickte weiter, knüpfte Teppiche, spielte oder unterhielt sich.

Die wenigen Auserwählten des Trianon kannten den Wert dieser Gunst. Diejenigen, die sie nicht genossen, verbreiteten manchmal die wahnwitzigsten Gerüchte über diese friedlichen Tage, die als ständige Orgien dargestellt wurden. Nur Madame Elisabeth und einige auserwählte Freunde wohnten bei der Königin. Morgens kam der König und besuchte seine Frau in dem kleinen Zimmer mit den feinen Zierleisten und den Fenstern mit dem Blick auf den Liebestempel, den die Königin neben dem von Trauerweiden beschatteten Flüßchen hatte errichten lassen. Am Abend kamen der König und die Prinzen mit wenigen Gästen zum Souper.

Im Trianon gaben sich die Königin und ihre kleine Gesellschaft den Freuden des Theaters hin. Welche Lust für eine Königin, die ständig repräsentieren mußte, in die Haut einer einfältigen Bäuerin oder Frau von gutem Stande zu schlüpfen! Ludwig XVI. wohnte den Proben bei, die unter der Regie von zwei ehemaligen Schauspielern, Caillot und Dazincourt, stattfanden. Die Königin spielte die Colette im *Devin du village*, die Rosine im *Barbier de Séville*, die Gotte in *La Gageure imprévue*. Sie spielte auch Rollen in *Le Roi et le Fermier*, *Rose et Colas*, *Le Sorcier*, *L'Anglais à Bordeaux*... Anfangs ließ das Königspaar nur Mitglieder der königlichen Familie zu diesen Vorführungen zu. Aber Schauspieler brauchen immer ein Publikum! Also öffnete man das kleine Theater des Trianon auch für einige neue Auserwählte. Sie kamen, diese »königlich schlecht gespielten« Stücke zu beklatschen. Wen kümmerte es. Das Königspaar war entzückt. Die Nichteingeladenen waren betrübt. Die Empfindlichkeit vieler wurde verletzt. Das Gerede nahm zu.

Im Kreise der Königin genoß Frau von Polignac noch immer dieselbe Gunst. Dank der Königin war ihr Gatte Herzog geworden; sie wurde also Herzogin – wir haben die Vorteile, die ihre ganze Familie genoß, schon erwähnt. Marie Antoinette konnte ihre Freundin nicht mehr missen. Als Frau von Polignac in Paris niederkam, mußte der ganze Hof nach La Muette umziehen, damit ihre Zusammenkünfte nicht unterbrochen wurden. Manchmal vernachlässigte sie den König unverhohlen, um einige Augenblicke mit ihrer Favoritin zu verbringen.

Gleichwohl zeigte sich der König ihr gegenüber noch immer voller Aufmerksamkeit. Wollte er damit seine mangelnde Liebesfähigkeit ausgleichen? »Wir schlafen schon lange getrennt [...]. Dies ist hier eine verbreitete Sitte zwischen Mann und Frau, und ich wollte den König nicht mit diesem Thema belästigen, das seine Art und seine Vorlieben erheblich stören würde«, schrieb die Königin ihrer Mutter im Oktober 1780, einige Wochen vor dem Tod der Kaiserin.

Als Ludwig XVI. von dem Tod seiner Schwiegermutter erfuhr, die er nicht kannte und an der die Königin sehr hing, brachte er nicht den Mut auf, ihr die traurige Nachricht zu überbringen. Vielleicht fühlte er sich ihr einfach nicht nahe genug, um mit ihr über etwas zu sprechen, das sie mitten ins Herz treffen würde. Er trat diese Aufgabe an Vermond ab, den er allerdings nicht mochte. War der vertrauteste Kirchenmann Marie Antoinettes nicht dazu bestimmt, eine solche Pflicht zu erfüllen? Aber schon eine Viertelstunde nachdem der Abbé mit ihr geredet hatte, befand sich der König bei Marie Antoinette. Trotz seiner Unbeholfenheit umgab er sie mit einer übermäßigen Fürsorge. Sie war erschüttert und verzehrte sich tagelang in ihrem Schmerz. »Oh mein Bruder, mein Freund«, klagte sie in einem Brief an Joseph II., »ich habe nur noch Sie in diesem Lande, das ich immer noch liebe und lieben werde!... Adieu, ich sehe nicht mehr, was ich schreibe. Erinnern Sie sich daran, daß wir Ihre Freunde und Ihre Verbündeten sind; lieben Sie mich. Ich umarme Sie.«

In ihrem Schmerz war Marie Antoinette pathetisch – eine recht seltene Eigenschaft bei Prinzessinnen –, und sie war Ludwig XVI. für seine zärtliche Rücksichtnahme dankbar. Sie zeigte ihm mehr Zuneigung als gewöhnlich. Sie hatte einiges wiedergutzumachen. Zweifellos empfand sie Gewissensbisse gegenüber diesem Mann, der so nachsichtig mit ihr war. Gewissensbisse wegen ihrer üblichen Unverfrorenheit und wegen einer Art Verrat: Die Königin hatte sich schlicht und ergreifend in einen jungen und schönen schwedischen Edelmann verliebt, den Grafen Axel Fersen.

Sie hatte ihn 1774 zum ersten Mal bei einem Opernball gesehen, als sie noch Dauphine war. Es war nur eine kurze Begegnung zweier Masken, die sich in der festlichen Begeisterung zueinander hingezogen fühlten. Sie tauschten ein paar Worte aus. Rasch hatten sich die Anstandsdamen der ausgelassenen Dauphine genähert. Fersen begriff seinen Fehltritt und zog sich sofort zurück. Sie war eine schöne und anmutige Erscheinung im Leben eines jungen Mannes, dem die Frauen zu Füßen lagen. Für die kleine Prinzessin war es Liebe auf den ersten Blick, und sie sollte diese hohe Statur, dieses regelmäßige Gesicht mit dem matten Teint und dem sinnlichen Mund, der ihren geheimsten Wünschen entsprach, niemals vergessen.

Als Fersen 1778 nach Frankreich zurückkehrte, verletzte die Königin während seiner Vorstellung bei der königlichen Familie die Regeln der Etikette: Als sie ihn sah, rief sie aus: »Oh, das ist ja ein alter Bekannter!« Der Rest der königlichen Familie war wie versteinert. Die Königin zog Fersen mit sich an den Hof, lud ihn zum Spiel ein und verhehlte nicht ihr Interesse an ihm, was die Eifersucht der Polignac-Clique provozierte. Sie kam sogar auf die Idee, ihn bei Hofe in seiner schwedischen Uniform zu bewundern, was allen Bräuchen widersprach. Für Fersen dagegen war Marie Antoinette »die liebenswürdigste Prinzessin, die er kannte«. Mehr nicht.

Allerdings hatte der ganze Hof die Verwirrung der Herrscherin bemerkt. Der ganze Hof, außer dem König. Bis auf den König? Wer kann es wissen? Wir haben kein einziges Zeugnis über die intimen Gedanken des Herrschers. Ludwig XVI. hielt sich von allen Vergnügungen fern, und die Erregung der Königin war ihm vielleicht nicht aufgefallen. Unterdes wurde die Angelegenheit so ernst, daß der schwedische Botschafter, Graf von Creutz, dem König Gustav III. von Schweden davon berichten mußte.

Also verließ Fersen 1780 mit dem französischen Expeditionskorps das Land und begleitete Rochambeau als Generaladjutant nach Amerika. Die Königin gewann ihre Fassung zurück und zeigte ihrer kleinen Gesellschaft ein glückliches Gesicht, während sie weiter von ihrem Helden träumte, der in einem eigentümlichen Gegensatz zu ihrem Gemahl stand: Dieser wurde immer dicker und hielt an den Vorlieben fest, die sie nicht mit ihm teilen wollte. Dennoch mußte sie mit ihm ihre eheliche und dynastische Pflicht erfüllen. Glücklicherweise war Ludwig XVI. nicht sehr anspruchsvoll. Im Laufe der Wochen nach dem Tod der Kaiserin zeugte das Königspaar schließlich den Erben, den man fieberhaft für das Ende des Monats Oktober 1781 erwartete. Der Hof war voll Hoffnung – mit Ausnahme der Brüder des Königs.

Am 22. Oktober 1781 gebar die Königin einen Sohn. Hören wir den glücklichen Vater: »Die Königin hat die Nacht vom 21. auf den 22. Oktober sehr gut verbracht. Als sie aufwachte, spürte sie sanfte Wehen, die sie nicht davon abhielten zu baden; um halb zehn hatte sie das Bad beendet, die Wehen waren immer noch bescheiden [...].

Zwischen zwölf und halb eins steigerten sich die Wehen; sie legte sich auf ihr Kindbett, und um genau Viertel nach eins hat sie ganz beglückt einen Jungen zur Welt gebracht. Während der Geburt waren nur Frau von Lamballe, *Monsieur*, der Graf von Artois, meine Tanten, Frau von Chimay, Frau von Mailly, Frau von Ossun, Frau von Tavannes und Frau von Guémenée im Zimmer, die einer nach dem anderen in den Friedenssalon gingen, den man leer gelassen hatte. Im Großen Kabinett waren mein Hofstaat, derjenige der Königin und die Großwürdenträger der Krone sowie die Unterhofmeisterinnen versammelt, die im Augenblick der heftigsten Wehen eintraten und sich im Hintergrund des Zimmers aufhielten, ohne [der Königin] die Luftzufuhr abzuschneiden...«.

Im Augenblick der Geburt herrschte eine derartige Stille im Zimmer, daß die Königin glaubte, sie hätte ein zweites Mädchen zur Welt gebracht. Alsdann näherte sich der König ihrem Bett und sagte: »Madame, Sie haben meine Wünsche und die Frankreichs erfüllt: Sie sind die

Mutter eines Dauphins.« Er weinte vor Glück, drückte allen Anwesenden die Hand und bekundete eine Freude, die man noch nie bei ihm gesehen hatte. Bald erschien eine zerzauste Hofdame im Vorzimmer und wisperte ganz außer sich: »Ein Dauphin! Aber es ist verboten, schon darüber zu sprechen!« Die Nachricht verbreitete sich im Nu im ganzen Schloß. Man umarmte sich und weinte. Selbst diejenigen, die der Königin am wenigsten zugetan waren, teilten die allgemeine Freude.

Eine Stunde später öffneten sich die Flügeltüren des Zimmers der Königin. Man kündigte *Monsieur le Dauphin* an. Der neugeborene Prinz durchquerte die Gemächer auf dem Arm seiner Gouvernante, der Prinzessin von Guéménée, die vor Freude strahlte. Man wollte das Kind berühren, man folgte ihm bis zu den Türen seines Zimmers. Der kleine Herzog von Angoulême, der älteste Sohn des Grafen von Artois, war erstaunt: »Mein Gott, Papa, ist mein Vetter klein!« – »Es wird der Tag kommen, an dem Sie ihn recht groß finden werden, mein Sohn«, antwortete der Prinz, der sah, wie seinen eigenen Kindern die Krone entglitt. Der Graf von Provence, der bis dahin der Thronfolger gewesen war, teilte den allgemeinen Jubel ebenfalls nicht.

Zwei Stunden später wurde der Dauphin vom Großkaplan, Kardinal Rohan, getauft. *Monsieur* vertrat mit saurer Miene den Paten Joseph II. und Madame Elisabeth die Patin Frau Clotilde, die Prinzessin von Piemont. Während der Zeremonie weinte der König viel, und die ganze Versammlung war von seiner Empfindsamkeit gerührt. Bald wurde der königliche Säugling einer üppigen Amme, der Frau eines Gärtners aus Sceaux, übergeben, die einen passenden Namen trug: Poitrine*.

Die Geburt des Dauphins wurde schnell in ganz Paris bekannt. Überall brach Jubel aus. Man blieb in den Straßen stehen und umarmte sich, die Feiern begannen. Die Zünfte kamen in feierlicher Tracht um das Herrscherpaar den Sitten entsprechend zu beglückwünschen. Sie zogen im Marmorhof unter dem Balkon am König vorbei. Dieser lachte aus vollem Halse, als er die Schornsteinfeger sah, die einen schöngeschmückten Schornstein trugen, auf dem der Kleinste aus ihrem Gewerbe den Dauphin darstellte; die Sänftenträger hatten eine üppige Amme mit einem Säugling in eine Sänfte gesetzt. Metzger mit einem fetten Rind, Konditoren mit riesigen Kuchen zogen vorbei... Alle Gewerbe wetteiferten, um den Thronfolger zu begrüßen.

Die Marktfrauen waren in schwarze Seide gekleidet und wurden, wie

---

* Brust. (Anm. d. Übers.)

es der Brauch war, von der Königin im Bett empfangen. La Harpe hatte eine Rede verfaßt, die eine von ihnen auswendig vortrug; sie blickte dabei von Zeit zu Zeit auf ihren Fächer, auf dem der Text geschrieben stand. Auch die Fischweiber trugen einige Verse vor, die sie selbst erfunden hatten. Ihre Zoten belustigten Ludwig XVI., der mehrere Zugaben forderte, bevor er für alle Frauen ein großes Festessen auftragen ließ.

Der König vergaß seine Sorgen, seine Finanzprobleme, den Unabhängigkeitskrieg und Maurepas' Krankheit. Er hatte eine seiner heiligsten Pflichten erfüllt: Er hatte dem Königreich einen Erben geschenkt.

14. LICHT UND SCHATTEN

Die Freude des Königs wurde bald durch den Tod Maurepas' getrübt. Seit dem Sommer war der Mentor immer schwächer geworden, und was man zunächst für einen Gichtanfall gehalten hatte, erwies sich als tödliche Krankheit. Bevor er starb, wollte Maurepas noch seinen Nachfolger bestimmen. Die Behandlung durch einen Doktor Barthès aus Montpellier gab ihm einige Tage Aufschub, während deren er seine Kollegen vom Sofa aus empfing. Im Angesicht des Todes wünschte er sich den Herzog von Aiguillon als Nachfolger bei Ludwig XVI.; außerdem stellte er eine Liste der Personen auf, die der König niemals berufen dürfe, falls er nicht Gefahr laufen wolle, sein Reich zu verlieren. Auf dieser Liste standen unter anderem die Namen Loménie de Brienne, Lamoignon, Calonne und Necker, die alle nach seinem Tod Minister wurden. Der Kranke redete und ereiferte sich, aber sein Leiden behielt die Oberhand. Am 18. November empfing er die Letzte Ölung in seinem kleinen Zimmer unter dem des Königs, das früher einmal die du Barry bewohnt hatte. Am 21. um 11 Uhr nachts verschied er; der König erhielt die Nachricht, als er gerade zu Bett gehen wollte.

Dieses Ableben, auf das man schon seit Wochen gefaßt war, betrübte Ludwig XVI. sehr. Er verlor einen geistigen Vater, den er persönlich ausgesucht und dann adoptiert hatte. Obwohl er der König war, hatte Ludwig XVI. seinen Mentor mit der Zuneigung eines Sohnes geliebt. Aber an dem Tag, an dem er selbst Vater wurde und sein eigener Sohn in den Windeln krähte, fühlte er sich vielleicht endlich erwachsen und bereit, ohne Mentor zu regieren.

Die Minister und der gesamte Hof erwarteten ängstlich die Bekanntgabe des neuen Präsidenten des Staatsrates. Seit vierzehn Tagen gab es unzählige Spekulationen. Mercy, wie immer darum besorgt, die österreichischen Interessen zu verteidigen, hoffte auf die Ernennung eines Ministers, der der Allianz wohlgesonnen wäre und seine Erhebung der Königin verdankte. Die unumgängliche Erholungspause nach der Schwangerschaft erlaubte ihr lange Gespräche mit dem Gesandten. Er stellte der Königin den Tod Maurepas' als eine interessante Veränderung dar und legte ihr nahe, den Erzbischof von Toulouse, Loménie de Brienne, für die Aufgabe vorzuschlagen. Marie Antoinette zögerte und hatte andere Pläne; sie entgegnete, die Sache sei nicht so eilig. Joseph II. ließ seine Schwester wissen, daß es günstiger sei, wenn der König allein regiere. Die Königin, die sich Maurepas mehrfach widersetzt hatte, teilte diese Meinung, die ihr äußerst gelegen kam. Folglich unterstützte sie ihren Gatten auf dem Weg, den er selbst eingeschlagen hatte.

Als Mercy begriff, daß Marie Antoinette sich mit den Ansichten ihres Bruders anfreundete und Ludwig XVI. keinen Premierminister ernennen würde, ahnte er die Vorteile, die Österreich daraus ziehen könnte. Er gab ihr also noch mehr Verhaltensmaßregeln als gewöhnlich: Sie solle sich aufmerksam und geschickt zeigen, dürfe dem König niemals den Eindruck vermitteln, daß sie ihn beherrschen wolle, und trotzdem müsse sie ihre eigenen Beschlüsse bei ihm durchsetzen. Das war sehr viel verlangt. Mercy wußte dies, aber trotzdem hoffte er, daß sie ihre Entscheidungen durchsetzen würde.

Auch nach dem Tod Maurepas' änderte Ludwig XVI. nicht seine Gewohnheiten. Er fuhr fort, zur üblichen Zeit mit seinen Ministern zu arbeiten. Vergennes, dem der König Maurepas' Papiere in der Anwesenheit der anderen Minister übergeben hatte, galt bald als der Mann, dessen Ratschläge der König am meisten befolgte, aber Ludwig XVI. gewährte ihm keine besonderen Vorrechte. Die Höflinge, die immer nach außerordentlichen Neuigkeiten gierten, waren diesmal nicht auf dem laufenden und stellten die gewagtesten Hypothesen auf. Sie wußten nicht mehr, zu wem sie gehen sollten, um Vergünstigungen zu erbitten. Die Minister erledigten gelassen ihre laufenden Geschäfte, und der König freute sich, daß die Kabalen vereitelt worden waren; er wirkte sehr heiter und sprach nur mit seinem engsten Kreis.

Die Außenpolitik gab ihm allen Grund zur Zufriedenheit. Nach mehrmonatigen unsicheren Operationen hatten die Franzosen und Amerikaner einen entscheidenden Sieg errungen, der zweifellos günstige Friedensverhandlungen erlaubte, ohne auf eine Vermittlung durch Österreich und Rußland zurückgreifen zu müssen.

Seit Anfang des Jahres dachte man in der Tat daran, den Krieg durch die Unterzeichnung von Abkommen zwischen den kriegführenden Parteien ehrenvoll zu beenden, da es Frankreich und Amerika nicht gelungen war, England völlig zu besiegen. Der Krieg hatte allein im Jahr 1780 150 Millionen Pfund gekostet; wie schon erwähnt, hatte Necker deshalb einen raschen Frieden gewünscht. Ohne sich übermäßig mit Haushaltsproblemen zu beschäftigen, hatte Castries einen Seegefechtsplan für 1781 entworfen. Der neue Marineminister war bereit, die amerikanische Unabhängigkeit durch eine letzte Kraftprobe zu sichern. Sein Projekt bestand darin, den Engländern den entscheidenden Schlag dort zu versetzen, wo sie den Großteil ihrer Truppen zusammengezogen hatten; das erforderte eine gemeinsame Operation der Verbündeten mit ihren See- und Landstreitkräften. 1778 war man mit einem ähnlichen Ziel in New York, 1779 in Savannah und 1780 erneut in New York hauptsächlich aus Mangel an Truppen gescheitert. Daher wollte Castries die französischen Truppen in Amerika beträchtlich verstärken und dafür sorgen, daß die bei den Antillen stationierte Flotte die Landstreitkräfte unterstützte. Gleichzeitig sollten die Einschüchterungsmanöver gegen die Engländer fortgeführt werden: durch Demonstrationen der Stärke im Ärmelkanal.

Vergennes stand den Plänen seines Kollegen skeptisch gegenüber, willigte aber schließlich ein. Im Falle eines Scheiterns sollte Castries, der Schützling Neckers, entlassen und auf Vermittlungen zurückgegriffen werden. Wie gewöhnlich, zögerte Ludwig XVI. mit seiner Antwort. Castries schlug inzwischen vor, den Grafen von Grasse an die Spitze eines neuen Geschwaders zu stellen, das nach Amerika segeln sollte. Ludwig XVI. stimmte zu. Grasse wurde zum Generalleutnant ernannt. Er sollte an der amerikanischen Küste alle Vollmachten haben, und der Minister teilte Rochambeau mit, daß es Grasse freistünde, »bei der Gestaltung bestimmter Operationen im Norden mit ihm zusammenzuarbeiten«.

Bevor Ludwig XVI. neue Truppen losschickte, wollte er die Meinung Spaniens einholen. Castries war unterdessen schon zur Inspektionsreise in die Bretagne aufgebrochen. Die Antwort Karls III. war günstiger als erwartet. In einer großzügigen Anwandlung war Seine katholische Majestät bereit, seine Flotte von Cadiz nach Amerika zu senden. Erleichtert ließ Ludwig XVI. die vorgesehenen Verstärkungstruppen in See stechen. Er erhöhte sogar die Zahl der Männer, als er von der Entmutigung erfuhr, die sich bei den Amerikanern breitmachte: Sie waren jetzt zu direkten Verhandlungen mit England bereit. Am 22. März 1781 liefen zwei Geschwader in Brest aus; das eine fuhr nach Amerika, das andere nach Indien über das Kap der Guten Hoffnung, da England inzwischen den Holländern den Krieg erklärt hatte. Suffren, der dieses Geschwader befehligte, errang bald einen glänzenden Erfolg bei La Praya auf den

Kapverdischen Inseln, wo er ein englisches Geschwader versenkte; damit war der Weg nach Indien frei.

Wenn der Plan gelang, könnten Ludwig XVI. und Vergennes die Vermittlungsrolle unterbinden, die Katharina II. und Joseph II. gerne spielen wollten, um den Frieden wiederherzustellen. England und die Vereinigten Staaten wünschten diese Vermittlungslösung, während die Franzosen nicht auf die Dienste der anderen Herrscher zurückgreifen wollten, weil diese dann als Schiedsrichter Europas gegolten hätten.

Am 19. November 1781 kam die ersehnte Siegesmeldung in Versailles an: Die Engländer hatten sich in Yorktown ergeben. Auf der Halbinsel am Eingang zur Bucht von Chesapeake hatte sich der englische General Cornwallis von den Franzosen und Amerikanern überrumpeln lassen. Die Verbündeten hatten 7500 Gefangene gemacht! Der Herzog von Lauzun wurde sofort zu Ludwig XVI. geschickt, um ihm diesen großen Sieg zu melden. Der König nahm die Nachricht ohne sonderliche Gefühlsregung entgegen. Er gab sie sofort an Maurepas weiter, der im Sterben lag. Der Greis hörte Lauzun an, aber er verstand ihn nicht und verstarb kurz danach.

Dieser Erfolg der französischen Waffen wenige Tage nach der Geburt des Dauphins löste allgemeine Begeisterung aus. Man riß sich das Buch des Abbés Raynal, *Révolution de l'Amérique*, aus den Händen. In dieser kurz zuvor erschienenen Schrift wurden die *Insurgents* in den Himmel gelobt. Franklin begrüßte Ludwig XVI. in französischer Sprache als den »größten Glücksspender auf Erden« und wünschte ihm Erfolg und Wohlergehen. In Amerika waren die Franzosen die Helden des Tages. Philadelphia wurde festlich beleuchtet und feierte seine Befreier, in deren Reihen sich der wagemutige La Fayette befand. Paris bereitete prächtige Feste für den 21., 22. und 23. Januar 1782 vor; man feierte gleichzeitig den König, den Dauphin und Yorktown. Völlig unerwartet traf La Fayette in Paris ein, wo er zuerst von einer lustigen Bande von Fischweibern begrüßt wurde. In Versailles erhielt er einen überaus herzlichen Empfang; der König ernannte ihn zum Brigadegeneral, und in der Oper wurde er mit Blumen bekränzt.

Der junge Marquis, der davon überzeugt war, daß dieser Sieg den Konflikt beenden würde, hatte erklärt: »Das Stück ist zu Ende; der fünfte Akt ist aus.« Nach Yorktown war der Krieg praktisch gewonnen. Obwohl Charleston, Savannah und New York noch in englischer Hand blieben, war die Schwäche der englischen Landstreitkräfte offen zutage getreten. Sie waren von ihrer Niederlage erschüttert und zeigten sich zu vielen Zugeständnissen bereit, während Rußland und Österreich noch immer ihre Vermittlungsdienste für die Regelung des Konflikts anboten.

Trotzdem überzeugte Vergennes den König davon, die Kampfhandlungen gegen England weiterzuführen. Er wollte aus einer Position der Stärke heraus verhandeln. Also kämpfte Suffren in Indien weiter, und Grasse machte sich daran, die Spanier bei ihrem Angriff auf Jamaika zu unterstützen. Die Spanier nahmen Menorca ein und belagerten Gibraltar. Die Umstände dieses Belagerungszustandes beschäftigten die französische öffentliche Meinung. Ludwig XVI. entsandte sogar den Grafen von Artois und den Herzog von Bourbon um die Spanier zu unterstützen, und bewies so das große Interesse, das er einer Aktion beimaß, die für die Verbündeten allerdings schlecht ausgehen sollte.

Daraufhin beschlossen die Engländer, diesem Krieg ein Ende zu machen, der überall – außer in Gibraltar – neue Niederlagen einbrachte. Seit Yorktown in Bedrängnis, sandte der britische Minister den geheimen Kurier Forth nach Frankreich, der die Absichten Vergennes', mit dem er sich am 14. März 1782 traf, erkunden sollte. Darüber hinaus bestand seine Mission darin, Frankreich von seinen Verbündeten zu trennen, um einen Separatfrieden zu unterzeichnen. Vergennes wies seinen Gesprächspartner vorsichtig ab und versicherte ihm, daß sein Herr nicht ohne die Amerikaner und Spanier in Verhandlungen treten könne. Aber er hütete sich, ihm seine wirklichen Absichten mitzuteilen.

Seit Beginn der Feindseligkeiten sind Vergennes' Pläne konkreter geworden. Der französische Minister will vor allem die Anerkennung der Unabhängigkeit der dreizehn amerikanischen Kolonien, die sich gegen England erhoben. Deshalb müssen die Friedensverhandlungen in Anwesenheit der Vertreter der jungen Nation stattfinden. Darüber hinaus hofft er, daß Frankreich seine Besitzungen in Indien aus der Zeit vor 1763 sowie den Senegal und die Insel Gorea zurückerlangt. Um die Amerikaner nicht zu beunruhigen und um ihre Annäherung an England zu verhindern, verzichtet der Minister darauf, Kanada einzufordern. Aber Vergennes beansprucht eine gerechte Regelung für die Fischrechte vor der Küste von Neufundland sowie Entschädigungen für die Kaperungen vor Ausbruch der Feindseligkeiten. Schließlich vergißt der französische Minister auch Spanien nicht und fordert, daß es für seine Kriegsteilnahme entschädigt wird: Es soll die eroberten Gebiete, Westflorida, die Bucht von Honduras sowie Menorca, behalten dürfen. Und noch vor der Unterzeichnung des Friedensvertrages soll ihm Gibraltar zuerkannt werden.

Dies waren die Pläne Vergennes' zu Beginn des Jahres 1782. Da das britische Kabinett begriffen hatte, daß die französische Regierung unerbittlich blieb, schickte es einen weiteren Abgesandten zu Vergennes, George Grenville, der den Auftrag hatte, konkrete Friedensvorschläge zu machen. Vergennes war zufrieden: Die Engländer kamen zu einem Zeitpunkt als Bittsteller, in dem die Militärausgaben den Haushalt des Königreiches gefährlich schröpften.

Nach einem höflichen Briefwechsel zwischen den beiden Regierungen werden die Verhandlungen durch sieben vorbereitende Konferenzen eröffnet, in denen Grenville und Vergennes ihre jeweiligen Standpunkte verteidigen; sie beginnen am 7. Mai und enden am 9. Juli. Die Engländer versuchen von Anfang an die Franzosen unter Druck zu setzen, denn sie haben gerade einen glänzenden Sieg über Admiral Grasse in der Karibik errungen. Vergennes ist unnachgiebig und versöhnlich zugleich. Er bestätigt, daß Frankreich keinen Friedensvertrag ohne seine Verbündeten unterzeichnen werde. Er will getrennte Verhandlungen, die in eine gemeinsame Ratifizierung münden sollen. Die Unabhängigkeit Amerikas bleibt der Hauptstreitpunkt: Für die Franzosen ist die Anerkennung der Unabhängigkeit eine Vorbedingung des Vertrages, für die Briten ist sie der Pauschalpreis für den Frieden. Nach unendlich langen Diskussionen geben die Engländer am 15. Juni nach.

Nach diesen Vorkonferenzen beginnen erst die eigentlichen Verhandlungen. Mehrere Wochen lang lösen Vorschläge und Gegenvorschläge einander ab, wobei Vergennes seine beiden Verbündeten tatkräftig unterstützt. Man verliert viel Zeit; Spanien will nichts abtreten. Schließlich wird es von Vergennes überredet, auf Gibraltar zu verzichten, damit es seine anderen Eroberungen behalten kann. Unwillig erklärt sich Spanien einverstanden. Während der französische Minister den »Familienpakt« verteidigte, unterschrieben die Amerikaner ohne sein Wissen am 28. November die Vorverträge mit England, was den gegenseitigen Verpflichtungen der Verbündeten widersprach. Obwohl Franklin ihm am folgenden Tag die mit England vereinbarten Vertragsartikel übersandte, zeigte sich Vergennes sehr verstimmt. Franklin, der sein unkorrektes Vorgehen einsah, entschuldigte sich bei Vergennes. Dieser stellte beruhigt fest, daß »das Ansinnen eines Verrats ihnen nicht in den Kopf gekommen war«, und blieb davon überzeugt, »daß sie ein derartiges Ansinnen auf der Stelle zurückweisen würden, falls man es an sie herantragen würde«.

Vergennes hatte recht. Bei der Unterzeichnung des Vorvertrages zwischen Frankreich, Spanien und England am 20. Januar 1783 erhielt er dafür den Beweis. Die Amerikaner erklärten bei dieser Gelegenheit, daß die Verpflichtungen, die sie mit England eingegangen waren, erst dann eingehalten würden, wenn der Frieden mit Frankreich unterzeichnet sei. Auf den Vorschlag Vergennes' hin akzeptierten sie, daß das Datum der Beendigung der Feindseligkeiten zwischen den kriegführenden Parteien für alle Staaten gleich sein sollte. Damit kehrte wieder Ruhe ein. Amerika ratifizierte den Vertrag.

England erkannte die Unabhängigkeit der Vereinigten Staaten an, die im Norden an Kanada, im Süden an das spanisch gewordene Florida und im Westen an den Mississippi grenzten. England überließ den Spaniern außer Florida die Insel Menorca. Frankreich verzichtete auf seine Ansprüche in Indien. Dafür erhielt es die Insel Tabago und seine Besitztümer im Senegal zurück und behielt außerdem die Inseln von Saint-Pierre-et-Miquelon. Es tauschte sein Fischereirecht an der Ostküste von Neufundland gegen die gleichen Vorrechte an der Westküste ein, die länger, aber weniger fischreich war. Schließlich setzte Frankreich den Rückzug des englischen Kommissars, der in Dünkirchen residierte, durch und erhielt die Erlaubnis, die Stadt zu befestigen, was seit 1763 untersagt war. Innerhalb von zwei Jahren war die Unterzeichnung eines Handelsvertrages zwischen England und Frankreich vorgesehen.

Am 20. Januar teilte der König seiner Familie beim Diner zufrieden mit, daß Frieden geschlossen sei. Schon seit drei Uhr nachmittags war die Nachricht offiziell verbreitet worden. Der Frieden ist eine freudige Nachricht. In der Hauptstadt wurde sie entsprechend gefeiert, aber die Vertragsklauseln waren noch unbekannt. Am Hof wurde vor allem Vergennes gratuliert. Dieser war hochzufrieden, denn in seinen Augen war damit das seit 1763 gesunkene französische Ansehen wiederhergestellt. Der Minister empfing den Herzog von Croÿ und las ihm die Vertragsartikel vor. Beim Artikel 17, der Dünkirchen betraf, gestand er ihm ergriffen: »Ich habe mir dies als besonderen Leckerbissen vorbehalten; von Anfang an wollte ich nur arbeiten, wenn mein Leckerbissen mir sicher war.« Dank der Amerikaner hatte Frankreich sich an seinem alten Feind gerächt. Aber zu welchem Preis! Die Vorteile, die es aus diesem Prestigekrieg zog, waren ziemlich gering, wenn man die Opfer berücksichtigt, die er kostete. Bald machte die anfängliche Begeisterung der Enttäuschung Platz. Die offizielle Unterzeichnung des Vertrages am 3. September 1783 in Versailles entfachte keinen großen Jubel.

Der König überhäufte seinen Außenminister mit Gunstbeweisen. Er war nun der wichtigste Mann im Kabinett, ohne allerdings die Rolle eines Mentors zu spielen. Der selbstsichere Vergennes war überzeugt, Frankreich nun einen entscheidenden Platz im Konzert der europäischen Mächte erobert zu haben, und träumte davon, Ludwig XVI. als Schiedsrichter Europas zu etablieren. Die Initiativen Katharinas II., die Joseph II. in ihre Eroberungspolitik verwickelte, sollten ihm Gelegenheit dazu geben.

Nach dem Tod Maria Theresias konnte niemand mehr den Ehrgeiz ihres Sohnes bremsen. Immer noch liebäugelte er mit Bayern und träumte davon, die Republik Venedig zu annektieren. Sein Bruder Leopold regierte in Florenz, sein Bruder Ferdinand wartete auf die Nachfolge in Modena, seine Schwester Maria Amalia hatte den schwachen Herzog von Parma geheiratet, und seine andere Schwester, Maria Karoline, beherrschte ganz ihren Gatten, den König von Neapel und Sizilien. Mit Venedig hätte Joseph also fast die gesamte italienische Halbinsel unter die Herrschaft der Habsburger gebracht. Die Eroberung des Balkans wäre die logische Folge dieser Expansionspolitik gewesen. Indes konnte Joseph II. nicht den geringsten Vorstoß in Europa unternehmen, ohne durch Preußen bedroht zu werden. Er brauchte sowohl die französische Neutralität als auch den tatkräftigen Beistand Rußlands. So stattete er Katharina II. einen Besuch ab, der ihn im Sommer 1780 von Mogilew nach Moskau und Sankt Petersburg führte. Der Kaiser und die Zarin überboten sich in Liebenswürdigkeiten und schlossen ein Abkommen, das die Teilung des Ottomanischen Reiches vorsah. Maria Theresia, die damals noch lebte, hielt dieses Bündnis für gefährlich, aber nach dem Tod der alten Kaiserin konnte Joseph II. ungehemmt walten. Dazu wollte er sich vergewissern, daß Frankreich sich seinen Ansprüchen nicht entgegenstellen würde, denn ohne diesen Bündnispartner wäre er Rußland ausgeliefert.

Ludwig XVI. und Vergennes verteidigten nicht nur das europäische Gleichgewicht, sondern unterhielten darüber hinaus freundschaftliche Beziehungen zur Türkei. Dennoch hoffte der Kaiser, daß der amerikanische Unabhängigkeitskrieg den König von Frankreich daran hindern würde, zugunsten der Hohen Pforte einzugreifen. Joseph zweifelte etwas am guten Willen seines Schwagers; er hatte nicht vergessen, daß Frankreich ihm schon in der Bayernfrage in die Quere gekommen war. Deshalb hielt er es für günstig, dem französischen Herrscherpaar vom 29. Juli bis zum 5. August 1781 einen erneuten Besuch abzustatten. Seine Schwester war sehr anhänglich, und der König zeigte sich herzlich, aber als der

Kaiser das Thema des Ottomanischen Reiches ansprach, blieb Ludwig XVI. unerbittlich.

Er hatte sich geschworen, die Raubritterpolitik, die der Kaiser, die Zarin und der preußische König abwechselnd oder zusammen betrieben, niemals zu dulden.

Joseph II. nahm den Widerstand des Königs sehr schlecht auf. Seine Briefe an seinen Bruder Leopold zeigen, wie wütend er auf Frankreich war, dessen »Falschheit und Mißgunst« ihn ärgerten. Einige Monate später schickte Katharina II. ihren Sohn Paul und dessen Frau nach Versailles. Das Prinzenpaar reiste unter dem Decknamen »Graf und Gräfin du Nord« und wurde mit höchsten Ehren empfangen. Marie Antoinette veranstaltete aus diesem Anlaß prächtige Feste. Man amüsierte sich wunderbar, aber die »du Nord« reisten ohne das geringste Zugeständnis der französischen Regierung wieder ab.

Der Kaiser und die Zarin waren dennoch entschlossen, ihre Pläne auszuführen. Natürlich war es Katharina II., die aufgrund ihrer stärkeren Position die Sache in Angriff nahm. Am 10. September 1782 schlug sie Joseph eine Teilung des Ottomanischen Reiches vor, durch die Rußland die Krim, den Kuban und das Küstengebiet zwischen Dnjestr und Bug erhielte. Österreich sollte Serbien, Bosnien, die Herzegowina und Dalmatien erhalten. Auf diese Art hätten sich die kühnsten Wünsche Josephs erfüllt. Die Ansprüche Katharinas gingen jedoch noch weiter. Sie hoffte, die Türken aus Konstantinopel zu verjagen und ein neues Byzantinisches Reich zu begründen, das einem ihrer Enkelsöhne zufallen sollte. Einige Monate später besetzte die Zarin unter einem fadenscheinigen Vorwand die Krim und den Kuban; sie lud den Kaiser dazu ein, sein Reich ebenfalls nach Belieben zu vergrößern. Josephs Handlungsfreiheit war sehr viel geringer als die seiner russischen Verbündeten: Preußen blieb eine Bedrohung, und der Kaiser ahnte die Mißbilligung Frankreichs.

So hielt er es für angebracht, Ludwig XVI. beträchtliche Entschädigungen für eine wohlwollende Neutralität zu versprechen. Er bot ihm Ägypten an, das er den Türken entreißen wollte. Damit sprach er einen alten französischen Traum an, der auch dem Kaiser und den deutschen Fürsten entgegenkam: Wenn Ludwig XVI. sein Augenmerk auf den Orient richten würde, wäre die Rheingrenze weniger unüberwindlich. Im April 1783 übermittelte Mercy-Argenteau unter tausend Vorsichtsklauseln das Angebot seines Herrn.

Nach dem Friedensvertrag mit England war Vergennes der österreichischen Politik nicht mehr ausgeliefert. Er lehnte deshalb das überaus verlockende Angebot des Kaisers lieber ab. Einige Wochen später wiederholte der verstimmte österreichische Gesandte sein Angebot aufs neue und betonte die Tatsache, »daß der Gewinn für Frankreich beträchtlich sein könnte«. Aber Ludwig XVI. läßt sich nicht durch diese orientalische Fata Morgana täuschen. Der König rechtfertigt seine Ablehnung mit der Gefahr, die von Preußen ausgeht, das zweifelsohne seinen Anteil beanspruchen würde. Zugleich erklärt er seine ganz moderne Auffassung der internationalen Beziehungen und erweist sich als entschlossener Gegner des Entschädigungssystems: »Wo stünde Europa, wenn es Gott gefiele, daß dieses ungeheuerliche System sich bezahlt macht? Alle politischen Bande wären zerschnitten, die öffentliche Sicherheit zerstört, und Europa würde bald nur noch ein Schauplatz von Wirren und Durcheinander sein.« Dies war Ludwigs strikte Antwort an seinen Schwager. Zugleich teilte er ihm seinen Entschluß mit, in Verhandlungen mit Friedrich II. zu treten, um einen europäischen Krieg zu verhindern, falls Rußland und Österreich beginnen würden, das Ottomanische Reich zu zerpflücken.

Der preußische König, der selbst ein Meister in der Kunst territorialer Räuberei war, stand den französischen Vorschlägen recht ablehnend gegenüber. Er wünschte sich einen Krieg gegen die Türken und hoffte, selber dabei großen Gewinn zu erzielen. Vergennes wollte daraufhin als Schlichter auftreten. Der Kaiser, der Preußen fürchtete und nicht mehr auf Frankreich zählen konnte, würde möglicherweise ein waghalsiges Unternehmen im Balkan eingehen. Mißmutig zeigte er sich zu Verhandlungen bereit. Der französische Botschafter in Konstantinopel, Saint-Priest, bot seine Dienste an. Im Januar 1784 erreichte er ein Abkommen. Rußland erhielt die Krim, den Kuban und die Insel Taman. Österreich, dessen Spielraum durch Frankreich behindert worden war, ging leer aus, Preußen ebenfalls. Dank der Vorsicht Ludwigs XVI. war das europäische Gleichgewicht stabil geblieben. Joseph II. fehlten fast die Worte, um das Verhalten Frankreichs zu bezeichnen. Nach seinem Urteil bediente es sich lediglich »des Namens der Allianz, der Verwandtschaft und der Freundschaft, um unter der Hand zu betrügen und ungestraft zu beleidigen«. Der Kaiser entwickelte heftige Ressentiments gegen seinen Schwager und träumte von Rache.

Nachdem Joseph II. seine Ansprüche auf dem Balkan aufgegeben hatte, wandte er sich Holland zu. Er forderte die Holländer auf, die Scheldemündung zu öffnen, um den weiteren Aufschwung des Hafens von Antwerpen als Absatzmarkt der österreichischen Niederlande zu fördern. Dies war eine Übertretung des Westfälischen Friedens von 1648, der Amsterdam den Vorrang gegenüber seiner flämischen Rivalin zusicherte. Des weiteren wünschte Joseph die Zerstörung der holländischen Festungen entlang der Grenze. Wieder einmal brauchte der österreichische Kaiser die Unterstützung seines französischen Verbündeten, und auch diesmal waren die Forderungen des Kaisers von den Vorstellungen des französischen Königs weit entfernt. Darüber hinaus bedrohte die Öffnung der Scheldemündung den französischen Handel. Deshalb schrieb der damals schon recht berühmte Mirabeau eine kleine aufsehenerregende Schrift mit dem Titel *Doutes sur la liberté de l'Escaut* (Zweifel über die Freiheit der Schelde). Er ergriff Partei für Holland, das seit dem amerikanischen Unabhängigkeitskrieg ein Verbündeter Frankreichs und ein Gegner des Kaisers war. Die öffentliche Meinung verurteilte die österreichischen Forderungen, und alle Sympathien der französischen Nation wandten sich dieser kleinen Handels- und Industrienation zu, die ihre Gebiete gegen die entfesselte Natur nur durch den Mut ihrer Einwohner schützte.

Der Kaiser, dem Ludwig XVI. schon zwei große diplomatische Niederlagen zugefügt hatte, übte erneut Druck auf Marie Antoinette aus, seine Interessen zu unterstützen. Sie erhielt nun regelrechte Drohbriefe, die an ihre österreichischen Gefühle appellierten. Die Königin setzte sich daraufhin mit Leib und Seele für ihren Bruder ein, drängte ihren Gatten, verteidigte die Haltung des Kaisers und nahm den unglücklichen Vergennes immer mehr ins Gebet. Ludwig XVI. mußte persönlich den Streit zwischen seiner Frau und seinem Minister beenden. Aber trotz aller kleinen Durchtriebenheiten, zu denen sie fähig war, und trotz ihrer heftigen Szenen erreichte Marie Antoinette nichts. Ludwig XVI. blieb standhaft und gab seiner Frau keinen Zentimeter nach.

Die Lage in den Niederlanden spitzte sich allerdings gefährlich zu. Joseph II. betrachtete die Schelde als freien Fluß und schickte ein österreichisches Schiff. Nach den üblichen Aufforderungen hatten die Holländer auf das Schiff gefeuert. Der Kaiser drohte daraufhin mit einer Armee von 80 000 Mann. Ein militärischer Konflikt schien bevorzustehen. Trotz der Beschwörungen der Königin richtete Ludwig XVI. am 20. November 1784 eine Botschaft an seinen Schwager, in der er ihn um den Verzicht auf die Öffnung der Schelde bat. Als Gegenleistung bot er ihm seine Vermittlung an, »um dazu beizutragen, das Feuer eines Krieges, dessen Folgen unberechenbar wären, endgültig zu löschen«.

Joseph wollte sich nicht geschlagen geben und weigerte sich, die Ansichten Ludwigs XVI. zu akzeptieren. Auch brachte er nun eine alte Angelegenheit auf, die er dem König von Frankreich als interessante Lösung darstellte. Der Kaiser hatte soeben mit dem Herzog von Bayern ausgemacht, daß der ihm seine deutschen Staaten im Tausch für die österreichischen Niederlande abtreten würde. Unter diesen Umständen war die Schelde mit ihren Mündungen für Joseph II. nicht mehr wichtig; Ludwig XVI. sollte für seine Neutralität von ihm Luxembourg und Namurois erhalten.

Den König mußte ein solcher Vorschlag natürlich reizen, denn er erlaubte ihm, das Königreich mit geringem Aufwand zu vergrößern. Marie Antoinette tat alles, was in ihrer Macht stand, um ihren Gatten von diesem glücklichen Geschäft zu überzeugen; aber Ludwig XVI. und Vergennes zögerten noch. Die Angliederung dieser Regionen an Frankreich würde das Gleichgewicht des Heiligen Römischen Reiches verändern. Also mußte die Zustimmung des Königs von Preußen und der deutschen Fürsten eingeholt werden. Darüber hinaus widersprach es Vergennes' Prinzipien, sich mit dem Kaiser zu einigen. In einer Denkschrift an Ludwig XVI. vom 12. April 1777 hatte er ihm bereits gesagt: »Es gibt keine Entschädigung, die den Schaden, den jede Ausdehnung des österreichischen Hauses Frankreich zufügen wird, aufwerten könnte; selbst wenn Österreich Eurer Majestät die ganzen Niederlande abtreten und sich nur verhältnismäßig kleine Gebiete aneignen würde, wäre der Verlust nicht geringer, ganz zu schweigen von dem Verlust der öffentlichen Meinung, der von allen der bedauerlichste sein wird.«

Der König äußerte sich noch immer nicht. In der Zwischenzeit hatte Friedrich II., der diese territoriale Neuaufteilung nicht dulden wollte, den Großteil der deutschen Fürsten um sich geschart, die eine militärische Liga zur Verteidigung der deutschen Freiheiten gegründet hatten. Wieder einmal sah Joseph seine Hoffnungen schwinden, während der König von Frankreich an Ansehen gewann. Joseph mußte nachgeben. Erneut bot Ludwig XVI. seine Vermittlung an. In Versailles wurde mit Unterhandlungen zwischen Holland und Österreich begonnen. Der Kaiser verzichtete auf die Öffnung der Schelde, aber er forderte 10 Millionen Gulden als Entschädigung und Zinsen. Als erfahrene Händler schlossen die Holländer einen Vergleich über 8 Millionen ab. Großzügig willigte Ludwig ein, dem Kaiser aus Liebe zum Frieden die beiden restlichen Millionen zu zahlen. Die öffentliche Meinung war über diese Geste der Schwäche entsetzt. Man führte sie auf den Einfluß der Königin zurück.

Ludwig XVI. und Vergennes hatten gegen die Ansprüche der Kontinentalmächte den europäischen Frieden gesichert und der Wiener Politik eine schwere Niederlage bereitet. Vom österreichischen System, dem Lebenswerk des Fürsten Kaunitz, das die französische Diplomatie dem Willen des Kaiserreiches unterordnen wollte, blieb 1785 fast nichts übrig. Joseph II. hegte eine blinde Wut gegen seinen farblosen Schwager, der ihn um die Erfüllung seiner Wünsche gebracht hatte. In den Briefen an seinen Bruder Leopold versprühte er all sein Gift gegen den französischen König. Von nun an wünschte er von ganzem Herzen die Schwächung dieser französischen Macht, die es wagte, ihm zu trotzen. »Hätten wir nur«, schrieb er seinem Bruder, »die Niederlande eintauschen können, dann wären wir aus ihren Krallen befreit und könnten sie vielleicht eines Tages büßen lassen, wenn sie erneut in einen Krieg mit England verwickelt würden.« Der Kaiser wartete auf seine Stunde, um zur rechten Zeit gegen Frankreich handeln zu können: »Es ist der falsche Augenblick, Ressentiments gegen ihn zu zeigen«, fügte er hinzu. »Man darf nichts vergessen, muß ein gutes Gedächtnis haben und sich dementsprechend verhalten; aber solange wir Frankreich noch brauchen, müssen wir die Launen des Königs schlucken und ihn über unsere wirklichen Gefühle im dunkeln lassen.«

Damals genoß Ludwig XVI. in Europa hohes Ansehen. Als gemäßigter und friedlicher Herrscher war es ihm in der Tat gelungen, die Geltung wiederzuerlangen, die Frankreich unter der Regierung Ludwigs XV. verloren hatte. Die Außenpolitik interessierte ihn weitaus mehr als die inneren Angelegenheiten des Reiches, denn auf diesem Gebiet kamen ihm seine Vorliebe für das Geheime, sein instinktives Mißtrauen und seine Schüchternheit zugute. Nur Vergennes schenkte er sein volles Vertrauen. Der geschickte Diplomat lenkte den König mit großer Vorsicht. Seit seinem Regierungsantritt hatten sich die Anschauungen des Ministers mit denen des Königs hervorragend ergänzt. Sonderbarerweise und ohne daß sie sich besprochen hätten, wendete Vergennes jene Prinzipien an, an die der König glaubte: die Prinzipien Fénelons. Hatte der »Schwan von Cambrai« nicht Eroberungs- und Prestigekriege verurteilt und nur nationale Verteidigungskriege sowie Kämpfe gegen ein tyrannisches Joch anerkannt? Auch wenn der amerikanische Unabhängigkeitskrieg für Frankreich in gewisser Hinsicht ein Prestigekrieg war, so war er doch aus der Sicht der Morallehre Fénelons vollkommen gerechtfertigt. Außerdem hatte Fénelon die Prinzen beschworen, auf die Diplomatie zurückzugreifen: Sie war die Sprache der guten Herrscher und der

Kompromiß das einzig wirksame Mittel zur Sicherung des Friedens. Schließlich predigte er das Gleichgewicht der Mächte, verdammte jede bewaffnete Räuberpolitik. Die Diplomatie von Vergennes wendete eben diese Grundsätze an, die der König zu den seinen gemacht hatte. Die Übereinstimmung zwischen seinen Überzeugungen und Taten ermöglichte es Ludwig XVI., in außenpolitischen Dingen weniger Entscheidungsangst zu verspüren.

Ganz anders verhielt es sich mit den innenpolitischen Problemen. Maurepas, sicherlich kein großer Staatsmann, war immerhin in der Lage gewesen, die Tätigkeit der verschiedenen Ressorts zu koordinieren. Der König dagegen war dazu völlig unfähig, obwohl die Haushaltsprobleme wirklich ernst wurden.

Joly de Fleury, der bereits unter ungünstigen Vorzeichen begonnen hatte, blieb nicht länger als zwei Jahre im Amt. Nachdem er eine dritte sehr unpopuläre »Zwanzigsten«-Steuer eingeführt hatte, die nur unwillig vom Parlamentsgerichtshof registriert wurde, hatte der Generalkontrolleur viele Ämter wiederhergestellt, um Geld in die Staatskasse zu bekommen. Bald erwiesen sich seine Anstrengungen aber als unzureichend; erneut mußten Anleihen aufgenommen werden, und nur mit großen Schwierigkeiten brachte er Wechsel im Wert von 500 Millionen Pfund unter.

Im Laufe dieser beiden Jahre verschlang der Krieg riesige Summen. Castries und Ségur erwiesen sich als unersättlich; sie waren auch verärgert darüber, diesem kleinen Rechtsgelehrten, den niemand unterstützte, ihre Abrechnungen vorlegen zu müssen. Sehr bald intrigierten sie gegen diesen Kollegen, der nichts von der Kriegswirklichkeit verstand. Diese Kabale fand ein günstiges Echo bei Hofe, wo Joly de Fleury sich viele Feinde machte. In der Tat versuchte er, den zunehmenden Luxus ein wenig einzuschränken: 284 000 Pfund für die Babywäsche des Dauphins, eine Erhöhung von 150 000 Pfund jährlich für den zweiten Sohn des Grafen von Artois, der erst fünf Jahre alt war! Man könnte eine beeindruckende Liste von unglaublichen Ausgaben aufstellen. Der Generalkontrolleur der Finanzen verfügte aber über keinerlei Druckmittel. Er glaubte, er könnte sich hinter dem Finanzausschuß, der am 23. Februar 1783 gebildet worden war und von Vergennes geleitet wurde, verschanzen. Der Hof war empört: Dieser Ausschuß würde zum »Sarg der Gnadengeschenke«! Auch Castries und Ségur waren gekränkt, daß sie Vergennes ihre Rechnungen vorlegen mußten. Castries beklagte sich bitter bei der Königin, die Intrige spitzte sich zu, und Marie Antoinette begann ihren Gatten gegen Joly de Fleury zu mobilisieren. In endlose Berechnungen verloren, überreichte dieser dem König einen weiteren »Rechnungsbericht«, der ein Defizit von 80 Millionen enthüllte, während man immer noch von einem Überschuß von 10 Millionen träumte, wie es Necker einige Monate zuvor angekündigt hatte. Man schenkte also Joly de Fleury keinen Glauben, und Ludwig XVI. kündigte diesem Minister, der alle gegen sich hatte.

Zur allgemeinen Überraschung berief Ludwig XVI. als Ersatz einen jungen Mann, der zwar als sehr redlich bekannt war, dem aber leider sowohl Talent als auch Erfahrung fehlten: Lefèvre d'Ormesson. Auch er entstammte einer alten Familie von Rechtsgelehrten. »Er ist ein sittsamer Mensch«, sagte Ludwig XVI. zur Königin; er war mit seiner Wahl, die auf keinerlei Intrigen zurückging, sehr zufrieden. Aber bald bemerkte man, daß Lefèvre d'Ormesson, wie Mercy sagte, »unter dem Durchschnitt war«. Die sieben Monate seiner Amtszeit wurden zu einer Katastrophe.

Um die Staatskasse zu füllen, wollte Lefèvre d'Ormesson sechs Monate lang eine monatliche Anleihe von 6 Millionen bei der von Turgot gegründeten *Caisse d'Escompte* aufnehmen. Bei dieser Nachricht gerieten die Kapitalbesitzer in Panik, und das Haus der *Caisse d'Escompte* in der rue Vivienne mußte von Soldaten geschützt werden. Im Volksmund nannte man die Hüte ohne Boden, die in diesem Jahr in Mode waren, »Kopfbedeckungen à la Caisse d'Escompte«.

Lefèvre d'Ormesson war gezwungen, auf sein Projekt zu verzichten. Er nahm statt dessen eine andere Anleihe auf, deren Bedingungen für den Staat sehr ungünstig waren und die Schulden in die Höhe trieben. Schließlich traf der Generalkontrolleur die fatale Entscheidung, den Steuerpachtvertrag abzuschaffen und ihn durch eine staatliche Regie zu ersetzen. Dieses Manöver erwies sich als sehr ungünstig und brachte natürlich die Nutznießer des Steuerpachtsystems und einen Großteil der Finanzleute gegen ihn auf. Die Steuerpächter beklagten sich beim König, der arg in Bedrängnis kam. Daraufhin hatte der Generalkontrolleur den guten Einfall, seinen Rücktritt einzureichen, noch bevor man ihn darum bat. Ludwig XVI. war erleichtert.

Die Lage war nun äußerst ernst. Der Staat stand am Rande des Bankrotts. Die Finanzwelt wurde ängstlich; das große Vertrauen, das zu Neckers Zeiten geherrscht hatte, schien für immer verschwunden. In dieser gefährlichen Lage war es wichtig, einen Generalkontrolleur zu ernennen, der ein solider Fachmann und in der Lage war, den Haushaltsplan auszugleichen und das unentbehrliche Vertrauen wiederherzustellen. Die Auswahl war nicht sehr groß. Weder Foulon noch Cromot, die diesen Posten anstrebten, schienen einer so schwierigen Lage gewachsen. Nur der Name Calonne, der von der Finanzwelt unterstützt wurde, schien auf einhellige Zustimmung zu stoßen. Calonne war durch sein Pamphlet *Les Comment* bekannt geworden, in dem er Necker nach der Veröffentlichung des berühmten *Compte rendu* angegriffen hatte. Seine Kritik war nicht die eines säuerlichen Neiders, sondern die eines Finanzexperten, der die Behauptungen des Genfers stichhaltig widerlegte. Hätte Maurepas Calonne nicht persönlich verabscheut, so hätte dieser vielleicht schon 1781 Neckers Nachfolger werden können. Aber Vergennes teilte nicht die Meinung des verstorbenen Mentors, und er überzeugte nun Ludwig XVI. davon, Calonne, den die Finanzwelt für fähig hielt, als Generalkontrolleur zu berufen. Allein der Name Calonne bürgte für einen Aufschwung, und die Wahl schien daher vortrefflich. Die Ersetzung des unfähigen Amelot durch Breteuil, einen ehemaligen Botschafter in Wien, der ganz der Königin ergeben war, vollendete die Umgestaltung des Kabinetts. Nun hing alles von Calonne ab.

Der neue Finanzminister war geistvoll, schneidig und brillant; sein Gesicht war angenehm, ohne schön zu sein; er war recht stattlich und verstand es, die Menschen mit seiner Ausstrahlung zu gewinnen. Ständig war er von einem Schwarm schöner Frauen umgeben. Seinem Charme, der sich mit kreativer Intelligenz verband, verdankte er einen kometenhaften Aufstieg. Als Ludwig XVI. ihn berief, war Calonne Intendant von Lille.

Als er sein hohes Amt antrat, war sein persönlicher Ruf allerdings nicht ganz makellos. Man sagte ihm eine gewisse Faulheit und Verschwendungssucht nach, und er sollte sogar persönlich verschuldet sein, was für seine künftige Verwaltung nichts Gutes ahnen ließ. Ludwig XVI. zeigte sich darüber beunruhigt, und Necker, der die gestrenge Moral des Königs kannte, fragte sich, »mit welchen Argumenten und durch welchen Einfluß man Ludwig XVI. davon überzeugt haben mochte, einen Juristen zu berufen, der zwar in den elegantesten Pariser Gesellschaften geschätzt wurde, dessen leichtfertige Grundsätze aber ganz Frankreich beunruhigten«.

Der neue Generalkontrolleur wird angemessen empfangen, als er am 3. November 1783 sein Amt antritt. Calonne gibt sich von Anfang an sehr optimistisch, während seine Vorgänger seit Jahren das Gegenteil verbreitet hatten. Er geht von der Annahme aus, daß der Friede den wirtschaftlichen Aufschwung fördern werde, obwohl ihm klar ist, daß man künftige Anleihen nicht mehr mit dem Krieg entschuldigen kann. Vor allem glaubt Calonne an die nationalen Reichtümer, die er vermehren will; er träumt davon, die Kaufkraft der Franzosen zu steigern und so die Landwirtschaft, den Handel und die Industrie anzukurbeln.

Man hat sich oft gefragt, ob Calonne sein Amt mit einem ausgearbeiteten Wirtschafts- und Finanzprogramm angetreten habe. Dies ist recht unwahrscheinlich. Natürlich kennt Calonne das Steuerwesen; er begreift den Mechanismus der Staatsausgaben und weiß, mit welchen Mitteln die Staatskasse die Zahlungsfristen einhält; aber er kennt die Finanzsituation des Königreiches noch nicht im einzelnen und ist nicht genügend mit den Geheimnissen der Innenpolitik vertraut, um von vornherein ein wirksames Programm aufzustellen.

Als geschickter Politiker, der die Rhetorik und Dialektik meisterhaft beherrscht, hält der Generalkontrolleur Reden vor den Gerichtsbeamten des Rechnungshofes. Auch sonst macht er einen vorzüglichen Eindruck. Im Grunde sind die Finanzen des Königreiches in der Hand eines geschickten Opportunisten, der an den Fortschritt – insbesondere den der Wirtschaft – glaubt und der eine größere Steuergleichheit anstrebt. Das ist alles.

Als die Angestellten des Ministeriums ihm die Aufstellung der Ausgaben und Einkünfte vorlegen, versteht Calonne sofort, daß er seine Amtszeit nur mit einem glanzvollen Coup eröffnen kann. Zunächst muß er die Unterstützung der Finanzwelt gewinnen. Auch ist er eifrig bemüht, seine Freunde von der Steuerpacht zufriedenzustellen, indem er den von Lefèvre d'Ormesson abgeschafften Steuerpachtvertrag wieder in Kraft setzt. Um sich die Gunst der Königin und der Polignacgruppe zu sichern, erlangt er beim König die Abschaffung des Finanzausschusses, der beim Hof so sehr verhaßt ist. Calonne wird also zum alleinigen Herrn über die Staatskasse. Anfangs genießt der neue Minister noch den Vertrauensvorschuß, der seine von den Finanzleuten geförderte Ernennung begleitet hat. Es gelingt ihm, Ludwig XVI. und Vergennes zu beruhigen, und bald kann er das Ausmaß seines neuen Ansehens ermessen: Am 18. Januar 1784 nimmt ihn der König in den Obersten Rat auf; er wird Staatsminister und ist neben Vergennes der einzige, der an allen Ratssitzungen teilnehmen darf. Als höchste Auszeichnung erhält er den Heiliggeistorden.

Während des überaus harten Winters 1783/84 ergreift Calonne mit Eifer und Sachverstand volksfreundliche Maßnahmen, verteilt drei Millionen Pfund und senkt die Steuern in den betroffenen Provinzen um den gleichen Betrag. Bald darauf werden auch die Abgaben auf Zucker und Kaffee gesenkt. Diese großzügigen Maßnahmen müssen durch große Abstriche am königlichen Hofstaat finanziert werden. Als dies im Volk bekannt wird, erheben sich bald Schneedenkmäler zu Ehren des Königs. Mit einem weiten Pelzmantel bekleidet verteilt Ludwig XVI. selbst die Brote an die Armen von Versailles, und Kupferstiche verewigen das Bild des wohltätigen Königs. Ludwig XVI. glaubt an diese naiven Liebesbeweise, die ihm den Eindruck vermitteln, er sei ein wirklich guter König.

Während des folgenden Sommers ergriff Calonne dann eine Maßnahme, die ihm die besondere Sympathie der Rentiers einbrachte. Die Auszahlung der Renteneinkünfte durch den Staat waren oft mit Ärger verbunden, weil die Empfänger zu lange auf ihr Geld warten mußten. Durch die Verordnung vom 15. August 1784 mußten die Auszahlungen von nun an halbjährlich an einem bestimmten Tag geleistet werden, ohne daß einzelne Privilegierte vorgezogen wurden. Gleichzeitig richtete Calonne auch eine Kasse zur Tilgung der Staatsschulden ein, die inzwischen riesige Ausmaße annahmen: Sie betrugen nahezu 3 Milliarden Pfund. Es war nicht das erste Mal, daß man in Frankreich ein derartiges Experiment machte. Machault und Laverdy hatten 1749 und 1764 bereits vergeblich dasselbe versucht. Calonne hoffte, innerhalb von fünfundzwanzig Jahren durch den komplexen Mechanismus der Zinseszinsen ein Viertel der Schuld zu tilgen. Leider gibt es bekanntlich ohne großen Budgetüberschuß keine wirksame Tilgung. Und 1784 waren die Einkünfte äußerst mager.

Calonnes Amt ist nicht leicht. Er hat die Aufgabe, sowohl die Passiva aus der Beteiligung am Unabhängigkeitskrieg auszugleichen als auch für die Zukunft zu sorgen. Ludwig XVI. schenkt ihm sein Vertrauen und hört auf ihn. Marie Antoinette dagegen ist immer noch eine Anhängerin Neckers. Diese Mißgunst der Königin, die Calonne beunruhigt, bleibt allerdings ohne große Folgen, da der Hof den neuen Minister wegen seiner finanziellen Großzügigkeit in den Himmel hebt. Er zahlt zum Beispiel die Schulden des Grafen von Artois in Höhe von 5 Millionen Pfund. Er gibt *Monsieur* 12 Millionen. Überhaupt erhalten die beiden Brüder des Königs innerhalb von fünf Jahren mehr als 27 Millionen Pfund. Sie sind nicht die einzigen. Angefangen bei den Polignacs genießen der gesamte Adel und der Hof die Gunst des Ministers. Der Generalkontrolleur will nicht zum Opfer der Hofkabalen werden. Also haben die Höflinge immer recht! Und Calonne zahlt und zahlt...

Man lebte in einer Atmosphäre des künstlichen Wohlstands. Die unter Necker eingeschlagene Inflationspolitik wurde mit gesteigertem Tempo fortgesetzt. Man spekulierte auf unerhörte Weise mit den Aktien der *Caisse d'Escompte*, deren Kurs innerhalb eines Jahres von 3600 auf 8000 Pfund anstieg. Es bedurfte eines Kabinettsbeschlusses, um diese Steigerung, die durch keinerlei wirtschaftliche Realität gerechtfertigt war, zu bremsen. Die Spekulation wandte sich daraufhin der Bank Saint-Charles zu, einem spanischen Unternehmen mit französischem Kapital, das 1782 in Madrid gegründet worden war und seine Gewinne aus der Ausbeutung von Kolonialmonopolen bezog. Man spekulierte auch mit den Aktien der Wassergesellschaft, die 1778 durch die Brüder Périer gegründet worden war und vom Generalkontrolleur unterstützt wurde, der ihnen 1784 eine großzügige Anleihe von mehr als einer Million Pfund gewährte.

Dieses »Gift« der Börsenspekulation, die man damals *agiotage* (Börsenwucher) nannte, wurde ab 1784 völlig unkontrollierbar. Das Ende des Krieges mit England brachte große ausländische Summen auf den Pariser Markt; die Geldverleiher waren davon überzeugt, daß Frankreich seinen britischen Rivalen bald im Wettlauf der Industrialisierung einholen würde und überschätzten die Lage insofern, als sie glaubten, daß die natürlichen Ressourcen Frankreichs ihm einen ähnlichen Aufschwung wie jenseits des Ärmelkanals sichern würden. Es gab einen ständigen Kapitalzufluß, die Preise stiegen an, aber nur die wohlhabenden Klassen konnten daraus Nutzen ziehen.

Calonne, den die erste industrielle Revolution in England sehr beeindruckte, wollte die französische Wirtschaft völlig umgestalten. Bis dahin hatte sie auf einer traditionellen Landwirtschaft beruht, an der die Generalkontrolleure vor allem wegen der Steuererträge interessiert waren. Calonne wollte diesen grundlegenden Wirtschaftszweig durch eine notwendige Modernisierung beleben und vor allem die noch in den Anfängen steckende Industrie entwickeln. Der Minister war sich des französischen Rückstandes im Vergleich zu England voll bewußt und ahnte, daß die Rivalität zwischen diesen beiden Staaten ihren Schwerpunkt verändern würde: von der Politik zur Wirtschaft. Der Krieg und die englische Niederlage in Amerika hatten die wirtschaftlichen Kräfte der Briten nicht berührt. Auf diesem Gebiet hatten sie einen sicheren Vorsprung gegenüber allen Staaten des Kontinents.

Calonne beschloß daher, die Industrie zu beleben, indem er etwas förderte, das man sehr viel später »wissenschaftliche Forschung«

nannte, den Manufakturbesitzern Subventionen und Vorschüsse zuerkannte, die kapitalkräftigen Familien des Adels zur Investition ermutigte und Engländer, die Erfahrungen in Frankreich machen wollten, ins Land lockte. So finanzierte die Familie Croÿ die Gruben von Anzin; die Prinzen von Conti und der Marschall von Castries beuteten die Steinkohlengruben der Grande Combe in der Nähe von Alès aus, während der Herzog von Orléans und Vergennes die Textilmanufaktur von Milne in der Normandie betrieben. Der Prinz von Poix und der Marschall von Mouchy unterstützen die Textilmanufaktur von Martin und Flesselles in Louviers, der Herzog von La Rochefoucault-Liancourt die von dem Engländer Leclerc in Brive gegründete Fabrik. Schließlich ist daran zu erinnern, daß 1782 ein ehemaliger Offizier des königlichen Artilleriekorps, Ignace de Wendel, in Le Creuzot ein Hüttenwerk gründete, an dem der König sich beteiligte. Einige Engländer waren bereit, sich in Frankreich niederzulassen. Milne hatte die erwähnte Textilmanufaktur in Neuville bei Rouen gegründet, Foxlow eine weitere in Orléans, und John Holker hatte die Spinnmaschinen von Arkwright, die berühmten *mule-Jennies*, eingeführt. Eine regelrechte Revolution!

Um den Handel und die Industrie anzukurbeln, schuf der Generalkontrolleur eine neue Handelskompanie, die bald als *Compagnie Calonne* bekannt war, und unterzeichnete einen Handelsvertrag mit England dessen Resultate freilich vernichtend waren. Die französischen Industriellen waren nicht in der Lage, dem britischen Warenzustrom standzuhalten, und sahen sich vom Ruin bedroht. Die Baumwoll- und Wollindustrie waren als erste betroffen.

Zur gleichen Zeit verfolgte Calonne die Verbesserung des Wegebaus und entwickelte ein regelrechtes Städtebauprogramm. Er wollte Paris verschönern, regelte die Höhe der Bauten im Verhältnis zur Breite der Straßen und ließ die Häuser auf den Brücken abreißen. Er beschloß den Bau einer Brücke zwischen der Place Louis XV. und dem linken Seineufer, ordnete die Fertigstellung des Quai d'Orsay an. Ein neues Opernhaus wurde erbaut. Die Immobilienspekulation ging mit der Börsenspekulation Hand in Hand. Der Herzog von Aiguillon kaufte alle Grundstücke in der Nähe des Palais-Royal auf und ließ herrliche Galerien rings um den Garten bauen, um sie an Händler oder Industrielle zu vermieten. Der Graf von Provence erwarb die Grundstücke des Vaugirard-Viertels, der Herzog von Choiseul die Umgebung der rue Vivienne, der Malteserorden die Umgebung des Temple und der Bankier Laborde die der Chaussée-d'Antin. Auch die Provinz kam nicht zu kurz. In Lyon, Marseille und Bordeaux entstanden neue Gebäude. Obwohl um einiges bescheidener, folgten Aix, Nîmes, Rennes und Nantes dem Stil der Zeit.

Der Generalkontrolleur der Finanzen träumte davon, Frankreich zum Lagerhaus Europas zu machen, und erneuerte deshalb die Häfen des Ärmelkanals und des Atlantiks in der Hoffnung, den Handel mit Amerika zu fördern. Auch vernachlässigte er nicht die strategische und defensive Bedeutung dieser Orte, an denen er weitere Befestigungen errichten ließ. Calonne übertrug auf Ludwig XVI. die Euphorie, die den Adel und die Bourgeoisie ergriffen zu haben schien, und wiegte ihn in der Vorstellung, ein guter König zu sein. Niemals in diesem Jahrhundert hatte man das Leben so sehr genossen.

Darüber vergaß man die Bauernunruhen, die auf die Preissteigerungen folgten, und auch die Tatsache, daß die Steuerpachtgewinne sich beträchtlich steigerten (ungefähr um 80 Prozent zwischen 1770 und 1789), während die Löhne nicht im gleichen Maße anstiegen (ungefähr 25 Prozent im gleichen Zeitraum). Schließlich sah sich Calonne trotz aller Begeisterung Ende 1784 zu einer neuen Anleihe gezwungen, um die Staatskasse aufzufüllen, denn er mußte sowohl die Kriegsschulden tilgen als auch die laufenden Schulden decken.

Der König war darüber erstaunt und seufzte. Die Parlamentsgerichtsbeamten murrten. Sie kritisierten, daß in Friedenszeiten auf Anleihen zurückgegriffen werden dürfe, und die Feindseligkeiten waren immerhin seit drei Jahren beendet. Sie monierten auch die hohe Verzinsung der Anleihe, die die Schulden noch vergrößerte, und waren empört, daß man nicht mehr an Einsparungen dachte. Erneut legten die Parlamentarier ihre Remonstranzen vor, und Ludwig XVI. zwang sie, das Gesetz über die Anleihe zu registrieren, indem er ihnen deutlich zu verstehen gab, »daß er mit seinem Generalkontrolleur zufrieden sei und keineswegs zulassen werde, daß man mit unbegründeten Sorgen die Ausführung von Plänen störe, die das Wohl seines Staates anstrebten und das Los seiner Völker erleichterten«. Der Parlamentsgerichtshof mußte nachgeben, aber der Krieg zwischen den Gerichtsbeamten und Calonne war eröffnet. Das Vertrauen des Königs war immerhin ein wenig erschüttert. Man begann, über den Rücktritt des Ministers zu munkeln. Zunächst handelte es sich jedoch nur um ein Gerücht.

Die Unzufriedenheit nahm zu, als der Generalkontrolleur zu Beginn des folgenden Jahres eine Münzreform unternahm. Seitdem Kardinal Fleury 1726 das Verhältnis zwischen Gold und Silber festgelegt hatte, war die französische Währung mehr oder weniger stabil gewesen, eine

Unze und 14,5/8 Unzen Silber hatten immer noch den gleichen Wert. Unter Calonne wurde dieses Gleichgewicht gestört. Bis zum amerikanischen Unabhängigkeitskrieg waren riesige Silbermengen aus den spanischen Kolonien nach Frankreich gelangt. Der Krieg hatte den Handel erschwert, aber seit der Friedensunterzeichnung florierte er wieder. Man begann, heftig mit dem Silber zu spekulieren – insbesondere die Bank Saint-Charles. In England und Spanien war der Goldpreis gestiegen. Daher exportierten die französischen Spekulanten die Louisdore, um beträchtliche Gewinne zu erzielen. Das Gold ging ins Ausland, das Silber kam herein, und die 1726 festgelegten Werte ergaben keinen Sinn mehr: Calonne machte sich Sorgen und erließ am 30. Oktober 1785 eine Verordnung, nach der man die Goldunze für 15½ Silberunzen kaufen könne. Diese Maßnahme zog eine andere nach sich: die Neuprägung des Louisdor. Von nun an prägte man aus acht Unzen Gold 32 statt 30 Louisdore, »um aufgrund des höheren Goldwertes jeden neuen Louisdor – trotz seines geringeren Gewichts – mit 24 Pfund zu bewerten, was genau dem Silberwert entspricht«.

Diese faktische Abwertung schien das einzige Mittel zu sein, die Münze zu stabilisieren und zu verhindern, daß beträchtliche Goldmengen das französische Territorium verließen. Allerdings schadete sie den Interessen der Händler des weißen Metalls und dem gesamten Fernhandel mit der Karibik. Dieser Kreis war eng mit der Finanzwelt verbunden. Auch wenn Calonnes Reform einigen vernünftigen Köpfen gerechtfertigt erschien, so verursachte dieser Beschluß doch zu empfindliche Einbußen bei den Gewinnen, als daß die Maßnahme als Ganzes begrüßt werden konnte. Darüber hinaus hatte Calonne mit einem gewissen Leichtsinn gehandelt. Er hatte sich nicht darum gekümmert, ob die Münzprägestätten die Louisdore schnell genug umschmelzen konnten. Diese kamen bald mit der Arbeit nicht mehr nach, und man mußte Gutscheine ausstellen, bis die neuen Münzen geprägt waren. Da die Silber- und Goldausfuhr verboten worden war, bezichtigte man Calonne bald des Betrugs. Selbst die gemäßigtsten Kritiker befürchteten, durch diese Münzmanipulation Schaden zu erleiden. Die Gerichtsbeamten nutzten die Lage, um dem König Remonstranzen vorzulegen; aber dieser unterstützte Calonne und schalt seinen Parlamentsgerichtshof, weil er sich erlaubte, Zweifel »bezüglich eines Eingriffs zu säen, dessen Einzelheiten und Ergebnisse er nicht angemessen beurteilen könne«.

Der König, der natürlich nichts von den technischen Aspekten des Finanzproblems verstand, vertraute weiterhin seinem immer heftiger kritisierten Minister. Im Laufe dieses Jahres 1785 war es Necker, der Calonne den härtesten Schlag versetzte. Im Ruhestand mußte der entlassene Minister mit blutendem Herzen die Zerstörung seiner Politik miterleben. So begann er eine umfassende Abhandlung über die Finanzverwaltung des Königreiches zu schreiben, die im Januar 1785 in Frankreich erschien. In diesem neuen Werk erfuhr man nicht nur die Grundzüge dieser Verwaltung, sondern nach aufmerksamer Lektüre war man davon überzeugt, daß Necker der einzige große Meister auf diesem Gebiet gewesen war. Er entwickelte hier, was er schon über seine Verwaltung in seinem berühmten *Compte rendu* von 1781 geschrieben hatte. Er behauptete, daß er die Finanzen in einem Zustand verlassen habe, der keine beträchtlichen Anleihen mehr erfordere, und daß nur Frieden herrschen müsse, um den Wohlstand wiederherzustellen. An seinen Nachfolgern ließ er kein gutes Haar. Schließlich bedauerte er auch die Auflösung der Provinzialversammlungen, die ihm zufolge den Grundstein einer Zusammenarbeit zwischen Verwaltern und Untertanen, zwischen Regierenden und Regierten gelegt hätten. Diese Zusammenarbeit hätte Reformen nach sich gezogen, die einzuführen die Monarchie sonst nie die Kühnheit besessen hätte.

Die Schrift hatte großen Erfolg, trotz der durch die Mißgunst Calonnes erschwerten Verbreitung. Man übersetzte sie in die meisten europäischen Sprachen, und Necker erschien immer noch als der große Hellseher der Finanzpolitik. Etwas beunruhigt verzichtete Ludwig XVI. auf seine Jagdfreuden, um dieses entscheidende Werk zu lesen, und sogar Marie Antoinette, die nie ein Buch aufschlug, machte die lobenswerte Anstrengung, einige Kapitel zu überfliegen, von denen sie nichts verstand.

Seit er Maurepas nicht mehr an seiner Seite hat, ist Ludwig XVI., der sich einbildet, allein zu regieren, seinen Ministern um so mehr ausgeliefert. Das Einvernehmen mit Vergennes ist nahezu vollkommen: Die gemeinsame Politik des Monarchen und des Ministers folgt einer ganz und gar kohärenten Linie. In den inneren Angelegenheiten und insbesondere im Finanzbereich muß Ludwig XVI. die Programme seiner Minister übernehmen und ihren Spezialkenntnissen vertrauen. Ihre Macht dauert so lange, wie sie nicht durch Intrigen gestürzt werden. Wenn Calonne noch im Amt ist, so liegt dies daran, daß niemand am Hof sich über ihn beklagt hat; deshalb ist der König beruhigt. Er hat keinen Mentor mehr hinter sich, der ihm Zweifel eingibt.

Er hat persönlich nicht die Fähigkeit, die wahre Kompetenz seines Generalkontrolleurs zu beurteilen. Für den Augenblick haben zu wenige

Leute ein Interesse an Calonnes Absetzung. Der König macht sich also keine Sorgen. Und überzeugt nicht Calonne seinen Herrn stets aufs neue, daß alles zum Besten in der besten aller Welten bestellt ist? Er glaubt es. Aber wie beurteilt er Neckers Kritik? Für ihn ist sie das Geschwätz eines abgesetzten Ministers, der sich rächen will. Und die Remonstranzen des Parlamentsgerichtshofs? Die souveränen Höfe können sich eben nicht enthalten, noch die geringste Maßnahme zu kritisieren. Die Unzufriedenheit der Händler, der Schiffseigner und einiger Finanzleute ist dagegen noch nicht bis nach Versailles vorgedrungen. Der König ist guter Dinge.

15. »DER GLÜCKLICHSTE ALLER KÖNIGE«

Nun gibt sich auch der König dieser neuen Lebensfreude hin, wobei sich seine Genüsse von denen der Königin und des restlichen Hofes erheblich unterscheiden. Noch immer jagt Ludwig XVI. wie ein Besessner, träumt von großen Reisen über die Ozeane oder grübelt über den Nutzen der Fesselballons. Er ist fest davon überzeugt, daß sein friedliches Glück durch nichts gestört werden kann.

Gerade in diesen entscheidenden Jahren geht er seiner Jagdleidenschaft noch hemmungsloser nach. Bei dieser gewalttätigen Übung vergißt er alles außer dem Tier, das er hetzt. Seine Jagden werden immer länger. Oft begibt er sich nach Rambouillet, wo er mit seinen Jagdgenossen soupiert. Dann verschlingt er mit großem Appetit alles, was man ihm vorsetzt, und genießt den guten Wein. Schlaftrunken und mit schweren Beinen trifft er erst zu später Stunde in seinem hellerleuchteten Versailler Palast wieder ein. Er ist so erschöpft, daß er nur mit Mühe die Treppen hinaufsteigen kann, und seine Diener halten ihn für betrunken. Aber wenn er in seinen Gemächern ist, verläßt ihn bald die Betäubung; beim Ausziehen und Zubettgehen führt er machmal lange Gespräche bis drei Uhr morgens. Die Unterhaltung dreht sich nur um die Jagd; um die Jagden, die er erlebt hat, und die, die er noch erleben wird.

Ludwig XVI. interessiert sich kaum für die Entwicklung der Ideen und der Moden seines Jahrhunderts und läßt sich nicht von der Welle des *Illuminismus* mitreißen, die zu dieser Zeit die bessere Gesellschaft erschüttert, gleichsam als Rache des Jenseits an der Vernunft. Die Experimente eines Mesmer und die Prophezeiungen eines Cagliostro können den König nicht beunruhigen oder gar überzeugen. Das Fernweh, das ihn immer wieder ergreift, kann er nicht in der Esoterik ausleben. Deshalb interessiert er sich eher für wissenschaftliche Entdeckungen, Seereisen und die ersten Flugversuche der Brüder Montgolfier. Durch diese Vorlieben ist Ludwig XVI. mit den Fragen seiner Zeit verbunden. Er ist fasziniert von der Entdeckung neuer Kontinente und der Erforschung der Ozeane; begierig sammelt er die Karten und Berichte der

Seefahrer. Er schwärmt für Kapitän Cook. Was hätte er nicht darum gegeben, sich mit ihm unterhalten oder an seiner Seite in See stechen zu können! Er hat seinen Geschwadern befohlen, diesen Helden als Freund zu behandeln, falls er in den Kriegswirren zufällig in ihre Hände fallen sollte.

Ludwig XVI. war sich der großen Bedeutung solcher Expeditionen voll und ganz bewußt. In der Hoffnung, einen Durchgang zum Norden zu finden, war Cook die nordamerikanische Westküste zu den Aleuten hochgesegelt, was Buache, der erste Geograph des Königs, die »Westsee« nannte. Aber Cook war nicht über die Aleuten hinausgedrungen, sondern zurück zu den Hawaii-Inseln gesegelt, wo er am 4. Februar 1779 umkam. Die Nachricht seines Todes wurde erst 1780 bekannt. Kapitän King, der die Überlebenden nach Hause brachte, veröffentlichte den Bericht der letzten Reise Cooks. Ludwig XVI. wartete die Übersetzung nicht ab. Er las und studierte das englische Original und verglich es sofort mit einem kurz zuvor erschienenen Bericht des Schiffsleutnants La Pérouse, der ebenfalls die Westküste Nordamerikas erkundet hatte. Warum nicht eine französische Flotte schicken, um Cooks Werk fortzuführen? In der Stille seines Arbeitszimmers dachte Ludwig XVI. immer wieder über diesen Plan nach. Der wiederhergestellte Frieden erleichterte das Unternehmen, das die Wissenschaften, den Handel und das französische Ansehen fördern sollte.

Der König entwickelte das Konzept der geplanten Expedition und teilte seinen Einfall dem Marineminister mit, der den Anweisungen des Königs entsprechend mit dem Schiffskapitän Fleurieu verhandelte. Fleurieu entwickelte daraufhin ein genaues Programm. Bevor er seine endgültige Zustimmung zur Ausführung gab, sah sich Ludwig XVI. diesen Plan sehr genau durch und versah ihn an vielen Stellen mit Anmerkungen. La Pérouse sollte diese Expedition, deren Plan streng geheimgehalten wurde, leiten.

Zuerst hatte man den genauen Weg festgelegt: La Pérouse sollte von Brest aus den Atlantik entlang den spanischen und afrikanischen Küsten überqueren und dann Südamerika ansteuern, das er bei Feuerland umschiffen sollte. Im Pazifik angelangt, sollte er bis zur Osterinsel fahren und Kurs auf Tahiti nehmen. Dort würde die eigentliche Forschungsreise beginnen. Er sollte der nahezu unbekannten nordamerikanischen Westküste folgen (Cook hatte nicht alles gesehen) und herausfinden, ob es nicht einen engen Golf gebe, der es erlauben würde, die Hudsonbucht im Osten Amerikas zu erreichen. Danach würde er die Beringstraße ansteuern, um den Süden von Kamtschatka zu erreichen. Von dort sollte er an den Kurilen, an Japan, Formosa, Macao und den Philippinen vorbeisegeln und verschiedene Inseln erkunden, bevor er Kurs auf Indien nehmen und nach Europa zurückkehren sollte. Drei Jahre hatte Ludwig XVI. für diese Weltumseglung vorgesehen.

La Pérouse erhielt auch genaue Anweisungen, die den Fernhandel betrafen. Er sollte in Erfahrung bringen, ob sich die Inseln in der Nähe des Kap Hoorn für den Walfang eigneten. Die Expedition sollte auch ein Augenmerk auf den Pelzhandel mit China und Japan haben, den sich bis dahin die Amerikaner vorbehalten hatten. Die spanischen Niederlassungen auf den Philippinen sollten erkundet und die spanischen Verwalter in Manila davon überzeugt werden, daß die Isle de France* auf dem Weg zum Kap der Guten Hoffnung den besten Zwischenhafen besaß. Darüber hinaus war Ludwig XVI. der Meinung, daß die Philippinen und die Isle de France für Spanien und Frankreich wichtige Stützpunkte im Falle von Konflikten mit England werden könnten. Deshalb war es wichtig abzuschätzen, welchen Beistand die Inseln erbringen konnten.

Schließlich betonte Ludwig XVI. die besondere Bedeutung eines angemessenen Benehmens der Expeditionsmitglieder, für die La Pérouse die Verantwortung trug: »Er befahl allen Mannschaftsmitgliedern, in gutem Einvernehmen mit den Eingeborenen zu leben, ihre Freundschaft durch geschicktes Vorgehen zu erobern, und er verbot ihnen unter Androhung härtester Strafen, den Bewohnern etwas, das sie nicht freiwillig abtreten wollten, mit Gewalt wegzunehmen.«

Ludwig XVI. hoffte, »daß einer der Haupterfolge der Expedition darin liegen könnte, daß sie abgeschlossen würde, ohne das Leben eines einzigen Menschen zu opfern«. In diesen paar Zeilen von königlicher Hand wird erneut der Abscheu des Königs gegen unnütz vergossenes Blut deutlich, den er sein ganzes Leben bekundet hat. Übriges dokumentieren alle Denkschriften und Aufzeichnungen Ludwigs XVI. große Kenntnisse in Geographie und Seefahrt, durch die er die mit der Expedition beauftragten Spezialisten beeindruckte.

Am 1. August 1785 verließen die *Boussole* unter dem Kommando von La Pérouse und die *Astrolabe* unter Delangles mit je hundert Mannschaftsmitgliedern an Bord den Hafen von Brest. Die beiden Fregatten trugen die Hoffnungen des »Geographenkönigs« und einiger Gelehrter. Sie sollten niemals wiederkehren.

---

* Heute: Mauritius. (Anm. d. Übers.)

Das von den Gebrüdern Montgolfier in Annonay und auf dem Champ-de-Mars unternommene Experiment interessierte Ludwig XVI. ebenfalls. Die Verwirklichung des Ikarustraums fasziniert alle Menschen. Der König wollte sehen, wie ein Heißluftballon vom Versailler Schloß aus aufstieg. Am 19. September 1783 traf Montgolfier vor einer riesigen Menschenansammlung die letzten Vorbereitungen zum Start seiner Maschine aus 600 Ellen blauem und gelbem Tuch, abgedichtet mit Leimpapier, in der Form eines türkischen Zeltes. Der Ballon war 60 Fuß hoch und 40 Fuß breit. Der König und die königliche Familie betrachteten lange das Innere des von Stoffmassen verhüllten Tragwerks, wo sich eine riesige Feuerstelle befand. Hier wurde das Strohfeuer entfacht, dessen Rauch den Ballon in die Luft heben sollte.

Der König läßt sich den Mechanismus in allen Einzelheiten erklären. Dann schaut er in den Korb, den man an den Apparat hängt: Darin befinden sich ein Schaf, ein Hahn, eine Ente sowie ein Barometer. Man zündet das Stroh an, der Ballon beginnt anzuschwellen, gewinnt trotz des störenden Windes sehr bald die Form einer Birne, und dann werden die Seile, die ihn an die Erde fesseln, durchgeschnitten.

Begeistert sahen nun der König, der Hof und die Menschenmenge, wie sich diese blaue Masse, geschmückt mit den königlichen Insignien, in die Luft hob. Die Zeugen behaupten, daß der Ballon bis zu zweihundert Klafter (rd. 400 Meter) in östlicher Richtung aufgestiegen war, bevor er in die Wälder von Vaucresson stürzte, die eine halbe Stunde vom Schloß entfernt waren. Welche Freude, die Tiere lebend zu sehen; das Schaf befand sich in seinem Käfig und fraß, die Ente war unversehrt, und der Hahn hatte sich nur einen Fuß gebrochen! Der König beschloß, diese Tiere in seine Privatsammlung aufzunehmen, um die ersten Lebewesen, die der Luftfahrt den Weg eröffnet hatten, zu erhalten.

Nachdem Ludwig XVI. diesem ebenso wunderbaren wie interessanten Versuch beigewohnt hatte, unterhielt er sich lange mit Le Roy, dem Leiter seines Naturkundekabinetts in La Muette. Sie erwogen alle Vorteile, die eine solche Erfindung mit sich bringen könnte. Sie sahen darin ein Mittel, riesige Gewichtsmengen ohne die Hilfe anderer Maschinen zu befördern, und die Möglichkeit, gestrandete Schiffe wieder flottzumachen. Sie entdeckten darüber hinaus strategische Verwendungsmöglichkeiten. Ludwig XVI. war äußerst zufrieden. Die langen Stunden der Arbeit in seinem Kabinett waren nicht vergeblich gewesen.

Ungeachtet seiner Vorliebe für ernsthafte und einsame Tätigkeiten bemühte sich der Herrscher, dem Hof freundlich zu begegnen. Marie

Antoinette hatte endlich die Gefahr erkannt, die sich aus dem exklusiven Umgang mit einer auserkorenen Gesellschaft ergeben konnte. Seit dem Ende des Unabhängigkeitskriegs, das eine Reihe anziehender junger Leute nach Frankreich zurückgebracht hatte, wollte die Königin den Adel wieder an Versailles fesseln und dem französischen Hof seinen früheren Glanz zurückgeben. Ludwig XVI. ließ sie nach Belieben Feste und Vergnügungen veranstalten. Sie verstand sich sehr gut darauf und versuchte, die Feierlichkeit der großen Inszenierungen früherer Jahre zu vermeiden. Sie wollte die königlichen Vergnügungen in echte Freudenfeste für sich und die Höflinge verwandeln. Sie sollten das erfüllte Leben veranschaulichen und dem Traum der Königin von einem Leben als Schloßherrin entsprechen.

Ihre zweite Mutterschaft hatte sie offenbar etwas ruhiger gemacht. Sie gab sich nicht mehr ganz so hemmungslos den Vergnügungen hin. Während sie noch vor der Geburt ihrer Tochter getanzt hatte, fand sie sich jetzt zu alt dazu; sie verzichtete auf die extravaganten Gewänder, die sie hatte entwerfen lassen, und kleidete sich äußerst schlicht. Statt dessen brachte sie jetzt die weißen, völlig schmucklosen Kleider, die sogenannten *robes de gaulle*, in Mode.

Allerdings war auch diese Einfachheit sehr teuer; sie war genauso aufwendig wie der verrückte Schmuck von früher, denn Marie Antoinette bezahlte ihrer Kleidermacherin, Rose Bertin, alles, was diese geschickte Aufsteigerin verlangte. Riesige Summen! Die Gräfin d'Ossun, die sich um die königliche Garderobe kümmerte, war darüber sehr erschrocken. Aber Marie Antoinette ließ sich nicht dreinreden. Sie wollte gefallen, und machte sich gerade daran, einen Mann zu verführen, ihn zum Gefangenen ihres Charmes – ihres weiblichen Charmes – und nicht ihrer königlichen Ausstrahlung zu machen. Denn Fersen war jetzt aus Amerika zurückgekehrt. Die Königin war außer sich.

Obwohl er nach den Worten einer seiner Bewunderinnen »um zehn Jahre gealtert« war, blieb er »einer der schönsten Männer«, die Tilly, der ein Kenner war, jemals getroffen hatte. Seine etwas kühle Physiognomie weckte das Begehren der Frauen, die in ihm »eine glühende Seele unter einer Eisschale« erkannten. Fersen war umsichtig mit Männern, zurückhaltend bei Frauen und machte einen ernsten, aber keineswegs traurigen Eindruck. Er wirkte wie ein Romanheld. Er besaß keinen außergewöhnlichen Scharfsinn und hielt keine brillanten Reden, aber bezauberte sein Gegenüber bei der ersten Begegnung. »Er war frei von jedem Dünkel, seine ganze Kunst bestand in seiner Einfachheit«, berichtet Tilly weiter.

Der junge schwedische Edelmann, der noch keine dreißig Jahre alt war, hatte dem König von Frankreich gute Dienste geleistet. Nun kam er nach Versailles zurück mit der Absicht zu heiraten. »Nachdem ich meine Karriere verfolgt und meine Selbstliebe gestillt habe, muß ich mir ein solideres Leben überlegen; ich bin in einem Alter, in dem die Heirat, der ich nicht besonders geneigt bin, eine notwendige Angelegenheit wird«, schrieb er seinem Vater. Eigentlich wollte er sich mit einer reichen Engländerin vermählen, die er vor dem Krieg kennengelernt hatte. Aber jetzt mußte er erfahren, daß sie inzwischen geheiratet hatte. Das war nicht sehr schlimm, denn bald näherte er sich Germaine Necker*, die ihm ebenfalls eine gute Partie zu sein schien.

Als Fersen schließlich Marie Antoinette wiedersah, ließ er alle Heiratspläne rasch fallen. Am 31. Juli 1783, einen Monat nach seiner Rückkehr nach Frankreich, schüttete er seiner Schwester sein Herz aus: »Ich bin sehr froh darüber, daß Fräulein Leijel schon verheiratet ist«, schrieb er ihr. »Man wird mich nicht mehr auf sie ansprechen, und ich hoffe, daß man keine andere finden wird, denn ich habe meinen Entschluß gefällt. Ich kann nur der einzigen Person gehören, der ich gehören will, der einzigen, die mich wirklich liebt, und keiner anderen will ich gehören.«

Diese geheimnisvolle Person, die »ihn wirklich liebt«, ist die Königin von Frankreich. Was hat sich zwischen Fersen und Marie Antoinette zugetragen, als sie sich wiedersahen? Ihr Geheimnis bleibt wohlbehütet. Fersen hat andere Frauen gekannt, und er dachte zweifellos nicht daran, daß die Liebe der Königin ihn nach drei Jahren der Trennung so heftig gefangennehmen würde. Für diesen Aristokraten, der die Monarchie zutiefst verehrte, war die Leidenschaft einer Königin etwas Unvergleichbares. Er sah in ihr eher eine Herrscherin, der es gefallen hatte, ein Auge auf ihn zu werfen, als eine verliebte und pathetische Frau, die unfähig war, ihre Leidenschaft zu verbergen. Marie Antoinette konnte Fersen beherrschen, weil er von der Herrscherin-Frau fasziniert war und bereit war, die Herrscherin als Frau zu lieben.

Marie Antoinette versuchte Fersen in Versailles zu halten, und es gelang ihr, ihm das Kommando eines ausländischen Regiments zu beschaffen: *Le Royal Suédois*, das der Graf von Sparre für 100 000 Pfund zu verkaufen bereit war. Der junge Mann beschwor seinen Vater, ihm diese Summe zu geben, »die einzige Sache, die ihn für immer glücklich machen würde«, und für die er »noch tausend andere Gründe hatte, die

---

* Die spätere Madame de Staël. (Anm. d. Hrsg.)

er dem Papier nicht anvertrauen könnte«. Aber der alte Senator wollte nicht, daß sein Sohn im Ausland unter einem fremden König diente. Daraufhin wandte sich Gustav III. von Schweden persönlich an Ludwig XVI., damit dieser Fersen in die französische Armee aufnehme. Der König von Frankreich willigte gern in den Wunsch seines nordischen »Vetters« ein. Er erkannte Fersen sogar eine Unterstützung von 100 000 Pfund zu, so daß dieser seine Schulden begleichen konnte.

Diese wiedererstandene Liebe konnte am Hofe nicht unbemerkt bleiben. Kriegsminister Ségur hatte versucht zu verhindern, daß Fersen zum Eigentümer des Regiments würde. Wilde Gerüchte waren im Umlauf. Man fragte sich, welche Gefühle Marie Antoinette dem schönen Schweden entgegenbrachte. Man beobachtete ihre geringsten Taten und Gesten.

Der König schien zunächst nichts davon zu bemerken. Fersen war zu Gustav III. geeilt, der inkognito unter dem Decknamen Graf von Haga durch Deutschland reiste. Der Schwede folgte ihm nach Italien, wo er zwei Liebesaffären hatte und mit Marie Antoinette einen Briefwechsel unterhielt, der nicht mehr erhalten ist, zumal er selbst sein Tagebuch sowie seine Briefe aus dieser Zeit vernichtet hat. Seine Erben setzten dieses Autodafé fort.

Am 7. Juni 1784 wurde Ludwig XVI., der zur Jagd nach Rambouillet aufgebrochen war, von einem aufgeregten Boten benachrichtigt, daß der schwedische König mit seinem Gefolge überraschend in Versailles eingetroffen war. Der König kehrte sofort zum Palast zurück, wo er sich in aller Eile für den Empfang seines Gastes umkleidete. So wirkte er mit seinen zwei verschiedenen Schuhen reichlich lächerlich. Die Königin, die unter anderen Umständen über diesen Zwischenfall verstimmt gewesen wäre, lachte nur und fragte ihren erlauchten Gemahl, ob er sich für einen Kostümball geschmückt habe. Sechs Wochen lang boten die französischen Herrscher Gustav III. und seinem Gefolge die auserlesensten Vergnügungen an. Die Königin strahlte vor Glück, und der König schien weniger verschlossen als üblich. Gustav III. verpaßte kein einziges Fest, keine Theatervorstellung und strapazierte seine Getreuen mit seiner ausdauernden Genußsucht. Opern, Ballette, Komödien, Bälle, Diners und Soupers lösten einander ab und erreichten ihren Höhepunkt mit einem großen Fest in Trianon, das Marie Antoinette wie eine Liebeshymne an Fersen gestaltet hatte.

Nach der Vorstellung des *Dormeur éveillé* von Marmontel und Piccini lud die Königin ihre Gäste in die Pavillons von Trianon zum Souper ein.

Der beleuchtete englische Garten stand »allen rechtschaffenen Personen« zum Spaziergang offen – unter der Voraussetzung, daß sie weiß gekleidet waren. Wie Gustav III. meinte, war es eine wirkliche »Darbietung der elysischen Gefilde«. Die Königin, die selbst nicht mitaß, bediente ihre Gäste wie eine einfache Hausherrin. »Sie unterhielt sich mit allen Schweden und kümmerte sich mit äußerster Aufmerksamkeit um sie«, bemerkte der schwedische König, den die Königin mit ihrem Empfang betört hatte. Am 19. Juli reiste Gustav III. mit Fersen und dem restlichen Gefolge nach Stockholm zurück. Erst am 10. Mai des folgenden Jahres war Fersen wieder in Versailles. Bevor er Frankreich verließ, war ihm ein jährliches Gnadengehalt von 20 000 Pfund zugesichert worden.

Die Beziehungen zwischen Ludwig XVI. und Marie Antoinette blieben die gleichen wie in den letzten Jahren: eine Art Freundschaft, mit gelegentlichem freudlosen Beischlaf, um die Dynastie zu sichern. Der König war ebensowenig feurig wie früher, und die Königin gab sich der ehelichen Pflicht mit einer Lauheit hin, die derjenigen ihres Gemahls entsprach. Dennoch brachte Marie Antoinette am 25. März 1785, neun Monate nach dem prächtigen Fest von Trianon, einen zweiten Sohn zur Welt, dem der König den Titel Herzog von Normandie verlieh.

Diese erneute Schwangerschaft hatte die Königin sehr mitgenommen, mehrere Wochen lang verweilte sie in einem sonderbaren Zustand der Melancholie, die niemand vertreiben konnte. Sie ging mehrfach zur Beichte, und diese äußerste Frömmigkeit, die ihren Gewohnheiten so fremd war, sorgte für Verwunderung. Die Geburt eines zweiten Sohnes bedeutete für Ludwig XVI. eine große Erleichterung. Beim Tedeum, das in der Schloßkapelle gesungen wurde, wirkte er überglücklich. Allerdings fragten sich viele Höflinge, wem sie die Vaterschaft des Neugeborenen zuschreiben sollten. Wie es dem Brauch entsprach, begab sich Marie Antoinette am 24. Mai, einige Wochen nach der Niederkunft, nach Paris. Sie wurde mit eisigem Schweigen empfangen, zumal der König sie nicht begleitete. Bei ihrer Rückkehr nach Versailles brach sie in den Armen ihres Gatten in Tränen aus. »Was habe ich ihnen denn nur getan?« jammerte sie schluchzend.

Ludwig XVI. ist weiterhin nachsichtig und verwöhnt seine launenhafte Gemahlin, deren Unbeliebtheit ständig wächst; im Februar hat er ihr das Schloß von Saint-Cloud gekauft und dafür sechs Millionen Pfund an den Herzog von Orléans gezahlt. Zum ersten Mal in den Annalen der Monarchie wird dieser Kauf auf den Namen der Königin abgeschlossen. »Es ist unklug und unmoralisch, daß die Königin von Frankreich ein

Schloß besitzt!« wettert der Richter Epremesnil in einer Sitzung des Parlaments. Die spöttischen Pariser werden von nun an ihren Sonntagsspaziergang in Saint-Cloud machen, um die »Teiche der Österreicherin« zu sehen. In Wirklichkeit hatte sich Marie Antoinette eine Residenz gewünscht, die für ihre Kinder gesünder sein würde als die von Versailles, und ein Schloß, das die königliche Familie mit dem Großteil des Hofes beherbergen könnte, wenn man die unerläßlichen Arbeiten am Palast Ludwigs XVI. vornehmen würde.

Im Trianon gibt sich die Königin weiterhin leidenschaftlich der Architektur und dem Gartenbau hin. Der König steht ihren Launen nicht im Weg. Sie hat zum Beispiel den Einfall, bei ihrem Architekten Mique ein Gehöft in Auftrag zu geben, das einem idealisierten französischen Dorf täuschend ähnlich ist. Es gibt nichts Raffinierteres als diese scheinbare Schlichtheit, die eine entrückte, bäuerliche Glücksvorstellung spiegeln soll, wie sie diesem naturbegeisterten Jahrhundert entspricht. Allerdings verschlingt der Bau dieser Theaterkulisse aus bescheidenen Häuschen riesige Summen, die nur der Laune einer Frau geopfert werden.

Entgegen der Legende hat Marie Antoinette an diesem Operettenort niemals die Schäferin gespielt. Das Zepter und der Hirtenstab vertragen sich nur schlecht. In diesen strohbedeckten Häuschen siedelt sie drei echte Bauernpaare an. Sie bewirtschaften die Umgebung ihrer Häuser, züchten Kühe, Ziegen und Tauben, während die Königin einige Augenblicke in dem etwas luxuriöser ausgestatteten mittleren Häuschen verweilt, falls sie es nicht gerade vorzieht, sich in der mit einem Moosteppich ausgelegten Grotte auszuruhen.

Die Königin verbringt viele Stunden in ihrem Reich von Trianon, über das man so viele Dummheiten erzählt. Sie beschließt denn auch, es jeden Sonntag für einen Ball zu öffnen, zu dem alle Personen, »die anständig gekleidet sind«, Zutritt haben sollen. Der König beehrt diese Vergnügungen mit seiner Anwesenheit, während seine Gattin sich an einigen Kontertänzen beteiligt, um ihre Gäste, die meist nicht zum Hof gehören, zu erfreuen. Diese seigneural-großzügigen Kundgebungen haben Marie Antoinette allerdings nicht populär gemacht.

Indes gelang es ihr, den Adel in Versailles festzuhalten, wie sie es gewünscht hatte. Ihre Liebe zu Fersen hatte sie von der Polignac-Clique entfernt; ein prächtiger und belebter Hof schien ihr das beste Mittel zu sein, ihren Auserwählten zu binden. Sie sorgte dafür, daß die Bälle, die der König jede Woche gab, einen außerordentlichen Glanz erhielten. Man tanzte in den großen Sälen, vor allem im Herkulessalon. Nur die bei

Hof vorgestellten Personen waren zugelassen. Um Mitternacht wurde das Souper serviert, dem vor allem Ludwig XVI. alle Ehre erwies. Bald darauf zog er sich in seinen kleinen Salon zurück, um Tricktrack zu spielen. Die Strapaze des Balls war für ihn beendet: Er tanzte nie und mied die Gesellschaft der jungen Laffen, die die Gemächer bevölkerten. Er mied auch die Damen, da Frauen ihn schüchtern machten. Gegen ein Uhr ging er zu Bett, und er wußte ganz genau, daß die Besucher nach seinem Abgang lustiger sein und sich besser unterhalten würden. Die Königin blieb bis zum Morgengrauen. Erst dann waren diese Feste zu Ende. Mit ihnen triumphierte eine Lebenskunst, die sich in funkelnder Bedeutungslosigkeit auflöste.

Besonders beliebt waren bei Hofe die Theatervorstellungen. Darbietungen von guter Qualität und mit einer gekonnten Aufführung wurden begeistert aufgenommen. In Versailles spielte die Comédie-Française von Dezember bis Ostern jeweils dienstags eine Tragödie und donnerstags eine Komödie. Freitags bot die Comédie-Italienne ein Schauspiel. Fünf- bis sechsmal im Winter fanden Opernaufführungen statt, und wenn der Hof verreiste, begleiteten ihn stets auch die Komödianten. Marie Antoinette leitete persönlich mit Papillon de La Ferté, dem Intendanten der Hoflustbarkeiten, die Vorbereitungen zu diesen Darbietungen.

Der König liebte besonders die Tragödie, die er zum Teil auswendig aufsagte, was ihn nicht daran hinderte, die Komödie und vor allem Molière zu schätzen. Er verteidigte sogar den Autor des *Malade imaginaire* gegen diejenigen, die ihn zu vulgär fanden. Marie Antoinette liebte Ballette und Musikstücke, aber ihr Lieblingsautor war in diesem Jahr niemand anders als Beaumarchais. *Le Barbier de Séville* hatte großen Erfolg gehabt, und sein Autor hatte mehrere Jahre gebraucht, um ein Meisterwerk zu verfassen, das sein vorheriges übertraf. Natürlich handelte es sich um *Le Mariage de Figaro*, das in allen Salons gelesen wurde. Der junge Adel und die ganze Polignac-Clique drängten den König, eine Aufführung zu autorisieren. Man sollte endlich diesen »verrückten Tag« mit seinen revolutionären Tiraden spielen, und in allen Ohren sollten neue Töne, wie sie die königliche Umgebung noch nie vernommen hatte, zum Klingen gebracht werden.

Ludwig XVI. beschloß, sich ein eigenes Urteil zu bilden, und ließ sich das Manuskript des Stückes vom Polizeileutnant bringen. Er schloß sich mit der Königin in seinem Arbeitszimmer ein und ließ Frau Campan rufen, damit sie die giftigen Seiten vorlese. Nicht die schlüpfrigen Szenen schockierten diesen sittenstrengen Herrscher, sondern die Kritik an den

Institutionen. Während der Tirade über die Staatsgefängnisse erhob sich der König und sagte: »Dieses Stück ist hassenswert, es wird niemals gespielt werden. Man müßte die Bastille zerstören, damit die Aufführung dieses Stückes keine gefährliche Inkonsequenz wäre. Der Mann verhöhnt alles, was man bei einer Regierung achten muß.« Die Königin war enttäuscht: »Also wird es nicht aufgeführt?« fragte sie verwundert. »Nein, ganz sicher nicht«, antwortete Ludwig XVI., »Sie können sich darauf verlassen.« Marie Antoinette hatte die politische Brisanz der Kritik nicht begriffen. Wo sie nur aufregende Unterhaltung sah, verstand ihr Gemahl den engagierten Angriff gegen das alte monarchische Gebäude.

Am Hof und in Paris erregten sich die Gemüter. »Nur Kleingeister haben Angst vor kleinen Schriften.« Diese Antwort Figaros, die man überall verbreitete, zielte auf die königliche Freiheit. Die Gönner Beaumarchais' beschlossen, dem Herrscher zu trotzen und das Stück in der Comédie-Française aufführen zu lassen. Zehn Stunden vor Kassenöffnung war fast ganz Paris an den Pforten des Theaters versammelt; Köchinnen drängten sich neben Händlern und Bürgern. Man schubste und drängelte, bis schließlich der Befehl des Königs eintraf: Die Aufführung war verboten.

Dieses Verbot tastete die Freiheit der Bürger an. Man sprach von Tyrannei und Unterdrückung. Die Polignac-Clique setzte Marie Antoinette erneut unter Druck, der Graf von Vaudreuil wollte das Stück in seinem Landhaus aufführen lassen. Beaumarchais versprach, die umstrittenen Abschnitte zu streichen. Schließlich gab Ludwig XVI. nach. Man überredete die Königin, daß das Stück nach den Änderungen des Autors keinerlei Gefahr mehr berge. Sie vertraute darauf, daß *Le Mariage de Figaro* unter diesen Bedingungen kein Erfolg sein würde und drängte den König dazu, seine Genehmigung zu geben. Ludwig XVI. machte sich nicht die Mühe, den Text, den Beaumarchais nur geringfügig umgearbeitet hatte, erneut zu lesen.

»Wie beurteilen Sie die Erfolgschancen?« fragte er den Marquis von Montesquiou nach der ersten Aufführung. »Sire, ich hoffe, das Stück fällt durch«, antwortete dieser vorsichtig. »Ich auch«, entgegnete der König, der sich keine weiteren Sorgen mehr machte.

Monsieur, der dieser Premiere beigewohnt hatte, kam recht erbost nach Versailles zurück. Beaumarchais wurde bald darauf verhaftet, aber die Begeisterung der Zuschauer aller Stände ließ sich nicht verleugnen. Die großen Seigneurs und die Kleinbürger jubelten gemeinsam bei den

Tiraden, die den Adel und das gesamte bestehende Gesellschaftssystem verurteilten.

Die Königin ärgerte sich nun über die Polignac-Clique, da sie sich betrogen fühlte und dem König eine Entscheidung abgerungen hatte, die so nachteilig für die Monarchie war. Ihre Beziehung zu ihren Freunden verschlechterte sich zusehends. Frau von Polignac, die 1782 Gouvernante der *Kinder Frankreichs* geworden war, genoß bei ihrer Freundin nicht mehr das gleiche Vertrauen. Täglich erhielten der König und die Königin unzählige Schmähschriften, die Marie Antoinette der schlimmsten Schändlichkeiten bezichtigten. Die Königin weinte, Ludwig XVI. tröstete sie, verwöhnte sie und riet ihr, sich abzulenken.

Um so fleißiger probte die Königin im Juli 1785 die Rolle der Rosina im *Barbier de Séville*, als man den Juwelier der Krone, Böhmer, bei ihr einließ. Der legt ihr einen Zettel vor, von dem sie nichts versteht. Mit schwülstigen Worten gratuliert ihr der Juwelier zu dem Glück, einen so prächtigen Diamantschmuck tragen zu können. In Wirklichkeit konnte er sich gratulieren, denn er hatte ihr früher bereits Ohrringe im Wert von 360 000 Pfund verkauft, außerdem viele Diamanten und Schmuckstücke für die Kleinigkeit von 800 000 Pfund!

Es war auch schon vorgekommen, daß die Königin ohne Wissen ihres Gatten heimlich Schmuck kaufte. Sie sagte ihm dann die Höhe ihrer Schulden erst später, und er beglich sie sofort. Deshalb versuchte Böhmer sie immer wieder zum Kauf zu verleiten. Zwei Jahre zuvor hatte er sein ganzes Vermögen aufs Spiel gesetzt, um ein schweres Diamantenhalsband anzufertigen, für das er 1 600 000 Pfund verlangte. Dieses prachtvolle Halsband bestand aus ungewöhnlich großen, weißen und glänzenden Steinen. Ludwig XVI. wollte es seiner Frau schenken, aber dieses eine Mal zeigte sie sich vernünftig. Sie trug zunehmend weniger Diamanten. Wie bereits erwähnt, war die Mode schlichter geworden. Marie Antoinette soll sogar behauptet haben, Frankreich brauche eher ein Kriegsschiff!

Also begreift sie Böhmers Zettel ganz und gar nicht und verbrennt ihn sofort, bevor sie zu ihren Proben zurückkehrt. Der Juwelier, der sofort verschwindet, als er den Generalkontrolleur der Finanzen kommen sieht, geht in das Landhaus von Frau Campan, um ihr seine Lage zu erklären. Er gibt ihr zu verstehen, daß er ruiniert sei, wenn die Königin das Halsband nicht sofort bezahle. Die Kammerzofe ist verblüfft. Um welches Halsband handelt es sich? Sie weiß nichts von einem solchen Kauf. Aber Böhmer behauptet das Gegenteil und erzählt, daß Marie Antoinette dieses wunderbare Halsband durch den Großkaplan, Kardinal Rohan, habe kaufen lassen; er sei im Besitz der von der Königin unterschriebenen Rechnung, die sie dazu verpflichteten, die Raten, deren Zahlungsfrist längst abgelaufen sei, zu begleichen. Ratlos schickt Frau Campan den Juwelier zum Minister des königlichen Hofstaates, den diese Angelegenheit natürlich sofort interessiert.

Verwirrt begibt sich Böhmer jetzt zum Kardinal, der ihn beruhigt: Er habe mit der Königin persönlich verhandelt, und ihre Kammerzofe sei nicht unbedingt informiert. Er bittet Böhmer also um Geduld, falls die Königin nicht sofort zahlt; die Tatsache, daß sie den Schmuck nie getragen habe, sei auch nicht sonderlich beunruhigend.

Nach Böhmers Besuch beeilt sich Frau Campan, ihrer Herrin diese sonderbare Unterhaltung mitzuteilen; Marie Antoinette ist aufgebracht und verlangt, daß der Juwelier einen vollständigen Bericht über die Angelegenheit vorlegt. Als sie von Böhmer, den sie zunächst für verrückt hielt, persönlich erfährt, daß das besagte Halsband tatsächlich in ihrem Namen durch die Vermittlung des Kardinals gekauft wurde, ist Marie Antoinette völlig niedergeschmettert. Ihrer Verblüffung folgt bald eine maßlose Wut. Wie kann dieser Rohan, den sie verachtet, dieser Kardinal, mit dem sie nie ein Wort gewechselt hat, sich zu einer derartigen Intrige erdreistet haben? Die Königin verabscheute den Großkaplan, seit Maria Theresia sich über die Gesandtschaftsdienste des Prälaten in Wien beklagt hatte: Er hatte eher seine Liebesabenteuer als seine Botschaftertätigkeit im Sinn. Darüber hinaus hatte Rohan den Leichtsinn besessen, die Kaiserin hart zu kritisieren und sich wenig schmeichelhaft über die junge Erzherzogin, die zur Dauphine Frankreichs geworden war, zu äußern. Marie Antoinette hatte ihm dies nie verziehen.

Nun zögert sie keinen Augenblick: Sie teilt die ganze Angelegenheit ihrem Gatten mit, der ihren Zorn bald teilt. Breteuil, der sofort zu Rate gezogen wird, schließt sich der Meinung des Herrscherpaars an, während Miromesnil die Dinge mit Vorsicht beurteilt. Ludwig XVI. und Marie Antoinette wollen die Angelegenheit klären, und der Minister des königlichen Hofstaats drängt sie dazu, den Betrug öffentlich zu machen. Er schlägt vor, den Kardinal am 15. August, wenn er sich zum König begibt, um ihn in die Kapelle zur Messe zu begleiten, verhaften zu lassen. Ludwig XVI., dem dies etwas zu hart ist, will noch die Ansichten Vergennes' und Miromesnils hören, welche entgegen ihren Gewohnheiten sofort für die Königin Partei ergreifen. Indes beschließt der König, Rohan zunächst einmal anzuhören.

Am 15. August, Mariä Himmelfahrt, dem Namenstag der Königin, ist der Versailler Palast von Menschen überfüllt. Prächtig gekleidet, schreitet der Kardinal auf und ab, während er den König erwartet. Zu seiner großen Überraschung läßt der König ihn rufen. Majestätisch bewegt Rohan sich mit einem Seidenrascheln zu den Gemächern Ludwigs XVI. Wie groß ist seine Überraschung, als er den Herrscher in Gesellschaft der Königin und seiner drei Minister Breteuil, Miromesnil und Vergennes antrifft.

»Haben Sie bei Böhmer Diamanten gekauft?« fragt ihn der König.
– »Ja, Sire.«
– »Was haben Sie damit getan?«
– »Ich dachte, daß sie der Königin übergeben worden seien.«
– »Wer hat sie mit diesem Dienst beauftragt?«
– »Eine Dame namens Gräfin La Motte-Valois, die mir einen Brief der Königin vorgelegt hat...«

Hier unterbrach ihn die Königin und sagte:
– »Mein Herr, wie konnten Sie, an den ich seit acht Jahren nie das Wort gerichtet habe, glauben, daß ich Sie dazu auserwählen würde, diesen Handel zu führen, und noch dazu durch die Vermittlung einer solchen Frau?«
– »Ich sehe«, antwortete der Kardinal, »daß ich schändlich betrogen worden bin; ich werde das Halsband bezahlen; das Anliegen, Eurer Majestät zu gefallen, hat mich geblendet; ich habe keinerlei Schwindel bemerkt und bin darüber sehr betrübt.«

Aus seiner Tasche zog er ein Portefeuille mit dem Brief der Königin an Frau von La Motte, in welchem sie ihr jenen Auftrag erteilte. Der König ergriff ihn und sagte, während er ihn dem Kardinal zeigte:

»Dies ist weder die Schrift der Königin noch ihre Unterschrift: Wie kommt es, daß ein Fürst aus dem Hause Rohan und ein Großkaplan von Frankreich annimmt, daß die Königin als Marie Antoinette von Frankreich unterschreibt? Jeder weiß, daß Königinnen nur mit ihrem Taufnamen unterschreiben...«

Auch der Brief selbst war eine sehr schlechte Fälschung...

»Erklären Sie mir doch«, fuhr der König fort, »dieses Rätsel; ich will Sie nicht beschuldigen, ich wünsche Ihre Rechtfertigung zu erfahren. Erklären Sie mir, was all diese Verhandlungen mit Böhmer, diese Zusicherungen und Briefe bedeuten.«

(Der Kardinal wurde bleich und hielt sich am Rande des Tisches fest.)
– »Sire, ich bin zu verwirrt, um Eurer Majestät zu antworten...«

— »Beruhigen Sie sich, Herr Kardinal, und kommen Sie in mein Arbeitszimmer. Sie werden dort Papier, Schreibfeder und Tinte finden; schreiben Sie nieder, was Sie mir zu sagen haben...«

Während der Großkaplan seine Aussage verfaßt, herrscht um den König große Aufregung. Vergennes und Miromesnil sind sprachlos, Breteuil ist über den mutmaßlichen Schuldigen erzürnt, die Königin vergießt vor Wut und Ekel dicke Tränen. Als der Kirchenfürst kurz darauf zurückkehrt und der König ihn darauf hinweist, daß er verhaftet werden wird, bittet ihn Rohan sehr gelassen, die Formen zu wahren, und ihm die Schmach einer Verhaftung in priesterlichem Gewand, vor dem ganzen Hof, zu ersparen. Aber das Schluchzen der Königin hindert Ludwig XVI., seine Entscheidung rückgängig zu machen.

Der Großkaplan verläßt das Arbeitszimmer und durchquert majestätischen Schrittes den endlosen Spiegelsaal, als ob nichts geschehen wäre. Plötzlich erschallt die Stimme Breteuils: »Man verhafte den Kardinal!« Daraufhin nimmt der Hauptmann der Garde Rohan fest. Die Menge ist verblüfft, nur der Großkaplan behält einen kühlen Kopf und kritzelt eilig einen Brief an seinen Großvikar, Abbé Georgel, in dem er ihn bittet, sofort einige äußerst kompromittierende Briefe zu vernichten. So geschieht es auch, bevor seine gesamte Privatkorrespondenz gerichtlich versiegelt wird.

Es gibt zwei Darstellungen zum Verlauf dieser dramatischen Ereignisse. Frau Campan überliefert den Bericht der Königin und der Abbé Georgel den des Kardinals. Wie die meisten Historiker haben wir die Memoiren der Kammerzofe zitiert, weil sie ausführlicher und genauer sind. Die Darstellungen widersprechen sich in zwei Punkten. Georgel behauptet, daß Rohan keinen Brief, der mit »Marie Antoinette von Frankreich« unterschrieben war, bei sich hatte, und erwähnt nicht die schriftliche Aussage des Großkaplans. Allerdings bestätigen die Verfügungen des Königs an den Parlamentsgerichtshof vom 5. September 1785 die Darstellung Frau Campans.

Der Kardinal wurde zur Bastille gebracht: Der königliche Wille entzog ihn der kirchlichen Gerichtsbarkeit und delegierte den Fall an den Parlamentsgerichtshof, was dem Angeklagten nicht mißfiel. Derartig strenge Maßnahmen gegen einen Kirchenfürsten, der einer der vornehmsten Familien des Königreiches angehörte, verblüfften den Hof und brachten die Condés, Rohans, Soubises, deren Verwandtschaft und Klientel gegen die Anklage auf. Frau von Marsan, die den König aufgezogen hatte, warf sich zu Füßen der Königin, um ihre Vergebung zu erbitten. Sie wurde abgewiesen. Für Marie Antoinette war die Angelegenheit erledigt; die Gerechtigkeit würde ihren normalen Lauf nehmen, und dieser unverschämte Kardinal, der sich früher erdreistet hatte, abfällige Reden über ihre Mutter und sie selbst zu führen, würde seine gerechte Strafe erhalten.

Einige Tage später begab sie sich in aller Unschuld nach Fontainebleau; auf einer prunkvollen Jacht segelte sie die Seine hinab, während von den *Invalides* her Kanonendonner herüberschallte. Hochmütiger denn je schritt die Königin mit der befleckten Ehre durch die Spaliere ihrer Untertanen, die für sie nur Verachtung oder Haß empfanden. Sie war ihrem Gatten für seine Unerbittlichkeit in der Diamantenaffäre besonders dankbar. »Ich werde niemals das Verhalten vergessen, das der König vom ersten Augenblick an während dieser ganzen Angelegenheit gezeigt hat«, schrieb sie ihrem Bruder. »In meinen Augen war es vorbildlich, und obwohl seine Minister, mit denen er sich nur in meiner Anwesenheit besprach, mit dem Kardinal oder seinen Verwandten zum Teil gute Beziehungen unterhielten, konnten sie ihn von seiner Linie nicht abbringen.« Die Königin sollte bald ernüchtert werden. Als sie begriff, wie unmittelbar sie betroffen war, verwandelte sich ihre Wut in Schmerz.

Das Verfahren nahm in der Tat seinen Lauf. Rohan verteidigte sich, und was er vorbrachte, brachte die Königin von Frankreich persönlich in Verdacht. Es würde den Rahmen unserer Darstellungen sprengen, die unzähligen Episoden dieser bekannten und komplexen Affäre zu erzählen. Wir werden uns also auf das Wichtigste beschränken.

Der Kardinal erwies sich sehr bald als das Opfer einer Abenteuerin, einer vermeintlichen Gräfin von La Motte-Valois, die von einem unehelichen Sohn Heinrichs II. abstammte. Sie war von Frau von Boulainvilliers aufgezogen worden, und diese hatte sie 1781 dem Kardinal vorgestellt. In aller Dreistigkeit gab Frau von La Motte dem Großkaplan zu verstehen, daß sie zum engsten Kreis der Königin gehöre und deren Vertraute sei. Rohan ging ihr ins Garn und erzählte ihr von seinem Wunsch, die Gunst der Herrscherin zu erlangen. Die Intrigantin begriff sofort den Nutzen, den sie aus einer solchen Lage ziehen konnte. Sie ließ den Kardinal glauben, daß sie ihn bei Marie Antoinette in ein günstiges Licht rücken könnte, und trieb die Kühnheit sogar so weit, ein Stelldichein zwischen der Herrscherin und Rohan im Venuswäldchen des Versailler Parks zu inszenieren: am 11. August 1784 um Mitternacht.

Eine kleine Kurtisane, die Frau von La Motte durch ihren Gatten kannte, der sie in den Gärten des *Palais-Royal* aufgegabelt hatte, sollte die Rolle Marie Antoinettes spielen. Königlich gekleidet und mit einem Hut, der ihr Gesicht verdeckte, wartete sie auf den Verehrer. Sie reichte dem zutiefst ergriffenen Kardinal eine Rose und flüsterte einige Worte, die man ihr eingetrichtert hatte: »Sie wissen, was dies bedeutet.« Vor lauter Dankbarkeit küßte Rohan den Kleidersaum der vermeintlichen Königin, während Frau La Motte ihn schnellstens zur Flucht antrieb und ihn zur größten Verschwiegenheit anhielt. Diese romantische Begegnung erweckte beim Kardinal die kühnsten Hoffnungen; offenbar war er über diese Annäherung keineswegs erstaunt, denn für ihn war es – trotz seiner Erfahrungen in diplomatischen Dingen – selbstverständlich, daß ihm die Frauen zu Füßen lagen. Außerdem stand ja die Königin in einem schlechten Ruf. Man munkelte von Liebhabern, sie galt als lesbisch, und ihre Vorliebe für nächtliche Spaziergänge im Park, während der König schlief, war bekannt. Daher schien es durchaus wahrscheinlich, daß sie ihre Verehrer in den Wäldchen des Parks traf, und auch der Großkaplan machte sich nun Hoffnungen.

Nach dem vermeintlichen Rendezvous mit Marie Antoinette hatte Frau von La Motte den Kardinal in der Hand, und sie begann bald, ihm Geld für die »guten Werke« der Königin aus der Tasche zu ziehen: 60 000 Taler, 100 000 Taler, der Kardinal zahlte und die falsche Gräfin verwandelte ihre verhältnismäßig ärmliche Lage in eine beneidenswerte Stellung. Gegen Ende des Jahres bereitete die Abenteurerin einen großen Coup vor. Sie kannte den Juwelier Böhmer, der alles tun wollte, seinen schweren Halsschmuck zu verkaufen. Geschickt machte sie ihm Hoffnungen, indem sie vorgab, im Namen der Königin zu verhandeln. Natürlich wollte sie sich dabei des Kardinals bedienen. Sie erklärte ihm, daß Marie Antoinette ihn brauche, um über den Schmuck zu verhandeln. Rohan verpflichtete sich gegenüber dem Juwelier durch die mit »Marie Antoinette von Frankreich« unterzeichneten Briefe, die von einem gewissen Rétaux de Villette, dem Geliebten Frau von La Mottes, verfaßt wurden. Das Halsband sollte in vier Raten abbezahlt werden. Der Kardinal erhielt das wertvolle Stück ausgehändigt, das er sofort an Frau von La Motte weitergab. Sie zerlegte es und verkaufte die einzelnen Steine durch die Vermittlung ihres Gatten. Als der Juwelier das erhoffte Geld nicht eintreffen sah, schlug er Alarm.

Der Kardinal gestand, was er wußte, aber Frau von La Motte, die kurz nach ihm verhaftet worden war, leugnete alles; sie entwickelte sogar ein boshaftes Spiel daraus, die Spuren zu verwischen. Allerdings gab ihr Komplize Rétaux de Villette, der ebenfalls hinter Schloß und Riegel saß, zu, die Briefe gefälscht und mit »Marie Antoinette von Frankreich« unterzeichnet zu haben. Dieser skandalöse Prozeß, in dem ein Kirchenfürst der Hehlerei und des Schmuckdiebstahls bezichtigt wurde und in dem die Königin von Frankreich als liederliches Weib erschien, schürte die Leidenschaften. Der Kardinal galt bald als Opfer, während die Königin, die selbstverständlich nie als Zeugin auftrat, in den Augen der Öffentlichkeit suspekt blieb. Man munkelte, sie habe Rohan aufgetragen, das Halsband zu kaufen, und ihn sofort danach fallenlassen, als die Angelegenheit ruchbar wurde. Andere behaupteten, daß sie der Szene im Wäldchen beigewohnt und sich hinter einer Baumgruppe versteckt habe, um zu genießen, wie Rohan das Kleid einer Dirne küßte, die er für die Königin hielt. Dies würde bedeuten, daß sie Frau von La Motte kannte.

Die Angelegenheit erhielt auch eine politische Dimension. Für die Feinde der Königin, denen sich die Rohans, die Soubises und alle mit dem Kardinal verbundenen Familien anschlossen, sowie auch für den Klerus war Rohan nicht bloß das Opfer einer Abenteuerin, sondern der Königin selbst... Welcher Glücksfall für den aufsässigen Parlamentsgerichtshof, über eine solche Sache richten zu dürfen! »Welch große und glückliche Angelegenheit! Ein Kardinal als Betrüger und eine Königin, die in eine Fälschungsgeschichte verwickelt ist!... Was für ein Dreck am Bischofsstab und am Zepter! Welcher Triumph für die Ideen der Freiheit! Welch eine Aufwertung für das Parlament!«, so hatte der ungestüme Richter Fréteau de Saint-Just ausgerufen, womit er nur die geheimen Gefühle seiner ehrbaren Berufsgenossen kundtat.

Am 22. Mai 1786 wird der Prozeß eröffnet. Es geht hoch her. Viele Damen, die dem Kardinal wohlgesonnen sind, tragen mit Juwelen geschmückte Hüte, die mit gelben und roten Bändern am Kopf befestigt sind; man spricht von einer *Coiffure au cardinal sur la paille**. Viele Hofdamen schulden dem Gefangenen besonderen Dank: Durch das schnelle Eingreifen seines Assistenten Georgel hat Rohan noch viele Briefe vernichten können, die sonst Stoff für weitere Skandale geliefert hätten.

Die vierundsechzig Richter der Großen Strafkammer beginnen mit der Verlesung der unzähligen Dokumente. Zehn Tage lang lösen Verhöre und Aussagen einander ab. Frau von La Motte berichtet, sie habe mehr als zweihundert Briefe der Königin an den Kardinal gesehen, so daß keinerlei Zweifel über deren Verhältnis bestehen könne. Rohan ist offen-

---

* Wörtlich: Kardinal auf dem Stroh. (Anm. d. Hrsg.)

sichtlich am Diebstahl, für den man ihn verhaftet hat, unschuldig. In Wirklichkeit steht er also für das Vergehen der Majestätsbeleidigung vor Gericht: Ist er schon deshalb schuldig, weil er geglaubt hat, die Königin von Frankreich würde ihm ein galantes Rendezvous gewähren – als Vorgeschmack eines verwerflichen Abenteuers – und ihn darüber hinaus damit beauftragen, in ihrem Namen ein Halsband für 1 600 000 Pfund zu kaufen?

Am 31. Mai hielt Joly de Fleury als Generalprokurator sein sehr hartes Plädoyer. Der Kardinal sollte gestehen, daß er »sich tollkühn im Namen der Königin in den Verkauf des Halsbandes eingemischt habe; und daß er noch tollkühner an ein nächtliches Rendezvous mit der Königin geglaubt habe. Er solle endlich den König um Verzeihung bitten«. Darüber hinaus müsse Rohan von seinem Amt als Großkaplan zurücktreten und sich von nun an vom königlichen Haus entfernt halten.

Das Plädoyer des Generalprokurators wurde nicht nur mit neunundzwanzig gegen neunzehn Stimmen abgelehnt (die geistlichen Richter durften an der Abstimmung nicht teilnehmen), sondern der Kardinal wurde auch »von den Beschwerden und Anklagen gegen seine Person« freigesprochen. Frau von La Motte dagegen sollte öffentlich ausgepeitscht, mit glühenden Eisen gebrandmarkt und lebenslänglich in der Salpêtrière eingesperrt werden.

In Paris gratulierte man sich zum Freispruch des Kardinals, der gleichsam zum Helden des Tages wurde: Der Monarchie war es nicht gelungen, ihn dem königlichen Willen zu unterwerfen. Die Condés, die Rohans und die Soubises triumphierten, die Parlamentarier jubelten, und das Volk klatschte sowohl dem Kardinal als auch den Richtern Beifall.

In Versailles mußte Marie Antoinette die Neuigkeit sehr schonend beigebracht werden – dennoch brach sie in Tränen aus. »Kommen Sie und beklagen Sie Ihre geschmähte Königin, die ein Opfer von Kabalen und Ungerechtigkeiten ist«, sagte sie zu Frau Campan. Der König begab sich zu seiner Gattin und versuchte, sie zu trösten: »Sie wollten in dieser Angelegenheit nur den Kirchenfürsten und den Prinzen von Rohan sehen; aber dieser Mann ist nichts weiter als der Handlanger eines Geldjägers, für den all dies nur eine Möglichkeit war, den Krug zum Brunnen zu bringen; in dieser Geschichte wurde auch der Kardinal betrogen; nichts ist einfacher zu durchschauen. Man muß nicht Alexander heißen, um diesen Gordischen Knoten zu durchschlagen«, erklärte er und war voll und ganz von der Schuld Rohans überzeugt. Er befahl seinen Rücktritt als Großkaplan und verbannte ihn in seine Abtei von Chaise-Dieu.

Dieses Ereignis, das den jungen Goethe in Schrecken versetzte, schien den König jedoch nicht übermäßig betroffen zu machen. Er durchschaute wohl nicht, daß der Freispruch des Kardinals nicht nur die Ehre seiner Frau und damit die seinige endgültig kompromittierte, sondern daß er darüber hinaus dem Parlamentsgerichtshof eine unverhoffte Gelegenheit geboten hatte, sich an der absoluten Monarchie zu rächen. Am 31. Mai waren die Richter mit dem Ruf »Es lebe der Parlamentsgerichtshof!« begrüßt worden. Die gleichen Hochrufe begleiteten Rohan zur Bastille, wo er vor seiner Freilassung eine letzte Nacht verbringen mußte. Mit seinem Urteilsspruch bewies das Parlament, daß die Königin in Wirklichkeit eine Person war, die wie jede andere dem Gesetz unterstand, und ließ so vorausahnen, daß der König selbst eines Tages verurteilt werden könnte. Dies war ein ernstzunehmender Angriff auf die Monarchie und ihre Grundsätze.

Ludwig XVI. schien sich jetzt nur noch mehr für die Reise nach Cherbourg zu interessieren, die er auf Anraten Calonnes unternehmen wollte. Diese wichtige Fahrt in die Normandie war im geheimen beschlossen worden, und die Königin, die der König nicht zu Rate gezogen hatte, war etwas ungehalten. Marie Antoinette näherte sich dem Ende einer erneuten Schwangerschaft und hatte gehofft, daß der König seine Reise, die unter dem besten Vorzeichen stand, aufschieben würde, damit sie ihn begleiten könnte. So hätte auch sie den Beifall der Provinzbevölkerung, die immer herzlicher und weniger voreingenommen war als die Pariser Masse, genießen können. Aber der König ließ sich nicht umstimmen und fuhr am 20. Juni nach Rambouillet, der ersten Zwischenstation dieser Reise, die ihn bis zur Spitze des Cotentins führen sollte.

Die Vorfahren Ludwigs XVI. hatten im Kampf gegen England die Häfen der Nordsee und des Ärmelkanals befestigen lassen. Ludwig XIV. hatte Dünkirchen große Beachtung geschenkt, Ludwig XV. hatte sich auf Le Havre konzentriert, und Ludwig XVI. wollte nun den Hafen von Cherbourg ausbauen. Die Schlacht von La Hogue (1692) und die Landung der Engländer am Stadtrand (1758) hatten die Notwendigkeit von Befestigungsmaßnahmen bewiesen: Im Juni 1784 war mit der Arbeit begonnen worden. Die von Calonne vorgeschlagene Reise war als Propagandatournee konzipiert worden; im damaligen politischen Kontext, der sich allmählich zu trüben begann, sollte sie die Popularität des Königs verbessern.

Calonne hatte seinem Herrn vor dessen Abreise ein genaues Gutachten über die Normandie überreicht, das er persönlich nach den Berichten der

Intendanten und Magistratsbeamten verfaßt hatte. Der König war also über die Provinz, durch die er fuhr, sehr genau im Bilde. Er kannte schon im voraus die Sehenswürdigkeiten, die Ressourcen und die Bedürfnisse aller Ortschaften, die er durchqueren würde. Die Perspektive dieser Reise begeisterte ihn: Endlich würde er das Meer sehen, von dem er so oft geträumt hatte! Seine Vorliebe für die Wissenschaft der Seefahrt würde befriedigt werden.

Bereits in den ersten Marktflecken, die er durchfährt, wird Ludwig XVI. von seinen Untertanen mit außerordentlichen Beweisen der Zuneigung begrüßt. In Houdan umklammert eine Frau seine Knie und bricht in Tränen aus, während sie ausruft: »Ich sehe einen guten König, jetzt wünsche ich nichts mehr auf dieser Erde.« In Laigle umarmt ihn der Herbergsvater. Wenn der König ein Dorf durchquert, in dem er nicht anhalten kann, befiehlt er, langsamer zu fahren, um seinem Volk zu zeigen, welche Gefühle er ihrem Empfang entgegenbringt. Bei der Fahrt durch Caen bekommt er großen Appetit und läßt an einer Schenke anhalten. Diese Pause ist im Programm nicht vorgesehen, und die erstaunten Wirtsleute sind sehr beeindruckt, als der Monarch sich an den Gasttisch setzt und ein großes Landbrot, Butter und Eier bestellt. Überall erzählt man von den rührenden Gesten dieses Königs, dessen Schlichtheit und Güte miteinander wetteifern.

Am 22. Juni gegen halb elf Uhr nachts erreicht Ludwig XVI. Cherbourg. Die Stadt, der Hafen und die beleuchteten Schiffe spiegeln sich im Meer. Die ganze Bevölkerung wartet am Straßenrand, um den König zu bejubeln. Er gönnt sich nur eine kurze Nachtruhe. Am folgenden Morgen ist er schon um drei Uhr auf den Beinen. In der scharlachroten Uniform eines Generalleutnants begibt er sich zur Messe und besucht danach die Werft, wo die Marineoffiziere ihn bereits erwarten.

Zur allgemeinen Überraschung notiert sich der König mit Bleistift ihre Namen, wobei er ihnen freundlich erklärt: »Wir müssen schließlich miteinander bekannt werden.« Um halb vier steigt er in einen Kahn und beschmutzt dabei seinen Rock mit Teer. Als man ihm vorschlägt, ihn zu wechseln, protestiert er und versichert, daß er sich so wohler fühle. Die Inspektion beginnt. Ludwig XVI. unterhält sich mit seinen Offizieren und findet immer das rechte Wort, die angemessene Bemerkung oder Geste, die ins Herz dringt.

Am folgenden Tag geht er an Bord des Geschwaders, das im Hafen vor Anker liegt. Es läuft aus, und Ludwig XVI. läßt sich das Manöver erklären. Seine Kenntnisse und seine Zitate verwundern die Offiziere, die sich freuen, ihre Schiffe einem so sachkundigen König vorzuführen. Als er wieder an Land geht, empfängt »den guten König« eine lange Ovation. Mit Tränen in den Augen ruft er zurück: »Es lebe mein Volk! Es lebe mein gutes Volk!«

Der letzte Tag in Cherbourg ist der Erkundung der Küste gewidmet. Bei rauhem Wind und aufgewühlter See beobachtet der König alles und stellt ununterbrochen Fragen an seine Begleiter. Später verlangt er, mehrere Schiffe und sogar einige kleine Handelsbriggs zu besuchen. Schließlich ißt er an Bord der *Patriote* zu Abend, wo alle Offiziere von seinem Interesse für die Seefahrt begeistert sind. Während des Essens zeigt der König auf eine Speise, die noch niemand angerührt hat, und will wissen, woraus sie besteht. Als man ihm antwortet, das sei gesalzener Fisch, die einzige Nahrung der Seeleute, läßt er alle erlesenen Speisen, die man ihm geboten hat, stehen, um von dem unbekannten Gericht zu kosten. »Es ist besser als alle Speisen von Versailles«, sagt er lustig.

In Cherbourg verteilt er Geschenke, gewährt Gunstbezeigungen und spricht allen, denen er begegnet, Mut zu. Häfen, Schiffe und Bauten, nichts ist ihm entgangen. Am 26. Juni morgens tritt er die Rückfahrt durch die Hauptstraße der Stadt an, die aus diesem Anlaß in ein Blumenmeer verwandelt worden ist. Weder seine Anwesenheit noch die Pracht des Zuges können den allgemeinen Taumel zügeln; schließlich muß das Regiment Artois die begeisterten Zuschauer zurückdrängen.

In Honfleur, wo Ludwig XVI. am 27. eintrifft, geht er für eine Fahrt von mehr als drei Stunden an Bord der Fregatte *Anonyme*. Durch seine Fahrten bei Cherbourg geschult, steht er wie ein alter Matrose auf dem Oberdeck und schaut zum Ufer hinüber, wo eine riesige Menschenmenge ihn begrüßen will. Als die Fregatte am Kai anlegt, versucht die Garde, die Hunderte von Schaulustigen, die nach vorne drängen, vom König fernzuhalten. »Laßt sie näher kommen«, bittet der König, »es sind doch meine Kinder.« Diese einfachen Worte, die mächtiger als Waffen sind, öffnen ihm den Weg durch die jubelnde Menge.

Auch in Le Havre interessiert sich Ludwig XVI. für jede Kleinigkeit. Er möchte vor allem die Ausbesserung eines Schiffes im Trockendock sehen. Als er am nächsten Morgen aufsteht, überbringt man ihm einen weißen Pfau als Geschenk der Äbtissin von Montivilliers. Dies entspricht der traditionellen Abgabe der Abtei an den Herrscher, wenn er das Gebiet von Lillebonne durchquert. Der König hat gerade noch Zeit, die Küste von Ingouville zu bewundern: Im Osten liegt das Tal mit seinen Bäumen und Wiesen, während sich zu seinen Füßen die befestigte Stadt erstreckt. Bevor er Le Havre verläßt, wohnt er dem Stapellauf eines Schiffes bei, der ihm einen Seufzer entreißt: »Nichts ist schöner«, murmelt der König, als er sieht, wie sich das befreite Schiff in die Fluten stürzt.

Der König verläßt die Küste nicht ohne Bedauern. Die Seeluft und der Empfang der Bevölkerung scheinen ihn verwandelt zu haben. »Die Liebe meines Volkes ist in mein Herz gedrungen; ich bin der glücklichste König der Welt«, schrieb er in diesen begeisterungswürdigen Tagen an die Königin. Allerdings läßt der Beifall ab Rouen immer mehr nach, und Ludwig XVI. gesteht seinen Begleitern: »Ich merke, daß ich mich Versailles nähere, aber ich werde es in Zukunft öfter verlassen und weiter als nach Fontainebleau reisen.« Was hätte dieser »Geographenkönig« wohl geantwortet, wenn man ihm vorausgesagt hätte, daß in einem ebenso schönen Juni wie diesem seine nächste Reise in einem kleinen Marktflecken namens Varennes am Rande der Argonnen ihr Ende nehmen würde?

16. DER KÖNIG IST NACKT

Die Wonne des »glücklichsten aller Könige« war nur von kurzer Dauer. Für einige Tage hatte sich Ludwig XVI. von der Last der Macht befreit und durch die Liebe seines Volkes beflügeln lassen. Jetzt war er wieder in Versailles mit seinen lästigen Sorgen. Am 20. August 1786 weckte Calonne ihn aus den Träumen, die er mehrere Monate lang gehegt hatte.

Die finanzielle Lage des Königreiches wurde dramatisch: Das Defizit hatte 100 Millionen Pfund überschritten. Weitere Anleihen waren unmöglich, denn die Geldgeber waren jetzt ängstlich, und die Parlamentsgerichtshöfe wurden immer unnachgiebiger. Innerhalb von drei Jahren hatte Calonne eine Anleihe von 653 Millionen Pfund aufgenommen, die zu den seit 1776 geliehenen 597 Millionen Pfund hinzuzurechnen waren! Der Generalkontrolleur suchte nach Lösungen für die finanzielle Krise. Einige Tage vor seinem Namenstag überreichte er dem König den *Précis d'un plan d'amélioration des finances*, den er ihm als das Produkt zwanzigjähriger Studien und Überlegungen vorstellte.

Während der Lektüre dieses ungefähr zehnseitigen Textes soll Ludwig XVI. ausgerufen haben: »Was Sie mir hier bringen, ist ja der reinste Necker!« In Wirklichkeit lehnten sich Calonnes Ideen eher an Turgot als an Necker an. Calonne war pragmatisch, ein Feind jedes Systems, und seitdem er an der Macht war, hatte er das Räderwerk der französischen Finanzverwaltung genauestens studiert. Wie seine Vorgänger war er von den vielen Mißbräuchen jeglicher Art sowie von »der Inkohärenz im Behördenwesen der Monarchie« betroffen. Dieses Durcheinander war seiner Meinung nach die Ursache für die grundlegenden Fehler, behinderte die Kräfte der Monarchie und störte ihre ganze Organisation. Er beklagte insbesondere die Absurdität, daß manche Regionen steuerliche Vorteile genossen, und daß »die reichste Klasse diejenige war, die am wenigsten Steuern bezahlte«. Diese Vorrechte störten das gesamte Gleichgewicht des Steuerwesens. An weitere Anleihen oder Besteuerungen war nicht zu denken. Deshalb wollte der Generalkontrolleur die Lösung der finanziellen Krise durch eine Reform der Institutionen bewirken.

Calonne trat für eine relative Gleichheit in der Steuerverteilung ein: Von nun an sollte es keinerlei Steuerfreiheit mehr geben – egal um wen es sich handelte. Er ersetzte die »Zwanzigsten« durch eine Territorialsteuer, die in Naturalien auf das gesamte Grundeigentum erhoben wurde. Ihre Verteilung sollte den Steuerpflichtigen selbst anvertraut werden, die in Versammlungen der Grundeigentümer zusammentreten sollten. Darüber hinaus erleichterte Calonne die Last der *Taille* und auch der Salzsteuer, während er die Stempelsteuer ausdehnte. Die Frondienste wurden endgültig durch eine in Geld zu zahlende Steuer ersetzt. Die königlichen Domänen sollten belehnt werden. Außerdem waren eine Reihe angemessener Anleihen vorgesehen, die es erlauben sollten, die gesamte Rückzahlungsfrist des Staates auf zwanzig Jahre festzulegen. Calonne verwandelte die *Caisse d'Escompte* in eine Nationalbank, die in der Lage war, den Staatskredit zu unterstützen. Und schließlich übernahm er eine bereits von Turgot vertretene Idee: Durch die Abschaffung der Binnenzölle wollte er wieder die Freiheit des Getreidehandels und aller anderen Handelsformen einführen.

Calonne wußte, daß diese Reformen die Opposition der Parlamentsgerichtshöfe hervorrufen würden. Um diesen Streit zu verhindern – der das Scheitern seiner Projekte bedeutet hätte –, schlug er eine Notabelnkonferenz vor: Sie sollte aus den wichtigsten Persönlichkeiten des Königreiches bestehen, denen dann der König seine Ansichten mitteilen würde. Die Notabeln würden ihrerseits darum gebeten werden, dem Herrscher ihre Überlegungen vorzulegen. Nahmen sie die Reformen an, so wäre jede Opposition des Parlamentsgerichtshofs zwecklos, und die Richter könnten – durch ein *lit de justice* – zur Registrierung der neuen Gesetze gezwungen werden.

Es war nicht das erste Mal, daß die Monarchie auf dieses Verfahren zurückgriff. Ende des 16. Jahrhunderts hatte es mehrere derartige Versammlungen gegeben. Die letzte, im Jahr 1626, wurde von Richelieu beherrscht, der gegenüber den auserwählten Persönlichkeiten der nationalen Elite alles durchsetzen konnte, was er wollte.

Wenngleich Calonnes Projekte einer größeren Gerechtigkeit entsprachen – ein Argument, dem Ludwig XVI. sehr aufgeschlossen war – beunruhigte ihre Kühnheit den König, der die Kraft jahrhundertealter Vorurteile kannte. Obwohl die Notabelnkonferenz ein alter Brauch war, hielt er sie gegen Ende des Jahrhunderts für äußerst revolutionär. Calonne bemühte sich, seinen Herrn zu beruhigen. Geschickt zog er eine Parallele zwischen ihm und dem guten König Heinrich, mit dem man

Ludwig XVI. so häufig verglichen hatte. Auch dieser Mann aus dem Süden hatte 1586 seine Ideen bei den Notabeln durchgesetzt. 1786 oder 1787 würde sein entfernter Erbe ebenfalls jene Worte finden, die unmittelbar ins Herz seiner Untertanen dringen und ihm sicherlich den »ruhmreichen Titel eines Befreiers und Erneuerers des Staates« einbringen würden. Ludwig XVI. ließ sich umso leichter erweichen, als der Rückgriff auf die Notabeln genau den Grundsätzen Fénelons, mit denen er aufgewachsen war, entsprach.

Calonnes Plan blieb lange Zeit geheim. Ludwig XVI. erzählte ihn nur Vergennes und Miromesnil: ersterem, weil er ihm völlig vertraute, dem zweiten, um ihn als Justizminister bei den institutionellen Erneuerungen zu Rate zu ziehen. Calonnes Vorstellungen gefielen Vergennes, der den König dazu ermutigte, die Pläne zu genehmigen. Auch Miromesnil bekundete unerwartete Begeisterung für das Vorhaben seines Kollegen. In Wirklichkeit vertraute aber der Justizminister, der die ganze Kühnheit des Projekts erfaßt hatte, fest darauf, daß Calonne auf den Widerstand der Notabeln stoßen würde, was seinen Sturz und das Scheitern seiner Pläne bewirken mußte.

Nach einigem Zögern faßte Ludwig XVI. endlich einen Entschluß. Am 9. Dezember, während der Depeschenratssitzung, teilte er ihn mit: »Zur Entlastung seiner Völker, zur Reformierung mehrerer Mißbräuche und zur Regelung der finanziellen Angelegenheiten des Königreiches« habe er die Absicht, die Notabeln zu konsultieren. Zu Recht bezweifelte Ludwig XVI. allerdings die Zahmheit der Notabeln, die er dabei selbst ernennen würde.

Die aufgeklärte Meinung nahm die Neuigkeit sehr positiv auf. Mirabeau sah in ihr das Vorspiel zur Einberufung einer Nationalversammlung. Nur die Minister, die nicht benachrichtigt worden waren, reagierten mißmutig. Mercy machte der Königin seine üblichen Vorhaltungen, und so hielt sie sich vorsichtshalber zurück.

Die Versammlung, die zunächst für den 29. Januar 1788 vorgesehen war, fand schließlich am 22. Februar statt. Calonne und Miromesnil waren krank geworden, und Vergennes verstarb am 13. Februar. Ludwig XVI. war über den Verlust dieses Ministers, mit dem er sich immer vorzüglich verstanden hatte, sehr betrübt. Nur wenige Wolken hatten ihre gemeinsame Arbeit überschattet. Da er die Todesnachricht erfuhr, als er gerade zur Jagd wollte, verzichtete der König auf seinen liebsten Zeitvertreib: »Ich verliere den einzigen Freund, auf den ich mich verlassen konnte, den einzigen Minister, der mich niemals hintergangen hat«, bemerkte er traurig, als er sich in seine Gemächer zurückbegab. Man erzählte sich sogar, er habe geweint.

Der Tod Vergennes' gab Anlaß zu üblen Gerüchten. Man behauptete, Marie Antoinette habe den Minister aus Rache vergiften lassen: Hatte sie sich nicht des öfteren seiner anti-österreichischen Politik widersetzt? Hatte Vergennes nicht zaghaft den Kardinal Rohan unterstützt? Diese ungeheuerlichen Anschuldigungen waren nur einzelne unter vielen, die in Flugschriften im ganzen Königreich verbreitet wurden; seit der berühmten Halsbandaffäre wurden sie immer angriffslustiger. Ludwig XVI. berief einen seiner ehemaligen *Menins*, der Gesandter in Spanien gewesen war, zum Außenminister. Es handelte sich um den rechtschaffenen Grafen von Montmorin, den er gern mochte.

Vergennes' Tod erschwerte die Aufgabe Ludwigs XVI. bei den Notabeln. Die Erfahrungen des Außenministers, seine Kenntnisse über den König und die Probleme des Königreiches hätten ihn bestimmt zu einer zentralen Figur gemacht. Er hätte Calonne mit Nachdruck unterstützt und gewußt, wie man die Wogen glätten konnte. So aber war der Generalkontrolleur auf seine eigenen Kräfte angewiesen. Entsprechend dem Verfahren von 1626 überreichte er dem König eine Liste »wichtiger Personen, die des öffentlichen Vertrauens würdig [...] und dem König ergeben sind [...], dem öffentlichen Wohl dienen und jeder Art von Intrige fern sind«. Calonne hatte bewußt Männer ausgewählt, die keine systematischen Reformgegner waren. Aber unter den 144 Mitgliedern der Versammlung mußten außer den Prinzen von Geblüt auch mehrere Prälaten, Angehörige des Schwertadels, Mitglieder der souveränen Höfe, des Staatsrates, Vertreter der *pays d'Etat* und Munizipalbeamte sein. Calonne konnte nicht von vornherein für ihre Reaktionen bürgen.

Etwas unsicher eröffnete Ludwig XVI. die erste Sitzung, die in einem Nebengebäude des Palastes stattfand. Der König sprach überzeugungslos und mit undeutlicher Stimme, bevor er seinem charmanten Generalkontrolleur das Wort erteilte. Calonne hielt eine glänzende und elegante Rede. Zwar hatte er die Notabeln aufmerksam ausgesucht und legte er mit außerordentlicher Gewandtheit seine Steuer- und Wirtschaftsreformprojekte dar, aber dennoch konnte er nicht die Sympathie seiner Zuhörer gewinnen.

Um seinen Plan zu rechtfertigen, war der Generalkontrolleur gezwungen, ein Defizit von 112 Millionen zu gestehen; dieses Geständnis hatte sehr negative Folgen. Ziemlich ungeschickt machte der Minister hauptsächlich seine Vorgänger für diese dramatische Lage verantwortlich. Er kritisierte vor allem Necker und seinen berühmten *Compte rendu* von 1781. Mit dem Angriff auf den Genfer Bankier, der immer noch als Finanzprophet galt und dessen Redlichkeit über jeden Zweifel erhaben war, erwies Calonne sich selbst einen schlechten Dienst. Die Notabeln sahen darin bloß ein Manöver, um die Mißgriffe und Unterschlagungen seiner eigenen Verwaltung zu vertuschen. So waren seine Projekte von vornherein kompromittiert.

Die Notabeln verteilten sich auf sieben Arbeitsgruppen, die jeweils von einem Prinzen von Geblüt geleitet wurden, und begannen mit ihrer Arbeit. Während die Edelleute den Vorschlägen des Königs wohlgesonnen und bereit waren, auf einen Großteil ihrer hergebrachten Rechte zu verzichten, gingen der Klerus, die Mitglieder der souveränen Höfe und die Vertreter der *pays d'Etat* mit wenigen Ausnahmen in die Opposition. Der Klerus verteidigte seine Privilegien und lehnte es ab, seine seigneuralen Rechte für die Schuldentilgung abzutreten. Er war auch nicht bereit, seine finanzielle Immunität aufzugeben. Die Mitglieder der souveränen Höfe und die Vertreter der *pays d'Etat* verteidigten ihre Rechte und ihren Anteil an der Macht, den zu verlieren sie Gefahr liefen. Mit Ausnahme des Grafen von Artois entpuppte sich die Treue der Prinzen von Geblüt als nicht sehr zuverlässig.

Um der entrüsteten Notabelnopposition, die sich überall erhob, die Stirn zu bieten, versuchte Calonne die öffentliche Meinung zu mobilisieren, indem er am 31. März eine gegen die aufgebrachte Versammlung gerichtete sogenannte »Warnung« drucken und verbreiten ließ. Diese Broschüre rief erst recht den Zorn der Notabeln hervor. Sie bezeichneten diese Geste »als unter der Würde der königlichen Gewalt. Diese darf zum Volk nur durch Gesetze sprechen und nicht mit einem charakterlosen Pamphlet.«

Ludwig XVI. geriet bald ins Wanken. Die Prinzen von Geblüt unterstützten die Schar der Privilegierten, die sich gegen Calonne vereinigte. Am 4. April, als die Arbeit der Versammlung für eine Woche unterbrochen wurde, überreichten der Erzbischof von Toulouse, Loménie de Brienne, und der Erzbischof von Aix, Boisgelin, Marie Antoinette ihre Memoranden in der Hoffnung, daß sie sie an Ludwig XVI. weiterleiten würde. Sie legten die Wünsche der Notabeln dar, die Calonnes Entlassung forderten und versprachen, die vorgeschlagenen Reformen mit Ausnahme der Territorialsteuer zu unterstützen, falls ein glaubwürdiger Generalkontrolleur Calonne ablöse.

Jetzt erfüllte sich Miromesnils mißgünstiger Wunsch. Er hatte Calonne schon seit längerem bei seinem Herrn angeschwärzt und versuchte ihn nun zu überzeugen, daß der Generalkontrolleur eine Provokation der beiden ersten Stände der Nation darstelle. Miromesnil versuchte seinen Beschwörungen einen ehrlichen Anstrich zu geben: »Ich werfe mich Ihnen zu Füßen. Seien Sie so gnädig, Sire, mir die Regungen meiner Seele nicht zu verübeln.« Ludwig XVI. mißtraute Miromesnil, denn dieser hatte ihn dazu ermutigt, die Notabeln zu versammeln. Später gestand er Malesherbes, daß weniger Vergennes und Calonne ihn überzeugt hatten als Miromesnil, der »dies dann während der ganzen Dauer der Notabelnversammlung verleugnet hat. Das ist es, was bei mir den Ausschlag gegeben hat, mich von ihm zu trennen.« Calonne, der genau wußte, daß der Jusitzminister ihn beim König anschwärzte, stellte den verstörten Herrscher vor die Alternative, zwischen ihm und Miromesnil zu wählen. Ludwig XVI. gab ihm zwar zu verstehen, daß er mit seinem Jusitzminister sehr unzufrieden sei, aber er versprach Calonne nichts.

Denn der König dachte auch über die Entlassung seines Generalkontrolleurs nach. Das schlechte Ansehen des Ministers beunruhigte ihn. Miromesnil und Calonne hatten ihn in ein Abenteuer hineingezogen, aus dem er keinen Ausweg sah. Der König weinte und dachte an Vergennes: »Er würde mir aus der Patsche helfen«, seufzte er betrübt. Die Königin nutzte die Gelegenheit, um Calonne bei ihrem Gatten den Gnadenstoß zu geben. Ludwig XVI. ging von da an seinen beiden Ministern aus dem Weg und lehnte es ab, mit Calonne zu arbeiten. Dieser versuchte ein klärendes Gespräch herbeizuführen. »Auf Befehl des Königs wurde ihm von dem ersten Kammerdiener mitgeteilt, daß er verboten habe, ihn eintreten zu lassen. Erst in diesem Augenblick begriff er, daß sein Sturz, den er bisher nie für möglich gehalten hatte, besiegelt war«, bemerkte sein Erzfeind Loménie de Brienne in seinem Tagebuch. Noch am gleichen Abend, um 10 Uhr, erschien Montmorin und forderte im Namen des Königs seinen Rücktritt. Mit Miromesnil geschah das gleiche.

Mit Ausnahme der Polignac-Clique und einiger Höflinge bedauerte niemand Calonnes Schicksal. Indes fragte sich der König, ob sein Beschluß richtig war. Die öffentliche Meinung wünschte Neckers Rückkehr. Schüchtern schlug Montmorin Ludwig XVI. die erneute Berufung des Genfers vor. »Der König achtete die Talente des Herrn Necker; aber er beanstandete seine Charakterschwäche«, berichtete Montmorin gegenüber Marmontel. Ludwig XVI. zog es vor, dem Finanzintendanten La Millière zu schreiben, um ihm das Amt des Generalkontrolleurs anzubieten. Der designierte Minister lehnte das Angebot jedoch ab und schlug die Kandidatur von Bouvard de Fourqueux vor, einem müden Greis, der die Pläne seines Vorgängers mitentwickelt hatte. »Sein Charakter ist nicht stärker als seine Gesundheit«, meinte der Erzbischof von Toulouse, der die Wahl mißbilligte. Diese Nominierung irritierte die Notabeln, die gehofft hatten, Ludwig XVI. würde einen aus ihrer Mitte in das hohe Amt berufen. Die Berufung Lamoignons dagegen, des Präsidenten des Pariser Parlaments, zum neuen Justizminister wurde uneingeschränkt begrüßt. Der klare Verstand und die gemäßigte Haltung des unbescholtenen Gerichtsbeamten ließen keinerlei Widerspruch zu. »Es ist eine glückliche Wahl und ein schöner Name«, sagte der Graf von Artois zu Loménie de Brienne, der ausnahmsweise seine Meinung teilte.

Die Notabelnversammlung nahm ihre Arbeit wieder auf. Als es um die Veräußerung der königlichen Domänen ging, verwarfen die Notabeln das Projekt und folgten darin dem Gerichtspräsidenten Nicolay, der erklärt hatte, daß »das Gesetz der Unveräußerlichkeit der Königlichen Domänen kein Feudalgesetz, sondern ein Gesetz der Nationalökonomie, der Nützlichkeit und im Sinne der Erhaltung des nationalen Erbes sei«. Die Notabeln behaupteten, daß nur die Generalstände sich zu diesem Thema äußern dürften. Das Wort war heraus.

Ratlos, auf sich selbst verwiesen und ohne ernsthafte Ratgeber, beschloß nun der König, sich persönlich an die Versammlung zu wenden, um am 23. April seine Steuerprojekte vorzustellen. Der Herrscher versuchte sich diesen Männern aufzudrängen, die doch eigentlich gewählt worden waren, um zu allen Regierungsprojekten ja und amen zu sagen. Er versprach ihnen, Einsparungen zu machen, und verpflichtete sich, ihnen den genauen Stand der Einkünfte und der Ausgaben mitzuteilen. Er nahm ihre Vorschläge in bezug auf die Klerusschulden und die Abschaffung der Salzsteuer an, aber er forderte ihre Einwilligung zur Erhöhung der Stempelsteuer. Hinsichtlich der mißlichen Frage der Territorialsteuer schlug Ludwig XVI. einen Vergleich vor. »Ihre Höhe und ihre Dauer sollten durch die Summe des Defizits, das noch zu decken ist«, bestimmt werden. Der König hatte die ersten Schritte zur Kapitulation getan.

Die Prälaten triumphierten: »Was für ein Umschwung in nur vierzehn Tagen! ... Der König hat wieder eine angemessene Sprache für die Nation gefunden«, sagte Brienne, der entzückt war, daß Ludwig XVI. seinen Ratschlägen gefolgt war.

Indes war die Arbeit von Bouvard de Fourqueux lang und beschwerlich. Seine begrenzte Kompetenz brachte die Notabeln in Harnisch. Der

Bericht über Calonnes Verwaltung, den Fourqueux dem König überreichte, erschütterte den Herrscher. Er deutete ihm an, daß der ehemalige Generalkontrolleur ihn betrogen hatte. Die öffentliche Meinung forderte immer lauter Neckers Rückkehr; die königlichen Wertpapiere verloren täglich an Wert. Bouvard de Fourqueux, der kein Vertrauen erweckte, hatte sein Amt »wie ein Soldat, den man in eine tödliche Mission schickt«, angenommen. Die Notabeln verachteten ihn. Ludwig XVI. bemerkte seinen Irrtum.

Loménie de Brienne bemühte sich um die Nachfolge Bouvards. Dieser liberale Prälat träumte davon, eine wichtige Rolle zu spielen; er hielt sich für einen fähigen Staatsmann. Sein alter Freund, der Abbé von Vermond, hatte der Königin oft von ihm erzählt. Als diese die Schwierigkeiten sah, mit denen sich ihr Gatte abkämpfte, legte sie ihm nahe, den Erzbischof von Toulouse zu ernennen. Aber die offenkundige Sittenlosigkeit des Prälaten bereitete Ludwig XVI. so großes Unbehagen, daß er es ablehnte, auf seine Frau zu hören. Indes verschlimmerte sich die finanzielle Situation, und Bouvard de Fourqueux hatte mit seiner Arbeit immer noch keinen Erfolg.

Die Minister wurden ungeduldig; alle waren sich einig, daß sofort ein fähiger Generalkontrolleur berufen werden mußte. Sie kannten den Abscheu des Königs gegen Necker; sie wußten, daß die Königin Loménie de Brienne wollte; also beschlossen sie, den Erzbischof von Toulouse vorzuschlagen. Ohne seine Voreingenommenheit gegen dessen Person zu verhehlen, gab Ludwig XVI. seinen Ministern und seiner Frau nach. Am 30. April ließ er Brienne zu sich rufen, der sofort bereit war, Vorsitzender des Finanzrates zu werden, falls man ihm Necker als Mitarbeiter genehmigen würde und er schnellstens eine Versammlung der Generalstände vorbereiten dürfe. Ludwig XVI. und die Königin, die an diesem Gespräch teilnahm, wichen erschrocken zurück: »Wie, Herr Erzbischof, Sie halten uns also für verloren? Die Generalstände, ach, sie könnten diesen Staat und die Monarchie zum Einsturz bringen. Außer diesen beiden Mitteln sind wir zu allem bereit, was Sie wollen: Reformen, Einsparungen, die Königin und ich sind mit allem einverstanden, nur seien Sie so gnädig und verlangen Sie weder Herrn Necker noch die Generalstände!« Brienne gab nach. Die Anziehung der Macht war stärker. Einige Tage später wurde der Intendant von Rouen, Laurent von Villedeuil, zum Generalkontrolleur der Finanzen ernannt und dem Befehl Briennes unterstellt. Der Erzbischof von Toulouse nahm auch zwei aufgeklärte siebzigjährige Akademie-Mitglieder, den Herzog von Nivernais und Malesherbes, ins Kabinett auf. Man gab ihnen keine genau umrissenen Ressorts, sondern ernannte sie zu Staatsministern.

Zum Zeitpunkt des Machtantritts Loménie de Briennes war die innere Lage kritisch, aber viele Drohungen lasteten auch auf der französischen Diplomatie. Holland, der Verbündete Frankreichs, war in einer schlimmen Krise. Der autoritäre Statthalter Wilhelm V. von Oranien kämpfte gegen die Bourgeoisie, die ihre traditionellen Freiheiten verteidigte. Im Mai 1787 kam es zu einem regelrechten Bürgerkrieg zwischen den Anhängern Wilhelms, die von England unterstützt wurden, und den holländischen Bürgern, welche Frankreich um Hilfe riefen. Selbstverständlich war das Verteidigungsbündnis, das Vergennes mit Holland getroffen hatte, gegen England gerichtet: Den holländischen Bürgern zu helfen bedeutete also, die Verpflichtungen von 1785 einzuhalten.

Ludwig XVI. war ein grundsätzlicher Gegner des Krieges, und die Vorstellung einer militärischen Intervention zugunsten der holländischen Bourgeoisie, die politisch fortschrittliche Ideen vertrat, war ihm unbehaglich. Auf diesem Gebiet hatte ihm das amerikanische Abenteuer als Erfahrung gereicht. »Der König hat ausdrücklich erklärt, daß er lieber auf die Allianz verzichten will, als Holland einer reinen Demokratie auszuliefern«, berichtet Montmorin, der neue Außenminister.

Das Kabinett war aber dennoch besorgt: Ségur schlug vor, die Truppen an der Meuse zu versammeln, und Castries unterstützte seinen Kollegen. Beide wünschten eine bewaffnete Intervention. Loménie de Brienne und Malesherbes wollten den Frieden um jeden Preis bewahren. Allerdings wußten sie, daß ein Krieg die Armee um den König scharen und seine Macht festigen könnte. Aber das finanzielle Elend war so groß, daß sie sich kaum um diese militärische Nebensache kümmerten.

Während das Kabinett noch grübelte, war Preußen bereits dem Statthalter zu Hilfe geeilt, indem es ihm eine Armee von 20000 Mann schickte. Ein Eingreifen Frankreichs hätte nun einen europäischen Krieg ausgelöst. Also ließ die französische Regierung die holländischen *Patrioten* unterdrücken und fügte sich ohne großen Schmerz in den Verlust der Allianz mit den Vereinigten Provinzen. Ségur und Castries reichten ihren Rücktritt ein, und der französische Adel empörte sich über die Haltung des Kabinetts. »Die Tatsache, daß man die *Patrioten* im Stich ließ, bewies die Ungeschicklichkeit, die Schwäche und die mangelnden Fähigkeiten des Premierministers und des Außenministers. Außerdem brachte sie Frankreich die Verachtung seiner Verbündeten sowie die Verurteilung seines Verhaltens ein: Frankreich ist zum Spielball des

Willens der anderen geworden«, rief der Herzog von Montmorency-Luxembourg verbittert. Er scheint den Ernst der inneren Krise, die Loménie de Brienne in erster Linie beschäftigte, unterschätzt zu haben.

Der Erzbischof von Toulouse, der die Opposition des Klerus gegen die Reformen Calonnes verkörpert hatte und dadurch bei den Notabeln großes Ansehen genoß, befand sich jetzt, trotz aller Beteuerungen seinerseits, im anderen Lager. Am 2. Mai erklärte er seinen ehemaligen Kollegen, »daß er während seiner Zeit als Notabel den Ministeraufgaben gerecht werden wollte und daß er jetzt als Minister die Aufgaben eines Notabeln erfüllen werde«. Niemand ließ sich von diesen schönen Sprüchen an der Nase herumführen. Brienne konnte als Minister mit guten oder schlechten Vorsätzen nichts anderes tun, als die Vorschläge Calonnes zu wiederholen.

Er begann damit, das Problem des Defizits offenzulegen, dessen Betrag er von der Versammlung schätzen ließ. Ihre Mitglieder waren nicht mit der staatlichen Buchhaltung vertraut. Nach den Berechnungen betrug das Defizit zwischen 133 und 145 Millionen, während Calonne nur 122 angekündigt hatte. Der Ärger der Notabeln wuchs. Sie teilten ihn bald dem ganzen Königreich mit. Unter diesen Bedingungen sah sich Brienne gezwungen, die Einführung der Grundsteuer und die Erhöhung der Stempelsteuer durchzusetzen, die der König einige Tage zuvor gefordert hatte, um das Defizit auszugleichen. Die verwirrten Notabeln verloren sich in unendlichen Diskussionen. Sie wollten den König nicht nur zwingen, erhebliche Streichungen in seinem Haushalt vorzunehmen, sondern sich darüber hinaus vergewissern, daß ein solches Finanzchaos sich nicht wiederhole. Deshalb schlug die Versammlung die Einsetzung eines Ausschusses vor, der die Tätigkeit des Generalkontrolleurs überwachen sollte, um »eine genaue Buchhaltung zu gewährleisten und jede Änderung in der Verwendung der Gelder mitzuteilen«. Brienne stand diesem Projekt nicht feindlich gegenüber. Aber der König verwarf es wütend, denn er konnte keine Kontrollmacht dulden, die gegen die Ausübung der absoluten Monarchie, wie er sie vertrat, gerichtet war.

Loménie de Brienne begriff, daß er von den Notabeln nichts mehr erwarten konnte; ihre Diskussionen drohten die Macht zu lähmen, wenn sie noch lange andauerten. Deshalb überredete er den König, die Versammlung zu entlassen. Ludwig XVI. und sein Minister hielten noch einmal schöne Reden und versprachen, daß die Politik des Königreiches die Beratungen der Notabelnversammlung berücksichtigen werde. Enttäuscht und unzufrieden gingen die Notabeln auseinander.

Nach der Auflösung der Notabelnversammlung standen Ludwig XVI. und Brienne vor den gleichen finanziellen Problemen wie zuvor, wobei die öffentliche Meinung von jetzt an den Ernst der Lage begriffen hatte. Um die finanzielle Unordnung der letzten Monate zu vertuschen, griff man auf die üblichen Mittel zurück. Der König hatte keine andere Möglichkeit, als dem Parlament die Reformen als Gesetzestexte zu unterbreiten. Die Debatten würden stürmisch werden. Die Gerichtsbeamten hatten Calonnes Manöver mit der Notabelnversammlung bestens begriffen. Nun wollten sie sich rächen und waren fest entschlossen, ihren Willen durchzusetzen.

Innerhalb des Parlaments warf der Herzog von Orléans den ersten Stein, und einige aufrührerische Herzöge folgten ihm: Montmorency-Luxembourg, La Rochefoucauld, Béthune-Charost, Praslin und Aumont. Als mittelmäßiger Politiker und nachlässiger Parteichef hatte der Prinz nichts anderes als seine eigenen Vergnügungen im Sinn und gehorchte nicht unbedingt den finsteren Absichten, die die Verteidiger der absoluten Monarchie ihm immer nachgesagt haben. Nach Brissots Worten »schätzte er Konspirationen von vierundzwanzig Stunden; wenn sie länger dauerten, bekam er es mit der Angst zu tun«. Dennoch handelte der künftige Philippe-Egalité sowohl im Parlament als auch im Königspalast eher aus Haß gegen Ludwig XVI. und Marie Antoinette, die ihn beleidigt hatten, als aus liberalem oder republikanischem Geist.

Sehr viel ernster zu nehmen war die Opposition der Herzöge, die entweder den Grundsatz der zwischen königlicher Macht und Nation vermittelnden Behörden oder die neuen Ideen der Verfassung und der Nationalversammlung, die seit dem amerikanischen Unabhängigkeitskrieg in aller Munde waren, vertraten. Diese Seigneurs hatten ihre Anhänger vor allem in der Untersuchungskammer und Berufungskammer, die mit jungen reichen Gerichtsbeamten besetzt waren. Oft entstammten sie dem neuen Adel, wie zum Beispiel der feurige Duval d'Éprémesnil, sicherlich ein Rednertalent, der kaltblütige Adrien Duport, ein vorzüglicher Jurist, der eine Verfassung forderte, oder Fréteau de Saint-Just, ein großer Bewunderer des Unabhängigkeitskrieges. Sie gewannen auch einige Mitglieder der Großen Kammer für ihre Ziele.

Viele hundert Rechtsanwälte, Gerichtsvollzieher, Staatsanwälte, Schreiber, Sekretäre und so weiter boten für die Wortgefechte und aufsehenerregenden Erklärungen der *Messieurs* des Parlamentsgerichtshofes ein aufmerksames Publikum. In den Junitagen von 1787, als das Parlament über die vom König vorgeschlagenen Reformen beraten mußte, lag diese kleine Welt für sich, auf der Lauer, und im Schatten des Justizpalastes war sie dazu bereit, zu den Waffen zu greifen.

Brienne legte den Gerichtsbeamten zunächst zwei Gesetze vor. Das eine verwandelte den Frondienst in eine Steuer, das andere erlaubte den freien Getreidehandel. Die Notabeln hatten sich diesen Maßnahmen gegenüber nicht unwillig gezeigt; der Parlamentsgerichtshof registrierte sie denn auch reibungslos und bewies damit der öffentlichen Meinung seine guten Absichten. Bei den Steuergesetzen waren die Richter sehr viel vorsichtiger. Am 2. Juli sollten sie über die Stempelgebühr verhandeln. Dies war das Startzeichen für ihren Widerstand. Diese Steuer, welche die Abgaben für alle Urkunden, Privatverträge, Rechnungen, Quittungen, Wechselbriefe, Handelsbriefe bis hin zu Anzeigen, Plakaten, Heirats- und Todesanzeigen vervierfachte, schädigte vor allem die Kaufleute, die Buchhändler und die Drucker. Die wichtige Institution der *Six Corps* der Pariser Kaufmannschaft hatte deshalb Druck auf das Parlament ausgeübt, damit es die Registrierung verhindere.

Nach langen Beratungen, in denen die allgemeine Ablehnung dieser Steuer deutlich wurde, bestieg der alte Richter Le Coigneux den Pegasus der parlamentarischen Revolte, indem er den Spieß umdrehte: Er forderte, daß der König dem Parlament den genauen Stand der Einnahmen und Ausgaben sowie sein Wirtschaftsprogramm unterbreite; erst dann werde das Parlament die Gesetze registrieren. Dieser Vorschlag stieß auf Begeisterung der meisten Richter und auf den Ärger des anwesenden Grafen von Artois. Die Sitzung des Parlamentsgerichtshofs wurde daraufhin unterbrochen.

Am 8. Juli ließ der König mitteilen, daß er es ablehne, die Akten vorzulegen, da sie dem Parlamentsgerichtshof schon bekannt seien. Er erklärte, daß »eine erneute Überprüfung keine größere Klarheit schaffen würde«. Um gesetzliche Ordnung besorgt fügte er hinzu, daß diese Prüfung »nicht zu den Aufgaben seines Parlaments gehört«. Eine derartige Antwort kränkte die Ehre der Parlamentsgerichtsbeamten. Sie antworteten mit Remonstranzen, die sie dem König am 26. Juli vorlegten. Sie forderten nicht nur den Verzicht auf die Stempelsteuer, sondern verlangten darüber hinaus die Einberufung der Generalstände. So kam der Parlamentsgerichtshof dem Wunsch der öffentlichen Meinung nach.

Eigentümlicherweise beugten sich die Gerichtsbeamten, die sonst doch vor allem die Verteidigung ihrer Privilegien im Sinn hatten, den Vorrechten der Nation. Manche dachten natürlich, daß der König auf die Stempelsteuer verzichten würde und es daher nicht zur Einberufung der

Generalstände kommen würde. Die meisten hegten den Traum einer aristokratischen Neuordnung, wobei die souveränen Höfe zwischen zwei Sitzungen der Generalstände ein entscheidendes Gegengewicht zur königlichen Macht darstellen würden; sie konnten sich nicht vorstellen, daß eben diese Generalstände sie ihrer Macht enteignen würden. Nur wenige Richter begriffen, daß die Generalstände eine regelrechte Revolution entfachen könnten. Auf jeden Fall hofften alle, den traditionellen Absolutismus zu besiegen.

Ludwig XVI., der von der Legitimität seiner königlichen Allmacht überzeugt war, glaubte, daß der Parlamentsgerichtshof ihm nachgeben müsse, wie er sich den Herrschern letztlich immer gefügt hatte, auch wenn er sich regelmäßig widersetzte. In dieser neuen Episode des Kampfes zwischen Parlament und König war er sich seines Sieges gewiß. Er hatte keine Ahnung von dem Gewicht, das die öffentliche Meinung im Laufe seiner Regierungszeit erlangt hatte, und er bemerkte nicht, daß im Vorgehen der Gerichtsbeamten etwas Revolutionäres lag. Anders als ihre Vorgänger sahen sie ihre Opposition nicht mehr als reinen Notbehelf, sondern als selbständige, systemverändernde Waffe. Ludwig XVI. vermochte dies nicht zu erkennen, und er begnügte sich damit, seine Unzufriedenheit zu äußern.

Der König ließ den Gerichtsbeamten noch nicht einmal eine Antwort zukommen. Von der Stempelsteuer war keine Rede mehr. Aber am 30. Juli beantragte die Regierung die Registrierung des Gesetzes, das die beiden »Zwanzigsten« abschaffte und durch die bekannte Territorialsteuer ersetzte. Die Parlamentarier lehnten ab und wandten ein, daß nur die Generalstände dazu berechtigt seien. Auch erneuerten sie beim König ihre diesbezügliche Forderung. Ludwig XVI. war außer sich, als er den Präsidenten d'Aligre empfing, welcher ihm die Ansicht des Gerichtshofes übermittelte. An seinem Kamin stehend, schleuderte er dem feierlichen Gerichtsbeamten den Satz entgegen: »Ich werde Sie meinen Willen wissen lassen.« Sofort drehte er ihm wieder den Rücken zu und verließ türeknallend den Raum.

Die königliche Wut konnte den Parlamentsgerichtshof nicht beeindrucken, sondern verstärkte lediglich dessen Widerstand. Eine schlimme Kraftprobe begann. Die Minister begriffen, daß diese Krise keiner anderen ähnelte. Malesherbes erklärte im Kabinett: »Ich sage, daß das Parlament von Paris und die Öffentlichkeit von Paris die der ganzen Nation sind. Es ist der Parlamentsgerichtshof von Paris, der spricht, weil er die einzige Behörde ist, die das Recht zu sprechen hat; aber man darf sich nicht darüber hinwegtäuschen, daß jede andere Bürgerversammlung, wenn sie die gleichen Rechte hätte, den gleichen Gebrauch davon machen würde. Wir haben es also mit der ganzen Nation zu tun; wenn der König dem Parlamentsgerichtshof antwortet, wird er der ganzen Nation antworten.«

Ludwig XVI. war erschüttert: Er, der an die einfältige Liebe »seines guten Volkes« glaubte, entdeckte ein Monster, eine Nation, die von einer ungreifbaren Furie gesteuert wurde: der öffentlichen Meinung. Von nun an mußte man sie in seine Überlegungen miteinbeziehen, ihr die Entscheidungen der Regierung mitteilen und sie entsprechend überzeugen. Ludwig XVI., Monarch von Gottes Gnaden, der am Königtum seiner Väter hing und seine Taten nur vor Gott rechtfertigen wollte, konnte nicht dulden, vor seinen Untertanen Rechenschaft ablegen zu müssen. Er stimmte deshalb den Ansichten seiner Minister zu, die vorschlugen, einen genauen Plan über die Einsparungen zu veröffentlichen, die bei seinem Hofstaat und bei dem der Königin vorzunehmen waren, um das Parlament zu besänftigen. Aber an der Registrierung der Gesetze hielt er dennoch fest. Also mußte ein neues *lit de justice* abgehalten werden.

Am 6. August, bei glühender Hitze, fuhren die Karossen der *Messieurs* wieder in Versailles vor. Das *lit de justice* wurde mit dem üblichen Pomp abgehalten. Um den Wünschen der Nation teilweise zu entsprechen, willigte der Justizminister im Namen des Königs in die jährliche Veröffentlichung der Ausgaben und Einkünfte ein, die den Gebrauch und die Verwendung aller Subsidien, die der Staat erhielt, genauer erklären sollte. Nach diesen schmeichelhaften Versprechungen erinnerte er daran, daß der König der »einzige Verweser« des Reiches sei, und lehnte damit den Rückgriff auf die Generalstände ab. Niemand sagte etwas. Die überraschten und empörten Parlamentarier ließen den Monarchen nicht aus den Augen, der in seinem Sessel schlief und ab und zu schnarchte. Dieses Bild des schlafenden Königs – in aller Öffentlichkeit, am hellichten Tage, unter solch ernsten Umständen – steigerte noch die Verachtung des Parlaments gegenüber seiner Person.

Schon am nächsten Tag berieten die Richter über die Konsequenzen des *lit de justice* und erarbeiteten eine Bekanntmachung, die die Zwangsregistrierung ablehnte. Sie forderten außerdem die Eröffnung eines Strafverfahrens gegen Calonne, was praktisch einer Beschuldigung des Königs gleichkam. Als die *Messieurs* den Justizpalast verließen, vor dem sich eine riesige Menschenmenge versammelt hatte, wurden sie erneut bejubelt.

Ludwig XVI. war immer noch wütend, und die Sorgen seiner Minister waren nicht behoben. Loménie de Brienne meinte, daß eine Exilierung des Parlaments unumgänglich sei. Diese Maßnahme gefiel Ludwig XVI. sehr, denn sie stand in der monarchischen Tradition. Allerdings mußte rasch gehandelt werden, da am 15. August anläßlich der Bittprozession Ludwigs XIII., an welcher das Parlament teilnahm, Kundgebungen zu befürchten waren. In der Nacht vom 14. zum 15. August erhielten die Richter eine *lettre de cachet*, die ihnen befahl, sich sofort nach Troyes zu begeben.

Auf diese Art und Weise glaubte Ludwig XVI., der sich als den obersten Richter des Staates sah, dem aufsässigen Parlament seinen Willen aufzuzwingen. Der König war allerdings sehr verunsichert. Keiner seiner Minister schien sein ganzes Vertrauen zu verdienen. Er folgte Brienne ohne wirkliche Überzeugung. Zweifellos war das Unwohlsein, an dem er seit vierzehn Tagen litt, auf die Wirrnisse der letzten Wochen und die damit einhergehende politische Krise zurückzuführen. Ludwig XVI. litt in der Tat an Verdauungsstörungen und Migräne sowie an einer beunruhigenden Schlafsucht.

Sein Gesundheitszustand hinderte ihn daran, an den Ratssitzungen teilzunehmen. Der König flüchtete in die Krankheit. Noch nie war er so schweigsam gewesen. Seine Umgebung war besorgt, und die Königin dachte ängstlich an die Zukunft. Die Pamphletisten und Karikaturisten ereiferten sich nicht mehr nur über sie, sondern machten sich jetzt auch über den König her. Einer der bedeutsamsten Stiche stellte die königliche Familie bei Tische dar, und darunter stand folgender Spruch: »Der König trinkt, die Königin ißt, und das Volk schreit.«

Die Verbannung des Parlamentsgerichtshofs hatte in Paris Bestürzung ausgelöst, und alle Juristen waren empört. Rechtsanwälte, Schreiber, Gerichtsvollzieher und alle, die von der Rechtsprechung lebten, sahen sich durch das Exil der Richter um ihr Einkommen gebracht. Mehrere Tage hindurch beherrschten sie das Straßenbild, und bald zogen auch Mitglieder der unteren Klassen mit zu ihren Kundgebungen. Man sprach von Bürgerkrieg. Man erwähnte die Idee eines Marsches nach Versailles und überall prangerte man *Madame Déficit* an. In den politischen Kreisen wetterte man gegen die Entscheidung des Königs, die als illegal bezeichnet wurde. Das Parlament erschien als Held, und nun wurde erst recht die Einberufung der Generalstände gefordert. Angesichts dieser entfesselten Leidenschaften traf die Regierung strenge Maßnahmen. Soldaten räumten den Justizpalast und stellten die Ordnung in der Hauptstadt wieder her, während alle Klubs verboten wurden. Am 26. August ernannte Ludwig XVI. Brienne zum *principal ministre*, eine Ehre, die er nicht einmal Maurepas gewährt hatte.

In Troyes wurden die verbannten Gerichtsbeamten bei festlicher Beleuchtung im Triumph empfangen. Die Bevölkerung begrüßte sie als die neuen Väter des Volkes. Die Provinzialparlamente verurteilten Calonne und unterstützten das Pariser Parlament, während sich in Paris auch der Rechnungshof und der Steuergerichtshof weigerten, die Gesetze zu registrieren. Der Graf von Artois, der den König vertrat, soll sogar von einer johlenden und pfeifenden Menge begrüßt worden sein. Die öffentliche Meinung unterstützte die Richter.

Im Vertrauen auf die Unterstützung durch das Herrscherpaar begann nun Brienne mit dem Parlament zu verhandeln, um die Krise zu lösen. Die Regierung war einverstanden, auf die Ausweitung der Stempelsteuer sowie auf die Territorialsteuer zu verzichten, wenn die Zwanzigsten beibehalten würden. Der Parlamentsgerichtshof stimmte den Vorschlägen des Ministers zu und betonte erneut die Notwendigkeit der Einberufung der Generalstände, um neue Steuern zu erlassen. Die Wiederkehr der Väter des Volkes wurde mit Knallern, Raketen und Lustbarkeiten gefeiert, die ihren Höhepunkt mit einem Freudenfeuer erreichten, bei dem eine Puppe namens Calonne verbrannt wurde. Diese doppelte Kapitulation der Monarchie und des Parlaments diente weder der Sache des Königs noch der der Gerichtsbeamten.

Die jungen Rechtsgelehrten betrachteten das Verhalten des Parlaments als feige, während der Hof die Nachgiebigkeit Briennes als Weichheit ansah. Sogar seine Freunde glaubten nicht mehr an ihn. »Wem soll die Nation heute noch vertrauen?« seufzte der Abbé Morellet. »Die Parlamentsgerichtshöfe, die sie so schlecht verteidigt haben, haben sie erneut im Stich gelassen. Die Versprechungen des Königs sind vom Charakter und den Grundsätzen seiner Minister abhängig... Wir müssen die Rückkehr der Mißbräuche verhindern; wir brauchen die Generalstände oder etwas Vergleichbares: Das sagt man von allen Seiten.« Verzweifelt und tief enttäuscht soll die Königin ausgerufen haben: »Ich glaubte einen König von Frankreich geheiratet zu haben; ich erkenne nun meinen Irrtum; ich habe lediglich einen König von England geheiratet.«

Loménie de Brienne entwickelte ein großes Reformprogramm. Er strukturierte den königlichen Finanzrat um, der unter dem tatsächlichen Vorsitz des Königs zum Finanz- und Handelsrat wurde: Er sollte jeden

Monat sämtliche Minister versammeln, um über alle großen Finanzangelegenheiten zu beschließen. Darüber hinaus versprach der Minister die jährliche Veröffentlichung einer Bilanz der Einkünfte und Ausgaben des Staates.

Da die Notabelnversammlung die Einführung von Provinzialversammlungen begrüßt hatte, gründete Brienne abgestufte Versammlungen, deren Mitglieder nach einem Zensuswahlrecht gewählt wurden und deren Aufgaben sich auf die Verwaltung der lokalen wirtschaftlichen Angelegenheiten und die Steuerverteilung in den Generalitäten beschränkten. In Übereinstimmung mit Brienne bereitete auch Lamoignon eine Justizreform vor, die ein Strafrecht vorsah, welches die »peinliche Befragung« und jede Form der Folter zur Erzwingung von Geständnissen abschaffte; darüber hinaus löste er viele Sondertribunale auf und schränkte die Rolle der Parlamente ein. Wir werden darauf noch zurückkommen.

Malesherbes griff seinerseits ein altes Projekt auf, das ihm besonders am Herzen lag: Er erarbeitete ein Gesetz, das den Protestanten wieder die Bürgerrechte zugestand. Schließlich führte Brienne einen Rat für Kriegsangelegenheiten ein, der von seinem Bruder, der inzwischen zum Kriegsminister avanciert war, geleitet wurde. Neben den Generalleutnants und Marschällen gehörten ihm auch Gribeauval, der Erneuerer der Artillerie, sowie der berühmte Guibert, ein großer Bewunderer des preußischen Systems, diesem Rat an. Aus Sparsamkeitsgründen wurden die privilegierten Kompanien des königlichen Militärhofstaates abgeschafft. Aber das strenge Reglement Ségurs wurde beibehalten, so daß die nichtadligen Behelfsoffiziere weiterhin daran gehindert wurden, den Offiziersrang durch Ämterkauf zu erhalten, was große Unzufriedenheit erregte.

Seitdem er an der Macht war, arbeitete der Hauptminister ununterbrochen an der Verwirklichung eines Sanierungsplans der Finanzen. Er hatte sofort drakonische Einsparungen am Hof vorgenommen, was ihm viele Feinde gemacht hatte, obwohl diese Streichungen nur ein Tropfen auf den heißen Stein waren. Er dachte, daß der Rückgriff auf Anleihen noch immer das einzige Mittel sei, um die Lage zu retten. Indem er eine systematische Einsparungspolitik verfolgte und außerdem innerhalb von fünf Jahren 420 Millionen Schulden aufnahm, hoffte er, das finanzielle Gleichgewicht wiederherzustellen. Nach diesen fünf Jahren sollte die Versammlung der Generalstände einberufen werden, die dann die bereits verwirklichte Sanierung bestätigen müßten. So glaubte Loménie de

Brienne, die Wünsche des Königs mit denjenigen des Parlaments versöhnen zu können. Letzterem hatte er das lange erwartete Versprechen gegeben. Dem König, der es verabscheute, eine derartige Versammlung einzuberufen, sicherte er ungefährliche Generalstände zu, da Frankreich nach den Anstrengungen dieser fünf Jahre wieder gesund sein werde. Ludwig XVI. war gezwungen, diesen Vorschlag anzunehmen.

Der König beriet sich stundenlang mit Brienne, und während dieser Zusammenkünfte trafen sie die Entscheidungen. Oft geschah es, daß die anderen Minister erst zum gleichen Zeitpunkt wie die Öffentlichkeit davon unterrichtet wurden. Malesherbes war darüber verärgert und sah sich veranlaßt, seinen Rücktritt einzureichen. Der alte Gelehrte, der zum zweitenmal, nahezu gegen seinen Willen, in das Kabinett eingetreten war, widersetzte sich sanft dem autoritären Vorgehen Briennes. Er war in diesem Rat, in dem man nicht mehr wie zu Maurepas' und Turgots Zeiten arbeitete, eine einsame Gestalt. Vor den Ratssitzungen, die nur noch eine Formsache darstellten, war zwischen Ludwig XVI. und seinem Hauptminister »alles schon verhandelt und beschlossen«.

Brienne lenkte den König, der immer noch glaubte, er würde alles leiten. Allerdings war es der Justizminister Lamoignon, der den Einfall hatte, eine feierliche Eröffnungssitzung zur Rückkehr des Parlaments abzuhalten. Die Anwesenheit des Königs und der Minister sollte ihr einen außergewöhnlichen Charakter verleihen. Es handelte sich darum, die Gesetze über die neuen Anleihen zu registrieren. Brienne hatte das Feld schon vorbereitet; er hatte nicht nur das Einverständnis einzelner Richter ausgehandelt, sondern darüber hinaus 1 200 000 Pfund freigemacht, um die Mehrheit des Parlamentsgerichtshofs »zu überzeugen«.

Die feierliche Eröffnungssitzung vom 19. November war eine Überraschung für die Pariser und auch für die Richter selbst. In der Tat hatte man erst am 18. zwischen 9 Uhr abends und Mitternacht den Parlamentsmitgliedern befohlen, am nächsten Morgen im Justizpalast zu erscheinen. Vor Ankunft des Königs besetzten Sonderabteilungen der Französischen Garde, der Schweizergarden und der Leibwachen den Saal. Bald füllten ängstliche Edelleute und einige Bürger die Treppen und Gänge. Die Ankunft der Richter elektrisierte die Menge, die auf ihrer Seite war, während kurz darauf der König mit finsterem Schweigen empfangen wurde.

Die Rede Ludwigs XVI., verfaßt im traditionellen Stil der autoritären Monarchie, ruft die Gerichtsbeamten zum Gehorsam auf. Die Themen, die er entwickelt, und der Ton, den er anstimmt, wären vor einigen

Jahren durchaus angekommen, aber jetzt scheinen sie aus einer anderen Zeit zu stammen. Der Justizminister ergreift ebenfalls das Wort – hauptsächlich, um die Gesetze vorzustellen und die Einberufung der Generalstände für 1792 zu versprechen. Nach diesen langen Reden werden die Parlamentsmitglieder vom König um ihre Meinung gebeten. Damit beginnt eine unendliche Reihe von Ansprachen, in denen das Bemühen um Genauigkeit nur mühsam die aufrührerischen Gedanken verdecken kann. Zwei »Hitzköpfe«, die Ratsmitglieder Fréteau und Sabatier, erweisen sich als geradezu unverschämt; Robert von Saint-Vincent kritisiert die Anleihen und fordert die sofortige Einberufung der Generalstände. Duval von Éprémesnil, der etwas gemäßigter ist, willigt nur in die ersten beiden Anleihen ein und beschwört den König in einer brillanten Rede, die Generalstände bereits 1789 zu versammeln:

»Sire«, sagt er ihm, »mit einem Wort könnten Sie alle Wünsche erfüllen. Eine allgemeine Begeisterung wird im Nu von der Hauptstadt auf das ganze Königreich überspringen. Eine Vorahnung, die nicht trügt, gibt mir darüber Gewißheit: Ich lese es in den Augen Eurer Majestät, daß diese Absicht bereits in Ihrem Herzen und dieses Wort auf Ihren Lippen ist: Sprechen Sie es aus, Sire, gewähren Sie es aus Liebe zu allen Franzosen.«

Einige Sekunden lang haftet der Blick Ludwigs XVI. auf dem Redner, als wäre er durch seinen Schwung mitgerissen und überzeugt worden. Wird er aufstehen? Wird er sprechen? Die Zeit steht still. Aber sofort hat der König seine undurchdringliche Maske wieder aufgesetzt; Duval von Éprémesnil fährt mit seiner Rede fort. Am nächsten Tage wird Ludwig XVI. gestehen, »daß er an dem Punkt gewesen sei, die Rede zu unterbrechen, um zu gewähren, was von ihm gefordert wurde«. Als der Ratsbeamte Ferrand das Wort ergreift, kommt es zu einem ähnlichen Augenblick tiefster Erregung. Auch er glaubt, »daß er das Glück haben werde, vom König unterbrochen zu werden«. Aber nichts passiert. Aus Angst, einen Fehler zu machen, ist Ludwig XVI. wie gelähmt und unfähig, Ketten zu zerbrechen, die ihn an seine Grundsätze fesseln. Verzweifelt klammert er sich an die Entscheidung, die er mit Loménie de Brienne abgesprochen hat: Kein Nachgeben gegenüber den Parlamentsmitgliedern.

Als alle Reden beendet sind, erklärt der König mit seiner näselnden und dumpfen Stimme, die entschlossen klingen soll: »Da ich nun Ihre Meinung gehört habe, halte ich es für notwendig, die Anleihen zu erheben, die in meinem Gesetz vorgesehen sind. Ich habe die Einberufung der

Generalstände für 1792 versprochen; mein Wort muß Ihnen genügen. Ich befehle die Registrierung meines Gesetzes.« Ludwig XVI. will aufbrechen, als sich plötzlich der Herzog von Orléans unter Verletzung aller Vorschriften erhebt. Mit puterrotem Gesicht herrscht dieser Prinz, der nicht öffentlich reden kann, seinen Vetter an, den König von Frankreich. Stotternd schreit er ihm zu, daß dieses Vorgehen illegal sei. Empört über diese Majestätsbeleidigung, stammelt der König mit erstickter Stimme und rot vor Zorn: »Es ist legal, weil ich es so will!«

Es ist fünf Uhr dreißig; zutiefst erschüttert verläßt der König die Große Kammer, in der dumpfes Murmeln zu hören ist. Auf dem Weg nach Versailles faßt er die Ereignisse des Tages zusammen und bleibt fest entschlossen, seine Autorität gegen die Machenschaften der Prinzen und Gerichtsbeamten zu verteidigen. Die Königin wird diesen Zorn ihres Gatten noch schüren und betonen, daß man dem Herzog von Orléans eine Strafe erteilen müsse. Noch am gleichen Abend beschließt der König, seinen Vetter nach Villers-Cotterêts zu verbannen und seine Ratgeber Fréteau und Sabatier ins Gefängnis zu werfen.

Ohne sich über die Maßnahmen zu sorgen, die der König ergreifen würde, hatten die Richter die am Morgen begonnene Sitzung fortgeführt. Auf den Vorschlag Sabatiers hin erklärten sie die Form der königlichen Sitzung und die Registrierung für illegal. Als sie am nächsten Tag von den Maßnahmen gegen den Herzog von Orléans und ihre beiden Kollegen erfuhren, schickten sie eine Abordnung zum König, um dessen Gnade zu erbitten. Der König blieb hart: »Ich bin niemandem Rechenschaft über das Motiv meiner Beschlüsse schuldig. [...] Jedermann hat ein Interesse an der Bewahrung der öffentlichen Ordnung, und diese hängt hauptsächlich von der Aufrechterhaltung meiner Macht ab.«

Die Ruhe schien wiederhergestellt, aber der Parlamentsgerichtshof zog die Diskussion über das Gesetz, das den Protestanten die Bürgerrechte zuerkannte, in die Länge. Ludwig XVI. hielt die Richter schon für besänftigt, als sie plötzlich einen erneuten Angriff gegen die königliche Gewalt richteten. Diesmal ging es um die *lettres de cachet*, jene Überreste einer finsteren Vergangenheit, die sie für überlebt hielten. Ludwig XVI. widersetzte sich und verteidigte einen Brauch, den auch die Richter oft geschätzt hätten und in bezug auf den er »die Befriedigung genoß, ihn gemäßigter als alle seine gesamten Vorgänger gehandhabt zu haben«.

Die Lage des Königs gegenüber dem Parlamentsgerichtshof wurde allmählich unhaltbar. Dieser dauernde Kampf, der von einer immer aufgebrachteren und immer besser unterrichteten öffentlichen Meinung unterstützt wurde, entwickelte sich zur Kraftprobe. Streng geheim bereiteten Loménie de Brienne und Lamoignon einen regelrechten Staatsstreich vor, dessen Folgen unabsehbar sein würden. Die beiden Minister hielten die Waffe des Despotismus noch für angemessen, um gegen die Nation zu kämpfen. Deshalb hatten sie sich – in Anlehnung an die große Reform Maupeous – in den Kopf gesetzt, einen Plenarhof zu schaffen, der allein die Befugnis haben würde, die Gesetze des Königreichs zu registrieren; die Parlamentsgerichtshöfe sollten lediglich ihre Justizaufgaben behalten. Außer gemäßigten Mitgliedern der Großen Kammer des Parlamentsgerichtshofs sollten dieser neuen Versammlung die Prinzen von Geblüt, die *pairs* des Königreichs, die Großwürdenträger der Krone und die Vertreter der hohen geistlichen, militärischen, gerichtlichen und administrativen Obrigkeit angehören. Dies bedeutete die Einführung einer zahmen Registrierungskammer, die den Willen der Regierung ausführen mußte. Übrigens war diese Institution bereits seit 1774 vorgesehen, als die Parlamentsgerichtshöfe zurückberufen worden waren – für den Fall, daß sie sich gegen die königliche Macht rebellisch zeigen würden. So konnten die empfindlichen Rechtsgelehrten ein reines Gewissen bewahren.

Ohne alle Einzelheiten zu kennen, lehnten der Herzog von Nivernais und Malesherbes die Projektskizze im Kabinett ab. Ludwig XVI., der mit den Ereignissen nicht mehr fertig wurde, litt an verschiedenen Krankheiten, wurde immer fetter, wußte sich keinen Rat. Täglich stachelte ihn Marie Antoinette mit der ganzen Leidenschaft, deren sie fähig war, zur Unnachgiebigkeit an. Sie nahm an vielen Sitzungen teil, und man sprach bereits von ihrem Beitritt zum Staatsrat; sie fing an, einen unbestreitbaren Einfluß auf ihren Gatten auszuüben. Ohne die politische Lage wirklich zu verstehen, erkannte sie nur, daß die Macht ihrem schwachen Gatten zu entgleiten drohte, und sie begann einen erbarmungslosen Kampf, um ihm seine Vorrechte unversehrt zu erhalten. Als das Projekt des Plenarhofes fertig war, schrieb sie an ihren Bruder: »Es ist ziemlich ärgerlich, zu derartigen Veränderungen gezwungen zu sein, aber der Stand der Dinge zeigt klar und deutlich, daß wir bei einem Aufschub über weniger Mittel zur Aufrechterhaltung und Pflege der Macht des Königs verfügen würden.«

Ohne Loménie de Briennes Projekt genau zu kennen, wußten die Parlamentarier genug darüber, um sich zu beunruhigen. Im April gingen sie wieder in die Offensive und veröffentlichten Remonstranzen gegen die königliche Sitzung vom 19. November! Sie stellten die Legalität der

Regierung in Frage und beschuldigten den König, eine despotische Macht auszuüben. Die königliche Antwort klang hart: »Es wäre eine sonderbare Verfassung der Monarchie, wenn sie den Willen des Königs auf den Wert der Meinung eines seiner Beamten reduzieren und den Gesetzgeber verpflichten würde, so viele Meinungen zu haben, wie es Beratungen in den verschiedenen Gerichtshöfen seines Königreiches gibt«, sagte er ihnen in der Anwesenheit des Herzogs von Orléans, den er aus dem Exil zurückgerufen hatte, damit er dieser Sitzung beiwohne.

Aber die Richter gaben sich noch nicht geschlagen. Am 29. April stellten sie erneut Remonstranzen auf und forderten wieder einmal die Einberufung der Generalstände. Immer erregter und sicherlich über die Versailler Pläne informiert, nutzten sie noch das geringste Ereignis, um die Aufmerksamkeit auf sich zu lenken. Der hitzige Duval d'Éprémesnil hatte denn auch die Idee, die Grundgesetze der Monarchie aus der Sicht des Parlaments noch einmal zu formulieren und zu veröffentlichen.

Natürlich ging es vor allem darum, jeden Versuch eines Staatsstreichs schon im voraus im Keim zu ersticken. In einer sonderbaren Mischung aus alten Traditionen und Zeitgeist bestätigte diese Erklärung einerseits die Thronfolge durch männliches Erstgeburtsrecht des Herrscherhauses und forderte zugleich die individuelle Freiheit und die Unabhängigkeit der Justiz; sie behauptete vor allem die Rechte der Nation, die das Parlament als Ersatz für die Generalstände zu vertreten beanspruchte, und erinnerte ausdrücklich daran, daß nur die Nation »durch das Organ der Generalstände, die ordentlich einberufen und zusammengesetzt sind, Subsidien bewilligen kann«.

Die Aktivitäten dieses »Hitzkopfes«, der viele Anhänger hatte, störten die Regierung erheblich; sie beschloß, Duval und seinen Freund Goislard von Montsabert verhaften zu lassen. Der König zerriß die Erklärung der Grundgesetze, und am 5. Mai versuchten die Behörden die beiden Gerichtsbeamten gefangenzunehmen. Aber sie waren noch rechtzeitig gewarnt worden und konnten in den Justizpalast flüchten: »unter den Schutz des Königs und des Gesetzes«.

Für das Parlament konnte es keinen besseren Anlaß geben! Schon am Morgen traten die Kammern zusammen und schickten eine Delegation nach Versailles, um gegen den Versuch der Verhaftung ihrer beiden Mitglieder zu protestieren. Die Richter beschlossen, sich nicht eher zu trennen, als bis sie die königliche Antwort erhielten. In Paris herrschte große Aufregung. Ständig kamen Menschen in den Hof des Justizpalastes, um Neuigkeiten zu erfahren. Wieder überflutete die Menge die

Treppen und Gänge bis zu den Türen der Großen Kammer. Diesmal war es kein mondänes und diszipliniertes Gedränge, wie bei der königlichen Sitzung, sondern ein ganzes Volk aus Dienstboten und Handwerkern der Vororte kam zusammen. Sie klatschten, ohne zu verstehen, weil sie wußten, daß die Richter die Subversion unterstützten. Die Gerichtsbeamten fühlten sich durch die Anwesenheit dieser unbekannten Welt bestärkt. Um zehn Uhr abends wurde der Palast jedoch von der Französischen Garde besetzt. Um ein Uhr morgens drang der Marquis von Agoult in die Große Kammer ein, die immer noch tagte. Er kam, um Goislard von Montsabert und Duval d'Éprémesnil zu verhaften, und bat den Vorsitzenden, ihm die beiden Beschuldigten zu zeigen. Da erhoben sich alle Richter wie ein Mann und riefen: »Wir sind Duval d'Éprémesnil und Goislard von Montsabert!« Fassungslos zogen sich die Soldaten wieder zurück. Die Parlamentarier jubelten.

Die Delegation, die sie nach Versailles geschickt hatten, kam erst im Morgengrauen zurück. Sie hatte vergeblich darauf gewartet, empfangen zu werden. Der König hatte es abgelehnt, sich mit den Vertretern seines Parlaments zu unterhalten. Die Sitzung ging also weiter. Alle Gesichter waren von Erschöpfung gezeichnet, als der Marquis um elf Uhr morgens zurückkehrte. Diesmal lieferten sich Duval d'Éprémesnil und Goislard von Montsabert theatralisch den Ordnungskräften aus und verließen den Saal als Schlachtopfer des Despotismus. Die Kammern trennten sich erst um drei Uhr, nachdem sie einen erneuten Protestbeschluß gefaßt hatten. Die Ungeschicktheiten der Regierung dienten der Sache des Parlaments.

Indes verlor das Kabinett keine Zeit und berief für den 8. Mai die Parlamentsgerichtsbeamten zu einem weiteren *lit de justice*, das ihre Niederlage besiegeln sollte – zumindest hofften dies der König und seine Minister. Die Richter, noch erschöpft von den aufregenden Stunden, die sie gerade erlebt hatten, bekamen sechs Gesetze vorgelegt, die ihre Macht beträchtlich einschränkten. Briennes Pläne enthielten genau das, was sie befürchtet hatten. Die Parlamente würden noch nicht einmal ihre richterliche Gewalt vollständig behalten können. Obwohl die Sondertribunale abgeschafft wurden, sollte es neue Berufungstribunale geben – die *grands bailliages* –, die die Parlamente von vielen Aufgaben befreien würden. Dadurch konnten viele Ämter abgeschafft werden, deren Rückzahlung aber versprochen wurde, da die Ämterkäuflichkeit aufrechterhalten blieb. Das Strafverfahren sollte durch eine Reihe humanitärer Maßnahmen reformiert werden. Das wichtigste Gesetz schließlich betraf die Einführung des Plenarhofes, wie ihn Brienne und Lamoignon konzipiert hatten. Durch ein letztes Gesetz wurde das Parlament bis zur Einführung dieser neuen Gerichtsordnung beurlaubt.

Die Gerichtsbeamten hörten sich den Wortlaut dieser Gesetze, die manche Laufbahn beendeten und viele politischen Ambitionen zerschlugen, schweigend an. Diejenigen, die nach Paris zurückkehren mußten, fuhren in aller Ruhe in die Hauptstadt zurück, während die Mitglieder der Großen Kammer in Versailles bleiben mußten, um den neuen Plenarhof zu bilden.

Die königliche Revolution begann unter denkbar schlechten Vorzeichen. Die Mitglieder der Großen Kammer – obwohl sie eher gemäßigt waren – fühlten sich durch den Schwur, den Duval d'Éprémesnil ihnen abverlangt hatte, gebunden. An einer anderen Versammlung teilzunehmen, die einzig vom königlichen Willen bestimmt war, wäre einem Verrat an der Sache des Parlaments gleichgekommen: Sie weigerten sich daher zu tagen. Nur die Herzöge und Pairs zögerten etwas: Ihrer Herkunft nach standen sie dem Thron näher, ihren Ansprüchen nach dem Parlament, wenngleich der neue Plenarhof ihnen noch mehr Geltung als in der Vergangenheit verschafft hätte. Sie hielten sich daher vorsichtig zurück, mit Ausnahme der Herzöge von Uzès, von Fitz-James, von Montmorency-Luxembourg, von Aumont, von Praslin und von La Rochefoucauld, die sofort Partei für die Sache des Parlaments ergriffen.

Da eines der neuen Gesetze die seigneuralen Gerichte abschaffte, schloß sich auch der alte Adel der Revolte an. Dies galt erst recht in der Provinz, wo ein Großteil des Schwertadels seit mehreren Generationen durch Heirat mit den Juristenfamilien verwandt war. Aus dieser Familiensolidarität wurde nun eine Klassensolidarität gegen die königliche Macht, die man vereint des Despotismus bezichtigte.

Aus denselben Gründen schloß sich der Klerus der Bewegung an, die aber eher die Prälaten betraf als die Priester. Darüber hinaus war der Klerus als Stand mit dem Kabinett sehr unzufrieden, weil es eine Aufstellung seiner Güter forderte, um sie wie alle anderen zu besteuern.

Ludwig XVI. schritt von Enttäuschung zu Enttäuschung. Die Koalition aus den beiden ersten Ständen des Königreiches gegen seine Macht betrübte ihn. Er fand kein Mittel, um die Lage wieder in die Hand zu bekommen, und mußte den Versuchen des Parlaments, die Errichtung der *grands bailliages* zu verhindern, ohnmächtig zusehen. Die Provinzialparlamente, die dem Pariser Parlament in seiner Rebellion gefolgt waren, verhinderten durch eine Reihe geheimer Beschlüsse, daß überhaupt noch Recht gesprochen wurde, und drohten, sich an allen Subalternbeamten, die den königlichen Befehlen gehorchen würden, zu rächen.

Der Widerstand kam von überall. Loménie de Brienne, der die Lage nicht mehr beherrschte, schien den König mit sich fortzureißen, ohne ihm einen einzigen guten Rat geben zu können. Verstört und ratlos kündigte der Erzbischof am 5. Juli die baldige Einberufung der Generalstände an. Der Ratsbeschluß gab zwar kein genaues Datum an, stellte aber fest, daß der König noch »entsprechende Nachrichten oder Denkschriften« zur Einberufungsprozedur abwarte. Brienne fürchtete diesen Schritt. Er riet Ludwig XVI., Zeit zu gewinnen: »Erwecken Sie nicht den Eindruck, gegen die Einberufung Ihrer Untertanen zu sein, aber schieben Sie sie so lange wie möglich auf – Ihre Macht kann dabei nur verlieren, und Ihr Königreich kann sehr wenig dabei gewinnen«. Allerdings wurden der König und der Minister immer mehr in die Enge getrieben. Ihr letzter Ausweg bestand also darin, die Verfahrensfragen in die Länge zu ziehen.

Die Zuspitzung der Finanzkrise beschleunigte die Ereignisse. Anfang August war die Staatskasse leer... zur größten Überraschung Briennes: »Die Berechnungen stimmten, aber die Einnahmen wurden verschlungen, und es gab keine Überschüsse mehr.« An der Börse fielen die königlichen Wertpapiere täglich im Kurs. Um den Kredit zu beleben, hielt es Brienne für günstig, am 8. August die Einberufung der Generalstände für den 1. Mai des folgenden Jahres anzukündigen. Aber die Patrioten dachten nur noch an diese bevorstehende Versammlung, die Börsenkurse stiegen nicht, und die Kassen blieben hoffnungslos leer.

Auf dem Gipfel der Aufregung wollte Brienne erneut eine Zwangsanleihe erheben und kündigte dies am 16. August auch an. Bereits die Präambel des Dekrets entfachte eine regelrechte Panik: »Seine Majestät hat das Vertrauen in die Staatsfinanzen nicht aufgegeben. Sie hat festgestellt, daß, auch wenn das Elend groß ist, die Mittel noch größer sind; daß nichts in Gefahr ist, es sei denn durch die öffentliche Meinung und die Angst; daß die Krise um so weniger ängstigen sollte, als die Zeit der Generalstände unmittelbar bevorsteht; dabei handelt es sich nur um provisorische Maßnahmen, denen eine allgemeine Restauration folgen muß.« Das Dekret kündigte außerdem die Auszahlung der Rentenbezüge und anderer Staatsausgaben in Papiergeld an.

Noch am gleichen Tag wurde die *caisse d'escompte* von Wechselinhabern gestürmt, die eine sofortige Auszahlung in Münzen verlangten. Die Spekulanten kündigten eine große Geldknappheit an. Der Minister hatte endgültig verspielt. Seinem Freund, dem Abbé Morellet, zufolge war Loménie de Brienne ein Opfer schlechter Finanzratschläge, indem er »üblen Geldschefflern vertraute, die nichts davon verstanden, ihn betrogen und beraubt hatten«. Der Minister war mit seinem Latein am Ende und wollte Necker rufen lassen. Er sprach darüber mit der Königin, die den Vorschlag begrüßte. Marie Antoinette überzeugte Ludwig XVI., der an einer finsteren Melancholie litt. Der König, der Necker noch immer wegen seines früheren Verhaltens ablehnte und weder seine Manieren noch seine Grundsätze mochte, war jetzt zu allen Zugeständnissen bereit. Auch erklärte er sich am 19. August damit einverstanden, daß Mercy-Argenteau die Rolle des Vermittlers zwischen Brienne und Necker, dessen damalige Absichten niemand kannte, übernahm.

Der Genfer hatte oft gehofft, vom König zurückberufen zu werden. Aber die Umstände, unter denen der Herrscher ihn nun darum bat, die Finanzgeschäfte wieder in die Hand zu nehmen, waren derart, daß er ausrief: »Ach! Warum hat man mir nicht diese fünfzehn Monate des Erzbischofs von Sens* gegeben! Jetzt ist es zu spät!«. Necker sah nicht nur den Ernst der Lage, sondern er konnte darüber hinaus die Vorstellung nicht ertragen, als Untergebener Loménies de Brienne zu arbeiten, der seine Unfähigkeit klar bewiesen hatte. Am Montag, dem 25. August, überreichte Brienne dem König sein Rücktrittsgesuch. In Paris wurde die Nachricht von Neckers Rückkehr mit fröhlicher Knallerei gefeiert, und die Hauptstadt erlebte eine verrückte Nacht, in welcher dem zurückgetretenen Minister öffentlich der Prozeß gemacht und er anschließend in Gestalt einer Strohpuppe in einem Freudenfeuer verbrannt wurde.

---

* Loménie de Brienne. (Anm. d. Hrsg.)

17. »SIRE, ES IST EINE REVOLUTION«

»Ach, Monsieur, schon seit einigen Jahren ist mir kein einziger Augenblick des Glücks mehr vergönnt.« Mit diesen Worten, die unmittelbar aus seiner Seele drangen, soll Ludwig XVI. Necker empfangen haben, welcher ihm geantwortet haben soll: »Noch ein bißchen Geduld, Sire, und Sie werden nicht mehr so sprechen.«

Weder das öffentliche noch das private Leben gaben dem König Grund zur Freude. Madame Sophie, seine dicke und mißgestaltete jüngste Tochter, war noch vor der Vollendung ihres ersten Lebensjahres gestorben, und der Dauphin – dieser Erbe, den man sich so sehr gewünscht hatte – bereitete ihm ebenfalls große Sorgen. Das Kind hatte Fieber, magerte ab und wurde immer schwächer. Sein Wuchs war »gestört«, wie Marie Antoinette erkannte, und sie schrieb ihrem Bruder, daß seine eine Hüfte höher sitze als die andere und die Wirbel verschoben seien. Der König und die Königin klammerten sich an die verrückte Hoffnung, daß »der Hauptgrund seiner Leiden das Zahnen sei«. Madame Royale wurde still, und ihr melancholischer Zug ließ – zu Unrecht – Bedenken über ihre Gesundheit aufkommen. Nur der kleine Herzog von Normandie strotzte vor Lebensfreude. »Er ist ein echtes Bauernkind, groß, frisch und dick«, schrieb Marie Antoinette gerührt, die persönlich auf ihre Kinder achtete. »Zur Zeit«, fuhr sie in bezug auf ihren zweiten Sohn fort, »hat er einen dicken Schnupfen mit Fieber; ich fürchte, es sind die Röteln oder Keuchhusten, aber er ist trotz seines Leidens so stark und lustig, daß mir dies keinen Anlaß zur Sorge bereitet.«

Die Kinder näherten das Herrscherpaar, das immer seltener das gleiche Schlafzimmer teilte, einander an. Mehrfach entstand das Gerücht einer weiteren Schwangerschaft der Königin. »Wenn ich so oft schwanger gewesen wäre, wie man es in diesem Lande behauptet hat, so wäre ich niemals zur Ruhe gekommen... Auch diesmal ist es, wie üblich, eine frei erfundene Geschichte; ich habe keinen Augenblick eine derartige Vermutung gehegt«, schreibt sie am 22. Februar 1788 an Joseph II.

Marie Antoinette liebte weiterhin Fersen, der sich seit seiner Rückkehr aus Amerika immer häufiger in Versailles aufhielt. Er hatte ein Palais in der rue Matignon in Paris gemietet, wo er residierte, wenn ihn nicht die Pflicht zu seinem Regiment nach Valenciennes rief. Häufig stattete er der Königin, die ihre Neigung nicht verhehlte, Besuche ab. »Fersen kam drei- oder viermal die Woche in den Park von Trianon geritten; die Königin begab sich ebenfalls dahin, und zwar allein. Ungeachtet der Bescheidenheit und der Zurückhaltung des Favoriten, der äußerlich niemals etwas zeigte und von allen Freunden der Königin der verschwiegenste war, erregten diese Rendezvous einen öffentlichen Skandal«, erzählt Saint-Priest.

Wahrscheinlich konnte Marie Antoinette ihren Geliebten öfters auch über Nacht bei sich behalten, wie Fersens folgender Brief an seine Schwester Sophie nahelegt: »Es ist acht Uhr abends. Ich muß nun schließen; ich bin seit gestern in Versailles. Erzählen Sie niemandem, daß ich Ihnen von hier aus schreibe: Ich datiere nämlich meine anderen Briefe aus Paris.« Fersen nahm Rücksicht auf die Ehre der Königin von Frankreich, aber wo wohnte er wohl?

Der Versailler Palast barg eine riesige Zahl versteckter Kabinette und Zimmer. Als der Page Felix von Hezecques nach den Oktobertagen 1789 zum Schloß zurückkehrte, entdeckte er zu seiner größten Überraschung Gänge und »eine große Anzahl von kleinen Kabinetten, von deren Existenz er nichts geahnt hatte«. Die Königin konnte ihren Geliebten also jederzeit in einem dieser Räume unterbringen, aber es ist wahrscheinlicher, daß sie ihm heimlich ein kleines Zimmer neben dem ihren einrichten ließ. Marguerite Jallut, die ausgezeichnete Archivarin von Versailles, kam zu dieser Schlußfolgerung, als sie die Briefe Fersens mit den Berichten über die Bauarbeiten in den Gemächern der Königin verglich. Im April 1787 konnte man die folgenden lakonischen Bemerkungen lesen, die von der Hand des Schweden geschrieben sind: »7. April: ...Plan, oben zu wohnen, sie soll mir eine Antwort zum Regiment schicken; ich werde am 15. Mai dort sein. 20. April: Sie muß oben etwas für mich finden, egal ob ich am 29. oder 30. abreise [...] und voraussichtlich am 20. oder 21. in Paris eintreffe. 8. Oktober: Sie soll von Herrn von Valois eine Ofennische herrichten lassen; ich soll am 18. abfahren, um am 19. in Paris und am Abend bei ihr einzutreffen. Sie soll mir um 3 oder 4 Uhr einen Brief schicken, um mir zu sagen, was ich zu tun habe.«

Marie Antoinette läßt Fersens Anweisungen gemäß Umbauten vornehmen. Der Brief eines gewissen Loiseleur sagt deutlich, worum es geht: »Ich habe die Ehre, dem Herrn Generaldirektor der Gebäude mitzuteilen«, schreibt der Bauunternehmer, »daß die Königin nach einem schwedischen Ofenschmied geschickt hat, der die Öfen im Gemach von *Madame* hergerichtet hat und daß Ihre Majestät befohlen hat, in ihren inneren Gemächern einen Ofen mit Wärmeröhren zu bauen, um einen kleinen Raum nebenan zu beheizen. Die Königin hat mir desweiteren aufgetragen, die Aufstellung selbigen Ofens zu veranlassen. Es müssen zwei Teile der Täfelung abgetragen werden; ein Teil der Zwischenwand muß niedergerissen werden, um sie hinterher mit Ziegelsteinen neu aufzubauen, und ferner muß ein Teil des Parkettbodens aufgerissen werden, damit ein Ziegelsteinkamin errichtet werden kann.« Zweifellos wollte die Königin für Fersens Beherbergung über einen geheizten Raum verfügen.

Ludwig XVI. konnte die Liebe seiner Frau zu dem schönen Schweden nicht mehr übersehen. 1788 hatten ihn seine Jagdgenossen weinend über einem Stoß von Briefen gefunden, in denen die Beziehung zwischen Marie Antoinette und Fersen auf übelste Weise denunziert wurde. Der König litt, aber sein Herz gehörte weiterhin seiner Gemahlin: »Vergeblich versuchte man, sie bei ihm schlechtzumachen. Sie hatte ein Mittel gefunden, das ihn veranlaßte, ihr Verhältnis mit Fersen hinzunehmen«, behauptet Saint-Priest. Der Gatte kapitulierte ebenso, wie der Herrscher nachgab. In diesem Augustmonat 1788 konnte die Eifersucht – falls er sie verspürte – Ludwig XVI. nicht quälen: Fersen war weit, bei seinem König Gustav III., und führte Krieg in Finnland. Ludwig XVI. wartete auf Necker und ging ununterbrochen zur Jagd.

Necker trat die Macht unter den schlechtesten Voraussetzungen an. Er wurde am 25. August zum Generaldirektor der Finanzen berufen und zwei Tage später zum Staatsminister ernannt, was ihm die Teilnahme an allen Ratssitzungen erlaubte. Auch wenn die Nachricht seiner Ernennung mit Freudenstürmen begrüßt worden war, blieb die Stimmung in Paris und in der Provinz nach wie vor unruhig. Der Brotpreis hörte nicht auf, in gefährlichem Maße zu steigen, und die Betroffenen hofften nun, daß die bloße Anwesenheit dieses Mannes in der Regierung die Preise sofort senken würde. Diese Sorge beschäftigte vor allem die Handwerker der Hauptstadt, die später den größten Teil der revolutionären Truppen stellten. Die Parlamentsschreiber *(la Basoche)*, noch immer ohne Arbeit, aber abrufbereit, verbrüderten sich auf der Straße mit dem einfachen Volk aus der Vorstadt.

Am 29. August werden die Wachlokale am Pont-Neuf von Demonstranten ausgeplündert und niedergebrannt. Die Schweizer und die

Französischen Garden greifen unter der Leitung des Marschalls Biron ein: Auf seiten der Aufständischen gibt es ungefähr zehn Tote. Die Ruhe ist nur scheinbar wiederhergestellt. Ungeachtet des Rücktritts des verhaßten Ministers Lamoignon am 14. September, der gemeinsam mit Brienne die Gesetze verfaßt hatte, gehen die Aufstände weiter. Nachdem man den ehemaligen Justizminister als Strohpuppe verbrannt hat, versucht man, sein Haus anzuzünden. Auch diesmal greifen Soldaten ein. Während der offizielle Bericht acht Verletzte und achtzehn Verhaftungen erwähnt, spricht der Buchhändler Hardy von fünfzig Toten!

Unter diesen Umständen konnte die Justiz fraglos nicht länger untätig bleiben, wie es seit mehreren Monaten der Fall war, so daß auch die durch die Mai-Gesetze vorgeschlagene Justizreform nicht hatte realisiert werden können. Deshalb schlug Necker vor, die Parlamentsgerichtshöfe wieder in alle ihre früheren Rechte einzusetzen. Durch eine königliche Erklärung vom 23. September wurde die Wiederherstellung der ehemaligen Institutionen und zugleich die Einberufung der Generalstände für Januar 1789 angekündigt.

In bezug auf die heikle Frage der Generalstände befand sich Necker in großer Verlegenheit. Er kannte die feindselige Einstellung des Königs gegen das Projekt und wußte genau, daß Ludwig XVI. nur unter Zwang nachgegeben hatte. Er selbst glaubte nicht an die Notwendigkeit einer solchen Versammlung und befürchtete, daß sie das Vorspiel zu einem Abenteuer sein könnte, das für die Monarchie verhängnisvoll wäre. Allerdings hatte der König die Generalstände dreimal versprochen. In den Augen der öffentlichen Meinung wäre es riskant gewesen, dieses Wort zurückzunehmen.

Als vollendeter Jurist, der den Zeitgeist beobachtete, hatte Malesherbes dem Monarchen im Sommer 1788 vorgeschlagen, was er noch tun könnte: »Ein König, der eine Verfassung hinnehmen muß, fühlt sich erniedrigt«, hatte er ihm gesagt: »Ein König dagegen, der eine Verfassung vorschlägt, erntet den schönsten Ruhm, der einem Menschen zuteil werden kann... Geben Sie selbst die Verfassung Ihres Jahrhunderts; nehmen Sie darin Ihre Stelle ein, und zögern Sie nicht, sie auf den Rechten des Volkes aufzubauen. Wenn Ihre Nation erkennt, daß Sie ihre Wünsche realisieren, wird sie Ihr Werk vervollkommnen und bestätigen. So werden Sie ein großes Ereignis beherrschen, indem Sie es selbst durchführen.«

Ludwig XVI. hörte nicht auf ihn. Er wollte nichts vom Erbe seiner Väter abtreten. Die Scheidung zwischen dem Herrscher und der Nation war vollzogen, noch bevor der Prozeß der Einberufung der Generalstände begann.

Diese riesige Versammlung der Vertreter des Königreiches mußte sorgfältig vorbereitet werden. Necker wollte sich persönlich darum kümmern. Während die Parlamentsmitglieder und Patrioten bis dahin vereint die Einberufung gefordert hatten, stritten sie sich von nun an über Sinn und Aufgabe der Generalstände. Die Privilegierten wollten, daß die Generalstände wie 1614 bei ihrer letzten Versammlung einberufen und zusammengesetzt seien. Auch das Pariser Parlament trat dafür ein. Dies setzte insbesondere eine zahlenmäßig kleine und elitäre Vertretung des dritten Standes voraus sowie weiterhin die strenge Trennung der drei Stände. Die Patrioten, liberalen Adligen und aufgeklärten Bourgeois träumten dagegen von einer demokratischen Versammlung, die in der Lage wäre, Reformen durchzuführen, welche Frankreich in einen Staat der Vernunft verwandeln sollten, wie ihn die Philosophen fast ein Jahrhundert lang entworfen hatten.

Im November 1788 wurde das aus dem Vorjahr stammende Verbot der Klubs aufgehoben. Sie traten sofort wieder in Aktion und dehnten sich in allen großen Städten aus, belebt von den besten Rednern der patriotischen Partei. In Lesegesellschaften, Vereinen, Freimaurerlogen und Cafés wurde gegen den Despotismus und die Feudalität und für die Freiheit und Gleichheit agitiert. Eine Flut von Zeitungen und Broschüren überschwemmte die Haushalte in ganz Frankreich, vom Hof des lesekundigen Bauern bis zum Königspalast – überall wurde dem Despotismus und den Privilegierten der Prozeß gemacht.

In Paris treffen sich die aktivsten Patrioten jeden Dienstag, Mittwoch und Sonntag um zehn Uhr abends im Haus des Richters Duport, rue du Grand Chantier. Hier findet man den eifrigen Condorcet, den weisen Dupont de Nemours, den brillanten Rechtsanwalt Target, einen Richter am Metzer Parlament und einige seit kurzer Zeit berühmte Parlamentsmitglieder, wie Robert von Saint-Vincent und Duval d'Éprémesnil, die natürlich wieder auf freiem Fuß sind. Letztere beginnen sich sogar über den demokratischen Umschwung in den Unterhaltungen Sorgen zu machen. Die Zauberlehrlinge der Revolution befürchten schon jetzt, durch eine Bewegung überholt zu werden, deren Geburt sie mit eingeleitet haben. Man begegnet bei Duport außerdem vielen Adligen, die den neuen Ideen gewogen sind: La Fayette, dem Vicomte von Noailles, den Herzögen von Aumont, Luynes, La Rochefoucauld-Liancourt, Béthune-Charost, dem Marschall von Beauvau sowie Talleyrand, einem jungen

Prälaten, der eben das Erzbistum von Autun erhalten hat. Bald setzt sich jedoch die Persönlichkeit des verschrobenen Grafen von Mirabeau, dessen Häßlichkeit nur von seinem Talent übertroffen wird, in dieser Gesellschaft durch, die einem ihrer Mitglieder zufolge eine regelrechte »Konspiration ehrlicher Leute« ist und die bald als *Club constitutionnel* bekannt wird.

Unter den Arkaden des Palais-Royal, beim Gastwirt Masse, scharen sich die weniger bekannten Patrioten, die den *Club des enragés* bilden, um den Abbé Sieyès. Beim Abbé Morellet versammeln sich sonntagsmorgens einige Schöngeister mit weniger progressiven Ideen, die Alexandre von Lameth später als die »Gesellschaft von Viroflay« bezeichnet.

Alle diese Klubs tragen zum Ausbruch der Revolution bei. Sie stehen mit den schon gegründeten Klubs in der Provinz in Briefkontakt und erreichen, nach den Worten des Rechtsanwalts Rabaut-Saint-Etienne, »durch die Verbreitung gemeinsamer Ideen die Vereinigung der Willen und Kräfte«. Ohne ihre Beschlüsse hier genau wiederzugeben, ohne die feinen Unterschiede zwischen diesen Gruppen zu betonen, wollen wir nur einige große Ideen festhalten, die sich bald überall durchsetzen. Die Patrioten sehen die Generalstände von 1789 nicht mehr so wie die von 1614: »Die Organisation der neuen Stände muß im Wesen der Dinge und nicht in der Geschichte aufgesucht werden.« »Wir müssen uns vor der Gewohnheit in acht nehmen, durch vergangene Begebenheiten zu beweisen, was zu geschehen hat, denn es sind genau die vergangenen Geschehnisse, die wir beklagen«, erklärt Rabaut-Saint-Etienne, für den die Grundgesetze der Monarchie am Ende dieses 18. Jahrhunderts nicht mehr lebbar sind.

Alle Formen des Despotismus und der Unterdrückung werden abgelehnt. Sieyès verteidigt bereits den Grundsatz der Volkssouveränität, nach dem das Volk der legitime Träger der gesetzgebenden Macht ist: »Einzig die Nation kann für sich selbst Gesetze wollen und sie folglich beschließen«, behauptet er. Für diese Patrioten ist es mit allen Vermittlungsbehörden wie den Parlamentsgerichtshöfen vorbei. Auch sie gehören einer überlebten Zeit an: »Wenn ein Gift Sie gerettet hat, zerbrechen Sie sofort die Flasche, damit es Sie nicht töten kann«, meint Servan, der ehemalige Generalanwalt des Parlaments von Grenoble. Die patriotischen Richter müssen sich damit abfinden und hoffen, daß sie ihre Laufbahn in anderen Versammlungen fortführen können.

Von allen Seiten wird gegen die Privilegien gewettert. »Krieg den Privilegierten und den Privilegien, das ist meine Devise!« ruft Mirabeau.

Am Hof, wo all dies nur sehr abgeschwächt zu hören war, begann man sich Sorgen zu machen. Immer noch der Tradition verhaftet, wollte Ludwig XVI. die Generalstände nach dem Vorbild von 1614 versammeln. Necker bemühte sich, die Traditionalisten und Patrioten zu schonen, und schlug deshalb dem König vor, zunächst die Notabeln über dieses ernste Problem, das die öffentliche Meinung erregte, zu befragen. Indem er erneut diese erlauchte Versammlung einberufe, könne »der König jeden Verdacht eines Kalküls oder einer besonderen Absicht der Regierung zerstreuen«. Diese Überlegung verhalf Ludwig XVI. zu einem Entschluß, denn durch die Notabelnkonferenz würde die Versammlung der Generalstände auf ein späteres Datum verschoben. Das gefiel dem König, da er ihrer Einberufung noch immer ablehnend gegenüberstand.

Der zweiten Notabelnkonferenz, die am 6. November 1788 eröffnet wurde, lag ein ausführliches Programm des Ministers vor. Sie mußte mehr als fünfzig Fragen über die Versammlung der Generalstände beantworten. Die Hauptprobleme betrafen die Vertretung des dritten Standes: Wie viele Abgeordnete sollten ihm im Verhältnis zum Klerus und zum Adel zugestanden werden? Würde die Abstimmung nach Ständen beibehalten werden, oder sollte es zu einer gemeinsamen Beratung kommen?

Der König hatte sich strikt ausgebeten, daß der Minister keinerlei Druck ausübe. Die Versammlung sollte in aller Freiheit beraten. Die äußerst konservativen Notabeln waren lediglich darum bemüht, die alten Zustände beizubehalten. Sie lehnten die zahlenmäßige Verdoppelung des dritten Standes und die gemeinsame Beratung der drei Stände ab, weil dies unweigerlich zur Abstimmung nach Köpfen und somit zu einer revolutionären Lage führen müßte. Auf der Schlußsitzung überreichten der Graf von Artois, der Prinz von Condé, der Herzog von Bourbon, der Herzog von Enghien und der Prinz von Conti dem König eine Denkschrift, die ihn ersuchte, »diesen tapferen, alten und ehrwürdigen Adel, der soviel Blut für das Vaterland vergossen hat, nicht zu opfern oder zu demütigen«. Sie beschworen ihn, für die Einberufung der Generalstände »die alte, durch Gesetz und Brauch besiegelte Form beizubehalten«. Unter den Prinzen von Geblüt legte nur der Graf von Provence einen gefährlichen Liberalismus an den Tag: Hatte er nicht die Verdoppelung des dritten Standes begünstigt? Hatte er es nicht abgelehnt, die Schrift der Prinzen zu unterzeichnen?

In der Provinz bejubelte der Adel die Beschlüsse der Notabeln. Der Grundsatz der Verdoppelung des dritten Standes galt für die meisten

Edelleute als untragbar, denn dies hätte einen schweren Eingriff in ihre Rechte bedeutet. Ebenso wie die Adligen einige Monate zuvor den Widerstand der Gerichtsbeamten gegenüber der Regierung unterstützt hatten, unterstützten nun die Parlamentarier die Ansprüche des Adels. Es kam erneut zu einer Koalition der Privilegierten: War sie früher gegen die königliche, als despotisch denunzierte Macht gerichtet, so wendete sie sich von nun an gegen die wachsende Macht eines bedrohlichen dritten Standes.

Dennoch erklärten sich die in Romans versammelten Stände der Dauphiné für die Verdoppelung des dritten Standes und die gemeinsame Beratung der drei Stände. Dieser Beschluß beeindruckte nicht nur die Mitglieder der patriotischen Partei, die einige ihrer Forderungen bestätigt sahen, sondern auch den Adel und das Kabinett. Der Parlamentsgerichtshof von Paris, der seit einigen Monaten nicht mehr die Triebfeder der Ereignisse war, beschloß unter dem Druck seiner progressivsten Mitglieder ein Programm, das er als liberal bezeichnete: Es forderte die Verdoppelung des dritten Standes, die regelmäßige Einberufung der Stände, die von den souveränen Höfen unterstützt werden sollten, die Steuergleichheit, die Verantwortlichkeit der Minister, die Pressefreiheit und die individuelle Freiheit. Dieser unerwartete Umschwung erregte die Unzufriedenheit Ludwigs XVI. und aller Anhänger der traditionellen Monarchie.

Mehrere verschiedene Ausschüsse mit dem König, Necker, Montmorin und dem neuen Justizminister Barentin wurden einberufen, um über die Zusammensetzung der Generalstände zu beraten. Auch Necker trat, wenn auch erst seit kurzem, für die Verdoppelung des dritten Standes ein. Nach den Worten des Justizministers waren diese Ausschußsitzungen dazu bestimmt, »von vornherein und ohne Widerspruch den Willen Seiner Majestät durchzusetzen und sich gegen die möglichen Einwände der anderen Minister zu wappnen«. Necker und Montmorin drängten den König dazu, sich mit dem dritten Stand zu verbünden und dessen Vertretung zu verdoppeln.

Am Ende der Ratssitzung vom 27. Dezember, an der auch die Königin teilnahm, erklärte der König sich öffentlich für die Verdoppelung des dritten Standes. Nun blieb noch zu bestimmen, wo die Generalstände zusammentreten sollten. Necker war für Paris, aber der König wählte Versailles, und man legte das Datum vom 27. April 1789 für die Eröffnung der Versammlung fest. Eine Kommission unter dem Vorsitz des Justizministers sollte den Wahlmodus erarbeiten.

Das Projekt der Einberufung der Generalstände hatte die finanzielle Krise nicht auf den zweiten Platz verdrängt. Seit seinem Regierungsantritt hatte Necker Eilmaßnahmen getroffen, die es der Staatskasse erlauben sollten, noch einige Monate durchzuhalten. Der Bankrott mußte um jeden Preis verhindert werden; Necker nahm sofort, aufgrund seines persönlichen Kredits, zwei neue Anleihen auf, und er lieh dem Staat zwei Millionen Pfund aus seinem eigenen Vermögen. Selbstverständlich ermutigte diese Handlung die Geldverleiher und weckte ihr Vertrauen. Um die *Caisse d'Escompte* zu retten, die seit dem Erlaß vom 16. August von Rückzahlungsforderungen bedrängt wurde, erkannte Necker weiterhin die ausgegebenen Gutscheine als Geldersatz an. So wurde eine Panik vermieden.

Während die finanzielle Lage sich dank dieser Notbehelfe etwas zu stabilisieren schien, belastete eine Wirtschaftskrise von bisher unbekanntem Ausmaß das Königreich. Im Frühling und Sommer 1788 hatten unheilvolle klimatische Bedingungen geherrscht: Überschwemmungen wurden von einer Phase der Trockenheit abgelöst, die am 13. Juli mit Hagelstürmen endete. Die Getreideernte fiel sehr schlecht aus, und der Brotpreis stieg seit August beträchtlich an.

Necker wollte unbedingt eine Lebensmittelknappheit vermeiden. Er verbot die Ausfuhr von Getreide und den Getreidekauf außerhalb der Märkte. Zugleich förderte er die Einfuhr ausländischen Weizens nach Frankreich. Zufällig war der Winter 1788/89 einer der härtesten in der Geschichte des Ancien Régime. Das schlechte Wetter erschwerte den Verkehr, und der Frost behinderte die Arbeit der Wassermühlen. Vom Gespenst der Hungersnot getrieben, kaufte Necker im Ausland auf Kosten des Königs 1 404 463 Doppelzentner Weizen und Mehl.

Der Minister war von der Frage der *subsistances* geradezu besessen. Man durfte ihn mitten in der Nacht wecken, damit er die geeigneten Befehle für die unentbehrliche Hilfe geben konnte. »Vor allem der Gedanke, daß eine große Stadt wie Paris vierundzwanzig Stunden lang ohne Brot sein könnte, regte meine Seele auf und trübte meine Vorstellung«, erzählte er später. »Tagsüber unterdrückte ich diesen Terror, aber nachts gewann er neue Kraft in meinen Träumen, und gegen Morgen wurde ich mehrfach durch mein eigenes Herzpochen wach...« Neckers Feinde beschuldigten den Minister, mit den Kornwucherern zu verhandeln und daraus Gewinn zu erzielen. Diese Verleumdungen hielten sich hartnäckig, und wie schon gegen Ende der Regierungszeit Ludwigs XV. sprach man von einem »Hungerpakt«.

Zu allem Unglück war auch der Weinkurs gesunken, und die französischen Winzer steckten in einer schlimmen Krise. Die maßlose Ausweitung des Weinbaus hatte in der Tat eine Überproduktion mit sich gebracht, und die Senkung der englischen Zölle auf die französischen Weine, als Folge des Handelsvertrags von 1786, begünstigte keineswegs die französischen Exporteure: Die Engländer kauften dennoch keine größeren Weinmengen in Frankreich, sondern importierten ihn hauptsächlich aus Portugal, wo sie seit langem günstige Handelsabkommen getroffen hatten.

Dieser französisch-britische Vertrag wirkte sich auch für die französischen Industriellen negativ aus. Sie mußten zusehen, wie die billigeren englischen Produkte das Königreich überschwemmten. Allerdings war diese Konkurrenz nicht der einzige Grund für die industrielle Krise. Wegen der Erhöhung der Lebenshaltungskosten, die hauptsächlich durch die Preissteigerung bei den Grundnahrungsmitteln – damals der Hauptanteil der täglichen Ausgaben – bedingt war, verzichteten die Familien auf den Kauf von Manufakturgütern, und so geriet die Produktion ins Stocken. Die Textilindustrie, die noch am Anfang ihrer Entwicklung stand, war als erste betroffen. Die Werkstätten wurden geschlossen, die Fabriken entließen einen Teil ihres Personals. Diese arbeitslose Bevölkerung, welche ihren Lebensunterhalt nicht mehr verdienen konnte, steigerte die Zahl der Unzufriedenen beträchtlich und erhöhte das Potential der revolutionären Massen, die bereit waren, bei allen Kundgebungen oder Aufständen zu handeln.

Der Zorn großer Bevölkerungsteile in Stadt und Land wandte sich gegen die großen Getreideproduzenten, die des Wuchers bezichtigt wurden, gegen die Seigneurs, die immer noch zu viele Rechte genossen, und schließlich gegen die Regierung, die für alle Übel verantwortlich gemacht wurde.

So gab es im Winter 1788 und im Frühling 1789 sporadische Unruhen, die an die von 1775 erinnerten. Die Aufstände in der Bretagne zum Beispiel hatten Ende des Sommers 1788 begonnen und dauerten faktisch bis zum darauffolgenden Frühjahr. Bauernhorden kontrollierten die Produzenten und verhinderten, daß die Weizentransportkolonnen die Regionen verließen. Man empörte sich gegen die Bourgeois und die Edelleute, bezichtigte sie des Wuchers und bedrohte sie.

Am 9. Januar werden die Bäckereien von Nantes geplündert. Mehrere Aufstände beginnen in Guingamp, Morlaix, Vannes, Josselin und Landerneau. Überall fordern die Demonstranten Brot. Bald erreichen die

Unruhen die Guyenne, die in der Regel von der Bretagne beliefert wird. Um schlimme Zwischenfälle zu vermeiden, strecken die reichsten Händler von Bordeaux den Munizipalitäten Geld zum Getreidekauf vor. In der Bourgogne und der Franche-Comté behindern die Bauern und Handwerker ebenfalls die Abfahrt der Getreidewagenkolonnen. Auf dem Markt legen die Aufständischen selbst ihren Preis fest. In der Provence, in Marseille und Toulon fordern Demonstranten im März die Senkung des Brotpreises sowie des Fleisch- und Ölpreises; sie plündern einige Läden. Das gleiche geschieht in Brignoles, Pertuis und Saint-Maximin. In Toulon werden einige Verwaltungsbeamte fast massakriert. Am 25. März werden in Aix Korn- und Mehlsäcke gestohlen, die Häuser der Notabeln und des Intendanten werden angegriffen. Auch die reichsten Provinzen bleiben nicht von Aufständen verschont: Im Norden, in Cambrai, Hondschoote, Hazebrouck, Valenciennes und Lille, werden Bäckereien geplündert, in der Pariser Umgebung, in Pontoise, Montlhéry, Jouy-en-Josas, Rambouillet und Pont-Sainte-Maxence, legen die Aufständischen selbst den Korn- und Mehlpreis fest.

Überall greifen die Ordnungskräfte nur halbherzig ein, um den Widerstand zu unterdrücken. Die Soldaten verstehen die Motive des Volkes und teilen sie nahezu. Die Unteroffiziere haben die Hoffnung aufgegeben, Offiziere zu werden – die Verfügung von 1787 gesteht diese Ehre lediglich dem Adel zu –, und legen keinen Eifer an den Tag. Die Offiziere befürchten ihrerseits, daß Befehle nicht ausgeführt werden. Diese Kluft innerhalb der Armee verweist ebenfalls auf die gesellschaftlichen Spaltungen. Die Elendsaufstände während der Wahlen zu den Generalständen und der Verbreitung der neuen Ideen deuten auf einen regelrechten sozialen Bürgerkrieg hin. In der Bretagne spricht man davon, »die Bourgeois und Edelleute niederzumachen«, und in Paris ruft man aus, »daß an den vier Ecken des Versailler Palastes Feuer gelegt werden muß«.

Inmitten des Aufruhrs und der Volksaufstände treten die Wahlversammlungen zusammen: Die Dorfbewohner treffen sich in der Kirche, in den Städten treten jeweils die Zünfte und die anderen Gewerbe zusammen. Es handelt sich zunächst darum, Abgeordnete für die Versammlungen auf der nächsthöheren Ebene der *bailliage* oder der *sénéchaussée* zu wählen und die berühmten Beschwerdehefte zu verfassen. Die Versammlungen der *bailliages* und *sénéchaussées* bestimmen ihrerseits die Vertreter für die Generalstände. Sie sollen die Beschwerdehefte der kleinen Städte und Dörfer aufgreifen und aus diesen unzähligen Forderungen einen einzigen, gemeinsamen Katalog formulieren. Praktisch alle Franzosen über fünfundzwanzig Jahre sind im Rahmen dieser riesigen nationalen Konsultation wahlberechtigt und wählbar. Es genügt, einen Wohnsitz zu haben und »auf der Steuerrolle vermerkt zu sein«. Die Mitglieder des Adels und des Klerus, die weitaus weniger zahlreich sind als die des dritten Standes, sind direkt in den Versammlungen des *bailliage* vertreten und wählen ihre Abgeordneten für die Generalstände in einem einzigen Durchgang. Auch sie verfassen Beschwerdehefte, die der König berücksichtigen soll.

Es wird schnell deutlich, daß die Hefte des Klerus und des Adels durch und durch konservativ sind, da sie Rang und Vorrechte unangetastet beibehalten wollen. Hingegen drücken die Hefte des dritten Standes, sowohl in politischer wie in sozialer Hinsicht, den Willen zu Veränderungen aus. Sie lehnen den Absolutismus ab und fordern eine schriftliche Verfassung, die Abschaffung der Feudalität, die Vereinheitlichung des Verwaltungswesens und elementare Freiheiten.

Unter diesen Bedingungen bergen die Wahlen wenig Überraschungen. Für den dritten Stand wird eine große Mehrheit von »Patrioten« gewählt. Unter ihnen zählt man viele Juristen, viele untergeordnete Gerichtsbeamte und eine beeindruckende Anzahl von noch unbekannten Rechtsanwälten, wie etwa den jungen Maximilien von Robespierre, Abgeordneter von Arras. Mounier, der in Grenoble gewählt wird, ist damals bereits sehr viel bekannter. Der Abbé Sieyès, der – obwohl er dies abstreitet – den *Club des enragés* unter den Arkaden des Palais-Royal belebt, gilt seit seiner feurigen Broschüre mit dem Titel *Quest-ce que le tiers état?* (Was ist der dritte Stand?) als eine der bemerkenswertesten Persönlichkeiten des dritten Standes.

Ein Prinz von Geblüt wagt es, sich in Paris wählen zu lassen: der Herzog von Orléans persönlich. Welch ein Skandal für die königliche Familie! Zur Stunde sonnt sich der Prinz in einer gewissen Popularität, die aber nicht andauern wird. Er macht sich darüber keine Sorgen und ist allzu glücklich, seine Familie schockieren zu können – allen voran das Königspaar, das er von Herzen verabscheut. Ein berühmter Adliger hat sich ganz bewußt für den dritten Stand wählen lassen: der Graf von Mirabeau. Der große Redner des *Club constitutionnel* weiß, daß seine Stunde gekommen ist. Endlich wird er eine Rolle spielen können, die ihm entspricht. Er will die Versammlung beherrschen, und er kann es.

Der Adel hat Vertreter ernannt, die dem Despotismus ablehnend gegenüberstehen und die vor allem die adligen Vorrechte verteidigen wollen. Allerdings muß die Anwesenheit einer Minderheit von Liberalen betont werden, in deren Mitte der Herzog von La Rochefoucauld-Liancourt, der Marquis von La Fayette und sein Schwager, der Vicomte von Noailles, anzutreffen sind. Diese Liberalen stellen ein Drittel der adligen Abgeordneten. Überraschenderweise ist beim Klerus festzustellen, daß die progressiven Priester die Mehrheit der Sitze erhalten und daß auch einige liberale Prälaten wie Talleyrand, Bischof von Autun, oder Champion von Cicé, Bischof von Bordeaux, gewählt worden sind. Der Klerus droht also mit dem dritten Stand zu paktieren. Was auch immer die Meinungsverschiedenheiten sein mögen, die diese tausend Gewählten der drei Stände voneinander trennen, so sind sie doch durch eine monarchische Loyalität miteinander verbunden, die noch nicht zerbrochen ist.

Je näher der Zeitpunkt der großen Versammlung heranrückt, desto heftiger werden die Ängste des Königs. Oberflächlich betrachtet scheint er der Leidenschaft, die seine Untertanen erfaßt hat, keine Beachtung zu schenken, aber als Mensch und als König ist er zutiefst betroffen. Sein ältester Sohn, dieser geliebte und kränkliche Dauphin, siecht langsam dahin. Sein armer verrenkter Körper wirkt bereits greisenhaft. Das Königskind weiß, daß es bald sterben wird. Es hat dies seinen Eltern, die in Tränen ausbrachen, bereits gesagt. Als aufmerksamer und zärtlicher Vater muß der König ohnmächtig zusehen, wie alle seine Hoffnungen durch das unvermeidliche Dahinscheiden dieses so sehr herbeigewünschten Sohnes zunichte werden.

Zur gleichen Zeit muß er sich darauf vorbereiten, dieser Menge von Abgeordneten gegenüberzutreten, von denen er nichts Gutes erwartet. Er weiß, daß sie ihm nicht die Wunderlösung bringen werden, welche die Finanzen des Königreichs gesunden und die Krise beenden kann, in die der Staat immer tiefer versinkt. Er ahnt, daß man von ihm eine Verfassung fordern wird. In Anwesenheit vieler Höflinge fragt er Necker: »Soll ich den Generalständen eine Verfassung vorlegen, oder werden die Generalstände sie mir vorschlagen?« Er verabscheut die Idee einer Verfassung; sie jagt ihm Schrecken ein. Die Königin teilt seine Sorge. Auch sie hat den Minister gefragt, ob »die Generalstände die Herren des Königs sein werden oder ob der König der Herr der Nation bleiben wird«. Necker ist äußerst verlegen gegenüber diesem Königspaar, das die Regungen in seinem eigenen Königreich nicht spürt.

Im Umkreis des hilflosen Herrscherpaares trippeln die Prinzen hinter dem Grafen von Artois aufgeregt hin und her, und der Hof ist außer sich. Man rät Ludwig XVI., durch eine autoritäre Erklärung die Ansprüche der Stände von vornherein zu begrenzen. Im Kabinett tritt Barentin für diesen Vorschlag ein, der aber den Ansichten Neckers widerstrebt. Allerdings hat Ludwig XVI. beschlossen, diesem Mann, der von der öffentlichen Meinung unterstützt wird, zu folgen, auch wenn dies nicht seinen innersten Überzeugungen entspricht.

Die Tage vor der Eröffnungssitzung der Stände, die endlich für den 5. Mai angesetzt ist, sind durch eine Verschärfung der Unruhen in Paris gekennzeichnet. Die Wahlen hatten hier später als in der Provinz stattgefunden, und das Wahlrecht war in der Hauptstadt weitaus eingeschränkter als anderswo. Um wählen zu können, mußte man sich durch ein Amt, einen Meistertitel oder einen universitären Rang legitimieren oder aber nachweisen, daß man eine Kopfsteuer von mindestens sechs Pfund bezahlt hatte. Lehrlinge, Gesellen und Arbeiter konnten also weder an den Wahlversammlungen noch an den Wahlen teilnehmen.

In den Vororten herrschte Unzufriedenheit, die plötzlich in Aufruhr umschlug. Am 23. April legte Réveillon, der Besitzer der größten Tapetenmanufaktur von Paris, die sich im Faubourg Saint-Antoine befand, der Wahlversammlung des Bezirks Sainte-Marguerite eine Erklärung vor, die einen Volksaufstand auslösen sollte. Er war selbst ein ehemaliger Arbeiter, kannte die Wirklichkeit des Elends und sprach »ehrlich im Namen der Unternehmer« zum Wohle der Manufakturen und Arbeiter; er schlug vor, den Brotpreis zu senken, um die Löhne senken zu können; auf diese Weise würden die Fabrikwaren billiger und für eine größere Anzahl von Menschen erschwinglich. Réveillon, ein aufgeschlossener Unternehmer nach englischer Art, verlangte viel von seinen Arbeitern, entlohnte sie aber gut und zahlte sogar eine beträchtliche Arbeitslosenunterstützung für die Arbeiter, die er aus Krisengründen hatte entlassen müssen. Er war faktisch der einzige, der dies tat.

Am gleichen 23. April hatte ein weiterer Unternehmer, der Salpeterfabrikant Henriot, ähnliche Reden gehalten. In den Vorstädten Saint-Antoine und Saint-Marcel, wo nahezu vierzigtausend Arbeiter von Hunger und Arbeitslosigkeit bedroht waren und darüber verzweifelten, daß sie keinen Einfluß auf die Beratungen des dritten Standes nehmen konnten, war die Atmosphäre äußerst gespannt. Aus Réveillons und Henriots Reden blieb nur die drohende Lohnkürzung im Gedächtnis. Nach zweitägiger Aufmerksamkeit lockerte sich die Wachsamkeit der Polizei. Da bildeten sich in der Nacht vom 26. zum 27. April Gruppen, die gegen Réveillon und Henriot vorgehen wollten. Ein Demonstrantenzug marschierte vom Faubourg Saint-Marcel und Faubourg Saint-Antoine zur Seine hin und schrie: »Tod den Reichen! Tod dem Adel! Tod den

Wucherern! Das Brot zu zwei Sous! Nieder mit dem Priesterkäppchen! Ins Wasser mit den verdammten Pfaffen!« Die Aufrührer trugen einen Galgen, an dem die Puppen der beiden beschuldigten Unternehmer hingen. Der Polizeileutnant ließ sofort das Haus Réveillons durch die Französische Garde bewachen, während die Aufständischen die Puppen auf der Place de Grève verbrannten.

Dann artet die Kundgebung aus; man will zur Fabrik marschieren, aber die Französische Garde versperrt den Weg. Enttäuscht laufen die Aufständischen zur rue de Cotte, zu Henriot, dessen Haus sie plündern, denn die Ordnungskräfte kommen viel zu spät. Am folgenden Tag, dem 28. April, kommt es zu neuen Tumulten, ohne daß der Polizeileutnant Vorkehrungen getroffen hätte. Hunderte von Arbeitern, die von allen benachbarten Vororten gekommen sind, strömen dem Faubourg Saint-Antoine zu, bis zur Fabrik Réveillons, die gut bewacht ist. Die Menge zieht sich zurück, um die Karossen durchzulassen, die nach Vincennes fahren, wo die Pferderennen stattfinden. Man begnügt sich, ihren verängstigten Insassen zuzuschreien: »Es lebe der dritte Stand!« Da fährt der Herzog von Orléans vorbei. Eine regelrechte Ovation begrüßt ihn. Der Prinz hält es für angebracht, aus seinem Wagen zu steigen und den Inhalt seiner Börse mit den Worten zu verteilen: »Ruhig, meine Freunde! Seid friedlich! Bald sind wir glücklich.«

Den ganzen Tag blieb die Menge zusammen. Dann plötzlich, am Abend, als die Französischen Garden die Karosse der Herzogin von Orléans vorbeiließen, erstürmten die Demonstranten die Réveillonsche Fabrik und plünderten sie innerhalb von zwei Stunden aus. Die Truppen des Royal-Cravate kommen zwei Stunden zu spät; die Französischen Garden hatten gegen die in die Fabrik strömende Menschenflut praktisch keinen Widerstand geleistet. Soldaten des Royal-Cravate wurden von den Demonstranten vom Sattel geworfen, andere eröffneten das Feuer, während sie von den Dächern und Fenstern der benachbarten Häuser aus mit verschiedensten Wurfgeschossen beworfen wurden. Die Truppen schlugen den Aufstand nieder. Es wurden viele Tote gezählt: Die offiziellen Berichte sprachen von 25, der Marquis von Sillery von 900. Vermutlich waren es ungefähr 300, was beträchtlich ist.

Diese Tragödie, die weniger als eine Woche vor der Eröffnung der Generalstände in der Hauptstadt in einem Blutbad endete, versetzte Ludwig XVI. in große Aufregung. Sollte er sich den Verhafteten gegenüber unerbittlich zeigen, um einem neuen Aufstand vorzubeugen? Oder sollte er, um den drohenden sozialen Bürgerkrieg zu vermeiden, Milde walten lassen? Necker zögerte, ebenso der König. Weder der eine noch der andere wünschten eine Kraftprobe. Man vertraute die Angelegenheit dem Châtelet* an, das die Untersuchung mit Unlust führte. Um ein Exempel zu statuieren, wurden zwei Todesurteile ausgesprochen.

Wie am Ende des Mehlkrieges dachte man mehr über die Gründe als über die Bedeutung des Aufstandes nach. Erneut tauchte der Mythos des Komplotts auf. Die Bourgeois hielten sich für die Opfer eines »aristokratischen Komplotts«; der König und der Hof glaubten ihrerseits an ein Komplott des Herzogs von Orléans. Es ist schwer, die wirren und wenig ruhmreichen Aktivitäten dieses Prinzen zu erhellen. Ohne uns hier in Einzelheiten zu verlieren, erinnern wir daran, daß der Vetter Ludwigs XVI. niemals ein Parteiführer oder ein möglicher Staatschef war. Er finanzierte Pamphletisten und hatte zweifellos Gold verteilt, um seine angeschlagene Popularität zu fördern. Aber man tut diesem mittelmäßigen Prinzen wohl zu viel der Ehre an, wenn man ihn als einen der Anstifter der Revolution darstellt. Diese Aufgabe ging weit über seine Fähigkeiten hinaus.

Endlich kam der entscheidende Tag. Der 4. Mai war ein strahlender sonniger Frühlingstag – ganz so, wie der 10. Mai des Jahres 1774! Versailles war voller Menschen; noch die letzte Dachkammer war für ein Vermögen vermietet. Seit dem frühen Morgen drängte sich eine große Menge entlang dem Weg, den die zwölfhundert Abgeordneten der drei Stände, der König und seine Familie von der Kirche Notre-Dame** bis zur Kathedrale Saint-Louis nehmen würden. Es war das letzte Mal, daß sich die Monarchie in ihrer ganzen Herrlichkeit zur Schau stellte.

Um zehn Uhr verlassen die Karossen den Palast. Die des Königs, in der auch seine Brüder und Neffen Platz genommen haben, wird sofort mit Ovationen begrüßt, während bei der Vorbeifahrt der Königin, die von den Prinzessinen begleitet wird, eisiges Schweigen herrscht. Am Eingang von Notre-Dame wird das Königspaar durch den Klerus und den Adel in ihren leuchtenden Gewändern empfangen; kurz darauf treten sie einer anonymen und unübersichtlichen Masse schwarzgekleideter Männer gegenüber. Es sind die Abgeordneten des dritten Standes. So will es die Etikette.

Diese Vertreter des Volkes legen eine strenge, undurchdringliche, jedenfalls würdige und unnahbare Haltung an den Tag, so als ob sie einer

---

* Pariser Strafgericht. (Anm. d. Hrsg.)
** Notre-Dame von Versailles. (Anm. d. Hrsg.)

feindlichen und unbekannten Welt Achtung gebieten wollten. Der dritte Stand, der nicht mehr »nichts« ist, zieht alle Blicke auf sich. Wird er zu »etwas« werden? Heftig bejubelt, eröffnet er den unendlichen Zug, der sich nun zur Kathedrale Saint-Louis begibt; Klerus und Adel folgen den schwarzgekleideten Männern. Auch dies wird von der Etikette vorgeschrieben. Der Herzog von Orléans, der in der Mitte der Volksvertreter marschiert, wird mit frenetischem Beifall begrüßt.

Ludwig XVI. schreitet verlegen in seinem mit Gold und Diamanten bestickten Prachtgewand hinter dem Baldachin, der die Heiligen Sakramente schützt. Beifall kommt auf, aber ohne große Herzlichkeit. Als die Königin vorbeischreitet, traurig und majestätisch, mit einer blumenverzierten Frisur, beginnt die Menge zu johlen: »Es lebe der Herzog von Orléans!« Die Königin zittert, erbleicht und wird beinahe ohnmächtig. Aber dann setzt sie ihren Weg fort und beherrscht mit großer Mühe ihre Verwirrung. Vom Balkon der *Petite Écurie** aus beobachtet der kleine Dauphin, auf einem Berg von Kissen sitzend, mit großen, matten Augen diese letzte Parade der Monarchie, die letzte Darbietung, die er bewundern darf.

Als die Musik verklungen ist, hält Monseigneur von La Fare in der Kathedrale Saint-Louis eine lange Predigt, die alle Anwesenden zufriedenstellen will. Er geißelt den Luxus des Hofes und erwähnt das Elend der Bauern; er drängt die einen, auf ihre Vorrechte zu verzichten und die anderen, sich demütig zu unterwerfen. Alles klatscht Beifall, so wie man einst bei der Krönung Ludwigs XVI. geklatscht hatte. Aber die Herzen sind andere geworden.

Nun kann sich der König wieder in seinen Palast begeben und sich auf den nächsten Tag vorbereiten. Er übt noch einmal die Rede, die er den Abgeordneten halten wird. Er hat begriffen, daß jedes Wort, das er vor den Vertretern der Nation sprechen wird, entscheidend sein kann. Er hat sich die Ansichten seiner Minister lange angehört. Natürlich sind sie geteilter Meinung darüber, für welche Seite man Partei ergreifen soll. Barentin ermutigte ihn, den Wünschen der Generalstände sowenig wie möglich nachzugeben. Seiner Meinung nach darf der König von seiner Macht nichts abtreten und die Tätigkeit der Abgeordneten muß sich auf eine rein beratende Aufgabe beschränken. Der Herzog von Nivernais und Montmorin sind dagegen bereit, der Versammlung einen Teil der gesetzgebenden Macht abzutreten. Necker schließlich tritt als Gegner radikaler

---

* Königliche Stallungen. (Anm. d. Hrsg.)

Maßnahmen und aller extremen Haltungen seinen reformerischen Ansichten entsprechend für die Neutralität des Königs ein.

Der König versuchte alle Meinungen zu berücksichtigen und verfaßte schließlich eine kurze Ansprache, in der er die Generalstände als »neue Glücksquelle« der Nation begrüßte. Anschließend erwähnte er die finanzielle Not, die der Hauptgrund dieser feierlichen Versammlung sei, und drückte auf diese Art seine Hoffnung aus, daß die Abgeordneten die Krise meistern könnten, ohne dem »allgemeinen Aufruhr« oder »dem übertriebenen Wunsch nach Neuerungen« nachzugeben.

Am Morgen des 5. Mai beginnt der erste Akt der königlichen Tragödie, die am 10. August 1792 zum Abschluß kommt. Die Abgeordneten lassen sich im Palais der Hoflustbarkeiten nieder, in dem bereits die Notabeln getagt haben: Die des Adels und des Klerus sitzen auf beiden Seiten des Königs, die des dritten Standes ihm gegenüber. Für den König steht ein Thron mit einem Himmel aus violettem, mit Goldlilien besticktem Samt bereit und etwas tiefer ein prunkvoller Sessel für die Königin.

Die Ankunft Ludwigs XVI. verursacht eine freudige Unruhe im Saal. Prächtig gekleidet steigt der König langsam die Stufen zum Thron hinauf, lädt die Königin ein, sich zu setzen, und deutet an, daß er sprechen wird. Sofort ist es still, und alle Blicke sind auf ihn gerichtet. Feierlich und entschlossen trägt der Monarch seine Rede vor, während ein langer Sonnenstrahl den Taft durchdringt, der die Kuppel verhüllt, und sich auf ihn richtet. Mehrfach wird der König durch Beifall und Hochrufe unterbrochen. Er wirkt völlig selbstsicher und übergibt schließlich das Wort seinem Justizminister, der den langen purpurnen Amtsrock des Richters trägt.

Barentin führt die einzelnen Punkte der königlichen Rede lediglich genauer aus und gibt den Ständen das Recht, sich – neben den Finanzangelegenheiten – auch mit dem Schulwesen, der Presse und der Strafgesetzgebung zu befassen. Dann tritt er zurück, und nun ist Necker an der Reihe, dessen Ansprache bereits ungeduldig erwartet wird.

Dieser strenge, feierliche Mann, der den Kopf etwas zurückgeworfen hat und dessen Gesicht einen hochmütigen Ausdruck zeigt, ist trotz seines schmeichelhaften Rufes kein guter Redner. Er holt zu einer endlosen Abhandlung aus, die seine schwache Stimme aber nur eine halbe Stunde tragen kann. Danach muß ein Vorleser einspringen, aber die Zuhörer haben bereits den Faden verloren: Der Minister hatte eine Prüfung des Haushaltsplanes vorgenommen und dabei seinen Zuhörern, die mit der nationalen Buchführung wenig vertraut sind, keine Einzelheit erspart. Sie werden davon lediglich behalten, daß Necker die Steuergleichheit sowie eine völlige Umwandlung des Steuerwesens zur Überwindung der finanziellen Schwierigkeiten vorschlägt.

Auf den Gesichtern zeichnet sich Langeweile und Enttäuschung ab. Man hatte erwartet, daß dieser Held von einer Verfassung oder zumindest von großen Reformen sprechen, und daß er die Forderungen der Beschwerdehefte berücksichtigen werde. Nichts dergleichen taucht in dieser endlosen Rede auf, die der König gegengelesen, mit Bemerkungen versehen und verändert hat, um allzu progressive Ideen zu streichen. Als der Minister das heikle Thema der Abstimmungen anspricht, erlischt die letzte Hoffnung des dritten Standes: Denn er schlägt vor, daß die Stände getrennt beraten und nur die beiden ersten Stände darüber entscheiden sollten, ob sie auf bestimmte Vorrechte verzichten; zu gemeinsamen Beratungen soll es nur kommen, wenn es notwendig ist. Die Rede des Ministers stellt niemanden zufrieden. Necker erweckt nicht das geringste Vertrauen bei den beiden ersten Ständen, und von nun an mißtraut ihm auch der dritte.

Entsprechend dem Befehl des Justizministers treten die Abgeordneten des dritten Standes am 6. Mai zusammen, um »das Mandat eines jeden zu überprüfen«. Diese Formalität ist eine Voraussetzung für die Gültigkeit der Debatten. Aber der dritte Stand ist verunsichert. Wenn er sich bereit erklärt, die Mandatsprüfung allein, also abseits von den beiden anderen Ständen durchzuführen, so bedeutet dies implizit eine Anerkennung des Prinzips der getrennten Beratung. Nach mehreren Stunden der Diskussion und auf das Drängen der Abgeordneten der Bretagne und der Dauphiné wählt der dritte Stand den Astronomen Bailly zu seinem Sprecher und fordert die beiden anderen Stände auf, sich seinen Beratungen anzuschließen. Der Adel ist darüber empört und lehnt den Vorschlag kategorisch ab; der Klerus aber, der aufgrund seiner sozialen Zusammensetzung gespalten ist, zieht es vor, in Verhandlungen zu treten. Die Vertreter der Nation, die sich dem Adel und der Monarchie entgegenstellen, bezeichnen sich von nun an auch als *Communes**.

Rasch lernen die Abgeordneten sich gegenseitig kennen, markante Persönlichkeiten setzen sich durch, führen die Debatten und verkörpern den bürgerlichen Widerstand gegen Despotismus und Privilegien. Barnave, Mounier, Sieyès und Mirabeau beherrschen diese Versammlung,

---

* Analog zum englischen *House of Commons*. (Anm. d. Hrsg.)

die nach Führern sucht. Mirabeau beschließt als erster, Rechenschaftsberichte aller Sitzungen an seine Wähler zu schicken. Es sind die berühmten *Lettres à ses commettants*. Ganz Frankreich wird so erfahren, was in Versailles vor sich geht. Pariser Bürger, die die Ereignisse verfolgen, strömen in den Saal der Hoflustbarkeiten, um den dritten Stand zu ermutigen. Und Mirabeau kann behaupten, daß es diesem Stand genügt, still dazusitzen, um »allen seinen Gegnern einen Schrecken einzujagen«.

Die Voraussage des Abgeordneten der Provence verwirklicht sich bald. Die Haltung des dritten Standes bricht mit den Regeln des politischen Spiels und verblüfft den König und den Hof. Klerus, Adel und Regierung sind wie gelähmt. Ludwig XVI. wird erneut melancholisch: Die Welt ist aus den Fugen geraten. Sein »gutes Volk« ist zu einem Schwarm von Rebellen geworden, der mit der Stimme von Sieyès erklärt, »daß man den Faden durchschneiden muß«, d. h. die Legalität zugunsten revolutionärer Vorhaben fallenlassen muß; zum gleichen Zeitpunkt stirbt der Dauphin.

Während sich das Schicksal der Nation und der Monarchie entscheidet, gehen Ludwig XVI. und Marie Antoinette ganz in ihrem Schmerz auf: Der Dauphin, den man vor einigen Wochen nach Meudon gebracht hatte, weil die Luft dort gesünder als in Versailles ist, liegt in den letzten Zügen. Jeden Tag begibt sich Ludwig XVI. zum Bett seines Sohnes, an dem Marie Antoinette den größten Teil ihrer Zeit verbringt. Am 4. Juni, um ein Uhr morgens, stirbt das Kind in den Armen seiner Mutter. Die Etikette verbietet dem Königspaar, ihrem Sohn die letzte Ehre zu erweisen. Der Prinz von Condé begleitet die sterbliche Hülle des kleinen Prinzen nach Saint-Denis, weil seine Eltern in Versailles bleiben müssen. »Messe um neun Uhr«, schreibt der König lakonisch, »Andacht, ich habe niemanden gesehen. Begräbnis meines Sohnes.«

Niedergeschlagen flüchten Ludwig XVI. und Marie Antoinette nach Marly, nachdem sie den Erzbischof von Paris gebeten haben, tausend Messen für den kleinen Verstorbenen lesen zu lassen. Der wirklichkeitsnahe Kirchenfürst fragt an, wer dafür bezahlen werde, da die Staatskassen leer seien. Ludwig XVI. antwortet: »Herr von La Ferté soll die Summe bezahlen und sie über die Ausgaben für das Tafelsilber abrechnen.«

Zu anderen Zeiten hätten der König und die Königin ihrer Trauer nachgehen können. Jetzt ist nicht daran zu denken. Die Umstände drängen und zwingen sie zu reagieren, während sie dieser Strudel, den sie zunächst kaum bemerken, bereits mit sich zieht. Die Minister und die

Delegationen der drei Stände suchen den König in Marly ebenso wie in Versailles auf. Er kann weder zu sich selbst kommen noch sich gehenlassen.

Die Abgeordneten des dritten Standes, die dem königlichen Schmerz gleichgültig gegenüberstehen, setzen ihre Tätigkeit fort. Nachdem der Adel kategorisch jede Versöhnung abgelehnt hat und einige Klerusmitglieder sich schüchtern zu den unruhigen Untertanen des Königs gesellt haben, erklärt sich der dritte Stand am 17. Juni nach langem Zögern zur »Nationalversammlung«. Mit einigen Klerikern in seinen Reihen, spricht er im Namen der »sechsundneunzig Hundertstel der Nation«. Den anderen Ständen dagegen wird das Recht abgesprochen, Gesetze zu beschließen. Die dringlichste Aufgabe aber ist es, Frankreich eine Verfassung zu geben.

Diese Nachricht traf Ludwig XVI. ins Herz. In Marly wurde eine außerordentliche Kabinettssitzung einberufen. Alle Minister stimmten darin überein, daß der König sich gegenüber dieser angeblichen Nationalversammlung durchsetzen mußte, aber es gab sehr unterschiedliche Meinungen wie der König vorgehen sollte und welche Rede er halten sollte. Necker legte Ludwig XVI. zwei Verordnungen vor, die Kompromißtexte waren. Er riet, die drei Stände zu versammeln und einfach so zu tun, als habe es die Sitzung vom 17. Juni nicht gegeben. Der König sollte dem Adel, dem Klerus und dem dritten Stand befehlen, bei Angelegenheiten von allgemeiner Bedeutung gemeinsam zu beraten. Er sollte eine Unterordnung der Parlamentsgerichtshöfe unter die Generalstände ankündigen, die in Zukunft regelmäßig einberufen würden, und er sollte eine Ausdehnung der Provinzialstände versprechen, deren Mitglieder zusammen beraten könnten. Schließlich sollte er die Notwendigkeit einer ganzheitlichen Umgestaltung des Steuerwesens bestätigen, die auf der Steuergleichheit beruhen würde. Er sollte auch die Gewerbefreiheit aller Bürger sowie die Pressefreiheit und die individuelle Freiheit verkünden.

Dieses Programm, das von Montmorin unterstützt wurde, stieß auf den Widerstand Barentins. Der Justizminister wollte, daß der König den dritten Stand zur völligen Unterwerfung zwinge. »Warum... soviel Nachsicht, soviel Rücksicht... Stärke und Charakter sind gefordert... Nicht durchzugreifen, bedeutet, den Thron zu entweihen... Der Beleidigung mit Mäßigung, der Gewalt mit Schwäche zu begegnen, heißt, die Gewalt zu fördern«, rief er mitten in der Ratssitzung aus. Die Minister stritten sich, während der König ruhig blieb und kein einziges Wort sagte. Am 19. Juni war Ludwig XVI., der Neckers Gesetzesvorschläge genau studiert hatte, bereit, sie trotz der Einwände seines Justizministers zu unterschreiben. Die Königin und die Brüder des Königs, die nur noch von der Auflösung der Generalstände träumten, trafen sich vor der Ratssitzung mit Necker, um ihm ihre Ablehnung mitzuteilen. Der Generaldirektor der Finanzen hörte der Königin respektvoll zu, verteidigte seine Projekte dann aber in der Ratssitzung. Er schien bereits die Oberhand zu gewinnen, als ein Wachoffizier sich dem König näherte, der gerade aus dem Arbeitszimmer kam und seinen Ministern befahl, auf ihn zu warten. Nur die Königin konnte es sich erlauben, den Staatsrat zu unterbrechen. Sie führte ein langes Gespräch mit ihrem Gatten, der die Ratssitzung verschob.

Am Samstag, dem 20., und am Sonntag, dem 21. Juni, leitete der König zwei weitere Ratssitzungen, zu denen er seine Brüder hinzuzog, welche die Auflösung der Generalstände forderten und die königlichen Rechte verteidigten. Erneut beschuldigte Barentin Necker, »die Grundgesetze des Königreiches zu erschüttern«. Ludwig XVI. schien dem Konservativen gegenüber seinem Finanzdirektor beizupflichten; dieser wandte ein, daß die Monarchie den dritten Stand brauche. Es wurde eine »königliche Sitzung« für den 23. Juni vereinbart.

Die Beziehungen zwischen dem Staat und dem dritten Stand hatten sich aufs äußerste verhärtet. Um die unbesonnenen Debatten des dritten Standes der Nation zu beenden, wurde ohne Wissen der Abgeordneten der Saal der Hoflustbarkeiten geschlossen. Als die Abgeordneten am 20. Juni die Türen verriegelt fanden, versammelten sie sich im Ballhaussaal, wo sie den berühmten Schwur leisteten, sich nicht zu trennen, ehe sie Frankreich eine Verfassung gegeben hätten.

Am 23. Juni mittags beginnt für Ludwig XVI. eine weitere Prüfung. Er begreift, daß sich eine neue und nicht zu unterdrückende Macht erhoben hat; er ahnt, daß sie alles hinwegfegen kann, was ihm lieb ist, und er weiß bereits, daß er sie nicht mehr kontrollieren kann. Er findet sich deshalb damit ab, daß die Zeit der Zugeständnisse gekommen ist: Um das Wesentliche zu retten, muß er einige Forderungen des dritten Standes erfüllen. Er greift Neckers Gesetzesvorschläge wieder auf und schreibt sie mit Barentin und dem Staatsratsbeamten Vidaud de La Tour etwas um, wobei alles gestrichen wird, was von den Konservativen als Dreistigkeit angesehen wird.

Flankiert von einer verstärkten Garde wendet sich der Monarch in einer Sitzung, die an ein *lit de justice* erinnert, mit lauter, nahezu drohender Stimme an die drei versammelten Stände. Zur allgemeinen Verblüffung und großen Überraschung des Königs nimmt Necker nicht an der »königlichen Sitzung« teil, in der der König dessen Projekte wieder aufgreift, auch wenn er deren Schwerpunkte und Tragweite erheblich verändert hat.

Der König rügt den dritten Stand, der sich zur Nationalversammlung erklärt hat. Seine Beratungen seien »nichtig, illegal und verfassungswidrig«. Die ehemalige Unterscheidung der Stände wird beibehalten. Da der König die implizite Überlegenheit von Klerus und Adel aufrechterhalten will, erteilt er ihnen nicht den Befehl, mit dem dritten Stand gemeinsam zu beraten, sondern begnügt sich damit, sie dazu »zu ermahnen«. Die vom Finanzdirektor befürwortete Steuergleichheit wird vom Herrscher nicht bestätigt, sondern »dem großzügigen Willen der beiden ersten Stände« unterworfen. Schließlich erkennt Ludwig XVI. zwar die individuelle Freiheit und die Pressefreiheit an, aber die Gewerbefreiheit aller Bürger wird abgelehnt. Verbittert erfährt Necker, daß der König sein Projekt zu einer bloßen Karikatur gemacht hat.

In der Geschichte der Monarchie ist die »königliche Sitzung« vom 23. Juni von entscheidender Bedeutung. Zum letzten Mal definiert der König freiwillig ein Reformprogramm, das als eine Art Testament des Königreichs begriffen und deshalb später zum Programm der Konterrevolution wird, das Ludwig XVIII. 1814 wieder aufgreifen kann. Wie François Furet und Denis Richet bemerken, »kommt die Krone der liberalen Forderung ein Stück entgegen, lehnt aber jede Gleichberechtigung eindeutig ab. Sie akzeptiert nur solche Reformen, die auch der Adel akzeptiert. Damit ist ihre Entscheidung von vornherein entwertet.«

Klerus und Adel, die der Rede des Königs Beifall gespendet hatten, verließen nach dessen Weggang beruhigt den Saal, während der dritte Stand gedemütigt und wütend sitzen blieb und auf Rache sann. »Sie sind heute dieselben wie gestern!« rief Sieyès seinen durch die Rede des Königs schwer angeschlagenen Kollegen zu. Nun wollte der königliche Großzeremonienmeister, der junge Marquis von Dreux-Brézé, im Namen des Königs den Saal räumen lassen, aber er zog sich den schneidenden Zuruf Mirabeaus zu: »Sagen Sie Ihrem Herrn, daß wir auf Befehl des Volkes hier sind und nur der Gewalt der Bajonette weichen werden!« Dies bedeutete, den Inhalt der feierlichen Sitzung, die soeben stattgefunden hatte, vollständig zu ignorieren; es bedeutete, daß sich der dritte Stand als vollberechtigte und autonome Vertretung der Nation verhielt. Der König und seine Untertanen redeten nicht mehr die gleiche Sprache.

Dieser Widerspruchsgeist empörte Dreux-Brézé, der sofort davoneilte, um dem König Bericht zu erstatten. Wie überrascht war er, als er im Hof des Palastes eine ängstliche Menge vorfand: Sie wartete auf Necker, der gerade von Ludwig XVI. empfangen wurde, um zu seinen Gunsten einzugreifen. Der Minister war in der Tat gekommen, um seinen Rücktritt einzureichen; aber der König lehnte ab. »Er tat dies so nachdrücklich, daß der Genfer schließlich nachgab. Die damals in Versailles herrschende Aufregung erlaubte kein langes Zögern«, erzählte Ludwig XVI. später. Necker hielt es für gut, in den Hof zu gehen und dem Volk, das sich dort drängte, die gute Nachricht selbst mitzuteilen. »Die Frechheit, der königlichen Sitzung fernzubleiben, wendete sich in diesem Augenblick zu seinen Gunsten«, berichtet Saint-Priest. »Der Pöbel, der sich alles erlaubte, forderte nun, daß man die Stadt zu Ehren dieses Ereignisses festlich beleuchte.«

Endlich erreichte Dreux-Brézé seinen Herrn. »Zum Teufel, dann sollen sie eben bleiben, wo sie sind!« soll Ludwig XVI. ihm geantwortet haben. Er war den Kampf, der gerade erst begonnen hatte, bereits leid. Der junge Marquis verstand die Welt nicht mehr. Ohne weiter darüber nachzudenken, überließ der König dem dritten Stand den Sieg.

In der Zwischenzeit beschloß die Nationalversammlung, falls – wie man befürchtete – die Generalstände aufgelöst werden sollten, alle Steuerzahlungen einzustellen. Bereits am 24. Juni hatten sich mehrere Kleriker, die von den Erklärungen des dritten Standes begeistert waren, dem letzten Stand der Nation angeschlossen. Am 25. Juni tat der liberale Adel das gleiche. Die Sitzreihen der Nationalversammlung füllten sich von Tag zu Tag mehr. Die Beunruhigung des Königs steigerte sich. Am Hofe versammelte sich eine aristokratische Partei um die Königin, den Grafen von Artois, den Prinzen von Condé, die Polignacs und den Baron von Breteuil. Der König hatte die Wahl zwischen einem Gewaltakt und der Anerkennung der Nationalversammlung: Gegen seinen eigenen Willen und den seiner Umgebung entschied sich Ludwig XVI., von Necker gedrängt, für die zweite Lösung. Am 27. Juni befahl er dem Klerus und dem Adel, sich gemeinsam mit dem dritten Stand zu versammeln, womit er diesen implizit als Nationalversammlung anerkannte.

Die Königin und die aristokratische Partei waren außer sich. Man riet dem König, Gewalt anzuwenden, die Generalstände aufzulösen, Necker abzuschütteln und ein autoritäres Kabinett zu bilden, das die Grundsätze der Monarchie, wie sie Ludwig XVI. selbst definierte, verteidigen würde. Wieder einmal gab der König nach. Ohne Wissen Neckers ließ er den alten Marschall Broglie kommen, der dreißigtausend Soldaten um die Hauptstadt zusammenzog. Dieser alte Haudegen, der aber viel zu betagt war für eine Operation im großen Maßstab, ließ die Aktion verpuffen: Die Soldaten wurden nicht in einem Feldlager, sondern in den Paris benachbarten Marktflecken untergebracht, wo sie dann Zeit genug hatten, sich mit der Bevölkerung zu verbrüdern, die schon völlig auf der Seite der Nationalversammlung war.

Am 13. Juli sollten die Regimenter versammelt sein. Auf diese Art bereiteten König und Hof die Konterrevolution vor. Ihre fieberhaften Aktivitäten erweckten natürlich den Argwohn der Abgeordneten, die schon das »aristokratische Komplott« vermuteten. Mirabeau prangerte sofort »die Kriegsvorbereitungen des Hofes« an. Die Versammlung, die sich am 7. Juli zur *Verfassunggebenden Nationalversammlung* erklärte, schickte dem König eine respektvolle Botschaft, in der sie ihn bat, die Truppen zu entfernen, die in Paris nur Unruhe schüre. Ludwig XVI. antwortete, daß er die Männer benötige, um die Ordnung aufrechtzuerhalten; und in der Ratssitzung, wo der König den liberalen Ministern seine Maßnahmen zunächst verschwiegen hatte, behauptete er einfach, daß die Anwesenheit dieser Armee dazu bestimmt sei, Unruhen in der Hauptstadt vorzubeugen. Die Reden des Königs überzeugten niemanden. Necker und die ihn unterstützenden Minister begriffen, daß die Konterrevolution ohne ihr Wissen vorbereitet wurde und daß sie sich zweifelsohne auch gegen sie wenden würde.

In der Nationalversammlung herrschte Hochspannung; ganz Frankreich war aufgebracht; Paris erhob sich. Natürlich hatte die Versammlung der Generalstände die Wirtschaftskrise nicht beendet. Sie wütete noch immer und entfachte eine Reihe von Bauernaufständen, die mit denen des Herbst 1788 vergleichbar waren. Am 6. Mai und an den folgenden Tagen wurden die Getreidespeicher des Cambrésis geplündert. Auf den Märkten von Saint-Quentin, Valenciennes und Armentières setzten Aufständische die Kornpreise fest. Im Juni kam es auch in Dünkirchen zum Aufstand. Der Markt von Rouen wurde geplündert, und bald erlitten die Speicher der Bretagne dasselbe Schicksal. Zum gleichen Zeitpunkt waren Lyon, Montpellier und Uzès Schauplatz ähnlicher Szenen, und auch die Pariser Umgebung blieb nicht von Unruhen verschont. Überall lebte man in der Angst vor der Lebensmittelknappheit und in der Wut über die andauernden Brotpreissteigerungen. Man bezichtigte die Regierung und die Aristokraten, das Getreide zu horten. Man sprach davon, die Schlösser zu zerstören und niederzubrennen. Elend und

Arbeitslosigkeit griffen um sich. Bettlerbanden durchstreiften das Land und verstärkten jene diffuse Angst, die sich im Magen entwickelte und keinen Namen hatte. Das Gerücht ging um, daß die »Räuber« gemeinsames Spiel mit dem Adel machten. Der allerdings zitterte selbst vor diesen unkontrollierten und ausgehungerten Horden, die zu allem bereit waren. Die Obrigkeit war wie gelähmt. Es wurde faktisch niemand verhaftet.

Paris war verzweifelt. Lange Warteschlangen bildeten sich vor den Bäckereien, und das Brot, das man sehr teuer erstand, war ungenießbar; die Leute beklagten sich über seine Bitterkeit und über Hals- und Magenschmerzen, die es hervorrief. Sie bezichtigten die Regierung nicht nur, das Volk aushungern zu wollen, sondern behaupteten auch, sie wolle es vergiften. Die kleinste Versammlung drohte in einen Aufstand umzuschlagen. Man traf sich in den Gärten des Palais-Royal und diskutierte so heftig, daß der Herzog von Orléans persönlich Truppen schicken mußte, um diese überaus aufgebrachten Spaziergänger auseinanderzutreiben. Die Französischen Garden lehnten es ab, für Ordnung zu sorgen. Man gab ihnen in den Kneipen so lange zu trinken, bis sie riefen: »Es lebe der dritte Stand!« Übrigens war es nicht schwer, sie zu überzeugen: »Die Französischen Garden sind alle eher bereit, sich verhaften zu lassen, als das Feuer auf einen Bürger zu eröffnen«, schrieb Camille Desmoulins an seinen Vater.

Obwohl er bestens über die Ereignisse in Paris und in der Provinz unterrichtet war, glaubte Ludwig XVI. in seinem Versailler Schloß, daß es sich nur um punktuelle und zeitbedingte Unruhen handelte. Er hatte beschlossen, hart zu reagieren. Unter dem Einfluß der Königin und der aristokratischen Partei hatte er sich entschieden, Necker zu entlassen und Breteuil zum Hauptminister zu machen, damit dieser die Ordnung wiederherstelle: *seine* Ordnung. Während der Ratssitzung vom 9. Juli sprach er im Beisein Neckers davon, das Kabinett durch die Aufnahme Breteuils zu verstärken. Das war alles. Am folgenden Morgen empfing der König den designierten Minister und teilte ihm seinen Wunsch mit, Necker zu entlassen. Breteuil erklärte sich bereit, die heikle Nachfolge anzutreten. Allerdings hatte er keinerlei konkrete Vorstellungen. Da er lediglich über die Finanzkrise nachgrübelte, bestand sein einziger Vorschlag darin, Papiergeld drucken zu lassen!

Der König holte zum großen Schlag aus. Am Samstag, dem 11. Juli, leitete er den Depeschenrat. Um Saint-Priest zu zitieren: »Er war in einer ängstlichen Geistesverfassung, die er mit mehr Schläfrigkeit als sonst tarnte, denn man muß wissen, daß er oft während der Ratssitzungen einschlief und laut schnarchte.« Ohne Wissen der Teilnehmer dieser scheinbar recht banalen Sitzung, an der Necker nicht teilnahm, befahl Ludwig XVI. dem Grafen von La Luzerne, seinem Marineminister, Nekker das Kündigungsschreiben zu überbringen. Der Brief des Herrschers war äußerst trocken: Da er befürchtete, daß die Beliebtheit des Genfers noch weitere Unruhen fördere, befahl er ihm, das Königreich so unauffällig wie möglich zu verlassen. Necker gehorchte dem Befehl und trat am folgenden Tag heimlich den Weg nach Brüssel an. Montmorin und Saint-Priest wurden ebenfalls entlassen. Obwohl er völlig neutral war, reichte auch der Graf von La Luzerne seinen Rücktritt ein, und der Graf von Puységur überließ seinen Platz dem Marschall de Broglie. Sofort ernannte Ludwig XVI. Breteuil zum Vorsitzenden des Finanzrates; der Herzog von La Vauguyon, Sohn seines verstorbenen Erziehers, sollte Montmorin ersetzen, und der Intendant Laporte erhielt den Posten von La Luzerne.

Stolzgeschwellt, war der Baron von Breteuil entschlossen, sich an der Macht zu halten, nach der er so lange gestrebt hatte. Er hoffte, der Nationalversammlung die Annahme der königlichen Verordnung vom 23. Juni abzuringen. Im Falle der Weigerung sollte die Nationalversammlung aufgelöst und die Ruhe – wenn nötig mit Hilfe von Truppen, die in der Umgebung von Paris lagerten – wieder hergestellt werden. Breteuil und seine Kollegen unterschätzten völlig die Wahrscheinlichkeit einer Erhebung.

Am Morgen des 12. Juli wurde Neckers Abreise bekannt. »Es herrschte allgemeine Bestürzung, es war, als habe eine Familie ihren Vater verloren«, behauptet Bailly. Die Entlassung des großen Mannes ließ die Auflösung der Nationalversammlung, eine Hungersnot und den Staatsbankrott voraussehen. Ein Großteil der Bevölkerung fühlte sich von diesem Ereignis unmittelbar betroffen. So ist der Satz Baillys zu verstehen, wenn er sagt, daß »das Schicksal des Vaterlandes an Necker gebunden zu sein schien«.

In den Gärten des Palais-Royal herrscht noch mehr Aufregung als gewöhnlich. Der junge Journalist Camille Desmoulins ermuntert die Patrioten, zu den Waffen zu greifen. Schnell finden sich Wortführer, die dazu aufrufen, Gewalt mit Gewalt zu beantworten. Man trägt die Büste Neckers und die des Herzogs von Orléans im Triumphzug durch die Straßen der Hauptstadt. An der Place Vendôme, an der Place Louis XV. und vor den Tuilerien kommt es zu Zusammenstößen zwischen unbewaffneten Demonstranten und dem Regiment des Royal-Allemand. Besenval, der Miliärkommandant von Paris, leitet keine Polizeimaßnahmen ein, sondern verhält sich wie auf dem Schlachtfeld und ruft das Regiment von Salis-Samade zu Hilfe. Währenddessen eilen die Französischen Garden den Parisern zu Hilfe, die alles zu Wurfgeschossen machen, was ihnen unter die Hand kommt.

Die Nacht erlaubt der Menge, sich zu zerstreuen. In ihrer Panik plündert sie die Arsenale. Die Neuigkeiten verbreiten sich schnell, und weitere Aufständische ziehen in großer Zahl zur Zollmauer, die Paris seit 1785 umgibt. Sie wird in Brand gesteckt, um auf die Notwendigkeit von Preissenkungen aufmerksam zu machen. Am Morgen des 13. Juli wird das Kloster von Saint-Lazare systematisch ausgeraubt, denn man bezichtigt die Mönche der Getreidehortung. Da Saint-Lazare auch als Gefängnis dient, werden gleichzeitig die Gefangenen befreit. Von dort aus begibt sich die Menge zu den Gefängnissen von La Force und der Abbaye. Den ganzen Tag lang sind die Pariser auf der Suche nach Waffen.

Trotz des Durcheinanders versammeln sich viele Bürger in den Wahllokalen sowie am Rathaus, wo eine riesige Menschenmenge ununterbrochen Waffen fordert. Sodann ernennen die Wähler der Pariser Verwaltungsbezirke einen ständigen Ausschuß, der vom Vorsteher der Pariser Kaufmannschaft, Flesselles, geleitet wird, und beschließen die Bildung einer Bürgermiliz von achthundert Bürgern pro Bezirk, die die öffentliche Sicherheit gewährleisten soll. Da die Pariser Bourgeoisie befürchtet, von den Volksmassen überrollt zu werden, ist sie darum besorgt, die Ordnung aufrechtzuerhalten. Klug setzt sie sich an die Spitze des aufgebrachten Volkes.

Durch die Pariser Neuigkeiten in Unruhe versetzt, tagten die Abgeordneten »in Permanenz«. Eine Delegation hatte Ludwig XVI. respektvoll gebeten, die abgesetzten Minister, welche »die Anerkennung und das Bedauern der Versammlung mit sich forttragen«, zurückzuberufen. Darüber hinaus drängten sie den König, seine Truppen zurückzuziehen. Selbstsicher gab Ludwig XVI. die sehr schroffe Antwort, als absoluter Herrscher und einziger Entscheidungsträger sei er der Versammlung keine Rechenschaft schuldig. Der König, der den Ernst der Lage unterschätzte, ging seinen täglichen Beschäftigungen nach und verzichtete nicht darauf, nach Herzenslust zu jagen. Hatte er nicht erst am 7. Juli in Port-Royal zwei Hirsche erlegt? Er verließ sich ganz auf das eben gegründete Kampfministerium und vertraute auch auf die in Versailles stationierten deutschen Regimenter, die sich in Paris bereithielten.

Der Pariser Aufruhr erreichte seinen Höhepunkt. Paris lebte in der Angst vor einem bewaffneten Gegenschlag. Mehrfach wurde gemeldet, daß das Regiment der Royal-Allemands in Richtung auf die Stadt marschiere. Die Panik verbreitete sich von Stadtviertel zu Stadtviertel, und mit ihr verbreiteten sich auch die falschen Nachrichten. Am 14. befand sich die Bevölkerung schon seit dem Morgengrauen auf den Beinen. Sie mußte um jeden Preis Waffen auftreiben.

Es war bekannt, daß im *Hôtel des Invalides* ebenso wie in der *Bastille* Waffen lagerten. Eine riesige Menschenmenge drängte dorthin. Ohne große Schwierigkeiten und mit der mehr oder weniger offenen Unterstützung der Soldaten wurden die *Invalides* besetzt. Ganz in der Nähe, auf dem Champ-de-Mars, verweigerten Besenvals Truppen den Befehl und fraternisierten mit den Aufständischen. Nachdem er sich mit seinen Offizieren beraten hatte, hielt es Besenval für besser, sich nach Saint-Cloud und Sèvres zurückzuziehen.

Ungefähr zwei Meilen entfernt drängte eine noch größere Menschenmenge zur Festung der Bastille, dem Symbol der königlichen Willkür. Der Marquis von Launay, Gouverneur des verhaßten Gefängnisses, hatte die Verteidigung verstärken lassen und weckte dadurch erst recht den Argwohn der Bewohner des unruhigen Faubourg Saint-Antoine. Es ist hier nicht der Ort, den Sturm auf die Bastille im einzelnen zu erzählen. Man weiß inzwischen, durch welche Folge von Ungeschicklichkeiten und Gewalttätigkeiten die Aufständischen die Festung erstürmen konnten, obwohl auf sie geschossen wurde, und wie Launay zusammen mit einigen Stabsoffizieren massakriert wurde. Flesselles, der Vorsteher der Kaufmannschaft, wurde von der Menge beschuldigt, den Bürgern die Waffen vorzuenthalten, und erlitt kurz darauf das gleiche Schicksal. Man schnitt ihnen die Köpfe ab und trug sie aufgespießt in einem grauenvollen Zug durch die Straßen – ein tragischer Karneval, in dem sich die Angst mit dem revolutionären Jubel vermischte.

In Versailles wird Ludwig XVI. über die Ereignisse in der Hauptstadt auf dem laufenden gehalten; er hält sie für ernst genug, um auf eine Jagd zu verzichten: »Nichts«, vermerkt er am 14. Juli in seinem Tagebuch. Dieses *Nichts* bedeutet natürlich nur, daß der König seinem Hauptvergnügen nicht nachgehen kann, aber es bezeugt auch den geringen Stellenwert, den Ludwig XVI. der Einnahme der Bastille beimißt. Wie man weiß, notierte er in diesem Heft die wichtigsten Ereignisse. Noch am Sonntag, dem 12. Juli, hatte er vermerkt: »Abgang von Herrn Montmorin, Saint-Priest und La Luzerne«.

In seinen Memoiren behauptet Besenval, daß »niemand dem König alle Geschehnisse dieses finsteren Tages berichten wollte. So waren ihm die Ereignisse nur bruchstückhaft bekannt, und über vieles blieb er im unklaren.« Allerdings wollte wohl niemand dem Herrscher die Wahrheit verbergen. Besenval informiert den König als erster vom Überlaufen der Truppen, was diesen schmerzlich berührt. Ludwig XVI. glaubt immer noch an einen Volksaufstand, der mit denen vergleichbar ist, die Paris in früheren Jahrhunderten erlebt hat: einen Aufstand, den man zweifellos mit Hilfe weiterer Truppen niederschlagen wird.

Im Laufe des Abends berichtet der Vicomte von Noailles von den Pariser Unruhen vor der Nationalversammlung, die sofort eine Delegation zum König schickt. Seine sehr verworrene Antwort zeigt, daß er den Ernst der Lage noch immer unterschätzt. Als einige Stunden später eine zweite Delegation bei ihm eintrifft und die Berichte Noailles' bestätigt worden sind, scheint Ludwig XVI. kaum betroffener: »Ich habe mit dem Vorsteher der Kaufmannschaft die Bildung einer Bürgergarde abgesprochen«, sagt er. »Ich habe zwei Stabsoffiziere beauftragt, ihn mit ihrer Erfahrung zu unterstützen. Ich habe außerdem Befehl gegeben, daß sich meine Truppen vom Champ-de-Mars zurückziehen. Der Grund Ihrer Beunruhigung trifft ins Herz aller guten Bürger und berührt auch mich empfindlich.« Dies ist die Nachricht, die nachts nach Paris gebracht wird.

In der Umgebung des Königs begann man allmählich das ganze Ausmaß der Pariser Erhebung zu erkennen, aber Ludwig XVI. war noch immer zuversichtlich. Der Herzog von La Rochefoucauld-Liancourt erzählt in der Biographie seines Vaters, welcher damals Großmeister der königlichen Garde-Robe war, daß dieser den König mitten in der Nacht weckte, um ihm ausführlich über die Pariser Tagesereignisse zu berichten. Zutiefst bestürzt soll der König gesagt haben: »Das ist ja eine Revolte«, worauf sein Gesprächspartner ihm entgegnet haben soll: »Nein, Sire, es ist eine Revolution«. Diese Anekdote ist berühmt. Ganz gleich, ob diese Worte tatsächlich gewechselt wurden oder nicht: Es war La Rochefoucauld-Liancourt, der dem König die revolutionäre Wirklichkeit bewußtmachte und ihn von der Notwendigkeit überzeugte, sich sofort am nächsten Tag zur Nationalversammlung zu begeben, um zu versuchen, die Lage wieder in die Hand zu bekommen.

Als den Abgeordneten die Ankunft des Königs mitgeteilt wurde, hielt Mirabeau gerade eine schwungvolle Rede, in der er die schändlichen Machenschaften des königlichen Umfeldes anprangerte. In eine eindrucksvolle Stille hinein behauptete Ludwig XVI. ohne Begeisterung und Überzeugungskraft, er habe keinerlei Gewaltakt vorbereitet, und er würde den Truppen den Befehl geben, sich aus Paris und Versailles zurückzuziehen. Dann bat er die Abgeordneten, »seine Anordnungen in der Hauptstadt bekannt zu geben«. In Begleitung einiger konservativer Abgeordneter ging Ludwig XVI. zu Fuß zum Schloß zurück, während die anderen Abgeordneten weiter debattierten. In Wirklichkeit hatte der König den Militärchefs keinerlei Befehl gegeben: Er hoffte noch immer, die Oberhand zu gewinnen.

Mit Bailly an ihrer Spitze fuhr bald darauf eine Delegation von achtundachtzig Abgeordneten nach Paris. Ihre Anwesenheit schien die Bevölkerung, die noch immer in Furcht vor einer bewaffneten Niederschlagung des Aufstands lebte, zu beruhigen. Hie und da waren Barrikaden errichtet worden, um den Vormarsch der Truppen zu behindern. Im Rathaus, wo die Wähler aufgrund der Umstände in die Rolle eines Stadtrates geraten waren, empfing man die Vertreter der Nation mit dem Ruf: »Es lebe die Nation, hoch die Abgeordneten!« Bailly wurde zum »Bürgermeister« von Paris und La Fayette zum General der Bürgerwehr. Wähler und Abgeordnete gingen gemeinsam zur Notre-Dame, um einem Tedeum beizuwohnen, das vom Erzbischof von Paris gefeiert wurde. Während diese liberalen Adligen oder Bürger sehr zufrieden waren, murrte das Volk weiter. Überall wurde Neckers Rückkehr gefordert.

In Versailles teilt die Nationalversammlung die Unzufriedenheit des Volkes. Da sie einen Staatsstreich befürchtet, fordert sie die Rückkehr des abgesetzten Ministers. Am 16. Juli beschwört Mirabeau auf der Rednertribüne die Abgeordneten, den König ihren Ansichten zu unterwerfen. Währenddessen versammelt Ludwig XVI. seinen Kronrat, an dem außer den Ministern auch seine Brüder und die Königin teilnehmen. Der Marschall von Broglie ist erschüttert über den Verrat der Truppen; er muß zugeben, daß die Armee nicht in der Lage ist, die Hauptstadt zurückzuerobern. Da schlagen die Königin und der Graf von Artois vor, Versailles zu verlassen und sich unter dem Schutz zuverlässiger Truppen in einer Festung nahe der Grenze niederzulassen. Aber Broglie erklärt, daß er die Sicherheit des Königs und seiner Familie während der Reise nicht garantieren könne. Die Königin und der Graf von Artois lassen nicht locker. Schließlich meint der Kriegsminister: »Natürlich können wir nach Metz gehen, aber was machen wir, wenn wir da angekommen sind?«

Der Graf von Provence rät zu bleiben, und der König gibt nach. Marie

Antoinette ist verzweifelt. Sie war sich so sicher, daß der König ihren Wünschen gemäß handeln würde, und hat bereits den Schmuck verpackt und viele Papiere verbrannt. Drei Jahre später, am 14. Februar 1792, wird Ludwig XVI. zu Fersen sagen: »Ich weiß, daß ich den richtigen Augenblick verpaßt habe. Es war der 14. Juli. Wir hätten damals gehen sollen, und ich wollte es eigentlich auch.«

Während dieser traurigen Kabinettssitzung reicht Barentin seinen Rücktritt ein, und Laurent von Villedeuil folgt seinem Beispiel. Nur Breteuil bleibt standhaft. Besiegt und hilflos löst Ludwig XVI. sein Kabinett auf, beschließt Necker zurückzurufen und den Regimentern die Rückkehr in ihre Garnisonen zu befehlen. Am folgenden Tag trifft Mercy unterwegs den Marschall von Broglie, dessen Stab und mehrere Infanterie- und Kavallerieregimenter ihm folgen, wie »eine verirrte Armee nach einer verlorenen Schlacht«. Der König hatte vor der Revolution kapituliert.

Die Nationalversammlung nahm diese Neuigkeiten sehr positiv auf, aber Paris forderte, daß Ludwig XVI. persönlich erschien, um den Sieg des Volkes zu bestätigen. In seinem leeren Palast bereitet sich der König auf diese Prüfung vor. Im Laufe des Abends haben sich der Graf von Artois, seine Frau und seine Kinder, der Prinz von Condé und seine Familie, sämtliche Polignacs sowie der Abbé von Vermond auf den Weg ins Exil gemacht; sie haben damit das Signal für die Emigration gegeben. Was wird aus ihnen werden? In den Salons der konservativen Aristokratie werden letzte Kämpfe ausgefochten, bei denen die Dummheit dem Egoismus in nichts nachsteht. Bei Frau von Amblimont, die mit der Polignac-Clique verbunden ist, verkündet Diane von Langeron ihren Wunsch, Necker und den Herzog von Orléans mit eigener Hand zu töten. »Was könnte man mir schon antun?« fragt sie. »Ich werde zum König sagen: Ich habe Ihnen den größten Dienst erwiesen, während alle diese Leute, die Sie umgeben, feige sind und den Pöbel verschonen... Ermessen Sie also den Dienst, den ich erweisen würde, und mein Name ginge in die Geschichte ein!« Dies sind die letzten Stützen der Monarchie! Ludwig XVI. und Marie Antoinette sind allein.

Begleitet vom Marschall von Beauvau, den Herzögen von Villeroy und von Villequier, dem populären Grafen von Estaing und dem Marquis von Nesle, verläßt der König am 17. Juli um zehn Uhr morgens Versailles. Da er befürchtet, nicht zurückzukehren, verleiht er *Monsieur* den Titel eines Generalleutnants des Königreiches. Die Königin kann ihre Tränen nur mit Mühe zurückhalten, und als sie die Karosse ihres Gemahls nicht mehr sehen kann, schließt sie sich mit ihren Kindern und dem Rest der königlichen Familie in ihren Gemächern ein. »Sie schickte nach mehreren Personen ihres Hofes«, erzählt Frau Campan, »man fand Hängeschlösser an den Türen; sie waren vor dem Terror geflohen. Die Stille und der Tod herrschten im ganzen Palast, die Angst war groß; man hoffte kaum noch auf die Rückkehr des Königs.« Marie Antoinette hatte Wagen bereitstellen lassen; sie wollte sich zur Nationalversammlung flüchten, um dort eine Ansprache zu halten, falls ihrem Gatten ein Unglück geschah.

Während Ludwig XVI. sich langsam durch eine dichte, nahezu feindliche Menschenmenge nach Paris begibt, ruft niemand mehr »Es lebe der König«. Hie und da erschallt ein »Es lebe die Nation«. Wie fern liegt die Zeit des tosenden Beifalls. In Paris bereden Bailly, der neue Stadtrat und die ehemaligen Schöffen die protokollarischen Probleme für den Empfang des Herrschers – so als ob dies noch zeitgemäß wäre! Eine imposante Delegation, die vom Bürgermeister geleitet wird, empfängt Ludwig XVI. in Chaillot und händigt ihm die Schlüssel der Stadt aus, dieselben, die man einst Heinrich IV. überreicht hatte. Bailly legt Wert darauf, den beliebtesten aller Könige zu erwähnen, und sagt folgende Worte: »Heinrich IV. eroberte sein Volk zurück, hier gewinnt das Volk seinen König wieder.« Trotz der ungeschickten Rede, die er liebenswürdig beantwortet, beginnt Ludwig XVI. sich zu entspannen. Der Zug bewegt sich weiter – über die Place Louis XV., die rue Saint-Honoré, die rue du Roule und die Quais – durch ein Spalier aus Nationalgarden, die mit Gewehren, Schwertern, Spießen, Lanzen, Sensen und manchmal sogar Knüppeln bewaffnet sind. Man sieht Frauen und Mönche mit Flinten über der Schulter: eine armselige, beinahe bedrohliche Menschenmenge.

Gleichmütig, wie in endloses Grübeln versunken, schweigt der König vor sich hin. Als er im Rathaus ankommt, wo ein »gereiztes [...], weder freundliches noch schmeichelndes Volk« ihn erwartet, wird dem Herrscher durch Bailly die dreifarbige Kokarde, das neue »Erkennungszeichen der Franzosen«, überreicht. Unbefangen heftet Ludwig XVI. sie sich an seinen Hut, bevor er die Treppen des eindrucksvollen Gebäudes hochsteigt. »Er war ohne Leibwache und umringt von vielen Bürgern, die alle ein Schwert in der Hand hielten«, erzählt Bailly. »Sie überkreuzten die Klingen über seinem Kopf, und das Klirren dieser Schwerter, das Stimmendurcheinander, sogar die Freudenschreie und das Echo im Gewölbe hatten etwas Erschreckendes. Es würde mich nicht wundern, wenn der König in diesem Augenblick Beklemmungen gehabt hatte. Das

Volk drängte sich um ihn; er schritt mit der Sicherheit eines guten Königs inmitten eines guten Volkes. Man erzählt, daß Marschall von Beauvau diejenigen, die ihn bedrängten, von ihm fernhalten wollte. Der König habe darauf erwidert: ›Lassen Sie sie gewähren, sie haben mich gern.‹ Bei seinem Eintritt in den Saal ertönten von überall her Beifallsrufe ›Es lebe der König‹. Alle Augen waren ihm voller Tränen zugewendet. Dieses ganze Volk streckte ihm die Hände entgegen; und als er auf dem Thron Platz nahm, der für ihn vorbereitet worden war, erschallte aus dem hinteren Teil der Versammlung der aus dem Herzen kommende Schrei: ›Unser König! Unser Vater!‹, und nach diesem Schrei verdoppelten sich der Beifall, die Begeisterung und die Rufe ›Es lebe der König!‹.« Man forderte sogar die Errichtung einer Statue Ludwigs XVI. auf der Place de la Bastille...

Ziemlich erleichtert verließ der König Paris, um sich zurück nach Versailles zu begeben, wo er erst um zehn Uhr abends eintraf. Seine Rückkehr erfüllte seine Familie »mit unaussprechlicher Freude«, berichtet Frau Campan. »In den Armen der Königin, seiner Schwester und seiner Kinder schätzte er sich glücklich, daß es keinerlei Zwischenfälle gegeben hatte, und er wiederholte mehrfach: ›Glücklicherweise ist kein Blut geflossen, und ich schwöre, daß niemals ein Tropfen französisches Blut auf meinen Befehl hin vergossen werden wird.‹«

18. VON EINEM SCHLOSS ZUM ANDERN

Im Versailler Palast herrscht eine sonderbare Stille. Die Galerien und Salons, in denen sich früher die Höflinge drängelten, hallen jetzt wider von den Schritten der wenigen, die es noch wagen, sie zu durchqueren. Man redet kaum noch, man flüstert. Die zurückgebliebenen Höflinge verhalten sich abwartend. Der Prinzenflügel ist geschlossen. Für immer. Versailles, einst der Tempel der Monarchie, wird im Laufe des Sommers zu ihrem Grabmal. Alles hängt von den Beschlüssen der Nationalversammlung und der Stimme des Volkes ab.

Niedergeschlagen, erschöpft und verängstigt vergraben Ludwig XVI. und Marie Antoinette sich in ihren Gemächern. Als der König aus Paris zurückkehrte, fand er nur noch seine Familie vor. Von den zurückgerufenen Ministern ist nur Montmorin da, der ihn berät. Saint-Priest, der um elf Uhr abends eintraf, fand den Hof unbeleuchtet vor. »Man hätte glauben können, der König sei abwesend«, erzählt er in seinen Memoiren. Die Diener verrichten ihre Pflicht nicht mehr so wie früher. Ihre zunehmende Dreistigkeit zeigt, wie sehr die Zeiten sich geändert haben. »Ein König ohne Hof und ohne Armee; ein Schloß ohne Wachen, das jedem Fremden offensteht; nur zwei Minister, die kein Wort über die Lippen bringen; für die übrigen gibt es noch keine Nachfolger [...] Ein bewaffnetes und kühnes Volk, das vom Erfolg berauscht und zu allem bereit ist«. So ist die Lage Ludwigs XVI., wie sie vom Minister von Sachsen am Tag nach dem Sturm auf die Bastille beschrieben wird.

Marie Antoinette kümmert sich um ihre Kinder; sie unterrichtet ihre Tochter und schreibt an Frau von Tourzel, die die Nachfolge Frau von Polignacs als Gouvernante der *Kinder Frankreichs* antreten soll. Während der König auch weiterhin Spaziergänge macht oder jagt, wagt Marie Antoinette es kaum noch, sich auf der Terrasse blicken zu lassen. Am 23. Juli läßt ein Bericht das Königspaar erschauern: Der Intendant Berthier und sein Schwiegersohn Foulon, die bezichtigt wurden, »das Volk beleidigt zu haben« und »das Getreide abschneiden zu lassen, bevor es reif war«, sind hingerichtet worden. Die Revolution geht weiter. Ludwig XVI. und Marie Antoinette beginnen sich zu fragen, wohin der Volkszorn wohl führen werde. Die beiden anwesenden Minister irren wie Gespenster umher, und der König wartet noch immer auf Necker, während die Nationalversammlung fortwährend neue Gesetze erläßt.

Am 29. Juli traf Necker endlich ein. Sechs Tage zuvor hatte er in Basel den Brief des Königs erhalten. Während seine Frau befürchtete, diese Rückkehr könnte seinem Ansehen schaden, hatte Necker sofort beschlossen, nach Versailles zurückzufahren. Er wußte, daß die Aufgabe, die ihm bevorstand, noch schwieriger war als zuvor und die Gefahr der Niederlage beträchtlich war, aber die Verlockung der Macht behielt die Oberhand. »Man muß sich den Gesetzen der Notwendigkeit und den Verkettungen eines unverständlichen Schicksals beugen«, schrieb er damals an seinen Bruder. »Mir scheint, ich steige in einen Abgrund.«

Das neue Kabinett begann seine Arbeit unter denkwürdigen Vorzeichen. Der Genfer und seine Familie waren durch ein Frankreich gereist, in dem es überall Aufstände und Gewalt gab. Die »große Angst« beherrschte Stadt und Land, die königliche Autorität wurde nicht mehr geachtet. Innerhalb weniger Tage »hatten die Kräfte- und Machtverhältnisse sich verschoben«, und Necker war tief erschrocken. Dennoch und trotz der Unruhen der Revolution, die die Bevölkerung täglich mehr begeisterte, war Necker außerordentlich beliebt. Während seiner Durchreise warfen sich die Frauen auf die Knie; in den Städten spannten die Einwohner die Pferde seines Wagens aus, um diesen selber zu ziehen.

In Versailles fand er einen Herrscher vor, der weniger denn je wußte, was er tun sollte. Offenbar entschlossener als ihr Gemahl und trotz aller Vorurteile, die sie gegen ihn hegte, »begegnete Marie Antoinette dem Minister äußerst freundlich«. Allerdings wähnte sie sich noch immer in der Zeit der absoluten Monarchie und befand es daher für angebracht, seinen »Eifer für den Königsdienst anzuspornen, zu dem seine Rückberufung ihn besonders verpflichtete«. Eine solche Sprache war aber völlig verfehlt: Necker konnte es sich nicht verkneifen, ihr zu erwidern, »daß sein Eifer für den Königsdienst eine Pflicht seines Amtes sei, aber daß ihn nichts zur Dankbarkeit verpflichte«.

Der Empfang, den die Nationalversammlung Necker bereitete, bestätigte ihm seine Popularität. Aber er wollte noch mehr: einen Triumph in Paris. Die Hauptstadt begrüßte ihn denn auch mit unglaublichem Jubel, der in einem eigentümlichen Gegensatz zu der Kälte stand, mit der der König einige Tage zuvor empfangen worden war. Allerdings war Neckers Sieg anfälliger, als man damals vermuten konnte. Er forderte die

Freilassung Besenvals, der als Verräter an der Nation galt, weil er die Unterdrückungsmaßnahmen vom 14. Juli geleitet hatte, und er sprach auch das Wort »Amnestie« aus. Auch wenn die Abgeordneten von Paris seinen Vorschlägen sofort zustimmten, zwang der anhaltende Volkszorn die gleiche Versammlung, ihre Entscheidung noch einmal aufzuschieben. In Versailles nahm sich die Nationalversammlung der Angelegenheit an: Sie lehnte es ab, Besenval freizulassen, und verweigerte jede Amnestie. Necker war durch diese Ablehnung erschüttert; er hatte sein Charisma überschätzt und begriff, daß eine neue Macht geboren war.

Wie sollte man unter diesen schwierigen Bedingungen ein Kabinett zusammenstellen? Necker lehnte den Titel des Hauptministers, den Ludwig XVI. ihm jetzt anbot, ab. Er begnügte sich, Finanzminister zu werden, wobei er von Lambert als Generalkontrolleur unterstützt wurde. Saint-Priest wurde Minister des königlichen Hofstaats: in diesen Krisenzeiten ein gefährliches Amt, denn zu diesem Ressort gehörte auch Paris. Necker schlug den Grafen von La Tour du Pin, »einen tapferen Mann von Rang«, für das Kriegsministerium und den ehrgeizigen Erzbischof von Bordeaux, Champion von Cicé, für die Justizangelegenheiten vor. Montmorin wurde erneut Außen- und La Luzerne erneut Marineminister. Dem Kabinett gehörten außerdem an: der Bischof von Vienne, Lefranc de Pompignan, für den Geschäftsbereich Rechtswohltaten sowie der Marschall von Beauvau als Minister ohne Geschäftsbereich.

Allerdings verfügte dieses Kabinett, nach den Worten Montmorins, über keinen wirklichen Chef, da Necker hierfür »zu tugendhaft und auch zu eitel war«. Von Anfang an erwies sich die Rolle der Minister als sehr undankbar. Sie mußten die vollstreckende Gewalt zu einer Zeit ausüben, da die Macht des Königs faktisch abgeschafft und der Herrscher ohne Geldmittel und militärische Unterstützung war; die Macht lag bei der Nationalversammlung, ohne daß der Herrscher, der noch immer regieren wollte, dies wirklich zugab. Als erstes mußte der »großen Angst«, die die Provinzen lähmte, die Stirn geboten werden. Dann mußte die Finanzkrise überwunden werden, und schließlich mußte mit der Nationalversammlung verhandelt werden, um die königliche Regierungsgewalt zu retten.

Die Aufstände auf dem Lande, die sich seit dem Sommer 1788 überall ausbreiteten, flackerten im Frühling 1789 erneut auf. Seit dem Sturm auf die Bastille, von dem die verschiedensten Erzählungen bis in die letzten Schlupfwinkel des Reiches drangen, nahm der Aufruhr noch weiter zu. Neben der Angst vor einer Hungersnot und den Wucherern gab es die Furcht vor Räuberbanden, welche angeblich von Aristokraten dirigiert wurden, die das Blut des Volkes wollten. Diese manchmal geradezu panischen Befürchtungen hatten auch etwas mit der Existenz von Bettlerbanden zu tun, die auf der Suche nach Brot oder einem Lager für die Nacht umherzogen und zum Äußersten bereit waren, um wenigstens das Minimum für ihren Lebensunterhalt zu erlangen. Von Dorf zu Dorf erzählte man sich von Massakern, von abscheulichen Verbrechen, deren Greuel sich von Tag zu Tag verschlimmerten. Schließlich griffen die Bauern zu den Waffen, um diesem imaginären aristokratischen Komplott zu begegnen.

Vom Beauvaisis bis nach Flandern, von Le Mans bis zur Normandie und dem Blésois, von der Champagne bis zur Bourgogne, vom Rhônetal bis zum Mittelmeer, von der Saintonge bis zu den Pyrenäen drangen bewaffnete Dorfbewohner in die Schlösser, raubten sie aus und steckten sie in Brand. Als erstes vernichteten sie die Besitzurkunden und die feudalen Rechtstitel. Ohne sich dessen wirklich bewußt zu sein, stürzten sie die alte soziale Ordnung um. Die Bürger, die nach dem Beispiel der Hauptstadt ihre eigene Munizipalrevolution in allen Städten Frankreichs vollendeten, wurden angesichts dieser sogenannten »großen Angst« von Furcht ergriffen. Allerdings erhoben sie keinen Einspruch: Sie begriffen, daß es besser für sie sei, eine stille Allianz mit diesem aufgebrachten Volk zu schließen, das sie kaum kannten und auch nicht mochten, als mit der ehemaligen Macht zu paktieren, der sie auf diese Weise eine Legitimierung gegeben hätten, über die sie längst nicht mehr verfügte.

Das eben gebildete Kabinett kam zu spät, um die Volksbewegung zu ersticken. Wäre dies einige Tage früher noch gelungen? Es ist wenig wahrscheinlich. Die Nationalversammlung nahm sich der Angelegenheit an. Großzügig kam der Vicomte von Noailles den Wünschen des Volkes entgegen und schlug die Steuergleichheit sowie die endgültige Beseitigung aller Überreste des Feudalismus vor. Manche seiner Kollegen gingen sogar noch weiter und wollten die volle Gleichheit vor dem Gesetz und die Gewerbefreiheit einführen, die Käuflichkeit der Ämter abschaffen und auf alle Privilegien der Geistlichkeit, des Adels oder der Bürger, egal ob in der Stadt oder auf dem Lande, verzichten. So wurde in der Nacht des 4. August die Ständegesellschaft abgeschafft; der dritte Stand hatte gesiegt.

In den Augen der Verfassungsgeber sollte auch der König an dieser Revolution beteiligt werden. Aber er war über alle diese Maßnahmen entsetzt, und selbst seine Regierung zeigte sich äußerst zurückhaltend. Am

5. August schrieb Ludwig XVI. an den Erzbischof von Arles: »Ich werde niemals dulden, daß mein Klerus und mein Adel [...] ausgeraubt werden, und ich werde keine Gesetze genehmigen, die sie ausplündern.«

Während die Nationalversammlung auf die Sanktion des Königs wartete, führte sie ihre verfassungsgebende Arbeit fort. Bald gab es die ersten Spaltungen. Die liberalen Adligen und gemäßigten Bürger bildeten unter der Leitung von Mounier und Mirabeau, die als erste das revolutionäre Banner geschwungen hatten, die Gruppe der *monarchiens*: Sie wollten eine starke vollstreckende Gewalt in der Hand des Königs belassen und forderten, daß dieser ein absolutes Vetorecht erhalte. Sie standen in Gegnerschaft zu den *patriotes*, die einem Triumvirat folgten, das aus Barnave, Duport und Lameth bestand, welche der Ansicht waren, daß die gesetzgebende Gewalt, die aus der Nation hervorgegangen war, die Oberhand über die vollstreckende Gewalt haben müsse. Deshalb wollten sie dem Monarchen nur ein aufschiebendes Veto zugestehen. Manche Patrioten wie Sieyès, die noch fortschrittlicher waren, wollten dem Herrscher sogar dieses Vorrecht nehmen und waren der Ansicht, daß die gesetzgebende Gewalt von der vollstreckenden völlig getrennt werden müßte.

Das Triumvirat nahm heimlich Kontakt mit Necker auf, der seine Meinung teilte. Man hielt es für absurd, daß sich ein König den Wünschen der nationalen Vertreter ewig verweigern könnte. Also bemühte sich Necker, Ludwig XVI. von der Vernünftigkeit jener Anordnung zu überzeugen. Zur großen Enttäuschung der *monarchiens* stimmte die Versammlung für das auffschiebende Veto. Bald ging sie noch einen Schritt weiter: Der König erhielt keine Gesetzesinitiative, dieses Recht sollte eine gewählte Kammer haben, die die ausschießliche Inhaberin der gesetzgebenden Gewalt war. Die Erklärung der Menschenrechte, die sowohl die Gleichheit aller Bürger als auch die absolute Souveränität der Nation proklamierte, versetzte der traditionellen Monarchie symbolisch den Todesstoß, indem sie die Grundsätze der Philosophen der Aufklärung, gegen die sich Ludwig XVI. schon immer ausgesprochen hatte, zum Gesetz erhob.

Der König schritt von Enttäuschung zu Enttäuschung und von einer Demütigung zur nächsten. Er erduldete den Willen der Nationalversammlung und suchte verzweifelt einen Weg, um Maßnahmen, die er durch und durch verabscheute, nicht sanktionieren zu müssen. Die *monarchiens*, die sich von nun an der aristokratischen Partei annäherten, ließen ihn wissen, daß es besser für ihn sei, sich nach Compiègne zu begeben. Aber Ludwig XVI. mißtraute diesen Gegnern von gestern, die sich plötzlich auf seine Seite schlugen.

Unter dem ständigen Druck der Versammlung willigte der König schließlich ein, die Gesetze zu veröffentlichen, die die Abschaffung der Privilegien proklamierten, aber ihre Unterzeichnung lehnte er nach wie vor ab. Seine Feindschaft gegen Necker nahm täglich zu. Nicht genug damit, daß sich der ruhmsüchtige Minister bei der Versammlung nicht durchsetzen konnte und die Rechte der Krone nicht zu verteidigen wußte; es gelang ihm noch nicht einmal, die Finanzkrise in den Griff zu bekommen, die sich im Gegenteil noch verschlimmerte. Es gab Probleme bei der Steuereintreibung, die Staatsausgaben wuchsen: Es war nötig gewesen, den Getreideimporteuren Prämien auszuschütten und Weizen auf Rechnung des Staates zu kaufen; Wohlfahrtswerkstätten hatten eingerichtet werden müssen. Trotz Neckers Rückkehr war das Vertrauen nicht gestiegen, und die königlichen Wertpapiere waren erneut gesunken.

Abermals wollte der Finanzminister auf Anleihen zurückgreifen. Am 7. August bat er die Abgeordneten, einer Anleihe von 30 Millionen zuzustimmen. Nach heißen Debatten waren die Vertreter der Nation zwar einverstanden, aber schon drei Wochen später mußte Necker zugeben, daß sein Vorhaben mißlungen war: Lediglich 28 000 000 Pfund waren in die Staatskassen geflossen. Von diesem Mißerfolg überrascht, forderte er nun Polizeimaßnahmen, die es erlauben würden, die Steuern einzutreiben, und bat um eine erneute Anleihe von 80 Millionen, deren Zinssatz viel günstiger als der vorherige war. Die Versammlung stimmte widerwillig zu. Am 15. September wurde bekannt, daß die Erträge hinter den Erwartungen zurückblieben.

Nun verlangte der Minister von der Nationalversammlung eine Sonderbesteuerung aller Einwohner. Diese Steuer betrug ein Viertel des Nettoeinkommens, und jeder Einwohner mußte außerdem einen Teil seines Vermögens an Edelmetallen hinzufügen. »Die Frau des einfachen Bauern wird, wenn es nötig ist, ihren Ehering oder ihr Goldkreuz abtreten. Sie wird deshalb nicht weniger glücklich sein und kann darüber Stolz empfinden«, erklärte der Minister feierlich. So weit war man gekommen! Neckers Vorschlag wurde mit »finsterem Schweigen« empfangen. Das geforderte Opfer war so bedeutend, daß die Abgeordneten sich fürchteten, dies ihren Wählern abzuverlangen. Nach einer außergewöhnlichen Rede von Mirabeau, der sich selbst übertraf, indem er sämtliche Schrecken des Bankrotts aufführte, willigten sie schließlich ein.

Ludwig XVI. war etwas beruhigt. Die Abstimmung über die patriotische Besteuerung gab ihm neue Hoffnungen: Vielleicht hatte Necker die Lösung für die Finanzkrise gefunden. Außerdem lebten der König und seine Familie jetzt viel ruhiger, seit das für seine königstreuen Gefühle bekannte Flandernregiment in Versailles eingetroffen war. Wollten Ludwig XVI. und Marie Antoinette etwa doch noch Versailles verlassen? Träumten sie davon, die Nationalversammlung aufzulösen und Paris mit diesen tausend Mann zurückzuerobern? Ihre Pläne blieben verschwommen. Die Unschlüssigkeit des Königs, der die Revolution ablehnte und trotzdem keine einzige Maßnahme ergriff, um sie zu bekämpfen, entmutigte seine Anhänger und beunruhigte seine Gegner. Das Herbeirufen dieser königstreuen Truppen unterband jede Reaktion der einen und entfesselte den Zorn der anderen.

Am Tag nach der Ankunft dieser Truppen zeichnet sich in der Hauptstadt, die den ganzen Sommer über unruhig war, ein neuer Aufruhr ab. Erinnerungen an den Juli werden wach. Seit dem Bastillesturm sind die Leidenschaften noch heftiger geworden. In den Klubs und Cafés werden die Debatten über das Vetorecht mit Spannung verfolgt. Mehr und mehr Patrioten, die von den Volksmassen unterstützt werden, empören sich über den Beschluß der Versammlung. Sie nennen Ludwig XVI. nur noch »Monsieur Véto«. Im *Club des Cordeliers* verflucht der junge Rechtsanwalt Danton das gemäßigte Verhalten der Nationalversammlung. Im neugegründeten »Ami du peuple« macht sich Marat zum Verteidiger der Armen und prangert täglich das aristokratische Komplott an. In den Gärten des Palais-Royal, wo das Herz der Revolution schlägt, und im Innern des Palastes, wo Intrigen geschürt, Komplotte geschmiedet oder aufgelöst werden, spricht man seit Ende August davon, nach Versailles zu marschieren. Was plant der Herzog von Orléans? Was flüstert ihm sein Sekretär ein – dieser Zauberlehrling und geniale Autor mit Namen Choderlos de Laclos? Kann er sich Philippe von Orléans ebenso nutzbar machen wie Merteuil Valmont? Welch wunderbarer Traum für einen Schriftsteller! Leider werden wir nie etwas darüber erfahren, denn die geheimnisvollen Intrigen des Palais-Royal sind niemals enthüllt worden. Mirabeau soll mit dem Herzog von Orléans zusammengetroffen sein und ihm gesagt haben: »Monseigneur, Sie können nicht bestreiten, daß wir bald Ludwig XVII. statt Ludwig XVI. zum König haben könnten, und sollte dies nicht der Fall sein, so wären Sie immerhin Generalleutnant des Königreiches.« Philippe soll ihm daraufhin »recht liebenswürdige Sachen« geantwortet haben.

Mirabeau, der trotz aller Gesuche nicht von Ludwig XVI. empfangen worden ist, träumt von einer großen Rolle an der Spitze des Staates. Wie die meisten liberalen Adligen und Bürger, die eine konstitutionelle Monarchie wollen, befürchtet er, daß die revolutionäre Bewegung, die von ihnen in Gang gesetzt worden ist, zu einer Volksbewegung werden könnte, deren Gewalt nicht mehr zu kontrollieren wäre: Der Zeitgeist von 1793 deutet sich bereits in den Tagen von 1789 an. In diesen Kreisen, die nur dann für die Revolution sind, wenn sie bürgerlich und gemäßigt bleibt, erwägt man eine Lösung in Form eines Dynastiewechsels. Eine Zeitlang erwägt Mirabeau vielleicht die Möglichkeit, Premierminister eines Philippe von Orléans zu werden, der zum Generalleutnant des Königreiches oder gar zum französischen König aufsteigen könnte. Die schwache Persönlichkeit des Prinzen würde hinter der des glänzenden Tribunen zurücktreten und Philippe wäre als Marionette der Versammlung, der er alles verdankte, gebunden.

Ganz Paris spricht bereits von Konterrevolution und aristokratischem Komplott. Das Gerücht geht um, daß der König sich nach Metz absetzen wird. »Seien wir wachsam... wir brauchen einen zweiten Revolutionsschub: Alles deutet bereits darauf hin«, schreibt der Journalist Loustalot in der Zeitung *Révolutions de Paris*. Bailly und La Fayette lassen die Panik der Pariser wachsen, ohne etwas dagegen zu unternehmen. »Die Klubs im Palais-Royal und die führenden Revolutionäre [...] scheinen ganz damit beschäftigt zu sein, die Gründe für das Staatselend auf Marie Antoinette zurückzuführen«, bemerkte der Abbé Soulavie. Die Königin ihrerseits spricht nur noch von den »Rasenden des Palais-Royal«. Am Sankt-Ludwigs-Tag machte die Herrscherin den Fehler, die »Stadt Paris« und die Fischweiber in alter Weise zu empfangen: Aufgeputzt und mit Diamanten behängt, saß sie auf einem hohen Sessel. Sie zeigte sich verstimmt über Bailly, weil er nicht zu ihren Füßen niedergekniet war, und sie murmelte den Offizieren der Nationalgarde nur einige frostige Worte zu. Die Fischweiber wurden nicht freundlicher empfangen. Daraufhin kehrten die Vertreter des Stadtrates, die Offiziere und Marktfrauen gekränkt nach Paris zurück. Obwohl Ludwig XVI. nicht ganz so heftig wie seine Frau angegriffen wurde, blieb auch er nicht von übler Nachrede verschont.

Durch die Anwesenheit des Flandernregiments, welches die Wut der Pariser erregte, hatte sich die Herrscherfamilie seit einer Woche etwas beruhigt. Am 1. Oktober beschlossen die Leibgarden des Königs, diesen treuen Truppen im Schauspielhaus des Schlosses ein Bankett zu geben.

Mehrere Personen, die dem Souper beiwohnen wollten, erhielten Logen zugewiesen. Der König und die Königin, die zunächst gezögert hatten, an dem Fest teilzunehmen, erschienen im Laufe des Abends in ihrer Loge: Sie wurden durch eine lang anhaltende Ovation begrüßt. Von dieser unüblich gewordenen Anhänglichkeit tief gerührt, begab sich das Herrscherpaar unter die Menge. Die Königin hatte lächelnd den Dauphin auf dem Arm, das Symbol der ewigen Wiedergeburt der Monarchie. Immer wieder wurde auf die Gesundheit der Königsfamilie getrunken. Ludwig XVI. und Marie Antoinette wurden nicht müde, den Ovationen zu lauschen: den Rufen »Es lebe der König«, »Es lebe die Königin«, »Es lebe der Dauphin«, deren Klang sie schon fast vergessen hatten.

Dieser leidenschaftliche Eifer, der die Militärs gepackt hatte, war freilich nicht derselbe wie in glücklichen Tagen; denn er war auch provozierend. Mit der Begeisterung stieg auch die Spannung: Bald steckte man sich weiße Abzeichen an und warf die dreifarbigen auf den Boden. Die königliche Familie wurde von begeisterten Soldaten zu ihren Gemächern geführt. »Trunkenheit mischte sich mit Freudentaumel: Man nahm sich viel heraus und tanzte unter den Fenstern des Königs. Ein Soldat des Flandernregiments erstieg den Balkon zum Zimmer Ludwigs XVI., um näher bei Seiner Majestät rufen zu können ›Es lebe der König!‹.« Für den folgenden Tag, den 2. Oktober, hatten die Leibgarden ein weiteres Bankett organisiert. In ihrer Begeisterung schlugen mehrere Offiziere vor, zur Nationalversammlung zu marschieren; aber niemand ließ sich dazu bewegen.

Bald verbreitete sich die Nachricht von diesen beiden Soupers in ganz Paris. Das Gerücht stellte sie als Orgien dar, aber das war nicht die Hauptsache: Man meinte, der König organisiere die Konterrevolution. Von den Vororten bis zum Palais-Royal war ganz Paris in Aufruhr. Am 3. Oktober verpflichten sich alle Patrioten dazu, die Trikolore zu tragen, und fordern lauthals die Verlegung des Flandernregiments. Am Sonntag, dem 4. Oktober, nach einer bewegten Nacht, verbreitete sich in der ganzen Stadt die Idee, den König zurückzuholen: Ludwig XVI. sollte sich in Paris befinden, um allen konterrevolutionären Anwandlungen vorzubeugen. Seine Anwesenheit schien auch eine Garantie gegen jedes »aristokratische« Komplott und eine Sicherheit gegen die Brotknappheit zu bieten.

In Versailles scheint alles ruhig zu sein. Ludwig XVI. trifft keinerlei Vorkehrungen gegen mögliche Aufstände. Die Anwesenheit des Flandernregiments reicht aus, um das Herrscherpaar aufzuheitern, und es genießt verhältnismäßig ruhige Tage. Die Königin kümmert sich um ihre Kinder und schmiedet Pläne für ihre Gärten in Trianon, während Ludwig XVI. wie gewöhnlich zur Jagd fährt. Am 1. Oktober erlegt er wieder einmal zwei Hirsche in den Wäldern von Meudon. Allerdings beginnt Fersen sich ernstlich um die Königin zu sorgen. Seit dem 25. September wohnt er in Versailles, um persönlich über das Wohlergehen Marie Antoinettes zu wachen.

Am 5. Oktober bricht der König munter auf, um in der Nähe der Porte de Châtillon zu jagen. Trotz des schlechten Wetters schießt er ununterbrochen. Wild gibt es in Hülle und Fülle: Der Herrscher freut sich, vergißt alles, was ihn umgibt, bis plötzlich ein erschöpfter Reiter auftaucht und ihn sofort sprechen will. Es ist ein Bote von Saint-Priest, der den König darüber informiert, daß das Volk von Paris auf Versailles marschiert. Der König ist sowohl überrascht als auch enttäuscht. Die Jagd war herrlich: er hat schon einundachtzig Stück Wild erlegt, und der Nachmittag war so vielversprechend! »Durch diese Ereignisse unterbrochen«, wird er in seinem Tagebuch festhalten. Ludwig XVI. fährt zurück in sein Schloß; unterwegs begegnet er dem Flandernregiment, das »Es lebe der König« brüllt. Er hält keinen Augenblick an, um die Soldaten zu ermutigen.

Die Alarmmeldung war nicht übertrieben. Schon seit dem frühen Morgen hatten in ganz Paris die Sturmglocken geläutet. Ein erster Zug von Frauen des Faubourg Saint-Antoine und des Hallenviertels hatten sich am Rathaus unter der Leitung des Gerichtsdieners Maillard – einem der »Sieger« der Bastille – gebildet. Diese Weiber, deren Alltag durch die Arbeitslosigkeit und die Brotteuerung täglich härter wird, wollen beim König gegen ihre elende Lage protestieren. Gegen Mittag brechen sie auf. Die Nationalgarde ist begeistert. Gestützt auf die Volksmeinung spricht auch sie davon, geschlossen nach Versailles zu marschieren, trotz La Fayettes schwacher Einwände. Die Kommune drängt zum Aufstand und gibt dem General der Nationalgarde zwei Kommissare zur Unterstützung mit, um den König nach Paris zu holen. Gefolgt von Parisern, die mit Piken, Messern, Sicheln, Knüppeln und vielen anderen ebenso furchteinflößenden Gegenständen bewaffnet sind, macht sich die Nationalgarde gegen fünf Uhr früh auf den Weg. Ein ganzes Volk marschiert also gegen die Monarchie.

Die Königin, die in den Gärten von Trianon spazierenging, hatte sich eben in ihre Grotte zurückgezogen, als Saint-Priest sie über die letzten Ereignisse informierte. Sofort war Marie Antoinette an der Seite ihrer

Minister, die fieberhaft auf die Rückkehr des Königs warteten. Der Hof war starr vor Angst. Graf von Gouvernet, Sohn des Kriegsministers La Tour du Pin, versammelte halbherzig die Nationalgarde von Versailles. Der Minister befahl dem Flandernregiment, die Place d'Armes zu besetzen. Man schickte nach den Schweizergarden in Courbevoie. Immer wieder wurde zur Landstraße geschickt, um zu erfahren, bis wohin der Volksmarsch bereits gekommen war. La Tour du Pin wollte das Flandernregiment losschicken, um den Aufständischen den Weg abzuschneiden, aber in Abwesenheit des Königs konnte er keine so schwerwiegende Entscheidung treffen. Saint-Priest und La Tour du Pin wiederholten ständig: »Wir werden hier alle abgeholt und vielleicht umgebracht werden, ohne daß wir uns verteidigen können.«

Um drei Uhr nachmittags trifft endlich der König in Versailles ein. Hilfloser denn je, hält er sofort eine Kabinettssitzung ab, an der die Königin teilnimmt. Saint-Priest schlägt vor, Gewalt mit Gewalt zu beantworten, wobei er das Flandernregiment, die Leibgarden und die Schweizergarden einsetzen will, um die Pariser zurückzudrängen. Der König soll in Versailles bleiben, während Marie Antoinette und die anderen Familienmitglieder unter Begleitschutz nach Rambouillet fahren sollen. Der König stimmt zu, aber Marie Antoinette widerspricht: Sie kann den Gedanken nicht ertragen, Ludwig XVI. in der Gefahr allein zu lassen. Hier muß die Sitzung unterbrochen werden, da die ersten Demonstranten – die Frauen – in Versailles eintreffen. Es ist ungefähr vier Uhr. Die Frauen gehen zuerst zur Nationalversammlung, wo gerade bekannt wird, daß der König sich weigert, die Erklärung der Menschenrechte zu unterzeichnen. Mounier eilt zum Schloß, um ihn zu informieren und ihn zugleich zur Annahme der Beschlüsse der Versammlung zu drängen. Der König läßt ihn warten und empfängt zunächst eine Delegation der Pariser Frauen. Eingeschüchtert, bitten die Fischweiber um Brot. Eine von ihnen wird aus Müdigkeit und Ergriffenheit ohnmächtig. Ludwig XVI., den diese ungefährlichen Gesprächspartnerinnen eher erheitern, verspricht ihnen in seiner Gutmütigkeit, Paris zu beliefern, und beschwichtigt sie. Mit dem Ruf »Es lebe der König!« kehren sie zu ihren Gruppen zurück, wo ihre Genossinnen mit Entrüstung reagieren.

Wenige Minuten später wurde auch das Gros der Volkstruppen angekündigt, die sogar Kanonen mit sich schleppten. Im Schloß brach sofort eine Panik aus. Saint-Priest schlug den augenblicklichen Rückzug nach Rambouillet vor: nicht nur für die königliche Familie, sondern auch für den König selbst. Ludwig XVI. war bereit, Versailles zu verlassen. Die

Wagen wurden vorgefahren und neben die Gitter der Orangerie gestellt. Kaum hatte der König diesen Beschluß gefällt, begann er schon wieder zu zögern. Er rief immer wieder empört: »Ein König auf der Flucht! Ein flüchtender König!« Necker zufolge »war er gefühlsmäßig gegen eine Abreise«. Aber die Minister drängten ihn. »Ich will niemanden kompromittieren«, antwortete er furchtsam, während die Zeit verstrich und die Wagen immer noch warteten.

Es war sechs Uhr, und die Dämmerung brach herein. Allerdings war es noch nicht dunkel genug, als daß das Manöver unbemerkt geblieben wäre. Mehrere Frauen, die die Gitter entlangliefen, hatten schließlich eine kleine Tür entdeckt, die ihnen erlaubte, in den Hof einzudringen. Das Tor der *Grandes Écuries* öffnete sich, als gerade die riesige Menge der Pariser Aufständischen die Place d'Armes und die benachbarten Straßen erreichte. »Ein gemeinsamer Schrei der Angst und der Wut erhob sich: ›Der König geht weg!‹ Im Nu warf man sich auf die Wagen, zerschnitt das Geschirr und führte die Pferde weg. Man mußte dem Schloß mitteilen, daß die Abfahrt unmöglich sei.« Alsdann boten Saint-Priest und La Tour du Pin dem König ihre eigenen Karossen an, die außerhalb des Gitters der Orangerie standen. Dieser aber lehnte ab. Man steckte in einer Sackgasse.

Die Königin wartete mit den Prinzessinen in ihrem Zimmer. Mehrere Frauen unterhielten sich mit leiser Stimme im verdunkelten Spielsalon. Auf ihren Gesichtern zeichnete sich die Angst ab. »Man war furchtbar besorgt, die herrschende Unsicherheit verhinderte jeden Entschluß«, schrieb der Baron von Staël an seine Regierung. »Im Ochsenauge herrschte eine Aufgeregtheit, wie sie nur Franzosen kennen. Es gab nur noch tapfere Männer, die darum baten, für den König alles wagen zu dürfen, und ihn im Nu zum absoluten Herrn machen wollten [...]. Fast alle betraten auch die Zimmer des Königs, und ständig kamen Leute an [...], die meist widersprüchliche Nachrichten brachten. Die Minister schickten Boten aus, aber keiner kam zurück.«

Die Unsicherheit dauerte bis neun Uhr an. Zu diesem Zeitpunkt erschien ein Adjutant La Fayettes, der dessen unmittelbare Ankunft mitteilte. Aber man mußte bis Mitternacht auf ihn warten. Die Menge hatte sich teilweise zerstreut; viele Frauen hatten sich zur Nationalversammlung begeben; andere in den Herbergen Zuflucht gesucht, aber die meisten Demonstranten lagerten in der Umgebung des Schlosses, wo Brot verteilt wurde. Erschöpft vor Müdigkeit, erklärte La Fayette dem König: »Sire, ich habe es für besser gehalten, hier, zu Füßen Eurer

Majestät, zu sterben, als unnütz auf der Place de Grève umzukommen.« Ludwig XVI., den diese großspurige Erklärung nicht mehr sonderlich beeindruckte, fragte ihn: »Was wollen sie [die Aufständischen] eigentlich?« La Fayette antwortete: »Das Volk fordert Brot, und die Garde möchte wieder den Schutz Eurer Majestät übernehmen.« »Nun gut, sollen sie es tun«, war alles, was der König antwortete.

Angesichts des relativen Friedens, der jetzt im Schloß und dessen Umgebung herrschte, äußerte der König den Wunsch, sich etwas auszuruhen. Alle zogen sich in ihre Gemächer zurück. Als er allein war, rief Ludwig XVI. seinen Türhüter François Hue: »Gehen Sie zur Königin und sagen Sie ihr, daß sie sich über die augenblickliche Lage nicht beunruhigen soll; ich werde das gleiche tun.« Man hatte Marie Antoinette geraten, die Nacht beim König zu verbringen. Sie lehnte ab, weil sie befürchtete, ihren Gemahl dadurch noch mehr zu gefährden. Man hat behauptet, daß Fersen sie während dieser tragischen Nacht bewachte. Dies ist durch nichts bestätigt. Marie Antoinette ging um zwei Uhr morgens zu Bett und forderte ihre beiden Kammerzofen auf, das gleiche zu tun. Ohne ihrer Herrin etwas zu sagen, verbrachten diese die restliche Nacht vor ihrer Tür. Kurz danach kam La Fayette zum Schloß zurück. Er war mit der Inspektion, die er eben durchgeführt hatte, zufrieden und beschloß, ebenfalls zu Bett zu gehen. »Die Aufregung legte sich. Die Illusion war vollkommen, und alle zogen sich ruhig in ihre Gemächer zurück«, erzählt die Marquise von Tourzel. Einige Stunden lang ruhten sich alle aus.

Kurz nach Tagesanbruch werden vor dem Schloß die Trommeln geschlagen. Hunderte, ja Tausende von Männern und Frauen versammeln sich in langen Kolonnen, »als ob sie verschiedene Führern gehorchten«. Bedrohlich nähert sich die Menge den geschlossenen Gittern. Einer Kolonne gelingt es, durch das Gitter der Kapelle in den Hof einzudringen. Von nun an haben die Aufständischen leichtes Spiel. Im Nu ist der Hof voll von Menschen, die zur Treppe des Königs drängen. Die Leibwachen werden beiseite gedrückt. Die johlende Menge strömt aufs Geratewohl zu den Gemächern der Königin und schreit: »Wir wollen ihr den Kopf abschneiden, das Herz ausreißen, die Leber zerstückeln, und das ist wohl nicht alles!« Einer Leibwache, Miomandre von Sainte-Marie, gelingt es noch, zum ersten Vorzimmer zu laufen und zu rufen: »Rettet die Königin, man trachtet ihr nach dem Leben!« Während die Frauen, die an ihrer Tür gewacht haben, die halbangekleidete Marie Antoinette aus dem Bett zerren und sie zum Geheimgang, der zum König führt, begleiten, liegt Miomandre von Sainte-Marie, der von den Aufständischen niedergemacht wurde, bereits in seinem Blut.*

Ludwig XVI. fährt aus dem Schlaf hoch und denkt als erstes an seine Kinder und an seine Frau. Der König geht durch einen dunklen unterirdischen Gang, den nur wenige kennen, und erreicht das Zimmer des Dauphins. Er nimmt das friedlich schlafende Kind auf den Arm und geht, von einer Bediensteten des kleinen Prinzen gefolgt, in sein Zimmer zurück. Inmitten des Ganges verlöscht die Kerze; er tastet sich vorwärts und sagt einfach zur Dienerin: »Halten Sie sich an meinem Morgenmantel fest.« *Madame Royale* ist von Frau von Tourzel zu ihrem Vater gebracht worden. Der König hat Angst um Marie Antoinette: Der Lärm kommt aus ihren Gemächern. Sofort läuft er durch das Treppenlabyrinth und die Gänge, die unter dem Ochsenauge verlaufen, ihr entgegen. Marie Antoinette hat aber nicht den gleichen Gang benutzt. Nach einigen furchtbaren Minuten findet sich die königliche Familie endlich wieder. *Monsieur, Madame* und Madame Elisabeth hatte man wecken müssen, da sie immer noch tief schliefen. Der Lärm war nicht in ihre Zimmer gedrungen, und ihre Bediensteten wußten von nichts.

In der Umgebung des Königs herrscht an diesem fahlen Herbstmorgen völlige Verwirrung. Die Minister, die hinzugeeilt sind, wirken hilflos; Necker bringt kein Wort über die Lippen. Mit zerzaustem Haar bemüht sich die Königin, bleich und würdig, die einen zu trösten und die anderen zu beruhigen. Der kleine Dauphin steht auf einem Stuhl und spielt mit den Haaren seiner Schwester, die ununterbrochen jammert: »Mama, ich habe Hunger.« Draußen tobt die Menge. Mit Piken und Flinten bewaffnet machen Frauen und Männer Jagd auf die Leibwachen. Sie bekommen zwei von ihnen zu fassen und werfen sie zu Boden, so daß sie sich nicht mehr rühren. Da richtet sich ein furchterregender Koloß mit einer riesigen Axt in seiner Hand auf und trennt säuberlich die Köpfe von den Rümpfen – vor einem Volk in Trance, das sich bald einer barbarischen Magie hingibt: Im Verbrechen vereint, beschmieren sich alle Beteiligten mit dem warmen Blut der Unglücklichen, deren tote Körper noch auf diesem Boden zucken, auf dem vor wenigen Wochen eine ausgelassene Jugend ihre erlesenen Feste feierte.

Bald wurden dreißig weitere Leibgardisten zu der Stelle geführt, wo ihre Kameraden gestorben waren. Zweifellos erwartet sie ein ähnliches Schicksal, aber da erscheint endlich La Fayette. Er, den man von nun an

---

* Man hielt ihn für tot, aber wie durch ein Wunder überlebte er.

Général Morphée nennen wird, eilt mit einer Grenadierkompanie herbei, um sie dem Mördertrupp entgegenzuschicken. Sofort zerstreut sich die Menge, die Leibgardisten sind frei.

Die Menge, der man die Beute entrissen hat, tobt im Marmorhof. Mit Flinten bewaffnet und einer auf das Schloß gerichteten Kanone, beginnen die Aufständischen zu brüllen: Sie fordern den König und seine Familie auf, nach Paris zurückzukehren. La Fayette drängt die Herrscher, mit in die Hauptstadt zu fahren. Der König gibt schließlich nach und zeigt sich auf dem Balkon, um die Nachricht zu bestätigen. Obwohl die Rückkehr des Königs nach Paris Anlaß zu einer Kanonensalve gibt, mit der dieser Sieg begrüßt wird, ist das Volk noch nicht zufrieden. Es beginnt, nach der Königin zu rufen. »Auf dem Gesicht der Königin zeigte sich Angst«, meinte später Madame de Staël. Marie Antoinette nimmt ihre Kinder bei der Hand und erscheint auf dem Balkon. »Keine Kinder!« ruft die Menge. In aller Ruhe übergibt die Königin ihre Tochter und ihren Sohn Frau von Tourzel und bietet dann allein der wartenden Meute die Stirn. Noch vor wenigen Minuten hatte man ihren Tod gefordert. Die Ruhe und schmerzliche Würde der Königin – mit einem Wort, ihre Majestät – beeindrucken ihre Feinde, die jetzt »Nach Paris!« rufen. Bald sind sie wieder vom königlichen Charisma überwältigt und beginnen sogar, »Es lebe die Königin!« zu schreien, wofür sie einige Augenblicke zuvor jeden umgebracht hätten.

Völlig erschöpft kehrt Marie Antoinette in das Zimmer zurück. Sie tritt an Frau Necker heran und flüstert ihr unter Tränen ins Ohr: »Sie wollen uns zwingen – den König und mich –, mit den Köpfen unserer Leibgardisten vor uns nach Paris zu gehen.« Wie weit ist Dame Leichtfuß jetzt von Trianon entfernt...

La Fayette organisierte, gab Befehle und bereitete die Abreise des Königs und seiner Familie vor, die viel zu betroffen war, um selbst die geringste Initiative zu ergreifen. Im Schloßhof herrschte wieder Ruhe. Die Sonne war aufgestiegen und beschien mit ihren Strahlen die letzten Stunden der Monarchie in Versailles. Um ein Uhr stand alles bereit. Durch einen glücklichen Zufall ging der König über die kleine Treppe hinaus. Denn am Fuß jener Treppe, die das Herrscherpaar sonst meist benutzte, hatten die Aufständischen eine Leiche – eine Leibwache der Königin – hingeworfen. Ludwig XVI., Marie Antoinette, ihre Kinder, Madame Elisabeth und Frau von Tourzel stiegen in den gleichen Wagen. Vor der Abfahrt sagte der König zu La Tour du Pin: »Jetzt sind Sie hier der Herr. Versuchen Sie mir mein armes Versailles zu retten.« Schon jetzt war es im Schloß sehr einsam. »Man hörte kein anderes Geräusch mehr als das von den Türen und den inneren und äußeren Fensterläden, die geschlossen wurden.« Hinter Artilleriezügen, inmitten eines von Müdigkeit und Blut wie berauschten Volkes, machte sich der königliche Wagen langsam auf den Weg.

An der Spitze des Zuges werden zwei blutige aufgespießte Köpfe getragen, deren Gesichter zu einer greulichen Grimasse erstarrt sind. Der König, ein nachgiebiges Opfer der nationalen Raserei, schweigt während der endlos dauernden Fahrt, die ihn »von einem Schloß zum anderen« bringt. Die zerlumpten, verdreckten Männer und Frauen feiern lauthals singend ihren Sieg und stellen den betroffen starrenden Menschen am Straßenrand die königliche Familie als »Bäcker, Bäckerin und kleine Bäckergesellen« vor. Fischweiber, die in die königliche Kutsche äugen, beschimpfen die Königin, die aber gefaßt bleibt. Wie ein Unglücksgefährt in einer plötzlich verrückt gewordenen Welt ist die königliche Karrosse nur noch durch eine feste Hand an die Vergangenheit gebunden: die von Herrn von La Salle, dem ältesten Leibgardisten der Kompanie Luxembourg. Von Versailles bis Paris wird er mit der Hand auf dem Türknopf der Kutsche Ludwigs XVI. marschieren: ein letztes Symbol des monarchischen Glaubens.

Hinter dem König folgt die lange Schlange der Hofwagen, zusammen mit den Getreide- und Mehlwagen, die der mit Piken bewaffnete Marktpöbel geleitet. Schließlich folgen die entwaffneten Leibgardisten, die Schweizergarde und die Soldaten des Flandernregiments. Nach sechs unerträglichen Stunden erreicht der König endlich die Mauern von Paris, wo Bailly eine feierliche Grußrede vorbereitet hat: »Es ist ein schöner Tag, an dem Eure Majestät mit der erlauchten Gattin und einem Prinzen, der gerecht und gut wie Ludwig XVI. sein wird, in die Hauptstadt zurückkehrt« – was für eine Rede! Ludwig XVI. antwortet, daß er »mit Freude und Vertrauen in seine gute Stadt Paris kommt«. Und weiter geht die Reise.

Der König glaubt, daß man ihn in die Tuilerien bringt, aber er wird im Rathaus erwartet. Ludwig XVI., Marie Antoinette und der Dauphin müssen auf dem Balkon erscheinen und sich dem Volk im Schein der Fackeln, die man ihren Gesichtern nähert, zeigen. Man bejubelt das Herrscherpaar, das faktisch gefangen ist, weil es von nun an seine Macht verloren hat. Um neun Uhr abends führt das beruhigte und triumphierende Volk sie schließlich zum Tuilerienschloß. Dort speist Ludwig XVI. mit gutem Appetit. »Jeder möge sich einrichten, wie er kann. Ich meinerseits bin zufrieden«, soll er im Durcheinander der Vorbereitungen für das Nachtlager gesagt haben. »Abfahrt nach Paris um zwölf Uhr dreißig. Besuch im Rathaus, Souper und Übernachtung in den Tuilerien«, schreibt er am 6. Oktober 1789 in sein Tagebuch.

19. EINE UNTERGEHENDE SONNE

In den Tuilerien war nichts für den Empfang der königlichen Familie und des Hofes vorbereitet worden. In dem seit siebenundsechzig Jahren* verlassenen Palast fehlte es an allem. Ludwig XVI. hatte keine einzige Nacht im Haus seiner Ahnen verbracht, während Marie Antoinette sich dort ein kleines Appartement hatte einrichten lassen, das sie manchmal benutzte, wenn sie nach Paris kam. Der König, die Königin und ihre Kinder drängten sich in dieses winzige Quartier; *Monsieur* und *Madame* begaben sich in ihre Residenz in Luxembourg, und das Gefolge richtete sich recht und schlecht in den riesigen und fast leeren Sälen ein. Die einen schliefen auf Tischen oder Bänken; einigen Glücklichen war es auch gelungen, in den Besitz von Feldbetten zu gelangen. Inmitten dieser hoffnungslosen Karawanserei lebten Ludwig XVI. und Marie Antoinette wie in einem Alptraum. Am nächsten Tag erkundeten sie das Schloß von oben bis unten, wiesen jedem eine Wohnung zu, befahlen die nötigen Reparaturen und Änderungen und ließen Möbel aus Versailles heranschaffen.

Die ersten Tage bestanden nur aus Chaos und Durcheinander. Am 7. Oktober verlangte das in den Gärten wartende Volk, die Königin zu sehen. Die Verwünschungen der Menge waren von einer Art, daß der Dauphin sich verängstigt in die Arme seiner Mutter flüchtete und sagte: »Mein Gott, Mama, ist heute noch gestern?« Marie Antoinette drückte ihren Sohn an sich, beruhigte ihn, so gut sie konnte, und erschien auf der Schloßterrasse, wo sich viele Frauen versammelt hatten. Aufgeregt forderten die einen die Entlassung aller Höflinge, weil sie das Königspaar schlecht berieten, während die anderen sie beschuldigten, daß sie nach dem 14. Juli Paris habe belagern lassen wollen, noch andere schrien ihr ins Gesicht, sie habe versucht, den König zu einer verbrecherischen Flucht über die Grenze zu bewegen. Ohne sich aus der Ruhe bringen zu

---

* Zuletzt hatte sich der junge Ludwig XV. von 1716 bis 1722 in den Tuilerien aufgehalten.

lassen und ohne sich durch irgendeine Geste zu verraten, antwortete Marie Antoinette diesen Frauen und sprach so einfach zu ihnen, daß sie sie zum Schluß um die Bänder und Blumen ihres Hutes baten. Die Königin löste selber den Schmuck aus ihrer Kopfbedeckung und verteilte ihn unter dem Beifall der Frauen. Daraufhin konnte sie wieder ins Palastinnere zurückkehren. Im Laufe desselben Tages mußten der König und die Königin sich wiederholt an den Fenstern zeigen. Die Pariser wollten sich zu jeder Stunde des Tages davon überzeugen, daß der Herrscher als Unterpfand einer illusorischen Erneuerung tatsächlich da und ihnen ausgeliefert war.

Nachdem die Bediensteten das Schloß bewohnbar gemacht hatten, entwickelte sich bald eine neue Lebensweise. Ludwig XVI. und Marie Antoinette lebten von nun an sehr vertraut miteinander und verließen nie ihre Kinder. Der König bewohnte drei Zimmer im Erdgeschoß mit Ausblick auf den Garten. Sein Geographiekabinett wurde im Zwischengeschoß und sein Schlafzimmer im ersten Stock eingerichtet. Die Königin ließ im Erdgeschoß und im Zwischengeschoß ihre Zimmer neben denen ihres Gatten herrichten. Madame Royale und der Dauphin wohnten über ihr und befanden sich damit neben ihrem Vater. Ein Salon, ein Billardsaal in der Diana-Galerie und mehrere Vorzimmer vervollständigten diese Wohngemächer, die man mit Tapisserien schmückte, die wohl eher für Altartreppen denn als Wandbekleidung gepaßt hätten. Das verblichene Gold der völlig veralteten Tafelbilder aus der Zeit Mignards und Coypels, verstärkten die Trübsinnigkeit des Ortes. Frau von Tourzel, Höflinge und Dienstboten teilten sich die anderen Räume. Madame Elisabeth und Frau von Lamballe bewohnten den Pavillon de Flore, während die Tanten des Königs wieder nach Meudon gereist waren.

Die Gärten blieben weiterhin der Öffentlichkeit zugänglich, die mit unersättlicher Neugier das Herrscherpaar beobachten wollte. Die Königskinder lernten bald, sich auch den aufdringlichsten Zuschauern liebenswürdig zu zeigen und freundlich mit den Nationalgardisten umzugehen, die auf Wache standen. Der kleine Dauphin, der erst vier Jahre alt war, bemühte sich, alles auszuführen, was seine Eltern ihm auftrugen. Jedesmal, wenn er mit jemandem sprach, fragte er seine Mutter: »Ist es gut so?« Um die Kinder zu unterhalten, wurden am Rande der Terrasse zwei Vogelhäuser und Wasserbecken eingerichtet, wo ihnen die Königin und die Prinzessinen gewöhnlich beim Spielen zuschauten.

Marie Antoinette widmete der Erziehung ihrer Kinder sehr viel Zeit. Auch Ludwig XVI. war so oft wie möglich mit ihnen zusammen und ließ sie manchmal ihre Aufgaben aufsagen. Frau Campan zufolge soll der kleine Junge seinen Vater einmal in aller Unschuld gefragt haben, »warum sein Volk, das ihn so sehr liebe, plötzlich böse auf ihn sei«. Der König soll seinen Sohn auf den Schoß genommen haben, um ihm zu erklären, wie er sich mit der Einberufung der Generalstände habe abfinden müssen, und hinzugefügt haben, »daß es Bösewichte gegeben habe, die das Volk in Aufruhr gebracht hätten«, aber »daß man dem Volk nichts verübeln dürfe«.

Ob sie nun wahr oder unwahr sind: Diese Worte, die natürlich zur royalistischen Mythologie der Restauration beigetragen haben, tragen nichts zu den Erkenntnissen über Ludwig XVI. bei. Allerdings ist diese vertrauliche Szene aus der Erzählung Frau Campans nicht ganz wahrscheinlich. Während die Monarchie bedroht und sein Leben in Gefahr ist, genießt dieser friedliche Mann die Annehmlichkeiten des Familienlebens sehr viel intensiver als in Versailles. Das geordnete Leben eines Familienvaters paßt weitaus besser zu ihm als das eines prächtigen Herrschers. Paradoxerweise versucht derselbe König, der im Begriff ist, seine Macht – eine Last, die er im Laufe der letzten fünfzehn Jahre so schwer getragen hat –, zu verlieren, diese mit der Beharrlichkeit des Ohnmächtigen und der Energie des Verzweifelten zu verteidigen. Obwohl er sich verloren weiß, verhält er sich so, als wolle er seine Niederlage bis zum Ende auskosten und sein unausweichliches Schicksal herausfordern.

Sofort am Tag nach der Ankunft in den Tuilerien ließ Ludwig XVI. den Bürgermeister und den Verpflegungsausschuß, der kürzlich gebildet worden war, sowie vier Stadtratskommissare zu sich rufen. Dem König war daran gelegen zu zeigen, daß er weiterhin regiere. Er erkundigte sich also über den Stand der Verpflegung und erklärte, daß er über »die dringlichsten Bedürfnisse seines Volkes« Bescheid wissen wolle. Darüber hinaus richtete er auf Neckers Anraten eine Bekanntmachung an alle Untertanen, worin er erklärte, daß er freiwillig nach Paris gekommen sei und beabsichtige, die Provinzen des Königreiches zu besuchen, sobald die Nationalversammlung ihr »großes Werk der Restauration« beendet habe.

Ludwig XVI. wußte dabei nur zu gut, daß alle diese Handlungen vergebens waren. Er war ein Gegner der Notabelnrevolution, lehnte die Idee der konstitutionellen Monarchie ab und weigerte sich, seine Macht mit den Abgeordneten der Nation zu teilen. Mit seinem ganzen Beharrungsvermögen hatte er versucht, sich jenen Liberalen entgegenzustellen, die davon träumten, das Frankreich der Philosophen zu erschaffen. Die Oktobertage, die die Stärke des Volkes an den Tag gebracht hatten, konnten seine Überzeugungen nicht erschüttern: Er wollte nicht weiter mit der Nationalversammlung paktieren, auch wenn diese durch Gewalttätigkeiten, die auf weitere schließen ließen, aus der Fassung gebracht worden war. Von nun an wußte dieser Mann, der immer gezögert hatte, eine Entscheidung zu treffen, was er tun wollte: Offiziell würde er der Versammlung und dem Volk seinen guten Willen beweisen, aber insgeheim würde er die Konterrevolution ermutigen.

Der Brief, den er bereits am 12. Oktober an den spanischen König schrieb, beweist eindeutig seine Absichten: »Ich bin es mir selbst, meinen Kindern und meinem ganzen Hause schuldig, die königliche Würde, die jahrhundertelang meiner Dynastie verliehen wurde, nicht beschmutzen zu lassen... Ich wende mich an Eure Majestät als Haupt der Nebenlinie, um Euch den feierlichen Protest zu übergeben, den ich gegen alle Handlungen erhebe, die der königlichen Autorität seit dem 15. Juli dieses Jahres aufgezwungen werden, und um zugleich meine Versprechungen einzulösen, die ich mit meinen Verordnungen vom 23. Juni vorigen Jahres abgegeben habe.«

Allerdings beschränkte sich die Tätigkeit des Königs einzig und allein auf derartige Erklärungen: Sie waren geheim, negativ, schmerzlich und selbstquälerisch, so als würde er in seinem Innersten einen bitteren Genuß an der Niederlage empfinden. Ebensowenig wie er daran gedacht hatte, sich an die Spitze der Notabelnrevolution zu stellen, um die Lage im nachhinein zu seinem Vorteil zu wenden, hatte er die Absicht, seine Macht durch Gewalt wiederzugewinnen oder die Konterrevolution persönlich anzuführen. Zweifellos war er noch immer davon überzeugt, daß die Revolution nur das Werk einer Handvoll Umstürzler sei, die von einigen gutbezahlten Rädelsführern aufgewiegelt wurden, und daß die Ordnung – seine Ordnung – sich mit der Zeit wieder einstellen würde. Während er auf die Wiederkehr dieses goldenen Zeitalters wartete, betrachtete er sich als einen Herrscher, der nicht mehr frei handeln konnte: Dies erlaubte ihm, guten Gewissens an die alte Herrschersolidarität gegen das aufständische Volk zu appellieren.

Die Oktobertage hatten den Lauf der Revolution verändert: Die Abgeordneten, die sich jetzt in Paris niederließen, waren sich dessen voll bewußt. Die *monarchiens*, Anhänger einer kontitutionellen Monarchie, die dem König einen Großteil der vollstreckenden Gewalt vorbehielt, gaben sich geschlagen; angefangen mit Mounier traten mehrere den Weg in die Emigration an. Die gemäßigten Bourgeois und liberalen Adligen, die eine offensive Rückkehr der Aristokratie sowie Ausschreitungen des Volkes befürchteten, fragten sich in diesem Chaos, wie sie die Institutionen Frankreichs zu ihrem Vorteil wiederbeleben konnten.

Mirabeau, der die Versammlung beherrschte, blieb weiterhin sehr aktiv. Der Tribun aus der Provence war vom Herzog von Orléans enttäuscht und ließ daher das Vorhaben eines Dynastiewechsels fallen. Statt dessen entwarf er jetzt die gewagtesten Pläne, um die königliche Macht wiederherzustellen, wobei er sich selbst einen gewichtigen Platz einräumte. Mirabeau wollte die bürgerliche Revolution, deren Basis er mitgeschaffen hatte, retten, zugleich aber die Monarchie beibehalten und die aristokratische Konterrevolution sowie die Volksdiktatur verhindern. Also schlug er dem König vor, Paris zu verlassen und sich in Rouen niederzulassen. Die Wahl dieser Stadt in der Normandie war nicht zufällig: Sie erlaubte es, das Gerücht einer Flucht ins Ausland zu widerlegen, und Ludwig XVI. könnte von dort aus weiterhin die Versorgung der Hauptstadt überwachen. Die Abreise des Königs barg Schwierigkeiten in sich, die Mirabeau nicht unterschätzte. Er sah eine militärische Begleitung des Königs von zehntausend Soldaten vor. Dieses Projekt, das natürlich das Risiko eines Bürgerkriegs barg, erschreckte den Abgeordneten von Aix nicht sonderlich. Denn er war der Meinung, »daß das einzige Mittel, den Staat und die gerade entstehende Verfassung zu retten, darin bestünde, den König in eine Lage zu bringen, die es ihm erlauben würde, sich mit seinen Völkern zu verbünden«.

Ludwig XVI. und Marie Antoinette blieben dennoch in Gegnerschaft zum gesamten liberalen Adel, der in ihren Augen sowohl den Verrat wie auch die Revolution verkörperte. Die Königin hatte noch vor kurzem dem Grafen von La Marck erklärt: »Ich denke, daß wir niemals unglücklich genug sein werden, um uns der peinlichen Lage auszuliefern, auf Mirabeau zurückgreifen zu müssen.« La Marck, ein Freund Mirabeaus, der aber bei der königlichen Familie gern gesehen war, zeigte am 17. Oktober *Monsieur* Mirabeaus Plan. Aber Provence lehnte es ab, ihn seinem älteren Bruder zu übermitteln, da er von vornherein sicher war, daß dieser ihn ablehnen werde.

Wütend versuchte Mirabeau Kontakt mit Necker aufzunehmen, den er übrigens zutiefst verachtete. Auf diese Weise hoffte er, Minister zu werden und sich beim König Gehör zu verschaffen. Die Zusammenkunft, die La Fayette zwischen den beiden Männern vermittelte, war ein Fehlschlag. Da beschloß der Tribun, den Genfer zum Rücktritt zu drängen und seine Nachfolge anzutreten. Er begann mit einer systematischen Verleumdungskampagne gegen diesen Minister, wobei er ihn zuerst in der heiklen Frage der Lebensmittelversorgung angriff, mit der Necker sich durchaus intensiv beschäftigt hatte. Necker war tief getroffen, aber er wußte sich gut zu verteidigen, und die Nationalversammlung ließ gar nicht erst abstimmen. Die Abgeordneten hatten das Manöver ihres Kollegen begriffen: Er verkörperte in ihren Augen eine neue Gefahr. Deswegen beschlossen sie, daß kein Volksvertreter ins Kabinett eintreten dürfe. Obwohl man damit lediglich Mirabeaus Ehrgeiz bremsen wollte, verhinderte dieses Gesetz in Wahrheit, daß sich ein parlamentaristisches System einrichtete; die Schwierigkeiten, die Beziehung zwischen der vollstreckenden und der gesetzgebenden Gewalt zu regeln, hatten die Männer zu dieser Entscheidung veranlaßt.

Mirabeau war über diese Maßnahme, die seinen Ausschluß aus dem politischen Leben bezweckte, keineswegs niedergeschlagen; im geheimen fuhr er fort, um die königliche Gunst zu werben. Die Versammlung, die im Reitsaal der Tuilerien tagte, beehrte er weiterhin mit seinen begeisterten Höhenflügen. Mit Hilfe seines Freundes La Marck korrespondierte der Tribun weiter mit dem Hofe. *Monsieur* schien bereit, ihn wohlwollend anzuhören. Der Graf von Provence war spitzfindig, ein geschickter Politiker und Opportunist und hatte immer daran gelitten, daß sein Bruder den Thron besetzte, den er selbst anstrebte. Deshalb schien er jetzt entschlossen, die Macht zu übernehmen, wann immer er die Gelegenheit dazu bekäme, allerdings unter der Bedingung, daß damit für ihn kein großes Risiko verbunden war. Nun entwickelte Mirabeau angeblich ein neues Projekt. Diesmal ging es darum, den König zu entführen, ihn nach Metz oder nach Péronne zu bringen und zwischenzeitlich die Vertretung *Monsieur* zu übergeben, der den Tribun als Ratgeber wählen würde. Auch wenn es wahrscheinlich ist, daß der Abgeordnete von Aix einen solchen Plan anzettelte, so ist dennoch unsicher, ob sich *Monsieur* ihm gegenüber sehr fair verhalten hat. Zwar unterhielt der Bruder des Königs weiterhin vorzügliche Beziehungen zu Mirabeau, aber er konspirierte auch mit Aristokraten, die über jeden revolutionären Verdacht erhaben waren.

Das Doppelspiel des Grafen von Provence scheint die Affäre Favras zu erklären, in die er unmittelbar verwickelt war. Am 24. Dezember 1789 wurde ein ehemaliger Leutnant der Schweizergarde *Monsieurs* auf Befehl des Untersuchungsausschusses der verfassunggebenden Versammlung verhaftet. Es handelte sich um den Marquis von Favras, den man beschuldigte, »gegen die Ordnung der Dinge, wie sie auf Wunsch der Nation und des Königs festgelegt worden war, konspiriert zu haben«. Dieser Aristokrat, der nostalgisch der absoluten Monarchie anhing, aber in erster Linie seinem Herrn, dem Grafen von Provence, treu ergeben war, hatte die Absicht, dreißigtausend Mann auszuheben, um den König und seine Familie zu entführen und nach dem sicheren Péronne zu bringen. In Paris sollten La Fayette und Bailly ermordet werden, während *Monsieur* in der allgemeinen Aufregung die Macht übernehmen und die Versammlung auflösen würde.

Die Konspiration war schlecht organisiert, denn Favras fehlte es an allen Fähigkeiten für ein derartiges Unternehmen. Als der Graf von Provence von Favras' Verhaftung erfuhr, wurde er von einer regelrechten Panik ergriffen. Er rief Mirabeau zu sich, der ihm Ratschläge gab, um die Lage zu seinen Gunsten zu wenden. *Monsieur* begab sich spontan zur Pariser Kommune, um eine feierliche Erklärung abzugeben, in der er sich als den Rückhalt der Nation in diesen unruhigen Tagen bezeichnete... er, der liberale Prinz, der früher einmal die Verdoppelung des dritten Standes befürwortet hatte. Er beendete diese kleine Rede, die zweifellos von Mirabeau verfaßt worden war, indem er behauptete, daß »die königliche Macht die Zuflucht der nationalen Freiheit sein müsse, die ihrerseits die Basis der königlichen Macht bildet«.

Mirabeau war entzückt, in welchem Maße der Prinz von nun an von ihm abhängig war, und beglückwünschte sich zu dem Empfang, der diesem von der Kommune bereitet worden war. Bald hegte sein erfinderischer Geist ein neues Projekt: Ludwig XVI. sollte zusammen mit Provence die Lage wieder in die Hand bekommen. Es war noch Zeit, die ratlose öffentliche Meinung herüberzuziehen. Der König brauchte sich nur an die Spitze der Revolution zu stellen und seinen Bruder zu berufen: So würden »die Hoffnung und die Liebe zur Monarchie wiederauferstehen. Die Parteien würden sich vereint um den Bourbonen scharen, der zum Ratgeber des Königs würde. Alsdann würde dieser, als Anführer der Freunde der königlichen Macht, die öffentliche Meinung zur Ordnung rufen und lenken sowie die Aufsässigen zähmen.«

Mirabeau machte sich Illusionen: Ludwig XVI. war nicht bereit, ihn anzuhören. Von nun an war es für den Grafen von Provence viel zu gefährlich, eine große politische Rolle zu spielen. Die Affäre Favras war eine Warnung gewesen. Mehrere Wochen hindurch lebte der Prinz in der Angst, daß der Angeklagte reden könnte. Die Lage von *Monsieur* war nicht nur heikel gegenüber der Nationalversammlung, weil er aller

Wahrscheinlichkeit nach an der Spitze des konterrevolutionären Komplotts gestanden hatte, sondern sie war es auch gegenüber dem König. Favras hätte aufdecken können, daß *Monsieur* danach trachtete, die Macht zu erringen. Aber der Marquis leugnete systematisch alle Verbrechen, derer man ihn beschuldigte. Am 19. Februar 1790 wurde er zum Tod durch Erhängen auf der Place de Grève verurteilt, obwohl er noch einmal seine Unschuld beteuerte. *Monsieur* atmete auf. Wie hatte er selber dem König und der Königin die Sache dargestellt? Alles läßt darauf schließen, daß der Prinz Ludwig XVI. und Marie Antoinette die Konspiration von ihrer günstigsten Seite beschrieben hatte: Er hätte sie retten wollen und mehr nicht. Diese Version würde die Haltung der Königin erklären, die ebenfalls befürchtete, daß Favras vor seinem Tod noch Enthüllungen machen könnte. In Wirklichkeit hätten diese Enthüllungen das Herrscherpaar sehr überrascht.

Die aristokratische Partei legte es dennoch darauf an, Marie Antoinette mit der Familie des Verstorbenen zu kompromittieren, und ließ deshalb die Witwe mit ihrem Sohn am Sonntag nach dem Tod des Angeklagten zum öffentlichen Diner des Herrscherpaares kommen. Favras wurde damit als Retter des Königs präsentiert, und *Monsieur* konnte von nun an wieder ruhig schlafen. Ludwig XVI. und Marie Antoinette waren den konterrevolutionären Ideen zwar ganz ergeben, aber sie begannen sich ernstlich um die Initiative ihres getreuen Adels zu sorgen. Nach dem Diner flüchtete sich die Königin zu ihrer Kammerzofe, um sich auszuweinen: »Man möchte vergehen«, sagte sie, »wenn man von Leuten angegriffen wird, bei denen Talent und verbrecherischer Drang miteinander wetteifern, und dagegen von achtbaren Leuten verteidigt wird, die keinerlei wirkliche Vorstellung von unserer Lage haben. Sie haben mich vor beiden Parteien kompromittiert, indem sie mir die Witwe und den Sohn von Favras vorstellten. Wäre ich frei, so müßte ich das Kind eines Mannes, der sich für uns geopfert hat, an der Hand zu nehmen und es an den Tisch zwischen den König und mich setzen; aber umgeben von den Henkern, die seinen Vater soeben hingerichtet haben, konnte ich es nicht einmal wagen, es anzusehen. Die Monarchisten werden mich dafür beschimpfen, daß ich mich nicht um dieses arme Kind gekümmert habe, und die Revolutionäre werden darüber verärgert sein, daß man glaubte, mir mit seiner Vorstellung zu gefallen.« Nicht einen Augenblick lang schien die Königin zu ahnen, daß Favras nur im Dienste des Grafen von Provence gehandelt hatte.

Andere Königstreue hatten vor, Ludwig XVI. und Marie Antoinette zur Flucht zu verhelfen. Im Monat Oktober schlug die Herzogin von Luynes der Königin vor, Frankreich allein zu verlassen. Aber Marie Antoinette wollte ihren Mann und ihre Kinder nicht im Stich lassen. Im März 1790 plante ein gewisser Graf von Inisdal, den König in einer Nacht, in der Herr von Aumont, der Bruder des Herzogs von Villequier, die Nationalgarde befehligt, zu entführen. Die Wagen standen schon bereit, um Ludwig XVI. aufzunehmen. Gegen zehn Uhr abends, während der König, die Königin, *Monsieur* und *Madame* unter dem aufmerksamen Auge von Madame Elisabeth Whist spielten, ließ der Graf von Inisdal Frau Campan unterrichten, daß alles für die Abfahrt des Königs bereitstünde, »daß er soeben die versammelten Adligen verlassen habe, um den Plan auszuführen und daß man ihn geschickt habe, um noch die Einwilligung Ludwigs XVI. zu erhalten, der von ihrem Plan Kenntnis habe«. Der Graf machte deutlich, daß der Herrscher seine Zustimmung noch nicht gegeben habe. Herr Campan, dessen Dienste es erlaubten, jederzeit beim Königspaar einzutreten, übermittelte ihre Antwort: »Niemand sagte etwas. Alsdann ergriff die Königin das Wort und sagte zum König: ›Monsieur, haben Sie gehört, was Herr Campan uns soeben mitgeteilt hat? – Ja, ich habe es gehört‹, sagte der König und spielte weiter. *Monsieur*, der die Angewohnheit hatte, Theaterdialoge in die Unterhaltung einzuflechten, sagte: ›Herr Campan, bitte wiederholen Sie uns diesen schönen Vers‹, und drängte dann den König zu einer Antwort. Schließlich sagte die Königin: ›Man muß Campan antworten.‹ Daraufhin sagte der König zu meinem Schwiegervater folgende Worte: ›Sagen Sie Herrn von Inisdal, daß ich nicht darin einwilligen kann, daß man mich entführt.‹ Die Königin drängte darauf, daß Herr Campan darauf achte, diese Antwort wörtlich wiederzugeben: ›Sie haben doch wohl verstanden‹, fügte sie hinzu, ›der König kann nicht darin einwilligen, daß man ihn entführt.‹«

Vermutlich war Marie Antoinette über die Unschlüssigkeit ihres Gatten betrübt. Am folgenden Tag gestand sie ihrer treuen Kammerzofe, daß das Projekt fallengelassen worden war, und sagte ihr: »Wir werden flüchten müssen. Man weiß nicht, wie weit die Aufständischen gehen werden. Von Tag zu Tag wird die Gefahr größer.« Die Königin machte sich mehr Sorgen über die Zukunft als der König. Sie bekam von überall her Ratschläge und Denkschriften. Die Kaiserin von Rußland, als extreme Despotin, zögerte nicht, ihr zu schreiben, daß »die Könige ihrer Berufung folgen müssen, ohne sich um das Volksgeschrei zu kümmern, ebenso wie der Mond seiner Bahn folgt, ohne sich vom Gebell der Hunde aufhalten zu lassen«. Das waren sicher nicht die Worte, die das französische Herrscherpaar brauchte.

Während die königliche Familie sich über ihr Schicksal sorgte, setzte die Nationalversammlung ihre Arbeit fort, die durch die Oktoberereignisse wenn auch nicht unterbrochen, so doch erheblich durcheinandergebracht worden war. Die Vertreter der Nation, die nun in Paris tagten, waren sozusagen unter die Herrschaft der Hauptstadt geraten, welche eine »gewaltige Metamorphose« durchgemacht hatte. Roederer meinte: »Es blieb nichts vom alten Untertanengeist des Volkes übrig, das Volk war zum unzufriedenen Herrscher über die Amtsträger geworden.« Die Minister und der König waren einer Versammlung unterstellt, die selbst nicht mehr Herr über ihre Entscheidungen war.

Auf der rechten Seite der Versammlung gab es noch einige »Aristokraten«, die sich als beharrliche Gegner der Revolution verstanden, unter ihnen Cazalès und der Abbé Maury. Die *monarchiens*, soweit sie noch nicht den Weg in die Emigration angetreten hatten, scharten sich um einige liberale Adlige: Clermont-Tonnerre, Lally-Tollendal und Virieu. Die ehemaligen *Patrioten*, die die Mehrheit besaßen, waren dagegen gespalten: Neben den *Constitutionnels*, die, mit La Fayette, Bailly, Sieyès, den Brüdern Lameth, Boisgelin und Champion von Cicé an der Spitze, für eine eingeschränkte Monarchie eintraten, begannen die Demokraten mit Robespierre, Pétion und Buzot ihre republikanischen Auffassungen zu formulieren.

Die *Constitutionnels* hatten die Unterstützung zweier Klubs, die ständig mehr Zulauf erhielten – der »Gesellschaft der Verfassungsfreunde«, die man schon den *Jakobinerklub* nannte, und der gemäßigteren »Gesellschaft von 1789«. Noch beherrschen allerdings La Fayette und Mirabeau das öffentliche Leben. Weder das Rednertalent des ersteren noch seine politische Intelligenz ließen den »Helden der beiden Welten« die Oberhand gewinnen, sondern seine verdienstvolle Vergangenheit und die Tatsache, daß er eine neue Ära symbolisierte. Als Beschützer der königlichen Familie und regelrechter Palastbefehlshaber seit der Rückkehr des Königs nach Paris konnte der General der Nationalgarde zweifellos als verläßlicher Mann in unruhiger Zeit gelten. Auch Mirabeau übte trotz des Gesetzes, das gegen ihn gerichtet gewesen war, großen Einfluß auf die Versammlung aus und kämpfte verzweifelt, um den König einen realen Anteil an der exekutiven Gewalt zu sichern.

In der Tat hatten die Oktobertage der Macht des Königs einen schweren Schlag versetzt. Am 8. hatte ein Gesetz Ludwig XVI. zum *König der*

Franzosen gemacht. Seinen bisherigen Titel *König von Frankreich und Navarra* mußte er aufgeben. Die verfassunggebende Versammlung wagte es aber nicht, der Monarchie ihren heiligen Charakter abzusprechen und präzisierte zwei Tage später, daß sein Titel laute: *Ludwig, von Gottes Gnaden und aufgrund der Verfassung des Staates König der Franzosen.* Gott und die Nation sollten ihn also zusammen kontrollieren, aber es ist offenkundig, daß die göttliche Referenz nur ein Zugeständnis an die Tradition war, die man noch nicht einfach ausstreichen wollte. Darüber hinaus war am 22. September die Unterwerfung des Königs unter das Gesetz genau festgelegt worden, indem die Abgeordneten erklärten, daß »es in Frankreich keinerlei Gewalt gebe, die über dem Gesetz stehe; daß der König ausschließlich durch das Gesetz regiere und nur mittels der Gesetze Gehorsam verlangen könne«.

Am 9. November, während der Abstimmung über die Initiierung und Sanktionierung der Gesetze, wurde die Abhängigkeit des Königs noch deutlicher. Er sollte sich mit folgender Formel einverstanden erklären: »Der König willigt ein und wird ausführen lassen.« Sein Veto sollte mit folgender Formel begonnen werden: »Der König wird untersuchen.« Schließlich bestimmte auch die Verkündungsformel deutlich den Vorrang der gesetzgebenden vor der vollstreckenden Gewalt: »Die Nationalversammlung hat erlassen, und wir wollen und befehlen, was folgt.« So verlor Ludwig XVI. ganz offiziell das meiste seiner Macht.

Die Agrarkrise spitzte sich zu, und Necker, dem niemand mehr vertraute, wollte die *Caisse d'Escompte* in eine Nationalbank verwandeln. Sie sollte Geldscheine ausgeben, für die der König bürgen würde. Dieses Projekt, das er ohne Überzeugung vorschlug, wurde von der Nationalversammlung hart kritisiert, und Mirabeau richtete seine spitzesten Pfeile gegen seinen Rivalen. Auch hatten die Abgeordneten soeben eine unverhoffte Geldquelle gefunden, die erlauben würde, alle Schwierigkeiten zu lösen, mit denen man seit mehreren Monaten herumschlug:

Am 10. Oktober hatte Talleyrand, der Bischof von Autun, vorgeschlagen, der Nation die Güter des Klerus zur Verfügung zu stellen. Diese revolutionäre Maßnahme entfachte lange und leidenschaftliche Debatten. Cazalès und Maury verteidigten das Vermögen des Klerus und stützten sich dabei auf die Erklärung der Menschenrechte, die das Eigentumsrecht als unantastbar und heilig ansah. Sieyès und Mirabeau antworteten mit dem Artikel 17 derselben Erklärung, der die Einziehung der persönlichen Güter vorsah, »falls die staatliche Notwendigkeit dies ausdrücklich verlangt und unter der Bedingung einer gerechten und vorherigen Entschädigung«. Am 2. November 1789 wurde die Angelegenheit durch ein neues Gesetz geregelt: Die Kirchengüter sollten der Nation zur Verfügung gestellt werden, welche für den Unterhalt der Geistlichen und der Kirchen sorgen und die Verantwortung für die Werke übernehmen müsse, die bis dahin der Kirche unterstellt waren. Am 19. Dezember wurde eine Sonderkasse geschaffen, in die die Erträge aus dem Verkauf der Kirchengüter fließen sollten. Auf diese Kasse wurden dann Wechsel ausgegeben, die sich unter der Bezeichnung »Assignaten« vermehrten.

Die Verfassunggeber achteten durchaus die kirchlichen Institutionen und hatten keineswegs vor, Kirche und Staat zu trennen. Aber sie waren der Ansicht, daß sie in dem Maße, wie sie die Gesetze des Königreichs reformierten, die geistlichen Institutionen neu begründen mußten. So verlor die Kirche am 20. April 1790 das Recht, die ihr verbliebenen Güter selbst zu verwalten. Damit war bereits der erste Schritt zur Zivilverfassung des Klerus getan.

Fast jeder Tag brachte dem Königreich radikale Veränderungen. Ohnmächtig und unglücklich erlebte Ludwig XVI., wie das Werk seiner Ahnen zusammenbrach. Vielleicht fühlte er sich mitschuldig. Vielleicht fühlte er sich verantwortlich für den Niedergang der Monarchie, wie man sie früher definiert hatte und wie er sie sich immer noch vorstellte. Trotz seiner Ängste – oder vielleicht gerade deshalb – betrieb er sein Doppelspiel weiter.

Am 4. Februar 1790 begab er sich in Begleitung seiner Minister in die Nationalversammlung, um eine Rede zu halten, die ihn zum Führer der Revolution machte. Während er einerseits eine Stärkung der vollstreckenden Gewalt zu seinen Gunsten forderte, bestätigte er gleichzeitig seine Unterstützung der konstitutionellen Freiheit. Er sagte: »Also werde ich die konstitutionelle Freiheit, deren Grundsätze nach dem Wunsch der Allgemeinheit und mit meinem Einverständnis aufgestellt worden sind, verteidigen und aufrechterhalten.« Schließlich rief er alle diejenigen, die die Konterrevolution organisierten, auf, zum Glück und Wohlstand Frankreichs beizutragen. Diese Ansprache, die Necker mit Unterstützung weiterer Minister für ihn verfaßt hatte, entsprach keineswegs den wirklichen Gefühlen des Herrschers. Aber die Rede Ludwigs XVI. überzeugte einen Großteil der Abgeordneten von seinem guten Willen. Sie führten ihn zu den Tuilerien zurück, wo Marie Antoinette den glücklichen Einfall hatte, ihnen den Dauphin vorzustellen und einige liebenswürdige Worte zu sprechen, die in die gleiche Richtung wie die Rede ihres Gemahls gingen. Die Aristokraten waren natürlich empört. Auch wenn Camille Desmoulins die Haltung des Königs in *Les Révolutions de France et de Brabant* begrüßte, so machten sich seine Freunde Gedanken über diesen plötzlichen Umschwung: Sie waren nicht bereit, dem Herrscherpaar zu vertrauen, und sie hatten recht.

Ludwig XVI. und Marie Antoinette korrespondierten heimlich mit Breteuil, der nach Brüssel emigriert war. Fersen, der von nun an dem König und der Königin, deren Vertrauen er genoß, die meiste Zeit widmete, schrieb am 7. Januar, daß »einzig ein äußerer oder innerer Krieg Frankreich und die königliche Gewalt wiederherstellen könnte«. Die Stellung des schwedischen Edelmannes bei den Herrschern »unterschied sich von der aller anderen«. Er selbst gab dies offen zu. Fersen war nicht nur mit Marie Antoinette zärtlich verbunden, sondern fühlte sich mit einer Mission betraut: Er mußte die französische Monarchie um jeden Preis retten. Die einzige Möglichkeit dazu sah er in einer Flucht des Herrscherpaares. Marie Antoinette war schnell überzeugt. Und diese drängte dann ihren Gatten so lange, bis er in die Abreise aus Paris, das für ihn zum Gefängnis geworden war, einwilligte. Fersens Briefe überliefern besser als jedes andere Dokument die Gedanken und Seelenzustände des französischen Herrscherpaares. Fersen hat dem König gegenüber noble, nahezu ritterliche Gefühle. Das Vertrauen, das Ludwig XVI. ihm entgegenbringt, rührt ihn ebenso wie die Liebe Marie Antoinettes; denn er liebt vor allem die Monarchie und die, die sie verkörpern. Er stellt die königlichen Personen über alle Sterblichen. Trotz allem, was Ludwig XVI. Fersen vielleicht vorzuwerfen hat, kann er sich einer gewissen Freundschaft für diesen Mann nicht entziehen: Fersen ist bereit, sein Leben der königlichen Sache zu opfern. Drei Tage, nachdem der Herrscher der Sitzung der Nationalversammlung beigewohnt hat, schreibt Fersen seinem Freund Taube, daß »der König seine Lage am eigenen Leibe erfahren habe, aber daß er nicht über die Gabe verfüge, sich auszudrücken oder liebenswürdige Dinge zu sagen. Vielleicht ist das sogar ein Glück zu einem Zeitpunkt, da man sich verstellen und den Mut haben muß, alles zu ertragen.«

Durch seine Februarrede gewann Ludwig XVI. etwas von seiner Popularität zurück. Zusammen mit Marie Antoinette besuchte er mehrere Stadtviertel von Paris; er ging ins Theater, und die Revolution wirkte bald weniger bedrohlich. Das Königspaar nutzte diese verhältnismäßige Windstille aus, um mit Mirabeau in Verbindung zu treten. Weder der König noch die Königin mochten den Volkstribun aus Aix; dennoch schien er dem ratlosen Königspaar durch sein außerordentliches politisches Talent und seine Anstrengungen zur Rettung der königlichen Macht während der letzten Monate die einzige Zuflucht in der Ungewißheit zu sein. Das Herrscherpaar hatte begriffen, daß es mit der Beliebtheit Neckers endgültig vorbei war und daß der Genfer ihnen nicht mehr die geringste Hilfe bringen konnte. Also baten sie Mercy, bei Mirabeau zu sondieren. Die Treue und Verschwiegenheit des österreichischen Gesandten standen außer Zweifel. Die Zeit, in der der Diplomat hauptsächlich die Interessen des Kaisers im Sinn hatte, war vorbei. Von nun an bekämpfte er die Revolution an der Seite des Königs und der Königin von Frankreich, die es nicht wagen durften, offen für die Konterrevolution einzutreten.

Durch die Vermittlung des Grafen La Marck trafen sich Mercy und Mirabeau mehrfach zu Geheimgesprächen. Die Rolle Mercys war äußerst heikel: Ludwig XVI. hatte nicht die Absicht, Mirabeau zum Minister zu ernennen; daran hinderte ihn ja auch ein Gesetz. Aber er wünschte seine Meinung zu hören. La Marck glaubte, daß der König den Tribun neutralisieren wollte, aber das ist zu diesem Zeitpunkt keineswegs sicher. Mirabeau hörte La Marck aufgeregt zu. Er machte sich sofort an die Arbeit und verfaßte Bericht auf Bericht. Sie wurden zu einer Art Abhandlung, die der Abgeordnete von Aix am 10. Mai dem Herrscher vorlegte. Er bestätigte darin seinen Glauben an die Monarchie, während er gleichzeitig das Werk der Nationalversammlung verteidigte. Nicht einen Augenblick verleugnete er seine Prinzipien, aus denen er schon seit mehreren Jahren seine Tatkraft gewann. Aber er war der Ansicht, daß man Frankreich vor der drohenden Anarchie retten müßte, indem die durch den König verkörperte vollstreckende Gewalt wiederhergestellt wurde. Also verpflichtete er sich, in der Verfassung »die vollstreckende Gewalt wieder in ihrem vollen Ausmaß, ohne Beschneidung und ungeteilt in die Hände des Königs zu legen«. Darüber hinaus warnte Mirabeau den König vor der konterrevolutionären Versuchung, die er als »gefährlich und verbrecherisch« ansah.

Ludwig XVI. nahm diese Vorschläge an und ließ ihm bald monatlich 208 000 Pfund schicken. Mirabeau, der bis dahin stets auf der Flucht vor seinen Schuldnern gelebt hatte, verließ seinen Unterschlupf im Hôtel de Malte und ließ sich in einer schönen Wohnung an der Chaussée d'Antin nieder: einem Viertel, das damals hoch in Mode war. Sehr bald wurde er beschuldigt, »sich an den Hof verkauft zu haben«. Wie später Sainte-Beuve sagte: »Er verkaufte sich nicht, er ließ sich bezahlen.«

Mirabeau war dem Herrscherpaar vorher noch nie begegnet: Bis dahin hatte er sich begnügt, ihnen durch den treuen La Marck Berichte zu schicken. Er glaubte, daß eine Zusammenkunft Ludwig XVI. davon überzeugen könnte, sich wirklich an die Spitze der Revolution zu stellen. Mirabeau erhielt zwar eine Audienz, aber der Tribun traf nicht auf Ludwig XVI., sondern auf Marie Antoinette. Die Abwesenheit des Königs bei dieser Unterhaltung, deren Inhalt von erstrangiger Bedeutung sein konnte, überraschte einen Mann, der es gewöhnt war, geradewegs auf sein Ziel zuzugehen. Wahrscheinlich meinte er deshalb belustigt: »Der König hat nur einen einzigen Mann, das ist seine Frau.« In seiner Dickköpfigkeit war es dem König noch immer zuwider, mit einem Mann zu paktieren, den er als einen der Verantwortlichen für die Revolution ansah. Marie Antoinette dagegen, die sozusagen politischer war, hielt es für geschickt, mit diesem schrecklichen Tribun zu sprechen. Also gab sie ihm am 3. Juli in den Gärten des Schlosses von Saint-Cloud, wo der königlichen Familie der Aufenthalt erlaubt worden war, ein heimliches Rendezvous.

Marie Antoinette hatte ihre Rede sorgsam vorbereitet. »Hätte ich es mit einem gewöhnlichen Feind zu tun, einem Mann, der sich dem Untergang der Monarchie verschworen hätte, ohne ihren Nutzen für ein großes Volk zu achten, so würde ich mit diesem Treffen einen äußerst unbedachten Schritt tun, aber wenn man mit einem Mirabeau spricht...«, sagte sie am Anfang des Gesprächs. Dann war es vor allem Mirabeau, der sprach. Er war begeistert, seine Worte an die Königin richten zu können. Und bald kam er auf seine früheren Projekte zurück: Der König mußte sich bei seinen Untertanen und bei der Versammlung durchsetzen und sich dabei auf seine Provinzen und die treuen Truppen stützen. Er sollte vor allem jede Unterstützung aus dem Ausland zurückweisen. Erneut schloß Mirabeau die Möglichkeit eines Bürgerkrieges nicht aus. Die Königin hörte ihm zu. Als er sie verließ, soll er ihr zugeflüstert haben: »Die Monarchie ist gerettet.« Die Gestalt des Tribuns verschwand in der Dämmerung und ließ die Königin verblüfft zurück. Die Entschlossenheit des Abgeordneten von Aix war von nun an nicht mehr zu erschüttern: »Nichts wird mich mehr hindern; ich würde lieber umkommen, als mein Versprechen zu brechen«, schrieb er leidenschaftlich an La Marck. Hatte Mirabeaus Reden sie früher stets erschreckt, so begannen Marie Antoinette und Ludwig XVI. jetzt ihre Hoffnungen auf ihn zu setzen. Gleichzeitig behielten sie aber auch ein offenes Ohr für die Pläne der Aristokraten.

Offiziell unterstützten der König und die Königin weiterhin die gemäßigte Revolution. Am 14. Juli 1790, dem ersten Jahrestag des Sturms auf die Bastille, erhielten sie beim Föderationsfest Gelegenheit, ihre loyalen Gefühle für die Nation unter Beweis zu stellen. Die Pariser Versammlung der Munizipalvertreter und Bürgergarden, die ihren Zusammenhalt inmitten der nationalen Gemeinschaft bekundeten, bestätigte den Willen eines ganzen Volkes, das seinen »Patriotismus« gegen die Konterrevolution herausschrie. Natürlich empfand Ludwig XVI. nicht die geringste Freude, bei diesem Fest als Bürge für etwas zu stehen, das ihm ein Greuel war; aber dennoch zwang er sich, an diesen Kundgebungen der nationalen Begeisterung teilzunehmen.

Mehrere Wochen lang verwandelte man den Champ-de-Mars, das Marsfeld, in ein riesiges grünes Amphitheater, das vierhunderttausend Föderierte aufnehmen sollte. Die Arbeit wurde nicht nur von Arbeiterbrigaden geleistet, sondern auch von Frauen, die teilweise aus bessergestellten Kreisen stammten und ihre Dienste anboten, um ihre patriotischen Gefühle zu beweisen. Vor der Militärschule hatte man ein riesiges Zelt errichtet, in dem Sitzbänke für den König, die Königin, die königliche Familie und den Hof aufgestellt waren. Am anderen Ende des Zeltes erhob sich ein Altar, der von vier antiken Vasen umstellt war, in denen Weihrauch brannte; rund um das Amphitheater steckten dreiundachtzig Lanzen, an denen die Fahnen jedes Departements flatterten. Zur Seine hin bildete ein riesiger Triumphbogen den Festeingang.

Am 14. Juli strömte ganz Paris zum Champ-de-Mars. Die Frauen waren ganz in Weiß und hatten die Trikolorenkokarde in ihre Haare gesteckt; ihre Kleider waren ebenfalls mit dreifarbigen Schärpen geschmückt. Ab vier Uhr morgens versammelte sich ein riesiger Demonstrationszug an der Bastille. Über die Boulevards, die rue Royale und die Place Louis-XV. zog der Zug – bei heftigem Regen – zum Cours-la-Reine, bevor er eine Schiffsbrücke über die Seine benutzte, die direkt zum Marsfeld führte. Ludwig XVI. hatte nicht am Zug teilnehmen wollen. In einem bedeckten Wagen erreichte er um acht Uhr die Militärschule. Er war festlich gekleidet und trug seine verschiedenen Orden. Umringt von seiner Familie und gefolgt von seinen Ministern wartete er, bis alle sich niedergelassen hatten, ehe er auf dem Thron Platz nahm.

Als der König erschien, brandete Beifall auf, während Hunderte von Musikern den Klang ihrer Instrumente mit den Kanonensalven der Musketiere vermischten. Mit Unterstützung mehrerer Priester feierte der Bischof von Autun, Talleyrand, die Messe. Der König stieg nicht auf den

Altar des Vaterlandes, sondern blieb an seinem Platz und leistete folgenden Eid: »Ich verspreche, daß ich der Nation und dem Gesetz treu bleibe und mit meiner ganzen Macht die Artikel der Verfassung, die die Nationalversammlung erlassen hat, aufrechterhalten werde.« Nachdem die Menschenmenge diesen Eid wiederholt hatte, erschallten aus allen Kehlen Hochrufe. Ludwig XVI. blieb weiterhin mißmutig. Da hatte die Königin den glücklichen Einfall, den Dauphin auf den Arm zu nehmen und ihn der Menge zu zeigen, die voller Begeisterung rief: »Es lebe die Königin! Es lebe der Dauphin!« Diese Rufe war man nicht mehr gewöhnt. Da es immer noch regnete, wickelte Marie Antoinette ihren Sohn in einen Schal ein: Diese einfache Geste der Mutterliebe drang geradewegs ins Herz des begeisterten Volkes.

Auch La Fayette auf seinem wunderbaren tänzelnden Schimmel und umringt von seinen Offizieren, erhielt sehr viel Beifall. Plötzlich trat aus der Mitte der Linientruppen der Infanterie ein älterer Offizier. Er überquerte das Marsfeld, stieg ehrfürchtig die Treppen des Thrones hoch und überreichte dem König eine Bittschrift. Kaum war der Offizier an seinen Platz zurückgekehrt, als ein Adjutant die Tribüne verließ, um ihm offenbar eine günstige Antwort zu überbringen. Die Zuschauer waren begeistert. So endete das Fest unter Beifallsstürmen und weiterhin andauerndem Regen – »die Tränen der Aristokratie«, wie man in Volkskreisen sagte. Die Föderierten wurden noch mehrere Tage lang in der Hauptstadt gefeiert. Ganz Paris war erleuchtet, man tanzte, man trank, und man glaubte an die große Versöhnung des Königs mit der Nation.

Ludwig XVI. und seine Familie waren nach Saint-Cloud zurückgekehrt und eher schockiert über den seltsamen Charakter dieses Festes, das früheren so sehr widersprach. Fersen erwähnte »die Orgien und Bacchanale« der Föderation. »Alle waren betrunken und lärmten [...]«, berichtet er. »Trotz der großartigen örtlichen Gegebenheiten war die Zeremonie lächerlich, indezent und folglich nicht beeindruckend.« Der König und die Königin waren diesen Kundgebungen sicherlich mit dem gleichen verächtlichen Blick wie der schwedische Edelmann gefolgt. Die Patrioten ihrerseits atmeten auf: »Hätte Ludwig XVI. das Föderationsfest für sich zu nutzen gewußt, so wären wir verloren gewesen«, meinte später Barnave.

20. DIE FLUCHT NACH VORN

Ludwig XVI. und Marie Antoinette waren froh, in Saint-Cloud wohnen zu können, wo sie an die sorglosen Stunden von früher dachten. Der König machte lange Ausritte und jagte mit der gleichen Leidenschaft wie ehedem. Seine Gesichtsfarbe, die während der letzten Monate in den Tuilerien fahl geworden war, blühte wieder auf wie in Versailles. Marie Antoinette lachte und fand zu einer gewissen Heiterkeit zurück. Sie machte sich sogar wieder einen Spaß daraus, Konzerte und Theatervorführungen zu gestalten, wie sie es noch im Vorjahr getan hatte.

Die Ruhe war jedoch nur von kurzer Dauer. Bald erfuhr der König, daß Marat ihn als Führer der Konterrevolution anprangerte und die Patrioten aufrief, massenhaft nach Saint-Cloud zu ziehen, um mit der königlichen Familie und dem Hof abzurechnen. Der *Ami du peuple** forderte, daß Köpfe rollen sollten, um die Sicherheit der Nation zu gewährleisten. Auch wenn die wütende Menge Marats Vorschlag nicht ausführte, rechtfertigte er in ihren Augen immerhin den Rückgriff auf Gewalt gegen den König, »diesen dummen Automaten«, der von einem »heimtückischen Konspirator« beraten wurde. Nach und nach gewöhnten sich die Pariser Massen an ein Bild des Herrschers, bei dem er als Verräter der Nation erschien, gegen den nur eine einzige Strafe verhängt werden konnte: der Tod. Das Verbrechen der Beleidigung der Nation war an die Stelle der Majestätsbeleidigung getreten, denn von nun an lag die Souveränität bei der Nation. Aber zunächst blieb die Person des Herrschers für die meisten Franzosen immer noch heilig, nicht bloß wegen der monarchischen Tradition, sondern weil sie den Staat als Ausdruck der Nation verkörperte. Ludwig XVI. konnte sich nicht dazu entschließen, diese Wertverschiebung anzuerkennen. Er verstand die neue Ordnung nicht, die sich vor seinen Augen aufbaute, und er hielt wahrscheinlich an seinen großen Illusionen über die Macht und das Königtum fest. Er sah in der Revolution noch immer ein Mißverständnis

---

* »Der Volksfreund«, die Zeitung Marats, Organ der radikalen Cordeliers. (Anm. d. Hrsg.)

zwischen sich und seinem Volk. Die Königin und der Hof bestärkten ihn in seinem Irrtum. Marie Antoinette wiederholte ihm täglich, daß seine Eide ihm nur unter Zwang abgenommen worden waren und daß er jetzt ebenfalls Gewalt anwenden müsse, um die Revolution zu Fall zu bringen. Ihr einziges Ziel war es, zum Status quo ante zurückzukehren.

Die Wiederherstellung der alten Ordnung erforderte eine Flucht weit weg von Paris. Allerdings verwarf die Königin die Pläne Mirabeaus, weil sie sie für zu gefährlich hielt. Seit Beginn des Sommers dachte sie daran, die ausländischen Herrscher um Hilfe zu bitten: Nicht etwa, um »eine Konterrevolution« anzustiften, sondern damit die europäischen Fürsten und Herrscher bekundeten, daß »sie die Art und Weise, wie man den König behandelte, mißbilligten«. Den Patrioten war zwar nicht bekannt, was am Hofe ausgeheckt wurde, aber Marats Behauptung, es gäbe ein »österreichisches Komitee« unter der Leitung der Königin, war nicht allzuweit von der Wirklichkeit entfernt. Paradoxerweise hatte der Kaiser von Österreich jedoch keinerlei Lust, zugunsten des französischen Herrscherpaares einzugreifen.

Als dann Joseph II. im Februar 1790 starb, folgte ihm sein Bruder Leopold auf den Thron. Marie Antoinette hatte die Beziehung zu ihm nie kontinuierlich gepflegt. Das Schicksal seiner Schwester war ihm denn auch mehr oder weniger gleichgültig, und er freute sich vor allem über die Schwächung Frankreichs. Damals war er mit der Revolte der österreichischen Niederlande und dem 1786 begonnenen Krieg gegen das Ottomanische Reich auf der Seite der Russen und Preußen hinreichend beschäftigt. Der König von Piemont-Sardinien, Schwiegervater von *Monsieur* und des Grafen von Artois, hatte die ersten Emigrierten aufgenommen, aber er hatte nicht die Mittel, dem französischen König wirksame Unterstützung zu bieten. Das gleiche galt für den spanischen König. Er begnügte sich damit, Truppen entlang der Grenze aufzustellen, um »der revolutionären Pest« vorzubeugen. Der englische Premierminister verhielt sich neutral, was der traditionellen britischen Haltung gegenüber den europäischen Angelegenheiten genau entsprach. Lediglich der König von Schweden, Gustav III., erklärte sich bereit, einen konterrevolutionären Kreuzzug anzuführen. Dennoch hoffte die Königin auf lange Sicht, eine Koalition dieser Herrscher herbeizuführen, um die absolute Monarchie wiederherzustellen. Dabei zählte sie weder auf den Adel noch auf die Emigranten, die allerdings die gleiche politische Philosophie wie sie selbst vertraten.

Während Ludwig XVI. immer ratloser wurde und Europa die Geschehnisse in Frankreich aufmerksam beobachtete, organisierte sich die innere Konterrevolution. Im Laufe des Sommers 1790 schürte der Adel als Gegner der neuen Ideen im Inneren des Landes den Widerstand. Obwohl sie sich immer von den französischen Königen zurückgesetzt gefühlt hatten, weil diese ihnen den Hofadel vorgezogen hatten, lehnten die Landadligen es ab, zu emigrieren. Sie waren jetzt bereit, ihren Degen zu ziehen, um die bedrohte Monarchie zu retten. In Jalès, im Süden des Vivarais, bildete sich ein Lager von zwanzigtausend Königstreuen, die hauptsächlich aus den Provinzen Zentralfrankreichs stammten. Sie waren bewaffnet und bereit anzugreifen.

Sie brauchten allerdings einen königlichen Anführer. Dies war der Graf von Artois, der sich zur großen Empörung der königlichen Familie zur Leitung der *France extérieure** aufgeschwungen hatte. Der jüngste Bruder Ludwigs XVI. war von den Vorrechten seines Standes und dem Vorrang seiner Rasse besonders überzeugt; er war für alle Hirngespinste anfällig und jederzeit bereit, die gewagtesten Vorhaben verbal zu unterstützen. Seit er sich bei seinem Schwiegervater in Turin niedergelassen hatte, hielt er die unglaublichsten Reden. Er, der sich bis dahin kaum um Politik gekümmert hatte, schwärmte jetzt von der Größe der Monarchie und erging sich in glühenden Tiraden gegen die französische Revolution, wodurch die Stellung des Königs und der Königin nur noch schwieriger wurde. Es war Artois gelungen, ein weitverzweigtes Informationsnetz aufzubauen, in dem der Graf von Antraigues die tragende Rolle spielte. Obwohl Ludwig XVI. die Ansichten seines Bruders grundsätzlich teilte, war es ihm selbstverständlich nicht möglich, sie offiziell zu unterstützen, und er versuchte vergeblich, den glühenden Eifer Artois' zu dämpfen.

Viele Adlige waren in die Städte des linken Rheinufers, Koblenz, Mainz und Worms, geflüchtet. Vor allem in Koblenz, beim Kurfürsten von Trier, scharten sich die aufgebrachtesten Emigranten um den Prinzen von Condé. Alle behaupteten sie, die monarchische Macht, wie sie vor den Maitagen von 1789 bestand, wiederherstellen zu wollen. Aber sie schätzten die französische Wirklichkeit falsch ein und lehnten die Ideen des Zeitalters der Aufklärung, von denen die gemäßigtsten Abgeordneten inspiriert waren, rundweg ab. Sie verabscheuten die konstitutionelle Monarchie und das englische System; sogar der Ausdruck *monarchien* war für diese rückwärtsgewandten Männer die schlimmste Beleidigung. In den letzten Jahren waren sie unfähig gewesen, sich ein genaues Urteil

---

* Das »äußere Frankreich« der Königstreuen. (Anm. d. Hrsg.)

über den politischen und sozialen Wandel in Frankreich zu bilden, und nun glaubten sie an eine absolute Konterrevolution, die mit brutaler Unterdrückung einhergehen sollte. Nichts schien ihnen einfacher zu sein, als zur Gewalt zu greifen und das revolutionäre Gespenst niederzuwalzen. Sie betrachteten die Monarchie als unwandelbare, unpersönliche Abstraktion. Der Monarch selbst interessierte sie wenig: In ihren Augen war er weiter nichts als das vergängliche Bild eines Königtums, das durch die Jahrhunderte hindurch sich fortsetzen würde. Sie unterließen keine Gelegenheit, um die Schwäche und die Kompromisse Ludwigs XVI. zu brandmarken. »In dieser Partei«, schrieb La Marck, »gab es eine große Anzahl von Leuten, die zum Ancien Régime zurück wollten und bereit waren, dies mit dem Leben des Königs zu bezahlen.«

Die Königin war in ihren Augen kaum besser. Sie beschimpften sie sogar als »Demokratin«. Es waren die gleichen Aristokraten, die einige Jahre zuvor die ersten Flugschriften gegen Marie Antoinette lanciert hatten. So befand sich zum Beispiel die verschworene Gesellschaft der Rohans vollzählig in der Emigration und schürte noch immer den alten Haß gegen die Herrscherin. »Was hat meine unglückliche Schwester Ihren Franzosen nur getan, daß sie überall, in meinem Park und an allen öffentlichen Orten, diffamiert wird?« wunderte sich die Regentin der Niederlande, Erzherzogin Christine, gegenüber Augeard.

Die Emigranten, die mit den Männern des Feldlagers von Jalès in Verbindung standen, planten einen Aufstand für Dezember. Aus dem Piemont sollten Truppen zum Vivarais marschieren und von dort nach Norden ziehen, um sich mit der Armee des Prinzen von Condé zu vereinigen, die nach Lyon vordringen würde. Dann sollten die Provinzen sich erheben und der König entführt werden. Die Emigranten und Royalisten machten sich Illusionen über die Absichten des Königspaares, welche ihrerseits begannen, sie nur noch als übereifrige Unruhestifter zu betrachten. Sobald Ludwig XVI. von den Plänen erfuhr, schickte er einen Kurier zum König von Sardinien, um seinen Bruder davon abzuhalten, so leichtfertig und gefährlich zu handeln. Marie Antoinette schrieb ihrerseits an Leopold einen entsetzten Brief: »Es ist mir im Augenblick unmöglich zu handeln oder mich von hier zu entfernen. Es hieße alles verlieren und sich selbst und die anderen der größten Gefahr auszusetzen [...]. Ich hoffe, daß dies Sie abhalten wird. Es ist sicher, daß nur von hier aus und nur von uns beurteilt werden kann, welches der günstige Augenblick und die günstigen Umstände sind, die endlich unser Leid und das Frankreichs beenden könnten. Und dann, mein lieber

Bruder, werde ich mit Ihrer Freundschaft rechnen und mich an Sie wenden.«

Die Königin gab also ihre konterrevolutionären Pläne nicht auf, aber sie bestanden eher darin, die europäischen Herrscher zur Solidarität aufzurufen, als den »getreuen Adel« zu mobilisieren.

Während sich die Konterrevolution innerhalb und außerhalb des Königreiches entwickelte, wurde Ludwig XVI. von religiösen Skrupeln heimgesucht. Die Sache war kompliziert. Nachdem sie die Kirchengüter zum Verkauf angeboten hatten, wollten die *constituants* die Stellung der Kirche im Staat genau festlegen. Es ging ihnen darum, die Kirche zugunsten des Staates zu enteignen – was sie eben getan hatten – und alsdann den Staat von der kirchlichen Vormundschaft zu emanzipieren – was sie im Begriff waren zu tun. Die Abgeordneten träumten von Priestern, die zugleich Bürger und der Revolution ebenso zugetan wären, wie der Klerus des Ancien Régime es gegenüber der Monarchie war. Daher entwarfen sie die »Zivilverfassung des Klerus«, die die Geistlichen in das öffentliche Amtswesen eingliederte. In einem Frankreich, das die katholische Religion als offizielle Staatsreligion anerkannte, sollten Bischöfe und Priester von nun an Gehaltsempfänger der Nation sein und gewählt werden, und sie mußten einen Treueid auf die Verfassung ablegen. Die geistliche Einsetzung der Bischöfe sollte dennoch weiterhin vom Papst und die der Priester von den Bischöfen abhängig bleiben.

Die »Zivilverfassung des Klerus« spaltete die gesamte Kirche. Während die meisten Priester des ehemaligen »niederen Klerus« die Maßnahmen mit einer gewissen Begeisterung annahmen, lehnte ein Großteil der Bischöfe sie eindeutig ab und forderte ein nationales Konzil. Die verfassunggebende Versammlung verweigerte dies. Ludwig XVI. teilte die Ansicht seiner Bischöfe. Sein traditionell-katholisches Gewissen sagte ihm, daß er die »Zivilverfassung« des Klerus ablehnen müsse, aber Champion von Cicé und Boisgelin drängten ihn zur Unterzeichnung des Dekretes. Auf diese Weise sollte er zeigen, daß er die Revolution und ihre Prinzipien anerkannte.

Bevor er sich endgültig entschied, wartete Ludwig XVI. darauf, daß ihm der Papst seine Ansicht über die neue Gesetzgebung mitteilte. Allerdings hatten sich die Beziehungen zwischen dem Pontifex maximus und dem christlichen Herrscher während der letzten Wochen beträchtlich verschlechtert. Pius VI. war ein Gegner der Aufklärung und hatte bereits vor dem geheimen Kardinalskollegium die Grundsätze der Menschenrechtserklärung verurteilt. Er hatte sich über die Säkularisierung der

Kirchengüter empört und teilte dem französischen Botschafter, Kardinal Bernis, ausdrücklich mit, daß er die »Zivilverfassung des Klerus« niemals akzeptieren werde. Zum Konflikt über die kirchliche Oberhoheit kam bald noch ein Konflikt über die weltliche Souveränität des Papstes hinzu. Im Juni erhoben sich die Einwohner von Avignon gegen die päpstliche Herrschaft und forderten den Anschluß an Frankreich. Die Nationalversammlung begrüßte diese Angliederung und gründete den »Ausschuß für Avignon«, der die Angelegenheit untersuchen sollte.

Wohin er sich auch wandte, überall mußte Ludwig XVI. den Zusammenbruch der alten Ordnung erleben. Die Armee steckte in einer tiefen Krise. Alle Truppen hatten sich den revolutionären Ideen angeschlossen, was zur Emigration vieler Offiziere führte. La Tour du Pin berichtete dem König »diese bedauerliche Lage«, die er nicht mehr im Griff hatte. Wie üblich, wurde die Armee in Zeiten des Aufruhrs zu einem entscheidenden Pfeiler des Staates, wobei alles davon abhing, auf welcher Seite sie stand.

Im August 1790 bewies die Erhebung des Schweizer Regiments von Châteauvieux in Nancy die Unzufriedenheit vieler Soldaten. Sie protestierten gegen den Rückstand der Soldzahlungen, verlangten, die Regimentskasse selber verwalten zu dürfen, und erhoben sich gegen ihre Vorgesetzten. Die Bevölkerung von Nancy war auf ihrer Seite. La Fayette riet seinem Vetter, dem Marquis von Bouillé, der in Metz das Kommando hatte, »ein Exempel zu statuieren«. Der Gesandte der Nationalversammlung in Nancy, Malseigne, zögerte und verschlimmerte dadurch die Lage. Am 31. August eroberte Bouillé die Stadt in blutigen Kämpfen, bei denen es dreihundert Tote gab. Es folgte eine unerbittliche Unterdrückung: Bouillé ließ dreiunddreißig Schweizer Garden rädern oder hängen und schickte andere auf die Galeeren. Ludwig XVI. überhäufte seinen treuen General mit Lob und war glücklich, noch über Offiziere zu verfügen, welche für Ordnung sorgen konnten.

Der König hatte sich zu früh gefreut. Die »Affäre von Nancy« entfachte den Zorn der Patrioten. Marat wetterte gegen den König, die Regierung und La Fayette, dessen Gefühle bekannt waren. Der Zorn der Öffentlichkeit wandte sich gegen die Minister, die beschuldigt wurden, zunächst die Verbrechen der Offiziere von Nancy vor der Nationalversammlung verheimlicht und diese falsch unterrichtet zu haben.

Der Volkszorn griff um sich: Am 2. September versammelten sich die Pariser Sektionen seit dem späten Vormittag am Palais-Royal. Die Menge wurde von Stunde zu Stunde größer. Am Nachmittag bewegte sich ein Zug von fünf- bis sechstausend Personen zur Nationalversammlung, um die Entlassung der Minister zu fordern. Die Liberalen der ersten Stunde – unter ihnen der Bürgermeister und der General der Nationalgarde – waren besorgt und entschlossen, dem König entgegenzukommen, um das Volk in seine Schranken zu weisen.

La Fayette riet Necker, der im Stadtpalais der Generalkontrolle in der rue Neuve-des-Petits-Champs residierte, »bei einem Freund unterzutauchen«. In der Tat fürchtete er die Ausschreitungen der Menge, die Necker ein Jahr zuvor noch vergöttert hatte. Der Minister fuhr daraufhin auf seinen Besitz nach Saint-Ouen, von wo aus er sein Rücktrittsschreiben an die Nationalversammlung und an den König schickte. Seit den Oktobertagen war ihm klar, daß er nicht in der Lage war, einem Volksaufstand die Stirn zu bieten. Er hatte begriffen, daß er Frankreich nicht mehr retten konnte. Sein Amt, in dem er gescheitert war, hatte ihn völlig erschöpft, und er zog es vor, in die Schweiz zurückzukehren. Aller Wahrscheinlichkeit nach kam es zu keinem Treffen mit Ludwig XVI. mehr, der über den Rücktritt dieses Mannes, auf den er jahrelang gehört hatte und dessen Meinungen er gefolgt war, nicht das geringste Bedauern zeigte.

Mirabeau war es darüber hinaus gelungen, das Ansehen des Genfers beim König endgültig zu vernichten: »Er beherrscht nicht mehr die öffentliche Meinung«, sagte er ihm am 1. September. »Man hatte von ihm Wunder erwartet, und er war nicht in der Lage, eine Routine aufzugeben, die den Umständen widersprach.« Insgeheim freuten sich der König und die Königin sogar über den Rücktritt des Ministers, den sie für viele Übel verantwortlich machten. Fersen bestätigt diese Befriedigung in seiner Korrespondenz. Aber keiner verdeutlicht die Ungnade, in die der Minister auch bei der Öffentlichkeit gefallen war, besser als der Marquis von Nicolai: »Kein Minister ist unauffälliger von dannen gegangen. Das allgemeine Schweigen, das über seine Person herrscht, die Gleichgültigkeit der Franzosen gegenüber diesem Thema gehört zu den Dingen in meinem Leben, die mich sehr gewundert haben. Weder Satire noch Lob: nichts, kein Wort. Ein fallender Stuhl in den Tuilerien macht mehr Lärm als der Rücktritt eines noch vor fünfzehn Monaten angebeteten Mannes, dessen Absetzung damals so schwerwiegende Ereignisse ausgelöst hat.«

Während Ludwig XVI. über die Abreise des Genfers, dessen steife Selbstgenügsamkeit er nie geschätzt hatte, eher glücklich war, mußte er sich unter dem Druck der Ereignisse aber auch von den anderen Ministern trennen und ein neues Kabinett zusammenstellen, das den Bestrebungen der Nationalversammlung, welche durch die neuen Volkskundgebungen erschüttert war, besser entsprach. Also wählte er Liberale mit »fayettistischer« Tendenz, was für ihn eine große Kühnheit bedeutete. Selbstverständlich hielten Patrioten wie Marat die Auswahl für verdächtig. Duport du Tertre, ein Freund La Fayettes, wurde Justizminister; der Literat Pastoret ersetzte Saint-Priest; der farblose Lessart trat Neckers Amt an und Duportail die Nachfolge von La Tour du Pin; Montmorin blieb Außenminister. Ludwig XVI. erklärte seinen Vertrauten: »Wenn das Volk jetzt immer noch nicht zufrieden ist, weiß ich nicht mehr, was ich tun soll.« Illusionslos spielte der König also weiterhin das Spiel der liberalen Revolutionäre. Jedoch war er von nun an entschlossen, Paris zu verlassen. Die Verschärfung der Religionsfrage lieferte ihm den passenden Vorwand.

Wir erinnern uns, daß die Bischöfe gegen die Zivilverfassung des Klerus Einspruch erhoben hatten. Trotzdem blieb die Nationalversammlung hartnäckig bei ihrer Entscheidung. Der erste ernste Zwischenfall ereignete sich anläßlich der Ernennung des neuen Bischofs von Quimper. Am 27. November beschloß die Versammlung ein Gesetz, das alle Geistlichen dazu verpflichtete, einen Eid auf die Zivilverfassung des Klerus abzulegen. Diejenigen, die ihn ablehnten, sollten als »widerspenstig« betrachtet werden.

Für Ludwig XVI. bedeutete die Sanktionierung dieses Dekrets reine Selbstverleugnung. Allerdings befand sich der König vor einem schwierigen Dilemma: Wenn er den Erlaß nicht genehmigte, bestand die Gefahr, daß die Patrioten wiederum eine gewaltsame Aktion durchführten, deren Folgen unberechenbar wären. Wenn er jedoch das Dekret unterzeichnete, riskierte er ein Schisma mit Rom: Er wäre dann der Vertreter einer Kirche, die der Papst nicht mehr anerkannte.

Wie gewöhnlich zögerte Ludwig XVI. und versuchte, Zeit zu gewinnen. Im Grunde hoffte er darauf, daß der Papst die Zivilverfassung des Klerus anerkennen und die französischen Geistlichen zwingen würde, sich damit abzufinden. Seine Erwartungen wurden bitter enttäuscht. Bernis ließ ihn wissen, daß Pius VI. unerbittlich bei seiner Entscheidung blieb. Zur gleichen Zeit jagte Duport dem König Angst ein, um ihm eine Entscheidung abzuringen: Er sagte ihm, daß der Klerus dem Zorn des Pöbels ausgeliefert wäre, wenn der König noch länger mit der Genehmigung des Gesetzes zögerte. Also sanktionierte Ludwig XVI. das Gesetz am 26. Dezember 1790, obwohl er überzeugt war, damit sein eigenes

Seelenheil ebenso wie das der gesamten französischen Kirche zu gefährden. Auch wenn er eine Einschränkung seiner persönlichen Macht zugelassen hatte, bedeutete das noch lange nicht, daß er das Schisma und alles, was in seinen Augen gottlos war, in Kauf nehmen durfte. Er mußte nun seine Sünde abbüßen, und diese Buße bestand darin, daß er von jetzt an gegen die Revolution kämpfte.

»Ich wäre lieber König in Metz, als in dieser Lage König von Frankreich zu bleiben«, soll Ludwig XVI. nach der Unterzeichnung des Dekrets gesagt haben. Vermutlich dachte er in diesem Augenblick ernsthaft daran, die Tuilerien zu verlassen, und schenkte nun den Fluchtplänen, die man ihm schon seit einigen Monaten vorschlug, Beachtung.

Ludwig XVI. und Marie Antoinette hörten nicht mehr auf die letzten Ratschläge Mirabeaus, dem es immerhin gelungen war, einen Verbündeten in der Person des Außenministers Montmorin zu finden. Dieser hatte ihn kürzlich einen Bericht verfassen lassen, der die Lage Frankreichs und die Versöhnung der staatsbürgerlichen Freiheit mit der königlichen Macht zum Thema hatte. In seinem neuen Plan beschwor der Tribun das Herrscherpaar abermals, auf die Konterrevolution zu verzichten. Um die königliche Gewalt wiederherzustellen, sollte man die Nationalversammlung bei der Mehrheit der Franzosen diskreditieren. Alsdann würden sich die Provinzen gegen Paris erheben und die Abgeordneten unter Druck setzen. Des weiteren sollte der König, der die Hauptstadt vorher verlassen müßte, sich auf die Mehrheit seiner Untertanen stützen, die Nationalversammlung auflösen und das Volk zu Wahlen aufrufen. Die neugewählten Abgeordneten, die mit verfassunggebenden Vollmachten ausgestattet wären, sollten die Gesetze ändern und der vollstreckenden Gewalt den Vorrang einräumen. Natürlich müßten diese Wahlen sehr genau »vorbereitet« werden, damit auch genügend Männer, die einer Verfassungsrevision zugeneigt wären, gewählt würden. Zunächst aber müsse man die Mittel schaffen, um die öffentliche Meinung vorzubereiten, und das Herrscherpaar sollte seine ganze Kraft aufbieten, um seine verlorene Popularität wiederzugewinnen.

Mirabeau war sich voll bewußt, daß sein Plan die Gefahr eines Bürgerkriegs barg. »Die Übel des Königreiches müssen ihren höchsten Punkt erreicht haben, damit selbst ich zu solchen Mitteln rate«, behauptete er. Die Genehmigung des Dekrets über den Priestereid war für Mirabeau ein Grund zur Freude. Denn »eine bessere Gelegenheit ließe sich gar nicht finden, um mehr Unzufriedene zu gewinnen und die Beliebtheit des Königs auf Kosten der Nationalversammlung zu steigern«. Für Ludwig XVI. war der Augenblick gekommen, das Volk gegen die Versammlung zu mobilisieren. Allerdings lehnte der König sowohl den Bürgerkrieg als auch den Religionskrieg ab. Deshalb blieb er den Vorschlägen Mirabeaus gegenüber taub. Ludwig XVI. hatte vor, die Macht außerhalb von Paris ohne die Hilfe des Adels an der Spitze seiner treuen Truppen zurückzugewinnen. Er war überzeugt, daß er, sobald er frei wäre, die »Geister zurückholen könnte«, sein »gutes Volk« wiederfinden und als Triumphator nach Paris zurückkehren würde.

Ludwig XVI. benachrichtigte den Marquis Amour von Bouillé, jenen Mann, der die Revolution im Osten niedergeschlagen hatte: Er sollte einen Plan für die Flucht aus der Hauptstadt entwerfen. Bouillé sandte seinen Sohn Ludwig nach Paris, wo er das Herrscherpaar mit Fersen und dem Marquis von Agoult antraf. Gemeinsam berieten sie über die Reisebedingungen und die Stadt, in welche die königliche Familie fliehen sollte. Der junge Bouillé beharrte auf Montmédy, einem befestigten Ort, der im Kommandobereich seines Vaters lag: Hier könnte man Vorbereitungen treffen, ohne die öffentliche Meinung zu beunruhigen. Darüber hinaus hatte Montmédy den Vorteil, an der Grenze zu liegen. So könnte Verstärkung von außen herangeholt werden, und wenn die Lage sich zuspitzen würde, wäre die Emigration ein leichtes. Ludwig XVI. stimmte zu, aber er verlangte, daß seine Reise nur über französisches Gebiet verlaufe, obwohl sie dadurch länger dauern würde, weil man dem Grenzverlauf folgte, statt die Grenze zu überschreiten und den Weg durch die ausländischen Provinzen abzukürzen. Der König wollte die öffentliche Meinung nicht reizen, indem er einen solchen Weg benutzte. Auf einem Billet, das seine Einwilligung bezeugt, notierte er, »daß er Frieden und Ruhe wünsche«.

Ludwig XVI. scheint nicht einen Augenblick lang daran gedacht zu haben, daß seine Abreise zu einem Aufruhr führen würde. Allerdings akzeptierte, ja wünschte er den Eingriff der benachbarten Fürsten zu seinen Gunsten, um die Untertanen einzuschüchtern, die sich dann nur um ihn scharen könnten, um die ausländische Invasion zu verhindern. Für diese ruhmreiche Wiedergewinnung des französischen Königreiches war aber keinerlei Regierungsprogramm vorgesehen. Ludwig XVI. machte sich große Illusionen sowohl bezüglich der Reaktionen der Franzosen als auch jener der europäischen Herrscher.

Die Königin, auf die der König sich mehr denn je verließ, unterhielt einen regen Briefwechsel mit ihrem Bruder Leopold II. und mit Mercy-Argenteau, der im Oktober 1790 auf Befehl des Kaisers von Versailles nach Brüssel gezogen war. Bevor die anderen Herrscher möglicherweise zugunsten des Königs von Frankreich eingriffen, wollten sie die Haltung Leopolds II. erfahren. Dieser scheute immer noch davor zurück, sich mit seinem französischen Schwager zu kompromittieren. Scheinheilig behauptete er, daß er nichts ohne »die Zustimmung und die Mitwirkung der Großmächte unternehmen« könne. In einem Brief vom 7. März 1791 erklärte Mercy der Königin die europäische Lage. Er erinnerte Marie Antoinette daran, »daß die Großmächte nichts umsonst tun«, und teilte ihr mit, daß Österreich als Preis für seine Intervention Elsaß und Lothringen beanspruche. Spanien fordere einen Teil Navarras und Piemont-Sardinien einige Gebiete längs der Alpen sowie am Var-Ufer. Darüber hinaus wollten sich die Großmächte vor irgendeinem Beschluß von der Existenz einer mächtigen royalistischen Partei überzeugen, die dazu in der Lage wäre, die Monarchie zu unterstützen. Dieser Brief, der das Königspaar in höchstem Maße kompromittierte, wurde abgefangen und dem Untersuchungsausschuß der Nationalversammlung vorgelegt.

Ganz Paris sprach von nun an nur noch von Konspiration und Koalition mit dem Ausland. Mehr denn je denunzierte man »das österreichische Komitee des Hofes«, und Camille Desmoulins rief aus: »Was ich immer vorausgesagt habe, ist eingetreten: Die Könige machen gemeinsame Sache.« Die Flugschriften polemisierten noch mehr als zuvor gegen die Königin, die indes weiterhin gelassen ihre Fluchtpläne entwickelte. Ganz Paris ahnte es, und die Atmosphäre der Hauptstadt wurde um so gespannter, als *Mesdames*, die Tanten, in Begleitung eines großen Gefolges einige Wochen zuvor nach Rom gereist waren und man soeben die »Dolchritter« in den Tuilerien verhaftet hatte. Dies war eine merkwürdige Affäre. Am 28. Februar waren mehrere Adlige, zum Großteil mit Jagdmessern und Degen bewaffnet, zum Herrscherpaar vorgedrungen, um es zu beschützen. In der Tat hatten am selben Tag die Pariser Sektionen einen Marsch zur Zitadelle von Vincennes – dem alten Staatsgefängnis, wo soeben Umbauarbeiten stattgefunden hatten – organisiert. Die Nationalversammlung und der König befürchteten, daß das Beispiel des Bastillesturmes sich wiederholen könnte, und es verbreitete sich das Gerücht, daß die Aufständischen von Vincennes aus zu den Tuilerien marschieren würden. Nachdem La Fayette in den Vororten die Ordnung wiederhergestellt hatte, begab er sich zum Tuilerienpalast, wo er in Gegenwart des Königs einige Aristokraten entwaffnete. So glaubte er alle Vernünftigen zufriedenzustellen, indem er die Volksmassen bändigte und den Adel bestrafte. In Wirklichkeit aber stellte sich La Fayette dadurch in den Augen der Patrioten wie auch der Verteidiger der Monarchie endgültig bloß.

Diese Ereignisse trugen dazu bei, daß die Kontrolle über das »Gefängnis der königlichen Familie« verstärkt und die Herrscherfamilie mehr denn je beobachtet wurde. Am Palmsonntag, dem 17. April, ging der König zur Messe in der Schloßkapelle und erhielt die Kommunion von seinem Kaplan, Monseigneur von Montmorency-Laval, der den Eid auf die Zivilverfassung des Klerus verweigert hatte. Es war allgemein bekannt, daß der König nicht mehr wie gewöhnlich beim Priester von Saint-Eustache beichtete, weil dieser ein »Vereidigter« war. Dies war für viele ein Beweis für die Halbherzigkeit der revolutionären Gesinnung Ludwigs XVI.

Am folgenden Tag sollten sich Ludwig XVI. und seine Familie nach Saint-Cloud begeben. Als der König und die Seinen für diese kurze Reise im Wagen untergebracht waren, verhinderte die Nationalgarde ihre Abreise. Eine immer größer werdende Menge versammelte sich längs der Gitter und unterstützte die Garde. Alle glaubten, daß Ludwig XVI. seinen Aufenthalt in Saint-Cloud dazu nutzen würde, die österliche Kommunion von »widerspenstigen« Priestern zu empfangen, und einige beschuldigten ihn bereits, flüchten zu wollen. La Fayette eilte herbei und versuchte vergeblich, mit der Menge zu verhandeln. Etwas verlegen teilte er dem König mit, daß es schwierig sein werde, den Kutschen einen Weg zu bahnen. Woraufhin dieser mit einer ironischen Spitze antwortete: »Mein Herr, Sie müssen schon selbst herausfinden, was Sie tun müssen, um Ihre Verfassung zu erfüllen.«

La Fayette begriff, daß er mit den entschlossenen Nationalgardisten und der Menge nicht fertigwerden würde, und riet dem König, in den Palast zurückzukehren. Die königliche Familie fuhr also nicht nach Saint-Cloud, wozu sie ausdrücklich das Recht gehabt hätte. Als sie aus dem Wagen stieg, sagte die Königin laut: »Ungeachtet allem, was man uns zumutet, wollen wir lieber hierbleiben, als die geringste Gewalttätigkeit auszulösen.« Kurz danach wurde Marie Antoinette schlecht und »blieb einige Tage im Zustand des Unwohlseins«. Ludwig XVI. hingegen machte es offensichtlich Spaß, zu sehen, wie sich die Anarchie ausbreitete. Aber der Zwischenfall bewies ganz Europa, daß der König keine Bewegungsfreiheit mehr besaß und selbst nicht die Absicht hatte, mit Gewalt zu reagieren.

Ludwig XVI. hielt an seinem Doppelspiel fest. Am 19. April begab er sich zur Nationalversammlung und verlas eine Erklärung, die er gleichzeitig durch eine geheime Notiz an die ausländischen Herrscher widerrief. Der König räumte offiziell ein, daß die Revolution die richtige Konsequenz aus den Mißbräuchen des Ancien Régime sei und daß deren Beseitigung notwendig sei. Er bestätigte, daß er sich dem Neuerungswerk mit Leib und Seele anschließe und daß er stolz auf den Titel eines konstitutionellen Monarchen sei. Die meisten Abgeordneten ließen sich von dieser Rede überzeugen. Sie war zweifellos von Pellenc verfaßt, einem der Mitarbeiter Mirabeaus, der am 2. April eines plötzlichen Todes gestorben war. Allein Marat prophezeite, daß der König bald flüchten werde und diese schönen Worte nur noch ausgesprochen habe, um das Volk zu täuschen.

An den folgenden Tagen waren Ludwig XVI. und Marie Antoinette bestrebt, auffällige Beweise ihrer Revolutionsliebe zu geben. Der König entließ den Großkaplan, den Kaplan und die Edelleute der Kammer, deren konterrevolutionäre Sympathien bekannt waren. Einer von ihnen soll ausgerufen haben: »Wir lieben unseren König, wir verzeihen ihm seine Schwächen, aber er soll das Spiel nicht zu weit treiben, denn wir glauben ebensowenig an seine Unverletzlichkeit wie an die Unfehlbarkeit des Papstes.« Marie Antoinette entließ einige ihrer Hofdamen, »deren Gefühle der Revolution entgegengesetzt waren«.

Die Königin bemühte sich, ihre täglich wachsende Verzweiflung zu verbergen. »Das Ereignis, das sich soeben zugetragen hat, erfordert eine rasche Entscheidung [...]; unser Leben ist in Gefahr«, schrieb sie an Mercy. Sie wurde immer energischer: Bevor sie die Fluchtbedingungen festlegte, wollte sie die genauen Absichten des Kaisers und des spanischen Königs erfahren; beide wichen ihr aus. Marie Antoinette war um so beunruhigter, als der Graf von Artois und der Prinz von Condé den Plan entwickelt hatten, am 15. Juni an der Spitze ihrer Truppen in Frankreich einzufallen. Ihr Manöver hätte sofort einen Bürgerkrieg ausgelöst und somit das Leben der Königsfamilie unmittelbar bedroht.

Marie Antoinette beschwört Mercy, zu ihren Gunsten zu vermitteln, und Leopold leistet seiner Schwester schließlich einen entscheidenden Dienst: Er trifft sich in Mantua mit dem Grafen von Artois und überzeugt ihn davon, seine Pläne sofort zurückzustellen. Marie Antoinette beruhigt sich etwas. Gelassen bereitet sie weiterhin die Flucht vor. Der König gibt ihr volle Handlungsfreiheit. Die Verwirklichung der Flucht hat die Königin dem einzigen Mann aufgetragen, dem sie rückhaltlos vertraut: Axel Fersen. Seit Wochen unterhält er einen regen Briefwechsel mit Gustav III. und den europäischen Hauptstädten. Er kümmert sich in Paris um die Beschaffung von Reisepässen für den König, die Königin, ihre Kinder, Madame Elisabeth und Frau von Tourzel, die gemeinsam fahren sollen. Darüber hinaus muß er einen Weg finden, diesen so gut bewachten Palast zu verlassen. Er bereitet die Wagen vor, die die Familie auf der überstürzten Flucht befördern sollen. Er legt die Strecke fest, und er macht mit Bouillé aus, daß von einem bestimmten Ort an sichere Truppen dem königlichen Wagen Geleitschutz geben. Fersen gibt auf diese Weise den sublimsten Liebesbeweis eines überzeugten Royalisten: Er entreißt die Repräsentanten der Monarchie ihren unwürdigen Untertanen.

Seit Wochen finden in den Gemächern der Königin geheime Versammlungen statt. Saint-Priest behauptet, daß eine Tür der Tuilerien ständig unbewacht gewesen sei, um dem Geliebten der Königin jederzeit Besuche zu ermöglichen. Diese Behauptung, die von royalistischen Historikern oft bestritten wurde, erklärt jedoch, auf welch einfache und unauffällige Weise Fersen sich mit der königlichen Familie in Verbindung setzen und ihr zur Flucht verhelfen konnte. Nun, da man wußte, was zu tun war, ging es darum, den Plan, ohne Verdacht zu erregen, in die Tat umzusetzen. Man läßt mehrere zusätzliche Türen in den königlichen Gemächern einsetzen. Um jeden Argwohn zu zerstreuen, wird darauf geachtet, daß die Arbeiten zu verschiedenen Zeitpunkten und nur in Räumen, die nicht ineinander übergehen, stattfinden.

Die Königin bat Frau Campan, ihr gewöhnliche Kleider für sich und ihre Familie zu verschaffen, während sie sich gleichzeitig eine vollständige Garderobe zusammenstellen ließ, die direkt nach Brüssel geschickt werden sollte. Ihre Kammerzofe, die sie »mit unnützen und sogar gefährlichen Dingen beschäftigt sah«, gab ihr respektvoll zu verstehen, daß Kleider und Hemden auch im Ausland jederzeit zu beschaffen wären.

Die Königin hörte nicht auf sie. Sie verpackte ihren persönlichen Schmuck und vertraute ihn ihrem Friseur an, damit er ihn nach Brüssel in Sicherheit bringe! Alle diese Vorbereitungen gingen nicht ganz unbemerkt vonstatten. Am 21. Mai setzte eine Dienerin den Bürgermeister von Paris darüber in Kenntnis. Bailly aber begnügte sich damit, die Königin zu warnen; die Angelegenheit blieb folgenlos.

Während die Königin mit Fersen Pläne schmiedete, fragte sie sich noch immer, welche Haltung ihr Bruder einnehmen würde. Am 6. Juni versprach er dem französischen Herrscherpaar seine Unterstützung, falls es ihnen gelinge, die Tuilerien zu verlassen. Marie Antoinette schöpfte neue Hoffnung. »Um dieser Krise zu entkommen, muß der König mit der Stärke und Kühnheit seiner Handlung verblüffen«, schrieb sie hoffnungsvoll an Mercy. Am 19. Juli kündigt die Königin dem Gesandten schließlich das Datum für das große Vorhaben an: »Alles ist entschieden, wir fahren am Montag, dem 20., um Mitternacht ab. Nichts kann diesen Plan mehr rückgängig machen. Wir würden alle in Gefahr bringen, die ihn unterstützen, aber wir sind verärgert, weil wir immer noch keine Antwort vom Kaiser haben.«

Also brachen Ludwig XVI. und Marie Antoinette auf, ohne sicher zu sein, daß Österreich zu ihren Gunsten eingreifen würde. Der König und die Königin fühlten sich durch die Entwicklung der revolutionären Kräfte gedrängt und fürchteten, vollends zu Gefangenen zu werden. Deshalb meinten sie, rasch handeln zu müssen. Darüber hinaus hatte Bouillé sie gewarnt, daß er möglicherweise vom Kriegsminister versetzt werden könnte und seine Truppen dann von einem Tag auf den anderen zur Revolution überlaufen würden. Schließlich erhielt der König Anfang Juni seine Zivilliste von zwei Millionen Pfund: eine geringe Summe für ein so aufwendiges Unternehmen, aber immerhin mehr als gar nichts.

Am 20. Juni ging die Königin gegen Mittag zur Messe und speiste wie gewöhnlich in ihrem Appartement. Sie spielte wie üblich eine Partie Billard mit dem König, kümmerte sich um ihre Kinder und ging bis sieben Uhr mit ihnen spazieren. Sie kehrte sehr gelassen zurück und gab dem Kommandanten der Nationalgarde die Befehle für den folgenden Tag. Auch der König änderte nichts an seinem üblichen Zeitplan. Um neun Uhr kamen wie gewöhnlich *Monsieur* und *Madame*, um mit Madame Elisabeth zu soupieren, nachdem die beiden Kinder zu Bett gegangen waren. Als ihr Schwager sie umarmte, flüsterte Marie Antoinette ihm zu: »Hüten Sie sich, mich zu rühren, ich will nicht, daß man sieht, daß ich geweint habe.« Nach dem um halb zehn beendeten Souper blieb die Familie unter sich und konnte das »große Vorhaben« gemeinsam besprechen. *Monsieur* und *Madame* wollten ebenfalls Paris verlassen, aber jeweils in eine andere Richtung. Der Graf von Provence wollte als Engländer verkleidet mit seinem Freund, dem Grafen von Avaray, nach Brüssel fahren, während seine Frau mit Herrn von Gourbillon, dem *Monsieur* voll vertraute, einen anderen Weg einschlagen sollte. Als sie sich mit klopfendem Herzen trennten, vereinbarten alle fünf, sich am übernächsten Tag im Schloß des Abts von Courville in Thonnelles bei Montmédy zu treffen. Bouillé hatte diese relativ bescheidene Unterkunft für die königliche Familie herrichten lassen.

Um zehn Uhr geht die Königin hinauf, um ihre Kinder zu wecken:

»Wir brechen auf; wir fahren an einen Ort, wo viele Soldaten sind«, flüstert sie dem Dauphin zu, der sofort aus dem Bett springt und nach seinen Stiefelchen und seinem Säbel verlangt. Wie groß ist seine Enttäuschung, als Frau von Tourzel ihm wenig später Mädchenkleider anzieht. Er findet sich damit ab und sagt noch halbverschlafen zu seiner Schwester: »Wir werden Theater spielen, denn wir haben uns verkleidet.« Der König kommt und umarmt seine Kinder; gleichzeitig gibt er Frau von Tourzel einen Zettel, »um im Unglücksfall zu bestätigen, daß sie von ihm den Befehl hatte, die *Kinder von Frankreich* mitzunehmen«.

Um halb elf beginnt das Abenteuer. Marie Antoinette führt ihre Kinder und Frau von Tourzel durch leere Zimmerfluchten, in denen ihre Schritte widerhallen. Alle halten den Atem an. Auf diese Weise gelangt die sonderbare kleine Gruppe schließlich in einen Raum mit vielen Fenstern, der auf den Karussellhof hinausgeht: Dieser ist hell erleuchtet. Die Königin hält Ausschau. Bald zeichnet sich eine Gestalt ab, und die Tür geht auf: Es ist Fersen, als Kutscher verkleidet. Er ergreift die Hand des schweigenden Dauphins. Frau von Tourzel nimmt die kleine Marie-Thérèse beim Arm. Marie Antoinette folgt ihr: Sie will sich vergewissern, daß ihre Kinder gut in dem Wagen untergebracht werden, der mitten im königlichen Hof steht. Um Viertel vor elf kehrt Marie Antoinette zu ihrem Gatten, ihrem Schwager und ihren Schwägerinnen in den Gesellschaftssalon zurück. Der Abend verläuft wie gewöhnlich.

Um elf Uhr zieht sich der König in seine Gemächer zurück. Der Graf und die Gräfin von Provence verlassen die Königin, und Madame Elisabeth begibt sich zum Pavillon de Flore. Während sich Marie Antoinette für die Nacht vorbereitet, spielt sich im Zimmer des Königs die unveränderliche Zeremonie des Zubettgehens ab. Ludwig XVI. schaut mehrfach aus dem Fenster und prüft den bewölkten Himmel. Niemand kümmert sich darum: Es ist bekannt, daß sich der König immer sehr um das Wetter sorgt.

Um Viertel nach elf kommt La Fayette zur Zeremonie des *Coucher*. Man plaudert miteinander, zum Beispiel über die Feiern des Fronleichnamfestes, die am folgenden Donnerstag stattfinden sollen. Um halb zwölf, als das Ritual des *Coucher* beendet ist, kehrt Ludwig XVI. in sein eigentliches Schlafzimmer zurück und legt sich endlich ins Bett. Seine Kammerdiener Marquant und Lemoine ziehen gewissenhaft die seidenen Bettvorhänge zu. Um sich auszukleiden, verläßt Lemoine das Zimmer, wohin er dann wie üblich zurückkehren wird, um sich mit der Klingelschnur um die Hand neben das königliche Bett zu legen.

Aufgeregt hat der König diesen kurzen Augenblick abgewartet. Schnell springt er aus dem Bett und schleicht in ein Garderobenzimmer, das eine Verbindungstür zum Zimmer des Dauphins hat und weiter bis zum Zwischengeschoß der Königin hinunter, wo für ihn eine braune Leinenweste, eine schwere Perücke und ein runder Hut bereitliegen. In dieser Aufmachung gleicht der König einem ganz normalen Bürger der Hauptstadt, einem dieser dicken Händler, von denen es in Paris wimmelt.

In aller Ruhe durchquert Ludwig XVI. mit einem Stock in der Hand die Palasthöfe, ohne daß ihn jemand erkennt. Ohne Zwischenfall erreicht er Fersens Wagen, der mittlerweile eine Rundfahrt durch Paris gemacht hat, bevor er in der Rue de l'Échelle vor der Tür des Gasthauses du Gaillarbois, das vor allem von Kutschern und Pferdeknechten besucht wird, haltmacht. Madame Elisabeth ist bereits eingetroffen. Man wartet nur noch auf die Königin. Bald erscheint sie, völlig aufgewühlt: Sie hatte sich verirrt und war La Fayettes Wagen begegnet, der sie in ihrem grauen Seidenkleid und mit ihrem ebenfalls grauen, mit einem lang herabfallenden Schleier geschmückten Hut nicht erkannt hatte. Endlich fahren sie in die dunkle Nacht hinaus.

Unterwegs erkennt der König die Straßen. Er ist etwas beunruhigt: Warum nimmt Fersen nicht den direkten Weg über die Zollschranke von Saint-Martin? In der Tat macht er in der rue de Clichy noch einmal am Gasthauses Crawford halt, um sich zu vergewissern, daß der große Reisewagen, der den König und seine Familie weiter befördern soll, zur vereinbarten Stunde abgefahren ist. Beruhigt benutzt Fersen einen schier endlosen Umweg. Erst um zwei Uhr morgens erreichen die Flüchtigen die Zollschranke von Saint-Martin. Fersen geht auf die Suche nach der Reisekutsche. Die Zeit vergeht. Da entdeckt der Schwede einen Wagen, der in einiger Entfernung am Wegrand steht: Alle Laternen sind gelöscht, und die drei ergebenen Wachen stehen bereit. Man muß nur noch die beiden Wagen zusammenführen und die königliche Familie in die Reisekutsche umsteigen lassen, die sie in Sicherheit bringen soll.

Mit ihrem dunkelgrün gestrichenen Aufbau, ihren gelben Rädern und ihren Truhen, die Vorräte und »Notdurftgefäße« enthalten, hat der königliche Reisewagen – trotz der Innenausstattung aus weißem Utrechter Samt – nichts von einem »Abklatsch des Versailler Schlosses«, wo wie Mercier behauptete, »nur die Kapelle und das Musikorchester fehlen«. Es ist einfach ein bequemer Aristokratenwagen für Reisezwecke. Die königliche Familie macht ganz und gar den Eindruck einer Emigrantenfamilie, wie man sie damals häufig sieht.

Um halb drei macht der schwere Wagen sich in Richtung Bondy auf den Weg, und bald durchdringen die ersten Strahlen der Morgendämmerung die Wolken. Erschöpft von der rasenden Fahrt halten die Pferde eine halbe Stunde später vor der Poststation von Bondy. Am Rand des Waldes muß Fersen die königliche Familie verlassen. Er will den König weiterhin begleiten, aber Ludwig XVI. ist dagegen. Er selbst wird die Seinen beschützen. Fersen und Marie Antoinette trennen sich wortlos. Der König spricht bewegt einige Dankesworte. Der Edelmann verbeugt sich langsam: »Adieŭ, Frau von Korff!« sagt er laut und deutlich, um die Pferdeknechte zu täuschen, die sich in der Nähe des schweren Wagens zu schaffen machen. Und die Reisekutsche fährt weiter, nach Meaux.

Nun beginnen die Reisenden, an den unerwarteten Erfolg ihres Vorhabens zu glauben, und beschließen, jeder eine Rolle einzunehmen: Frau von Tourzel wird zur Baronin von Korff, auf deren Namen die Pässe ausgestellt sind, Marie Antoinette zu einer Gouvernante namens Frau Rochet und der König zu einem Intendanten Dubois. Madame Elisabeth ist Gesellschaftsdame, und die *Kinder von Frankreich* werden Amélie und Aglaé getauft. Der König amüsiert sich und betrachtet die Sache als lustigen Streich: Er sieht sich schon in Montmédy. »Wenn ich erst wieder den Hintern im Sattel habe, werde ich ein anderer Mensch sein!« ruft er erheitert aus. Die Königin gibt sich bereits den verrücktesten Hoffnungen hin, als sie um sechs Uhr in Meaux eintreffen. Nach dem Pferdewechsel nehmen sich der König und seine Familie vergnügt den Proviant vor: Sie essen »ohne Teller oder Gabeln, nur mit Brot«, wie »Jäger oder sparsame Reisende«. Schadenfroh beginnt der König sich auszumalen, was La Fayette erwartet. Um acht Uhr durchquert die Kutsche ohne den geringsten Zwischenfall La-Ferté-sous-Jouarre, und nach einer kurzen Pause geht die Reise weiter nach Montmirail, das man um elf Uhr erreicht.

Zum gleichen Zeitpunkt war ganz Paris wie vom Donner gerührt. Der Kammerdiener, der außer sich war, seinen Herrn nicht im Bett vorzufinden, hatte sofort Alarm geschlagen. Man hatte auch bemerkt, daß die Königin, ihre Kinder und Madame Elisabeth verschwunden waren. Es war so viel von dieser Flucht gesprochen worden, daß niemand mehr daran glaubte. Aber nun stand man vor vollendeten Tatsachen. Sofort wurden La Fayette, Bailly und der Vorsitzende der Nationalversammlung, Beauharnais, unterrichtet. La Fayette befand sich in einer äußerst heiklen Lage: Auch wenn er noch einige Anhänger unter den liberalen Bourgeois besaß, die ihn als den Schöpfer der Erklärung der Menschenrechte und als Verteidiger der Freiheiten gegen den Absolutismus ansahen, so würden andererseits Demokraten wie Marat und Robespierre, deren Popularität bei den Volksmassen mit jedem Tag wuchs, ihn sofort beschuldigen, der königlichen Familie die Flucht erleichtert zu haben.

Noch bevor die Nationalversammlung zusammentrat, trafen La Fayette, Bailly und Beauharnais gemeinsame Eilmaßnahmen. Zuerst fragte La Fayette seine beiden Kollegen, ob die öffentliche Ordnung und das öffentliche Wohl es wirklich erforderten, daß man die Flüchtigen suche und zurückbringe: Vielleicht träumte er damals von einer Republik, deren Präsident er sein würde. Bailly und Beauharnais wollten aber die königliche Familie verfolgen lassen. La Fayette verfaßte daraufhin rasch folgende Zeilen: »Die Feinde der Revolution haben den König entführt. Der Überbringer dieser Nachricht hat den Auftrag, alle guten Bürger zu unterrichten. Im Namen des gefährdeten Vaterlandes wird ausdrücklich befohlen, den König aus der Hand seiner Entführer zu befreien und in den Schoß der Nationalversammlung zurückzuführen.« Dieser Haftbefehl folgte einer These, die schwer aufrechtzuerhalten war, wonach der König durch Konterrevolutionäre entführt worden war, gegen die man auf diese Weise die guten Bürger aufbrachte, welche die Aufgabe hatten, das finstere Vorhaben der Feinde der Revolution zu vereiteln. Fand man den König wieder, so brauchte man die Verfassung also nicht zu verändern. Er würde seinen Platz wieder einnehmen, da das Entführungsmärchen ihn von vornherein für unschuldig erklärte.

In der Hauptstadt verbreitet sich die Nachricht in Windeseile. Fußgänger bleiben auf der Straße stehen und reden laut aufeinander ein; die Läden, die eben aufgemacht haben, schließen sofort wieder; die Männer ziehen ihre Nationalgardistenuniform an. Alles wartet gespannt. »Der König und die Königin sind geflüchtet. Ich schreibe Ihnen in großer Eile, bei Kanonendonner und in größter Aufregung. Jetzt ist der Krieg erklärt«, kritzelt Madame Roland an einen ihrer Brieffreunde in der Provinz. Sie fügt folgende bezeichnenden Worte hinzu: »Es scheint fast unmöglich, daß La Fayette nicht ihr Komplize ist.« Die widersprüchlichsten und verrücktesten Neuigkeiten kursieren. Die Vernünftigsten meinen allerdings, daß Ludwig XVI. abgereist ist, um die treuen Truppen aufzusuchen. Bald malt man sich aus, wie die Königstruppen – die der Emigranten und vielleicht die des Auslands – auf Paris marschieren, um das Ancien Régime wiedereinzuführen. Nach dem Ausdruck eines Zeitgenossen »ist Paris ein einziges Pulverfaß«.

Um neun Uhr morgens tagt die Versammlung. Etwas ängstlich, aber ohne jedes Zögern übernehmen die Abgeordneten die Exekutive und stellen die Minister unter ihren Befehl. Sie greifen die Entführungsthese auf, die La Fayette zwei Stunden zuvor vorgeschlagen hat. Und da die Abgeordneten einen Volksaufstand fürchten, lassen sie in der ganzen Stadt bekanntgeben, daß die Versammlung alle notwendigen Vorkehrungen treffe, um die Ordnung aufrechtzuerhalten, und es sich empfehle, jede Initiative und Gewalttätigkeit zu unterlassen. Barnave verkündet am Rednerpult, »daß man vor allem ein Eingreifen des Volkes verhindern muß«. Man ermahnt also die Bürger, der Versammlung zu vertrauen. Dennoch glaubt Paris nicht an die Entführungsthese, die die Obrigkeit ausgegeben hat, um die bürgerliche Revolution zu retten.

Eine plötzliche Wende stellt erneut alles in Frage. Der Justizminister Duport-Dutertre kommt mit einem langen Schreiben zur Nationalversammlung, das der König vor seiner Abreise hinterlassen hat. Aber ein Mann, der entführt wird, hat natürlich keine Zeit, gemächlich einige Seiten mit seiner feinen, regelmäßigen und schrägen Schrift zu füllen!

Die Verlesung des königlichen Manifests wirkte wie eine Bombe. In seinem viel zu langen und umständlichen Text, in dem er Privates und Öffentliches vermischte, prangerte der König »die Anarchie« an, die in Frankreich seit der Versammlung der Generalstände herrsche. Er beteuerte, daß er die Dekrete der Nationalversammlung nur unter Zwang ratifiziert habe, da er sich als Gefangener betrachtete. Er klagte über die Verfassung, die ihm lediglich »ein fahles Trugbild des Königtums« lasse. Nachdem er lange auf eine Rückkehr zur Vernunft gehofft habe, die nicht eingetroffen sei, müsse er nun Tag für Tag miterleben, wie das Werk der Monarchie zusammenbreche, dem er weiterhin innigst verbunden bleibe. So habe er sich entschlossen, »seine Freiheit wiederzuerlangen und sich mit seiner Familie in Sicherheit zu bringen«. Er versprach, alle »Beleidigungen« zu vergessen, wenn er, der Vater der Völker, mit einer »Verfassung, die er freiwillig angenommen habe«, nach Paris zurückkehre.

Die Abgeordneten waren sprachlos. Der König gab zu, daß er ein Doppelspiel betrieben hatte; die Entführungsthese brach zusammen. Desweiteren war der Verdacht gerechtfertigt, daß Ludwig XVI. an der Spitze einer Armee nach Paris zurückkehren wollte: Die Darlegungen des Königs enthielten subtile Drohungen. Dabei fiel die Flucht des Königs mit einem Zeitpunkt zusammen, wo die Abgeordneten sogar bereit waren, die Verfassung zugunsten der Stärkung seiner Macht zu verändern!

Die gemäßigte Mehrheit der Versammlung, die zwischen der konterrevolutionären Gefahr und der demokratischen Linken stand, begnügte sich damit, eine sehr moderate Maßnahme zu treffen: Sie verlangte eine neue Vereidigung der Soldaten. Robespierre stieg auf die Tribüne, um seine Empörung kundzutun. Er schlug vor, das Volk zu mobilisieren, um die Revolution zu retten, was aber die Gemäßigten um jeden Preis verhindern wollten. Um vier Uhr wurde die Sitzung unterbrochen. Sofort machten sich dreiundachtzig Boten mit den Befehlen der Versammlung in alle Departements des Reiches auf. Als die Sitzung um halb sechs wiederaufgenommen wurde, hielt die Mehrheit der Abgeordneten noch immer die Entführungsthese aufrecht. »Der König muß verführt worden sein..., mitgezogen...«, sagte man, um das Memorandum und seine Abreise zu rechtfertigen. Allerdings ließ sich niemand mehr täuschen.

Währenddessen setzt der königliche Reisewagen seinen Weg fort. Er kommt nicht sehr schnell voran: drei Meilen in der Stunde. Die Reisenden, die sich außer Gefahr glauben, beginnen sich Zeit zu lassen. Der König steigt an einer Poststation aus, »um den Damen Zeit zu lassen, sich frisch zu machen und selbst sein Bedürfnis zu verrichten«. Seine Wachen versuchen ihn zu verstecken, aber Ludwig XVI. drängt sie sanft zur Seite. »Ich glaube nicht, daß dies noch nötig ist; meine Reise scheint mir vor jedem Unfall sicher«, sagt er ihnen. Seine wiedergewonnene Freiheit genießend, beginnt er ein Gespräch mit den Bauern und unterhält sich mit ihnen über die Ernte, während Frau von Tourzel und die Kinder sich die Beine vertreten.

Fünf Meilen vor Châlons macht der Wagen in Chaintrix erneut eine Pause. Es ist halb drei, und die Hitze wird drückend. Der Schwiegersohn des Postmeisters, Gabriel Vallet, der im vergangenen Jahr am Föderationsfest teilgenommen hat, erkennt die Flüchtigen. Dieser Junge hat nichts von einem wilden Revolutionär. Er grüßt den König und seine Familie ehrfurchtsvoll, die sich daraufhin gerne im Innern der Poststation etwas erfrischen. Gabriel Vallet selbst fährt die Flüchtigen in einem Wahnsinnstempo nach Châlons. Er hat es so eilig, daß die Pferde zweimal stürzen; man verliert anderthalb Stunden, um die gerissenen Zügel zu flicken.

In Châlons wird die schwere Kutsche neugierig beäugt. Man ist auf dem laufenden. »Wir wurden ganz und gar erkannt«, berichtete später *Madame Royale*. Ein Einwohner aus Châlons geht zum Bürgermeister, um den König anzuzeigen, aber um halb fünf macht sich der Wagen bereits auf den Weg nach Metz. Der König ist gelassen. An der nächsten Poststation, an der Brücke von Somme-Vesle, soll er die sechzig Reiter des jungen Herzogs von Choiseul treffen, die ihm Geleit geben werden. Aber an der Brücke von Somme-Vesle wartet niemand.

Während die Knechte die Pferde wechseln, blickt der König über die Felder und denkt, »daß die ganze Welt ihn im Stich lasse«. In Wirklichkeit hatte Choiseul seine Soldaten zurückziehen müssen, weil einer von ihnen dem Postmeister anvertraut hatte, daß »der König vorbeikommen würde«, was einen riesigen Tumult entfacht hatte.

Allmählich bekommen es die Insassen des Wagens mit der Angst zu tun. Mehrere berittene Gendarmen kommen der Kutsche entgegen, andere überholen sie. Wohin reiten sie? Was wollen sie? Die Flüchtigen fahren durch die Ebene von Valmy und sehen in der Ferne eine traurige Windmühle, deren Flügel von den wenigen Sonnenstrahlen, die die dunklen Wolken durchdringen, getroffen werden. Am nächsten Rastort, Sainte-Menehould, scheint die Lage sich noch zu verschlimmern. Die kleine Stadt ist bereits unruhig: Den ganzen Tag über war sie von Dragonern besetzt. »Sie haben den Stadtrat nicht benachrichtigt, machten keine Rast und suchten auch keine Unterkunft.« Auf wen warten sie? Die Ankunft der Kutsche wird zur Sensation. Man erzählt sich, daß es der Prinz von Condé sei, der inkognito nach Frankreich zurückkehre.

Die Pferde werden gewechselt, und der Wagen hat eben Sainte-Menehould verlassen, als sich wie ein Lauffeuer ein Gerücht verbreitet: »Der König ist eben vorbeigefahren.« Sofort ist die Stadt in Aufruhr. Der Hauptmann der Dragoner will seine Männer antreten lassen, die sich aber weigern und essen wollen. Die Nationalgarde schreitet ein und verhaftet den Hauptmann. Er behauptet, daß er nur die Reise einer Silbertransportkolonne absichern sollte. Man glaubt ihm nur halb und läßt den Postmeister, einen gewissen Drouet, kommen, »um zu erfahren, was er Außergewöhnliches an diesem Wagen festgestellt habe«. Entgegen der Legende hat der Postmeister den König nicht erkannt. Hätte er ihn identifiziert, so hätte er ihn zweifellos daran gehindert, die Stadt zu verlassen. Er erklärt bloß, »daß er einen dicken, kurzsichtigen Mann mit langer Adlernase und einem Gesicht voller Pickel« in der Kutsche gesehen habe. Er fragt, ob der König diesem Bild entspricht. Der eilig zusammengetretene Stadtrat beschließt, »die Flüchtigen einzuholen«. Drouet und ein Bezirksbeamter namens Guillaume sollen den verdächtigen Wagen verfolgen.

Der Reisewagen fährt weiter nach Osten; er kommt nur langsam voran. Seine Insassen ahnen nichts vom Tumult, der nach ihrer Abfahrt in Sainte-Menehould ausgebrochen ist, und sind erschöpft eingeschlafen. In dem kleinen Marktflecken Varennes muß der Wagen anhalten. Es ist unmöglich, Pferde aufzutreiben. Der König steigt aus und vertritt sich die Beine in der finsteren Straße. Alles schläft.

Während der Wagen mit seinen Insassen langsam zur Herberge »Grand Monarque« rollt, um die Pferde zu wechseln, sind Drouet und Guillaume in Varennes angekommen. Sie wecken den Gemeindeprokurator, den Kleinhändler Sauce, der sofort einige Nachbarn zusammenruft, die sich hastig bewaffnen. All diese braven und völlig verschreckten Leute, die ihre Kühnheit selbst nicht fassen können, drängen sich um den Wagen: »Die Pässe!« verlangen sie drohend. Frau von Tourzel reicht ihnen die scheinbar völlig ordnungsgemäßen Papiere. Die Einwohner von Varennes wollen den Wagen bereits weiterreisen lassen, als Drouet, der seine Beute entkommen sieht, zu schreien beginnt: »Ich bin sicher, daß der festgehaltene Wagen den König und seine Familie enthält; wenn ihr ihn ins Ausland reisen laßt, macht ihr euch des Verrats schuldig.«

Das genügt, um die Bürger von Varennes völlig durcheinanderzubringen. Die Reisenden protestieren, aber Vater Sauce wiederholt ununterbrochen: »Morgen werden wir weitersehen.« Wütend gibt Ludwig XVI. den Kutschern den Befehl loszufahren, aber die umherstehenden Männer laden ihre Gewehre. Der König beugt sich aus der Wagentür. Die Menge schwillt allmählich an; Lichter blitzen auf, die Sturmglocke beginnt zu läuten. Bald kommen die Einwohner der Nachbarorte hinzu. Sauce bietet den aufgeregten Reisenden sein Haus als Unterkunft an. Man muß sich damit abfinden. Gefolgt von seiner Frau, seiner Schwester und der Gouvernante mit den schlafenden *Kindern Frankreichs*, betritt Ludwig XVI. Sauces Krämerladen. Sie lassen sich auf den Stühlen im Hinterzimmer nieder und legen die Kinder aufs Bett. Ganz Varennes ist auf den Beinen.

In der Aufregung hat Vater Sauce plötzlich den Einfall, nach einem gewissen Destez, der früher in Versailles lebte, zu schicken. Als dieser den dicken Mann in seiner gewöhnlichen braunen Leinenweste sieht, zögert er keinen Augenblick. Er verbeugt sich tief und ruft aus: »Oh, Sire!« Ludwig XVI., der noch vor fünf Minuten geleugnet hat, der König von Frankreich zu sein, reagiert ergriffen und gibt sich zu erkennen: »Nun ja, ich bin Ihr König.« Sofort schließt er den immer noch verdutzten Destez in seine Arme und ebenso Sauce, der nichts mehr versteht. Bald umarmt er alle Ratsmitglieder der Gemeinde, die sowohl verblüfft als auch ergriffen sind. Die Königin verfällt in »einen Zustand äußerster Erregung«. Sodann erklärt der König gelassen, »daß er Paris verlassen habe, weil dort seine Familie in Todesgefahr schwebe; daß er es leid sei, von Dolchen und Bajonetten umgeben zu leben und deshalb Zuflucht bei seinen treuen Untertanen suche«. Die gerührten Varenneser sind fest entschlossen, ihn seine Reise fortsetzen zu lassen, aber plötzlich erschallt ein Schrei: »Die Husaren!«

Durch die Lichter und das Sturmläuten aufmerksam geworden, treffen jene Husaren ein, die an der Brücke von Somme-Vesle auf die Kutsche stoßen sollten. Choiseul, ihr Offizier, durchschaut sofort die Lage. Er ermahnt seine Männer: Sie müssen den König und die Königin retten. Ohne jemanden zu verletzen, räumen sie in wenigen Augenblicken die Straße. Choiseul bietet dem König seinen Begleitschutz an. Gutmütig lehnt Ludwig XVI. dieses Angebot ab und versichert, daß der Varenneser Stadtrat ihm versprochen habe, »in einigen Stunden den Weg nach Montmédy freizugeben«.

In diesem Augenblick verspielte der König seine letzte Chance. Die Husaren verteilten sich innerhalb der Ortschaft. Die Schenken machten wieder auf und sie begannen zu trinken und sich mit der Bevölkerung zu verbrüdern, die ein unerhörtes Abenteuer erlebte: Der König, die Königin und der kleine Dauphin waren in ihr verlorenes Nest Varennes gekommen! Sollte man sie nach Paris zurückführen oder weiterreisen lassen? Im Verlauf dieser kurzen Nacht war man ständig zwischen Neugier, Angst, Rührung und Vaterlandsliebe hin- und hergerissen. Während die Bewohner der benachbarten Dörfer zu Hunderten und Tausenden mit Sensen, Flinten und Knüppeln herbeieilten, kamen seltsame Gerüchte auf und verstummten wieder. Der Varenneser Stadtrat hatte sich inzwischen von der Aufregung erholt und lehnte es ab, die Verantwortung für die Weiterreise des Königs zu tragen. Es wurde beschlossen, eines seiner Mitglieder nach Paris zu schicken, um die Befehle der Nationalversammlung entgegenzunehmen. Die Bevölkerung beruhigte sich, indem sie aß und trank, aber dann kam wieder Unruhe auf, als sich das Gerücht verbreitete, daß die Armee von Bouillé, »dem Mörder von Nancy«, auf Varennes marschiere. Nun begann die Menge zu rufen: »Nach Paris! Nach Paris!«

Um sechs Uhr früh nehmen die Ereignisse eine plötzliche Wendung. Zwei Boten der Nationalversammlung und zwei Nationalgardisten – der gelassene, ordentlich gekleidete Romeuf und der aufgeregte, schlampig aussehende Bayon – treffen mit einem Dekret in Varennes ein, das »den guten Bürgern [...] aufträgt, den König zur Nationalversammlung zurückzubringen«. Welche Erleichterung für dieses aufgeregte Volk! Die beiden Gardisten werden zum König geführt und schildern ihm den apokalyptischen Zustand der Hauptstadt seit seiner Abfahrt. »Man bringt sich gegenseitig um«, erklären sie ihm. Als Ludwig XVI. das Dekret gelesen hat, murmelt er verstört: »Es gibt keinen König von Frankreich mehr.« Er liest das Papier noch einmal, so als wollte er es besser verstehen, und legt es dann zerstreut auf das Bett, auf dem seine beiden Kinder immer noch tief schlafen. Die Königin wirft es zu Boden. »Ich will nicht, daß es meine Kinder besudelt«, schreit sie in ihrer Verzweiflung den Gemeindebeamten entgegen, die, ohne es zu wissen, den Zusammenbruch der Monarchie erleben.

Draußen beginnt die Menge unruhig zu werden. »Sie sollen gehen! Sie müssen gewaltsam zurückgebracht werden... Wir werden sie an den Füßen zu ihrem Wagen schleifen«, schreit man. Der König erscheint am Fenster. Ein vereinter Ruf erschallt: »Nach Paris!« Ludwig XVI. weiß, daß Bouillés Truppen sich nähern, und versucht Zeit zu gewinnen: Die Königin brauche Ruhe und seine Kinder ebenfalls. Die Mitglieder des Stadtrats lassen sich nicht erweichen; sie drängen darauf, daß sich die königliche Familie so schnell wie möglich auf den Weg nach Paris macht. Ludwig XVI. resigniert. Mit verstörter Miene, gefolgt von der Königin, seiner Schwester, Frau von Tourzel und den Kindern, geht er zum Reisewagen, den das Volk bereits angespannt und vor den Krämerladen von Sauce gezogen hat. Man ruft: »Es lebe der König!«, aber auch und vor allem: »Es lebe die Nation!« Ermattet und von einer riesigen Menge begleitet, tritt das Herrscherpaar die Fahrt zurück in die Hauptstadt an.

Während der ersten Meilen begleiten diese Bauern, die mit Flinten, Sensen und Knüppeln bewaffnet sind, die Kutsche im Laufschritt; so sehr fürchten sie die Ankunft von Bouillés Truppen. Der von einer dichten Staubwolke umhüllte, schaukelnde Wagen wird inmitten dieser elenden, verzweifelten Menschenmenge zum »Leichenzug der Monarchie«. Diese Männer und Frauen aus ärmlichen Verhältnissen wollen nichts anderes, als ihr Leben, ihren Besitz und ihre Dörfer zu retten. Sie haben sich soeben als Helden zuungunsten einer Familie erwiesen, die ebenfalls nur ihr Leben, ihren Besitz sowie einen bestimmten Begriff der französischen Monarchie retten will, der weder seiner Zeit noch seinem Volk mehr entspricht.

Erschöpft erreichte die königliche Familie Sainte-Menehould, wo ein Abendessen für sie vorbereitet worden war. Von der Bedrängnis der Königsfamilie gerührt, bot der Bürgermeister der Königin sein Haus für den Rest des Tages und die Nacht an. Das Herrscherpaar willigte sofort ein, aber als die Menge sah, daß der Wagen ausgespannt wurde, begann sie zu toben: »Wir sind verraten! Man erwartet Bouillé!« Resigniert beschloß Ludwig XVI. weiterzufahren.

In Châlons wurden sie durch einen Empfang überrascht, der eher denen, die sie vor 1789 gewohnt waren, ähnelte als den späteren. Sie wurden im eleganten Palais des Intendanten untergebracht, wo Marie Antoinette bereits 1770 übernachtet hatte, als sie nach Compiègne fuhr, um den Dauphin zu treffen. Dennoch fand das Herrscherpaar keine Ruhe. Einige wohlmeinende Royalisten hatten tollkühne Hoffnungen bei ihnen geweckt: Der König sollte über eine Geheimtreppe fliehen, die zu den Gärten führte. Ludwig lehnte es aber ab, sich allein in Sicherheit zu bringen. Etwas später ließ man ihn wissen, daß »die guten Reimser« bereits am nächsten Tag eintreffen würden und daß er mit Hilfe der Nationalgarde von Châlons, die königstreu sei, ohne Schwierigkeiten Montmédy erreichen könne. Vor Aufregung konnte der König kaum schlafen. Am folgenden Tag, Donnerstag, den 23. Juni, war die Enttäuschung groß. Die »guten Reimser« waren zwar eingetroffen, aber sie forderten unter Drohungen die Rückkehr des Königs nach Paris. Die Fronleichnamsmesse, an der der König hatte teilnehmen wollen, wurde durch ihren Tumult unterbrochen, und Ludwig XVI. mußte schließlich am Fenster erscheinen, um seine baldige Abfahrt anzukündigen.

Seit der Ankunft in Châlons stand die Bevölkerung der Königsfamilie zunehmend feindlicher gegenüber. In dem Dorf Chouilly, wo man eine kurze Pause machte, spuckten die Bauern dem König ins Gesicht und zerrissen das Kleid der Königin. Ludwig XVI. reagierte nicht, die Königin und Madame Elisabeth weinten, während die Kinder sich verängstigt an die Rockschöße ihrer Eltern klammerten. In Épernay verhielt sich der Pöbel ähnlich beleidigend. Aber man teilte dem König mit, daß er in Kürze auf Vertreter der Nationalversammlung treffen würde.

In Paris war bereits am 22. Juni bekannt geworden, daß Ludwig XVI. in Varennes festgehalten worden war. Sofort beschloß die Nationalversammlung, dem König drei Abgeordnete entgegenzuschicken – nicht, um ihn zu verhaften, sondern zu seinem Schutz: Latour-Maubourg als Vertreter der aristokratischen Richtung, Barnave als Vertreter der gemäßigten Mehrheit sowie Pétion, der die offen demokratische und republikanische Gesinnung repräsentierte.

Vier Meilen vor Épernay begegnete der Wagen dieser Kommissare dem des Königs. Die Abgeordneten stiegen aus und begrüßten ehrfurchtsvoll den König. Als Stellvertreter der Nation und folglich des Rechtes brachten sie die Beschimpfungen des Volkes zum Schweigen. Der König ließ Pétion und Barnave in seinen Wagen steigen: Sie quetschten sich zwischen die Mitglieder der königlichen Familie, während Latour-Maubourg mit der Kutsche der Zofe, die dem Reisewagen folgte, vorliebnehmen mußte.

Betroffen und »bedrückt« sagt die Königin »sehr hastig«: »Der König hat Frankreich nicht verlassen wollen«, und sie wiederholt dies immer wieder. Ludwig XVI. bestätigt die Aussage seiner Frau: »Nein, meine Herren«, sagt er treuherzig, »ich wollte nie ins Ausland. Ich habe das immer erklärt, und es ist wahr.« Sofort fragt die Königin nach dem Schicksal der Leibwachen, die sie seit ihrer Abfahrt beschützen. Die Kommissare kommen nicht zu Wort; sie beobachten dieses Königspaar, von dem man ihnen soviel erzählt hat und das sie noch nie aus der Nähe erlebt haben. Zu seiner großen Verwunderung bemerkt Pétion »eine natürliche und familiäre Atmosphäre, die ihm gefällt«. Die königliche Familie hat nichts mit dem ganzen Klatsch zu tun, den man über sie erzählt. Vor allem ist er beeindruckt von der äußersten Müdigkeit, die sich auf allen Gesichtern abzeichnet und von den verschmutzten Kleidern der Herrscherfamilie. Sie haben sich seit Paris nicht umgezogen!

Bald beginnt ein nahezu vertrauliches Gespräch zwischen den Gescheiterten und den Vertretern des Volkes, die, ungeachtet ihrer Überzeugung, eine gewisse Achtung für sie empfinden. Ganz zwangsläufig nehmen sie am intimen Leben dieser Leute teil, die ihre Erziehung und Phantasie ihnen stets anders beschrieben haben. Als Pétion sich wundert, daß die »Prinzessinen keinerlei Bedürfnis« anmelden, sieht er, wie der kleine Dauphin mehrfach seinen Topf fordert, den sein Vater ungeniert hinüberreicht. Madame Elisabeth, die ihre Nichte auf den Schoß nimmt und sich auf die Schulter des Abgeordneten stützt, erscheint ihm ganz und gar bezaubernd; er ist überzeugt, daß die Schwester des Königs ihn sehr sympathisch findet. Währenddessen unterhält sich Barnave mit der Königin. Sie »sprach als Familienmutter und recht gebildete Frau«, wird er später sagen. In Wirklichkeit versucht Marie Antoinette Barnave für ihre Sache zu gewinnen. Warum sollte man nicht Barnave anstelle von Mirabeau zum Ratgeber wählen?

Das Mittagessen in La Ferté-sous-Jouarre verläuft ohne Zwischenfall. Man macht sich erneut auf den Weg, um im bischöflichen Palais von Meaux zu übernachten. Unter einem bleiernen Himmel kommt der Reisewagen nur langsam vorwärts. In Meaux versuchen die Flüchtlinge sich etwas auszuruhen; das erste Mal seit mehreren Tagen. Der König, der sich seines Lebens nicht mehr sicher fühlt, fordert, daß man einen Wachposten unten an die Treppe stellt, die von seinem Zimmer zum Garten führt. Am nächsten Tag erscheint ihm sein Hemd so verschmutzt, daß er sich das eines Gerichtsvollziehers ausleiht. Bald beginnt die letzte, bedrohlichste Reisestrecke. Auf ihre Frage, welchen Weg sie zu den Tuilerien benutzen werden, wird der Königin erwidert, daß sie die Außenboulevards, die Zoll-Schranke der Étoile und die Gärten benutzen werden. Da sie sich wundert, gibt man ihr zu verstehen, daß es besser sei, »feindselige Pläne zu durchkreuzen, indem man eine Strecke wählt, auf der es kaum Häuser gibt«. »Ich verstehe«, sagt sie nur.

In außergewöhnlicher Stille erwartet Paris die Rückkehr des Königs. »Wer dem König Beifall spendet, erhält Knüppelschläge; wer ihn beleidigt, wird aufgehängt«, liest man an den Mauern der Hauptstadt. Das Volk versteht sich als gewaltiges Tribunal. »Behaltet den Hut auf, denn er wird vor seinen Richtern stehen«, schreibt der Journalist Bonneville in der Zeitung »Bouche de fer«. Eine riesige schweigende Menschenmenge, von der Nationalgarde mit umgekehrtem Gewehr im Zaum gehalten, harrt schon seit Stunden aus und wird zunehmend dichter.

In glühender Hitze und inmitten einer riesigen Staubwolke trifft der merkwürdige Zug ein. Zwei Grenadiere mit Bajonetten reiten auf den Zugpferden. Die Leibwachen sind völlig verdreckt. Die Königin, mit ihrem weinenden Sohn auf dem Schoß, bietet einen traurigen Anblick, und der König wirkt sonderbar abwesend.

Als die königliche Familie aussteigt, holen einige wütende Demonstranten zum Schlag aus. Noch einmal bewährt sich die Nationalgarde. Der Herzog von Aiguillon und der Vicomte von Noailles ergreifen die Königin und heben sie gleichsam vom Boden auf, um sie ins Schloß zu führen, während der König, wie immer gelassen, die Stufen hinaufgeht. Der Abgeordnete Menou nimmt den Dauphin auf den Arm, ohne daß die Königin dies sofort bemerkt. Daraufhin gerät sie sofort in Panik: Da sie ihren Sohn nicht mehr sieht, ist sie sicher, daß man ihn ihr entrissen hat.

Ludwig XVI. kleidet sich um, begibt sich in sein Arbeitszimmer, schreibt einige Briefe und gibt sie seinem Kammerdiener, damit er sie La Fayette überreicht. Verwundert fragt dieser nach den Befehlen Seiner Majestät. »Es scheint so«, antwortet Ludwig XVI., »daß eher ich unter Ihrem Befehl stehe als Sie unter dem meinen.« Der König weiß, daß er ein Gefangener ist. Er nimmt sein Tagebuch und vermerkt: »Dienstag, den 21.: Abfahrt von Paris um Mitternacht. Um elf Uhr abends Ankunft und Aufenthalt in Varennes in den Argonnen. 22.: Abfahrt von Varennes um fünf oder sechs Uhr morgens, Mittagessen in Sainte-Menehould, zehn Uhr Ankunft in Châlons, Abendessen und Übernachtung in der ehemaligen Intendanz. 23.: um halb zwölf Unterbrechung der Messe, um die Abfahrt voranzutreiben, Mittagessen in Châlons, Abendessen in Épernay, Zusammentreffen mit den Kommissaren der Nationalversammlung am Hafen von Binson. Elf Uhr nachts: Ankunft in Dormans, Abendessen, drei Stunden in einem Sessel geschlafen. 24.: Abfahrt von Dormans um halb acht, Mittagessen in La Ferté-sous-Jouarre, um elf Uhr Ankunft in Meaux, Abendessen und Übernachtung im bischöflichen Palais. Samstag, 25.: um halb sieben Abfahrt von Meaux; um acht Uhr ohne Fahrtunterbrechung Ankunft in Paris.«

21. DER ZUSAMMENBRUCH

Die törichte Flucht, die vom König gewollt und von der Königin angeordnet worden war, kompromittierte den Herrscher in den Augen seiner Untertanen endgültig. Er hatte gesehen, wie sich die Bauern des Königreiches von den Argonnen bis Paris massenhaft mit dem Ruf erhoben: »Es lebe die Nation!« Schwer vorstellbar, daß sie von finsteren Rädelsführern irgendeiner geheimen Gruppe oder Partei manipuliert worden waren! Es handelte sich um spontane Bewegungen. Ludwig XVI. war darüber schmerzlich überrascht.

Womit in der Hauptstadt begonnen worden war, hatte das wütende Volk in den Städten fortgesetzt: Die Goldlilien und Hoheitszeichen des Königtums wurden überall dort weggekratzt, wo sie zu dessen Ruhm angebracht waren. Man hatte sogar daran gedacht, die Königsstatuen zu sprengen. Überall tauchten Pamphlete auf, die dieses »dicke Schwein« des Verrats und seine unverschämte »Toinon«* der abscheulichsten Laster bezichtigten. Als der Pariser Esprit wieder zum Leben erwachte, schrieben einige freche Gassenjungen auf die Mauern der Tuilerien: »Abgereist ohne eine Adresse zu hinterlassen«. Bereits am 21. Juni forderten die *Cordeliers* von der Nationalversammlung die Ausrufung der Republik. »Endlich sind wir frei und ohne König«, verkündeten sie zufrieden. Die Jakobiner standen ihnen in nichts nach: Robespierre vermutete nicht nur »überall Verdächtige«, sondern stellte darüber hinaus fest, daß »die Nationalversammlung die Interessen der Nation verrate«. Deshalb forderte man die Absetzung eines Königs, dessen Doppelzüngigkeit eindeutig bewiesen war.

Die Emigranten, Konterrevolutionäre und traditionellen Monarchisten empfanden und bezeugten dagegen höchste Verachtung für einen Herrscher, dem es nicht einmal gelungen war, sich bei einer Handvoll von Bauern in den Argonnen durchzusetzen. Nur die Liberalen, die die Verfassung erhalten wollten, mit der sie die bürgerliche Monarchie ihrer

---

* Abkürzung für Marie Antoinette: Toni. (Anm. d. Hrsg.)

Träume realisierten, drängten darauf, daß man diesen schwachen König und Pechvogel an der Spitze des Staates belassen sollte: Er war der Garant ihrer eigenen Macht. Ihre Aufgabe erwies sich als um so schwieriger, als die Bevölkerung – durch das Spiel der Umstände – die Lehrjahre eines republikanischen Regimes zu durchlaufen begonnen hatte, seit der König von sich aus die Flucht ergriffen hatte. Es hatte auch keine Machtvakanz gegeben, da die Versammlung sich als fähig erwiesen hatte, zugleich die gesetzgebende wie die vollstreckende Gewalt zu gewährleisten. Eine Debatte über eine Neuorientierung des Regimes stand unmittelbar bevor.

Am Tag der Rückkehr des Königs nach Paris mußte sich die Nationalversammlung zum weiteren Schicksal der königlichen Familie äußern. Nach langen Diskussionen beschloß sie, den Herrscher seines Amtes zu entheben: Das hatte es in der Geschichte der französischen Monarchie noch nicht gegeben. Seit dem Bekanntwerden der berühmten Denkschrift war es unmöglich, die Entführungsthese ernsthaft aufrechtzuerhalten, auch wenn sich die Mehrheit ihr anschließen wollte. Zunächst wurde beschlossen, den König und die Seinen unter den Schutz einer Wache zu stellen, »um auf ihre Sicherheit zu achten und ihre Leben zu schützen«. Der König wurde also faktisch zum Gefangenen. Alsdann verfügte die Versammlung, daß man die Aussagen Ludwigs XVI. sowie die seiner Frau »anhören müsse«, bevor man über ihr Schicksal beschließe. Schließlich berief man einen Untersuchungsausschuß, der die Umstände der »Entführung« zu erhellen hatte. Bis zum Urteil über den König sollten alle Institutionen weiterarbeiten.

Der Beschluß, den König über sein Handeln zu befragen, entfachte große Polemik. Während die Gemäßigten der Ansicht waren, daß der König und die Königin einen einfachen Bericht über ihre Reise verfassen sollten, hatten die Abgeordneten der Linken ganz andere Ansichten. Für Männer wie Robespierre oder Buzot war Ludwig XVI. nichts weiter als ein Amtsträger, der dem Gesetz unterworfen war. Folglich mußte er sich unterwerfen und einem regelrechten Verhör stellen; auch die Königin war für sie nur eine einfache Bürgerin. Die gemäßigte Mehrheit behauptete dagegen, daß der König als Repräsentant der »konstitutionellen Macht« in keinem Fall vor ein Tribunal gebracht werden könne; andernfalls würde man seine Schuld als Tatsache unterstellen. Das aber wollten die Gemäßigten nicht, da die vollstreckende Gewalt dann zusammenbrechen würde. Einer von ihnen erklärte sogar: »Den König anzuklagen ist keine Lappalie, denn wir sind der Meinung, daß jeder angeklagte König den Kopf verlieren muß. Wenn er nach der Anklage Vergebung erhielte, wäre die Nation entehrt.« Die Gemäßigten behielten die Oberhand. Duport, der die verfassungsrechtliche Nichtverantwortlichkeit des Königs unterstützte, meinte: »Es handelt sich keineswegs um eine Rechtshandlung, sondern um eine politische Handlung.« Also schickte man drei Abgeordnete zum Herrscherpaar, um dessen Aussagen entgegenzunehmen.

Am Samstag, dem 25. Juni, ließen sie sich anmelden, aber Marie Antoinette ließ antworten, daß sie gerade ein Bad nehme. Sie begnügten sich also damit, respektvoll mit dem König zu verhandeln, und am folgenden Tag unterhielten sie sich erneut mit jedem der beiden Eheleute.

Scheinheilig eröffnete Ludwig XVI. den Vertretern der Nationalversammlung, daß er froh sei, wieder in Paris zu weilen. Er machte unklare Äußerungen über die Absichten und Bedingungen seiner Abreise, bekräftigte lauthals seine Verbundenheit mit der Verfassung und äußerte seinen Wunsch, den »allgemeinen Willen« des französischen Volkes zu achten. Diese Behauptungen, die vollkommen im Widerspruch zum Inhalt seiner Denkschrift standen, schockierten die Abgeordneten keineswegs.

Marie Antoinette war sehr vorsichtig: Als gute Ehefrau sei sie ihrem Gatten gefolgt. Mit ihren Kindern wollten sie sich zu einem Ort begeben, der nahe an der Grenze gelegen war; aber niemals, so behauptete sie, habe es sich darum gehandelt, das französische Territorium zu verlassen.

Die Abgeordneten stellten ihre Fragen so geschickt, daß der König und die Königin die Möglichkeit hatten, sich noch vor jeder Anklage von aller Schuld reinzuwaschen. Marie Antoinette begriff dies sehr wohl. Zweifellos folgte sie darin den Ratschlägen Barnaves. Ihre Doppelzüngigkeit liegt auf der Hand, wenn man den Brief liest, den sie am 28. Juni heimlich an Fersen schickte: »Seien Sie ohne Sorge: Wir leben. Die Führer der Nationalversammlung scheinen uns mit Nachsicht zu begegnen. Sprechen Sie mit meinen Verwandten über mögliche Vorhaben von außerhalb...«. Am folgenden Tag fügte sie hinzu: »Es ist bekannt, daß Sie es waren, der uns von hier weggebracht hat. Alles wäre verloren, wenn Sie hier erscheinen würden... Seien Sie beruhigt, es wird mir nichts geschehen. Die Versammlung hat vor, uns nachsichtig zu behandeln...«

Ludwig XVI. und Marie Antoinette hatten begriffen, daß die Versammlung den König behalten wollte. Trotz der strengen Überwachung, unter der sie seit ihrer Rückkehr nach Paris zu leiden hatten, täuschten sie sich nicht. Allerdings hegten sie weiterhin, trotz ihrer ernsten Lage, sonderbare Hoffnungen: »Der König geht davon aus, daß das strenge Gefängnis, in das er zurückgekehrt ist, und der Zustand völliger Entwertung, in den die Nationalversammlung das Königtum gebracht hat, indem sie ihn keine einzige Handlung mehr vollziehen läßt, ausreichend bei den auswärtigen Mächten bekannt sind, als daß wir dies hier erklären müßten«, schreibt Marie Antoinette. »Der König ist der Meinung, daß ihre Unterstützung ihm und seinem Königreich nur auf dem Verhandlungswege dienlich sein könnte und daß die Drohung mit Gewalt nur zweitrangig sein dürfe. Sollte man sich hier jedem Verhandlungsweg entziehen, so meint der König, daß die offene Gewalt, sogar nach einer ersten Ankündigung, eine unberechenbare Gefahr sei – nicht nur für ihn und seine Familie, sondern auch für alle Franzosen im Innern des Reiches, deren Gesinnung sich nicht mit der Revolution deckt. Es besteht kein Zweifel, daß eine ausländische Macht mit Erfolg in Frankreich eindringen könnte, aber das bewaffnete Volk würde angesichts der ausländischen Truppen sofort die Waffen gegen seine Mitbürger richten, die ihm seit zwei Jahren als seine Feinde vorgehalten werden...«

Die Hinhaltetaktik der Nationalversammlung war eindeutig. Die Flucht des Königs stellte erneut den Charakter des Regimes in Frage. Sollte man eine Monarchie beibehalten, die trotz der Anstrengungen der Liberalen tödlich getroffen zu sein schien, oder empfahl es sich eher, die Republik auszurufen? So lautete das Dilemma, das sich der gesamten Nation zum erstenmal stellte.

Die veröffentlichten Erklärungen des Königs und der Königin schürten die Empörung der Patrioten. Der Jakobinerklub und der Cordelierklub forderten ständig die Absetzung des Königs. Die Jakobiner verlangten, daß man Ludwig XVI. vor Gericht bringe und ein Regent gewählt werde. Philippe von Orléans, der jetzt Philippe-Égalité hieß und soeben der ehrenvollen Jakobinergesellschaft beigetreten war, war sichtlich erfreut. Die Cordeliers dagegen wünschten die Einführung der Republik.

Am 1. Juli ging es in der Nationalversammlung hoch her. Ein Manifest, das die Abschaffung des Königtums und seine Ersetzung durch die Republik vorschlug, war an den Pforten und in den angrenzenden Gängen des Saals aufgehängt worden. Dieser Text, der für eine konservative und bürgerliche Republik eintrat, war von Thomas Paine, einem ihrer besten Theoretiker, verfaßt worden, dem Autor des *Common Sense*, der weiter oben schon im Zusammenhang mit dem amerikanischen Unabhängigkeitskrieg erwähnt worden ist. Brissot und Condorcet hatten für die Verbreitung des Manifests gesorgt. Zwar glättete Sieyès wieder ein wenig die Wogen, aber die republikanischen Ideen waren damit auf der Tagesordnung.

Im Salon Condorcets, der vor kurzem die junge und intelligente Sophie von Grouchy geheiratet hatte, diskutierte man täglich Mittel und Wege, wie man am besten eine Republik errichten könne. Der Salon der Madame Roland, die vor einigen Monaten nach Paris zurückgekehrt war, verbreitete die gleichen Ansichten. Brissot, der in den Vereinigten Staaten Washington und Franklin getroffen hatte, propagierte die amerikanische Demokratie. Laut und deutlich rief er aus, daß Frankreich zu einer Republik geworden sei: eine seltsame Republik zwar, da sie noch von einem Erbmonarchen geleitet würde, der die vollstreckende Gewalt besaß, aber er müsse eben beseitigt werden. Die Jakobiner und die Cordeliers diskutierten genauso heftig über das Schicksal Ludwigs XVI. und forderten, daß er der Nation übergeben wurde.

Die Tuilerien machten den Eindruck eines befestigten Lagers. Die Wachen hatten ihre Zelte in den Gärten aufgebaut. Wachposten standen auch auf dem Dach. Man betrat oder verließ den Palast nur nach einer Leibesvisitation. Keine einzige Geste des Herrscherpaares entging der Kontrolle seiner Wächter. Die Offiziere, die sich im großen Kabinett einrichteten, das an das Zimmer der Königin grenzte, ließen die Tür ständig offenstehen. Die Königin durfte sie nur schließen lassen, wenn sie aufstand und sich anzog. Um den Blicken dieser ständig anwesenden Spitzel zu entgehen, ließ Marie Antoinette das Bett ihrer ersten Zimmerzofe neben das ihre stellen. Ludwig XVI. schien mit einer gewissen Resignation, die sich mit Hoffnung mischte, auf das Ende seiner Gefangenschaft zu warten. Er kümmerte sich um seine Kinder und las erneut das Leben des unglücklichen Karls I. von England, das ihn schon als Kind sehr gerührt hatte. Spaziergänge blieben der königlichen Familie verboten. Wenn Ludwig XVI. und Marie Antoinette die Frische des Abends genießen wollten, erschienen sie an den Fenstern, aber die Beschimpfungen und Flüche, die von allen Seiten laut wurden, hinderten sie daran, lange zu verweilen.

Die öffentliche Meinung war dem König sehr feindlich gesinnt und behinderte deshalb die Pläne der Nationalversammlung. Am 13. Juli legte der Ausschuß, der mit der Aufklärung des »Ereignisses« beauftragt war, seine Ergebnisse vor. Man hatte dem König nichts vorzuwerfen: Er hatte sein Recht wahrgenommen, Paris zu verlassen, und war innerhalb des Königreichs geblieben. Allerdings bestätigte man, daß Ludwig XVI. von Bouillé aus der Hauptstadt »entführt worden war«; jener hatte beabsichtigt, aus ihm ein »Instrument« seiner Pläne zu machen. Also mußte man diesen treulosen General mit seinen Komplizen verhaften. Die Erklärung, die der König zurückgelassen hatte, war völlig wertlos, da sie von keinem einzigen diensthabenden Minister unterzeichnet war. Also konnte man sie bloß als einen gewöhnlichen Fetzen Papier ansehen! Darüber hinaus betonten die Ausschußmitglieder die Liebe der Franzosen zu ihrer Monarchie. Sie nutzten die Gelegenheit, um im Namen des ganzen Volkes die Unverletzlichkeit des Königs zu fordern. Auf diese Weise wurde Ludwig XVI. offiziell freigesprochen.

Diese Darstellung wurde jedoch nicht ohne weiteres akzeptiert. Robespierre bemerkte, es sei feige, die Untergebenen zu bestrafen, während man die Mächtigen verschone, und es sei absurd, Komplizen zu verfolgen, während man gleichzeitig behauptete, es habe gar keine Verbrechen stattgefunden. Danton wetterte gegen den Grundsatz der Unverletzlichkeit des Königs. Im Namen der gemäßigten *constitutionnels* verteidigten Barnave und Salles Ludwig XVI. und das Prinzip der Unverletzlichkeit. Barnave rief aus: »Alle müssen spüren, daß es im allgemeinen Interesse ist, daß die Revolution hier haltmacht. Diejenigen, die verloren haben, müssen einsehen, daß es unmöglich ist, sie ungeschehen zu machen, es geht nur noch darum, sie zu begrenzen...«. Die Schlußfolgerungen des Ausschusses wurden schließlich angenommen. Der König wurde von allen Anklagen freigesprochen und für unverletzlich erklärt.

»Paris ist erschüttert über das Dekret, das nahezu einstimmig von der Nationalversammlung verabschiedet wurde und das den König für unverletzlich erklärt«, bemerkte der amerikanische Gouverneur Morris in seinem Tagebuch. »Der Pöbel ist in großem Aufruhr«, fügt er hinzu, »aber die Nationalgarde steht bereit, Zwischenfälle zu verhüten.« Die Empörung des Volkes erreichte ihren Höhepunkt. Noch am selben Abend schlägt Laclos den Jakobinern vor, der Versammlung eine Bittschrift im Namen aller guten Bürger vorzulegen, um die Absetzung Ludwigs XVI. und seine »Ersetzung mit verfassungsrechtlichen Mitteln« zu fordern. Robespierre, der hinter diesem Projekt die Favorisierung des Herzogs von Orléans wittert, bringt es zum Scheitern. Die Cordeliers verfaßten eine andere Petition, die ebenfalls die Absetzung des Königs forderte. Begeistert wurde beschlossen, sie zum Marsfeld zu tragen, damit sie möglichst viele Unterschriften erhalten würde.

Diese Initiative des Cordelierklubs beunruhigte die Versammlung; sie war sogar ernstlich besorgt. Wie Barnave einige Stunden vorher gesagt hatte, durfte die Revolution nicht noch weiter gehen. Man mußte ihr Einhalt gebieten, indem man die erste Kundgebung, die in einen Aufstand ausarten könnte, auseinandertrieb. Also wurde dem Bürgermeister von Paris befohlen, jeden Auflauf, welcher die öffentliche Ordnung stören könnte, zu verhindern.

Am 17. Juli versammeln sich Cordeliers, Jakobiner und Mitglieder der verschiedenen brüderlichen Gesellschaften auf dem Marsfeld. Die Unterzeichner bilden eine Schlange vor »dem Altar des Vaterlandes«, um ihre bescheidene Unterschrift unter die revolutionäre Petition zu setzen. Die Menge, unter der man auch viele Frauen und Kinder zählt, zieht ruhig an diesem geheiligten Ort vorbei, wo ein Jahr zuvor die Revolution gefeiert worden war. Obwohl alles ruhig ist, wird sofort das Kriegsrecht ausgerufen und die Nationalgarde zum Marsfeld geschickt, um die Ordnung wiederherzustellen. Sie stürmt das Amphitheater mit seinen friedlichen Insassen. Bevor sie die Kundgebungsteilnehmer auseinandertreibt, hätte die Garde dreimal eine Mahnung aussprechen müssen. Bailly gibt zu, daß sie das unterlassen hat, weil ein paar Individuen mit Steinen warfen, ein Schuß von irgendwo losging und eine tragische Schießerei begann. All dies geschah ungeachtet der Befehle La Fayettes, der verboten hatte, auf die unbewaffnete Bevölkerung zu schießen. Es gab unzählige Verletzte und viele Tote.

Am 18. Juli stieg Bailly auf die Rednertribüne, um das Massaker des Vorabends zu rechtfertigen: »Die Munizipalbehörde ist über die Ereignisse, die sich zugetragen haben, zutiefst bestürzt«, sagte er. »Verbrechen wurden begangen, und Recht und Gesetz wurden deshalb angewandt. Wir wagen Ihnen zu versichern, daß dies notwendig war.« Dann verfiel der Bürgermeister von Paris in eine apokalyptische Beschreibung des Königreiches, dessen Ordnung durch die Aufständischen gestört war. Diese Lage erforderte strenge Maßnahmen. Die Versammlung ließ das Kriegsrecht bis zum 25. Juli in Kraft. Darüber hinaus nahm sie eine Reihe von Unterdrückungsdekreten an, die sich gegen die Anstiftung zum Mord und zur Plünderung, Ungehorsam gegenüber dem Gesetz und jede aufständische Handlung wandten. Mehrere demokratische Führer wurden verhaftet. Die Klubs wagten es nicht mehr, ihre Sitzungen abzuhalten, und die Jakobiner spalteten sich: Die Gemäßigten bildeten eine neue Gruppe, die ihren Namen *Club des Feuillants* von dem Kloster herleiteten, in welchem sie ihre Zusammenkünfte hatten.

Die bürgerliche Revolution behielt die Oberhand, aber der Sieg der Nationalversammlung war glanzlos: Das Massaker auf dem Marsfeld und die darauffolgenden Vorkehrungen riefen bei den Volksmassen Rache- und Haßgefühle hervor. In scheinbarer Ruhe legten die Abgeordneten letzte Hand an die Verfassung an, an der sie seit zwei Jahren arbeiteten.

Während die Abgeordneten die institutionellen Texte redigierten, herrschte in den Tuilerien eine trostlose, bedrohliche Stimmung. Obwohl sie streng bewacht wurde, gelang es der Königin, eine rege Geheimkorrespondenz zu unterhalten. Die Neuigkeiten aus dem Ausland erzeugten beim Herrscherpaar abwechselnd Unruhe und Hoffnung.

Der Graf von Provence, der am selben Tag, da der König in Varennes festgehalten wurde, ungehindert nach Brüssel gelangte, verhielt sich von nun an wie ein Regierungschef im Exil und legitimierte die Emigration des Adels, der unter seinem Befehl dienen mußte. Bald bildete er in Koblenz einen kleinen Hof, und es kam zu den gleichen Rivalitäten, Intrigen und Feindseligkeiten wie früher in Versailles. Vom König wurde mit tiefer Verachtung gesprochen. »Niemals«, erzählt Goguelat, »habe ich über den König so respektlos sprechen hören: *der Jämmerling, die taube Nuß, der Tölpel*... Es waren *Monsieurs* Hofschranzen, die solche beleidigenden Bezeichnungen in Mode brachten.«

Das Scheitern Ludwigs XVI. und der Erfolg der Revolution versetzten indessen alle europäischen Herrscher in ernstliche Sorge. Der alte Kanzler Kaunitz schickte an die diplomatischen Gesandten Österreichs ein Rundschreiben: Er nahm sich vor, Mittel zu finden, um die französische Anarchie, die er auf »einen aufständischen, revoltierenden Geist« zurückführte, daran zu hindern, sich in den anderen Staaten zu verbreiten, für die es nur recht und billig war, sich davor zu schützen. Auch schlug er einen Kongreß vor mit dem Ziel, daß alle Herrscher die französische Obrigkeit ermahnen sollten, die traditionelle Ordnung sowie »Freiheit und Sicherheit« des Königs wiederherzustellen. Falls diese Mahnungen vergeblich seien, sollten die europäischen Mächte sich gegenseitig versprechen, alle Beziehungen mit Frankreich abzubrechen und ihr Vorhaben durch »einen beträchtlichen Truppenaufwand« abzusichern. Diese Vorkehrungen entsprachen dem heimlichen Wunsch des Königs und der Königin. Fersen hatte persönlich mit Leopold II. darüber beraten. »Um den Erfolg zu sichern, brauchen wir viele Unterstützungsmaßnahmen, welche die individuelle Freiheit des Königs, der Königin und ihrer Familie durchsetzen und gewährleisten können«, wagte er dem Kaiser zu sagen, der ihm antwortete: »Ja, ich fühle dies zweifellos, und ich glaube, daß nur imposante Gewalt sie retten kann; alle halben Mittel taugen nichts. Bevor wir handeln, muß alles bereit sein; dann muß eine erste Erklärung verkündet werden, danach eine zweite, schließlich das, was angemessen ist, und dann wird gehandelt.«

Allerdings wollte sich Leopold II. der Unterstützung der europäischen Regierungskabinette sicher sein, bevor er sich auf einen Konflikt einließ. Friedrich Wilhelm II., der neue preußische König, zeigte sich vom Unglück Ludwigs XVI. tief betroffen und zu einem Bündnis mit dem Kaiser bereit. Die Zarin, die im Krieg mit den Türken stand, wollte die wachsenden Kräfte der Revolution besiegt sehen. Der König von Schweden, der in Aachen weilte, hatte Bouillé empfangen, der am Tag nach der Verhaftung des Königs den Weg in die Emigration angetreten hatte. Es fiel dem Besucher überaus leicht, die Kampfeslust Gustavs III. zu schüren, indem er ihm einen fertigen Plan für die Invasion Frankreichs von Nordosten her in die Hand drückte. Selbstverständlich kannte er alle befestigten Orte und Schanzen! Der schwedische König schrieb sofort dem englischen König, damit dieser als König von Hannover seine Truppen in den Dienst der emigrierten französischen Fürsten stellte. Die Koalition formierte sich.

Diese Vorbereitungen entsprachen den geheimsten Bestrebungen des französischen Herrscherpaares, das sein eigenes Heil nur noch in der Einmischung der fremden Mächte sah, aber sie machten ihm auch angst. Um seine Freiheit zu erlangen, sah sich Ludwig XVI. gezwungen, die Verfassung, die man ihm vorlegen würde, anzuerkennen. Darüber hinaus war er entschlossen, sich mit der Versammlung zu verständigen, indem er seinen guten Willen zeigte. Diese Haltung war nur eine Täuschung und einzig dazu bestimmt, seine Feinde zu beruhigen. Die Drohung einer Intervention gegen Frankreich störte deshalb den König zu diesem Zeitpunkt. Marie Antoinette machte dies in ihren Briefen an Mercy vom 31. Juli und vom 1. August deutlich. Indes wünschte sie, daß ihr Bruder seine Vorbereitungen unbemerkt fortführe. Kaunitz, der die Kehrtwendungen und Mißerfolge Ludwigs XVI. satt hatte und davon überzeugt war, daß »die französischen Angelegenheiten hoffnungslos und auf immer verloren seien«, riet seinem Herrn, nichts zu unternehmen: »Wenn Ludwig XVI. sich mit der Versammlung verständigt, wird der Krieg überflüssig«, sagte er ihm. Unter dem Druck der französischen Emigranten gab der Kaiser am 27. August 1791 mit Unterstützung des preußischen Königs und des Kurfürsten von Sachsen, auf dessen Gebiet er sich damals befand, im Schloß von Pillnitz lediglich eine vage Erklärung ab. Die Fürsten begnügten sich mit der Behauptung: »...daß sie die augenblickliche Lage des französischen Königs als ein Thema ansehen, das von gemeinsamem Belang für alle europäischen Herrscher ist«. Jeder interpretierte diese Erklärung, wie es ihm beliebte. Die Revolutionäre prangerten den Verrat des Königs und das heimliche Einvernehmen zwischen Ludwig XVI. und dem Ausland an; die Emigranten waren davon überzeugt, daß eine militärische Intervention der Großmächte bevorstand. Ludwig XVI. war deshalb in einer unangenehmen Lage, als ihm die Verfassung vorgelegt werden sollte. Auf Anraten Barnaves und Lameths richtete der König eine offizielle Denkschrift an seine Brüder, in der er sie aufforderte, nach Frankreich zurückzukehren. Erneut ließ sich niemand von derartigen Manövern hinters Licht führen. In den Augen der Öffentlichkeit machte Ludwig XVI. mit den Emigranten und den fremden Herrschern gemeinsame Sache.

In dieser bedrohlichen Situation wurden dem König schließlich die gesamten Verfassungstexte von einer sechzigköpfigen Abgeordnetendelegation überbracht. Von der Reithalle bis zum Tuilerienschloß schritten die Männer im Schein der Fackeln. Ludwig XVI. empfing sie, umgeben von seinen Ministern. Der König versprach, »seine Entscheidung in der kürzestmöglichen Zeit, die die Prüfung einer derartig wichtigen Angelegenheit erfordere«, mitzuteilen. Obwohl er die Verfassung noch nicht anerkannt hatte, wurden die Tuilerien am folgenden Tag geöffnet, die Anordnungen gegen die Herrscherfamilie aufgehoben, und die Menge konnte sehen, wie Ludwig XVI. die Messe in der Schloßkapelle besuchte. Sie rief: »Es lebe die Nation! Es lebe die Verfassung!« Der König weinte.

Ludwig XVI. wußte, daß ihm nichts anderes übrigblieb, als diese Verfassung anzunehmen. Dennoch zögerte er noch. Die treuen Royalisten waren der Meinung, daß die Anerkennung der Verfassung eine Billigung der revolutionären Verbrechen bedeute. »Ihre Entscheidung betrifft die ganze Menschheit... Ihr Heil besteht in Geduld, Schweigen und Ablehnung«, ließ Burke, der große Theoretiker der Konterrevolution, dem Herrscherpaar mitteilen. Madame Elisabeth sagte ihrem Bruder immer wieder, daß er sich andernfalls einem Teufelswerk verschreiben würde. In ihrer Angst beschloß Marie Antoinette, heimlich Barnave zu Rate zu ziehen. Für diesen käme die Ablehnung durch den König einem Widerruf der gemäßigten Politik gleich, würde das »Triumvirat« dem Vorwurf des Verrats aussetzen und den Jakobinern beträchtlichen Aufschwung geben. Barnave konnte die Königin davon überzeugen, daß ihr Gemahl die Verfassung, die sie als ein »absurdes Gespinst« ansah, akzeptieren müsse.

Die Institution des Königtums wurde durch diesen Text entscheidend verwandelt. Die Legitimität des Herrschers – König der Franzosen, erblicher, unverletzlicher und niemandem Rechenschaft schuldender Repräsentant der Nation – bestand von nun an in der Nation selbst, welche die vollstreckende Gewalt an ihn delegierte. Der König war gehalten, das Gesetz sowie die Entscheidungen der gesetzgebenden Körperschaft ausführen zu lassen. In der Außenpolitik blieb seine Macht uneingeschränkt, denn ein Krieg konnte nur auf seinen Vorschlag hin erklärt werden; er sollte die Verträge aushandeln und die Gesandtschaften leiten. Durch die Sanktion der Gesetze, aber vor allem durch das Vetorecht, das ihm zugestanden wurde, behielt er einen geringen Anteil an der gesetzgebenden Gewalt. Bei der Ausübung seiner Aufgaben wurde der König von Ministern unterstützt, die er ernannte und absetzte, aber er brauchte für jede Entscheidung ihre Unterschrift. Die Minister hatten das Recht, das Wort vor der Versammlung zu ergreifen, ohne ihr verantwortlich zu sein. Der König verfügte nicht mehr über die Einkünfte der Nation: Von nun an erhielt er eine Zivilliste (Krondotation). Schließlich sah die Verfassung auch drei Fälle vor, in denen der König abgesetzt werden konnte.

Die gesetzgebende Gewalt, die von einer nach dem Zensuswahlrecht gewählten Versammlung ausgeübt wurde, war budgetrechtlich unbegrenzt. Ferner konnten die Abgeordneten Gesetzesvorschläge einbringen und die Minister unter Anklage stellen.

Diese Verfassung konnte Ludwig XVI., der immer noch an die Grundgesetze der Monarchie glaubte, nicht zufriedenstellen. Freiwillig wäre der König niemals über seine Zugeständnisse vom 23. Juni 1789 hinausgegangen. Ungeachtet seiner inneren Überzeugung richtete er dennoch am 13. September eine Nachricht an die Versammlung, die ankündigte, daß er der Verfassung zustimme. Er verpflichtete sich, »sie im Innern des Landes aufrechtzuerhalten« und sie »gegen Angriffe von außen zu schützen«. Sofort begab sich eine Delegation zum König, um ihm die allgemeine Begeisterung mitzuteilen, die seine Erklärung ausgelöst habe, und ihn davon zu unterrichten, daß alle, die an seiner »Entführung« vom 21. Juni teilgenommen hatten, wieder frei waren. Der König war in Anwesenheit der Abgeordneten völlig ungezwungen und deutete auf die Königin, als er ihnen sagte: »Hier sind meine Frau und meine Kinder, die meine Gefühle teilen.« Marie Antoinette antwortete charmant: »Wir teilen die Gefühle des Königs.« Allerdings gestand sie einige Stunden später ihrer Umgebung: »Diese Leute wollen keine Herrscher. Wir werden ihrer schlauen und konsequenten Taktik am Ende erliegen. Sie zerstören die Monarchie Stück für Stück.«

Am folgenden Tag begab sich Ludwig XVI. gegen Mittag feierlich zur Nationalversammlung, um den Eid auf das Grundgesetz zu leisten, das er sanktioniert hatte. Der Reitsaal war brechend voll; die Königin nahm in einer besonderen Loge an der Sitzung teil. Man hatte keinen Thron, sondern einen einfachen, mit Lilien verzierten Sessel für den König bereitgestellt. Ludwig XVI. hatte gerade mit entblößtem Haupt und im Stehen die ersten Worte der Eidesformel gesprochen, als er bemerkte, daß die Abgeordneten ihre Hüte aufbehalten und sich wieder gesetzt hatten. Da erbleichte er plötzlich, setzte sich ebenfalls und las die Eidesformel mit tonloser Stimme weiter. Ungeachtet der Hochrufe, die von überall her erschallten, fühlte er sich stärker gedemütigt, als wenn man ihn öffentlich beschimpft hätte. Die Bourgeoisie, die an der Macht war, bestand darauf, die Abhängigkeit, in der er sich befand, offiziell hervorzuheben. Diese Revolution der Etikette, die die nationale Souveränität symbolisierte, bestürzte ihn weitaus mehr als der eigentliche Hintergrund der Verfassung. Als er verstört zu den Tuilerien zurückkam, ließ sich Ludwig XVI. in einen Sessel sinken. Marie Antoinette warf sich in seine Arme, und er murmelte ihr zu: »Alles ist verloren! Ach, Madame! Sie waren Zeugin dieser Demütigung! Wie bitte? Sie sind nach Frankreich gekommen, um mitanzusehen...«. Er konnte nicht fortfahren, die Tränen erstickten seine Stimme.

Indes, vor den Abgeordneten und der Pariser Bevölkerung mußte er eine gute Figur machen. Großartige Feste wurden in Paris veranstaltet, um die Verfassung und die Versöhnung zwischen König und Nation zu feiern. Das Herrscherpaar wurde in die Oper eingeladen, wo man das Ballett »Psyché« darbot. Marie Antoinette bemühte sich zu lächeln; der König schien sich zu verhalten »wie gewöhnlich; er war mehr mit dem, was er sah, als mit dem, was er fühlte, beschäftigt«. Madame de Staël, die der Aufführung beiwohnte, erzählt, daß »sie in dem Augenblick, als die Furien tanzten, ihre Fackeln schwangen und ihr feuriger Schein sich im ganzen Saal verbreitete, die Gesichter des Königs und der Königin im fahlen Licht dieses Höllengleichnisses sah und daß unheilvolle Zukunftsahnungen sie erfaßten«. Nach der Oper mußte sich das Herrscherpaar im offenen Wagen zu den beleuchteten Champs-Élysées begeben. Man hörte mehrfach Rufe »Es lebe der König!«, aber jedesmal wenn diese Hochrufe wiederholt wurden, begann ein Mann, der sich an der königlichen Wagentür festklammerte, zu brüllen: »Nein, schenkt ihnen keinen Glauben. Es lebe die Nation!« Niemand dachte daran, dieses völlig unbekannte Individuum wegzujagen. Der Mann erschreckte das Herrscherpaar sehr, aber es wagte nicht, sich zu beklagen.

Nach diesen Festlichkeiten, die dem Herrscherpaar so peinlich waren, nahm Ludwig XVI. am 30. September an der Schlußsitzung der Verfassunggebenden Versammlung teil. Bei dieser Gelegenheit versprach er wiederum, die neuen Gesetze zu respektieren, und verkündete unter tosendem Beifall, »daß er darauf angewiesen sei, von seinen Untertanen geliebt zu werden«. Diese Formulierung war geschickt, wie er sogleich bemerkte. Der König verließ diese Versammlung, welche die Monarchie unwiderruflich gestürzt hatte, fast mit ein wenig Bedauern. Er fragte sich sorgenvoll, was die neue Kammer für ihn bereithalte, die vom 1. Oktober an zusammentreten sollte.

Die neue Legislative, welche zum überwiegenden Teil aus bisher unbekannten Männern bestand, die insgesamt recht jung waren und aus der Bourgeoisie stammten, zeigte sich von Anfang an den Verfassungsgrundsätzen verbunden. Auf der Rechten waren 264 Abgeordnete der *Feuillants modérés*, die für eine gemäßigte Monarchie eintraten. Sie erhielten ihre Parolen von Barnave, Lameth und La Fayette, die nicht mehr wählbar waren, weil sie der Verfassunggebenden Versammlung angehört hatten. Die Linke umfaßte 136 Abgeordnete: Mitglieder des Jakobinerklubs, die sich in großer Anzahl um den Journalisten Brissot und um Condorcet scharten; mehrere glänzende Advokaten, die vom Departement Gironde gewählt worden waren: Vergniaud, Gensonné, Guadet; schließlich einige entschlossene Demokraten wie Robert, Lindet, Couthon und Carnot. Obwohl dem Hof und der Aristokratie zutiefst feindlich gesonnen, duldeten sie zwar die Monarchie, aber ihr Ideal trieb sie eindeutig in Richtung Republik. Alle waren davon überzeugt, daß man den Gang der Revolution beschleunigen müsse, wenn man sie verteidigen wollte. Zwischen der Rechten und der Linken gab es außerdem 345 Abgeordnete, die man »Unabhängige« oder *constitutionnels* nannte und unter denen sich keine markante Persönlichkeit befand. Da ohne klare Meinung, konnten sich diese genausogut der rechten wie der linken Seite zuwenden.

Am 7. Oktober eröffnete Ludwig XVI. feierlich die Sitzungsperiode. Seine Rede, die sich auf eine lange Denkschrift von Barnave stützte, befürwortete die Rückkehr zur Ordnung, die durch die neuen institutionellen Vorkehrungen erleichtert würde. Dies implizierte die Ausschaltung der Konterrevolutionäre, die sich noch immer in ganz Frankreich betätigten. Da die Verfassung den Staat auf neue Grundlagen stellte, schien es um so notwendiger, daß der Herrscher sein eigenes Erneuerungswerk verfolge; deshalb schlug er ein nationales Erziehungs- und Wohlfahrtsprogramm vor, das sicherlich die Zustimmung der Demokraten gewinnen würde. Schließlich erwähnte der König die notwendige Wirtschaftssanierung, die um so dringlicher sei, als die Finanzkrise andauerte und immer noch ländliche Unruhen gemeldet würden.

Mit Ausnahme der Jakobiner wurde die königliche Ansprache von der gesamten Kammer begrüßt. Der Vorsitzende Pastoret antwortete Ludwig XVI.: »Sie sind darauf angewiesen, von den Franzosen geliebt zu werden, sagten Sie... Auch wir sind darauf angewiesen, von Ihnen geliebt zu werden.« Am Abend wurden Ludwig XVI. und Marie Antoinette noch einmal im italienischen Theater bejubelt. Man erzählte, daß der König einige Tränen der Rührung vergoß, weil er glaubte, seine Popularität wiedergewonnen zu haben. Aber es war nur eine kurze Atempause.

Bald brach der Konflikt zwischen Herrscher und Legislative auf. Obwohl Barnave ihn dazu drängte, neue Männer zu ernennen, damit die den Abgeordneten versprochene Wiederherstellung der Ordnung wirklich gewährleistet sei, behielt Ludwig XVI. seine alten Minister im Amt. Der König begnügte sich damit, als Marineminister den leidenschaftlichen Monarchisten Bertrand von Molleville anstelle von Thévenard zu berufen. Er gab seinen Ministern keinen festen Auftrag und schrieb ihnen keinerlei politisches Programm vor. Sie standen ohne jegliche Anweisung vor der Versammlung, benahmen sich ungeschickt und trugen somit dazu bei, die Anfänge der konstitutionellen Monarchie ernstlich zu kompromittieren. Entmutigt schrieb Montmorin: »Unser Schiff driftet aufs Geratewohl dahin. Mir scheint, wir haben keinen anderen Plan, als uns von den Umständen treiben zu lassen.«

An der Seite ihres Gatten wurde Marie Antoinette erneut aktiv und ersuchte Barnave, La Marck und Mercy um Rat. »Das Unglück«, sagte sie, »besteht darin, daß uns hier niemand beisteht.« Sie träumte davon, sich der *Feuillants* zu bedienen, und hoffte, sie danach wieder loszuwerden. Madame Elisabeth nahm die Doppelzüngigkeit ihrer Schwägerin nicht hin. Sie war eine glühende Gegnerin noch der geringsten Zugeständnisse an die Revolution und unterhielt einen regen Briefwechsel mit den Emigranten. Sie setzte alle ihre Hoffnungen auf eine Intervention von außen. »Unsere Beziehung ist die Hölle«, schrieb die Königin.

»Meine Schwester [Schwägerin] ist derartig indiskret und von ihren Brüdern aus dem Ausland beherrscht, daß wir nicht miteinander reden können, es sei denn, wir würden uns den ganzen Tag streiten.«

Außerhalb Frankreichs fuhren der Graf von Provence, der Graf von Artois und die Emigranten mit ihren Angriffen auf das neue Regime fort. Im Innern des Königreiches machte die Konterrevolution, die von den Aristokraten genährt und von den dienstflüchtigen Priestern heftig unterstützt wurde, weitere Fortschritte. Der Religionsstreit wurde bald zu einem der Hauptaspekte des Konflikts, der die Anhänger der alten Monarchie, die Liberalen und die Demokraten in Opposition zueinander brachte. Geschickt bemächtigten sich die Anführer der Emigranten dieser noblen Angelegenheit. »Mein einziges Ziel ist die Wiederherstellung der katholischen Religion und unserer alten und ehrwürdigen Verfassung«, erklärte der tugendhafte Provence.

Da die Versammlung über die konterrevolutionären Machenschaften aufgebracht war, verabschiedete sie mehrere Erlasse gegen die Aufständischen. Der Graf von Provence wurde aufgefordert, innerhalb von zwei Monaten nach Frankreich zurückzukehren; andernfalls würde er seine Thronrechte verlieren. Innerhalb derselben Frist sollten die Emigranten zu ihren Wohnsitzen zurückkehren, sonst würden sie der Konspiration angeklagt und ihre Güter zugunsten der Nation beschlagnahmt. Ferner sollte der König jene Fürsten, die den »flüchtigen« Franzosen Zuflucht gewährten, auffordern, »den Zusammenrottungen und Anwerbungen, die sie an der Grenze zuließen, ein Ende zu bereiten«. Schließlich verlangte das Dekret vom 29. November von den dienstflüchtigen Priestern einen Zivileid. Wenn sie ihn ablehnten, verlören sie ihr Gehalt, und im Falle eines Aufruhrs drohte ihnen Verbannung auf Befehl der lokalen Obrigkeit. Die Frage des Vollzugs dieser Gesetze zwang Ludwig XVI., sich endgültig für oder gegen die Revolution auszusprechen.

Barnave riet dem König, die Dekrete zu akzeptieren: Die Rückkehr des Adels würde den Vorwurf der Konterrevolution beenden, der schwer auf Ludwig XVI. lastete. Ihm zufolge war dies das beste Mittel, das Vertrauen der Nation zu erobern. Hinsichtlich des Eides der dienstflüchtigen Priester zeigte sich Barnave weniger entschlossen. Er kannte die starken religiösen Skrupel des Königs und schlug vor, daß die unvereidigten Priester aus Paris eine ausführliche Bittschrift gegen das Dekret erstellen sollten, die es dem König ermöglichen würde, sein Veto ohne Unannehmlichkeiten einzulegen.

Ludwig XVI. folgte seinem eigenen Gewissen. Er willigte ein, seinen

Bruder zurückzurufen und sich an die fremden Herrscher in der Art und Weise zu wenden, wie es ihm aufgetragen war. Diese Maßnahme schädigte ihn keineswegs, denn er wußte sehr wohl, daß die europäischen Herrscher seine Bitte überhaupt nicht berücksichtigen würden. Wenn sie die Emigranten begünstigten, würde Frankreich ihnen möglicherweise den Krieg erklären: Das mißfiel dem König keineswegs. Jedoch lehnte er es ab, mit seiner Unterschrift für das Dekret zu bürgen, das die Emigranten betraf, sowie für das, welches den Zivileid der dienstflüchtigen Priester verlangte. Indem er gegen diese beiden Gesetze sein Veto einlegte, wußte Ludwig XVI., daß der Bruch zwischen ihm und der Versammlung vollzogen war. Während die *Feuillants* sich von der Ablehnung des Königs offen enttäuscht zeigten, gingen die Jakobiner und die *Girondins**(Girondisten) in die Offensive. Von nun an war das Vetorecht des Königs umstritten.

Einstimmig wurde die Konterrevolution als die große Bedrohung verurteilt, die das vor zwei Jahren begonnene Erneuerungswerk schwer behinderte. Man mußte sie unterdrücken, überall, wo sie auftauchte, und damit stellte sich das Problem des Krieges gegen jene Mächte, die sie unterstützten. Offensichtlich würden der Kaiser, der König von Preußen, sämtliche deutschen Fürsten, der König von Schweden, der König von Piemont und der König von Spanien alles tun, um die Wiederherstellung der alten Ordnung in Frankreich zu fördern. Im Laufe des Sommers verbreitete sich die Kriegspsychose, und die Pillnitzer Konvention machte glaubhaft, daß sich eine regelrechte Koalition gebildet hatte. Viele Jakobiner unterstellten Leopold II. weitaus größere Kriegsgelüste, als er sie in Wirklichkeit besaß. In der Legislative wurde eine große Debatte über die Notwendigkeit eines Verteidigungskrieges eröffnet, die im ganzen Land weitergeführt wurde. Nach Meinung vieler aufrechter Patrioten, angefangen mit Brissot und Condorcet, würde der Krieg jeden dazu zwingen, für oder gegen die Revolution Partei zu ergreifen, und der König würde der erste sein, der sich entscheiden müßte. Brissot zögerte nicht zu behaupten, daß die Revolution nur dann wirklich siegreich wäre, »wenn sie in den Augen Europas das Bild einer freien Nation, die ihre Freiheit verteidigen und aufrechterhalten will, bestätigt«. Robespierre und Marat stellten sich diesen Ansichten verzweifelt entgegen. Für sie bedeutete Krieg führen, sich auf das Spiel des Hofes und des »öster-

---

* Abgeordnete vornehmlich aus dem Departement Gironde (Hauptstadt: Bordeaux). (Anm. d. Hrsg.)

reichischen Komitees«, das die Tuilerien beherrsche, einzulassen. Ein bewaffneter Konflikt barg die Gefahr, der Konterrevolution zum Sieg zu verhelfen.

Vor dem König predigten Barnave und der neue Außenminister Lessart den Frieden. Marie Antoinette zögerte zwischen dem Rückgriff auf eine bewaffnete Vermittlung und der unmittelbaren Invasion Frankreichs. Diese zweite Möglichkeit könnte nämlich das Leben des Königs und der Kinder in Gefahr bringen. Ludwig XVI. hatte keine Angst vor dem Krieg: »Anstelle eines Bürgerkriegs wird es ein politischer Krieg sein, und die Lage wird sich bessern«, verkündete er Breteuil. Der König wünschte sich, daß die deutschen Fürsten seinen Aufforderungen nicht nachkommen würden. Er glaubte, daß der Krieg es ihm erlauben würde, sich seinen Untertanen als letzte Zuflucht anzubieten. Die Genehmigung des Dekrets, welche die Versammlung befriedigt hatte und den König enger mit der Nation verbinden sollte, diente in Wirklichkeit entgegengesetzten Interessen.

Die Emigranten ihrerseits wünschten sich einen Krieg, der es ihnen gestatten würde, als Sieger nach Hause zurückzukehren, wenn sie diese »lumpigen« Revolutionäre erst einmal auseinandergetrieben hätten. Sie waren sicher, in Frankreich eine bessere Stellung als vorher einzunehmen; der König würde ihnen von nun an alles zu verdanken haben. Die meisten Royalisten, die im Königreich geblieben waren, dachten ähnlich. Einige scharfsinnigere Geister wußten allerdings, daß der Krieg zum Ruin der Monarchie führen könnte. »Es werden viele Dummheiten geschehen«, schrieb Las Cases in bezug auf Ludwig XVI., »welche die Republikaner endlich dazu bringen werden, sich seiner und seiner besseren Hälfte, die der Grund allen Unheils ist, zu entledigen.«

Die Legislative bereitete Frankreich auf den Krieg vor. Nach der Ratifizierung des Dekrets über die deutschen Fürsten beschloß sie, drei Armeen aufzustellen, deren Befehlsgewalt Rochambeau, La Fayette und Luckner anvertraut werden sollte. Die beiden ersten waren die Helden von Amerika und galten trotz ihrer adligen Abstammung als Patrioten; Luckner genoß damals den Ruf des besten Strategen.

Ludwig XVI. hatte das Kriegsministerium einem geschickten und rhetorisch glänzenden Intriganten anvertraut: dem Grafen von Narbonne, zu dieser Zeit Liebhaber von Madame de Staël. Er beherrschte ihre Person ebenso wie ihren Salon. Der neue Minister ließ bewußt die Versammlung in dem Glauben, daß alles bereit sei, um einen Krieg gegen ganz Europa zu führen. Er täuschte die Abgeordneten mit Berichten, die gleichermaßen sachlich und optimistisch klangen, und setzte alles in Bewegung, um die vollstreckende Gewalt zu stärken. Mit Spannung erwartete man die Reaktion der deutschen Fürsten auf das vom König genehmigte Dekret. Vorsichtig forderte Leopold II. die anderen Fürsten dazu auf, die Emigranten auseinanderzutreiben, und erklärte gleichzeitig, daß jedem französischen Einfall in deutsches Gebiet mit unerbittlicher bewaffneter Unterdrückung begegnet würde: Dann würden die Fürsten sofort vereint losschlagen. Am 25. Januar 1792 verlangte die Versammlung, daß der König den Kaiser frage, ob er noch immer der Verbündete Frankreichs sei. Wenn sich Leopold II. nicht mehr als Verbündeter bestätigte, würde man ihm den Krieg erklären. Im Namen seines Herrn antwortete Kaunitz mit einem Brief, der die Schrecken der Revolution anprangerte und die Möglichkeit eines militärischen Angriffs an der Seite Preußens, Rußlands und Schwedens vor Augen führte.

Die Verlesung dieses Briefes rief in der Versammlung helle Empörung hervor. Man beschuldigte Lessart und Narbonne der Komplizenschaft mit Wien, und der König wurde gezwungen, sich von ihnen zu trennen. Er bildete ein Ministerium aus *Girondins*, das sich zusammensetzte aus Roland im Innenministerium, Grave als Kriegsminister, Clavière für die Finanz- und Dumouriez für die auswärtigen Angelegenheiten. Unter den momentanen Umständen hatte Dumouriez den Schlüsselposten inne. Einige Stunden nach der Versammlung wurde bekannt, daß Leopold II. soeben gestorben war. Also würde alles von der Haltung seines Nachfolgers abhängen.

Kaiser Franz II., der an die Macht gelangte, war erst 24 Jahre alt, »Soldat mit Leib und Seele« und der politischen Reaktion bedingungslos zugetan. Er hatte mehrfach »die nichtige und unentschiedene Politik seines Vaters« angeprangert. Gegenüber Frankreich schlug er sofort einen kriegslüsternen Ton an: »Es ist Zeit«, sagte er, »Frankreich in die Lage zu bringen, sich entweder zu fügen, uns andernfalls den Krieg zu erklären oder uns ins Recht zu setzen, ihn zu erklären.« Dennoch ziehe er es vor, daß Frankreich mit den Feindseligkeiten beginne, »um das gute Recht auf die Seite der Mächte zu verlagern und sie in die Lage zu versetzen, Eroberungen zu machen, welche sie in diesem Falle gerechterweise als Entschädigung für die Kriegsausgaben ansehen könnten – ein Krieg, dessen sie sich andernfalls vergeblich schmeicheln würden.«

Deutlicher ging es nicht. Die Königin hatte ihrem Neffen einen Brief zukommen lassen, in dem sie alles verleugnete, was man den König zu tun zwang. Franz II. suchte nach einem geeigneten Vorwand für den bewaffneten Konflikt. Er fand ihn ohne Schwierigkeit: Kaunitz reizte die Ehre Frankreichs empfindlich, indem er unter Androhung einer bewaffneten Intervention forderte, daß Ludwig XVI. seine gesamten Vollmachten zurück erhalte und man den »blutgierigen und wütenden Klüngel«, der sich in Frankreich durchsetzen wollte, verurteilte.

Dumouriez, der Außenminister, sah darin einen *casus belli*, vor dem man nicht zurückweichen durfte. Dieser Mann, der über ein wirkliches politisches Programm verfügte, ging von der Idee aus, daß Frankreich in Europa als ein Staat in Auflösung angesehen wurde, den die Großmächte selbstverständlich unter sich aufteilen wollten. Er befürchtete, daß Frankreich zu einem zweiten Polen würde. Man mußte also rasch der Offensive der Feinde zuvorkommen, die große Schwierigkeiten haben würden, sich untereinander zu einigen. Erst mußte man die Untertanen des österreichischen Kaisers in den Niederlanden aufwiegeln, dann sollte man sich der Besitztümer des Königs von Sardinien bis hin zu den Alpen bemächtigen und »in strenger Verteidigung verharren, wo Berge [...], das Meer oder Flüsse wie der Rhein eine natürliche Grenze bilden«. Dumouriez griff damit nur auf Vorstellungen zurück, die gegen Ende des 18. Jahrhunderts unter Diplomaten und Militärs über die Ausdehnung Frankreichs und sein Grenzensystem verbreitet waren.

Am 20. April 1792 ließ Ludwig XVI. die Kriegserklärung »gegen den König von Böhmen und Ungarn« von der Versammlung beschließen. Die letzte Kraftprobe der Monarchie begann, ohne daß Ludwig XVI. dies wirklich begriff. Der König hatte Mallet du Pan heimlich zum Kaiser, zum König von Preußen und zu den deutschen Fürsten geschickt, um sie davon zu unterrichten, daß er vorhabe, mit Hilfe dieses Konflikts seine Macht wiederzugewinnen. Marie Antoinette freute sich, als sie Fersen schrieb, daß es den Truppen an allem mangele und daß sie völlig ohne Disziplin seien. Sie zögerte auch nicht, das Datum der geplanten Offensiven zu enthüllen. Die königstreue Presse begrüßte den Krieg als »einziges Hilfsmittel der Monarchie«. Offenbar wünschte sie den Sieg des Auslands und der Emigranten. Letztere frohlockten und verkündeten schon den Zusammenbruch der revolutionären Truppen.

Unter diesen Bedingungen hatten Jakobiner und Cordeliers es leicht, das »österreichische Komitee« des Hofes anzuprangern. Ohne daß man etwas genaues über die Handlungen des Königs und der Königin wußte, ging das Gerücht um, die Herrscher vereitelten die Revolution. Die panische Angst vor einer triumphierenden Rückkehr der Kräfte des Ancien Régime vertiefte die Kluft zwischen Patrioten und Konterrevolutionären. Die ersten militärischen Niederlagen Frankreichs trugen dazu bei, die Lage im Innern zu verschlimmern.

Frankreichs militärische Ausgangslage war sehr schlecht. Die Hälfte der Offiziere war emigriert, und die Soldaten aus dem Volk, die für die revolutionären Ideen gewonnen waren, widersetzten sich einem Kommando, das immer noch aristokratisch war. Die Männer mißtrauten ihren Anführern, von denen sie annahmen, daß sie sich an die Emigranten verkauft hätten, und die Offiziere fürchteten sich vor den Reaktionen der Soldaten. Dumouriez befahl die Offensive in den österreichischen Niederlanden, aber die ersten Angriffe scheiterten. Zwei Generäle, Dillon und Biron, mußten den Rückzug antreten, und Dillon, den seine Männer des Verrats verdächtigten, wurde auf der Stelle umgebracht. La Fayette blieb mit seinen Truppen in den Ardennen und kam nicht weiter. Am 18. Mai versammelten sich die Generäle in Valenciennes, um den König zu bitten, möglichst schnell wieder Frieden zu schließen. La Fayette erklärte sich bereit, mit seinen Truppen nach Paris zu marschieren, um Jakobiner und Demokraten auseinanderzutreiben. Diese durchschauten seine Pläne. Robespierre hatte am 1. Mai die Generäle vor der Versammlung angeklagt. »Nein, ich traue den Generälen nicht«, hatte er gesagt, »[...] ich verlasse mich auf das Volk und nur auf das Volk.« Die Versammlung begriff das abgekartete Spiel zwischen den Generälen und dem Hof: Der Konflikt zwischen der Nation einerseits und dem König, der mit dem Adel verbunden war, andererseits erreichte seinen Höhepunkt. Von der Existenz eines aristokratischen Komplotts überzeugt, begannen die Volksmassen sich zu bewaffnen.

Die Legislative trat der Gefahr sofort entgegen, indem sie drei Dekrete gegen die Konterrevolution erließ. Die dienstflüchtigen Priester, die von den Bürgern ihres Departements angezeigt würden, sollten zur Verbannung verurteilt, die Wache des Königs sollte aufgelöst werden; schließlich sollte ein Feldlager mit zwanzigtausend föderierten Nationalgardisten in Paris errichtet werden, um die Hauptstadt gegen jeden Angriff der Generäle zu beschützen. Ludwig XVI. überwand die Apathie, in der er sich sonst in Gegenwart seiner Minister befand, und teilte mit, daß er erneut sein Veto gegen derartige Maßnahmen aussprechen würde. Er willigte lediglich in eine Unterzeichnung des Dekrets über die Auflösung seiner persönlichen Wache ein. Am 10. Juni ließ Roland ihm einen Brief zukommen, der wahrscheinlich von seiner Frau verfaßt war und in dem er ihn beschwor, auf das Veto zu verzichten, mit dem er sich offiziell zum Feind der Revolution erklären würde. Ludwig XVI. blieb jedoch bei seinem Vorhaben. Da er sich der Unterstützung der Offiziere gewiß war, entließ er am 13. Juni Servan, Roland und Clavière. Dumouriez reichte seinen Rücktritt ein und beschloß, zur Nordarmee zu gehen. Ludwig XVI. spielte seine letzte Karte aus, indem er ein neues gemäßigtes Ministerium bildete. Während die Versammlung gegen die Entlassung der Minister protestierte, die das Vertrauen der Nation mit sich fortnahmen, prangerte La Fayette in einem Brief an die Legislative die innere Anarchie des Landes an, wobei er die Jakobiner als »die Aufsässigen im Innern« beschimpfte. Die Jakobiner und Girondisten ihrerseits befürchteten einen Staatsstreich des Militärs, der sich auf den »Helden Amerikas« stützte, welcher noch eine gewisse Beliebtheit genoß; sie beschlossen, einen »Volkstag« zu organisieren, der die Stärke der Nation demonstrieren und den König dem Willen der Patrioten unterstellen sollte.

Am 20. Juni, dem Jahrestag des Ballhausschwurs, machten sich seit den frühen Morgenstunden nahezu zwanzigtausend Bürger von den Faubourgs Saint-Antoine und Saint-Marceau, den Vierteln von Montreuil und des Observatoire auf den Weg. Zahlreiche Nationalgardisten begleiteten die mit Piken, Äxten, Hämmern und Eisenstangen bewaffnete Menschenmenge, die der Versammlung Petitionen überreichen wollten. Die Abgeordneten der Legislative, die es mit der Angst zu tun bekamen, empfingen nur einige von ihnen, währenddem die ständig wachsende Menge die Gitter der Tuilerien überwand und ins Schloß stürmte. Ludwig XVI. war gerade in seinem Zimmer. Die Gendarmen, die im Karussellhof Wache standen, riefen: »Es lebe die Nation!« Damit war der Weg für die Aufständischen frei.

Umringt von seiner Frau, seiner Schwester und seinen Kindern hörte der König, wie sich das ungewohnte Gejohle laut und bedrohlich näherte. Plötzlich öffnete sich die Tür, und ein Hauptmann trat ein, der den Herrscher beschwor, sich der Öffentlichkeit zu zeigen. In Begleitung einiger Grenadiere begab sich der König mit seiner Familie daraufhin in den Thronsaal, in den ebenfalls die Menge eindrang. Ludwig XVI. soll in aller Ruhe gefragt haben: »Was wollt ihr von mir? Ich bin euer König. Ich habe niemals gegen die Verfassung verstoßen.« Er saß auf einer erhöhten Bank in einer Fensternische und war mit diesen Männern und Frauen konfrontiert, die endlos an ihm vorbeizuziehen begannen. Die einen beschimpften ihn, die anderen sprachen auf ihn ein. Er setzte sich die rote Mütze auf und trank aus der Rotweinflasche eines der Aufständischen auf die Gesundheit der Nation. Die Königin und ihre Kinder, die im Ratssaal durch einen Tisch geschützt waren, mußten ebenfalls eine

Prozession dieser Menschenmenge ertragen. Neben ihnen stand Santerre, Hauptmann der Nationalgarde des Faubourg Sainte-Antoine, und wiederholte immer wieder: »Hier ist die Königin! Hier ist der königliche Prinz!« Der Dauphin wurde wie sein Vater mit der roten Mütze der »Sansculottes« geschmückt.

Um zehn Uhr abends wurden das Schloß, die Höfe und Gärten evakuiert. Den ganzen Tag über hatten sich Ludwig XVI. und Marie Antoinette Verwünschungen des Volkes anhören müssen, sie hatten Banner mit Aufschriften wie »Erzittere, Tyrann, deine Stunde hat geschlagen!«, »Sanktion oder Tod!« gelesen; sie hatten gesehen, wie Demonstranten kleine symbolische Galgen trugen, an denen eine Frauenpuppe hing, auf der geschrieben stand: »Achtung! Laterne!«, oder Guillotinen mit der Inschrift: »Nationale Justiz für die Tyrannen! Nieder mit dem Veto und seiner Frau!« Erschöpft schrieb Marie Antoinette an Fersen: »Adieu! Beschleunigen Sie, falls Sie es können, die Hilfe, die man uns für unsere Befreiung verspricht. Ich lebe noch, aber es ist ein Wunder. Der 20. Juni war ein grauenvoller Tag. Nicht mehr ich bin es, die am meisten gehaßt wird; es ist das Leben meines Gatten, nach dem sie trachten, sie sagen es ganz offen. Er hat Entschlossenheit und Stärke bewiesen und damit zunächst die Oberhand behalten, aber die Gefahr kann jederzeit wiederkommen. Ich hoffe, Sie werden von uns Nachricht erhalten. Adieu. Passen Sie gut auf sich auf, und sorgen Sie sich nicht um uns.«

In Paris wurde durch diesen 20. Juni die Macht des Königs – oder was von ihr übriggeblieben war – stark erschüttert. Der Haß der Pariser gegenüber dem Königshaus wuchs, während die meist bäuerlichen und bürgerlichen Provinzen der Monarchie plötzlich wieder etwas positiver gegenüberstanden. Sie sandten Botschaften an Ludwig XVI., um ihm den Rücken zu stärken, doch reagierten sie eher aus Mißtrauen gegen den »vierten Stand«, der sich soeben erhoben hatte, als aus Liebe zu einem König, der so gut wie gestürzt war.

Unterdessen kam es in Paris zu einem unerwarteten Ereignis. La Fayette hatte sein Kommando verlassen; er war Ludwig XVI. zu Hilfe geeilt, um ihm seinen Beistand mit dem Degen anzubieten. Geschickt trat er vor die Nationalversammlung und bat sie »zu befehlen, daß die Anstifter der Verbrechen und Gewalttätigkeiten, die am 20. Juni in den Tuilerien verübt worden sind, als Verbrecher an der Nation verfolgt und bestraft werden, und daß eine Sekte vernichtet wird, die die nationale Souveränität zerstört«. La Fayette zielte auf die Jakobiner, die ihn ihrerseits des Hochverrates bezichtigten. Da er meinte, noch ein gewisses

Ansehen bei ihr zu genießen, versuchte er am nächsten Tag, die Nationalgarde zusammenzurufen. Es wurde ein totaler Mißerfolg. Die Königin, die diesem General, den sie verachtete, nichts schuldig bleiben wollte, verständigte heimlich Pétion, den damaligen Bürgermeister von Paris, der daraufhin einen Gegenbefehl ausgab. La Fayette reiste also wieder zu seinen Truppen zurück, und die Patrioten verbrannten symbolisch seine Puppe. Bevor er Paris verließ, beschwor er den König erneut, ihn nach Compiègne zu begleiten. Ludwig XVI. lehnte ab. Marie Antoinette meinte: »Wenn ein Mann einem die größten Übel angetan hat, ist es besser umzukommen, als ihm die Rettung zu verdanken oder mit ihm verhandeln zu müssen.«

In den Tuilerien schien jede Hoffnung endgültig verloren. Marie Antoinette schickte noch einige dringende Briefe an ihre Familie. Die Königin befürchtete von jetzt an, daß ihr Mann ermordet würde. Sie ließ einen Brustschutz aus fünfzehn Schichten Taft anfertigen, um ihn vor einem Dolchstoß zu schützen. »Um sie zufriedenzustellen, willige ich dieser Unannehmlichkeit ein«, sagte Ludwig XVI. zu Frau Campan. »Sie werden mich nicht ermorden, ihr Plan hat sich geändert; sie werden mich anders töten.« Der König wußte schon, daß die Stunde seines Prozesses nahte. Er vernichtete viele Papiere und ließ ein Geheimfach in einem Innengang seiner Gemächer einbauen, um andere Papiere zu verstecken. Die Atmosphäre wurde täglich drückender. Man riet Marie Antoinette, ihre Gemächer im Erdgeschoß zu verlassen. Von nun an schlief sie in einem Raum zwischen dem Zimmer des Dauphins und dem des Königs. Wenn sie im Morgengrauen erwachte, gab sie sich finsteren Gedanken an die Zukunft hin. Sie glaubte immer noch an eine Befreiung durch ausländische Truppen. Eines Morgens, als das ganze Schloß noch schlief, erzählte sie der treuen Frau Campan, daß sie die Marschrouten der Fürsten und des Königs von Preußen kenne. Der König schwieg, er hatte bereits aufgegeben.

Die Lage der französischen Armeen verschlimmerte sich. Luckner mußte vor den Mauern Lilles zurückweichen. Die Belgier, die man schon wie ein erobertes Volk behandelt hatte, begannen aufsässig zu werden. In Paris waren die ohnmächtigen Minister nicht mehr in der Lage, Befehle zu erteilen. Den König verdächtigte man, mit dem Feind zu paktieren. Unter dem Einfluß der Girondisten erklärte die Nationalversammlung am 11. Juli »das Vaterland in Gefahr«. Die bewaffnete Nation sollte sich gegen die fremden Despoten und gegen den König erheben. Überall witterte man Verrat. Ungeachtet des königlichen Vetos, strömten die föderierten Nationalgardisten zu Tausenden nach Paris. Die meisten von ihnen waren schon den Jakobinerklubs ihrer Departements beigetreten. Als die Pariser Jakobiner erkannten, welche Macht diese wie ein Wunder in die Hauptstadt gekommenen Patrioten darstellten, beschlossen sie, sich ihrer zu bedienen und sie zu organisieren. Robespierre schürte die patriotischen Gefühle der Föderierten und eröffnete ihnen, daß »ihre Mission darin besteht, den Staat zu retten« und die Verfassung zu schützen, aber »nicht diese Verfassung, die dem Hof das Mark des Volkes schenkt..., sondern diejenige, welche die Souveränität und die Rechte der Nation gewährleistet... Das Vaterland ist in Gefahr; das Vaterland ist verraten!« rief er aus. Carra malte im Jakobinerklub die Absetzung des Königs aus. Am 17. Juli wurde in einer Petition mit mehreren hundert Unterschriften über den Verrat des Hofes und der Generäle geklagt. Am 18. Juli schlug der Prokurator der Pariser Kommune, Manuel, den Jakobinern vor, die Delegierten aller Bezirke auf dem Marsfeld zu versammeln, um den König anzuklagen. Die Pariser Sektionen reichten ebenfalls viele Petitionen ein, die die Absetzung Ludwigs XVI. verlangten. Eine davon, die der Nationalversammlung am 23. Juli vorgelegt wurde, forderte die Abgeordneten auf, die vollstrekkende Gewalt zu suspendieren. »Laßt einen Nationalkonvent wählen, um über gewisse angeblich konstitutionelle Artikel ein Urteil zu fällen. Es ist keine Zeit mehr zu verlieren... Wenn Ihr der Nation einen Beweis der Ohnmacht gebt, würde ihr nur noch ein Mittel zur Verfügung bleiben: ihre ganze Kraft zu gebrauchen und ihre Feinde selbst zu zerstören.«

Die Nationalversammlung, die ohnmächtig einer neuen revolutionären Welle zusah, weigerte sich, die Absetzung des Königs zu beschließen. Die Girondisten versuchten sogar, sich mit Ludwig XVI. zu einigen. Sie wollten wissen, ob er bereit sei, zugunsten seines Sohnes abzudanken, dem man einen patriotischen Vormund und ein aus Ministern der Gironde bestehendes Kabinett an die Seite stellen würde. Aber diesen letzten Vorschlag zur Rettung der sterbenden Monarchie lehnte der König ab. Vielleicht hoffte er doch noch auf den Vormarsch der ausländischen Armeen. Am 25. Juli abends erhielt er das herausfordernde Manifest des Oberbefehlshabers der preußischen Armee, des Herzogs von Braunschweig, der versicherte, »die Stadt Paris der militärischen Exekution und der totalen Zerstörung auszuliefern, falls der königlichen Familie auch nur ein Haar gekrümmt würde«. Der König und die Königin, die wiederholt gehofft hatten, daß die ausländischen Herrscher

Erklärungen zu ihren Gunsten abgeben würden, sahen ihre Wünsche weit übertroffen. Sie sorgten sich sogar ernstlich um die Folgen, die dieses Manifest zweifellos mit sich bringen würde. Als es am 3. August veröffentlicht wurde, empörte es die Bevölkerung derartig, daß selbst der König begriff, daß er seine Brisanz abschwächen und sich persönlich vor der Nation rechtfertigen müßte. Deshalb erklärte er, daß er »keinerlei Mittel unversucht gelassen habe, den Erfolg des Krieges zu sichern«. Er verkündigte darüber hinaus, daß er »gemeinsam mit der Nationalversammlung alle Mittel anwenden« werde, »damit die unvermeidlichen Kriegsfolgen der Freiheit der Nation und ihrem Ruhme dienlich« würden. Niemand ließ sich täuschen. In der Versammlung scheuten die Jakobiner sich nicht, zu fragen, was »der König getan hatte, um den Plan der Konterrevolution, die Frankreich bedroht und sich bis in fremde Höfe ausbreitet«, aufzuhalten. Pétion erstieg die Rednertribüne, um erneut im Namen der Sektionen die Absetzung Ludwigs XVI. und die Einberufung eines Nationalkonvents zu fordern, der nach dem allgemeinen Wahlrecht gewählt werden sollte. Da die Versammlung die Petition für verfassungswidrig erklärt hatte, beschlossen die Sektionen, die von den Jakobinern angeführt und von den Abgeordneten dieser Partei ermutigt wurden, einen Aufstand vorzubereiten. Innerhalb weniger Tage bewaffneten sich die Sektionen, die Föderierten und die Nationalgardisten von Paris.

Kein Tag der Revolution wurde so genau vorbereitet wie dieser 10. August 1792. Für den König kam er nicht überraschend. Mandat, der Kommandant der Nationalgarde, hatte das Schloß in eine Festung verwandelt. Bereits am 8. rief er die in Rueil und Courbevoie einquartierten Schweizergarden zu Hilfe. Der König sollte sich auf diese gut ausgebildeten Elitetruppen, die der Monarchie treu ergeben waren, verlassen können. Sofort bewaffnete man diese neunhundert Mann, die zum Kampf entschlossen waren. Die neunhundert Gendarmen und ungefähr zweitausend Nationalgardisten schienen dagegen weitaus weniger verläßlich zu sein. Davon überzeugt, daß nun der letzte Kampf zur Rettung der Monarchie unmittelbar bevorstünde, trafen die Ritter des Ordens vom Heiligen Ludwig, ehemalige Leibwachen und einige Adlige, die bereit waren, für den König zu sterben, in der Nacht des 9. August mit Säbeln, Karabinern oder nur mit Schaufeln und Zangen bewaffnet in den Tuilerien ein. Es waren allenfalls dreihundert, die gekommen waren, ihr Leben für ihre Überzeugungen zu opfern. Die Anwesenheit dieser Edelleute schien der Nationalgarde um so verdächtiger, als sie erneut ein konterrevolutionäres Komplott befürchtete. Sie hatten den Eindruck, daß alle diese Aristokraten nur gekommen waren, um ihre Privilegien und die Mißstände des Ancien Régime wiederherzustellen. Bereits am Nachmittag wurde Ludwig XVI. über die Ereignisse in den Vorstädten auf dem laufenden gehalten, wo sich die Männer bewaffneten und den Angriff vorbereiteten. Entgegen seiner Gewohnheit ging der König an diesem Abend nicht zu Bett. Um elf Uhr kam Roederer, der Generalsyndikus der Kommune, um ihn über die Lage zu informieren: Ganz Paris würde sich erheben. Kurz nach Roederer kam auch Pétion, »um über die Sicherheit des Königs und den Schutz seiner Familie zu wachen«. In diesem Augenblick hörte man bereits von weitem den dumpfen Klang des Generalmarsches, und die Sturmglocken begannen zu läuten: erst in einem, dann in zwei oder drei Kirchtürmen, dann in allen. »Alle drängten sich an die Fenster, um zu lauschen«, und man betete zu den Schutzheiligen jener Kirchen, deren trauriger Glockenklang herauszuhören war. In dieser Nacht ertönte das Totengeläut der Monarchie. Ludwig XVI. befahl, die Tür zur *terrasse des feuillants* zu schließen. Alles wartete... Einige wollten Pétion als Geisel festnehmen. Aber dann ließ man ihn doch zur Nationalversammlung gehen. Bald wurde bekannt, daß die Vororte in vollem Aufruhr waren. Roederer teilte mit, es seien bereits fünfzehnhundert bis zweitausend Mann versammelt. Der Prokurator setzte sich auf einen Hocker im Ratssaal neben die Königin, Madame Elisabeth und die Hofdamen. Alles schwieg. Plötzlich hörte das Sturmläuten auf. Eine bedrückende Stille herrschte im Schloß. Der König nutzte diesen Augenblick scheinbarer Entspannung, um sich in sein Zimmer zu begeben und sich etwas auszuruhen. Die Königin wartete weiter. Um vier Uhr begann der Tag zu dämmern. Madame Elisabeth erhob sich und ging langsam zu einem der Fenster. Der Himmel im Osten rötete sich. »Meine Schwester, kommen Sie und sehen Sie die Morgendämmerung«, sagte sie zu Marie Antoinette, die völlig apathisch zur Fensternische ging. Da erschien der König, »ganz ohne Puder, die Frisur auf einer Seite plattgedrückt«. Man wartete weiter.

Der Aufruhr war nicht mehr weit vom Schloß entfernt. Im Rathaus hatte sich eine »aufständische Kommune« aus den Delegierten der Pariser Sektionen gebildet, um die rechtmäßige Kommune zu ersetzen. Mandat, dem man vorwarf, die Vorkehrungen des Hofes gefördert zu haben, war soeben umgebracht worden.

Kurz darauf setzten sich die Menschen aus den Vororten und die

Föderierten in Marsch. Die Föderierten aus Marseille und das Bataillon des Vororts Saint-Marceau drangen über den Pont Saint-Michel und den Pont Neuf zum Karussellhof vor. »Sie treffen geschlossen ein, bringen einige Kanonen mit, stellen sich in Reih und Glied mit ihren Kanonen, stehen still, hören den Befehl und legen eine Ruhepause bis zum Augenblick des Angriffs ein.« Diese eindeutig bedrohliche Aufstellung jagt der Königin Angst ein. Sie fragt Roederer, was zu tun sei. Gelassen antwortet dieser, er halte »es für notwendig, daß sich der König und die königliche Familie zur Nationalversammlung begeben«. Immer noch souverän, erwidert die Königin laut: »Mein Herr, hier stehen militärische Kräfte bereit; es ist endlich an der Zeit zu erfahren, wer die Oberhand behalten wird: der König und die Verfassung oder der Aufruhr.« Roederer, den eine solche Blindheit verblüfft, antwortet dennoch: »Madame, in diesem Fall lassen Sie uns sehen, welche Vorkehrungen für den Widerstand getroffen worden sind.« Roederer und die Minister wollen um jeden Preis ein Blutbad verhindern und drängen darauf, daß die königliche Familie bei der Nationalversammlung Zuflucht sucht.

Während dieser unfruchtbaren Diskussionen strömen immer mehr Aufständische in die Umgebung der Tuilerien und richten mehrere Kanonen auf das Schloß. Unbeholfen wie immer, zeigt sich Ludwig XVI. an einem der Fenster, um die Loyalität der Truppen anzustacheln, die ihn verteidigen sollen; seine Adligen und seine Leibwache haben sich um ihn geschart. Danach begibt er sich, von mehreren Offizieren begleitet, schwerfällig in den Hof, um seine Truppen zu inspizieren. Die Schweizergarden klatschen Beifall, die Nationalgarden, denen er einige martialische Reden halten will, empfangen ihn mit Gejohle. Als er über die *terrasse des feuillants* wieder ins Schloß zurückkehrt, wird er von fünf oder sechs Kanonieren verfolgt, die brüllen: »Nieder mit dem König! Nieder mit dem Veto!« Nach den Worten eines Augenzeugen ähnelten sie »Mücken, die das Tier verfolgen, das sie peinigen wollen«. Die Königin, die die Szene vom Fenster aus sehen kann, beginnt zu weinen, »ohne ein Wort zu sagen, und immer wieder trocknet sie sich die Augen«. Kurz darauf kehrt der König zurück und setzt sich schweigend hin. Im Schloß herrscht große Ratlosigkeit. Die Versammlung hat soeben mitteilen lassen, daß sie den König nicht rufen lassen wird. Soll man also mit gespaltenen Truppen eine Schlacht mit den Volkskräften wagen? Die Nationalgardisten fragen sich beunruhigt, ob sie »auf ihre Brüder schießen sollen«. Roederer nimmt es auf sich, ihnen zu befehlen, Gewalt mit Gewalt zu beantworten: »Kein Angriff«, sagt er, »gelassen bleiben, starke Verteidigung.« Die Menge der Aufständischen wächst noch immer.

Mehr denn je ist Roederer davon überzeugt, daß der König den Schutz der Nationalversammlung erbitten und in den Reitsaal flüchten müsse. Für ihn und seine Familie sei dies die letzte Rettung. »Sire«, sagt er, »Eure Majestät hat keine Minute zu verlieren. Nur in der Nationalversammlung sind Sie sicher. Die Meinung des Bezirks ist, daß Sie sich sofort dahin begeben müssen. Sie haben in den Höfen nicht genügend Männer, um das Schloß zu verteidigen. Um deren Kampfmoral ist es ebenfalls schlecht bestellt. Die Kanoniere haben auf die bloße Empfehlung einer Offensive hin ihre Kanonen entladen.«

»Aber«, wendet der König ein, »ich habe nicht sehr viele Leute auf dem Karussellhof gesehen.«

»Sire, es gibt da zwölf Kanonen, und eine riesige Menge nähert sich von den Vororten her.«

Die Königin setzt nach:

»Aber, mein Herr«, sagt sie zu Roederer, »wir haben doch Soldaten. Wie? Sind wir denn allein? Warum kann denn niemand handeln?«.

»Ja, Madame, wir sind allein. Jede Aktion ist vergeblich. Ein Widerstand ist unmöglich. Ganz Paris ist auf den Beinen.«

Roederer wendet sich erneut an den König:

»Sire«, sagt er, »die Zeit drängt; das ist keine dringende Bitte mehr, das ist kein bloßer Rat mehr, den wir uns herausnehmen. In diesem Augenblick können wir nur noch einen Entschluß fassen, nämlich Sie um Ihre Erlaubnis zu bitten, Sie mitzunehmen.«

Roederer wird durch den Minister Dejoly unterstützt:

»Lassen Sie uns gehen«, sagt er, »und keine Zeit mit Beratungen verlieren; die Ehre befiehlt es; das Wohl des Staates verlangt es; wir gehen zur Nationalversammlung; dies hätte schon längst geschehen müssen.«

Völlig gebrochen sagt Ludwig XVI. einfach: »Gehen wir.« Die Königin sagt nichts mehr.

Bald macht sich der sonderbare Zug auf den Weg: Der König, die Königin, der Dauphin, Frau von Tourzel, Madame Elisabeth und die Minister folgen Roederer und durchqueren die königlichen Gemächer. Einer plötzlichen Eingebung folgend nimmt Ludwig XVI. den mit der Trikolorenkokarde geschmückten Hut eines Nationalgardisten und gibt diesem den seinen mit der weißen Feder. Beschützt von zwei Reihen Nationalgardisten aus der Sektion Filles de Saint-Thomas, geht die königliche Familie, vom Gejohle der Menge begleitet, hinüber zum Reitsaal. Auf ihrem Weg zertreten sie das Laub, das sich seit einigen Tagen angehäuft hat. »Die Blätter fallen früh dieses Jahr«, murmelt der König. Als er den Versammlungssaal betritt, begibt sich Ludwig XVI. sofort zum Vorsitzenden und sagt: »Ich bin hergekommen, um ein großes Verbrechen zu vermeiden, und ich werde mich inmitten der Vertreter der Nation mit meiner Familie stets in Sicherheit fühlen. Ich werde den ganzen Tag hier verbringen.«

Die Anwesenheit des Königs verwirrt die Abgeordneten. Aber sie empfangen ihn mit Respekt. Einer von ihnen bemerkt, daß die Verfassung es nicht erlaube, daß der König den Beratungen beiwohne. Also werden Ludwig XVI. und seine Familie in der kleinen, mit Gardinen geschlossenen Loge des »Logographe«*, die sich unmittelbar hinter dem Sessel des Vorsitzenden befindet, untergebracht. Hier vernimmt die königliche Familie, dicht aneinandergedrängt, wie Roederer die Ereignisse der Nacht und des Morgens schildert, und bald hört sie auch die tragischen Berichte über den Sturm auf die Tuilerien.

Als Ludwig XVI. das Schloß verließ, hatte er das Kommando an Marschall Mailly übergeben und ihm gesagt: »Wir werden zurückkehren, wenn die Ruhe wiederhergestellt ist.« Hätte die Versammlung die Absetzung des Königs verkündet, so hätte sie den Angriff auf die Tuilerien verhindern können. Aber sie zögerte noch immer und wagte es nicht, allein über das Schicksal dessen, der einmal König von Frankreich gewesen war, zu entscheiden. Die Aufständischen waren ins Palastinnere eingedrungen und hatten erwartet, daß die Verteidigung kapitulieren würde. Zu ihrer Überraschung wurden sie von heftigem Feuer empfangen, das sofort mehrere Opfer forderte. Die Schweizer, die sogar in die Offensive gingen, wurden von den Kanonen aus dem Vorort Saint-Antoine angegriffen. Als sie bereits zum Gegenschlag ausgeholt hatten, erhielten sie den schriftlichen Befehl Ludwigs XVI., das Feuer einzustellen. Zähneknirschend mußten sie den Angreifern, die das Schloß besetzten, plünderten und zu einer mörderischen Menschenjagd auf die letzten Verteidiger der Monarchie ansetzten, ihre Waffen aushändigen.

Völlig ratlos verkündeten die Abgeordneten unter dem Druck des Aufstandes die Absetzung des Königs; so behielten sie sich die Entscheidung über die Art des Regimes vor, das von nun an Frankreich regieren

---

* Zeitung, die der gemäßigten Mehrheit der Legislative nahestand, aber insgeheim vom Hof subventioniert wurde. (Anm. d. Hrsg.)

sollte. Bevor sie sich trennten, beschlossen sie nämlich, daß demnächst eine zweite Verfassunggebende Versammlung zusammentreten sollte. Der Ernst der Lage erforderte einen neuen institutionellen Rahmen. Um die laufenden Geschäfte zu erledigen, ernannte man einen einstweiligen Exekutivrat, der sich zusammensetzte aus Roland, Clavière, Servan, Monge, Lebrun und einem Mann, der in der Lage war, sich bei den Volksmassen durchzusetzen: Danton. Der König, dessen Anwesenheit sich als äußerst störend erwies, sollte in den *Temple** gebracht werden, bis die neue Versammlung über sein Schicksal entscheiden würde.

Das Volk triumphierte: Die französische Monarchie war zusammengebrochen.

---

* Ehemaliger Sitz des Templer- und später des Malteserordens. (Anm. d. Hrsg.)

22. IST LUDWIG SCHULDIG?

Drei Tage lang lebten der König und die Seinen in der stickigen Loge des »Logographe«, durch ein kleines Gitter von den Abgeordneten getrennt. So konnte Ludwig XVI. der legalen Zerschlagung der Monarchie beiwohnen. Aber er blieb gefaßt und nahm seine Mahlzeiten mit gesundem Appetit ein. Die Königin hingegen weinte, und der kleine Dauphin, der nichts verstand, jammerte und bat, an die frische Luft gehen zu dürfen. Am Abend wurden die Gefangenen in die engen, grün tapezierten Zellen des Feuillantinerklosters geführt. Dort versuchte die Königsfamilie auszuruhen. Einigen ergebenen Dienstboten, unter denen sich die getreue Frau Campan befand, war es gelungen, sich dem Herrscherpaar anzuschließen. »Wir sind verloren... wir werden in dieser schrecklichen Revolution umkommen«, kreischte die Königin, die einen regelrechten Nervenzusammenbruch hatte, als ihre Kammerzofe bei ihr eintraf. Plötzlich stand Marie Antoinette auf, durchmaß den Raum mit großen Schritten und verfluchte das Schicksal, das sie und die Ihren belastete. Ludwig XVI., dem man die Frisur auffrischte, blieb in seiner Zelle völlig gelassen.

Am 13. August kam um fünf Uhr nachmittags der Bürgermeister in Begleitung eines Munizipalbeamten, um den König und seine Familie abzuholen und sie zum *Temple* zu führen. Dies war die Residenz, die ihnen die Pariser Kommune zuwies, während die Nationalversammlung den Palast von Luxembourg oder das Palais der Kanzlei vorgeschlagen hatte. Die ganze Königsfamilie, einschließlich Frau von Tourzel und Prinzessin Lamballe, wurde in eine der Hofkarossen gezwängt; Pétion und sein Beigeordneter nahmen ebenfalls Platz, wobei sie sorgsam darauf achteten, die Hüte aufzubehalten. Wie in einer lächerlichen und düsteren Parade durchquerte der Wagen, von nur zwei Pferden gezogen, langsam die Hauptstadt. Er wurde von Nationalgardisten eskortiert. Ein zweiter Wagen folgte. Er beförderte die sechs Dienstboten, welche die Kommune dem Herrscherpaar zugestanden hatte. Die Vorbeifahrt des abgesetzten Königs wurde überall mit Drohungen und Beschimpfungen kommentiert. Man ließ es sich nicht nehmen, die Place Vendôme zu überqueren, um Ludwig XVI. die demontierte und zerschlagene Statue Ludwigs XIV. zu zeigen. »So behandelt man Tyrannen!« brüllte das Volk, berauscht von seinem Sieg.

Um sieben Uhr gelangten die beiden Wagen endlich zum Palast des Großpriors. Das schwere Tor wurde hinter ihnen geschlossen, und die Flüche der Menge verstummten. Der *Temple* umfaßte ein elegantes Stadtpalais im Stil des 17. Jahrhunderts, das der Prinz von Conti im 18. Jahrhundert für rauschende Empfänge sehr luxuriös hatte instandsetzen und erneuern lassen. Daneben befand sich ein riesiger Wachturm, der von einigen Türmchen überhöht war und an den sich ein weniger imposantes Gebäude anschloß. Das waren der große und der kleine Turm des *Temple*. Man führte die königliche Familie in das Palais, wo der König gemütlich herumspazierte. Er war überzeugt davon, daß er mit den Seinen hier untergebracht würde. Schon wies er ihnen Gemächer und Zimmer zu. Um zehn Uhr wurde ein angemessenes Souper gebracht. Die Anwesenheit der Amtsträger, die noch immer ihre Hüte aufbehielten und zum Teil rauchten, schuf eine besonders drückende Atmosphäre. Nach dem Souper begab man sich in den Salon. Hier wurde Ludwig XVI. um elf Uhr durch die diensthabenden Munizipalbeamten mitgeteilt, daß er im Wachturm wohnen werde. Der König zeigte keinerlei Überraschung, als man ihn und seine Familie zu dem düsteren Turm führte, der von Fackeln in den Schießscharten erhellt wurde. Bis der große Turm als Gefängnis hergerichtet sein würde, sollte die königliche Familie einstweilen im kleinen Turm in der Wohnung des Archivwächters des Malteserordens untergebracht werden. Ludwig XVI. war froh, hier eine Bibliothek mit beinahe fünfzehnhundert Bänden vorzufinden.

Bald entwickelte sich unter der strengen Aufsicht der den König bewachenden Munizipalbeamten ein eigenartiges Familienleben. Keine Geste der Gefangenen blieb unbemerkt. Einige Tage nach ihrer Ankunft im *Temple* wurden mit Ausnahme François Hues alle Dienstboten entlassen, die man zunächst dem Herrscherpaar zugestanden hatte. Im Laufe der Nacht vom 19. auf den 20. August mußten auch Frau von Tourzel und Frau von Lamballe den *Temple* verlassen; sie wurden im Gefängnis La Force eingekerkert. Die Schlinge, die sich um die königliche Familie gelegt hatte, zog sich langsam zu.

Die Tage vergingen. Um sechs Uhr morgens stand der König auf und zog sich an. Nach einem Gebet widmete er sich bis neun Uhr der Lektüre. Zum Frühstück gesellte sich die Königin mit ihren Kindern und seiner

Schwester zu ihm. Marie Antoinette zog den Dauphin selbst an und ließ ihn sein Gebet sprechen. Während Ludwig XVI. seinen Sohn in Französisch, Latein, Geschichte und Geographie unterrichtete, zeichneten die Königin und Madame Elisabeth oder erteilten der kleinen Marie-Thérèse Musikstunden. Wenn Santerre, der neue General der Nationalgarde, es erlaubte, gingen sie im Garten spazieren. Der Dauphin war entzückt. Bis zum Diner spielte er mit dem Ball und der Wurfscheibe. Dann ging man wieder nach oben zum König und nahm die Mahlzeit im Zimmer der Königin ein, das als Salon diente. Anschließend spielte der König eine Partie Tricktrack oder Pikett mit seiner Schwester. Daraufhin nickte Ludwig XVI. in seinem Sessel ein, während die Prinzessinnen nähten und die Kinder ihre Aufgaben machten. Um sieben Uhr las die Königin oder ihre Schwägerin vor. Eine Stunde später soupierten der König und die Seinen, nachdem man den Dauphin zu Bett gebracht hatte. Der König begab sich bald darauf in sein Zimmer, wo er noch bis Mitternacht las. Bevor er einschlief, wartete er stets, bis seine Wache abgelöst wurde. Die Königin blieb bei Madame Elisabeth, bis man ihnen befahl, sich zu trennen, und die Königin in ihrem Zimmer eingeschlossen wurde.

Im Laufe der Tage wurde die Überwachung des Herrscherpaares immer strenger. Man vergewisserte sich, daß der König keine Waffen hatte. Sein Degen wurde ihm abgenommen. Um eine tägliche Durchsuchung zu verhindern, befahl Ludwig XVI. seinem Kammerdiener, seine Taschen abends, wenn der König entkleidet war, systematisch umzustülpen. Da befürchtet wurde, daß der König und seine Familie einen Briefwechsel mit dem Ausland unterhielten, schnitt man das Brot in Scheiben, bevor man es auf den Tisch stellte, und alle servierten Speisen wurden gewissenhaft überprüft. Trotz all dieser Vorsichtsmaßnahmen, die das Herrscherpaar nicht sonderlich zu ärgern schienen, wurden der König und die Königin mit tausend Listen über die außenpolitischen Geschehnisse auf dem laufenden gehalten. Hue, der Kammerdiener des Königs, lauschte den Unterhaltungen der Munizipalbeamten und wiederholte sie dem König wortgetreu. Einige Zeitungsschreier, die von den Royalisten gekauft waren, verlasen die Nachrichten lauthals hinter den Festungsmauern des *Temple*. Ludwig XVI. und Marie Antoinette setzten nun alle ihre Hoffnungen auf die ausländischen Armeen. Die Eroberung von Thionville und von Longwy erfüllten sie mit Zuversicht. Marie Antoinette hatte große Mühe, dies zu verbergen. Sie erfuhren auch von der Belagerung Verduns. Man gab ihnen zu verstehen, daß royalistische

Bewegungen in der Vendée, in der Bretagne und im Dauphiné in Gang waren. Sie schöpften neue Hoffnung und träumten von der Niederlage der französischen Armee, die auch sehr wahrscheinlich schien.

Am 2. September gingen der König und die Königin, von den Nachrichten etwas getröstet, mit ihren Kindern im Garten spazieren. Plötzlich bekamen sie von den Wachen den Befehl, auf ihre Zimmer zurückzukehren. Manuel, der Kommuneprokurator, begab sich eiligst zum *Temple*, um sich zu vergewissern, daß die königliche Familie nicht entführt worden war. Über die Mauern drang der Generalmarsch, und dröhnende Geräusche kamen immer näher. Bald erschienen zwei Munizipalbeamte. Dem Kammerdiener Hue zufolge hielt einer von ihnen, ein gewisser Mathieu, dem König folgende Rede: »Monsieur, Sie wissen nicht, was in Paris vor sich geht. In allen Vierteln wird der Generalmarsch geschlagen. Die Alarmkanone wurde abgeschossen. Das Volk ist in Aufruhr und will sich rächen. Nicht genug damit, daß Sie unsere Brüder am 10. August ermordet und flache Kugeln* benutzt haben, die man zu Tausenden in den Tuilerien fand; jetzt lassen Sie auch noch einen blutrünstigen Feind gegen uns aufmarschieren, der damit droht, uns umzubringen, unsere Frauen und Kinder zu erwürgen. Unser Tod steht bereits fest, das wissen wir. Aber bevor es uns trifft, werden Sie und Ihre Familie von der Hand der Munizipalbeamten sterben, die Sie bewachen. Dabei ist immer noch Zeit, und wenn Sie wollen, können Sie...«

Der König unterbrach ihn: »Ich habe alles für das Glück des Volkes getan, es bleibt mir nichts mehr zu tun.«

An diesem Tag begnügte man sich damit, François Hue aus dem Dienst der Königsfamilie zu entlassen und ihn ins Gefängnis zu stecken.

In der Tat war Paris in vollem Aufruhr. Die Niederlagen der französischen Armeen bestätigten mehr und mehr die These vom aristokratischen Komplott: Verdun hatte soeben kapituliert, die Emigranten und eidverweigernden Priester hatten sich dort triumphierend mit den Preußen niedergelassen.

Trotz des großen Gegensatzes zwischen Nationalversammlung und Kommune sahen sich beide gezwungen, ein Bündnis zu schließen, um das Vaterland zu verteidigen. Die Girondisten befürchteten Ausschreitungen des Volkes; die Jakobiner sahen, wie bei diesen gemäßigten

---

* Es handelte sich um besondere Kugeln, die *balles machées*. Wörtlich: gekaute Kugeln. Sie hatten eine unregelmäßige Form und waren von daher besonders wirksam und schmerzhaft. (Anm. d. Übers.)

Bourgeois das Gespenst einer konservativen Republik Gestalt gewann. Das Bündnis war also nur Fassade und bedingt durch die vom Ausland drohende Gefahr. Danton, der damalige Justizminister, predigte die Einigung der beiden im stillen verfeindeten Kräfte. Angesichts der drohenden Invasion wollte die Versammlung dreißigtausend Mann in Paris und in den Randbezirken zu den Fahnen rufen. Das Kabinett dachte bereits daran, sich südlich der Loire in Sicherheit zu begeben, aber Danton gelang es am 2. September mit einer heute noch berühmten Rede, die Kräfte gegen den Feind zu vereinigen. Bei diesem Anlaß sagte er die Worte, die sich seither in das Gedächtnis des Volkes eingegraben haben:

»Kühnheit, Kühnheit und nochmals Kühnheit, dann wird Frankreich gerettet!«

Niemals war die konterrevolutionäre Gefahr größer als in diesem Augenblick, in dem sich die Nation von feindlichen Kräften, derer sie nicht Herr werden konnte, bedroht fühlte. Da ergriff die Bevölkerung der Vorstädte und des Pariser Zentrums eine blindwütige Rachsucht. Wie von einer plötzlichen Raserei besessen, die alle Bande der Vernunft zerriß, drängte sich eine hysterische Menge zu den Gefängnissen Carmes, La Force und Châtelet und hielt dort improvisierte »Volksgerichte« ab, wobei Gefangene, eidverweigernde Priester, Schweizer, die der Schießerei in den Tuilerien entkommen waren, Aristokraten, die des Royalismus verdächtig und seit dem 10. August eingesperrt waren, sowie gewöhnliche Strafgefangene systematisch massakriert wurden. Vom 2. bis zum 6. September hallten die Schreie der niedergemetzelten Opfer durch Paris, und der Schlamm der Gossen färbte sich rot. Die Kommune unternahm nichts gegen die Massaker; auch die Regierung griff nicht ein. Verstört schrieb Roland am 3. September einen Satz, der die allgemeine Ratlosigkeit der Obrigkeit deutlich macht: »Gestern war ein Tag, über dessen Ereignisse gewiß der Schleier des Vergessens geworfen werden muß.«

Angesichts dieser Ausschreitungen befürchtete man auch die Ermordung der königlichen Familie. Am 3. September um ein Uhr bat der König um die Erlaubnis spazierenzugehen. Die Wachen lehnten ab. Als Ludwig XVI. und die Seinen mit ihrem Diner begannen, hörte man von draußen fürchterliches Gejohle. Cléry, der ehemalige Kammerdiener des Dauphins, der die Erlaubnis erhalten hatte, dem König im Gefängnis zu dienen, trat erschüttert ins Zimmer. Erschrocken sagte er, daß ihm »unwohl« sei. Bald kam ein Munizipalbeamter hinzu, und Ludwig XVI.

fragte ihn, ob sie denn auch alle in Sicherheit seien. Der Mann antwortete, es gehe das Gerücht um, daß er ausgebrochen sei, und das Volk wolle sich nun seiner Anwesenheit versichern, indem es ihn an den Fenstern erwarte. »Aber wir werden dies nicht dulden«, fügte er hochtrabend hinzu. Ein weiterer Munizipalbeamter, der von vier Abgesandten der Menge begleitet wurde, erschien in der Tür und forderte, daß sich die königliche Familie am Fenster zeige. Die anderen Munizipalbeamten lehnten diese Forderung weiterhin ab.

Die Angst der Gefangenen wuchs. Einer der Besucher fügte im »gröbsten Tone« hinzu: »Man will Ihnen nur den Kopf der Lamballe vorenthalten, den man Ihnen bringt, um Ihnen zu zeigen, wie das Volk sich an seinen Tyrannen rächt. Ich rate Ihnen, am Fenster zu erscheinen, wenn Sie nicht wollen, daß das Volk hier erscheint.« Sofort fiel Marie Antoinette in Ohnmacht; die Kinder begannen zu weinen, und der König entgegnete dem Mann: »Wir rechnen mit allem, mein Herr, aber Sie hätten der Königin die Nachricht von diesem schrecklichen Unglück ersparen können.«

Die Delegierten zogen wieder ab. Man brachte die Königin zu sich. Hinter den Vorhängen stehend, sah Cléry den Kopf der Prinzessin von Lamballe, der auf eine Pike gespießt war und dessen Gesicht eine furchtbare Grimasse schnitt. Ihre langen blonden Haare waren blutverschmiert und flatterten im Wind. Der nackte, verstümmelte Rumpf, der von den Mördern bis zur Mauer des *Temple* geschleift worden war, lag auf dem Boden. Man riß ihr das Herz heraus und trug es als Trophäe an der Spitze eines Säbels. Das tragische Schauspiel dauerte an bis zum Abend.

Ohne sichtbare Veränderung ging das Leben im *Temple* weiter. Der König, die Königin und Madame Elisabeth ließen die Beleidigungen der Munizipalbeamten über sich ergehen und lasen täglich neue Inschriften auf den Mauern: »Madame Veto wird tanzen... Wir werden das dicke Schwein auf Diät setzen... Die kleinen Wölfe müssen erwürgt werden...«. Oft waren diese Kritzeleien von realistischen Zeichnungen begleitet. Am 21. September hörte man um vier Uhr, wie ein Reitertrupp sich näherte, und bald darauf einen Trompetenstoß. Jenseits der Mauer erhob sich eine laute Stimme: Sie rief die Abschaffung der Monarchie und die Geburt der Republik aus. Der König setzte seine Lektüre fort. »Auch die Königin bewahrte ihre Fassung«, behauptet Cléry.

Ludwig XVI. und die Seinen wußten, daß sie bald den Aufenthaltsort wechseln mußten. Seit Beginn ihrer Einkerkerung wurde der große Turm des *Temple* für sie hergerichtet. Um die Flucht der Gefangenen unmöglich zu machen, hatte man keinerlei Vorsichtsmaßnahmen unterlassen. Eine neue Festungsmauer mit zwei dicken Eisenpforten und riesigen Riegeln war um den Turm herum errichtet worden. Am 29. September wurde der königlichen Familie zunächst mitgeteilt, daß man ihr Papier, Federn und Bleistifte wegnehmen werde. Die Gefangenen gaben den Munizipalbeamten, was sie forderten, aber diese durchsuchten dennoch das Gemach von oben bis unten, damit ihnen nichts entginge. Einige Stunden später wurde dem König mitgeteilt, daß er allein in den großen Turm verlegt werde. Ludwig XVI. war von dieser Entscheidung, die ihn von seiner Familie trennte, äußerst betroffen. In dieser Nacht schlief er in einem Zimmer, dessen Umbau noch nicht abgeschlossen war: Die Maler und Tapezierer waren noch bei der Arbeit, es stank entsetzlich. Am folgenden Tag verbot man dem König und der Königin, gemeinsam zu dinieren. Cléry, der weiterhin in den Diensten Ludwigs XVI. und Marie Antoinettes blieb, übermittelte ihnen diese Nachricht. Die Königin und die Prinzessinnen weinten. Marie Antoinette erneuerte jedoch ihre Bitte, zum König gehen zu dürfen, so inbrünstig, daß die Munizipalbeamten die gemeinsamen Mahlzeiten wieder genehmigten.

Drei Wochen später zogen auch die Königin, Madame Elisabeth und die Prinzenkinder in den großen Turm. Die neuen Gemächer bestanden aus zwei Stockwerken: dem zweiten und dem dritten, die in vier bescheiden möblierte Räume eingeteilt waren. Die Tapete des Vorzimmers stellte das Innere eines Gefängnisses dar, die Fenster waren mit riesigen Gitterstäben versehen, und Vorhänge verhinderten die Luftzufuhr. Trotz des Ofens war es kalt. Bald litt der König unter einer »Entzündung des Kopfes«. Cléry hatte alle erdenkliche Mühe, seinen Arzt zum *Temple* kommen zu lassen. Während seiner Krankheit, die mehrere Tage dauerte, verließen die Prinzessinnen Ludwig XVI. nicht, und Cléry erzählt, daß sie ihm halfen, das Bett des Kranken zu machen. Einige Tage später war auch der Dauphin erkältet; die Königin und Madame Elisabeth traf es ebenfalls. Sicherlich waren alle von der gleichen Grippe angesteckt worden, und selbst Cléry mußte im Bett liegen. Nun übernahm die Königin das Waschen und Ankleiden ihres Sohnes, und die königliche Familie pflegte den treuen Diener.

Der neue, am 2. Dezember gewählte Munizipalrat verstärkte die Aufsicht der Gefangenen. Am 7. Dezember befahl ein Urteil der Kommune, ihnen »Messer, Rasiermesser, Schere, Taschenmesser und alle anderen scharfen Gegenstände« abzunehmen. Einer der Munizipalbeamten kam zum König, um sich zu vergewissern, daß er keinerlei spitze Gegenstände mehr habe. Ludwig XVI., der gerade eine Pinzette in der Hand hielt, antwortete nicht ohne Ironie: »Ist die Pinzette, die ich in meiner Hand halte, nicht ebenfalls ein spitzer Gegenstand?«

Diese immer schlimmer werdenden täglichen Schikanen ließen auf eine baldige Veränderung in der Lage der Häftlinge schließen. Am 11. Dezember wurde ab fünf Uhr morgens der Generalmarsch geschlagen, und wenig später trafen Reiterabteilungen im Garten des *Temple* ein. Der König, die Königin und Madame Elisabeth wußten, was dies bedeutete. Dennoch sagte man ihnen nichts. Um neun Uhr frühstückte die königliche Familie wie gewöhnlich, ohne daß sie über das hätten sprechen können, an das sie alle dachten; denn die Munizipalbeamten paßten genau auf. Ludwig XVI. erteilte dem Dauphin gerade seine Lesestunde, als zwei Munizipalbeamte das Kind abholten, um es zu seiner Mutter zu bringen. Der König zeigte sich darüber verwundert. Man gab ihm keinerlei Erklärung, sondern begnügte sich damit, ihm das Kommen des Bürgermeisters Chambon mitzuteilen. »Was will er von mir?« fragte der König. »Ich weiß es nicht«, antwortete der Munizipalbeamte. Ludwig XVI. wartete. Lange. Endlich, um ein Uhr, erschien der Bürgermeister in Begleitung des Kommuneprokurators Chaumette, des Gerichtsschreibers Colombeau, Santerres und mehrerer Munizipalbeamten. Erst in diesem Augenblick erfuhr der König offiziell, daß er aufgrund eines Dekrets, das man ihm vorlas, vor den Konvent geführt werden müsse. In diesem Dekret hieß es, daß »Ludwig Capet vor das Gericht des Nationalkonvents geladen würde«. »Capet ist nicht mein Name«, protestierte Ludwig XVI. »Es ist nur der Name meiner Urahnen. Außerdem hätte ich gewünscht, mein Herr«, fügte er hinzu, »daß die Kommissare mir meinen Sohn während der zwei Stunden gelassen hätten, die ich damit zugebracht habe, auf Sie zu warten...«. Er folgte dem Bürgermeister und fuhr mit ihm unter großem militärischen Geleit zum Konvent. Die Wachen unterrichteten Marie Antoinette davon, daß ihr Gatte zur Nationalversammlung gebracht werde.

Am Ende dieses Jahres 1792 stand die Schuld des Königs, wenn auch nicht für die gesamte französische Meinung, so doch für die Volksmeinung von Paris, außer Zweifel. Wir erinnern uns, daß schon am Tag nach Varennes die Klubs gefordert hatten, den König vor Gericht zu bringen, weil er zu fliehen versucht hatte, und daß später viele Bittschriften aus den Sektionen kamen, in denen die Absetzung Ludwigs XVI. verlangt wurde.

Nach der Erhebung vom 10. August forderten die Aufständischen ebenfalls, daß dem König der Prozeß gemacht werde. Im Namen des revolutionären Rechts, das täglich mehr die Oberhand gewann, rief der Journalist Prudhomme in den »Révolutions de Paris« zum Prozeß und zur Hinrichtung des Königs auf, der für das Tuilerienmassaker verantwortlich gemacht wurde: »Hätte es keinen König der Franzosen namens Ludwig XVI. gegeben, so wären die dreitausend Patrioten nicht vor den Mauern des Schlosses gefallen. Wir fordern, mit diesem König und seiner Komplizin konfrontiert zu werden... Man kann uns die Befriedigung nicht verweigern, seinen Kopf fallen zu sehen, bevor wir den unseren verlieren. Bestraft zuerst die großen Schuldigen. Hört ihr das Volk, das murrt und es bedauert, die Rache dem Gesetz überlassen zu haben?« hatte er bereits am 25. August geschrieben.

Seit ihrem Sieg über die Monarchie und die Nationalversammlung versuchten die Volksmassen, eine Art direkter Demokratie einzuführen, wobei die Invasionsdrohung ihre Aktionen rechtfertigte. Indem die gesetzgebende Gewalt den König absetzte, die Wahl einer neuen *Constituante* versprach und die Gefängnismassaker geschehen ließ, gab sie den Volksmassen nach.

Ende September schienen sich die Leidenschaften allerdings etwas zu legen. Am 20. wurden die Preußen bei Valmy geschlagen, und in den Reihen der französischen Freiwilligen sowie in der neuen Nationalversammlung, dem *Konvent*, der sich am gleichen Tag im Reitsaal versammelte, keimte wieder Hoffnung. Diese Versammlung, die zum Großteil aus republikanischen Bürgern bestand, zu denen viele Juristen gehörten, rief am 21. September die Republik aus. Die Girondisten, auf der rechten Seite, träumten von einer amerikanischen, die *Montagnards*,* auf der linken Seite, von einer römischen Republik. Die einen glaubten an die Allmacht der Freiheit, verabscheuten Ausnahmeregelungen und wünschten, daß die Abgeordneten der Departements sich in Paris durchsetzten, weil sie die Mehrheit der Bürger vertraten. Die Bergpartei wollte eine autoritäre Regierung – zentralistisch und patriotisch –, die die Volkskräfte – angefangen mit den Parisern – für sich gewinnen sollte. Zwischen Girondisten und Bergpartei gab es die Abgeordneten des Zentrums, des sogenannten *Marais***, die sich nicht eindeutig festlegen wollten.

---

* »Bergpartei«, so geheißen, weil ihre Abgeordneten die höhergelegenen Sitze einnahmen. Zu ihr gehörten auch die Jakobiner. (Anm. d. Hrsg.)
** Als »Sumpf« oder »Ebene« wurden jene Abgeordneten (ca. ein Drittel) bezeichnet, die mal für die eine, mal für die andre Gruppe stimmten. Sie saßen in der untersten Reihe. (Anm. d. Hrsg.)

Das Schicksal des Königs wurde in die Hände dieses Konvents gelegt, während gleichzeitig die junge Republik begann, ihre Feinde militärisch zu besiegen. Am 6. November bestätigte der Sieg bei Jemappes den Erfolg der französischen Armeen und leitete die Ära der revolutionären Eroberungen ein. Am selben Tag legte der Untersuchungsausschuß, der für die Erstellung der Anklagepunkte gegen Ludwig XVI. zuständig war, seinen Bericht vor. Dieser Bericht Valazés, abgefaßt auf der Grundlage der seit dem 11. August beschlagnahmten Papiere des Königs, enthielt für jene, die den ehemaligen Herrscher richten sollten, wenig überzeugendes Beweismaterial. In den Verhandlungen wurde hauptsächlich betont, daß Ludwig XVI. mit seinen Brüdern, die schuldig gesprochen wurden, in Verhandlungen gestanden und den emigrierten Leibwachen weiterhin ihren Sold bezahlt hatte.

Der Konvent hatte außerdem den gesetzgebenden Ausschuß, unter dem Vorsitz von Mailhe, einem Abgeordneten der Haute-Garonne, damit beauftragt, die juristischen Probleme zu untersuchen, die der Prozeß gegen den König mit sich brachte. Mailhe legte am 7. November seinen Bericht vor: Er stellte fest, daß Ludwig XVI. »gerichtet werden kann und für die Verbrechen, die er auf dem Thron begangen hat, gerichtet werden muß«. Es sei Aufgabe des Konvents, »der die französische Republik voll und ganz vertritt«, ihn zu richten. Dieser Bericht war an sich schon eine Anklageschrift: Man sagte klar und deutlich, daß Ludwig XVI. »den Verrat in allen inländischen und grenznahen Orten angezettelt hatte« und man ihn für die Toten des 10. August verantwortlich mache. Angesichts der Schwere seiner Verbrechen könne die persönliche »Unverletzlichkeit«, die ihm die frühere Verfassung zugestanden hatte, nicht aufrechterhalten bleiben.

An den folgenden Tagen fand im Konvent eine große Debatte über die Gesetzmäßigkeit des anstehenden Prozesses statt. Einige Abgeordnete erhoben Einspruch gegen die Schlußfolgerungen des Berichts von Mailhe, indem sie sich auf die Unverletzlichkeit des Königs beriefen, die in der Verfassung von 1791 festgeschrieben worden sei. Robespierre und mehrere Montagnards wandten sich aus entgegengesetzten Gründen gegen den Prozeß: »Ludwig Capet«, sagte Jeanbon Saint-André, »ist am 10. August gerichtet worden; seine Verurteilung noch in Frage zu stellen, bedeutet, der Revolution den Prozeß zu machen und euch zu Rebellen zu erklären.« Robespierre erklärte am 13. November im Konvent: »Er muß sofort aufgrund des Widerstandsrechts zum Tode verurteilt werden... Hier ist kein Prozeß zu machen. Ludwig ist kein Angeklagter, Ihr seid keine Richter. Ihr seid und könnt nur Staatsmänner und Vertreter der Nation sein. Ihr habt kein Urteil für oder gegen einen Mann zu fällen, sondern eine Maßnahme für das öffentliche Wohl zu ergreifen und eine Tat der nationalen Vorsehung auszuführen.« Und Saint-Just rief aus: »Wir haben ihn weniger zu richten als vielmehr zu bekämpfen!« Die Bergpartei forderte lauthals den Tod des Königs und weckte damit das Gewissen der Girondins, die einen rechtsgültigen Prozeß wünschten.

Man diskutierte immer noch über die Gesetzmäßigkeit des Prozesses, als Roland am 20. November die Entdeckung von Papieren bekanntgab, die den ehemaligen Herrscher schwer belasteten. Der Schlosser Gamain hatte dem Minister enthüllt, daß er dem König geholfen habe, einen geheimen Wandschrank hinter der Täfelung der Tuilerien einzubauen. Die Öffnung dieses berühmten »eisernen Schranks« hatte einen Teil der Korrespondenz Ludwigs XVI. mit Mirabeau an den Tag gebracht; sie bewies die Beziehungen des Herrschers zu den Emigrationskreisen, vor allem zu Calonne, und sie offenbarte auch, daß er heimlich mit Österreich verhandelt und politisch-revolutionäre Kreise in großem Stil zu korrumpieren versucht hatte. Die Entdeckung dieser Papiere war für Ludwig XVI. natürlich niederschmetternd. Bei den Girondisten löste sie große Verwirrung aus. Man begann, alle Gemäßigten der Verschwörung mit dem König zu bezichtigen. Man verdächtigte sogar Roland, einen Teil der Papiere, die seine eigenen Freunde kompromittierten, unterschlagen zu haben. Von nun an schien es gefährlich, von Gnade zu sprechen. Der König war verloren. Am 3. Dezember nahm die Versammlung ein Dekret an, das Ludwig XVI. vor den Konvent zitierte. Grégoire brachte mit seinen dramatisch formulierten Fragen die revolutionäre Dynamik ins Spiel: »Was wird geschehen, wenn ihr im selben Augenblick, da die Völker ihre Ketten sprengen, Ludwig XVI. unbestraft laßt? Europa wird vermuten, daß ihr dies nur aus Ängstlichkeit tut; die Despoten werden diese Gelegenheit geschickt ergreifen, um der absurden Maxime, daß sie ihre Krone von Gott erhalten, noch einige Bedeutung zu verleihen.« Also war die siegreiche französische Revolution, die Befreierin der Völker von der Vormundschaft der Herrscher, zum »Königsmord« bestimmt.

Ein neuer Ausschuß, genannt Ausschuß der Einundzwanzig, wurde beauftragt, diejenigen Verbrechen Ludwig Capets aufzulisten, aufgrund deren die Anklage erhoben werden sollte. In ihrem Bericht vom 10. Dezember begnügten sich die Einundzwanzig mit einer Aufzählung der Handlungen des Königs seit dem Juni 1789. Alles in allem beschuldigte man ihn, seit diesem Datum die Konterrevolution organisiert zu haben: die Gewalttätigkeiten vom 23. Juni in Versailles; der Marschbefehl der Truppen nach Paris; die Bewachung des Schlosses durch das Flandernregiment; die »Orgie« vom 3. Oktober; der Bruch des Föderationseides, die Versuche, die Abgeordneten zu bestechen – an erster Stelle Mirabeau –; die Konspiration der »Dolchritter«; die Verschwörung mit Bouillé seit der Affäre von Châteauvieux; seine Erklärung nach der Flucht nach Varennes; der Ausbruchsversuch; das Massaker auf dem Marsfeld; die Geldsummen an die Emigranten; die Unterstützung des Feldlagers von Jalès; die Abmachungen mit den Brüdern des Königs; der Schutz der eidbrüchigen Priester; der Verrat von Longwy und von Verdun; die Verbrechen vom 10. August.

Am frühen Nachmittag des 11. Dezember 1792 ist der Reitsaal voller Menschen, die den abgesetzten König, der nun gerichtet werden soll, empfangen wollen. »Totenstille muß den Schuldigen erschrecken!« fordert Barère vor dem Eintritt des Gefangenen. Die Abgeordneten sind dennoch zutiefst ergriffen, als der ehemalige König von Frankreich erscheint. Er trägt einen einfachen nußbraunen Gehrock, sein Gesicht ist blaß, er hat einen Dreitagebart und wirkt resigniert. Daher erregt Ludwig sofort ein gewisses Mitgefühl bei diesen Männern, die dennoch zum Großteil zu seiner Verurteilung entschlossen sind. »Er hat hundertmal hören müssen, wie man ihn Ludwig nannte«, schreibt Marat am nächsten Tag im »Ami du Peuple«, »und er zeigte keinerlei Aufbegehren – er, der niemals etwas anderes als den Namen Majestät vernahm. Er zeigte nicht die geringste Ungeduld, als er die ganze Zeit über stehen mußte – er, vor dem kein Mensch sich hinsetzen durfte. Wäre er unschuldig, so wäre er in meinen Augen in dieser Demütigung groß gewesen!«

Während dieses ersten Tages kommt es nicht zu langen Anklagereden. Man begnügt sich damit, Ludwig ins Verhör zu nehmen. Er beantwortet lakonisch die Fragen, die man ihm stellt, indem er sich hinter seinem Recht als absoluter Herrscher, oder – je nach Zeitpunkt – hinter der Macht, die ihm die Verfassung zuerkannte, verschanzt. Als der Vorsitzende sagt, »er habe am 10. August das Blut der Franzosen vergossen«, antwortet er fest: »Nein, mein Herr, das ist nicht wahr.«

Nach dem endlosen und monotonen Verhör bittet Ludwig darum, daß man ihm die Papiere, die von seiner Hand unterzeichnet sind und für die Auflistung seiner Verbrechen benutzt werden, vorlegt. »Ich erkenne sie nicht an«, sagt er einfach. Daraufhin fragt ihn der Vorsitzende, »ob er einen Schrank mit einer eisernen Tür im Tuilerienschloß einbauen ließ und Papiere darin einschloß«, und er begnügt sich mit der Antwort: »Mir ist davon nichts bekannt.« Dieses Leugnen überrascht die Anwesenden und bleibt auch zweihundert Jahre später noch immer befremdend. Hat Ludwig XVI. etwa die Wahrheit gesagt? Dann müßte man annehmen, daß Fälschungen angefertigt wurden, um ein Urteil, das schon vorher feststand, zu legitimieren. Allerdings ist es durchaus bewiesen, daß der König einen Briefwechsel mit Mirabeau unterhielt, daß er in Verbindung zu Österreich stand, daß er an den spanischen König schrieb und daß er die Dienste seiner persönlichen Agenten im Ausland, angefangen mit Breteuil, in Anspruch nahm. Man erinnerte sich auch, daß Ludwig XVI. und Marie Antoinette Frau Campan kompromittierende Briefe anvertraut hatten und daß diese von der Existenz des »eisernen Schranks« wußte. Belog Ludwig XVI. also seine Richter? Es ist anzunehmen. Allerdings ist es schwierig, die tieferen Motive seines Leugnens zu erklären. Vielleicht befürchtete der König, noch mehr Leute zu kompromittieren? Vielleicht verachtete er viele Konventsmitglieder, die in seinen Augen lediglich Usurpatoren waren, so daß er sie schamlos anlügen durfte? Ludwig XVI. fühlte sich offenbar nicht durch sein Gewissen verpflichtet, ihnen die Wahrheit zu sagen. Er verteidigte eine Auffassung vom Staat und von Frankreich, die der ihren entgegengesetzt war. Zweifellos glaubte der König, im allgemeinen Interesse der Monarchie zu handeln, was alle seine Manöver rechtfertigte, von denen die Republikaner nichts wissen sollten. Schweigen und Leugnen waren also der beste Schutz. So dachte zweifellos der ehemalige Herrscher, der vom Konvent sowieso keinerlei Milde erwartete.

Am nächsten Tag forderten einige besorgte Abgeordnete ein Gutachten über die in den Tuilerien beschlagnahmten Papiere. Diese Forderung wurde von der Mehrheit abgelehnt. Man begnügte sich damit, dem Gefangenen die Papiere vorzulegen, die er noch nicht eingesehen hatte.

Am 11. Dezember traf Ludwig XVI. um halb sieben Uhr abends erschöpft im *Temple* ein. Sofort verlangte er, seine Familie sehen zu dürfen, was man ihm aber abschlug. Also griff er zu dem Buch, das er am Morgen verlassen hatte. Zur Stunde des Soupers wurde ihm eine weitere Enttäuschung zuteil: Die Seinen erhielten weiterhin nicht die Erlaubnis, ihn zu besuchen. Es wurde ihm mitgeteilt, man erwarte die Befehle des Konvents.

Als Cléry ihm einige Stunden später beim Ausziehen half, murmelte der König: »Ich war weit davon entfernt, an all das auch nur zu denken, was man mich gefragt hat.« Dessenungeachtet verbrachte Ludwig XVI.

eine ruhige Nacht. Sofort am nächsten Morgen fragte er nach dem Wohlbefinden seiner Familie. Man antwortete ihm, daß es den Prinzessinnen und dem jungen Prinzen gutgehe. Eine Abordnung des Konvents informierte ihn bald, daß er, wie gewünscht, einen Rechtsbeistand haben dürfe. Der König ließ daraufhin sofort Target und Tronchet unterrichten. Der erste lehnte ab und verwies auf sein hohes Alter und seine schlechte Gesundheit, aber Tronchet, der noch älter war, nahm die heikle Ehre an. Da wurde Barère mitgeteilt, daß auch der ehrwürdige Malesherbes sich für die Verteidigung des Königs anbot: »Ich bin zweimal in das Kabinett dessen berufen worden, der zu einer Zeit, in der alle diese Aufgabe anstrebten, mein Herr war«, schrieb der Greis dem Konventsvorsitzenden. »Jetzt schulde ich ihm diesen Dienst, auch wenn es sich um eine Aufgabe handelt, die viele Leute für gefährlich halten.«

Weitere Rechtsanwälte boten sich an: Narbonne, Lally-Tollendal, Bertrand von Molleville und nicht zu vergessen Olympe de Gouges*, die damit bestätigte, daß »Heldentum und Großzügigkeit auch die Frauen auszeichnen«. Malesherbes und Tronchet brauchten jedoch noch einen dritten Anwalt. Sie baten darum, daß man ihnen den Bürger de Sèze zuwies. Der Konvent genehmigte es.

Als am 14. Dezember Malesherbes dem König angekündigt wurde, eilte Ludwig XVI. dem scharfsinnigen Greis entgegen. Die beiden Männer umarmten sich lange. Malesherbes weinte. Erinnerte er sich, wie einst Maurepas, Turgot und er selbst versucht hatten, diesem jungen Mann beizubringen, gut zu regieren? Verspürte Ludwig XVI. in Anwesenheit seines ehemaligen Ministers den Duft jenes Frühlings, der für immer entschwunden war? Als die erste Ergriffenheit vorüber war, zog der abgesetzte Herrscher seinen Anwalt mit sich in das Türmchen, das an sein Zimmer grenzte. Dort konnten sie beraten, ohne daß man sie hörte. Niemand weiß, was die beiden in den wenigen gemeinsam verbrachten Stunden miteinander besprochen haben.

Am 15. Dezember erfuhr Ludwig XVI., der sich vor seinen Wächtern immer noch gelassen verhielt, aus ihrem Munde, daß er während der Prozeßdauer weder seine Frau noch seine Schwester sehen durfte. Mit seinen Kindern hätte er nur unter der Bedingung zusammensein dürfen, »daß sie in dieser Zeit weder ihre Mutter noch ihre Tante sehen«. Da er der Königin kein derartiges Opfer auferlegen wollte, verzichtete er darauf.

---

* Verfasserin einer »Erklärung der Frauenrechte«. (Anm. d. Hrsg.)

Am 16. traf eine Abordnung des Konvents ein, die von Valazé angeführt wurde, und brachte dem Gefangenen siebenhundert Beweisstücke aus dem »eisernen Schrank«. Vier Stunden lang las und paraphierte er sie in Anwesenheit der Abgeordneten. Etwas später wiederholte sich das gleiche mit einhundertfünfzig weiteren Papieren.

Ludwig XVI. empfing täglich seine Anwälte. Eines Abends gestand Malesherbes, als er den König verließ, dem Wächter Goret, der der königlichen Familie wohlgesonnen war: »Ich kann den König nicht für seine Sache gewinnen oder zum Überlegen bringen. Obwohl seine Lage so ernst ist, legt er die größte Gleichgültigkeit an den Tag«, sagte er mit nachdenklicher Miene.

In Wirklichkeit überließ sich Ludwig XVI. nur noch dem Gebet. Dieser Mann, der seinen Glauben niemals widerrief, dessen Frömmigkeit jedoch immer diskret blieb, scheint jetzt von göttlicher Gnade durchdrungen. Er begreift, daß sein Königreich nicht mehr von dieser Welt ist, und opfert sein Leben mit schmerzlicher Wonne Gott. Vielleicht denkt er an den älteren Bruder zurück, der statt seiner hatte regieren sollen und der am Vorabend des Ostersonntags erklärt hatte, er opfere sich als Osterlamm? Dank Malesherbes erhält Ludwig XVI. heimlich den Beistand eines unvereidigten Priesters, des Abbé Edgeworth von Firmont, der sich als Gehilfe des Anwalts in den *Temple* einschleichen konnte. Der König bittet ihn, »ihm im Tode beizustehen, falls die Grausamkeit der Menschen so weit gehen sollte«. Von nun an denkt Ludwig XVI. nur noch an sein Seelenheil.

Die Konventsmitglieder beschlossen, den Prozeß bis zum 26. Dezember zu unterbrechen. An diesem Tag sollte Ludwig XVI. das letzte Mal erscheinen, bevor seine Rechtsanwälte ihre Plädoyers hielten. Seit Beginn der Debatten erhielten die Abgeordneten zahlreiche Bittschriften und Eingaben aus ganz Frankreich. Die der Pariser forderten den sofortigen Tod des Königs, während die aus der Provinz zum Großteil eine Volksbefragung verlangten: Zweifellos hätte sich das französische Volk bereit erklärt, das Leben des Königs zu schonen; aber das Volk von Paris forderte seinen Tod.

Die Rechtsanwälte bereiteten die Verteidigung des Königs sorgfältig vor. Sie arbeiteten Tag und Nacht, um den riesigen Aktenberg auszuwerten. Sie forderten eine Fristverlängerung für die Beendigung dieser Arbeit, aber der Konvent lehnte ab.

Einsam, aber gefaßt, blieb Ludwig XVI. zurückgezogen in seinem Zimmer. Er weigerte sich, es zu verlassen. »Der Spaziergang war mir nur angenehm, solange ich ihn mit meiner Familie genießen konnte«, sagte er. Er las weiterhin Bücher und verschlang immer noch Reiseerzählungen, lateinische Autoren und Klassiker des 17. Jahrhunderts. Am Vorabend seines Todes rekapitulierte er in einer letzten Statistik die ungefähr zweihundertfünfzig Buchtitel, die er während seines Aufenthaltes im *Temple* gelesen hatte.

Der König plauderte mit den Wachen, erkundigte sich nach ihren Familien, Kindern und Berufen. Am 19. weinte er: Es war der Geburtstag seiner Tochter. »Ich darf sie nicht einmal sehen!«, klagte er. Am Weihnachtstag, den er in Gesellschaft Clérys und der diensthabenden Wachen verbrachte, überreichte er Malesherbes, der ihm einen Besuch abstattete, sein Testament. »Ich habe meine unbedeutenden Angelegenheiten geregelt«, sagte er ihm. »Nun können sie mit mir tun, was sie wollen.« Den ganzen Tag hatte er damit verbracht, seinen Letzten Willen in seiner kleinen, schrägen Schrift niederzuschreiben. Die letzte Botschaft des Königs von Frankreich, Ausdruck einer sanften und demütigen Seele, stammt von einem Christen, der »nur noch Gott zum Zeugen seiner Gedanken hat«. Er empfiehlt dem Himmel jene, die er liebt, vergibt allen, die ihn beleidigt haben, und trägt seinem Sohn auf, die Demütigungen zu vergessen, »falls er das Unglück haben sollte, König zu werden«.

Am 26. Dezember in aller Frühe – das Wetter ist kalt und neblig – kommen der Bürgermeister, der Kommuneprokurator und die diensthabenden Kommissare in den *Temple*, um Ludwig XVI. abzuholen und ihn zum Konvent zu bringen, wo er zum zweiten und letzten Mal aussagen soll. Während der Wagen Paris inmitten einer doppelten Reihe bewaffneter und schweigender Männer durchquert, sagt der König kein einziges Wort. Als er in Begleitung seiner Rechtsanwälte im Konvent eintrifft, eröffnet ihm der Vorsitzende: »Ludwig, der Konvent hat erlassen, daß Sie heute gehört werden.« Sodann ergreift Raymond de Sèze das Wort. Mit der kalten und höflichen Eloquenz eines vorzüglichen Kenners der Institutionen plädiert der junge Rechtsanwalt für den König von Frankreich auf nicht schuldig. Seine rein juristische Argumentation ist lückenlos, als er die Unverletzlichkeit der königlichen Person erwähnt. Er treibt die Analyse bis zu ihren äußersten Grenzen: Nicht genug damit, daß dem König die Unverletzlichkeit, die ihm die Verfassung von 1791 garantierte, aberkannt ist, er genießt noch nicht einmal die Rechte eines einfachen Bürgers. Er wird nämlich von seinen Anklägern gerichtet, und die Abstimmung wird öffentlich stattfinden! »Bürger«, ruft de Sèze und gibt seine Zurückhaltung auf, »ich rede hier mit der Offenheit eines freien Mannes: Ich suche Richter unter euch, und ich sehe nur Ankläger!... Ludwig ist somit der einzige Franzose, für den weder Gesetz noch Rechtsform gelten! Er genießt weder Bürgerrechte noch Königsprivilegien!«

Nach dieser Abschweifung geht de Sèze zu den Verbrechen über, die Ludwig XVI. vorgeworfen werden; zuerst zu denen vor Inkrafttreten der Verfassung, dann zu den späteren, die durch die Unverletzlichkeit gedeckt sind. Der Rechtsanwalt rechtfertigt noch die geringste Tat des Königs und greift oft auf die fadenscheinigsten Argumente zurück. Nach einem allzu langen Plädoyer verherrlicht er ungeschickt die Tugenden des Königs und beendet seine Rede mit dem Ausruf: »Bürger, ich vollende nicht die Geschichte, sondern ich mache vor ihr halt. Denkt daran, daß sie euer Urteil richten wird und daß ihr Urteil für die kommenden Jahrhunderte gelten wird!« In diesen letzten Worten steckt keine Spur einer Emotion. De Sèze ist erschöpft, und im Grunde glaubt auch er vielleicht nicht mehr an die Sache, die er verteidigt.

Als sein Anwalt geendigt hat, gibt Ludwig XVI. eine kurze Erklärung ab: »Die Mittel meiner Verteidigung sind Ihnen bereits vorgetragen worden. Ich werde sie nicht noch einmal aufzählen. Ich spreche vielleicht das letzte Mal zu Ihnen und teile Ihnen mit, daß mein Gewissen rein ist und meine Verteidiger Ihnen nichts weiter als die Wahrheit gesagt haben. Ich hatte niemals Angst vor der öffentlichen Prüfung meines Verhaltens, aber es zerreißt mir das Herz, in der Anklageschrift den Eindruck wiederzufinden, daß ich das Blut des Volkes vergießen wollte, und vor allen Dingen, daß ich die unseligen Geschehnisse des 10. August verschuldet hätte. Ich gestehe, daß meine unzähligen Liebesbeweise an mein Volk und die Art und Weise, wie ich mich immer benommen habe, mir zu beweisen scheinen, daß ich keine Angst hatte, mich in Gefahr zu begeben, um Blutvergießen zu vermeiden, und daß mich dies alles von einem solchen Eindruck auf ewig freispricht.«

Man befahl Ludwig XVI., sich zurückzuziehen. Die Abgeordneten waren keineswegs von der Verteidigung überzeugt. Sie ärgerten sich darüber, daß man Loblieder auf den Angeklagten angestimmt hatte. Sie empörten sich über die Erklärung des abgesetzten Königs, der sich von allen Verbrechen, deren er beschuldigt wurde, reinwusch. Während sich der Gefangene reinen Gewissens in den Turm des *Temple* zurück begab, wo er über Pufendorf, über den Mesmerismus, die Krankenhäuser und seine Freude am Reisen plauderte, wurde in der Versammlung eine erneute Debatte geführt.

Die Bergpartei forderte, daß man Ludwig XVI. sofort richte. Der Metzger Legendre scheute sich nicht, vorzuschlagen, daß man »den Tyrannen in dreiundachtzig Stücke zerlegen« solle, »um jedem Departement eines zu schicken«. Andere Abgeordnete, zum Großteil Girondisten, waren von den Worten de Sèzes betroffen und wollten das Volk über die Festlegung der Strafe des Königs befragen. Inmitten dieser Verwirrung erhob sich Robespierre und verurteilte die Volksbefragung. »In Anwesenheit dieses vor der souveränen Macht gedemütigten Gefangenen habe ich im Herzen gespürt, wie mein republikanisches Wesen schwankte«, räumte er ein, um das Wohlwollen der Versammlung zu gewinnen, aber dann fügte er sofort hinzu: »Dennoch, Bürger, besteht unsere letzte Probe der Treue zur Nation darin, diese ersten Regungen der natürlichen Empfindsamkeit zum Wohle eines großen Volkes und der unterdrückten Menschheit zu überwinden... Gnade, die sich mit der Tyrannei versöhnt, ist barbarisch.« In den Augen Robespierres bedroht die Volksbefragung die Republik. Einige Tage später antwortete ihm der Girondist Vergniaud, indem er den Rückgriff auf das Volk verteidigt: »Das Volk hat als unmittelbarer Bestandteil seiner Souveränität das Recht, zu genehmigen oder abzulehnen... Ihm dieses Recht zu entziehen bedeutet, es seiner Souveränität zu berauben und selbiges Recht durch eine verbrecherische Usurpation auf die Vertreter, die es gewählt hat, zu übertragen...«

Während dieser heftigen Debatten im Konvent häuften sich immer mehr Anträge, Botschaften und Bittschriften aus allen Städten und Bezirken Frankreichs, die weiterhin die Volksbefragung forderten. Unzählige Broschüren zur Verteidigung Ludwigs XVI. wurden veröffentlicht. Die Royalisten schöpften neue Hoffnung. Sie versuchten, die Abgeordneten zu bestechen, und mehrere Deputierte nahmen beträchtliche Summen an. In Paris wurde sogar »L'Ami des lois« aufgeführt – ein Theaterstück, in dem Robespierre zu Nomophage und Marat zu Duricrane wird und der Held ein redlicher Aristokrat namens Deversac ist. Sehr bald wurde das Theater geschlossen. Unterdessen blieben die Sektionen weiter aktiv. Die Lebensmittelknappheit trug dazu bei, den revolutionären Geist wachzuhalten und die Volkspresse schürte die Glut unter der Asche. Marat griff die Gironde an; Hébert nährte in »Le Père Duchesne« den Haß gegen Ludwig XVI. Die Pariser, die keine andere Lösung mehr sahen als ein erneutes Massaker in den Gefängnissen, lehnten eine Volksbefragung zugunsten des Königs massenweise ab.

In dieser gespannten Atmosphäre beschloß der Konvent am 14. Januar

1793 drei Fragen, auf die die Abgeordneten antworten sollten: Die erste betraf die Schuld des Königs, die zweite die Volksbefragung und die dritte das Strafmaß. Darüber sollte öffentlich abgestimmt werden.

Die erste Frage: »Ist Ludwig schuldig?«, beantwortete die Versammlung fast einstimmig mit »ja«. Der Vorsitzende erklärte also »im Namen des französischen Volkes Ludwig Capet für schuldig der Konspiration gegen die Freiheit der Nation und gegen die allgemeine Staatssicherheit«.

Die Volksbefragung wurde mit 432 Stimmen gegen 281 abgelehnt.

Am 16. Januar wuchs die Aufregung, als die dritte Frage beantwortet werden sollte: »Welche Strafe hat Ludwig verdient?« Seit dem Morgen war eine riesige Menschenmenge in den Reitsaal geströmt, um diesen außerordentlichen Tag mitzuerleben. Viele schöne Frauen saßen in den Logen, wohin die Abgeordneten ihnen Erfrischungen brachten. In den Gängen wiesen Parlamentsdiener – wie Platzanweiserinnen in der Oper – den Zuschauern einen Platz zu oder schickten sie fort. Viele Ausländer wollten diesem außergewöhnlichen Urteilsspruch beiwohnen. Man erwartete das Verdikt mit Beklommenheit, die sich unter einem verständnisvollen Lächeln verbarg. Alsdann eröffnete der Justizminister Garat die Sitzung, wobei er die unruhige Lage in Paris erwähnte. Die Debatten dauerten lange, und die namentliche Abstimmung der Abgeordneten über das Urteil begann erst um acht Uhr. Die ganze Nacht hindurch hallte das Wort »Tod« durch den Reitsaal. Einige Volksvertreter hielten es für gut, die Motive ihres Urteils kurz vorzutragen; die meisten begnügten sich damit, das fatale Wort auszusprechen, das wie ein Fallbeil fiel. Natürlich waren die Montagnarden für die Todesstrafe und die Girondisten ebenfalls. Man ging also zur Auszählung über, deren Ergebnis keinerlei Zweifel mehr zuließ: Ludwig wurde von einer knappen Mehrheit zum Tode verurteilt.

Da mehrere Abgeordnete eine Aussetzung der Vollstreckung beantragt hatten, fand gleich am nächsten Tag eine weitere Sitzung statt. Die Abgeordneten mußten noch ein letztes Mal über Ludwig Capet abstimmen. Nach der Auszählung erklärte der Konvent am 20. Januar um zwei Uhr morgens, »daß es keinen Aufschub in der Vollstreckung des Todesurteils geben wird, das am 17. dieses Monats gegen Ludwig Capet, den letzten König der Franzosen, gefällt worden ist.«

Seit er am 26. Dezember abends zum *Temple* zurückgekehrt war, hatte Ludwig XVI. an seinen Gewohnheiten nichts verändert. Er wußte, daß der Urteilsspruch bald eintreffen würde; er wartete resigniert. Die Wachen, die von seinem sanften Gleichmut, der an Heiligkeit grenzte,

Die Abstimmung vom 17. Januar 1793

Die Versammlung besteht aus . . . . 749 Mitgliedern

Davon sind:

15 Mitglieder abwesend wegen Auftrag
7 Mitglieder abwesend wegen Krankheit
1 Mitglied abwesend ohne Grund
<u>5</u> Enthaltungen
28

Rest . . . . 721 Abstimmende

Die absolute Mehrheit beträgt . . . . 361 Abstimmende

Davon stimmten

  2 für die Ketten
286 für Kerker oder Verbannung nach Friedensschluß oder für die sofortige Verbannung oder Zuchthaus sowie einige für die bedingte Todesstrafe im Falle einer Besetzung des Landes
 46 für die Todesstrafe mit Vollstreckungsaufschub, sei es bis nach Vertreibung der Bourbonen, sei es bis nach Friedensschluß, sei es bis nach Ratifizierung der Verfassung
<u>   </u>
334

361 für die Todesstrafe
 26 für die Todesstrafe mit der Forderung nach einer Diskussion über die Frage, ob die Vollstreckung im Staatsinteresse auszusetzen sei, wobei sie erklärten, daß ihre Entscheidung von dieser Forderung unabhängig sei.
<u>   </u>
387

Zusammenfassung:

387 für die bedingungslose Todesstrafe
364 für Kerker usw. oder den Tod unter bestimmten Bedingungen
<u> 28</u> Abwesende oder Enthaltungen
749

zunehmend beeindruckt waren, baten ihn um seine Handschuhe, seine Krawatte und die kleinen Dinge, deren er sich bediente, so als ob es sich um Reliquien handelte. Diese eher ungehobelten Republikaner trugen ohne es zu wissen schon jetzt zur Legende des Märtyrerkönigs bei, die anfing Gestalt anzunehmen. Ludwig XVI. glaubte nicht an die Gnade des Konvents. Am 1. Januar riet ihm Cléry, eine Zusammenkunft mit seiner Familie zu erbitten; er war sicher, daß man Ludwig diese Gunst nicht verweigern würde, weil die Verhöre beendet waren. Ludwig antwortete: »In einigen Tagen werden sie mir diesen Trost nicht mehr verweigern: Man muß abwarten.« Da er sich im voraus verurteilt wußte, sorgte sich der König ständig um das Schicksal seiner Familie. »Ich habe nur Angst um sie«, wiederholte er. Die Tage zogen sich endlos und einförmig hin. Es herrschte eine unbeschreibliche Beklommenheit, von welcher aber der König verschont zu bleiben schien.

Am Mittwoch, dem 16. Januar, versprach Malesherbes, der sich lange mit Ludwig XVI. unterhalten hatte, ihm den Urteilsspruch mitzuteilen, sobald er ihm bekannt sei. Wie wir gesehen haben, dauerte die namentliche Abstimmung die ganze Nacht. Erst am Morgen des 17. Januar kehrte der unglückliche Verteidiger des Königs zum *Temple* zurück. »Alles ist verloren, der König ist verurteilt«, rief er Cléry bereits im Vorbeigehen zu. Malesherbes konnte vor dem König zunächst kein Wort über die Lippen bringen. Er brach schluchzend zu Füßen seines Herrn zusammen, der versuchte, ihn zu trösten, indem er ihn an sich drückte. Schließlich gestand der ehrwürdige Greis Ludwig XVI. die Wahrheit, die dieser schon begriffen hatte, als er seinen ehemaligen Minister derartig niedergeschmettert eintreten sah. Er führte Malesherbes in das Türmchen und unterhielt sich ungefähr eine Stunde lang mit ihm. Als sie auseinandergingen, bat er ihn, ihn an den nächsten Tagen wieder zu besuchen.

»Der Schmerz dieses gütigen Greises hat mich gerührt«, sagte der König schlicht nach dem Weggang seines Rechtsanwalts. Er war bis dahin völlig Herr seiner selbst geblieben. Cléry, der am ganzen Leibe zitterte, begann zu weinen und hatte große Schwierigkeiten, ihm die notwendigen Utensilien zum Rasieren zu reichen. (Man hatte ihm das Rasierzeug einige Tage vorher zurückgegeben.) Als Cléry den Verurteilten ansah, wurde er plötzlich weiß im Gesicht und wäre beinahe in Ohnmacht gefallen. Der König bemerkte den Schwächeanfall seines Dieners, nahm dessen Hände und murmelte: »Kommen Sie, nur Mut.« Dieser Zwischenfall gab ihm seine ganze Kraft zurück. Bald ging er wieder in sein Zimmer, um zu lesen. In einem Gespräch mit Cléry bedauerte er, daß sein Vetter Philippe von Orléans für seinen Tod gestimmt hatte. Aber in Wirklichkeit dachte er nur an sein Seelenheil und an das Schicksal seiner Familie.

Am Freitag, dem 18., war Ludwig XVI. darüber beunruhigt, daß Malesherbes ausblieb, der bislang noch nie einen Besuch versäumt hatte. Tatsächlich war dem Rechtsanwalt des Königs der Zutritt zum *Temple* verboten worden, ohne daß der Verurteilte davon unterrichtet wurde. Verstört ließ er sich von Cléry »Das Leben Karls I.« geben. Obwohl ihm diese Lektüre seit seiner Kindheit vertraut war, widmete er ihr viele Stunden. Niemand kam, um diese bedrückende Einsamkeit zu unterbrechen.

Am Samstag, dem 19., machten sich die Munizipalgardisten an eine gründliche Bestandsaufnahme der Gegenstände in seinen Gemächern: zweifellos, um sich zu vergewissern, daß der König keinerlei Waffen hatte. Während man sein Zimmer durchsuchte, äußerte Ludwig XVI. seine schmerzliche Verwunderung, seine Anwälte nicht mehr sehen und niemals allein sein zu dürfen. »Man muß verstehen«, schrieb er an die Kommune, »daß es mir in meiner Lage recht unangenehm ist, niemals allein sein zu dürfen und nicht die nötige Ruhe zu haben, mich zu sammeln.« Er wurde ungeduldig.

Am Sonntag, dem 20., war es nicht Malesherbes, der ihn besuchte, sondern der Justizminister Garat in Begleitung von Lebrun, dem Minister für auswärtige Angelegenheiten. Ohne seinen Hut abzunehmen, verlas Garat Ludwig XVI. die Dekrete, die ihn verurteilten. Der abgesetzte Herrscher verzog keine Miene. Nach Clérys Worten »zeigte ein erhabener Blick, den er auf allen ruhen ließ, die ihn umgaben, daß der Tod für die Unschuld keinen Schrecken birgt«. Als die Verlesung beendet war, begnügte er sich damit, das Dekret entgegenzunehmen, es klein zu falten und in seine Brieftasche zu stecken, als handelte es sich um das harmloseste Stück Papier. Indes überreichte er dem Justizminister einen Brief, in dem er eine Frist von drei Tagen erbat, um sich in Anwesenheit eines Priesters, den er namentlich erwähnte, auf den Tod vorzubereiten. Schließlich verlangte er, seine Familie wiedersehen und sich ein letztes Mal mit ihr unterhalten zu können.

Während er auf die Antwort wartete, begann er wieder zu lesen. Lediglich beim Mittagessen zeigte er eine Geste des Widerstandes: Man hatte ihm Messer und Gabel weggenommen. »Halten sie mich für so feige, mir selbst das Leben zu nehmen?« fragte er aufgebracht. Am selben Tag erfuhr Ludwig XVI. um acht Uhr abends durch Garat persönlich, daß man ihm den Beistand des Priesters, nach dem er verlangt hatte, gewährte und daß er die Seinen ohne Zeugen sehen durfte; aber die dreitägige Frist, die er erbeten hatte, wurde abgelehnt.

Der Abbé Edgeworth de Firmont wartete bereits im Wagen des Ministers. Man brachte ihn zu Ludwig XVI., der sich lange mit ihm unterhielt, bevor er seine Familie empfing. Er bat den Abbé, in seinem Schlafzimmer zu warten, während die Königin, Madame Elisabeth, *Madame Royale* und der Dauphin bei ihm seien. Er befürchtete, daß der Anblick des Priesters »seine Familie traurig machen würde«. Da er die Gefühle Marie Antoinettes ahnte, ließ er eine Karaffe Wasser und ein Glas für sie bereitstellen. »Kein Wasser mit Eis«, sagte er, »denn wenn die Königin davon trinken würde, könnte sie sich unwohl fühlen.«

»Um halb neun«, erzählt Cléry, »öffnete sich die Tür: Die Königin erschien als erste und hielt ihren Sohn an der Hand; danach kamen *Madame Royale* und Madame Elisabeth; alle stürzten sich in die Arme des Königs: Einige Minuten lang herrschte traurige Ruhe, die nur vom Schluchzen durchbrochen wurde. Die Königin machte eine Bewegung, um den König in die Richtung seines Zimmers zu ziehen. ›Nein‹, sagte der König, ›lassen Sie uns in diesen Raum gehen, ich darf Sie nur dort sehen.‹ Sie betraten den Saal, und ich schloß die Glastür. Der König setzte sich, die Königin zu seiner Linken, Madame Elisabeth zu seiner Rechten, und der junge Prinz blieb zwischen den Beinen des Königs stehen; alle waren um ihn und umarmten ihn oft. Diese schmerzliche Szene dauerte sieben Viertelstunden, während deren es unmöglich war, etwas zu hören; man konnte lediglich feststellen, daß sich das Schluchzen der Prinzessinnen nach jedem Satz des Königs verdoppelte, einige Minuten andauerte und der König danach wieder zur Rede ansetzte. An ihren Bewegungen ließ sich leicht ablesen, daß er selbst sie über seine Verurteilung unterrichtet hatte.«

Um viertel nach zehn entriß sich der König ihren Umarmungen. »Ich versichere Ihnen«, sagte er, »daß ich Sie morgen um acht Uhr wiedersehen werde.«

»Versprechen Sie es uns?« fragten sie alle auf einmal.

»Ja, ich verspreche es.«

»Warum nicht um sieben Uhr?« fragte die Königin.

»Nun gut, um sieben Uhr«, antwortete der König. »Adieu.«

Zutiefst ergriffen begab sich Ludwig dann zu seinem Beichtvater in das Türmchenzimmer, wo sie eine halbe Stunde blieben: »Was für eine

Zusammenkunft! Ist es denn wahr, daß ich liebe und so zärtlich wiedergeliebt werde?« fragte er ihn...»Aber es ist aus. Vergessen wir alles übrige, um nur an eine Sache zu denken: Sie muß in diesem Augenblick alle meine Gefühle und Gedanken beschäftigen.«

Bald kam Cléry, um ihn zum Abendessen zu holen, was der König nach einem kurzen Zögern annahm. Indes, er aß mit gutem Appetit. Der Abbé ließ aus einer benachbarten Gemeinde die liturgischen Geräte holen. Er konnte sich nicht damit abfinden, Ludwig XVI. zum Schafott gehen zu lassen, ohne daß er die Heilige Kommunion erhalten habe. Bevor er zu Bett ging, blieb der König noch lange mit seinem Beichtvater zusammen. Als Cléry gegen zwei Uhr morgens die Bettvorhänge zuzog, bat der Verurteilte, ihn um fünf Uhr zu wecken. Kurz danach erklang im Zimmer das geräuschvolle Schnarchen des Königs: Er schlief tief und fest.

DER TOD DES KÖNIGS

Es war noch dunkle Nacht, als Ludwig XVI. von den Geräuschen Clérys, der das Feuer anzündete, aufwachte. »Ich habe gut geschlafen«, sagte er ihm. »Das war nötig, denn der gestrige Tag hat mich ermüdet.« Er machte seine Toilette und unterhielt sich nahezu eine Stunde lang mit dem Abbé von Firmont im Türmchenzimmer. In der Zwischenzeit stellte Cléry auf einer Kommode einen improvisierten Altar auf. Draußen hörte man schon den Generalmarsch, der in allen Pariser Sektionen geschlagen wurde. »Es ist wahrscheinlich die Nationalgarde, die sich zu versammeln beginnt«, sagte der König ohne die geringste Gefühlsäußerung, nachdem er der Messe mit heiligem Eifer gefolgt war. Er bereitete sich schon auf den Empfang seiner Familie vor, als ihn der Abbé einer plötzlichen Eingebung folgend davon überzeugte, daß es besser sei, auf diesen Abschied zu verzichten, weil die Königin nicht die Kraft habe, diese Probe zu überstehen. Mit Tränen in den Augen gab Ludwig XVI. dem Wunsch seines Beichtvaters nach: »Sie haben recht, dies würde ihr den Todesstoß versetzen«, sagte er. »Es ist besser, wenn ich auf diesen sanften Trost verzichte und ihr einige Augenblicke länger die Hoffnung bewahre.« Er unterhielt sich weiter mit dem Abbé. Immer wieder klopfte es an die Tür: Die Wachen erfanden tausend Vorwände, um sich zu vergewissern, daß der König noch am Leben war.

Um sieben Uhr ließ Ludwig XVI. Cléry rufen. Ergriffen dankte er ihm für seine Dienste während dieser langen Wochen; er überreichte ihm sein Siegel für den künftigen Ludwig XVII. und seinen Trauring für die Königin. »Sagen Sie ihr, daß ich sie voll Schmerz verlasse«, fügte er hinzu. Er gab seinem Diener auch ein kleines Päckchen, in dem sich die Haare seiner ganzen Familie befanden. »Sagen Sie der Königin, meinen lieben Kindern und meiner Schwester, daß ich ihnen trotz meines Versprechens, sie heute früh zu sehen, den Schmerz einer solch grausamen Trennung ersparen will – wieviel es mich auch kosten mag, auf ihre letzten Umarmungen zu verzichten! Ich beauftrage Sie hiermit, ihnen an meiner Stelle Adieu zu sagen«, fuhr er weinend fort.

Er kehrte in sein Arbeitszimmer zurück, wohin er Cléry abermals rufen ließ und ihm auftrug, ihm die Haare zu schneiden, aber man verweigerte ihm die Schere. Der König wurde ungeduldig. Die Geräusche von draußen wurden lauter. Man hörte Waffenklirren und Pferdewiehern; das laute Rollen der Kanonen, die man durch die Straßen zog, hallte hinauf bis zum Turm. Um neun Uhr, als noch eisiger Nebel den Wachturm umhüllte, riß Santerre geräuschvoll die Tür auf. Ein Dutzend Wachen und zehn Gendarmen begleiteten ihn. Sie kamen, um den Verurteilten abzuholen. »Ich bin beschäftigt«, sagte der König mit Nachdruck. »Warten Sie auf mich, ich komme sofort.« Er kniete zu Füßen des Abbé. »Alles ist vollbracht«, sagte er ihm. »Mein Herr, geben Sie mir Ihren letzten Segen und bitten Sie Gott, daß er mir bis zum Schluß beistehe.«

Völlig gefaßt begab sich Ludwig XVI. wenig später zu Santerre. Er überreichte dem Munizipalbeamten Jacques Roux sein Testament, empfahl Cléry der Kommune von Paris, stampfte mit dem Fuß auf den Boden und rief: »Vorwärts, gehen wir!« Als er den Hof durchquerte, drehte er sich noch zweimal um, als wolle er den Seinen ein letztes Lebewohl sagen. Im Nebenhof erwartete ihn ein geschlossener Wagen. Darin nahm er mit dem Abbé und zwei Gendarmen Platz.

Ludwig XVI. trat seine letzte Reise zwischen zwei Spalieren von Nationalgardisten an, die eine schweigende Menge zurückhielten, aus der nur manchmal die Rufe »Gnade! Gnade!« zu hören waren. Der Abbé hatte dem König sein Brevier gegeben, und auf der ganzen Strecke sprach er mit ihm vor den verblüfften Gendarmen die Psalmen für die Sterbenden. Während er betete, fragte sich der Abbé, ob das waghalsige Fluchtunternehmen, das der Baron von Batz im Sinn hatte, noch gelingen könnte. Die große Zahl bewaffneter Männer zu beiden Seiten des Zuges ließ ihm wenig Hoffnung.

»Sobald der König spürte, daß der Wagen anhielt«, erzählt später der Abbé, »drehte er sich um und flüsterte mir ins Ohr: ›Wir sind angekommen, falls ich mich nicht irre!‹« Einer der Henker öffnete die Tür. Bevor er aus dem Wagen stieg, empfahl Ludwig XVI. »im Befehlston« den Priester der Obhut der Gendarmen. Mit festem Blick und beinahe heiterem Gesicht betrachtete er das Schafott, das am Anfang der Champs-Elysées, gegenüber dem Tuilerien-Schloß, aufgebaut war. Am Fuße des Gerüsts zwang man ihn, seinen Rock auszuziehen, da der Henker sich nicht »betätigen« könne, wenn er angezogen bliebe. Würdevoll öffnete er selbst seinen Kragen und sein Hemd. Sodann näherten sich die Henkerknechte, um ihm die Hände zu fesseln. Empört wich Ludwig XVI. zurück: »Ich werde dies niemals zulassen!« Einige Sekunden lang fragte man sich, ob der König mit diesen Männern in einen Kampf eintreten werde. Um diese höchste Beleidigung zu vermeiden, sagte ihm sein Beichtvater: »Sire, in dieser erneuten Schmähung sehe ich nur einen letzten gemeinsamen Zug zwischen Eurer Majestät und Gott, der Ihre Belohnung sein wird.« Der König ließ sich die Hände fesseln und das Haar abschneiden. Dann stieg er die Treppen des Schafotts hoch und stützte sich dabei auf den Arm seines Beichtvaters, der für einen Augenblick befürchtete, daß »ihn der Mut verlassen« könnte. Oben auf dem Gerüst entkam dieser kräftige Mann blitzschnell seinen Henkern und dem Priester. Er riß sich los, lief bis zum Geländer und schrie erhobenen Hauptes und mit rotem Gesicht: »Volk, ich sterbe unschuldig! Ich vergebe den Verursachern meines Todes! Ich flehe zu Gott, daß mein Blut nicht auf Frankreich zurückfällt.« Er hatte noch nicht zu Ende gesprochen, als die Henker sich auf ihn stürzten und ihn an das Brett banden, während er sich wehrte und sein Gesicht »gelb wie eine Quitte« wurde. Der Trommelwirbel verstärkte sich. Das Brett schwankte. »Er tat einen entsetzlichen Schrei, der durch das herabfallende Messer, das den Kopf wegriß, erstickt wurde.« Es war zweiundzwanzig Minuten nach zehn.

Nun nahm der Henker den blutenden Kopf, dessen Locken kaum durcheinandergebracht waren, und zeigte ihn minutenlang dem Volk. Ein Ruf »Es lebe die Nation!« stieg vom Fuße des Schafotts auf und rollte wie ein Echo über den Platz der Revolution. »Auf diesen Ruf folgte tiefes, düsteres Schweigen.«

Während der Abbé Edgeworth de Firmont die Menge durchquerte, die respektvoll vor ihm zurückwich, eilten die Menschen zur Guillotine, um ihre Hände in das Blut des Sühneopfers zu tauchen; man teilte sich seine Kleider, man kaufte seine Haare, die der Henker zurückbehalten hatte. Der König war tot, aber der Mythos der Monarchie überlebte – durch den republikanischen Königsmord eigentümlich erneuert.

BIBLIOGRAPHIE

I. Briefwechsel, Tagebücher, Memoiren

Anonym: *Journal pour servir à l'histoire du XVIIIe siècle*, Paris 1788–1789, 4 Bde.
Anonym: *Bulletin à la main* pour les années 1787–1789, 3 Bde.
Allonville, Armand-François: *Mémoires secrets de 1770 à 1830*, Paris 1838–1841, 6 Bde.
Amiguet, Philippe: *Lettres de Louis XV à son petit-fils, l'infant de Parme...*, Paris 1938.
Argenson, René-Louis de Voyer: *Journal et Mémoires*, hrsg. v. E.J.B. Rathery, Paris 1859–1867, 9 Bde.
Augeard, J.-M.: *Mémoires secrets de J.-M. Augeard, secrétaire des Commandements de la reine Marie-Antoinette*, hrsg. v. E. Bavoux, Paris 1866.
Bauchaumont, Louis Petit de: *Journal ou Mémoires secrets pour servir l'Histoire de la République des Lettres depuis 1762*, London 1777–1789, 36 Bde.
Bailly, Jean-Sylvain: *Mémoires*, Paris 1804, 4 Bde.
Barentin, Charles-Louis-François de Paule de: *Mémoire autographe de M. de Barentin, Chancelier et Garde des Sceaux, sur les derniers Conseils du Roi Louis XVI*, hrsg. v. M. Champion, Paris 1844.
Barnave, Antoine: *Theorie der Französischen Revolution*, hrsg. v. E. Schmitt, München 1972.
Beauchamp, Comte de: *Les Comptes de Louis XVI*, o. O. 1909.
Baudeau, Abbé: *Chronique secrète de Paris sous le règne de Louis XVI*, hrsg. v. Taschereau, *Revue rétrospective*, Paris 1833–1838, première série, Bd. 3.
Beaucourt, Marquis de: *Captivité et derniers moments de Louis XVI, récits originaux et documents officiels*, recueillis et publiés pour la Société d'histoire contemporaine, Paris 1892.
Betrand de Molleville, A.F.: *Histoire de la Révolution de France, pendant les dernières années du règne de Louis XVI*, Paris 1801, 3 Bde.
Besenval, Pierre, Victor: *Mémoires du baron de Besenval*, hrsg. v. Berville u. Bassière, Paris 1821, 2 Bde.
Beugnot, Comte: *Mémoires du comte Beugnot, publiès par le comte A. Beugnot son petit-fils*, Paris 1866, 2 Bde.
Boigne, Adèle d' Osmond: *Mémoires... Récits d'une tante*, hrsg. v. J.-Cl. Berchet, Bd. I: *Du règne de Louis XVI à 1820*, Paris, Neuaufl. 1979.
Boislisle, A. de: *Choix de lettres adressées à Mgr de Nicolaÿ, évêque de Verdun par le dauphin, la dauphine et divers princes, princesses ou personnages de la Cour (1750–1767)*, Nogent-le-Rotrou 1875.
Bombelles, Marc de: *Journal du marquis de Bombelles*; Bd. I Genf 1977; Bd. II Genf 1982.

Bouillé, Marquis de: *Mémoires du marquis de Bouillé*, hrsg. v. F. Barrière, Paris 1859.

Brienne, Comte de Loménie de: *Journal de l'Assemblée des Notables de 1787, par le comte de Brienne et Étienne-Charles de Loménie de Brienne, archevêque de Toulouse*, hrsg. v. Pierre Chevallier, Paris 1960.

Brissot, J.-P.: *Correspondance et Papiers*, hrsg. v. C. Perroud, Paris 1912.

– *Mémoires*, hrsg. v. C. Perroud, Paris 1910, 2 Bde.

Campan, Jeanne-Louis Genet: *Mémoires sur la vie privée de Marie-Antoinette*, Paris 1822, 2 Bde.

Choiseul, Claude Antoine Gabriel: *Relation du départ de Louis XVI le 20 juin 1791*, Paris 1822.

Cléry, J.-B.: *Journal de ce qui s'est passé à la Tour du Temple pendant la captivité de Louis XVI, roi de France*, London 1798.

Castries, René de La Croix: *Papiers de famille*, Paris 1977.

Croÿ, Emmanuel: *Journal inédit...*, Paris 1906, 2 Bde.

Cars, Jean-François de Pérusse: *Mémoires*, Paris 1890, 2 Bde.

Desmoulins, Camille: *Correspondance inédite*, hrsg. v. Matton, Paris 1836.

Doniol, Henri: *Participation de la France à l'établissement des États-Unis, correspondance diplomatique et documents*, Paris 1886, 1899, 6 Bde.

Dufort de Cheverny, Jean-Nicolas: *Mémoires*, hrsg. v. R. de Crèvecœur, Paris 1909, 2 Bde.

Duquesnoy, Adrien: *Journal d'Adrien Duquesnoy, député du Tiers-État de Bar-le-Duc, sur l'Assemblée Constituante*, Paris 1894, 2 Bde.

Esterhazy, Valentin: *Mémoires...*, Paris 1905.

Fernan Nuñez, Comte de: *Un témoin ignoré de la Révolution: le comte Fernan Nuñez, ambassadeur d'Espagne à Paris*, hrsg. v. Alb. Mousset, Paris 1924.

Ferrières, Marquis de: *Mémoires*, Paris 1822.

– *Correspondance inédite*, hrsg. v. H. Carré, 1932.

Fersen, Axel de: *Le comte de Fersen et la Cour de France*, extraits des papiers du Grand Maréchal de Suède, comte Jean Axel de Fersen, publiés par son petit-neveu, le baron R.M. de Klinckowström, Paris 1877, 2 Bde.

Flammermont, Jules: *Les Remontrances du Parlement de Paris au XVIIIe siècle*, Paris 1898.

– *Louis XVI et le baron de Breteuil*, Paris 1885.

– *Les Correspondances des agents diplomatiques étrangers en France avant la Révolution*, Paris 1896.

Frénilly, Auguste-François Fauveau de: *Souvenir du baron de Frénilly, pair de France...*, Paris 1908.

Gaudillot, J.-M.: *Le Voyage de Louis XVI en Normandie, 21–29 juin 1786*, textes et documents réunis par J.-M. Gaudillot, Caen 1967.

Geffroy, A.: *Gustave III et la Cour de France*, Paris 1867, 2 Bde.

Genlis, Félicité du Crest de Saint-Aubin: *Mémoires sur le XVIIIe siècle...*, Paris 1825, 10 Bde.

Goguelat, François: *Mémoires*, Paris 1823.

– *Fragment des Mémoires...*, in: *Mémoires de tous*, 1835.

Georgel, Abbé: *Mémoires pur servir à l'histoire des événements de la fin du XVIIIe siècle*, Paris 1820, 6 Bde.

Goret, Charles: *Mon témoignage sur la détention de Louis XVI et de sa famille dans la Tour du Temple...*, Paris 1825.

Goubert, Pierre, u. Denis, Michel: *1789. Les Français ont la parole. Cahiers des États Généraux...*, Paris 1964.

Grégoire, Abbé Henri-Baptiste: *Mémoires de Grégoire, ancien évêque de Blois...*, Paris 1837, 2 Bde.

Grimm/Diderot/Raynal/Meister: *Correspondance littéraire, philosophique et critique*, hrsg. v. Tourneux, Paris 1877–1882, 16 Bde.

Hardy: *Mes loisirs ou Journal d'événements tels qu'ils parvinrent à ma connaissance, de 1764–1789*, BN. Ms.fs. 6680–6687.

Hezecques, Félix comte de France d': *Souvenirs d'un page de la Cour de Louis XVI*, Brionne 1983 (Reprint).

Howard, John: *État des prisons, des hôpitaux et des maisons de force*, trad. de l'anglais, Paris 1788, 2 Bde.

Hue, Baron François: *Dernières années du règne et de la vie de Louis XVI*, Paris 1860.

Joseph II.: *Correspondance secrète du comte de Mercy-Argenteau avec Joseph II et le prince de Kaunitz*, hrsg. v. Arneth u. Flammermont, Paris 1889–1891.

La Fayette, Gilbert Motier: *Mémoires, correspondances et manuscrits du Général Lafayette*, publiés par sa famille, Paris 1837, 6 Bde.

Lage de Volude, Béatrix Étiennette d'Amblimont: *Souvenirs d'émigration... 1792–1794*, Paris 1869.

La Marck, Prince Auguste d'Arenberg: *Correspondance entre le comte de Mirabeau et le comte de La Marck, pendant les années 1789, 1790, 1791*, hrsg. v. A. de Bacourt 1851 (dt. Leipzig 1861).

Lameth, Alexandre de: *Histoire de l'Assemblée Constituante (1789–1790)*, Paris 1828, 2 Bde.

La Tour du Pin-Gouvernet, Lucie Dillon: *Journal d'une femme de cinquante ans*, Paris 1913.

Lauzun, Armand-Louis de Gontaut: *Mémoires*, hrsg. v. G. d'Heylli, Paris 1880.

La Vauguyon, Paul-François de: *Portrait de feu Monseigneur le Dauphin*, 1766.

Lefebvre, Georges: *Recueil de documents relatifs aux séances des États Généraux, mai-juin 1789*, Bd. I: 1. Les préliminaires, la séance du 5 mai, Paris 1953; 2. La séance du 23 juin, Paris 1962.

Lescure, M. de: *Correspondance secrète inédite sur Louis XVI, Marie-Antoinette, la Cour et la ville de 1777 à 1792*, hrsg. v. Lescure, Paris 1866, 2 Bde.

Lévis, Gaston: *Souvenirs et portraits (1780–1789)*, Paris 1813.

Ligne, Charles-Joseph-Lamoral: *Fragments de l'Histoire de ma vie*, Paris 1928.

– *Œuvres*, hrsg. v. Lacroix, Bruxelles 1860, 4 Bde.

Ludwig XVI.: *Description de la Forêt de Compiègne telle qu'elle était en 1765...*, Versailles 1766.

– *Maximes morales et politiques tirées de Télémaque*, Versailles 1766.

– *Réflexions sur mes Entretiens avec M. le duc de La Vauguyon*, par Louis-Auguste dauphin, hrsg. v. M. de Falloux..., Paris 1851.

– *Journal*, hrsg. v. L. Nicolardot, Paris 1873.

Luynes, Duc de: *Mémoires du duc de Luynes sur la Cour de Louis XV (1735–1758)...*, Paris 1765.

Madame Royale, Marie-Thérèse de France, dite: *Journal de la duchesse d'Angoulême, corrigé et annoté par Louis XVIII*, Paris 1893.

Mallet du Pan, Jacques: *Journal historique et politique*, Genf 1784–1787, 12 Bde.
– *Mémoires et correspondance pour servir à l'histoire de la Révolution française*, hrsg. v. A. Sayous, Paris 1851, 2 Bde.
Malouet, Pierre-Victor: *Mémoires de Malouet*, 2. Aufl., Paris 1874, 2 Bde.
Marie-Antoinette: *Correspondance secrète entre Marie-Antoinette et le comte de Mercy-Argenteau*, hrsg. v. Arneth u. Geffroy, Paris 1875.
– *Correspondance entre Marie-Antoinette et Marie-Thérèse*, hrsg. v. Georges Girard, Paris 1933.
Marie-Antoinette, Joseph II. und Leopold II.: *Ihr Briefwechsel*, hrsg. v. A. Ritter von Arneth, Leipzig, Paris und Wien 1866.
– *Marie-Antoinette et Barnave, Correspondance secrète* (juillet 1791–janvier 1792), hrsg. v. Alma Soderhjelm, Paris 1934.
Marmontel, Jean-François: *Mémoires*, hrsg. v. M. Tourneux, Paris 1891, 3 Bde.
Martange: *Correspondance inédite*, hrsg. v. Charles Bréard, Paris 1898.
Mercier, Louis-Sébastien: *Tableau de Paris*, Amsterdam 1781–1789, 12 Bde., *Le Nouveau Paris* 1797, 6 Bde.
Metra: *Correspondance secrète...*, Paris 1787–1790, 18 Bde.
Montbarey, Prince de: *Mémoires autographes de M. le comte de Montlosier sur la Révolution française...*, Paris 1830.
Montjoye: *Histoire de la conjuration de Louis-Philippe-Joseph d'Orléans, surnommé Égalité*, Paris, 1976, 3 Bde.
Montlosier, Comte de: *Mémoires de M. le comte de Montlosier sur la Révolution française...*, Paris, 1830.
Montyon, Antoine de: *Particularités et observations sur les ministres des Finances de France les plus célèbres, depuis 1660 jusqu'à 1791*, Paris 1812.
Moreau, Jacob-Nicolas: *Mes souvenirs*, hrsg. v. C. Hermelin, Paris 1898–1901, 2 Bde.
Morellet, Abbé: *Mémoires inédits de l'Abbé Morellet sur le XVIIIe siècle et sur la Révolution*, Paris 1822, 2 Bde.
– *Lettres à Lord Shelburne*, Paris 1898.
Morris, Gouverneur: *Journal pendant les années 1789, 1790, 1791, 1792*, hrsg. v. Pariset, Paris 1901.
Mouffle d'Angerville: *La vie privée de Louis XV*, London 1781, 4 Bde.
Necker, Jacques: *Œuvres de Necker*, hrsg. v. Baron de Staël, Paris 1820–1821, 15 Bde.
Nicolardot, Louis: *Journal de Louis XVI*, Paris 1873.
Nougaret, P.-J.-B.: *Anecdotes du règne de Louis XVI*, Paris 1791, 6 Bde.
Oberkirch, Baronne d': *Mémoires sur la Cour de Louis XVI et la société française avant 1789*, hrsg. v. Suzanne Burkard, Paris 1970.
Papillon de la Ferté, Denis Pierre Jean: *Journal intime 1766–1780*, Paris 1887.
Pasquier, Étienne-Denis: *Histoire de mon temps. Mémoires...*, Bd. I, 6. Auflage, Paris 1894.
Pilcher, Baron de: *Maria-Theresia und Marie-Antoinette*, hrsg. v. Arneth, 1866.
Proyart, Abbé: *Vie du Dauphin, père de Louis XVI...*, 1777.
Rabaut-Saint-Étienne: *Œuvres...*, hrsg. v. Collin de Plancy, Paris 1825, 2 Bde.
Rochambeau, Jean-Baptiste Donatien de Vimeur, comte de: *Mémoires militaires, historiques et politiques de Rochambeau*, Paris 1824, 2 Bde.
Rœderer, P.L.: *Œuvres*, hrsg. v. A.M. Rœderer, Paris 1853–1859, 8 Bde.

Roland, Mme..., geb. Marie-Jeanne Phlipon: *Mémoires de Mme Roland*, hrsg. v. Paul de Roux, Paris 1966.
Sabran, Comtesse de: *Correspondance inédite* (1778-1788), Paris 1875.
Saint-Priest, Guillaume Emmanuel Guignard: *Mémoires*, Paris 1929, 2 Bde.
Sallier: *Annales françaises depuis le commencement du règne de Louis XVI jusqu'aux États-Généraux* (1774–1789), Paris 1813.
Ségur, Louis Ph. de: *Mémoires ou Souvenirs et anecdotes*, Paris 1843, 2 Bde.
Sénac de Meilhan, Gabriel: *Le gouvernement, les mœurs et les conditions en France avant la Révolution*, hrsg. v. Lescure, Paris 1862.
Soboul, Albert: *Le procès de Louis XVI*, Paris 1966.
Soulavie, Abbé: *Mémoires historiques et politiques du règne de Louis XVI*, Paris 1801, 6 Bde.
Staël, Mme de: *Considérations sur les principaux événements de la Révolution française*, ouvrage posthume publié par le duc de Broglie et le baron de Staël, Paris 1843.
Staël-Holstein, Baron de: *Correspondance diplomatique du baron de Staël-Holstein...*, hrsg. v. L. Léouzon le Duc, Paris 1881.
Stedingk, Curt von: *Mémoires posthumes..., rédigés sur les lettres, dépêches et autres pièces authentiques..., par le général comte de Björntstjerna*, Paris 1844–1847.
Talleyrand, Charles-Maurice de: *Mémoires*, hrsg. v. Coucloud, Paris 1957, 2 Bde.
Terray, Abbé: *Mémoires...*, Paris 1776.
Tilly, Alexandre de: *Mémoires*, Paris 1929, 2 Bde.
Tourzel, Louis-Joséphine de Croÿ d'Havré: *Mémoires...*, hrsg. v. Duc des Cars, Paris 1883.
Tourzel, Pauline de, 1771–1839: *Souvenirs de quarante ans* (1789–1830). Dieser Bericht über die Tage nach dem 10. August 1792 ist in den *Mémoires* der Herzogin von Tourzel erschienen.
Turgot: *Œuvres de Turgot et documents le concernant avec biographie et notes* par Gustave Schelle, Paris 1913–1923, 5 Bde.
Véri, Joseph-Alphonse: *Journal*, hrsg. v. Baron Jehan de Witte, Paris 1928, 2 Bde.
Walpole, Horace: *Lettres d'Horace Walpole*, traduites par le comte de Boillon, Paris 1873.
Wrangel, F.U.: *Lettres d'Axel Fersen à son père*, Paris 1929.
Young, Arthur: *Voyages en France en 1787, 1788 et 1789...*, Paris 1931, 3 Bde.

II. Weiterführende Literatur

Alden, John Richard: *La Guerre d'indépendance, 1775–1783*, Paris 1965.
Antoine, Michel: *Le Conseil royal des Finances au XVIIIe siècle*, Genf 1973.
Babelon, Jean-Pierre: *La Vie quotidienne à Paris dans la seconde moitié du XVIIIe siècle*, Paris 1973.
Badinter, Elisabeth: *Les remontrances de Malesherbes* (1771–1775), Paris 1978.
Bertaud, Jean-Paul: *Valmy, la démocratie en armes*, Paris 1970.
– *Les Origines de la Révolution française*, Paris 1971.
– *La Vie quotidienne des Français au temps de la Révolution* (1789–1795), Paris 1983.
– *Les Amis du roi: Journaux et journalistes royalistes en France de 1789 à 1792*, Paris 1984.
Blanc, Louis: *Histoire de la Révolution française*, Paris 1847–1862.
Bluche, François: *Le Despotisme éclairé*, Paris 1968.

– *La Vie quotidienne de la noblesse française au XVIIIe siècle*, Paris 1973.
– *La Vie quotidienne au temps de Louis XVI*, Paris 1980.
Bordes, Christian u. Morangé, Jean (Hrsg.): *Turgot, économiste et administrateur*. Actes d'un séminaire organisé par la Faculté de droit et des Sciences économiques de Limoges pour le tricentenaire de la mort de Turgot, Limoges 1982.
Bordonove, Georges: *Les Rois qui ont fait la France. Louis XVI*, Paris 1983.
Bouissounouse, Jeanine: *Le Philosophe dans la Révolution, Condorcet*, Paris 1962.
Boutry, Maurice: *Le Mariage de Marie-Antoinette*, Paris 1904.
Braudel, Fernand u. Labrousse, Ernest (Hrsg.): *Histoire économique et sociale de la France*, Bd. II ... (1660–1789), Paris 1970.
Britsch, Amédée: *La Jeunesse de Philippe-Égalité*, Paris 1926.
Brossard, Maurice de: *Lapérouse. Des combats à la découverte*, Paris 1978.
Capefigue, G.B.: *Louis XVI, son administration et ses relations diplomatiques avec l'Europe*, Paris 1844, 4 Bde.
Carré, Henri, Sagnac, Philippe u. Lavisse, Ernest: *Louis XVI (1774–1789)*, Paris 1911.
Carré, Henri: *Un précurseur inconscient de la Révolution. Le Conseiller Duval d'Eprémesnil*, Paris 1897.
– *La Fin des parlements*, Paris 1912.
Castelot, André: *Marie-Antoinette*, Paris, Neuaufl. 1980.
Chambrun, Charles, de: *Vergennes*, Paris 1944.
Chaumié, J.: *Le réseau d'Antraigues et la Contre-Révolution*, Paris 1965.
Chaunu, Pierre: *La Civilisation des Lumières*, Paris 1971.
Chaussinand-Nogaret, Guy: *La Noblesse au XVIIIe siècle; de la Féodalité aux Lumières*, Paris 1976.
– *Mirabeau*, Stuttgart 1988.
Chérel, Albert: *Fénélon au XVIIIe siècle en France*, Nachdruck Genf 1970.
Chevallier, J.-J.: *Barnave ou les deux faces de la Révolution*, Grenoble 1979.
Chevallier, Pierre: *Histoire de la Franc-maçonnerie française*, Paris 1984, 3 Bde.
Cochin, Augustin: *Les sociétés de pensée et la démocratie moderne*, Paris 1978.
Darnton, Robert: *La Fin des Lumières*, Paris 1984.
Dechêne, Abel: *Un enfant royal, le duc de Bourgogne*, Paris 1933.
– *Le Dauphin, fils de Louis XV*, Paris 1932.
Del Perugia, Paul: *Louis XV*, Paris 1976.
Durand, Yves: *Les fermiers-généraux au XVIIIe siècle*, Paris 1971.
Egret, Jean: *Le Parlement du Dauphiné et les affaires publiques dans la deuxième moitié du XVIIIe siècle*, Grenoble-Paris 1942, 2 Bde.
– *Les derniers États du Dauphiné. Romans (septembre 1788–janvier 1789)*, Grenoble-Paris 1942.
– *La Révolution des Notables, Mounier et les Monarchiens (1789)*, Paris 1950.
– *Louis XV et l'opposition parlementaire (1715–1774)*, Paris 1970.
– *Necker, ministre de Louis XVI*, Paris 1975.
Faure, Edgar: *La disgrâce de Turgot*, Paris 1961.
Faÿ, Bernard: *L'Esprit révolutionnaire en France et aux États-Unis à la fin du XVIIIe siècle*, Paris 1925.
– *Louis XVI ou la fin d'un monde*, Neuausg., Paris 1981.
Fejtö, François: *Joseph II*, Paris 1953.

Filleul, Paul: *Le duc de Montmorency-Luxembourg*, Paris 1939.

Flammermont, Jules: *Le Chancelier Maupeou et les Parlements*, Paris 1883.

Fleischmann, H.: *Les maîtresses de Marie-Antoinette*, Paris 1910.

Funck-Brentano, Frantz: *Marie-Antoinette et l'énigme du Collier*, Paris 1926.

Furet, François: *1789: Vom Ereignis zum Gegenstand der Geschichtswissenschaft*, Frankfurt-Berlin-Wien 1980.

Furet, François u. Richet, Denis: *Die Französische Revolution*, Frankfurt 1968.

Gershoy, Léo: *L'Europe des princes éclairés* (1763–1789), Paris 1966.

Girault de Coursac, Pierrette: *L'Éducation d'un roi, Louis XVI*, Paris 1972.

Giraul de Coursac, Paul u. Pierrette: *Enquête sur le procès du roi Louis XVI*, Paris 1982.

Glasson, E.: *Le Parlement de Paris...*, Paris 1901, 2 Bde.

Godechot, Jacques: *La Contre-Révolution*, Paris 1961.

– *La Prise de la Bastille*, Paris 1965.

– *Les Révolutions, 1770–1799*, Paris 1963.

Goncourt, Edmund u. Jules de: *Histoire de Marie-Antoinette*, Paris 1896.

Grange, Henri: *Les Idées de Necker*, Paris 1974.

Groethuysen, Bernard: *Philosophie der Französischen Revolution*, hrsg. v. E. Schmitt, Neuwied/Berlin 1971.

Grosclaude, Pierre: *Malesherbes, témoin et interprète de son temps*, Paris 1961, 2 Bde.

Gruber, Alain-Charles: *Les Grandes fêtes et leurs décors à l'époque de Louis XVI*, Genf-Paris 1972.

Guéry, A.: »Les Finances de la monarchie française sous l'Ancien Régime«, in: Annales. E.S.C., 1978/2, S. 216–239.

Hazard, Paul: *La Pensée européenne au XVIIIe siècle de Montesquieu à Lessing*, Paris 1963.

Hinrichs, Ernst (Hrsg.): *Absolutismus*, Frankfurt/M. 1986.

Huisman, Philippe u. Jallut, Marguerite: *Marie-Antoinette, l'impossible bonheur*, Paris-Lausanne 1970.

Kiener, Michael E. u. Peyronnet, Jean-Claude: *Quand Turgot régnait en Limousin*, Paris 1979.

Kunstler, Charles: *La vie quotidienne sous Louis XVI*, Paris 1950.

Labrousse, Ernest: *La crise de l'économie française à la fin de l'Ancien Régime et au début de la Révolution*, Paris 1944.

Lacour-Gayet, R.: *Calonne, financier, réformateur, contre-révolutionnaire* (1734–1802), Paris 1963.

La Fuye, Maurice de: *Louis XVI*, Paris 1937.

Laugier, Lucien: *Un ministère réformateur sous Louis XV: le Triumvirat 1770–1774*, Paris 1975.

Le Bihan, Alain: *Francs-maçons parisiens du Grand Orient de France*, Paris 1966.

Lefebvre, Georges: *La Grande Peur*, Paris 1953.

Lefebvre, Georges: *La Révolution française*, Paris 1963.

Lenôtre, Georges: *Le drame de Varennes, juin 1791*, Paris 1951.

Léon Pierre (Hrsg.): *Histoire économique et sociale du monde*, Bd. III, Paris 1978.

Ljubianski, Vladimir: *La guerre des Farines...*, Grenoble 1979.

Léonard, Émile-G.: *L'armée et ses problèmes au XVIIIe siècle*, Paris 1958.

Manceron, Claude: *Les Hommes de la liberté*, Bd. I: *Les vingt ans du roi*, 1774–1778, Paris 1972; Bd. II: *Le Vent d'Amérique*, Paris 1974; Bd. III: *Le bon plaisir*, Paris 1976.

Mansell, Philippe: *Louis XVIII*, Paris 1983.
Marion, Marcel: *Histoire financière de la France depuis 1715*, Bd. I, Paris 1914.
– *Le Garde des Sceaux Lamoignon et la réforme judiciaire de 1788*, Paris 1905.
Mathiez, Albert: *Die Französische Revolution*, Hamburg 1950, 3 Bde.
Maugras, Gaston: *La Disgrâce du duc et de la duchesse de Choiseul, la vie à Chanteloup, la mort*, Paris 1903.
– *La Fin d'une sociéte: le duc de Lauzun et la Cour de Marie-Antoinette*, Paris 1893.
Mauzi, Robert: *L'Idée du bonheur dans la littérature et la pensée françaises au XVIIIe siècle*, Paris 1960.
Mention: *Le Comte de Saint-Germain et ses réformes*, Paris 1884.
Méthivier, Hubert: *L'Ancien Régime en France XVIe, XVIIe, XVIIIe siècles*, Paris 1932.
Mornet, Daniel: *Les origines intellectuelles de la Révolution française*, Paris 1981.
Mousnier, Roland: *Les Institutions de la France sous la Monarchie absolue: 1598–1789*, Bd. I: *Société et État*, Paris 1974; Bd. II: *Les organes de l'État et la société*, Paris 1980.
Nolhac, Pierre de: *Marie-Antoinette dauphine*, Paris 1929.
– *La reine Marie-Antoinette*, Paris 1929.
– *Le Trianon de Marie-Antoinette*, Paris 1914.
Pimodan, Comte de: *Le comte F.-C. de Mercy-Argenteau, ambassadeur impérial à Paris sous Louis XV et sous Louis XVI*, Paris 1911.
Plongeron, Bernard: *Conscience religieuse en Révolution...*, Paris 1969.
Poignant, Simone: *Les filles de Louis XV, l'aile des Princes*, Paris 1970.
Préclin, Edmond u. Tapié, Victor-L: *Le XVIIIe siècle...*, Paris 1952.
Proyart, Abbé: *Louis XVI détrôné avant d'être roi...*, Hamburg 1800.
– *Louis XVI et ses vertus aux prises avec la perversité de son siècle...*, Paris 1808, 5 Bde.
Quétel, Claude: *De par le Roy: essai sur les lettres de cachet*, Toulouse 1981.
Rampelberg, R.-M.: *Le ministre de la Maison du Roi, baron de Breteuil 1783–1788*, Paris 1975.
Reinhard, Marcel: *La chute de la Royauté*, Paris 1969.
Renouvin, Pierre: *Les Assemblées provinciales de 1787...*, Paris 1921.
Richet, Denis: *La France moderne, l'esprit des institutions*, Paris 1973.
Roche, Daniel: *Le siècle des Lumières en province. Académies et académiciens provinciaux 1680–1789*, Paris-Den Haag 1978.
Rudé, Georges: *Die Massen in der Französischen Revolution*, München 1961.
Sagnac, Philippe: *La chute de la royauté*, Paris 1907.
Ségur, Marquis de: *Au couchant de la monarchie*; Bd. I: *Louis XVI et Turgot*; Bd. II: *Louis XVI et Necker*, Paris 1909.
Sevin, A.: *Le défenseur du roi, Raymond de Sèze*, Paris 1936.
Sicard, Abbé: *Vie de Madame la Dauphine...*, Paris 1817.
Soboul, Albert: *Die Große Französische Revolution*, Frankfurt/M. 1973, 2 Bde.
– *La Civilisation et la Révolution française* Bd. I: *La crise de l'Ancien Régime*, Paris 1970.
Soderhjelm, Alma: *Fersen et Marie-Antoinette. Journal intime et correspondance du comte Axel de Fersen*, Paris 1930.
Sorel, Albert: *L'Europe et la Révolution française*, Paris 1885–1911, 8 Bde.
Stourm, M.: *Les Finances de l'Ancien Régime et la Révolution*, Paris 1885, 2 Bde.
Stryienski, Casimir: *La mère des trois derniers Bourbons, Marie-Josèphe de Saxe et la Cour de Louis XV, d'après les documents inédits tirés des Archives royales de Saxe*, Paris 1902.

Stryienski, Casimir: *Mesdames de France, filles de Louis XV*, Paris 1910.
Sydenham, M.-J.: *The Girondins*, London 1961.
Tocqueville, A. de: *Coup d' œil sur le règne de Louis XVI*, Paris 1952.
Trudel, Marcel: *Louis XVI, le congrès américain et le Canada*, Québec 1949.
Vaissière, Pierre de: *La Mort du roi*, Paris 1910.
Vallotton, Henry: *Marie-Antoinette et Fersen*, Paris-Genf 1952.
Vidalenc, Jean: *Les Émigrés français 1789–1925*, Caen 1963.
Vovelle, Michel: *La Chute de la Monarchie 1787–1792*, Paris 1972.
Weber, Hermann: *Das »Sacre« Ludwigs XVI. vom 11. Juni 1775 und die Krise des Ancien Régime*, in: Hinrichs, Ernst u. a. (Hrsg.): Vom Ancien Régime zur Französischen Revolution, Göttingen 1978, S. 539–565.
Zweig, Stefan: *Marie-Antoinette*. Bildnis eines mittleren Charakters (1932), Frankfurt/M. 1982.

Einführende Literatur zur Geschichte der Französischen Revolution
Zusammengestellt von Peter Schöttler

Die wissenschaftliche Literatur zur Geschichte der Französischen Revolution füllt Bibliotheken. Wer sich über den neuesten Wissensstand informieren will oder einen Einstieg in die Probleme und Kontroversen der Forschung sucht, sei auf die folgenden deutschsprachigen Einführungswerke und Handbücher verwiesen, die auch weitergehende Literaturangaben enthalten:

Braudel, Fernand, u. Labrousse, Ernest (Hrsg.): *Wirtschaft und Gesellschaft in Frankreich im Zeitalter der Industrialisierung. 1789–1880*, dt. hrsg. von Jochen Hoock. Bd. 1, Frankfurt/M. 1986.
Erbe, Michael: *Geschichte Frankreichs von der Großen Revolution bis zur Dritten Republik 1789–1884*, Stuttgart–Berlin–Köln–Mainz 1982.
Furet, François, u. Richet, Denis: *Die Französische Revolution*, Frankfurt/M. 1968: Taschenbuchausgabe: Frankfurt/M. 1987.
Grab, Walter (Hrsg.): *Die Französische Revolution. Eine Dokumentation*, München 1973.
Mager, Wolfgang: *Frankreich vom Ancien Régime zur Moderne. Wirtschafts-, Gesellschafts- und politische Institutionengeschichte 1630 bis 1830*, Stuttgart–Berlin–Köln 1980.
Markov, Walter: *Revolution im Zeugenstand. Frankreich 1789–1799*, 2 Bde., Frankfurt/M. 1986.
Schmitt, Eberhard: *Einführung in die Geschichte der Französischen Revolution*, München 1977.
Soboul, Albert: *Die Große Französische Revolution. Ein Abriß ihrer Geschichte (1789–1799)*, 2 Bde., Frankfurt/M. 1973.
Voss, Jürgen: *Von der frühneuzeitlichen Monarchie zur Ersten Republik 1500–1800* (Geschichte Frankreichs Bd. 2), München 1980.
Vovelle, Michel: *Die Französische Revolution – Soziale Bewegung und Umbruch der Mentalitäten*, München 1982; Taschenbuchausgabe: Frankfurt/M. 1985.
Ziebura, Gilbert: *Frankreich 1789–1870. Entstehung einer bürgerlichen Gesellschaftsformation*, Frankfurt/M.–New York 1979.

BIOGRAPHIEN ZUR FRANZÖSISCHEN REVOLUTION

LUDWIG XVI.
Evelyne Lever

MIRABEAU
Guy Chaussinand-Nogaret

Madame ROLAND
Guy Chaussinand-Nogaret

SAINT-JUST
Bernard Vinot

DANTON
Frédéric Bluche

ROBESPIERRE
Max Gallo

NAPOLEON
Georges Lefebvre

BIOGRAPHIEN ZUR FRANZÖSISCHEN REVOLUTION

Großformat, Linson mit Schutzumschlag.

Evelyne Lever:
Ludwig XVI.
Erscheinungstermin: Frühjahr '88

Guy Chaussinand-Nogaret:
Mirabeau
Erscheinungstermin: Frühjahr '88

Guy Chaussinand-Nogaret:
Madame Roland
Erscheinungstermin: Herbst '88

Frédéric Bluche:
Danton
Erscheinungstermin: Herbst '88

Bernard Vinot:
Saint-Just
Erscheinungstermin: Frühjahr '89

Max Gallo:
Robespierre
Erscheinungstermin: Frühjahr '89

Georges Lefebvre:
Napoleon
Erscheinungstermin: Juli '89

Klett-Cotta